Die
Allgemeine Gerichtsordnung
für die Preußischen Staaten,
Theil II und III.

Mit Ergänzungsgesetzen und Erläuterungen

herausgegeben

von

Hermann Jastrow,
Amtsgerichtsrath zu Berlin.

Berlin.
J. Guttentag, Verlagsbuchhandlung.
1891.

Vorwort.

Von der großen Kodifikation der „Allgemeinen Gerichtsordnung für die Preußischen Staaten" ist der erste Theil, die „Prozeßordnung", durch die Reichsjustizgesetze bis auf einzelne Vorschriften außer Kraft gesetzt worden. Der zweite Theil, welcher die freiwillige Gerichtsbarkeit zum Gegenstande hat, und nach der überwiegenden Meinung auch der dritte Theil bestehen dagegen trotz vielfacher und einschneidender Veränderungen noch heute als Gesetzesganze fort. Es schien mir keine nutzlose Arbeit zu sein, ihnen eine kommentirte Gesammtausgabe zu widmen. Die vorhandenen Ausgaben der A. G. O. sind entweder bloße Gesetzestexte oder sie enthalten, wie diejenigen von Basch und von Vierhaus, nicht das vollständige Gesetz, sondern nur die — nach Ansicht der betreffenden Autoren — noch gültigen Theile desselben. Die Praxis bedarf indessen, meines Erachtens, vollständiger Gesetzestexte. Abgesehen davon, daß ein Autor durch Weglassung derjenigen Vorschriften, die er für aufgehoben hält, die Benutzer unter den Bann seiner subjektiven Auffassung zwingt, so erfordert auch die praktische Handhabung der einzelnen Bestimmung eine Kenntniß des ganzen Werkes, dessen Theil sie bildet, und namentlich des Wortlautes derjenigen Vorschriften, in deren Umgebung der Gesetzgeber sie gestellt hat. Der ältere Jurist und Kenner der A. G. O. wird allerdings auch fragmentarische Ausgaben vielfach mit Nutzen gebrauchen können, weil er im Stande ist, die fehlenden Züge des Gesammtbildes mit Hilfe der Anmerkungen der Herausgeber und seines Gedächtnisses zu ergänzen. Ein jüngerer Jurist dagegen, welcher ein im Großen und Ganzen noch fortgeltendes Gesetzeswerk erst kennen lernen will, soll es, nach meiner Auffassung, überhaupt nicht anders als im Ganzen lesen. Nur eine derartige Lektüre kann das Verständniß des Gesetzes voll erschließen, ein eigenes Urtheil über die Bedeutung der einzelnen Vorschrift bilden helfen und die erforderliche Kontrole des Kommentators ermöglichen.

Andrerseits soll ein Führer durch ein solches Gesetz es unternehmen, jede Vorschrift desselben verständlich zu machen, auch wenn sie für den unmittelbaren praktischen Gebrauch veraltet ist. In Folge der großen Veränderungen, welche die Justizgesetzgebung seit der A. G. O. erfahren hat, sind zahlreiche Einrichtungen aus dem Rechtsleben, zahlreiche Ausdrücke aus der Gerichtssprache verschwunden. Die hierauf bezüglichen Anordnungen der A. G. O. sind dem Verständniß der jüngeren Generation vielfach entfremdet. Daß aber unsere Referendare sich nicht daran gewöhnen, in den Gesetzen über das, was sie nicht verstehen, aus dem Grunde hinwegzulesen, weil es keine praktische Bedeutung mehr habe, ist schon aus didaktischen Gründen auf das Dringendste anzustreben.

Diese Gesichtspunkte sind bei der vorliegenden Ausgabe, welche den Bedürfnissen der praktischen Handhabung und der Heranbildung unserer jungen Generation in gleicher Weise entgegenzukommen beabsichtigt, leitend gewesen. Um dem Praktiker die Orientirung zu erleichtern, sind die aufgehobenen Stellen in kleineren Typen gesetzt, insoweit dem nicht, namentlich wegen des Zusammenhanges, Bedenken entgegenstanden; in Fällen letzterer Art orientiren die Anmerkungen hierüber. Ferner ist auf die Handhabung der freiwilligen Gerichtsbarkeit besondere Rücksicht genommen und es sind deshalb auch die auf die letztere bezüglichen Partien aus dem ersten Theile der A. G. O., sowie die einschlägigen Ergänzungsgesetze beigegeben worden. Den jüngeren Juristen namentlich und auch allen denen, die frühere Erinnerungen aufzufrischen wünschen, ist die Einleitung gewidmet. Dieselbe enthält eine kurze Skizze der Gerichtsverfassung zur Zeit der A. G. O. und ihrer Fortentwicklung bis auf die jetzige Zeit; doch gebot die Rücksicht auf den Zweck des Buches, diese Skizze in dem Rahmen dessen zu halten, was zum Verständniß des dargebotenen Textes erforderlich erschien. In Verbindung mit dieser Einleitung sollen endlich die Anmerkungen sowohl die zum praktischen Gebrauch nöthige Erläuterung bieten, als auch darüber Aufschluß geben, was jede Vorschrift ursprünglich bedeutet hat und wie sich diese Bedeutung im Laufe der Gesetzgebung verändert hat.

Das Sachregister hat Herr Referendar Dr. Gronau hergestellt, dem ich für die auf dasselbe verwandte große Sorgfalt zu besonderem Danke verpflichtet bin.

Berlin, im September 1891.

Hermann Jastrow.

Inhalt.

Verzeichniß
der abgedruckten Paragraphen des Anhangs zur A. G. O.

Citirmethode.

Citate wie III 1 § 38 ohne weiteren Zusatz verweisen auf die Allgemeine Gerichtsordnung.

Die Entscheidungen des Obertribunals, des Reichsoberhandelsgerichts und des Reichsgerichts sind, insoweit nicht ein Anderes angegeben ist, nach der von den Mitgliedern der Gerichtshöfe herausgegebenen Sammlung, die Entscheidungen des Kammergerichts nach dem Jahrbuch für Entscheidungen des Kammergerichts von Johow und Küntzel citirt. Beim Reichsgericht sind die Entscheidungen in Civilsachen verstanden, wenn nicht durch den Zusatz „Entsch. in Straff." auf die Entscheidungen in Strafsachen verwiesen ist. Die erste arabische Zahl hinter dem Datum der Entscheidung bezeichnet den Band der betreffenden Sammlung. In gleicher Weise ist die Bandzahl auch sonst bei vielbändigen Werken ausgedrückt.

Abkürzungen.

Die Bearbeitungen des preußischen Privatrechts von Dernburg (Bd. I u. II 4. Aufl. 1884 bez. 1889; Bd. III 3. Aufl. 1884), Fischer (1887) u. Foerster-Eccius (5. Aufl. 1887. 1888), sind nur mit dem Namen des Verfassers citirt.

a. a. O. = am angeführten Orte.
A. Dep. O. = Allgemeine Depositalordnung für die Ober- und Untergerichte v. 15. September 1783.
A. E. = Allerhöchster Erlaß.
a. E. = am Ende.
A. G. = Ausführungsgesetz.
A. G. O. = Allgemeine Gerichtsordnung.
A. G. z. C. P. O. = Ausführungsgesetz zur Deutschen Civilprozeßordnung v. 24. März 1879 (G. S. S. 281).
A. G. z. G. K. G. = Ausführungsgesetz zum Deutschen Gerichtskostengesetze v. 10. März 1879 (G. S. S. 145).
A. G. z. G. V. G. = Ausführungsgesetz zum Deutschen Gerichtsverfassungsgesetz v. 24. April 1878 (G. S. S. 230).
A. G. z. Konk. O. = Ausführungsgesetz zur Deutschen Konkursordnung v. 6. März 1879 (G. S. S. 109).
A. H. = Abgeordnetenhaus.
A. Hyp. O. = Allgemeine Hypotheken-Ordnung v. 20. Dezember 1783.
Allg. Verf. = Allgemeine Verfügung des Justizministers.
A. L. R. = Allgemeines Landrecht.
AM. oder aM. = anderer Meinung.
App.-Ger. = Appellationsgericht.
Arch. = Archiv.
Ausf.-Best. = Ausführungsbestimmungen.
B. = Beschluß.
Basch = Die Allgemeine Gerichtsordnung für die Preußischen Staaten von Julius Basch. 2. Aufl. 1884.

Begr. = Begründung.
Bek. = Bekanntmachung.
Ber. = Bericht.
B. G. Bl. = Bundesgesetzblatt.
Centralbl. = Centralblatt für das Deutsche Reich.
C. V. oder Cirk. Verf. = Cirkularverfügung.
C. P. O. = Civilprozeßordnung vom 30. Januar 1877 (R. G. Bl. S. 83).
C. R. = Cirkular-Reskript.
Dekl. = Deklaration.
Dernburg-Schultzenstein = Das Vormundschaftsrecht der preußischen Monarchie von Dr. Heinrich Dernburg; dritte Aufl., bearbeitet von Max Schultzenstein 1886.
Dorfger.-Instr. = Revidirte Instruktion für die Dorfgerichte v. 11. Mai 1854 (J. M. Bl. S. 206).
d. T. = dieses Titels.
Duesberg = Uebersicht der Justizverfassung in den preußischen Staaten von der Publikation der A. G. O. bis auf die neueste Zeit von Duesberg in den Kamptz'schen Jahrb. Bd. 42 (1833) S. 1—80.
E. E. G. = Gesetz über den Eigenthumserwerb und die dingliche Belastung der Grundstücke, Bergwerke und selbstständigen Gerechtigkeiten. Vom 5. Mai 1872 (G. S. S. 433).
E. G. = Einführungsgesetz.
Entsch. = Entscheidungen.
Erk. = Erkenntniß.
Erl. = Erlaß.
G. oder Ges. = Gesetz.
Gareis-Fuchsberger = Das Allgemeine Deutsche Handelsgesetzbuch von Dr. Carl Gareis und Otto Fuchsberger. 1891.
G. B. O. = Grundbuchordnung vom 5. Mai 1872 (G. S. S. 446).
Geb. Ges. = Gebührengesetz.
Geb. O. = Gebühren-Ordnung.
Gen. Ges. = Gesetz, betreffend die Erwerbs- und Wirthschaftsgenossenschaften. Vom 1. Mai 1889 (R. G. Bl. S. 55).
Gesch. Anw. = Geschäftsanweisung.
Gesch. O. = Geschäfts-Ordnung.
Gew. O. = Gewerbe-Ordnung in der Fassung v. 1. Juli 1883 (R. G. Bl. S. 159).
G. K. G. = Gerichtskostengesetz vom 18. Juni 1878 (R. G. Bl. S. 141).
Gl. M. = Gleicher Meinung.
Goltdammer = Archiv für Strafrecht (früher: für preußisches Strafrecht). Begründet durch Dr. Goltdammer (seit 1853).
Graeff = Graeff's Sammlung sämmtlicher in den von Kamptz'schen Jahrbüchern enthaltenen Verordnungen 1830—1840.
Gruchot oder Rassow-Küntzel oder R. u. K. = Beiträge zur Erläuterung des deutschen Rechts (früher des preußischen Rechts), herausgegeben von Dr. J. A. Gruchot, später von Rassow und Küntzel (seit 1857).
G. V. G. = Gerichtsverfassungsgesetz v. 27. Januar 1877 (R. G. Bl. S. 41).
H. G. B. = Allgemeines Deutsches Handelsgesetzbuch (B. G. Bl. 1869 S. 404) in der Fassung des G. v. 18. Juli 1884 (R. G. Bl. S. 123).
H. H. = Herrenhaus.
H. O. = Hinterlegungs-Ordnung vom 14. März 1879 (G. S. S. 249).
Jaeckel = Die Zwangsvollstreckungsordnung in Immobilien von Dr. Paul Jaeckel; 2. Aufl. 1885.
Jahrb. = von Kamptz, Jahrbücher für die preußische Gesetzgebung, Rechtswissenschaft und Rechtsverwaltung (1814—1845).
J. u. K. oder Johow-Küntzel = Jahrbuch für Entscheidungen des Kammergerichts in Sachen der nicht streitigen Gerichtsbarkeit und in Strafsachen, herausgegeben von Johow und Küntzel. (Bd. 6 u. ff. von Johow allein) (seit 1881.)
J. M. = Justizminister.
J. M. Bl. = Justiz-Ministerialblatt.
J. M. R. = Justiz-Ministerial-Reskript.
Instr. = Instruktion.
Johow = Jahrbuch für endgültige Entscheidungen der preuß. Appellationsgerichte. Herausgegeben von Johow. 1872—1879.
Kamptz, Annal. = von Kamptz, Annalen der preußischen inneren Staatsverwaltung. (1817—1839.)
Kayser = Gesetz betreffend die Kommanditgesellschaften auf Aktien und die Aktiengesellschaften vom 18. Juli 1884. Von Dr. Paul Kayser. 1884.
K. B. = Kommissionsbericht.
K. G. = Kammergericht oder Beschluß des Kammergerichts.
K. O. = Kabinets-Ordre.
Koch A. L. R. = Allgemeines Landrecht für die Preußischen Staaten v. Dr. C. F. Koch. 8. Auflage. Von A. Achilles, P. Hinschius, R. Johow, F. Vierhaus. 1884—1886.
Koch-Jastrow = Dr. C. F. Koch's

Formularbuch und Notariatsrecht 10. Aufl. von Herm. Jastrow. 1891.
Konk. O. = Konkurs-Ordnung.
Krech-Fischer = Das preußische Gesetz betreffend die Zwangsvollstreckung in das unbewegliche Vermögen vom 13. Juli 1883. Von Dr. J. Krech und Dr. O. Fischer; 2. Ausg., 1886.
L. G. = Landgericht.
Loewe = Die Strafprozeßordnung für das Deutsche Reich. Von Dr. E. Loewe. 6. Aufl. 1890.
Makower = Das allgemeine Deutsche Handelsgesetzbuch. Mit Kommentar herausgegeben von H. Makower; 10. Aufl. 1890.
Mat. z. A. G. = Die gesammten Materialien des Preußischen Ausführungsgesetzes zu dem Deutschen Gerichtsverfassungsgesetz. Berlin (Decker) 1878.
Min. Bl. d. i. V. = Ministerialblatt der inneren Verwaltung.
Min. d. J. = Minister des Innern.
Min. Instr. = Ministerial-Instruktion.
Min. Reskr. = Ministerial-Reskript.
Müller = Die preußische Justizverwaltung von Hermann Müller; 3. Aufl. 1887.
N. C. C. = Novum Corpus Constitutionum Prussico-Brandenburgiensium praecipue Marchicarum. 1751—1806.
Not. G. oder Not. G. v. 11. 7. 1845 = Gesetz über das Verfahren bei Aufnahme von Notariats-Instrumenten vom 11. Juli 1845.
Not. G. v. 15. 7. 1890 = Gesetz enthaltend Bestimmungen über das Notariat. Vom 15. Juli 1890. (G. S. S. 229.)
Not. O. = Notariats-Ordnung.
Ob. Tr. = Ober-Tribunal oder: Erkenntniß des Obertribunals.
Oesterley = Das deutsche Notariat. Von Ferdinand Oesterley. Hannover 1842 - 1845.
O. L. G. = Oberlandesgericht.
Oppenhoff = Die Rechtsprechung des Königlichen Obertribunals in Strafsachen, herausgegeben von F. C. Oppenhoff. 1861 bis 1879.
Oppenhoff, Preuß. St. G. B. = Das Strafgesetzbuch für die Preußischen Staaten. Von F. C. Oppenhoff. 5. Ausgabe. 1867.
Oppenhoff St. G. B. = Strafgesetzbuch für das Deutsche Reich von Dr. Friedrich Oppenhoff. 11. Aufl. von Theodor Oppenhoff. 1888.
Pl. Beschl. = Plenar-Beschluß.
Präj. = Präjudiz.
Präj. Sammlg. = Präjudizien des Königlichen Obertribunals, herausgegeben von den Redaktoren der Entscheidungen. 1856.
Preuß. E. G. z. H. G. B. = (Preußisches) Einführungsgesetz zum Allgemeinen Deutschen Handelsgesetzbuch vom 24. Juni 1861 (G.S. S. 449).
R. oder Reskr. = Reskript.
R. A. = Rechtsanwalt.
Rabe = Sammlung preußischer Gesetze und Verordnungen von v. Rabe. 1820—1825.
R. A. O. = Rechtsanwalts-Ordnung v. 1. Juli 1878 (R. G. Bl. S. 177).
Rassow-Küntzel, s. Gruchot.
Rechtsfälle = Rechtsfälle aus der Praxis des Kgl. Geheimen Obertribunals. 1847—1849.
Rechtsgr. = Rechtsgrundsätze der Entscheidungen des Kammergerichts in Sachen der nicht streitigen Gerichtsbarkeit. Herausgegeben v. Hermann Jastrow. 1889.
R. G. = Reichsgericht.
R. G. Bl. = Reichsgesetzblatt.
R. G. U. = Reichsgerichts-Urtheil.
Ring = Das Reichsgesetz betreffend die Kommanditgesellschaften auf Aktien und die Aktiengesellschaften v. 18. Juli 1884. Von Victor Ring. 1886.
v. Roenne = Ergänzungen und Erläuterungen des allgemeinen Landrechts von Dr. Ludwig v. Roenne. 7. Ausg. 1881—1888.
v. Roenne Erg. z. A. G. O. = Ergänzungen und Erläuterungen der preußischen Rechtsbücher. 5. Ausg. 1864—1866. Von Dr. Ludwig v. Roenne. Dritter Band. Ergänzungen der Allgemeinen Gerichts-Hypotheken- und Deposital-Ordnung.
v. Roenne, Staatsrecht = Das Staatsrecht der Preußischen Monarchie von Dr. Ludwig v. Roenne. 4. Aufl. 1881—1884.
R. O. H. G. = Reichs-Oberhandelsgericht oder: Urtheil des Reichsoberhandelsgerichts.
R. u. K., s. Gruchot.
Starke = Beiträge zur Kenntniß der bestehenden Gerichtsverfassung in dem Preußischen Staate, von W. F. C. Starke. Erster Theil. Darstellung der bestehenden Gerichtsverfassung. Berlin 1839.
Sten. B. oder Sten. Ber. = Stenographische Berichte.

Stengel = Beiträge zur Kenntniß der Justizverfassung und der juristischen Literatur in den preußischen Staaten von Eisenberg und Stengel. 1795 bis 1804.

St. G. B. = Strafgesetzbuch für das Deutsche Reich (R.R.Bl 1876 S. 39).

Stölzel = Brandenburg-Preußens Rechtsverwaltung und Rechtsverfassung dargestellt im Wirken seiner Landesfürsten und obersten Justizbeamten. Von Dr. Adolf Stölzel. 1888.

St. P. O. = Strafprozeßordnung vom 1. Februar 1877 (R.G.Bl. S. 253).

Strieth. = Archiv für Rechtsfälle aus der Praxis d. Rechtsanwälte des Kgl. Obertribunals; herausgegeben von Theodor Striethorst. 1851—1880.

Thümmel = Die Errichtung des letzten Willens nach preußischem Recht von O. Thümmel. 1865.

Turnau = Die Grundbuch-Ordnung v. 5. Mai 1872 von W. Turnau; 4. Aufl. 1888.

Turnau Justizverf. = Die Justizverfassung in Preußen von W. Turnau 1880/82. (Unvollendet.)

U. oder Urth. = Urtheil.

V. = Verordnung.

verb. = verbunden.

Verf. = Verfügung.

Vierhaus = Allgemeine Gerichtsordnung für die preußischen Staaten von F. Vierhaus. 1883.

V. O. = Vormundschafts-Ordnung v. 5. Juli 1875. (G.S. S. 431.)

Weißler = Das preußische Notariat im Geltungsbereiche der Allgemeinen Gerichtsordnung von Adolph Weißler. 1888.

W. O. = Allgemeine Deutsche Wechselordnung.

Zw.Ges. = Gesetz, betreffend die Zwangsvollstreckung in das unbewegliche Vermögen. Vom 13. Juli 1883 (G.S. S. 131).

Berichtigungen und Zusätze.

Seite 27 Zeile 9 v. oben ist statt: „weiten“ zu lesen: „weiteren“.
„ 41 „ 20 „ „ „ „ „§ 100“ „ „ „§ 160“.
„ 43 zu II mit Anm. 3 ist hinzuzufügen:

Auch die Landgemeinde-Ordnung v. 3. Juli 1891 (G. S. S. 233) hat die Dorfgerichte unberührt gelassen. Vgl. § 146 daselbst, wo nur die §§ 18—78 II 7 A. L. R., nicht aber die die Dorfgerichte betreffenden §§ 79 ff. als aufgehoben bezeichnet werden. Ueber die Wahl der Mitglieder des Dorfgerichts vgl. a. a. O. §§ 74. 75.

„ 63 zu § 8 s. den vorstehenden Zusatz zu S. 43.
„ 65 Anm. 23 Zeile 3 ist statt: „Anwesenheit“ zu lesen: „Abwesenheit“.
„ 99 Anm. 54 ist hinzuzufügen:

Wegen der Vollmachten der Landgemeinden s. jetzt auch Landgemeinde-Ordnung v. 3. Juli 1891 (G. S. S. 233) § 88 Nr. 7.

„ 101 Anm. 67 a. E. ist hinzuzufügen: „und K. G. v. 24. 3. 1890 (10 S. 20).
„ 111 Anm. 9 Zeile 4 u. 5 ist statt: „Vernehmungsbuch“ zu lesen: „Verwahrungsbuch“.
„ 120 Anm. 13 ist hinzuzufügen:

Vgl. auch das Uebereinkommen zwischen dem Deutschen Reich und Dänemark über die Aufhebung des Abschosses v. 5. Februar 1891 (R. G. Bl. S. 346).

„ 167 Anm. 27 Zeile 3 ist statt: „1851“ zu lesen: „1853“ und statt „Appenhoff“ zu lesen: „Oppenhoff“.
„ 207 „ 1 „ 2 „ „ „anzuordnen“ zu lesen: „anzuwenden“.
„ 221 „ 3 „ 2 „ „ „Einnahmen“ zu lesen: „die Einnahmen“.
„ 230 „ 18 ist hinzuzufügen:

Eine fernere Abänderung des Kanzleireglements enthält die Allg. Verf. v. 20. August 1891 (J. M. Bl. S. 213).

„ 235 § 86 Zeile 2 u. 3 ist statt: „annoch liche“ zu lesen: „annoch hinlängliche“.
„ 316 Anm. 6 ist hinter dem Worte: „mit Anm. 67“ hinzuzufügen: „sowie K. G. v. 24. 3. 1890 (10 S. 20)“.

I. Einleitung.

A. Zur Geschichte der preußischen Gerichtsverfassung.

§ 1. Die Gerichtsverfassung bei Publikation der A. G. O.[1])

Zum Verständniß und zur richtigen Anwendung der A.G.O. ist es erforderlich, die von der letzteren in Preußen vorgefundene Gerichtsverfassung, sowie deren Fortentwicklung in ihren Grundzügen zu kennen.

Die Gerichtsverfassung, wie sie bei Emanation der A.G.O. bestand, war eine keineswegs einheitliche, hatte sich vielmehr in den einzelnen Landestheilen auf Grund besonderer Verordnungen oder auf Grund des Herkommens vielfach abweichend gestaltet. Gleichwohl zeigt sie, wie die ganze damalige deutsche Gerichtsverfassung, eine Reihe gemeinsamer Grundzüge. Als solche sind hervorzuheben:

1. die Existenz der Privatgerichtsbarkeit als regelmäßiger Grundlage der Justizverfassung;
2. der Gerichtsstand der Eximirten;
3. die Existenz besonderer Gerichte für gewisse Personen oder Sachen;
4. die Zuweisung auch anderer Angelegenheiten als die der eigentlichen Rechtsprechung an die Gerichte.

Die Privatgerichtsbarkeit konnte einzelnen Personen, Familien, Korporationen und Gemeinden übertragen sowie mit dem Besitz gewisser Grundstücke verbunden sein.[2]) Ihre hauptsächlichsten Erscheinungsformen waren die Gerichtsbarkeit der Gutsherren (Patrimonialgerichtsbarkeit) und der Städte. Die Privatgerichtsbarkeit beschränkte sich zumeist, aber nicht ausnahmslos, auf die erste Instanz. Wo die Privatgerichtsbarkeit nicht eintrat, wurde auch die erstinstanzliche Gerichtsbarkeit durch Königliche Behörden verwaltet. Der Gerichtsstand der Eximirten beruhte auf der Einrichtung, daß gewisse Personen, insbesondere wegen Ranges und Standes, sowie

---

[1]) Vgl. Starke S. 2—11; Duesberg S. 4—22.

[2]) A. L. R. II 17 §§ 20. 21.

gewisse Grundstücke von der Jurisdiktion des für ihren Wohnort zunächst und unmittelbar bestellten Gerichtes ausgenommen und regelmäßig dem Obergericht als ihrem ordentlichen Gerichte unterstellt waren. Hauptsächlich gehörte hierher der Adel, die Beamten, die Geistlichkeit, der Fiskus, sowie die adligen Güter und die Kirchen- und Pfarrgüter.[3]) Die Exemtion fand nicht nur statt, wenn die Niedergerichtsbarkeit eine private, sondern ebenso, wenn sie eine königliche war[4]) und bezog sich nicht nur auf Prozesse, sondern auf alle gerichtlichen Angelegenheiten der ausgenommenen Personen und Grundstücke, insbesondere auf deren Vormundschaften und Grundbücher. Daher waren die Obergerichte in weitem Umfange auch zugleich Gerichte erster Instanz.

Gehandhabt wurde die ordentliche Gerichtsbarkeit durch Untergerichte, Landesjustizkollegien und das Geheime Obertribunal. Die Einrichtung der Untergerichte war außerordentlich verschieden. In den sogenannten Immediatstädten[5]) bestanden die Gerichte aus dem Magistrat, neben dem sich an einigen Orten für gewisse Bezirke noch besondere Gerichte als Schloß-, Hof-, Burg-, Dom- und Stiftsgerichte vorfanden. Zur Besorgung der gerichtlichen Geschäfte waren ein oder mehrere mit richterlicher Qualifikation versehene Beamte (Justiz-Bürgermeister u. s. w.) angestellt; in größeren Städten waren besondere Deputationen des Magistrats meistens in kollegialischer Form eingerichtet, zum Theil bestanden auch mehrere Deputationen für die verschiedenen Rechtsgattungen (Stadtgerichte, Waisenämter, Vormundschaftsdeputationen u. s. w.). In den Mediatstädten und auf dem Lande wurde die Gerichtsbarkeit durch Einzelrichter verwaltet und zwar die Königliche durch Domänen-Justizämter, die gutsherrliche durch Patrimonialgerichte.[6]) Bei letzteren stand die Ausübung der Gerichtsbarkeit dem Gutsherrn persönlich zu, sofern er die vom Staate verlangte richterliche Qualifikation nachwies.

---

[3]) A. L. R. II 17 §§ 32—36. A. G. O. I 2 §§ 42 ff.

[4]) A. L. R. II 17 §§ 32—36. A. G. O. I 2 § 44.

[5]) Ueber Mediat- und Immediatstädte vgl. A. L. R. II 8 §§ 166 ff. Mediatstädte waren danach diejenigen Städte, welche zunächst noch eine andere Herrschaft als die des Landesherrn über sich hatten. Dieser Mediatherr konnte entweder eine Gutsherrschaft sein, welcher die Stadt nach den Regeln der Gutsunterthänigkeit unterstand oder aber eine bloße Gerichtsherrschaft, welche vom Landesherrn die Gerichtsbarkeit über die Stadt erworben hatte, wie dies namentlich in älteren Zeiten vielfach durch Kauf geschehen war. Vgl. Stölzel I S. 27 ff. In analoger Weise hatte sich der Begriff der Mediatherrschaft auch über andere als städtische Territorien gebildet.

[6]) A. L. R. II 17 §§ 73—84. — Abweichende Einrichtungen der Untergerichte fanden sich im Herzogthum Cleve und der Grafschaft Mark, in den Grafschaften Tecklenburg und Lingen und in Ostfriesland; s. das Nähere bei Starke S. 3 u. bei Duesberg S. 6.

Besaß er solche nicht oder wollte er die Gerichtsbarkeit nicht selbst verwalten, so mußte er einen staatlich qualifizirten Richter anstellen. Diese Art der Ausübung der Gerichtsbarkeit bildete die Regel; bei derselben hieß der Inhaber der Gerichtsbarkeit, in dessen Namen sie geübt wurde, der Gerichtsherr; der bestellte Richter hieß Gerichtshalter oder Justitiarius.[7]) Auf die Kompetenz der Gerichte übte der Umstand, daß sie kollegialisch oder einzelrichterlich formirt waren, grundsätzlich keinen Einfluß. Zur Zuständigkeit der Untergerichte gehörte die streitige und nicht streitige Civilgerichtsbarkeit über die nicht eximirten Personen und Grundstücke; die Strafgerichtsbarkeit stand ihnen nur beschränkt zu, und der Umfang dieser Beschränkung war in den verschiedenen Provinzen und Gerichten ein sehr verschiedener.[8]) Einzelne Untergerichte hatten auch weitergehende Kompetenzen und einige von ihnen bildeten sogar für andere die Appellationsinstanz.[9])

Eine besonders bevorzugte Art von Untergerichten bildeten in einzelnen Provinzen die standesherrlichen Gerichte,[10]) insbesondere in Preußen die „Erbhauptämter“ und in Schlesien die „Mediat-Regierungen“, insofern sie eine Jurisdiktion auch über Eximirte, sowie Aufsichtsbefugnisse über andere Untergerichte ausübten, auch zum Theil die Appellationsinstanz für die letzteren bildeten. Sie hatten zum größeren Theil eine kollegialische Verfassung.[11]) Da sie indessen den Landesjustizkollegien untergeordnet waren, so sind sie nach A. G. O. III 8 § 1 lediglich zu den Untergerichten zu rechnen.

Die Landesjustizkollegien (A. G. O. III 1 § 1) waren kollegialische Behörden für die Rechtspflege in einem oder mehreren Landestheilen. Der Ausdruck „Landesjustizkollegium“ bezeichnet dabei nicht den Titel, sondern die Funktion der betreffenden Behörde.[12])

---

[7]) A. L. R. II 17 §§ 77 ff.

[8]) A. L. R. II 17 §§ 4. 5. 61 ff., s. das Nähere bei Duesberg S. 5 u. bei Starke S. 3.

[9]) Starke S. 4; Duesberg S. 9.

[10]) Unter den „Standesherren“ im damaligen Sinne sind die Besitzer bestimmter großer Güter verstanden, denen auf den Provinziallandtagen gewisse, am Grundbesitz haftende Vorrechte zustanden. Vgl. v. Roenne, Staatsrecht II § 152 Anm. 6 zu c (S. 281). Seit der deutschen Bundesakte begreift man gewöhnlich mit der Bezeichnung „Standesherren“ die Häupter der bei Auflösung des Deutschen Reiches mediatisirten Familien (vgl. S. 11 und unten Abschn. IV Nr. 10). Derartige Standesherrn gab es zu jener Zeit nicht; denn die betreffenden Personen waren damals Landesherren. Vgl. auch R. v. 13. 7. 1842 (Min. Bl. d. i. V. S. 248).

[11]) Duesberg S. 7—9. Starke S. 4; vgl. auch S. 68. 84 ff.

[12]) Unter „Landeskollegien“ verstand man die den einzelnen „Landen“ (Altmark, Neumark, Priegnitz u. s. w.) vorgesetzten Kollegien (vgl. Stölzel I S. 65). Sie bildeten den Gegensatz zu den blos für einzelne Güter, Städte

In den meisten Provinzen führten die Kollegien den Namen „Regierungen", worunter man also in damaliger Zeit nicht die Verwaltungsbehörden,[13]) sondern die Gerichte zu verstehen hat; in Schlesien hießen sie „Oberamts-Regierungen", in Litthauen, Bromberg und Hinterpommern „Hofgerichte", in der Altmark und Uckermark „Obergerichte"; endlich führte das Landesjustizkollegium der Kurmark den Titel „Kammergericht". Die Landesjustizkollegien hatten in der Regel die Gerichtsbarkeit über die eximirten Personen und Grundstücke und die obere Kriminalgerichtsbarkeit; sie waren ferner in der Regel die Aufsichts-[14]) und Appellationsbehörden für die Untergerichte ihres Bezirks, sowie die Appellationsbehörden für die von ihnen selbst entschiedenen Sachen; die Appellationen gingen in letzterem Falle zum Theil an einen andern Senat, zum Theil waren die Gerichte einander gegenseitig als Appellationsbehörden substituirt. Außerdem waren den Landeskollegien die Lehnssachen und sämmtliche Ehescheidungssachen, auch der Nichteximirten, überwiesen, insoweit nicht die Kompetenz der katholischen geistlichen Gerichte eintrat, endlich meistens auch die evangelischen Konsistorialsachen sowie die Landeshoheitssachen. Die Gerichtssprengel und die Größe der Kollegien waren sehr verschieden und ihre Einrichtung durch keine allgemeine Verordnung bestimmt und daher ungleichförmig. Die größeren Kollegien bestanden aus zwei Senaten, einem ersten (Instruktions-) Senate und einem zweiten (Appellations-)Senate.[15]) Außerdem waren mit den meisten ein besonderes Kriminalkollegium (für die Erkenntnisse erster Instanz) und ein besonderes Pupillenkollegium (für Vormundschaftssachen) verbunden, bei welchem einige Kriminalräthe resp. Pupillenräthe fungirten, die sonst nicht Mitglieder des Kollegiums waren. Wo dem letzteren die Konsistorialsachen übertragen waren, waren in gleicher Art Konsistorialräthe mit angestellt.[16]) Diejenigen Angelegenheiten, welche nicht einzelnen Senaten oder dem Kriminal- oder Pupillenkollegium überwiesen waren, gehörten vor das Plenum des Gerichts. Die kleineren Gerichte waren nicht in Senate eingetheilt und besorgten alle Geschäfte im Plenum.

---

u. s. w. bestehenden Lokalbehörden. Aus den „Landen" haben sich später die Provinzen und Regierungsbezirke entwickelt und man bezeichnete alsdann mit Landeskollegien die Behörden der letzteren.

[13]) Die Vorläufer der heutigen „Regierungen" hießen damals „Kriegs- und Domänenkammern" (Kammerkollegien).

[14]) Die Domänenjustizämter standen indessen hauptsächlich unter der Aufsicht der Kriegs- und Domänenkammern; die Landesjustizkollegien übten hier nur eine Mitaufsicht. Starke S. 3; Duesberg S. 6.

[15]) Letzterer führte in Königsberg den Titel eines Tribunals des Königreichs Preußen. Duesberg S. 10.

[16]) Ueber die besondere Verfassung des Kammergerichts s. Duesberg S. 10.

Sämmtliche Landesjustizkollegien waren unmittelbar dem Justiz-Departement des Staatsministeriums untergeordnet.

Als besondere Organe der Landesjustizkollegien fungirten in einzelnen Provinzen Kreisjustizkommissionen und Inquisitoriate. Die Kreisjustizkommissionen waren in Ost- und Westpreußen, in der Neumark, sowie in Schlesien für Distrikte bestellt, die vom Sitze des Kollegiums entfernt lagen. Sie dienten dem Zweck, Angelegenheiten, welche hier gar nicht oder nicht ohne besondere Erschwerniß für die Interessenten vorgenommen werden konnten, durch beständige auswärtige Kommissare besorgen zu lassen. Den Kreisjustizkommissionen standen Kreisjustizräthe als Einzelrichter vor. Der Geschäftskreis der Behörden war nicht gleichmäßig geordnet. Durchweg stand ihnen an Stelle des Kollegiums die freiwillige Gerichtsbarkeit, die Nachlaßsiegelung und das Vormundschaftswesen, sowie die Thatbestandserhebung in Kriminalfällen und die Erledigung besonderer Aufträge des Obergerichtes zu; außerhalb Schlesiens führten sie indessen auch die Aufsicht über die Untergerichte, sowie die Instruktion der Bagatellprozesse und in gewissem Umfange auch die Kriminaluntersuchungen.[17])

Die Inquisitoriate bestanden nur in Schlesien; es waren Gerichtsbehörden, welche nur zur Führung von Untersuchungen bestimmt waren. Sie bestanden aus Untersuchungsrichtern (Inquisitoren), deren jedem eine Anzahl von Kreisen zugetheilt war, und hatten innerhalb der letzteren die vor das Landesjustizkollegium und in gewissen Fällen auch die vor die Untergerichte gehörigen Untersuchungen zu führen.[18])

Das Geheime Ober-Tribunal endlich war der oberste Gerichtshof in Civilsachen, in denen es in dritter und letzter Instanz entschied; doch gab es auch hier in Ansehung der Kompetenz einige provinzielle Ausnahmen. In Kriminalsachen und in Sachen der nicht streitigen Gerichtsbarkeit stand dem Obertribunal eine Jurisdiktion nicht zu.[19])

Neben den vorgedachten ordentlichen Gerichten bestand eine große Reihe besonderer Gerichte theils für gewisse Klassen von Personen (fora specialia personae), theils für gewisse Gattungen von Sachen (fora specialia causae). Besondere Personalgerichte bildeten — abgesehen von den Sondergerichten für die Königliche Familie — die Militärgerichte (für Civil- und Strafsachen der

---

[17]) Starke S. 6; Duesberg S. 12.

[18]) Vgl. a. a. O.

[19]) Patent v. 18. 5. 1748 (C. C. M. 4. S. 55); Entwurf der Tribunals-Ordnung v. J. 1748 als Anhang z. Projekt des Cod. Frider. March.; Reglement v. 30. 11. 1782 Abschn. III §§ 3. 41. (N. C. C. 7 S. 1869, Rabe 1 Abth. 7 S. 298).

Militärpersonen, sowie deren Hausgenossen), die akademischen Senate (für Lehrer, Studenten und sonstige Universitätsverwandte), die Französischen- und Pfälzer- Koloniegerichte, die Gerichte der katholischen Gymnasien in Schlesien für deren Angehörige und die jüdischen Rabbiner und Aeltesten für gewisse Streitigkeiten unter Juden. Die Sondergerichte für bestimmte Sachen waren außerordentlich zahlreich. Hier mögen nur einige Bemerkungen über diejenigen Sondergerichte folgen, welche sich im zweiten Theil der A. G. O. erwähnt finden; es sind dies die Seegerichte[20]), die Bergämter[21]) und die Dorfgerichte[22]).

Als Handels- und Seegerichte existirten das Kommerz- und Admiralitätskollegium zu Königsberg mit dem Wettgericht daselbst und dem See- und Hafengericht zu Pillau, dem Schiffahrts- und Handlungsgericht zu Memel und den Wettgerichten zu Tilsit, Ragnit und Insterburg; ferner das Kommerz- und Admiralitätskollegium zu Danzig, das Wett- und Handlungsgericht ebenda und das Wettgericht zu Elbing; das Seegericht und das Wettgericht zu Stettin; das Seegericht zu Colberg mit dem Seglerhaus. Denselben waren die Handels- und Schiffahrtssachen, einschließlich der hierauf bezüglichen nicht streitigen Gerichtsbarkeit, sowie die Vergehen wider die einschlägigen Polizei- und Strafgesetze zugewiesen, auch hatten sie in der Regel die Handels- und Schiffahrtspolizei zu verwalten. Im Einzelnen war ihr Geschäftskreis für jedes Gericht durch besonderes Reglement bestimmt.[23])

Den Oberbergämtern und der Bergwerks- und Hütten-Administrations-Justiz-Deputation zu Berlin stand nach den alten provinziellen Bergordnungen[24]) die von ihnen als Berggerichten (Bergamts-Justitiarien) geübte Gerichtsbarkeit hinsichtlich aller Rechtssachen zu, welche auf das Bergwerks- und Hütteneigenthum, die Bergpolizei und die einschlägigen Dienstverträge und Dienstvergehen Bezug hatten, sowie die Führung der Berg-Hypothekenbücher (Berg-Gegenbücher), in einzelnen Distrikten auch die persönliche Gerichtsbarkeit über die Bergbeamten und Bergleute.

Wegen der noch jetzt bestehenden Dorfgerichte s. u. § 7 zu II.

Den besonderen Gerichten waren zum Theil auch im Instanzenzuge besondere höhere Gerichte vorgesetzt, zum Theil ging der Instanzenzug an die ordentlichen höheren Gerichte.

Im Uebrigen erscheint ein Eingehen auf die einzelnen Sonder-

---

20) A. G. O. II 1 § 5. 21) A. G. O. Anh. § 425 vor II 3 § 1.

22) A. G. O. II 2 § 8; II 5 §§ 19. 43.

23) Von denselben ist nur das das Wettgericht zu Elbing betreffende v. 10. 9. 1773 (Rabe 1 Abth. 5 S. 25 ff.) veröffentlicht.

24) s. dieselben bei Starke S. 381 Anm. 1 und bei Duesberg S. 15 Anm.*).

gerichte für die Zwecke der vorliegenden Darstellung entbehrlich.[25]) Erwähnt sei nur, daß dieselben häufig (insbesondere für Steuer- und sonstige Finanzsachen, für Polizeisachen u. A.) bei den Verwaltungsbehörden gebildet wurden, so daß ein erheblicher Theil der Justiz von der Verwaltung gehandhabt wurde. Der letzteren, nämlich den Kriegs- und Domänenkammern, stand auch, wie bereits erwähnt, die Aufsicht über die Domänen-Justizämter zu, auch gebührte ihnen die Anstellung der Beamten bei letzteren.

Neben den Gerichten bestanden als Organe der Rechtspflege noch das Fiskalat und die Assistenzräthe, Justizkommissarien und Notare. Die Beamten des Fiskalats (Fiskäle) waren ursprünglich zur Wahrnehmung der Rechte des Fiskus in Civilprozessen bestellt. Später wurde ihr Wirkungskreis erweitert und sie zu Wächtern der Gesetzlichkeit im gerichtlichen Verfahren bestellt, ihnen eine Kontrole der gerichtlichen Geschäftsführung sowie ferner die Anklageerhebung in Regalien- und Steuersachen und die Führung der fiskalischen Untersuchungen übertragen. Die Fiskäle mußten zum Richteramt befähigt sein; sie wurden bei den Landesjustizkollegien angestellt und unterstanden theils der Aufsicht der letzteren, theils der der Generalfiskäle zu Breslau (für Schlesien) und zu Berlin (für die übrige Monarchie).[26])

Die Assistenzräthe und Justizkommissarien waren Beistände der Parteien: die ersteren besoldete Beamte, die durch das Gericht den Parteien zur Prozeßführung zugeordnet wurden, die letzteren öffentlich, aber zur freien Auswahl der Parteien, bestellte Rathgeber, welche nach dem Corpus juris Fridericianum nur für nicht prozessuale Angelegenheiten bestimmt waren, deren Benutzung als Vertreter und Beistände in Prozessen aber bereits durch eine V. v. 20. September 1783 nachgelassen war.

Die Notare waren behufs Aufnahme von Akten der freiwilligen Gerichtsbarkeit öffentlich zur Auswahl der Parteien bestellt und fungirten in Konkurrenz mit den Gerichten, jedoch unter wesentlicher Beschränkung ihrer Zuständigkeit gegenüber den letzteren. Sie mußten regelmäßig eine besondere Prüfung ablegen; im Uebrigen konnte das Notariat sowohl als ausschließliches Amt wie auch den Advokaten (Justizkommissarien) neben der Advokatur verliehen werden.[27])

Die Oberaufsicht über die Rechtspflege, wozu man damals auch die Entscheidung auf alle diejenigen Beschwerden rechnete, welche das

---

[25]) Eine vollständige Darstellung dieser Gerichte s. bei Starke S. 8 f. und bei Duesberg S. 14—19.

[26]) Instr. v. 2. 12. 1763 (N. C. C. 3 S. 341; Rabe 1 Abth. 2 S. 600).

[27]) Instr. v. 11. 7. 1771 (N. C. C. 5 Abth. 1 S. 271). A. L. R. II 17 §§ 50. 51.

Verfahren betrafen und nicht zu den durch Urtheil zu erledigenden Gegenständen gehörten,[28]) stand dem Justiz-Departement des Staatsministeriums (Justiz-Ministerium) zu. Das Justizministerium bestand zur Zeit der A. G. O. aus vier (vorübergehend auch aus fünf) Justizministern, deren erster den Titel eines Großkanzlers und Chefs der Justiz führte. Die Vertheilung der Geschäfte unter die Minister erfolgte theils nach Provinzen, theils nach Gegenständen, so daß in der Regel jeder Justizminister die Angelegenheiten einiger Provinzen, außerdem aber gewisse Angelegenheiten für den ganzen Staat (Spezial-Departements) zu verwalten hatte. In letzterer Hinsicht standen dem Großkanzler die Generalien, insbesondere die Aufsicht über den Geschäftsbetrieb, sowie die Anstellungs- und Besoldungssachen und die Finanz-Justizsachen zu. Die Justizminister traten auch behufs kollegialischer Berathung zum Justiz-Staatsrath zusammen.[29])

Unter dem Großkanzler stand die Gesetzeskommission, welche neben ihrer Aufgabe als Beirath in der Gesetzgebung (A. L. R. Einl. §§ 7—9), über den Sinn zweifelhaft befundener Gesetze auf Anfrage der Gerichte zu entscheiden hatte.[30]) Sie bestand aus zwei Deputationen, der Justiz- und Finanz-Deputation, jede unter einem Direktor, und hatte den Großkanzler zum Chefpräsidenten.[31])

Wegen der Immediat-Justiz-Examinationskommission s. A. G. O. III 4 § 26.

Ohne Einfluß auf die preußische Gerichtsverfassung waren, obwohl der größere Theil des damaligen preußischen Staates einen Bestandtheil des Deutschen Reiches bildete, die alten deutschen Reichsgerichte, insbesondere das Reichskammergericht. Die den preußischen Landen ertheilten unbeschränkten privilegia de non appellando hatten die regelmäßige Gerichtsbarkeit der Reichsgerichte außer Wirksamkeit gesetzt. Im Prinzip blieb zwar noch eine Anrufung der Reichsgerichte in den Fällen verweigerter Justiz oder unheilbarer Nichtigkeiten bestehen, thatsächlich war aber auch diese Anrufung bedeutungslos geworden. Die alten deutschen Reichsgerichte finden deshalb weder im A. L. R. noch in der A. G. O. irgend eine Erwähnung mehr.

---

[28]) Vgl. A. G. O. III 1 § 13.

[29]) Das Nähere s. bei Starke S. 428 ff. und bei Stölzel II S. 298. 306 ff. 313 ff.

[30]) A. L. R. Einl. §§ 47. 48.

[31]) K. O. v. 14. 4. 1780 u. Patent v. 29. 5. 1781 (N. C. C. Bd. 6 S. 1935; Bd. 7 S. 337; Rabe 1 Abth. 6 S. 439 u. 506).

§ 2. Die Stellung der A. G. O. zur bisherigen Gerichtsverfassung.

Die A. G. O. hat die vorgefundene Justizverfassung fast ganz unberührt gelassen. Der dritte Theil derselben[1]) enthält nur wenige, meist an das Bestehende sich anschließende Grundzüge der Gerichtsverfassung. Was zunächst die Untergerichte betrifft, so steht die A. G. O. der Frage, ob dieselben einzelrichterlich oder kollegialisch zu formiren sind, völlig indifferent gegenüber. Sie begnügt sich damit, den Begriff des Untergerichts, sowie zwei Klassen von Untergerichten festzustellen und einige meist das Verfahren betreffende Unterschiede unter denselben festzustellen.[2]) Betreffs der Landesjustizkollegien finden sich zwar etwas eingehendere Vorschriften über Besetzung, Geschäftseintheilung und dgl. An der Grundlage einer Gerichtsverfassung, der Regelung der Kompetenz der Gerichte, fehlt es dagegen fast vollständig. Sowohl betreffs der Untergerichte als der Landesjustizkollegien blieb es dieserhalb regelmäßig bei der bisherigen Verfassung.[3]) Ueber die Verhältnisse der besonderen Gerichte verbreitet sich die A. G. O., abgesehen von einzelnen gelegentlichen Erwähnungen derselben, gar nicht, ebenso wenig über die des Obertribunals. Dagegen hat die A. G. O. im Th. III Tit. 7 eine vollständige Neuregelung des Justizkommissariats und Notariats vorgenommen, aus der hier hervorgehoben sei, daß die Assistenzräthe durch Nichtaufnahme des Instituts beseitigt worden sind und daß das Notariat ausschließlich den Justizkommissarien vorbehalten worden ist.

§ 3. Die Veränderungen in der Justizverfassung von der A. G. O. bis zum Jahre 1848.[1*])

In der vorgedachten Periode hat der Territorialbestand des preußischen Staates wiederholt gewechselt; hier kommt nur dasjenige jetzige Staatsgebiet in Betracht, in welchem die A. G. O. galt.[2*]) In diesen Landestheilen hat nun zwar die Justizverfassung in obiger Zeit eine außerordentlich große Zahl von Veränderungen erfahren, theils wegen innerer Reformen, theils aus Anlaß der Wiedervereinigung der unter französischer Herrschaft abgetrennten Gebiete. Ein Eingehen auf diese Veränderungen in ihren Einzelheiten liegt indessen außerhalb der Zwecke der vorliegenden Darstellung; für die letzteren genügt die Hervorhebung des Folgenden.

---

[1]) Vgl. über die Eintheilung der A. G. O. das Publ.-Patent zu letzterer Anm. 1.

[2]) A. G. O. III 8 §§ 1 ff. I 25 §§ 3 ff.

[3]) A. G. O. III 1 §§ 2. 3.

[1*]) Starke S. 11—30; Duesberg S. 22—39.

[2*]) Vgl. Publ.-Patent z. A. G. O. Anm. 2.

In den Immediatstädten wurde in Folge der Einführung der Städteordnung vom 19. November 1808 die Rechtspflege von den Magistraten getrennt und damit die Gerichtsbarkeit der Städte aufgehoben. Dieselbe wurde besonderen Königlichen Behörden (Stadtgerichten) übertragen, so daß die Privatgerichtsbarkeit nur noch für die Mediatstädte, wo sie übrigens zum Theil auch aufgehoben wurde, und für das platte Land bestehen blieb. Es wurde ferner häufig eine Vereinigung der für das Land bestehenden Domänen-Justizämter mit benachbarten Stadtgerichten oder mehrerer Domänen-Justizämter unter einander ausgeführt; die so vereinigten Behörden hießen im ersteren Falle Land- und Stadtgerichte, im letzteren Falle Landgerichte. Die Land- und Stadtgerichte erhielten meistens eine kollegialische Einrichtung.

Durch die V. wegen verbesserter Einrichtung der Provinzialbehörden v. 26. Dezember 1808 wurde die Rechtspflege, insoweit sie bisher bei den Landespolizei- und Finanzbehörden beruhte[3]), den Gerichten übertragen, auch die Domänen-Justizämter von der Unterordnung unter die Verwaltungsbehörden befreit und lediglich den Landesjustizkollegien unterstellt.[4]) Dagegen wurden die Landeshoheitssachen (mit Ausnahme der Lehnssachen) sowie die evangelischen Konsistorialsachen den Gerichten abgenommen und den Provinzialverwaltungsbehörden übertragen. Die letzteren erhielten nunmehr die Bezeichnung „Regierungen", während die Landesjustizkollegien mit Ausnahme des Kammergerichts, das seinen bisherigen Namen beibehielt, durchweg die Bezeichnung „Oberlandesgerichte" annahmen.[5]) Die Kompetenz der letzteren wurde erweitert durch Uebertragung eines Theils der bisher vor das Obertribunal gewiesenen Revisionen an die Oberlandesgerichte, unter denen zu diesem Behufe ein besonderer Instanzenzug regulirt wurde.[6]) Die Einrichtung von Kriminalkollegien mit besonderen Kriminalräthen wurde beseitigt; statt derselben wurden bei den größeren Gerichten besondere, nur aus Gerichtsmitgliedern bestehende Kriminalsenate gebildet.[7]) Die Einrichtung der Kreisjustizräthe und Inquisitoriate wurde weiter ausgedehnt.

---

[3]) s. o. S. 7.

[4]) Vgl. G. S. 1806—1810 S. 464. Die Provinzial-Verwaltungsbehörden erhielten indessen in allen Angelegenheiten ihres Ressorts das Recht, den Untergerichten Aufträge zu ertheilen. K. O. v. 31. 12. 1825 (G. S. 1826 S. 5) zu XII b.

[5]) Das Tribunal des Königreichs Preußen wurde später als eine selbstständige, über dem Oberlandesgericht stehende Behörde organisirt. Regulativ v. 11. 8. 1832 (G. S. S. 208).

[6]) V. v. 13. 3. 1803 (N. C. C. 11 S. 1431; Rabe 7 S. 318).

[7]) Publikandum wegen verbesserter Organisation der Kriminalkollegien v. 14. 1. 1805 (Rabe 8 S. 236). Kriminalordnung v. 11. 12. 1805.

In Folge des Tilsiter Friedens war indessen das preußische Staatsgebiet, für welches die vorstehenden Reformen in Kraft gesetzt waren, erheblich verkleinert worden. Als demnächst in Folge des Pariser Friedens und der Wiener Kongreßbeschlüsse die abgetrennten Gebiete zum größten Theile mit Preußen wieder vereinigt wurden, wurde die Justizverfassung für dieselben provinziell verschieden, jedoch in mehr oder minderem Anschluß an die in der Zwischenzeit vorgenommenen Reformen neu geregelt.[8]) Nur die Provinz Posen erhielt eine völlig verschiedene Gerichtsverfassung, welche unten noch zu erwähnen sein wird.

Daß die Auflösung des deutschen Reiches an sich auf die preußische Gerichtsverfassung ohne Einfluß blieb, ist bereits aus früher Gesagtem (S. 8) ersichtlich. Indessen brachte dieses und die späteren politischen Ereignisse eine Anzahl früherer Reichsfürsten und Grafen durch Einverleibung ihrer Gebiete unter preußische Souveränetät (sog. Mediatisirte). Diesen früheren Reichsständen wurde durch die deutsche Bundes-Akte (Art. XIV) eine besonders bevorzugte Stellung zugesichert. Demgemäß wurde ihnen durch die K. O. v. 21. Juni 1815 (G. S. S. 105) und die Instruktion vom 30. Mai 1820 (G. S. S. 81) §§ 39—44 die Ausübung der Gerichtsbarkeit erster und unter Umständen auch zweiter Instanz eingeräumt; doch wurden auch die standesherrlichen Obergerichte der Aufsicht der Oberlandesgerichte unterstellt. Wegen des den früher reichsständischen Familien für ihre Personen eingeräumten besonderen Gerichtsstandes s. unten Abschn. IV Nr. 10.

Die V. über den Mandats-, summarischen und Bagatellprozeß vom 1. Juni 1833 (G. S. S. 37) begann das Einzelrichteramt auch in die Verfassung der kollegialischen Gerichte einzuführen, indem sie auch bei letzteren besondere Kommissare zur Entscheidung der Bagatellsachen einführte (§ 67).

Das Geheime Obertribunal wurde durch K. O. v. 19. Juli 1832 (G. S. S. 192) in drei Senate von mindestens je sieben Mitgliedern getheilt. Durch die K. O. vom 1. August 1836[9]) wurden Behufs Erhaltung der Rechtseinheit Plenarentscheidungen zur Lösung widersprechender Ansichten der Senate eingeführt. Die Kompetenz des Geheimen Obertribunals wurde durch die oben erwähnte V. v. 13. März 1803[10]) eingeschränkt, später aber durch die V. v. 1. Juni 1833 (§ 26) auf das gesammte Rechtsmittel der Revision

---

[8]) Vgl. das Nähere bei Starke S. 19—26.

[9]) G. S. S. 218; s. auch V. v. 21. 7. 1846 § 25, welcher später durch § 3 des G. v. 26. 3. 1855 wieder aufgehoben worden ist. Die betreffenden Grundsätze sind im Wesentlichen für die ganze spätere Thätigkeit des Obertribunals maßgebend geblieben und bilden die Vorläufer des § 137 des G. V. G.

[10]) s. Anm. 6.

und Nichtigkeitsbeschwerde ausgedehnt, blieb indessen überall auf streitige Civilsachen beschränkt.

Die besonderen Gerichte sind in dieser Periode einer erheblichen Verminderung unterworfen worden. Nachdem schon vorher einzelne Reformen dieserhalb durchgeführt waren,[11]) nahm eine (nicht publizirte) K. O. v. 21. Januar 1808 die Beseitigung aller Sondergerichte in Aussicht. In Folge hiervon und der erwähnten V. v. 26. Dezember 1808 wurden die Gerichte für besondere Klassen von Sachen (fora specialia causae) größtentheils aufgelöst. Bestehen blieben: die katholischen geistlichen Gerichte, die Handels- und Schiffahrtsgerichte und die Dorfgerichte.[12]) Von den besonderen Personalgerichten, deren inzwischen übrigens auch neue errichtet waren[13]), wurden die Französischen- und Pfälzer-Koloniegerichte und die Gerichtsbarkeit der jüdischen Rabbiner und Aeltesten beseitigt.[14]) Die Militär- und akademischen Gerichte blieben zwar bestehen, wurden aber reformirt und erheblich eingeschränkt; die Militärgerichtsbarkeit insbesondere auf Strafsachen und auf die Militärpersonen selbst, die akademische Gerichtsbarkeit auf die Personen der Studenten beschränkt, bei letzteren auch die sachliche Zuständigkeit bedeutend verringert.[15])

Die bestehen gebliebenen Handels- und Schiffahrts- (See-) Gerichte wurden übrigens gleichfalls vielfachen Reformen unterworfen, deren Abschluß der war, daß nur die Kommerz- und Admiralitäts-Kollegien zu Königsberg und Danzig und die (im Jahre 1800 eingerichtete) Schiffahrts-Kommission zu Swinemünde sowie das Seglerhaus zu Colberg bestehen blieben, während an einigen anderen Orten bei den Land- und Stadtgerichten bald besondere Merkantil-Deputationen eingerichtet, bald einige kaufmännische Mitglieder behufs Zuziehung in Handels- und Schiffahrtssachen angestellt wurden. Die Schiffahrts-Kommission zu Swinemünde sowie das Seglerhaus zu Colberg gingen schließlich gleichfalls ein.[16]) Das G. v. 3. April 1847 ordnete die allgemeine Einführung von Handelsgerichten für verkehrsreiche Orte an, ist aber unausgeführt geblieben.

---

[11]) V. (wegen d. Urbarien-Kommissionen) v. 31. 12. 1799 (Rabe 5 S. 685).

[12]) Vgl. Starke S. 15; Duesberg S. 26.

[13]) Starke S. 153 ff.

[14]) K. O. v. 30. 10. 1809 u. R. v. 8. 1. 1810 (Rabe 10 S. 170. 245). Ed v. 11. 3. 1812 § 30 (G. S. S. 17).

[15]) Militärgerichte: K. O. v. 19. 7. 1809; R. v. 21./8., 15./9. u. 20./10. 1809 (G. S. S. 579. 581; Rabe 10 S. 121. 136. 163). V. v. 24. 9. 1812 (G. S. S. 182). K. O. v. 4. 6. 1822 (G. S. S. 209). R. v. 24. 2. 1829 (Jahrb. 33 S. 139). — Akademische Gerichtsbarkeit: Regl. v. 28. 12. 1810 (G. S. S. 142) u. v. 18 11. 1819 (G. S. S. 238).

[16]) Vgl. das Nähere bei Starke S. 13. 16. 28. 399—407 u. wegen des Seglerhauses J. M. Bl. 1840 S. 2. Die Handelsgerichte sowie die Merkantil-Deputationen waren mit Juristen und Laien besetzt.

Andrerseits wurden indessen mehrfach besondere Gerichte theils neu theils wieder eingerichtet. Die wichtigsten sind die noch heute bestehenden Generalkommissionen zur Regulirung der gutsherrlichen und bäuerlichen Verhältnisse und zur Entscheidung der hierbei vorkommenden Rechtsstreitigkeiten nach dem Edikt v. 14. September 1811 mit den Revisions-Kollegien als zweiter Instanz;[17]) aus letzteren ist das heutige Oberlandeskulturgericht hervorgegangen. — Für die Bergwerks- und Hüttensachen wurden im Jahre 1816 bei den Bergämtern besondere Berggerichte mit einem Bergrichter wieder eingerichtet.[18]) — Auf Grund der bezüglichen Vereinbarung der Uferstaaten ist die Einrichtung von Elb-, Weser- und Rheinzollgerichten für Streitigkeiten und Kontraventionen erfolgt.[19]) — Endlich wurden in den Jahren 1815 und 1829 an einzelnen Orten besondere Fabrikengerichte für Streitigkeiten der Fabrikherren unter sich und mit ihren Arbeitern eingeführt.[20])

Die Institution des Fiskalats ging in dieser Periode ohne ausdrückliche gesetzliche Aufhebung thatsächlich ein, indem durch eine (nicht publizirte) K. O. v. 10. März 1809 die Wiederbesetzung der erledigten Fiskalatstellen untersagt wurde.[21]) Dagegen fallen in das Ende dieser Periode bereits die Anfänge des Instituts der Staatsanwaltschaft.[22])

Die Justizkommissarien und Notare erhielten eine korporative Organisation durch die V. über Bildung eines Ehrenrathes v. 30. April 1847 (G. S. S. 196) und das Notariat eine erhebliche Kompetenzerweiterung durch das G. über die Form einiger Rechtsgeschäfte v. 11. Juli 1845 (s. u. Abschn. IV Nr. 6).

Durch die K. O. v. 13. Dezember 1826 und das Reglement v. 7. September 1827 wurde in der Provinz Preußen auf Antrag der dortigen Stände das Institut der Schiedsmänner als ein Ehrenamt zum Behufe der Schlichtung von Streitigkeiten auf freiwilligen Antrag eingerichtet. Das Institut ist demnächst in den

---

[17]) G. v. 14. 9. 1811 § 59 (G. S. S. 281). Dekl. v. 29. 5. 1816 §§ 103 bis 110 (G. S. S. 154). V. v. 20. 6. 1817 (G. S. S. 161) u. v. 29. 11. 1819 (G. S. S. 251). G. v. 7. 6. 1821 (G. S. S. 83) u. V. v. 30. 6. u. 29. 7. 1834 (G. S. S. 93 u. 96).

[18]) Ed. v. 21. 2. 1816 (G. S. S. 104). Vgl. auch K. O. v. 6. 7. u. 12. 10. 1837 (G. S. S. 134. 147.)

[19]) Elbschiffahrtsakte v. 23. 6. 1821 (G. S. S. 9); Weserschiffahrtsakte v. 10. 9. 1823 (G. S. 1824 S. 25); Rheinschiffahrts-Ordnung v. 31. 3. 1831 (G. S. S. 119). V. v. 30. 6. 1834 (G. S. S. 136).

[20]) Starke S. 26, Duesberg S. 32.

[21]) Starke S. 18; vgl. A. G. O. III 6 Anm. 1.

[22]) V. v. 28. 6. 1844 (G. S. S. 184) §§ 4—8 für Ehesachen u. G. v. 17. 7. 1846 (G. S. S. 267) § 2 für das Strafverfahren beim Kammergericht und dem Kriminalgericht zu Berlin.

Jahren 1832—1834 auch in die Provinzen Brandenburg, Schlesien, Sachsen und Pommern eingeführt worden.

Die Provinz Posen (damals Großherzogthum Posen genannt) erhielt, wie bereits erwähnt, nach Wiedervereinigung ihres Gebiets mit dem preußischen Staate eine von den übrigen Provinzen völlig abweichende, im Anschluß an die vorgefundene französische Einrichtung geregelte, Gerichtsverfassung. Danach wurde die Justiz von Friedensgerichten (Einzelrichtern), Landgerichten und dem Oberappellationsgerichte gehandhabt; die Einrichtung der Inquisitoriate wurde indessen auch hier eingeführt. Das Oberappellationsgericht bildete den höchsten Gerichtshof für die ganze Provinz, über welche dem Geheimen Obertribunal keine Jurisdiktion zustand.[23]) Die Patrimonialgerichtsbarkeit und der eximirte Gerichtsstand fanden nicht statt; anderweite Privatgerichtsbarkeit nur in sehr beschränktem Umfange. Durch die V. v. 16. Juni 1834 (G. S. S. 75) erhielt indessen diese Gerichtsverfassung eine völlige Umgestaltung. Neben den Inquisitoriaten wurden eingesetzt: Land- und Stadtgerichte als Gerichte erster Instanz, zwei Oberlandesgerichte als theils erst- theils zweitinstanzliche Gerichte, das Oberappellationsgericht als Gericht lediglich zweiter Instanz, während dem Geheimen Obertribunal die Revisions- und Nichtigkeitsbeschwerden auch für die Provinz Posen übertragen wurden.[24])

Das Justizministerium erhielt bereits zu Anfang dieser Periode eine Neuorganisation. Durch eine K. O. v. 25. November 1808[25]), das Publikandum v. 16. Dezember 1808[26]) und die V. v. 27. Oktober 1810 (G. S. S. 18) wurde an Stelle der mehreren Justizminister deren einer gesetzt.[27]) Von 1832—1848 haben indessen wiederum zwei Justizminister existirt, der eine hauptsächlich für die Gesetzesrevision, der andere hauptsächlich für die Verwaltung.[28]) Durch den A. E. v. 1. September 1848 (J. M. Bl. 1848 S. 329) sind die beiden Ministerien wieder vereinigt worden. Die erwähnte V. v. 27. Oktober 1810 stellte zugleich den Geschäftskreis des Justizministers fest. Derselbe begreift im Wesentlichen die Oberaufsicht über die Rechtspflege, die Anstellung der Justizbeamten und die Vorbereitung der in das Gebiet der Rechtspflege einschlagenden Gesetze sowie die Bearbeitung der Lehnssachen und

---

[23]) V. v. 9. 2. 1817 (G. S. S. 37).

[24]) Vgl. das Nähere bei Starke S. 176—200.

[25]) Abgedruckt bei Simon, das Preußische Staatsrecht, Breslau 1844, Bd. I S. 88.

[26]) Rabe 4 S. 384.

[27]) Vgl. Starke S. 430. Stölzel II S. 386 f. 402.

[28]) K. O. v. 6. 2. 1832 (G. S. S. 15) u. v. 17. 12. 1838 (G. S. 1839 S. 12). Vgl. Starke S. 430 f. Stölzel II S. 502 ff.

die rechtliche Begutachtung der Angelegenheiten des Königlichen Hauses. Hinsichtlich der Einwirkung des Justizministers auf die Rechtspflege bestimmte die K. O. v. 6. September 1815 (G. S. S. 198), daß die Gerichte bei der Entscheidung durch Erkenntnisse nur den Gesetzen unterworfen sein sollen, in denjenigen Gegenständen dagegen, welche nicht zu den Entscheidungen durch Urtheil und Recht zu zählen sind, den Anordnungen des Chefs der Justiz nachzukommen haben.[29]) Die V. v. 21. Juli 1846 (§§ 34—37) verwies indessen in Civilprozessen alle Beschwerden über das Verfahren ausschließlich an die vorgesetzten Gerichte und behielt den Aufsichtsbehörden lediglich die Beschwerden über die Disciplin, den Geschäftsbetrieb oder Verzögerungen vor. — Die K. O. v. 24. August 1837 (G. S. S. 143) stellte die Befugniß des Justizministers zur selbstständigen Abänderung von Geschäftsinstruktionen, auch wenn die letzteren auf Königlicher Verordnung beruhten, fest.[30])

Die Gesetzkommission ist, nachdem die Anfragen der Gerichte an dieselbe bereits durch die K. O. v. 8. März und das R. v. 21. März 1798[31]) beseitigt worden waren, eingegangen, ohne daß ein spezieller Aufhebungsakt bekannt geworden wäre.[32])

Endlich sei noch erwähnt, daß durch G. v. 8. April 1847 ein besonderer „Gerichtshof zur Entscheidung der Kompetenzkonflikte" für positive wie negative Konflikte dieser Art zwischen Gerichten und Verwaltungsbehörden eingesetzt worden ist.

---

[29]) Vgl. zur Kritik dieser Verordnung Stölzel II S. 432 ff. 684.

[30]) Diese Befugniß des Justizministers erscheint nach dem Inhalte der K. O. auf Königlich genehmigte Instruktionen nur dann anwendbar, wenn dieselben vor der V. v. 27. 10. 1810 erlassen sind. Ist unter der Herrschaft der letzteren V. zu einer Geschäftsinstruktion die Königliche Genehmigung nachgesucht und ertheilt, so erscheint die Abänderung gleichfalls an die Königliche Genehmigung gebunden. Von selbst versteht sich, daß geschäftsinstruktionelle Vorschriften, die nach Emanation der Verfassung in einem Gesetze erlassen sind (vgl. z. B. Not. G. v. 15. 7. 1890 § 10), auch nur im Gesetzgebungswege geändert werden können.

[31]) N. C. C. 10 S. 1009; Rabe 5 S. 86; vgl. Anh. § 2 z. Einl. z. A. L. R.

[32]) Das Publikandum v. 16. 12. 1808 betr. die veränderte Verfassung der obersten Staatsbehörden (§ 15) nahm ihre Neuorganisation in Aussicht, die aber nicht erfolgt ist. Vielmehr geht die V. wegen Einführung des Staatsraths v. 20. 3. 1817 (G. S. S. 129) zu Nr. 7 von der Annahme einer bereits erfolgten Aufhebung der Gesetzkommission aus. Die später durch die K. O. v. 28. 2. u. 8. 4. 1842 (J. M. Bl. S. 182—184) angeordnete und durch den oben citirten A. E. v. 1. 9. 1848 wieder aufgelöste Gesetzkommission diente lediglich der geplanten Revision der allgemeinen Gesetzbücher.

§ 4. Die Gerichtsorganisation von 1849.[1])

Die Reformbestrebungen des Jahres 1848 führten auch zu einer durchgreifenden Aenderung der Gerichtsverfassung, welche durch die V. v. 2. Januar 1849 mit dem G. v. 26. April 1851 angeordnet wurde.[2]) Hierzu trat für den Strafprozeß noch die V. v. 3. Januar 1849 (G.S.S. 14) mit dem G. v. 3. Mai 1852 (G.S.S. 209) welche neben der Regelung des Strafprozesses auch gerichtsorganisatorische Vorschriften für Strafsachen enthielten. Die Reform gehört zu den bedeutendsten, welche die preußische Gerichtsverfassung je erfahren hat; die hier geschaffene Organisation hat bis zur Einführung der Reichsjustizgesetze die Grundlage der altpreußischen Gerichtsverfassung gebildet. Die Bedeutung der Reform besteht wesentlich darin, daß für den ganzen Staat mit Ausschluß des Appellhofes zu Cöln (Geltungsbereich des rheinischen Rechts) eine einheitliche Organisation geschaffen wurde und ferner darin, daß der bisherigen Zersplitterung der Justiz sowohl nach ihren Subjekten (den verschiedenen Privatgerichtsbarkeiten) als nach ihren Objekten (den verschiedenen Privilegien und Exemtionen von der ordentlichen Gerichtsbarkeit) ein Ende gemacht und an deren Stelle einfache, allgemein gültige Normen gesetzt wurden. Demgemäß wurde jede Art von Privatgerichtsbarkeit sowie die Exemtion von der ordentlichen Gerichtsbarkeit beseitigt, die erstere ohne alle Ausnahme, die letztere mit nur wenigen, unten zu erwähnenden Ausnahmen.[3]) Die Gerichtsbarkeit wurde in allen Instanzen ausschließlich durch Königliche Gerichte gehandhabt und zwar in erster Instanz durch Kreisgerichte, in zweiter Instanz durch Appellationsgerichte, in dritter und letzter Instanz durch das Obertribunal. Der Grundsatz der K. O. v. 6. September 1815 über die Befugniß des Justizministers, die Gerichte mit materiellen Anweisungen zu versehen, welcher für Prozeßsachen bereits früher aufgegeben war,[4]) wurde auch für die nicht streitige Gerichtsbarkeit verlassen durch die auch für diese getroffene Festsetzung, daß die gerichtlichen Entscheidungen lediglich im Wege

---

[1]) Vgl. Koch, Der preußische Civilprozeß, Berlin 1855 S. 115 ff. Jahrbuch der preußischen Gerichtsverfassung, Jahrgang 1851 S. 3 27. Zur Entstehungsgeschichte dieser Gerichtsverfassung s. Stölzel II S. 643 ff., 655 ff.

[2]) Die V. v. 2. 1. 1849 (G. S. S. 1) ist vom König allein auf Grund der Verordnungsbefugniß des Art. 105 (jetzt Art. 63) der Verf.-Urkunde erlassen worden. Die Kammern haben bei nachträglicher Genehmigung dieser Verordnung mehrere Abänderungen verlangt, welche durch das G. v. 26. 4. 1851 (G. S. S. 181) zu Stande gekommen sind.

[3]) Die Unzulässigkeit der Privatgerichtsbarkeit ist in Preußen zum Verfassungsgrundsatz erhoben worden. Verf.-Urkunde Art. 86.

[4]) s. o. S. 15.

des ordentlichen Rechtsmittels bei dem vorgesetzten Appellationsgericht angefochten werden können. Nur für die wenigen, den Appellationsgerichten in erster Instanz vorbehaltenen Angelegenheiten blieb der frühere Grundsatz weiter in Geltung.[5])

Die Kreisgerichte wurden für Bezirke von ungefähr 40 000 bis 70 000 Einwohnern, möglichst im Anschluß an die ländlichen Kreise, eingerichtet und erhielten — abgesehen von sehr wenigen den Appellationsgerichten vorbehaltenen Angelegenheiten (s. u. S. 20) — die unbeschränkte Zuständigkeit für Civil und Strafsachen. Ihre Verfassung[6]) beruhte auf einer Verbindung des Kollegialprinzips mit dem des Einzelrichteramtes. Jedes Kreisgericht bildete ein Kollegium und bestand aus einem Direktor und einer Anzahl[7]) von Kreisrichtern (Kreisgerichtsräthen). Es zerfiel in zwei Abtheilungen, von denen die erste die streitige, die zweite die nicht streitige Gerichtsbarkeit handhabte.[8]) In der einen Abtheilung (gewöhnlich der ersten) führte der Direktor, in der anderen ein vom Justizminister aus der Zahl der Mitglieder ernannter „Abtheilungs-Dirigent" den Vorsitz.[9]) Für gewisse Angelegenheiten traten beide Abtheilungen zu einem Plenum zusammen; solche Sitzungen sollten monatlich einmal stattfinden.[10])

War das Gericht mit einer größeren Zahl von Mitgliedern besetzt, so konnten innerhalb der ersten Abtheilung besondere mit je drei Mitgliedern besetzte Deputationen zur Erledigung der im mündlichen Verfahren zu behandelnden Civil- und Strafprozesse sowie gewisser anderer Entscheidungen in Strafsachen gebildet werden. Neben diesen blieb aber die vereinigte erste Abtheilung

---

[5]) V. v. 2. 1. 1849 § 35.

[6]) Vgl. für dieselbe außer den in Anm. 2 citirten Gesetzen das Geschäftsregulativ für die Gerichte erster Instanz v. 18. 7. 1850 (J. M. Bl. S. 232).

[7]) Die Mindestzahl betrug regelmäßig fünf, ausnahmsweise vier. V. v. 2. 1. 1849 § 19. Häufig war die Zahl aber sehr viel größer.

[8]) V. v. 2. 1. 1849 § 20; Geschäftsregulativ § 7. Die Trennung der Gerichtskörper je nach der Befassung mit streitiger oder nicht streitiger Gerichtsbarkeit war eine Neuerung. Nach der A. G. O. wurden beiderlei Funktionen von denselben Kollegien wahrgenommen, was zur Folge hatte, daß auch die betreffenden Prozeduren nicht immer getrennt gehalten wurden; vgl. unten Abschn. III Nr. 3—5. — Als im Jahre 1862 das Handelsregister eingerichtet wurde, übertrug man übrigens inkonsequenter Weise dessen Führung den ersten Abtheilungen. Instr. v. 12. 12. 1861 (J. M. Bl. S. 329) § 1.

[9]) Hatte das Gericht nur fünf Mitglieder einschließlich des Direktors, so führte der letztere in beiden Abtheilungen den Vorsitz.

[10]) Geschäftsregulativ § 5. Es gehörten hierher Differenzen der beiden Abtheilungen über ihre Kompetenz, im Uebrigen nur Verwaltungssachen. In Folge der geringen Zahl der dem Plenum überwiesenen Sachen sind bei manchen Kollegien die regelmäßigen Plenarsitzungen im Laufe der Zeit in Vergessenheit gekommen.

des Gerichts als eine Zusammenfassung sämmtlicher hierzu gehörigen Richter für alle sonst zu erlassenden Entscheidungen bestehen.[11]) Innerhalb der ersten Abtheilung wurden ferner Einzelrichter zur selbstständigen Erledigung gewisser Angelegenheiten, namentlich der Bagatellprozesse, der Injuriensachen, des Vorverfahrens in Strafsachen (Untersuchungsrichter) sowie der Polizeiübertretungen und anderer geringfügiger Strafsachen bestellt. Ihre Abordnung geschah durch den Direktor auf die Dauer eines Geschäftsjahres, so daß dieselben Mitglieder bald eine einzelrichterliche, bald eine kollegiale Thätigkeit, zum Theil auch beide Thätigkeiten neben einander zu üben hatten. Diese Einzelrichter (Kommissarien) galten als Beauftragte des Kollegiums, dessen Mitglieder sie blieben und in dessen Namen sie als handelnd gedacht wurden. Insoweit sie auf Grund mündlicher Verhandlung zu entscheiden hatten, konnte freilich das Kollegium eine Einwirkung auf ihre Entscheidung nicht üben. Für die von ihnen sonst zu erlassenden Verfügungen aber zeigte sich ihre Eigenschaft als bloße Beauftragte des Kollegiums darin, daß sowohl der Direktor (Abtheilungs-Dirigent) als die Kommissarien selbst befugt waren, jede ihnen dazu geeignet erscheinende Sache zur Entschließung des Kollegiums zu bringen und daß die Einholung einer solchen Entschließung obligatorisch vorgeschrieben war, wenn eine Partei gegen eine einzelrichterliche Verfügung eine Gegenvorstellung erhob.[12]) — Die nicht den Kommissarien zugewiesenen richterlichen Geschäfte wurden durch das Kollegium erledigt.[13])

---

[11]) Bei großen Gerichten konnte dieselbe in Wegfall kommen und dafür eine besondere, aus mindestens fünf Mitgliedern bestehende Deputation gebildet werden. Geschäftsregulativ § 15. Soviel bekannt, wurde von dieser Befugniß nur bei den Stadtgerichten Gebrauch gemacht.

[12]) V. v. 2. 1. 1849 § 20. Geschäftsregulativ §§ 13, 16.

[13]) Eine durchgängige kollegialische Berathung jeder einzelnen zu treffenden Entschließung erfolgte nur, wenn auf Grund mündlicher Verhandlung zu entscheiden war und wohl auch regelmäßig dann, wenn das Gesetz ausdrücklich einen „Beschluß" des Gerichts erforderte. Bei den sonst zu erlassenden Verfügungen wurde das Kollegialprinzip in der Weise gehandhabt, daß einem Mitglied des Gerichts die Bearbeitung der Sache übertragen wurde (Dezernent) und daß letzterer die ihm unbedenklich scheinenden Verfügungen unter Mitzeichnung des Direktors (Dirigenten) und unter der Firma des Kollegiums erließ. Zur kollegialischen Beschlußnahme gelangten nur Sachen, die der Dezernent für zweifelhaft hielt oder die der Direktor zum Vortrag schrieb oder für welche im Geschäftsregulativ der Vortrag ausdrücklich vorgeschrieben war. V. v. 2. 1. 1849 § 20 Abs. 4. Geschäftsregulativ § 10. — Bei einzelnen Gerichten ist übrigens im Laufe der Zeit die Gegenzeichnung durch den Direktor für nicht vorgetragene Sachen in weitem Umfange außer Uebung gekommen und so dem Dezernenten ein noch größeres Uebergewicht verschafft worden.

Verhandlungen mit den Parteien erfolgten nur dann vor dem Kollegium, wenn dies im Gesetze besonders vorgeschrieben war. Sonst, wie namentlich bei der Beweisaufnahme im Civilprozeß, der Aufnahme von Akten der freiwilligen

Neben dieser kommissarischen Thätigkeit innerhalb des Gerichtes konnten im Falle des Bedürfnisses an auswärtigen Orten selbstständige „Gerichtskommissionen“ eingerichtet werden. Denselben standen ein oder mehrere vom Justizminister hierzu abgeordnete Einzelrichter vor, welche Mitglieder des Kreisgerichts blieben, insbesondere auch zu dessen Sitzungen im Bedarfsfalle einberufen werden konnten, am Orte ihrer Wirksamkeit aber alle den Kommissarien innerhalb des Gerichts zustehende Gerichtsbarkeit, indessen mit erheblichen Erweiterungen ausübten.[14]) Es konnte auch die Einrichtung getroffen werden, daß drei solcher Einzelrichter periodisch zu Deputationen zusammentraten und gewisse kollegialische Angelegenheiten erledigten. Endlich war es auch zulässig, an auswärtigen Orten „Kreisgerichts-Deputationen“ zu diesem Zwecke ständig einzurichten; dieselben waren mit einem Deputations-Dirigenten und zwei Beisitzern besetzt und bildeten, ebenso wie die periodischen Deputationen, Abtheilungen des Kreisgerichts.[15])

Endlich sind noch die „Gerichtstagskommissionen“ zu erwähnen, welche, aus einem Richter und einem Gerichtsschreiber bestehend, an Orten, an denen kein Gerichtssitz war, zu gewissen Zeiten Gericht abhielten. Die Abhaltung solcher Gerichtstage konnte vom Kreisgericht, von einer Deputation oder einer Kommission aus erfolgen. Die Kompetenz der Gerichtstagskommissionen fiel im Allge-

---

Gerichtsbarkeit, der Erledigung von Requisitionen u. A. geschah die Verhandlung vor einem vom Direktor oder Abtheilungsdirigenten ernannten Richter (Deputirten), der mit dem Dezernenten nicht identisch zu sein brauchte. Der Deputirte hatte mit Ausnahme der Terminsverhandlung keine selbstständige Stellung. Alle Verfügungen auf seine Akte, insbesondere auch die Ausfertigung derselben waren Sachen des Kollegiums.

[14]) V. v. 2. 1. 1849 §§ 21, 22. G. v. 26. 4. 1851 Art. VII. Geschäftsregulativ §§ 20 ff. Danach bearbeiteten die Gerichtskommissionen insbesondere auch fast die ganze nicht streitige Gerichtsbarkeit. Der kollegialischen Beschlußnahme mußten sie ihre Angelegenheiten im Allgemeinen in denselben Maße unterwerfen, wie die innerhalb des Gerichts fungirenden Kommissarien und Dezernenten; die Entscheidung erfolgte auf schriftliche Einsendung der Akten. Einen kollegialischen Verband unter sich bildeten die Kommissarien auch dann nicht, wenn ihrer drei vorhanden waren, was übrigens sehr selten der Fall war. — Die Zahl der Gerichtskommissionen betrug im Jahre 1851 bei 236 Kreisgerichten 517 und im Jahre 1878 bei 234 Kreisgerichten 472. Jahrb. d. preuß. Gerichtsverfassung 1851 S. 4; 1878 S. 8 u. 9.

[15]) V. v. 2. 1. 1849 § 21. G. v. 26. 4. 1851 Art. VII. Geschäftsregulativ §§ 34 ff. J. M. R. v. 8. 10. 1855 (J. M. Bl. S. 334). Die Kompetenz der ständigen Deputation war danach weitergehend als die der periodischen und unterlag übrigens spezieller Regelung bei Einrichtung jeder Deputation. Beide Arten von Deputationen wurden nicht häufig eingerichtet. Im Jahre 1851 gab es im Ganzen 34, im Jahre 1878 fungirten 58 ständige und 21 periodische Deputationen. Jahrb. d. preuß. Gerichtsverfassung 1851 S. 5; 1878 S. 9.

meinen mit der der selbstständigen Gerichtskommissionen zusammen. Die Anordnung der Gerichtstage geschah nach Maßgabe des Bedürfnisses durch das Appellationsgericht mit Genehmigung des Justizministers.[16])

In den Städten Berlin, Breslau, Königsberg, Danzig und Magdeburg waren statt der Kreisgerichte Stadtgerichte eingerichtet; in den beiden letzteren Orten hießen sie, weil sie auch ländliche Jurisdiktion übten, Stadt- und Kreisgerichte. Dieselben waren mit einem Präsidenten und einem Direktor besetzt,[17]) welche dem Direktor und Abtheilungsdirigenten der Kreisgerichte korrespondirten. Im Uebrigen entsprach ihre Verfassung mit Ausnahme einiger Besonderheiten für das Stadtgericht Berlin[18]) der der Kreisgerichte.

Für ein oder mehrere Kreisgerichte wurde ein Schwurgericht behufs Aburtheilung schwerer Delikte eingesetzt.

Wegen der Neuregelung der Befähigung zum Richteramt vgl. A. G. O. III 4 Anm. 1.

Die Appellationsgerichte[19]) traten an die Stelle der bisherigen Oberlandesgerichte und wurden regelmäßig für je einen Regierungsbezirk eingesetzt. Sie bildeten die Beschwerde-, Rekurs- und Appellationsinstanz für die Entscheidungen der Kreisgerichte, und zwar schloß für die gesammte nicht streitige Gerichtsbarkeit und für einzelne Sachen der streitigen Gerichtsbarkeit der Instanzenzug bei ihnen endgültig ab.[20]) Zur erstinstanzlichen Bearbeitung waren ihnen im Wesentlichen nur gewisse Fideikommiß-, Lehns- und Stiftungssachen[21]) sowie die Ertheilung der im Auslande zu gebrauchenden Beglaubigungen und Bescheinigungen[22]) übertragen. Die Appellationsgerichte wurden mit einem Präsidenten, einem

---

[16]) Geschäftsregulativ §§ 38 ff. Im Jahre 1878 wurden an 309 Orten Gerichtstage abgehalten. Jahrb. d. preuß. Gerichtsverfassung 1878 S. 10.

[17]) In Berlin fungirten drei Direktoren, s. Anm. 18.

[18]) Wegen des Stadtgerichts Berlin vgl. V. v. 2. 1. 1849 § 20 Abs. 5; die betreffende Instruktion ist amtlich nicht publizirt. Das Gericht zerfiel in drei Abtheilungen (für Civilsachen, für Vormundschaftssachen nnd für Untersuchungssachen), deren jeder ein Direktor vorstand. Vgl. Jahrb. d. preuß. Gerichtsverf. 1851 S. 69.

[19]) Vgl. wegen deren Verfassung außer den Organisationsgesetzen das Geschäftsregulativ für die Appellationsgerichte v. 17. 9. 1850 (J. M. Bl. S. 332). Das Kammergericht und der Justizsenat zu Ehrenbreitstein fungirten unter Beibehaltung ihrer bisherigen Benennungen als Appellationsgerichte. V. v. 2. 1. 1849 § 25. G. v. 26. 4. 1851 Art. X. Dem Appellationsgericht zu Königsberg ist später der Name „Ostpreußisches Tribunal“ beigelegt worden. A. E. v. 25. 10. 1856 (G. S. S. 943).

[20]) V. v. 2. 1. 1849 §§ 25. 35.

[21]) V. v. 2. 1. 1849 § 25 Nr. 4.

[22]) Ebenda Nr. 5 in Verbindung mit der Instr. v. 22. 3. 1833 zu c u. d (Jahrb. 41 S. 220, Müller S. 793).

Vicepräsidenten (bei kleineren Gerichten Direktor oder Abtheilungsdirigent) und der nöthigen Zahl von Appellationsgerichtsräthen besetzt und erledigten alle ihre Geschäfte kollegialisch. Sie zerfielen in einen Civil- und einen Kriminalsenat,[23]) welche erforderlichen Falles sich noch in Deputationen von fünf Richtern[24]) unter dem Vorsitze eines damit beauftragten Mitgliedes theilten.[25]) Beide Senate traten wöchentlich zu Plenarsitzungen zusammen. Vor das Plenum gehörten namentlich alle Angelegenheiten der nicht streitigen Gerichtsbarkeit, sowie die dem Kollegium in umfangreichem Maße zugewiesene Mitwirkung in Anstellungs-, Aufsichts- und sonstigen Justizverwaltungssachen.[26]) Auch fungirte das Plenum als Disciplinargericht für die Richter, während Disciplinarsachen gegen Subaltern- und Unterbeamte vor einen der Senate gehörten.[27])

Das Obertribunal,[28]) bestehend aus einem Präsidenten, mehreren Vizepräsidenten und der nöthigen Anzahl von Räthen bildete die dritte und letzte Instanz für die gesammte streitige Gerichtsbarkeit und zwar auch für die ihm bisher entzogenen Strafsachen.[29]) Mit der nicht streitigen Gerichtsbarkeit war es dagegen nicht befaßt. Seine Verfassung ist im Uebrigen nicht wesentlich verändert worden.

Neu eingerichtet wurde das Institut der Staatsanwaltschaft. Für jedes Gericht (bei den Kreisgerichten jedoch häufig für mehrere derselben gemeinschaftlich) wurden ein oder mehrere Staatsanwälte

---

[23]) In Greifswald und Ehrenbreitstein war nur ein Präsident angestellt und fand eine Theilung in Senate nicht statt. Geschäftsregulativ § 2 Abs. 3. Im Uebrigen vgl. wegen einiger Abweichungen der Gerichtsverfassung für Hohenzollern G. v. 30. 4. 1851.

[24]) In Strafsachen wurden gewisse Entscheidungen von drei Mitgliedern erlassen. Geschäftsregulativ § 26.

[25]) In solchen Fällen fanden in ähnlicher Weise wie bei den Kreisgerichten noch Sitzungen des vereinigten Civilsenats bez. Straffenats statt. Geschäftsregulativ §§ 22. 27. Im Uebrigen erfolgte die Beobachtung des Kollegialprinzips im Wesentlichen ebenso wie bei den Kreisgerichten (s. Anm. 13). Geschäftsregulativ § 14. Die Gegenzeichnung durch den Vorsitzenden wurde indessen hier strenger beobachtet.

[26]) Geschäftsregulativ §§ 17 ff. Die Plenarsitzungen hatten deshalb, im Gegensatz zu denen der Kreisgerichte (s. Anm. 10), eine außerordentlich große Bedeutung.

[27]) G. v. 7. 5. 1851 §§ 18. 20. G. v. 21. 7. 1852 § 64 Nr. 2.

[28]) Diese Bezeichnung wurde entsprechend dem öffentlich gestalteten Prozeßverfahren statt des früheren Namens „Geheimes Obertribunal" (s. o. S. 5) eingeführt. V. v. 2. 1. 1849 § 27.

[29]) V. v. 3. 1. 1849 (G.S. S. 14) § 145. Wegen einiger dem Obertribunal sonst noch überwiesenen Sachen vgl. Jahrb. der preuß. Gerichtsverfassung 1851 S. 16 ff.

zur Anklageerhebung und sonstigen Wahrnehmung des öffentlichen Interesses in Strafsachen angestellt.[30])

Die Justizkommissarien erhielten den Namen „Rechtsanwälte" und mußten dieselbe Qualifikation nachweisen, wie die Mitglieder des Gerichts, bei dem sie angestellt sein wollten. Ferner wurde für zuläsig erklärt, in Städten von 50 000 und mehr Einwohnern besondere Notare, die nicht Rechtsanwälte waren, zu ernennen.[31]) Im Uebrigen blieb die Verfassung der Rechtsanwaltschaft ungeändert.

Was die besonderen Gerichte betrifft, so hatte der Grundsatz der Aufhebung jeder für Personen und Grundstücke bestehenden Exemtion von der ordentlichen Gerichtsbarkeit[32]) zur Folge, daß nicht nur der sog. eximirte Gerichtsstand (vor dem Obergericht), sondern auch alle besonderen Personalgerichte aufgehoben wurden, insoweit nicht das Gesetz sie ausdrücklich konservirte; letzteres geschah rücksichtlich der Gerichte für die Königliche Familie und der Fürstlich Hohenzollernschen Häuser,[33]) sowie der Militär- und Universitätsgerichte.[34]) Was dagegen die fora specialia causae betrifft, so wurden sie von dem gedachten allgemeinen Grundsatz nur insoweit betroffen, als sie für besondere Grundstücke eingesetzt waren; ferner fielen sie fort, insoweit sie etwa Privatgerichte bildeten. Im Uebrigen galt für sie das entgegengesetzte Prinzip, daß sie nämlich fortbestanden, insoweit sie das Gesetz nicht aufhob; letzteres geschah betreffs der geistlichen Gerichte in Ansehung aller weltlichen Angelegenheiten[35]) sowie Betreffs der Berggerichte[36]) und indirekt der besonderen Steuer-Untersuchungsgerichte.[37]) Ausdrücklich konservirt wurden die Elb-, Weser- und Rheinzollgerichte;[38]) neben ihnen blieben bestehen die Generalkommissionen (bez. die in einzelnen Landes-

---

[30]) V. v. 3. 1. 1849 §§ 2 ff. Instr. des J. M. v. 13. 11. 1849 (J. M. Bl. S. 460); für Ehesachen war die Staatsanwaltschaft bereits früher eingeführt worden; vgl. oben S. 13 Anm. 22.

[31]) V. v. 2. 1. 1849 §§ 30. 37. Von dieser Befugniß ist nur geringer Gebrauch gemacht worden.

[32]) V. v. 2. 1. 1849 § 9.

[33]) V. v. 2. 1. 1849 § 11. G. v. 26. 4. 1851 Art. III.

[34]) V. v. 2. 1. 1849 § 10 Abs. 2. — Die außerhalb des Staates geübte Gerichtsbarkeit der Konsuln wurde von der neuen Organisation gleichfalls nicht betroffen.

[35]) a. a. O. § 1 Abs. 2

[36]) a. a. O. § 13. G. v. 26. 4. 1851 Art. IV. Im Justizministerium nahm man indessen an, daß die Führung des Berg-Hypothekenbuchs auch weiter bei den Bergämtern zu verbleiben hat; (vgl. v. Rönne, Erg. z. A. G. O. S. 694 Anm. 1). Dieser Zustand ist später durch das G. v. 18. 4. 1855 (s. unten S. 24) bestätigt worden.

[37]) V. v. 3. 1. 1849 § 181 Abs. 2.

[38]) G. v. 26. 4. 1851 Art. VIII.

theilen an deren Stelle eingerichteten landwirthschaftlichen Regierungs-Abtheilungen) mit dem Revisionskollegium für Landeskultursachen, die Handels- und Schiffahrtsgerichte, von denen indessen nur noch die beiden Kommerz- und Admiralitäts-Kollegien zu Königsberg und Danzig existirten,[39]) und die Dorfgerichte.[40]) An neuen Sondergerichten wurden fakultativ nach Maßgabe des Bedürfnisses Handels- und Gewerbegerichte, ganz oder theilweise aus Laien bestehend, vorgesehen.[41]) Neue Handelsgerichte sind indessen nicht errichtet worden; Gewerbegerichte wurden einige eingesetzt, im Laufe der Zeit aber säntmtlich wieder aufgehoben.[42]) Ein weiteres Sondergericht bildeten die durch das G. v. 4. Juni 1851 §§ 10 ff. für den Fall des Belagerungszustandes angeordneten Kriegsgerichte.

Der Gerichtshof zur Entscheidung der Kompetenzkonflikte blieb von der Neuorganisation unberührt.[43])

§ 5. 1851—1878.

Aus dem ersten Theil dieser Periode (bis 1866) sind zunächst eine Reihe von Einzelreformen zu berichten.

Durch das G. v. 10. Juni 1854 in Verbindung mit der V. v. 12. November 1855 wurde der aufgehobene eximirte Gerichtsstand in Ansehung der mediatisirten deutschen Reichsfürsten und Grafen wiederhergestellt; vgl. hierüber das Nähere in Abschn. IV No. 10.

Durch G. v. 5. März 1855[1]) wurden die Familienfideikommißsachen, welche bisher zum Theil zur Zuständigkeit der erstinstanzlichen Gerichte gehört hatten, durchweg vor die Appellationsgerichte verwiesen.

Durch G. v. 17. März 1852 wurde der rheinische Revisions- und Kassationshof mit dem Obertribunal vereinigt und letzteres damit zum obersten Gericht für die ganze Monarchie bestimmt.

---

[39]) s. o. S. 12. Vgl. auch Jahrb. der preuß. Gerichtsverfassung 1851 S. 336.

[40]) Durch die gleichzeitig erlassene Gemeinde-Ordnung v. 11. 3. 1850 (G. S. S. 213) sah man die Dorfgerichte als beseitigt an. J. M. R. v. 14. 3. 1850 (J. M. Bl. S. 94). v. Rönne, Staatsrecht III § 236 Anm. 10 (S. 330). Bevor indessen die Gemeindeordnung noch vollständig eingeführt war, wurde durch Königlichen Erlaß v. 19. 6. 1852 (G. S. S. 388) ihre weitere Einführung sistirt. Demnächst wurde durch G. v. 24. 5. 1853 (G. S. S. 238) die Gemeindeordnung v. 11. 3. 1850 aufgehoben und damit die Dorfgerichte wieder hergestellt.

[41]) V. v. 2. 1. 1849 § 18 Abs. 3. V. v. 9. 2. 1849 (G. S. S. 110); vgl. auch Verf.-Urk. Art. 91.

[42]) Vgl. Jahrb. d. preuß. Gerichtsverf. 1851 S. 337; 1878 S. 135.

[43]) Verf.-Urk. Art. 96 verhieß zwar ein neues Gesetz hierüber; dasselbe ist indessen nicht erlassen worden; vgl. Verf.-Urk. Art. 110.

[1]) s. unten Abschn. IV Nr. 7.

Die Einrichtung der Plenarentscheidungen zur Erhaltung der Einheit der Rechtsprechung (s. o. S. 11) erhielten einen weiteren Ausbau durch die Gesetze v. 26. März 1855 und 7. Mai 1856.

Endlich wurden eine Reihe von Sondergerichten neu geschaffen oder reorganisirt.

Eine durch G. v. 21. Mai 1852 bewirkte Abänderung der Verfassungsurkunde sah die Einsetzung eines Sondergerichtshofes für Staatsverbrechen vor. Durch G. v. 25. April 1853 wurde indessen der Staatsgerichtshof nicht als selbstständige Sonderbehörde eingerichtet, sondern in zwei Senaten bei dem Kammergericht gebildet.

Die Führung der Berg-Hypothekenbücher durch die Justitiarien der Bergämter und die freiwillige Gerichtsbarkeit der letzteren[2]) wurde durch G. v. 18. April 1855 neu geregelt und durch G. v. 10. Juni 1861 auf besondere Berg-Hypothekenkommissionen, die mit richterlich qualifizirten Beamten besetzt waren, übertragen. Durch das Allgemeine Berggesetz v. 24. Juni 1865 (§ 246) wurde indessen die Auflösung der Berg-Hypothekenkommissionen und die Abgabe der Berg-Hypothekenbücher an die ordentlichen Gerichte angeordnet.[3])

Endlich setzte der A. E. v. 20. Juni 1864 (G. S. S. 369) besondere Prisengerichte ein, während das G. v. 29. Juni 1865 die Gerichtsbarkeit der Konsuln und Konsulargerichte regelte.

In die Mitte dieser Periode fällt der Territorialzuwachs des preußischen Staates aus dem Jahre 1866. Derselbe hat einen zersplitternden Einfluß auf die bisherige, nahezu einheitliche Gerichtsverfassung geübt; denn die annektirten Länder behielten oder erhielten ihre eigene Gerichtsverfassung und zunächst (mit Ausnahme von Frankfurt a. M. und einigen kleineren Bezirken) auch ein eigenes höchstes Gericht: das Oberappellationsgericht zu Berlin, welches indessen später mit dem Obertribunal vereinigt wurde.[4])

An die Ereignisse des Jahres 1866 knüpfte sich die Errichtung des Norddeutschen Bundes, welcher durch G. v. 12. Juni 1869[5]) das Bundes-(spätere Reichs-)Oberhandelsgericht zu Leipzig als höchsten Gerichtshof für streitige Handelssachen einrichtete.[6]) Durch diese

---

[2]) Vgl. oben S. 6. 12. 13. 22.

[3]) Die Auflösung geschah allmählich durch die V. v. 9. 8. 1867, 22. 7. 1868, 24. 3. 1869 und 14. 12. 1874, weshalb sich die Berg-Hypothekenkommissionen noch im § 28 G. B. O. erwähnt finden.

[4]) G. v. 6. 2. 1874.

[5]) Zum Reichsgesetz erhoben durch G. v. 16. 4. 1871 § 2 u. G. v. 22. 4. 1871 § 5.

[6]) Die Zuständigkeit ist später noch auf andere Angelegenheiten erstreckt worden; vgl. das Nähere im Jahrb. d. preuß. Gerichtsverfassung 1878 S. 133.

Institution wurde eine sachliche Zweitheilung der bisher im Obertribunal vereinigten höchstrichterlichen Rechtsprechung geschaffen.

Von der hervorragendsten Bedeutung für die Fortentwickelung der Gerichtsverfassung sind indessen die Gesetzeskodifikationen dieser Periode über das Konkurs-, Subhastations-, Grundbuch- und Vormundschaftswesen. Sie hatten durchweg die Tendenz einer Ausdehnung des Einzelrichteramtes und vermittelten den Uebergang zu dessen jetziger Stellung und Bedeutung. Die Konkurs-Ordnung vom 8. Mai 1855 fügte zu den innerhalb des Gerichts fungirenden Einzelrichtern den „Kommissar des Konkurses". Derselbe wurde für jeden Konkurs, nach Eröffnung desselben durch das Kollegium, Seitens des Direktors (Dirigenten) besonders ernannt und erließ alle Verfügungen in Konkurssachen selbstständig, insoweit nicht einzelne Entscheidungen im Gesetze dem Kollegium vorbehalten waren; in Fällen letzterer Art hielt regelmäßig der Kommissar den Vortrag im Kollegium und nahm in jedem Falle an dessen Abstimmungen Theil.[7]) Die Stellung, welche das Gesetz dem neuen „Kommissar" gab, zeigt bereits ein Schwanken gegen die bisherige Auffassung von der Natur der innerhalb des Kollegiums geübten einzelrichterlichen Thätigkeit (s. o. S. 18). Denn die Befugniß des Direktors sowie des Kommissars, jede Entscheidung vom Kommissar an das Kollegium zu devolviren, ist nicht wieder aufgenommen; wo der Kommissar zu entscheiden hat, muß er es selbstständig thun. Allein die Verbindung zwischen dem Einzelrichter und dem Kollegium hielt man doch noch fest und erreichte sie durch zwei andere Mittel: zunächst dadurch, daß eine Reihe wichtiger Entscheidungen gesetzlich dem Kollegium vorbehalten blieb und daß an diesen Entscheidungen, wie bereits erwähnt, der Kommissar stets Theil nahm, sodann aber dadurch, daß man das Kollegium als Beschwerdeinstanz über den Kommissar einsetzte, den letzteren aber eigenthümlicher Weise auch an den seine eigenen Verfügungen betreffenden Beschwerde-Entscheidungen Theil nehmen ließ.[8]) Es ist dieses Verfahren nur uneigentlich ein Beschwerdeverfahren zu nennen, denn die auf die Beschwerde ergangene Kollegialentscheidung war thatsächlich dem gleichen Rechtsmittelzuge, wie jede erstinstanzliche Entscheidung unterworfen. In Wahrheit ähnelt das Verfahren danach mehr dem einer Gegenvorstellung und kommt im Ergebniß ungefähr auf dasselbe hinaus, was im früheren Verfahren durch die Vorschrift erreicht wurde, daß jeder Einzelrichter Remonstrationen gegen seine Verfügungen zum

---

[7]) Konk.-O. v. 8. 5. 1855 § 127. Instr. v. 6. 8. 1855 (J. M. Bl. S. 259) §§ 3—5. Den selbstständigen Gerichtskommissionen war die Bearbeitung der Konkurssachen entzogen. Instr. § 2.

[8]) Konk.-O. v. 8. 5. 1855 § 127 Abs. 2. Instr. § 5.

Vortrag im Kollegium bringen mußte.[9]) Im Großen und Ganzen ist der Einzelrichter für Konkurse danach doch was sein Name besagt: ein „Kommissar" des Kollegiums.

Mit dieser Stellung des Einzelrichterthums ist indessen in der späteren Gesetzgebung vollständig gebrochen worden. Die Subhastations-Ordnung vom 15. März 1869 übertrug die Subhastationssachen, die Grundbuch-Ordnung vom 5. Mai 1872 die Grundbuchsachen, die Vormundschaftsordnung vom 5. Juli 1875 die Vormundschaftssachen an Einzelrichter (Subhastationsrichter, Grundbuchrichter, Vormundschaftsrichter) und insoweit der Bezirk einer Gerichtskommission in Frage stand, regelmäßig an die letzteren. Diese Einzelrichter stehen zwar als Theile des Gerichts unter der geschäftlichen Aufsicht des Kreisgerichts-Direktors, aber völlig außerhalb der Gerichtskollegien. Weder ist der Subhastationsrichter ein beauftragter Richter der ersten, noch sind Grundbuch- und Vormundschaftsrichter Beauftragte der zweiten Abtheilung des Gerichts, wie sie denn auch vom Gesetz nicht als „Kommissare" bezeichnet werden. Die Abtheilungskollegien haben in keinem Falle mehr eine Mitwirkung an der Entscheidung; Remonstrationen gegen seine Verfügungen erledigt vielmehr der Einzelrichter selbstständig; materielle Beschwerden über ihn gehen lediglich an das Appellationsgericht.[10])

Diese Reformen waren von einschneidender Wirkung namentlich für die zweiten Abtheilungen der Gerichte, deren Lebensfähigkeit mit den neuen Einrichtungen vernichtet war. Die wesentlichste Thätigkeit dieser Abtheilungen bestand gerade in den Grundbuch- und Vormundschaftssachen. Nach Wegnahme dieser verblieben den Kollegien noch das Verlassenschaftswesen einschließlich der Erbbescheinigungen und sonst nur wenige Sachen, wie die Ausfertigung und Bestätigung in Sachen der freiwilligen Gerichtsbarkeit. Diese Geschäfte reichten bei keinem Gerichte (vielleicht von einzelnen Stadtgerichten abgesehen) auch nur zur Beschäftigung von drei Richtern hin. Es mußten deshalb die zweiten Abtheilungen in der Art gebildet werden, daß ihre Mitglieder als Hauptbeschäftigung ein anderes Dezernat (gewöhnlich das des Vormundschafts- oder Grundbuchrichters) übernahmen, während die kollegialisch zu bearbeitenden

---

[9]) s. o. S. 18.

[10]) Subh.-O. v. 15. 3. 1869 § 4. Allg. Verf. v. 20. 3. 1869 (J. M. Bl. S. 62) Nr. 1. 4. 5. — G. B. O. §§ 20 ff. Allg. Verf. v. 1. 9. 1872 (J. M. Bl. S. 176). — V. O. §§ 1. 10. Allg. Verf. v. 20. 11. 1875 (J. M. Bl. S. 241). Betreffs der Grundbuchbehörden ist man sogar so weit gegangen, in der äußerlichen Bezeichnung derselben sie als selbstständige Behörden erscheinen zu lassen; sie zeichneten lediglich: „Königliches Grundbuchamt"; die anderen Einzelrichter zeichneten: „Königliches Kreisgericht. Der Subhastationsrichter" bez: „Königliches Kreisgericht. Vormundschaftsrichter".

Angelegenheiten die Nebensache bildeten und nur dürftigen Stoff für die abzuhaltenden Sitzungen boten.[11]) Die Organisation der zweiten Abtheilungen hatte damit ihren Sinn verloren. Die Reformen im Grundbuch- und Vormundschaftswesen hatten es zur Nothwendigkeit gemacht, auch den Rest der nicht streitigen Gerichtsbarkeit an Einzelrichter zu übertragen. Die Ausführung dieser Nothwendigkeit ist im Anschluß an die Reichsjustizgesetze erfolgt, welche, indem sie das Einzelrichteramt überhaupt zur Grundlage der Gerichtsverfassung machten, der weiten Reform von selbst ihre Wege wiesen.

B. Die jetzige Gerichtsverfassung für die nicht streitige Gerichtsbarkeit.

§ 6. Die ordentlichen Gerichte.

Unter der nicht streitigen Gerichtsbarkeit (jurisdictio non contentiosa) versteht man gemäß der Einleitung zu Th. II der A. G. O. diejenige Thätigkeit der Gerichte, welche nicht die „Instruktion und Entscheidung der eigentlichen Prozesse", sondern die den Gerichten aufgetragene „Besorgung anderer rechtlicher Angelegenheiten der Einwohner des Staates" betrifft. Danach bildet diese Art der Gerichtsbarkeit den Gegensatz einmal zu den „eigentlichen Prozessen", Civil- wie Strafprozessen (jurisdictio contentiosa), andererseits zu den den Gerichten übertragenen Justizverwaltungssachen, welche nicht die Rechtsangelegenheiten der Einzelnen, sondern die Einrichtung und Erhaltung der Justizpflege zum Gegenstande haben.[1]) Der Begriff der nicht streitigen Gerichts-

---

[11]) Die älteren preußischen Vormundschaftsrichter haben sich schwer in diese Neuerung gefunden. Dem Herausgeber ist ein Gericht bekannt, in welchem die Vormundschaftsrichter alle ihre Angelegenheiten, insoweit sie ihnen zweifelhaft waren, nach wie vor in den Sitzungen der zweiten Abtheilung (deren Mitglieder sie wohl überall blieben) zum Vortrag brachten und nach Kollegialbeschluß erledigten. Plus valent mores quam leges!

[1]) Die Gerichte wirken hierbei in zweifacher Art mit, zum Theil lediglich als Organe des Justizministers (A. G. z. G. V. G. §§ 77. 84. u. A.), zum Theil als selbstständige, mit richterlicher Unabhängigkeit bekleidete Rechtsschutzbehörden (Justizverwaltungs-Gerichte), wie namentlich in Disciplinarsachen, ferner bei der Vertheilung der Richtergeschäfte (G. V. G. §§ 61. 63. A. G. z. G. V. G. § 63), bei der Zulassung zur Rechtsanwaltschaft (R. A. O. §§ 9. 10) u. A.

barkeit[2]) ist im Uebrigen ein weiterer als derjenige der freiwilligen Gerichtsbarkeit (jurisdictio voluntaria), welche nur einen Theil der ersteren bildet. Unter der freiwilligen Gerichtsbarkeit (dem sog. gerichtlichen Notariat) versteht man die Beurkundung von Rechtshandlungen, welche die Parteien vor Gericht vornehmen, sei es, daß die gerichtliche Mitwirkung durch das Gesetz vorgeschrieben ist, sei es, daß die Parteien diese Mitwirkung lediglich zu dem Zwecke nachsuchen, um ihrer Handlung öffentlichen Glauben und einen sachgemäßen Inhalt zu sichern.[3]) Die hierbei vorkommenden gerichtlichen Bestätigungen und Zeugnisse rechnet man mit zur freiwilligen Gerichtsbarkeit.[4]) Im Wesen der freiwilligen Gerichtsbarkeit liegt es, daß sie stets nur den dieselbe begehrenden Interessenten gewährt wird und daß jede Thätigkeit des Richters gegenüber einem Interessenten aufhört, sobald dieser die richterliche Thätigkeit nicht mehr verlangt. Im Gebiete der übrigen nicht streitigen Gerichtsbarkeit dagegen giebt es zahlreiche Prozeduren, die mit Zwang gegen die Interessenten geübt werden, wie namentlich das gesammte Vormundschaftswesen.

Die begriffliche Scheidung zwischen streitiger und nicht streitiger Gerichtsbarkeit ist übrigens nicht so streng durchgeführt, wie der Wortlaut zu besagen scheint: es giebt Prozeduren nichtstreitiger Art, für welche die Gesetze das Verfahren des Civilprozesses eingeführt haben, und hinwiederum Prozeduren über wirklich streitige Privatrechte, welche gesetzlich dem prozessualen Verfahren entzogen und den Organen der nicht streitigen Rechtspflege zur Erledigung in den hier geltenden Formen übertragen sind. Zu den ersteren Angelegenheiten zählen namentlich: die Ehescheidung auf Grund gegenseitiger Einwilligung[5]) und in gewissem Umfange auch das Entmündigungsverfahren,[6]) zu den letzteren insbesondere die durch den Vormundschaftsrichter zu entscheidenden familienrechtlichen Streitigkeiten zwischen Eheleuten sowie zwischen Eltern und Kindern.[7]) Es entspricht der Definition in der Einl. zu Th. II der A. G. O. und ist deshalb auch fester Brauch, die ersteren Angelegenheiten

---

[2]) Die Ausführungsgesetze zu den Reichsjustizgesetzen sprechen häufig von „gerichtlichen Angelegenheiten, welche zu der ordentlichen streitigen Gerichtsbarkeit nicht gehören" (vgl. A. G. z. G. V. G. §§ 16. 87. 88. 90. A. G. z. C. P. O. § 1). Dieser Begriff deckt sich mit dem der nicht streitigen Gerichtsbarkeit nicht, sondern ist ein weiterer, er umfaßt insbesondere auch diejenigen streitigen Angelegenheiten, für welche eine andere Gerichtsbarkeit als die ordentliche zugelassen ist; vgl. G. V. G. §§ 13. 14 u. E. G. z. G. V. G. §§ 2. 3. 5. 7.

[3]) A. G. O. Einl. z. Th. II Nr. IV u. Th. II Tit. 1 § 1.

[4]) Vgl. A. G. O. II 3 §§ 1. 21 ff.

[5]) E. G. z. C. P. O. § 16 Nr. 5. A. L. R. II 1 § 716.

[6]) C. P. O. §§ 593. 616. 621. 625. [7]) Vgl. unten S. 29 Nr. 2.

mit zur streitigen und die letzteren mit zur nicht streitigen Gerichtsbarkeit zu rechnen.

Die Handhabung der nicht streitigen Rechtspflege anlangend, so ist es von Alters her in Deutschland Rechtens gewesen, den ordentlichen Gerichten auch andere Rechtsangelegenheiten als die Entscheidung von Streitigkeiten zuzuweisen.[8]) Dieser Zustand ist durch die Reichsjustizgesetze unberührt geblieben. Das E. G. z. G. V. G. § 4 hat dem Landesrecht gestattet, den ordentlichen Gerichten, insoweit sie Landesgerichte sind (d. h. mit Ausnahme des Reichsgerichts), auch jede andere Art der Gerichtsbarkeit zu übertragen, und die preußische Landesgesetzgebung hat hiervon Gebrauch gemacht. Die Gerichtsverfassung für nicht streitige Sachen schließt sich demgemäß an die durch die Reichsjustizgesetze geschaffene Gerichtsverfassung, welche hier als bekannt vorausgesetzt wird, an. Sie ist, was die Organisation der Gerichte anlangt, eine einheitliche für den ganzen Staat. Betreffs der sachlichen Zuständigkeit ist solche Einheitlichkeit zwar durch die neuere Gesetzgebung weit gefördert, aber noch nicht voll erreicht. An dieser Stelle gelangt nur der Zustand im Geltungsbereich der A. G. O.[9]) zur Darstellung. Hier beruht die Justizverfassung auf dem G. V. G. v. 27. Januar 1877, dem A. G. z. G. V. G. vom 24. April 1878, dem A. L. R. Th. II Tit. 17, dem zweiten und dritten Theil der A. G. O., dem Art. 86—91 der preuß. Verf.-Urkunde und einer Reihe von Spezialgesetzen. Danach giebt es auch für die nicht streitigen Sachen eine andere Gerichtsbarkeit als eine staatliche nicht. Die ordentliche nicht streitige Gerichtsbarkeit wird gehandhabt durch die Amtsgerichte, Landgerichte, Oberlandesgerichte und für einzelne Angelegenheiten durch den Justizminister. Das Reichsgericht ist von einer Mitwirkung bei der nicht streitigen Gerichtsbarkeit ausgeschlossen.[10])

Die überwiegende Betheiligung gebührt den Amtsgerichten. Zu ihrer Zuständigkeit gehören zunächst folgende, ihnen durch die Gesetzgebung zur Ausführung der Reichsjustizgesetze überwiesene Angelegenheiten:

1. Das Grundbuchwesen.[11])

2. Das Vormundschaftswesen[12]) einschließlich derjenigen Geschäfte, welche, ohne eine Vormundschaft zu betreffen, in den Gesetzen dem

---

[8]) Vgl. Merkel, Das Notariat und die willkürliche Gerichtsbarkeit. Leipzig 1860. (Separatabdruck des Artikels „Willkürliche Gerichtsbarkeit" aus Weiske's Rechtslexikon) S. 3.

[9]) Vgl. Publ.-Patent zu A. G. O. Anm. 2.

[10]) Ueber eine Ausnahme hiervon s. den folgenden § 7 Anm. 6.

[11]) A. G. z. G. B. G. §§ 26. 31 mit G. B. O. § 20.

[12]) A. G. z. G. B. G. § 26 mit B. O. § 1.

Vormundschaftsgericht zugewiesen sind, wie namentlich die Entscheidung und das sonstige amtliche Einschreiten in gewissen Familienstreitigkeiten zwischen Eheleuten,[13]) Eltern und Kindern[14]) und betreffs unehelicher Kinder,[15]) die Mitwirkung bei der Gewaltentlassung und Großjährigkeitserklärung von Hauskindern[16]) und die Entscheidung über die Zwangserziehung verwahrloster Kinder.[17])

3. Das Verlassenschaftswesen insbesondere die Siegelung und Inventarisirung in Sterbefällen, die Ausstellung gerichtlicher Erbbescheinigungen, die Nachlaßregulirung, sowie alle Funktionen welche in den Gesetzen dem Nachlaßrichter beigelegt sind.[18])

4. Die Verwaltung und Beaufsichtigung von Stiftungen, insoweit solche den Gerichten gebührt und nicht der Justizminister das Land- oder Oberlandesgericht mit der Verwaltung oder Beaufsichtigung beauftragt.[19])

5. Folgende Angelegenheiten des Hinterlegungswesens:

a) die vorläufige Verwahrung von Geld, Werthpapieren und Kostbarkeiten;[20])

b) die gerichtliche Anordnung der Hinterlegung anderer Gegenstände und das weitere Verfahren hierüber in Angelegenheiten, welche zur streitigen Gerichtsbarkeit nicht gehören;[21])

c) die gerichtliche Anordnung der Auszahlung oder Herausgabe solcher zu a bezeichneten Gegenstände, welche vor dem 1. Oktober 1879 in Angelegenheiten der nicht streitigen Gerichtsbarkeit zum Zwecke der Befreiung des Schuldners von einer Verbindlichkeit hinterlegt worden sind;[23])

d) die gerichtliche Verwahrung letztwilliger Verfügungen.[24])

---

[13]) A. L. R. II 1 §§ 234—239. 323. 388. 588; II 2 §§ 72. 92 ff. Vgl. Ob. Tr. v. 4. 12. 1857 (37 S. 233; Strieth. 26 S. 342) und K. G. v. 8. 9. 1882 (3 S. 63).

[14]) A. L. R. II 2 §§ 86—91. 112 ff. [15]) A. L. R. II 2 §§ 624. 625.

[16]) A. L. R. II 2 §§ 216. 217. 220. V. O. § 97.

[17]) G. v. 13. 3. 1878 u. v. 23. 6. 1884.

[18]) A. G. z. G. V. G. § 26 Nr. 1. Zu den Erbbescheinigungen gehören auch die durch das spätere Staatsschuldbuchgesetz v. 20. 7. 1883 (§ 12) eingeführten besonderen Bescheinigungen.

[19]) A. G. z. G. V. G. § 29. Inwieweit die Stiftungen von den Gerichten oder Verwaltungsbehörden ressortiren, darüber vgl. K. O. v. 3. 1. 1845 mit Bericht des Staatsministeriums v. 23. 12. 1844 (J. M. Bl. 1845 S. 31). — Die **Errichtung** der Familienstiftungen (A. L. R. II 4 § 29) fällt nicht hierher; dieselbe gehört als Akt der nicht streitigen Gerichtsbarkeit (s. im Text Nr. 12) stets vor die Amtsgerichte. Dagegen gehört die Aufnahme und Bestätigung der Familienschlüsse bei bereits errichteter Stiftung vor den Richter der Stiftung (G. v. 15. 2. 1840 § 20 mit § 2), also zutreffenden Falles vor das Land- oder Oberlandesgericht.

[20]) H. O. §§ 70—86. [21]) H. O. §§ 87. 88.

[23]) H. O. § 102. [24]) H. O. § 89.

6. Die Führung des Handels-, Muster- und Schiffsregisters, einschliesslich der hierauf bezüglichen Geschäfte, insbesondere auch des Ordnungsstrafverfahrens des Handelsregisterrichters.[25])

7. Die im H. G. B. und dessen Einführungsgesetzen den Gerichten zugewiesenen, von den deutschen Prozeßordnungen nicht betroffenen Angelegenheiten.[26]) Von denselben gehören zur nicht streitigen Gerichtsbarkeit:

a) Die Beeidigung der Handelsmäkler sowie die Beglaubigung ihrer Tagebücher und die Aufbewahrung der letzteren beim Ausscheiden des Maklers (E. G. z. H. G. B. Art. 9 § 4).

b) Die Ernennung und Abberufung von Liquidatoren durch den Richter in gewissen Fällen (H. G. B. Art. 133. 134. 172. 244).

c) Die richterliche Bestimmung über Aufbewahrung der Bücher einer aufgelösten Handelsgesellschaft (H. G. B. Art. 145. 172. 246).

d) Die Anordnung über Mittheilung einer Bilanz und sonstiger Aufklärungen an den Kommanditisten oder stillen Gesellschafter (H. G. B. Art. 160. 253).

e) Die Ernennung von Bevollmächtigten der Kommanditisten oder Aktionäre zur Prozeßführung gegen die persönlich haftenden Gesellschafter, Vorsteher oder Aufsichtsrathsmitglieder (H. G. B. Art. 195. 226; statt des letzteren Art. 223).

f) Die Aufnahme der Verklarung (H. G. B. Art. 492. 493).

g) Die Mitwirkung der Gerichte beim Schiffsverkauf Seitens des Schiffers und bei der Verbodmung (H. G. B. Art. s. jetzt 499. 686).

---

[25]) A. G. z. G. V. G. § 25 Nr. 1. Zum Handelsregister gehört auch das Zeichenregister. Reichsges. v. 30. 11. 1874 § 1. — Der Justizminister kann die Führung der Register für die Bezirke mehrerer Amtsgerichte einem derselben übertragen. A. G. z. G. V. G. § 30. Dies ist geschehen durch die Allg. Verf. v. 29. 8. 1879 (J. M. Bl. S. 305). Inzwischen ist jedoch durch eine Reihe von Einzelverfügungen vielen Amtsgerichten die Registerführung für ihren Bezirk wiederum übertragen worden.

[26]) A. G. z. G. V. G. § 25 Nr. 2. Das hier noch ferner erwähnte Genossenschaftsgesetz v. 4. 7. 1868 ist inzwischen aufgehoben; s. hierüber im Text Nr. 17.

Die Begründung des Entwurfs des A. G. z. G. V. G. (zu § 17 Nr. 3) zählt hierher auch noch die dem Handelsgericht zugewiesene Anordnung über Niederlegung und Verkauf von Pfand-, Kommissions-, Fracht- und sonstigen Gütern in den Fällen der Art. 310. 323. 375. 407. 409. 626. Dies erscheint nicht richtig. Für die Fälle des Art. 407 ist reichsgesetzlich das zuständige Gericht normirt. E. G. z. C. P. O. § 13 Abs. 4. Diese Normirung gilt zugleich für die Fälle des sich lediglich auf Art. 407 berufenden Art. 409. Aber auch die übrigen Fälle stellen bürgerliche Rechtsstreitigkeiten dar, welche der C. P. O. unterliegen und ihr dadurch nicht entzogen werden, daß dem Antragsteller der Klageweg

8. Die Führung der Vorrechtsregister, bei welchen indessen jetzt, da dieselben für Eintragungen geschlossen sind, nur noch etwaige Löschungen sowie die Ertheilung von Zeugnissen in Frage kommen.[27])

9. Die Dispensation vom Ehehinderniß der zehnmonatigen Wartezeit für Wittwen und geschiedene Frauen.[28])

10. Die Aufbewahrung der Standes-Nebenregister und die Ertheilung von Zeugnissen aus denselben.[29])

11. Die Aufbewahrung der von den Auditeuren aufgenommenen Akte der freiwilligen Gerichtsbarkeit und das weitere Verfahren mit denselben.[30])

12. Die Vollziehung, Beurkundung und Bestätigung von Handlungen der nicht streitigen Gerichtsbarkeit, insoweit dieselbe nicht bereits im Vorstehenden enthalten ist[31]), mit Ausnahme der besonderen, den Land- oder Oberlandesgerichten überwiesenen und unten zu erwähnenden Angelegenheiten. Unter der „Vollziehung von Handlungen der nicht streitigen Gerichtsbarkeit" ist die Vollziehung von Handlungen Seitens der Parteien,[32]) unter der „Beurkundung" sowohl die Beurkundung der erwähnten Handlungen als die Ertheilung von Zeugnissen und Ausfertigungen überhaupt zu verstehen; insoweit zu letzteren Zwecken eine gerichtliche Aufbewahrung von Schriften angeordnet ist, wird auch diese zur Kompetenz der Amtsgerichte zu rechnen sein. Demgemäß gehören auf Grund dieser allgemeinen Vorschrift vor die Amtsgerichte:

---

erlassen ist. Die angeordneten Prozeduren sind einstweilige Verfügungen, für welche zwar in erster Reihe die Spezialvorschriften des H. G. B. (E. G. z. C. P. O. § 13 Abs. 1), insoweit diese aber keine Normen enthalten, die Vorschriften der C. P. O. maßgebend sind.

Die Bestätigung der Dispache (E. G. z. H. G. B. Art. 57) fällt auch hierunter, stellt aber eine solche Prozedur streitiger Gerichtsbarkeit dar, für welche die Landesgesetze ausnahmsweise zur Regelung des Verfahrens befugt sind. H. G. B. Art. 731 Abs. 3 mit E. G. z. C. P. O. § 13.

[27]) A. G. z. Konk.-O. § 26.

[28]) Personenstandsgesetz v. 6. 2. 1875 § 35 Abs. 2 § 40. A. E. v. 7. 9. 1879 (J. M. Bl. S. 366).

[29]) Personenstandsgesetz v. 6. 2. 1875 §§ 14. 15. 84. A. G. z. G. V. G. § 107. Bek. v. 1. 7. 1879 (J. M. Bl. S. 154).

[30]) A. G. z. G. V. G. § 111. [31]) A. G. z. G. V. G. § 26 Nr. 2.

[32]) Vgl. A. G. O. II 1 § 1. Anscheinend in anderem Sinne faßt den § 26 Nr. 2 der V. d. K. G. v. 13. 4. 1885 (5 S. 51) auf, welcher die Todeserklärungen, insoweit sie ohne Aufgebot erfolgen (A. L. R. II 18 §§ 854. 855. G. v. 24. 2. 1851 § 5), hierher rechnet. Die Annahme, daß § 26 Nr. 2 unter der „Vollziehung von Handlungen der nicht streitigen Gerichtsbarkeit" überhaupt das ganze Gebiet der nicht streitigen Gerichtsbarkeit begreife, erscheint aber unrichtig, weil sonst die Hinzufügung der „Beurkundung und Bestätigung" keinen Sinn hätte. Eine „Beurkundung" stellt die durch ein „Erkenntniß" mit konstitutiver Wirkung

a) Die freiwillige Gerichtsbarkeit im eigentlichen Sinne (das sog. gerichtliche Notariat; s. o. S. 28) einschließlich insbesondere der Aufnahme von Taxen,[33]) der Wiederinkurssetzung von Inhaberpapieren[34]) und der gerichtlichen Bestätigung von Verträgen und sonstigen Parteiakten.

b) Die Sicherung der Notariatsakte beim Tode, der Versetzung und Suspension eines Notars und die Ertheilung von Ausfertigungen in diesen Fällen.[35])

c) Die gerichtliche Aufbewahrung der Duplikate der vor dem Inkrafttreten des preußischen Personenstandsgesetzes vom 9. März 1874 geführten Kirchenbücher sowie die Aufbewahrung der in dieser Zeit geführten gerichtlichen Civilstandsregister und die Ertheilung von Zeugnissen aus beiden.[36]) [37])

13. Die Gewährung der Rechtshülfe im gesammten Gebiete der nicht streitigen Gerichtsbarkeit.[38])

Durch die spätere Gesetzgebung sind den Amtsgerichten noch ferner folgende Angelegenheiten übertragen worden:

14. Die Führung der Wassergenossenschaftsregister für freie Genossenschaften.[39])

15. Die Führung der Landgüterrollen in denjenigen Provinzen, in welchen dieses Institut eingeführt ist, nämlich in Westfalen, Brandenburg und Schlesien.[40])

---

ergehende Todeserklärung gleichfalls nicht dar. Die Todeserklärungen gehören überhaupt nicht zur nicht streitigen Gerichtsbarkeit; vgl. die Abhandlung des Herausgebers bei Rassow-Küntzel 25 S. 301.

[33]) A. G. O. II 6. [34]) G. v. 4. 5. 1843 §§ 3. 4.

[35]) Not.-G. v. 11. 7. 1845 §§ 37–39. Allg. Verf. v. 23. 7. 1879 (J. M. Bl. S. 199).

[36]) A. L. R. II 11 §§ 503. 504. V. v. 30. 3. 1847 (G. S. S. 125). G. v. 23. 7. 1847 (G. S. S. 263) §§ 8 ff. G. v. 9. 3. 1874 § 53. Reichsges. v. 6. 2. 1875 § 73. Allg. Verf. v. 23. 10. 1885 (J. M. Bl. S. 355).

[37]) Die Begründung des Entwurfs des A. G. z. G. V. G. (zu § 18 Nr. 5 ad 9) und im Anschluß hieran Turnau, Justizverf., S. 201 und Munk, S. 83 rechnen hierher auch die Feststellung des Zustandes von Gebäuden und künstlichen Anlagen im Falle des § 35 des Enteignungsgesetzes v. 11. 6. 1874. Dies erscheint nicht richtig. Die betreffende Prozedur gehört zur streitigen Gerichtsbarkeit und zwar als Sicherung des Beweises. Die Landesgesetzgebung ist dieserhalb zur Anordnung besonderer Vorschriften befugt (E. G. z. C. P. O. § 15 Nr. 2); insoweit dies nicht geschehen ist, bestimmt sich die Zuständigkeit nach Maßgabe der C. P. O.

[38]) A. G. z. G. V. G. § 87 mit G. V. G. § 158.

[39]) G. v. 1. 4. 1879 §§ 13. 14. Allg. Verf. v. 9. 9. 1879 (J. M. Bl. S. 297).

[40]) Landgüterordnungen v. 30. 4. 1882, 10. 7. 1883 u. 24. 4. 1884.

16. Die erweiterten Befugnisse, welche das Aktiengesetz vom 18. Juli 1884 dem „Handelsgericht" zugewiesen hat und aus welchen hervorzuheben sind: die Ermächtigung von Kommanditisten und Aktionären zur Berufung von Generalversammlungen (Art. 188. 237) und die gerichtliche Berufung und Leitung der Generalversammlung im Falle der Successivgründung einer Aktiengesellschaft (Art. 210a).[41])

17. Die Führung des Genossenschaftsregisters und der Liste der Genossen nach Maßgabe des Reichsgesetzes v. 1. Mai 1889[42]) sowie alle Geschäfte, welche dieses Gesetz dem Register führenden Gerichte zuweist (§§ 26. 43. 59. 60. 78. 81. 90. 152), danach insbesondere auch das Ordnungsstrafverfahren gegen die Vorsteher nicht aber, wie früher, die Vollstreckbarkeitserklärung der aufgestellten Theilungspläne, welche vielmehr jetzt dem Konkursgericht als solchem zusteht (§§ 99 ff.).

18. Das Unterschriftsbeglaubigungswesen, welches bei seiner Neuregelung den schon bisher dafür zuständigen Amtsgerichten wiederum zugewiesen worden ist.[43])

19. Die Aufbewahrung und Ausfertigung von Notariatsakten (vgl. oben Nr. 12 zu b) auch im Falle einer Beurlaubung oder sonstigen Behinderung des Notars nach näherer Maßgabe des § 13 des Not.=G. v. 15. Juli 1890.

Innerhalb des Amtsgerichts erfolgt sowohl der Erlaß der Entscheidungen als auch die gerichtliche Aufnahme der Akte durch den Amtsrichter.[44]) Doch sind für die Aufnahme der Anmeldungen und Unterschriftszeichnungen zum Handels=, Genossenschafts= und Musterregister sowie für die Aufnahme von Wechselprotesten, für Siegelungen, Entsiegelungen und Inventuren neben dem Richter auch die Gerichtsschreiber zuständig. Letzteren liegt ferner in allen nicht streitigen Angelegenheiten die Aufnahme von Gesuchen ob.[45])

---

[41]) Vgl. noch außerdem die geänderte Fassung der Art. 244. 246, und statt des früheren Art. 226 jetzt Art. 223. Daß die neu geschaffenen Funktionen dem Amtsgericht zufallen sollen, folgt für die gerichtliche Generalversammlung bei der Successivgründung aus der Erwägung, daß dieselbe in Zusammenhang mit der Führung des Handelsregisters steht (A. G. z. G. V. G. § 25 Nr. 1); für die anderen Angelegenheiten kann diese Zuständigkeit nur aus analoger Anwendung des § 25 Nr. 2 a. a. O. gefolgert werden.

[42]) s. § 10 Abs. 2 dieses Gesetzes in Verbindung mit § 25 Nr. 1 des A. G. z. G. V. G.

[43]) Not.=G. v. 15. 7. 1890 § 8.

[44]) Wegen Vertretung desselben durch einen Gerichtsassessor oder Referendar vgl. A. G. z. G. V. G. §§ 2—5.

[45]) A. G. z. G. V. G. §§ 53. 69—71. Bek. betr. die Führung des Genossenschaftsregisters v. 11. 7. 1889 (R. G. Bl. S. 149) § 10; s. auch A. G. O. III 1 § 16 Anm. 34.

Nach Vorstehendem umfaßt der Zuständigkeitskreis der Amtsgerichte fast das ganze Gebiet der nicht streitigen Gerichtsbarkeit. Den Kollegialgerichten gebührt hauptsächlich das Rechtsmittelwesen und im Uebrigen einzelne Angelegenheiten erster Instanz.

Vor die Landgerichte sind durch die Ausführungsgesetze zu den Reichsjustizgesetzen verwiesen worden:

1. diejenigen Angelegenheiten, welche vor dem 1. Oktober 1879 in erster Instanz vor die Kollegien der Kreisgerichte gehörten, insoweit sie nicht nach Vorstehendem den Amtsgerichten überwiesen sind;[46]) da aber letzteres fast durchweg geschehen ist, so fallen hierher nur noch die Lehnssachen[47]) in der Provinz Westfalen (mit Ausnahme des Landgerichtsbezirks Arnsberg) und den Kreisen Rees, Essen, Duisburg und Mühlheim a. d. Ruhr, sowie einzelne Lehnssachen in den anderen Provinzen.[48])

2. die Verwaltung und Beaufsichtigung der Stiftungen, sofern der Justizminister in einzelnen Fällen an Stelle des Amtsgerichts das Landgericht hiermit beauftragt (s. o. S. 30 No. 4).

3. in Standesregistersachen: die Beschwerden der Betheiligten wegen verweigerter Amtshandlungen des Standesbeamten, sowie die gerichtlichen Anordnungen wegen Berichtigung der Standesregister.[49])

4. die Beschwerden über Entscheidungen der Amtsgerichte in den oben zu No. 1—12 erwähnten Angelegenheiten,[50]) einschließlich der Beschwerden, welche Erinnerungen gegen den Kostenansatz betreffen.[51]) Ausgenommen sind die Beschwerden über die in Handhabung der Sitzungs-Polizei erlassenen Entscheidungen (s. u. S. 37 No. 4).

Vermöge der späteren Gesetzgebung gebührt den Landgerichten:

5. die Entscheidung auf Beschwerden über die den Amtsgerichten übertragenen oben zu No. 14—19 erwähnten Angelegenheiten.[52])

---

[46]) A. G. z. G. V. G. § 41.

[47]) Dieselben bestehen wesentlich nur noch in der Auflösung der Lehnsverbände; vgl. Verf.-Urk. Art. 40 in der Fassung d. G. v. 5. 6. 1852 und die in Anm. 48 citirten Spezialgesetze.

[48]) G. v. 3. 5. 1876 § 3 Abs. 4. V. v. 2. 1. 1849 § 25 Nr. 4; s. auch G. v. 28. 3. 1877 § 19 Abs. 6.

[49]) Personenstandsgesetz v. 6. 2. 1875 § 11 Abs. 3 §§ 65. 66. 84. A. G. z. G. V. G. § 107. Bek. v. 1. 7. 1879 zu a (J. M. Bl. S. 154).

[50]) A. G. z. G. V. G. § 40. A. G. z. C. P. O. §§ 28. 29. H. O. § 91. Auf die Angelegenheiten zu Nr. 8 – 11 beziehen sich diese Vorschriften allerdings nicht; wegen der Zuständigkeit der Landgerichte hierfür vgl. A. G. O. III 1 § 13 mit Anm. 18.

[51]) A. G. z. G. K. G. § 4 mit G. K. G. § 4 Abs. 2 u. C. P. O. § 531.

[52]) Dies ist ausdrücklich bestimmt für die Eintragung in das Genossen-

6. die Ernennung von Revisoren auf den Antrag der Minorität einer Aktiengesellschaft gemäß Art. 222a H. G. B.[53])

Alle vorstehend bemerkten Geschäfte werden von den Civilkammern erledigt.[54]) Außerdem steht dem Präsidenten des Landgerichts zu: die gerichtliche Beglaubigung amtlicher Unterschriften zum Zwecke der Legalisation im diplomatischen Wege.[55])

Vor die Oberlandesgerichte gehören:

1. alle Angelegenheiten, welche vor dem 1. Oktober 1879 vor die Appellationsgerichte als Gerichte erster Instanz gehörten, insoweit nicht nach Vorstehendem andere Bestimmung getroffen ist.[56]) Es sind dies:

---

schaftsregister und in die Liste der Genossen (Gen.-Ges. § 150 mit A. G. z. G. B. G. §§ 25¹. 40), sowie für die amtsgerichtliche Entscheidung über Auflösung einer Genossenschaft (Gen.-Ges. § 78. mit C. P. O. § 531); für die übrigen Angelegenheiten des Genossenschaftsregisters folgt die Zuständigkeit aus Gen.-Ges. § 153 Abs. 2 mit A. G. z. G. B. G. §§ 25². 40. Die S. 34 zu Nr. 18. 19 bemerkten Angelegenheiten fallen unter § 26 Nr. 2 des A. G. z. G. B. G. und damit auch unter die Regelung des Instanzenzuges im § 40 daselbst. Wegen der übrigen Angelegenheiten vgl. A. G. O. III 1 § 13 mit Anm. 18.

[53]) Ob diese Prozedur der streitigen (Makower zu Art. 222a Anm. 87b, Ring ebenda Anm. 4 u. 5) oder der nicht streitigen Gerichtsbarkeit (Gareis-Fuchsberger Anm. 453) angehört, ist kontrovers. Nach der Entstehung des Gesetzes (s. K. B. S. 19) ist das letztere anzunehmen, was von praktischem Belang wegen der Gestaltung des Rechtsmittelwesens ist. Der im K. B. a. a. O. geäußerten Ansicht, daß, wo Kammern für Handelssachen existiren, diese für das Verfahren zuständig seien, kann allerdings in keinem Falle beigetreten werden; denn die Kammern für Handelssachen sind reichsrechtlich nur für Ansprüche zuständig, welche mittels Klage verfolgt werden. G. B. G. § 101.

[54]) Dies ist bestimmt: für die Angelegenheiten zu Nr. 1. 2 des Textes und für die Beschwerden in denjenigen Angelegenheiten, für welche die amtsgerichtliche Zuständigkeit auf dem A. G. z. G. B. G. beruht, in § 42 a. a. O.; für die Beschwerde in Hinterlegungssachen (s. o. S. 30 Nr. 5) in H. O. § 91 mit § 42 a. a. O.; für die Beschwerde gegen die amtsgerichtliche Entscheidung über Auflösung einer Genossenschaft folgt es aus der Unterwerfung dieses Rechtsmittels unter die Bestimmungen der C. P. O. nnd damit unter das in § 531 C. P. O. gemeinte Gericht (Gen.-Ges. § 78), für die Beschwerde in Kostensachen aus der Verweisung der Entscheidungen in Kostensachen vor das Gericht der Hauptsache (A. G. z. G. K. G. § 4 mit G. K. G. § 4); für die Angelegenheiten zu Nr. 3 des Textes s. Bek. v. 1. 7. 1879 (J. M. Bl. S. 154 zu c). Für die übrigen Angelegenheiten, insbesondere diejenigen zu Nr. 6 des Textes und die Beschwerden in den oben S. 32 f. Nr. 8—10. 14. 15 bemerkten Angelegenheiten muß die Zuständigkeit der Civilkammern durch die Erwägung begründet werden, daß andere Abtheilungen des Landgerichts als Civil- und Strafkammern wenigstens obligatorisch nicht vorgesehen sind und daß die Natur der Angelegenheiten auf die Civilkammern hinweist. Gegen die Zuständigkeit der Kammern für Handelssachen s. Anm. 53.

[55]) A. G. z. G. B. G. § 43. [56]) A. G. z. G. B. G. § 49 Nr. 1.

a) die Lehnssachen, insoweit nicht ausnahmsweise im früheren Recht die Zuständigkeit der Kreisgerichte begründet war[57]);
b) die Familienfideikommißsachen[58]);
c) die Ertheilung von Beglaubigungen und Bescheinigungen, von denen im Auslande Gebrauch gemacht werden soll, mit Ausnahme der dem Landgerichtspräsidenten zustehenden Beglaubigung amtlicher Unterschriften zum Zweck der Legalisation im diplomatischen Wege[59]);
d) die Mitwirkung und Kontrole bei der Domänenveräußerung[60]);
e) die Funktion der Vormundschaftsbehörde für die standesherrlichen Familien und die Aufnahme gewisser freiwilliger Akte derselben; s. hierüber das Nähere in Abschnitt IV No. 10.

2. die gerichtliche Verwaltung und Beaufsichtigung von Stiftungen, sofern der Justizminister im einzelnen Falle das Oberlandesgericht hiermit beauftragt.[61])

3. die Bestimmung des örtlich zuständigen Gerichts, gleichviel ob Land- oder Amtsgericht, in den Fällen des § 20 des A. G. z. G. V. G.[62]), sowie in Hinterlegungssachen[63]) und in Angelegenheiten der Landgüterrolle.[64])

4. die Beschwerden wegen verweigerter oder zu Unrecht gewährter Rechtshilfe[65]), sowie wegen Festsetzung von Ordnungsstrafen bei Ausübung der Sitzungspolizei.[66])

---

[57]) s. o. S. 35. Nr. 1 mit Anm. 47. 48. V. v. 2. 1. 1849 § 25 Nr. 4; G. v. 11. 7. 1845 (G. S. S. 474). G. v. 18. 4. 1855 (G. S. S. 222) § 6. G. v. 23. 7. 1875 §§ 11. 12. G. v. 3. 5. 1876 § 3 Abs. 4. G. v. 19. 6. 1876 § 3 Abs. 5. G. v. 16. 3. 1877 § 3 Abs. 5. G. v. 28. 3. 1877 § 19 Abs. 6.

[58]) G. v. 5. 3. 1855 § 1 (unten Abschn. IV Nr. 7).

[59]) V. v. 2. 1. 1849 § 25 Nr. 5 mit Instr. v. 22. 3. 1833 zu c u. d. (Jahrb. 41 S. 220.) Vgl. hierzu Koch-Jastrow S. 187 Anm. 3 u. S. 190 mit Anm. 20.

[60]) Betreffs derjenigen Domänen, welche schon vor dem Jahre 1808 Eigenthum des Staates waren, findet eine gerichtliche Prüfung und Konsentirung der Veräußerung und Verpfändung nach Maßgabe des Hausgesetzes v. 17. 12. 1808 (Rabe 10 S. 175) und des Edikts vom 6. 11. 1809 (G. S. S. 883) statt, welche von den Appellationsgerichten geübt wurde. Instr. v. 16. 6. 1834 (Jahrb. 45 S. 512) §§ 3 ff. 15 ff. V. v. 2. 1. 1849 § 25 Nr. 6. J. M. R. v. 14. 4. 1849 (J. M. Bl. S. 345).

[61]) A. G. z. G. V. G. § 29. [62]) Vgl. auch § 24 Abs. 3 daselbst.

[63]) H. O. § 90. [64]) L. G. O. § 2 Abs. 2.

[65]) A. G. z. G. V. G. § 87 mit G. V. G. § 160.

[66]) A. G. z. G. V. G. § 88 mit G. V. G. § 183.

5. die Beschwerden in denjenigen Angelegenheiten, welche in erster Instanz[67]) zur Zuständigkeit der Landgerichte gehören.[68])

6. das durch das A. G. z. G. V. G. neu eingeführte Rechtsmittel der weiteren Beschwerde gegen die vom Landgericht in der Beschwerdeinstanz getroffenen Entscheidungen.[69]) Dieses Rechtsmittel gehört für den ganzen Staat ausschließlich vor das Kammergericht, welches indessen in den Fällen, wo die Beschwerde ausschließlich auf die Verletzung einer Rechtsnorm gestützt wird, die im Kammergerichtsbezirk nicht gilt, die Entscheidung dem örtlich zuständigen Oberlandesgericht zu überweisen hat und eine gleiche Ueberweisung vornehmen kann, wenn die Beschwerde auf Verletzung mehrerer Rechtsnormen gestützt wird, von welchen nur ein Theil im Bezirk des Kammergerichts Geltung hat[70]).

7. die Beschwerden in Kostensachen, insoweit nach Maßgabe des § 531 C. P. O. das Oberlandesgericht zur Entscheidung berufen ist.[71]) Auch hier ist das Kammergericht ausschließlich zuständig, sofern nicht ein anderes Oberlandesgericht gleichzeitig in der Sache selbst zu entscheiden hat. Das Gleiche gilt von der durch das Oberlandesgericht als Gericht der höheren Instanz von Amtswegen zu bewirkenden Aenderung einer Werths- oder Kostenfestsetzung (G. K. G. §§ 4 u. 16).[72])

Alle vorstehend erwähnten Angelegenheiten werden von den Civilsenaten erledigt.[73])

Dem Justizminister gebühren bei Handhabung der nicht streitigen Gerichtsbarkeit die folgenden Geschäfte:

1. Die Bestimmung des zuständigen Amts-, Land- oder Oberlandesgerichts in den gesetzlich bestimmten Fällen[74]) bei Streit oder

---

[67]) d. h. in erster gerichtlicher Instanz; die Entscheidungen auf Beschwerden über die Standesbeamten (s. o. S. 35 Nr. 3) gelten als gerichtliche Entscheidungen erster Instanz.

[68]) s. o. S. 35 Nr. 1—3 u. 6 und dazu A. G. z. G. V. G. § 49 Nr. 3 u. Personenstandsgesetz v. 6. 2. 1875 § 11 Abs. 3 und § 66 Abs. 2. Für die Angelegenheiten zu Nr. 6 ist die Zuständigkeit aus allgemeinen Grundsätzen zu folgern; vgl. A. G. O. III 1 § 13 Anm. 18.

[69]) A. G. z. G. V. G. § 40 Abs. 2. 51 ff., H. O. § 91. Ueber den Umfang dieses Rechtsmittels vgl. Rechtsgr. R. 733—745, ferner Küntzel bei Johow-Küntzel 5 S. 415 und die Abhandlung des Herausgebers bei Rassow-Küntzel 30 S. 349 ff.

[70]) A. G. z. G. V. G. § 56.

[71]) A. G. z. G. K. G. § 4 mit G. K. G. 4.

[72]) A. G. z. G. K. G. § 6.

[73]) A. G. z. G. V. G. § 57. A. G. z. G. K. G. § 6. Für die Beschwerde betreffs der Sitzungspolizei (A. G z. G. V. G. § 88) fehlt es an einer besonderen Vorschrift. Hier gehen die Beschwerden an diejenige Gattung von Senaten, welche eventuell für die Angelegenheit selbst zuständig sein würden; dies sind aber hier überall — entsprechend den Civilkammern der Landgerichte (s. Anm. 54) — die Civilsenate.

[74]) A. G. z. G. V. G. § 20. H. O. § 90.

Ungewißheit über die örtliche Zuständigkeit oder wenn nach den bestehenden Vorschriften ein gemeinschaftlicher Gerichtsstand zu bestellen ist, überall jedoch nur, wenn die in Betracht kommenden mehreren Gerichte verschiedenen Oberlandesgerichtsbezirken angehören, oder wenn es sich um Angelegenheiten handelt, für welche die Oberlandesgerichte in erster Instanz zuständig sind.

2. Die Bestimmung des für eine Vormundschaft zuständigen Amtsgerichts in denjenigen Fällen, in welchen es an einem Gerichtsstande nach Maßgabe der V.O. überhaupt mangelt.[75])

3. Die Beauftragung des Land- oder Oberlandesgerichts mit der gerichtlichen Verwaltung oder Beaufsichtigung einer Stiftung an Stelle des gesetzlich zuständigen Amtsgerichts.[76])

4. Bestimmte wichtigere Verfügungen in den von Gerichten bearbeiteten Lehnssachen.[77])

5. Die Beschwerden über Entscheidungen der Oberlandesgerichte rücksichtlich der als Gerichtskosten zu erhebenden Stempel sowie die von Amtswegen erfolgende Berichtigung solcher Stempelansätze.[78])

Endlich bildet der Justizminister:

6. Die Beschwerdeinstanz in den vor die Oberlandesgerichte als Gerichte erster Instanz gehörenden Angelegenheiten (s. o. S. 36 Nr. 1 u. 2).[79])

Insoweit der Justizminister nach Vorstehendem die Beschwerdeinstanz bildet, wohnt ihm die Befugniß bei, auch ohne eingelegte Beschwerde die Gerichte mit Anweisungen zu versehen. Denn für diese Angelegenheiten ist die K. O. v. 6. September 1815[80]) ungeändert geblieben. Abgesehen von diesen speziellen Zuständigkeiten dagegen steht dem Justizminister eine Einwirkung auf die materielle Handhabung der Gerichtsbarkeit in nicht streitigen Sachen ebensowenig zu wie in streitigen Sachen; vielmehr haben die Gerichte auch bei Ausübung der ersteren die ihnen im Art. 86 der Verf.-Urkunde beigelegte Unabhängigkeit. Die Befugnisse des Justiz-

---

[75]) V. O. § 5. [76]) A. G. z. G. V. G. § 29.

[77]) V. v. 27. 10. 1810, Abschnitt „Justizminister" Nr. 2 mit R. v. 7. 5. 1811 (abgedr. bei v. Rönne Erg. z. A. G. O. S. 709). — Bei Thronlehnen wirkt der Minister des Innern mit dem Justizminister zusammen. A. E. v. 3. 10. 1848 (G. S. S. 796).

[78]) A. G. z. G. K. G. § 7.

[79]) Vgl.: für Fideikommißsachen G. v. 5. 3. 1855 § 4 (unten Abschn. IV Nr. 7); für die Angelegenheiten der standesherrlichen Familie V. v. 12. 11. 1855 § 4 (unten Abschn. IV Nr. 10). Für die übrigen Angelegenheiten folgt die Zuständigkeit aus § 25 Nr. 4–6 u. § 35 Abs. 4 der V. v. 2. 1. 1849 in Verbindung mit A. G. O. III 1 § 13 u. K. O. v. 6. 9. 1815 (G. S. S. 198). Wegen der letztinstanzlichen Entscheidungsbefugniß des Justizministers in Lehnssachen, vgl. übrigens noch G. v. 23. 7. 1875 § 22 u. G. v. 28. 3. 1877 § 18 Abs. 4.

[80]) Vgl. oben S. 15.

ministers als Justizaufsichtsbehörde sind lediglich dieselben wie bei der streitigen Gerichtsbarkeit.[81])

Neben den Gerichten sind als Organe der freiwilligen Gerichtsbarkeit die Notare thätig[82]) und in beschränktem Maße auch die Gerichtsvollzieher. Letztere sind nämlich zur Aufnahme von Wechselprotesten, zu freiwilligen Versteigerungen von Mobilien einschließlich von Früchten auf dem Halm und von Holz auf dem Stamme, sowie im Auftrage des Gerichts oder des Konkursverwalters zu Siegelungen, Entsiegelungen und Inventuren zuständig.[83]) Sie üben diese Zuständigkeit in Konkurrenz mit den Gerichten und Notaren. Außerdem bilden die Gerichtsvollzieher auch in der nicht streitigen Gerichtsbarkeit die allgemeinen Zustellungsorgane und besorgen auch in Rechtsangelegenheiten, die bei den Gerichten nicht anhängig sind, die Zustellung von Erklärungen unter den Betheiligten, sofern der Erklärende hierüber eine öffentliche Urkunde errichtet wünscht. Dies ist von besonderer Wichtigkeit für die Zustellung von Kündigungen aller Art. Derartige Zustellungen vertreten die Stelle einer gerichtlichen Bekanntmachung, wo solche gesetzlich vorgeschrieben ist.[84]) Endlich sind die Gerichtsvollzieher auch zuständig, die Aufgabe von Geld, Werthpapieren oder Kostbarkeiten zur Post behufs Absendung an die Hinterlegungskasse zu beurkunden.[85])

Die Rechtsanwälte üben in der nicht streitigen Gerichtsbarkeit durch Berathung und Vertretung der Parteien eine erhebliche Mitwirkung; doch existirt kein Anwaltszwang und kein ausschließliches Vertretungsrecht der Rechtsanwälte.[86]) Nur für das durch § 40 des A. G. z. G. V. G eingeführte Rechtsmittel der weiteren Beschwerde ist die Unterzeichnung durch einen Rechtsanwalt vorgeschrieben, sofern die Beschwerde schriftlich (nicht zu Protokoll des Gerichtsschreibers) eingelegt wird und der Beschwerdeführer nicht zu den öffentlichen Behörden oder zu den zum Richteramt befähigten Personen gehört.[87])

Die Staatsanwaltschaft ist zu einer Mitwirkung bei der nicht streitigen Gerichtsbarkeit nicht berufen. Indessen liegt ihr ob, Unterlassungen und Zuwiderhandlungen betreffs derjenigen Vor-

---

[81]) Vgl. A. G. z. G. V. G. § 80. G. v. 9. 4. 1879 § 23.

[82]) Vgl. das Nähere in A. G. O. III 7. [83]) A. G. z. G. V. G. § 74.

[84]) A. G. z. C. P. O. § 1. Früher mußten sich in solchen Fällen die Parteien an das Gericht mit einem Antrag auf Zustellung wenden; die Gerichte ließen alsdann die letztere bewirken und händigten dem Antragsteller die Zustellungsurkunde aus; vgl. A. G. O. I 28 § 16.

[85]) H. O. §§ 17. 39. [86]) Vgl. hierüber A. G. O. III 7 Anm. 1.

[87]) A. G. z. G. V. G. § 53.

schriften des H. G. B., zu deren Befolgung die Gerichte durch Ordnungsstrafen anzuhalten haben, bei dem zuständigen Gerichte zur Anzeige zu bringen,[88]) und ferner in gewissen Fällen das Vormundschaftsgericht von der erforderlich gewordenen Bevormundung einer Person sowie von strafbaren Handlungen, welche eine Zwangserziehung rechtfertigen könnten, zu benachrichtigen.[89]) Eine Betheiligung an dem ferneren Verfahren gebührt der Staatsanwaltschaft auch in diesen Fällen nicht.

Betreffs der Handhabung der nicht streitigen Gerichtsbarkeit sei schließlich noch folgendes bemerkt:

Ueber die Kompetenz der Gerichte gegenüber den Verwaltungsbehörden wird im Instanzenzug der Gerichte entschieden. Die Erhebung eines Kompetenzkonfliktes seitens der Verwaltungsbehörden findet nicht statt. Nur negative Kompetenzkonflikte, d. h. solche, in welchen von den Gerichten die Verwaltungsbehörden und von letzteren die Gerichte für zuständig erachtet worden sind, würden auch hier durch den Kompetenzgerichtshof zn lösen sein.[90]) Für die Gewährung der Rechtshilfe unter preußischen Gerichten gelten die Vorschriften des G. V. G. mit der alleinigen Abweichung, daß eine Entscheidung des Reichsgerichts auf Grund des § 100 G. V. G. nicht angerufen werden kann, weil die preußische Landesgesetzgebung keine Befugniß hat, dem Reichsgerichte eine derartige Gerichtsbarkeit zu übertragen. Es bewendet deshalb hier stets bei der Entscheidung des Oberlandesgerichts.[91]) Ueber die Rechtshilfe gegenüber außerpreußischen deutschen Gerichten mangelt es an gesetzlichen Vorschriften. Es entscheiden hier lediglich die betreffenden Staatsverträge und, soweit es an solchen fehlt, das völkerrechtliche Herkommen, wie gegenüber dem Auslande.[92])

Die Verhandlungen vor dem Gericht sind regelmäßig nicht öffentlich. Nur ausnahmsweise ist für einzelne Prozeduren eine öffentliche Verhandlung vorgeschrieben..[93]) Dieselbe erfolgt alsdann

---

[88]) E. G. z. H. G. B. Art. 7.

[89]) V. O. § 16 Abs. 3 (vgl. aber für Entmündigungssachen C. P. O. §§ 600. 603. 615. 619. 620. 623—626) u. G. 13. 3. 1878 § 3.

[90]) V. v. 1. 8. 1879 § 4 („in einem — bürgerlichen Rechtsstreit") und dagegen die allgemeinere Fassung in § 21 („in einer Sache").

[91]) E. G. z. G. V. G. § 4 („den betreffenden Landesbehörden"). A. G. z. G. V. G. § 87.

[92]) Vgl. Delius, das Rechtshülfeverfahren in Sachen der freiwilligen Gerichtsbarkeit im Archiv f. bürgerliches Recht, Bd. 2 (1889) S. 81—96. Ein Verzeichniß der abgeschlossenen Staatsverträge s. a. a. O. und bei Müller S. 775. Das Rechtshülfegesetz v. 21. 6. 1869 findet auf die nicht streitige Gerichtsbarkeit keine Anwendung.

[93]) So insbesondere für das Ordnungsstrafverfahren in Sachen des Handelsregisters. E. G. z. H. G. B. Art. 5 §§ 3. 5. Art. 6 Nr. 2. Gen.=Ges. § 152

nach Maßgabe der §§ 170—176 des G. V. G.. Auch auf die nicht öffentlichen Verhandlungen finden die Vorschriften des G. V. G. über die Sitzungspolizei Anwendung.[94]) Das Gleiche gilt von den Vorschriften über die Berathung und Abstimmung des Gerichts.[95]) Dagegen finden wegen der Gerichtssprache und der Gerichtsferien die Bestimmungen des G. V. G. keine Anwendung. In erster Beziehung gilt vielmehr das Ges. v. 28. August 1876 fort,[96]) während die Gerichtsferien auf die Angelegenheiten der nicht streitigen Gerichtsbarkeit grundsätzlich ohne Einfluß bleiben; indessen kann die Bearbeitung der Vormundschafts-, Nachlaß-, Lehns-, Familienfideikommiß- und Stiftungssachen unterbleiben, soweit das Bedürfniß einer Beschleunigung nicht vorhanden ist.[97])

Ein Recht zur Beeidung von Zeugen und Sachverständigen haben die Gerichte in der nicht streitigen Gerichsbarkeit nur insoweit, als ihnen dieses Recht für einzelne Prozeduren besonders beigelegt ist.[98])

§ 7. Besondere Gerichte.

Der größte Theil der existirenden Sondergerichte ist ausschließlich für die streitige Gerichtsbarkeit bestimmt. Für die nicht streitige Gerichtsbarkeit bestehen nur die folgenden besonderen Gerichte:

I. Das Ministerium des Königlichen Hauses. Dasselbe bildet den ordentlichen Gerichtsstand für alle nicht streitigen Angelegenheiten der Mitglieder der Königlichen Familie und des Fürstlichen Hauses Hohenzollern, insbesondere betreffs der Testamentserrichtungen, Nachlaßregulirungen, Familienschlüsse, Ehe-, Vormundschafts-, Fideikommiß- und ähnlichen Angelegenheiten.[1])

Abs. 2. Auch wo für Beschwerden die Anwendung des § 536 C. P. O. angeordnet ist (H. O. § 86, Gen.-Ges. § 78 Abs. 2), findet eine etwaige mündliche Verhandlung über die Beschwerde öffentlich statt.

[94]) A. G. z. G. V. G. § 88. [95]) a. a. O. § 90.

[96]) s. unten Abschn. IV Nr. 9.

[97]) A. G. z. G. V. G. § 91. Das Zwangserziehungsverfahren ist stets Feriensache. Allg.-Verf. v. 27. 4. 1881 (J. M. Bl. S. 81).

[98]) Vgl. A. G. O. II 3 § 7 mit Anm. 13; II 5 §§ 46. 54; II 6 §§ 4. 6. 9 mit Anm. 11 und ferner: G. v. 13. 3. 1878 § 3 Abs. 3 (Zwangserziehung); H. G. B. Art. 493 Abs. 2 (Verklarung); E. G. z. H. G. B. Art. 5 § 8 u. Art. 6. (Ordnungsstrafverfahren des Registerrichters). Vgl. auch A. G. O. I 44 (unten Abschn. III Nr. 3) §§ 49. 50 mit Anm. 9. G. v. 15. 6. 1840 (unten Abschn. IV Nr. 4) §§ 2. 3. Wegen des Verfahrens bei der Beeidung vgl. A. G. O. II 6 Anm. 7 u. 11.

[1]) Die Zuständigkeit beruht auf der Hausverfassung der Königlichen Familie (Handbuch über den Kgl. Preußischen Hof und Staat 1891 S. 7; Jahrb. d. preuß. Gerichtsverfassung 1890 S. 95); vgl. dazu A. L. R. II 13 § 17 u. G. v. 26. 4.

II. Die Dorfgerichte. Dieselben bilden einen kümmerlichen Ueberrest der alten deutschen Gerichtsverfassung[2]) und sind durch die neuere Gesetzgebung in ihrem Bestande nicht berührt worden. Sie bestehen aus dem Schulzen (jetzt Gemeindevorsteher), den Schöppen (Schöffen, Gerichtsmänner) und einem Gerichtsschreiber;[3]) doch ist ein ständiger Dorfgerichtsschreiber nur in der Provinz Schlesien angestellt.[4]) Ueber die (nur noch sehr geringe) Zuständigkeit der Dorfgerichte vgl. A. G. O II 2 § 8, II 5 §§ 19. 43 u. II 6 Anh. § 437 zu § 12.[5])

III. Die mit Gerichtsbarkeit ausgestatteten deutschen Konsuln nach näherer Maßgabe der §§ 1. 5. 12. 43 des Reichsgesetzes v. 10. Juli 1879.[6])

IV. Die Auditeure solcher Truppentheile, welche sich im Auslande befinden oder nach der Mobilmachung ihre Standquartiere verlassen haben. Dieselben sind zur Gewährung der Rechtshilfe sowie zur Aufnahme von Akten der freiwilligen Gerichtsbarkeit, betreffs der zum Heere gehörigen Personen nach näherer Maßgabe der §§ 1 ff. des Ges. v. 8. Juni 1860 befugt.[7]) In Ansehung der letztwilligen Verordnungen sind auch die Kriegsgerichte zur Aufnahme zuständig.

Außerdem giebt es noch einzelne Behörden oder Beamte, die, ohne Befugnisse der Gerichtsbarkeit zu besitzen, für gewisse An-

---

1851 Art. III Nr. 1 Abs. 3. Wegen des Hohenzollern'schen Fürstenhauses s. auch A. E. v. 14. 8. 1852 (G. S. S. 771) Nr. 1. Für Testamente der Mitglieder des Königlichen Hauses vgl. auch A. L. R. I 12 § 176.

[2]) Vgl. Starke I S. 414 ff., s. auch oben S. 23 Anm. 40; über die frühere Verfassung der Dorfgerichte s. Riedel, Beiträge zur Kunde des preußischen Rechts: erster Beitrag, S. 96 ff., Königsberg 1834.

[3]) A. L. R. II 7 §§ 79 ff. — Ueber die jetzige Bezeichnung und die Wahl der Mitglieder des Dorfgerichts sowie des Gerichtsschreibers vgl. Kreisordnung v. 19. 3. 1881 §§ 22 ff. und Instr. v. 20. 9. 1873 (Min.-Bl. f. d. i. V. S. 258) zu §§ 22 ff. der Kreisordnung.

[4]) Jahrb. d. preuß. Gerichtsverfassung 1890 S. 95.

[5]) Ueber das Verfahren für die Dorfgerichte ist die revidirte Instruktion v. 11. 5. 1854 mit einem Zusatz v. 19. 8. 1854 (J. M. Bl. S. 206 u. 334) ergangen; dieselbe ist ursprünglich nur für die Bezirke der ehemaligen Appellationsgerichte zu Naumburg und Halberstadt und des früheren Kammergerichts bestimmt; später ist sie auch in anderen Bezirken durch Veröffentlichung in den betreffenden Amtsblättern eingeführt worden. (Jahrb. d. preuß. Gerichtsverf. 1890 S. 96 Anm. 1). Die Instruktion entspricht in vielen Beziehungen dem heutigen Stande der Gesetzgebung nicht mehr.

[6]) In diesen, durch Reichsgesetz geregelten Angelegenheiten ist auch das Reichsgericht mit der nicht streitigen Gerichtsbarkeit befaßt, insofern es die Beschwerdeinstanz über dem Konsul bildet. § 43 a. a. O.

[7]) Vgl. auch A. G. z. G. V. G. § 111 u. Reichsmilitärgesetz v. 2. 5. 1874 § 39 Abs. 3.

gelegenheiten ein Recht der Aufnahme öffentlicher Urkunden haben. Hierher gehören:[8])

a) die Magistrate derjenigen kleinen Städte, welche ohne Gericht sind. Dieselben haben in Ansehung gewisser Akte der freiwilligen Gerichtsbarkeit und in Ansehung der Inventuren, die den Dorfgerichten zustehenden Befugnisse; vgl. das Nähere in A. G. O. II 2 § 9 u. II 5 § 43;

b) die deutschen Konsuln (auch wenn ihnen keine Gerichtsbarkeit beigelegt ist) in ihrer Eigenschaft als Notare nach näherer Maßgabe der §§ 16. 17 des Konsulatgesetzes v. 8. November 1867;

c) diejenigen im Inlande residirenden fremden Konsuln, welchen durch Staatsvertrag das öffentliche Beurkundungsrecht eingeräumt ist;[9])

d) die Universitätsrichter (Syndici). Dieselben sind befugt, Anerkenntnisse der Studirenden über gestundete Honorare aufzunehmen;[10])

e) die Syndici der landschaftlichen Kreditinstitute. Denselben ist zum Theil statutenmäßig eine Beurkundungsbefugniß betreffs der Pfandbriefs-Darlehen eingeräumt;[11])

f) gewisse Personen, welchen in bestimmten Nothfällen (Krieg, Belagerungszustand, ansteckende Krankheiten) die Aufnahme von letzwilligen Verordnungen zusteht.[12])

---

[8]) Nicht hierher zu rechnen sind die Schiedsmänner; dieselben sind Organe für streitige Sachen und besitzen ein Beurkundungsrecht für Akte nicht streitiger Gerichtsbarkeit nicht. Schiedsmanns-Ordnung v. 29. 3. 1879 § 1.

[9]) Ein Verzeichnis dieser Verträge s. bei Koch-Jastrow S. 197 ff.

[10]) A. G. z. G. V. G. § 13, dessen Abs. 2 ersetzt ist durch § 1 des G. v. 29. 5. 1879.

[11]) G. B. O. § 47; vgl. Turnau Anm. 2 zu f (S. 166).

[12]) Reichsmilitärgesetz v. 2. 5. 1874 § 44. G. v. 8. 6. 1860 Abschn. II (wegen der jetzigen Anwendbarkeit desselben vgl. Bierhaus bei Koch A. L. R. I 12 zu § 197 Anm. 6) u. A. L. R. I 12 §§ 198 ff. mit K. O. v. 12. 7. 1831 (G. S. S. 156). Ob indessen im Falle des § 200 I 12 A. L. R. dem von einer Privatperson aufgenommenen Testament öffentlicher Glauben gebührt, oder ob es sich nicht vielmehr um die Zulassung privater Testamente statt der öffentlichen handelt, erscheint zweifelhaft.

II. Der zweite und dritte Theil der Allgemeinen Gerichtsordnung für die Preußischen Staaten.[1)–5)]

Wir Friedrich Wilhelm, von Gottes Gnaden König von Preußen 2c.

Thun kund und fügen hierdurch jedermann zu wissen:

Die Wiedereinführung Unserer Gesetze in die von Unserer Monarchie getrennt gewesenen, mit derselben wieder vereinigten Provinzen hat nicht allein das Bedürfniß einer neuen Auflage der

---

1) Seit dem Jahre 1781 beruhte in Preußen das gerichtliche Verfahren auf dem durch Patent v. 26. 4. 1781 publizirten ersten Buche des Corpus juris Fridericianum. Dasselbe regelte indessen, in vier Theile zerfallend, nur das Prozeßverfahren (Theil I, II und IV) und die Pflichten der Justizpersonen (Theil III). Gleich nach Publikation des Gesetzes ging man an dessen Revision, deren Ergebniß die A. G. O. darstellt. Die letztere zerfällt in drei Theile; der erste Theil enthält die „Prozeßordnung" und entspricht dem Th. I, II und IV des Corpus juris Fridericianum, der zweite Theil behandelt das gerichtliche Verfahren in nicht streitigen Angelegenheiten und ist ganz neu hinzugekommen; der dritte Theil (von den Pflichten der bei der Justiz eingesetzten Personen) korrespondirt dem Th. III des Corpus juris Fridericianum. Der erste Theil ist durch Patent v. 6. 7. 1793 publizirt worden. Der zweite und dritte Theil wurde, ohne besonderes Patent, mittels R. v. 30. 7. 1795 den Gerichten bekannt gemacht. In der Folgezeit wurden indessen eine große Reihe einzelner, die A. G. O. erläuternder und ergänzender Verordnungen erlassen. Dieselben hat der Justizminister v. Kircheisen im Jahre 1815 unter dem Titel: „Anhang zur A. G. O. für die Preußischen Staaten" zusammenstellen lassen. Dieser Anhang erhielt durch Patent vom 4. 2. 1815 die Königliche Sanktion. Letzteres ordnete zugleich eine neue Auflage der A. G. O. mit Einschaltung der Anhangsbestimmungen an gehöriger Stelle an und stellt sich als ein neues Publikationspatent für alle drei Theile der A. G. O. dar. Uebrigens sind die Bestimmungen älterer Verordnungen dadurch, daß sie nicht in den Anhang aufgenommen sind, nicht beseitigt. R. v. 24. 12. 1816 (bei v. Rönne Erg. z. A. G. O. S. 11).

2) Oertliche Geltung der A. G. O. Die A. G. O. ist bei ihrer ursprünglichen Emanation, ebenso wie das A. L. R. für das ganze damalige Staatsgebiet in Kraft getreten. Die bedeutenden Territorialveränderungen, die der preußische Staat im Anfange dieses Jahrhunderts erfuhr, haben zur Folge gehabt, daß ein Theil der im Jahre 1814/15 neu hinzugekommenen Territorien seinen ab-

Allgemeinen Gerichtsordnung für die Preußischen Staaten herbei geführt, sondern auch eine vollständige Publikation aller seit dem Jahre 1793 erfolgten Abänderungen, Ergänzungen und Erläuterungen der auf das Verfahreu in Prozessen und bei den Handlungen der freiwilligen Gerichtsbarkeit, so wie auf die allgemeine Verfassung der gerichtlichen Behörden Bezug habenden Vorschriften nöthig gemacht. Wir haben daher die Veranstaltung treffen lassen, daß jene Abänderungen, Ergänzungen und Erläuterungen verkürzt gesammelt, der neuen Auflage der allgemeinen Gerichtsordnung, welche mit der frühern wörtlich übereinstimmt, gehörigen Orts eingeschaltet, und außerdem unter dem Titel: Anhang zur allgemeinen Gerichtsordnung für die Preußischen Staaten, besonders gedruckt worden. Dieser neuen Auflage und dem angefertigten Anhange geben Wir hierdurch Unsere

---

weichenden Rechtszustand behielt, während in anderen die A. G. O. ein- oder wiedereingeführt wurde, und daß andererseits die A. G. O. in abgetrennten, unter außerpreußischer Herrschaft verbliebenen Gebietstheilen weiter galt, wie namentlich in einzelnen Theilen von Hannover und Bayern. Durch Einverleibung Hannovers im Jahre 1866 wurden die betreffenden Territorien allerdings zu einem Theile wiederum preußisches Staatsgebiet. Indessen hatte die A. G. O. unter dem Einfluß der allgemeinen Staatsgesetzgebung hier erhebliche Veränderungen erlitten (vgl. Basch S. XI), deren Darstellung nicht Aufgabe des vorliegenden Buches ist. Das letztere beschränkt sich auf die Darstellung des Rechtszustandes in den altländischen preußischen Provinzen. Von diesen gilt die A. G. O. in den Provinzen Brandenburg mit Berlin, Ost- und Westpreußen, Schlesien, Posen, Westfalen und Sachsen und in Theilen von Pommern und der Rheinprovinz, nämlich von Pommern in den Regierungsbezirken Stettin und Köslin und von der Rheinprovinz in den Kreisen Duisburg, Essen (Stadt), Essen (Land), Mühlheim a. d. Ruhr und Rees, endlich auch in der früheren westfälischen, durch G. v. 24. 2. 1881 dem rheinischen Kreise Mettmann zugeschlagenen Landgemeinde Oberbonsfeld. Die Darstellung der örtlichen Einführung der A. G. O. im Einzelnen s. bei v. Rönne Erg. z. A. G. O. S. 10 f. und für die Zeit nach 1866 bei Fischer, Lehrbuch des preußischen Privatrechts (Berlin 1887) S. 6.

Wegen der Geltung der A. G. O. in den Konsulargerichtsbezirken vgl. Reichsges. v. 10. 7. 1879 § 3.

³) Sachliche Geltung der A. G. O. Der erste Theil der A. G. O. ist als ein Prozeßgesetz im Allgemeinen durch § 14 des E. G. z. C. P. O. aufgehoben. In Kraft geblieben sind von demselben nur einzelne Bestimmungen, welche entweder nicht prozeßrechtlicher Natur sind oder deren Fortgeltung reichsgesetzlich ausdrücklich vorbehalten ist (E. G. z. C. P. O. §§ 5. 15. 16), oder welche zugleich für andere Prozeduren, als die der ordentlichen streitigen Gerichtsbarkeit bestimmt und in dieser Beschränkung zur weiteren Anwendung geeignet sind (E. G. z. C. P. O. §§ 3. 14). Diejenigen Vorschriften des ersten Theils, welche die nicht streitige Gerichtsbarkeit betreffen, gelangen unten im Abschnitt III zur Darstellung. Der zweite Theil der A. G. O. dagegen ist als Ganzes von den Reichsjustizgesetzen unberührt geblieben; nur einzelne Bestimmungen desselben sind theils durch diese, theils durch anderweite Gesetze beseitigt oder abgeändert. Betreffs des dritten Theiles vgl. die Vorbemerkungen zu demselben Anm. 1—3.

Allerhöchste Sanction, und wollen, daß die darin gesammelten neueren Vorschriften von Unseren sämmtlichen Gerichten, Behörden und Unterthanen auf das genaueste befolgt werden.

Urkundlich unter Unserer Höchsteigenhändigen Unterschrift und beigedrucktem Königlichen Insiegel.

Wien, den 4. Februar 1815.

(L. S.) Friedrich Wilhelm.

Patent
zur Publikation der neuen Auflage der allgemeinen Gerichtsordnung für die Preußischen Staaten, und des Anhanges zur allgemeinen Gerichtsordnung.

C. F. von Hardenberg. Kircheisen.
Bülow. Schuckmann. Boyen.

Allgemeine Gerichtsordnung für die Preußischen Staaten.

Zweiter Theil.

Von dem gerichtlichen Verfahren in nicht streitigen Angelegenheiten.

Außer der Instruktion und Entscheidung der eigentlichen Prozesse ist den Gerichten auch die Besorgung anderer rechtlicher Angelegenheiten der Einwohner des Staates aufgetragen.[1]) Dahin gehört besonders

I. die Sorge für diejenigen Personen, welche nach den Gesetzen unter Vormundschaft genommen werden müssen;[2])

II. die Direktion des Hypothekenwesens, und Führung der Hypothekenbücher[3]) in denjenigen Provinzen, wo dieses Ge-

---

[1]) Dies ist die sog. nicht streitige Gerichtsbarkeit; der Umfang derselben ist durch die folgenden Aufzählungen nicht erschöpft; vgl. oben S. 27 ff.

[2]) Dafür galten seiner Zeit die Vorschriften in Th. II Tit. 18 A. L. R., jetzt gilt V. O. v. 5. 7. 1875 (G. S. S. 431).

[3]) Die Hypothekenverfassung beruhte damals auf der „Allgemeinen Hypotheken-Ordnung für die gesammten Königlichen Staaten" v. 20. 12. 1783. Dieselbe ist später mehrfach abgeändert und ergänzt worden. Gegenwärtig

schäft nicht etwa, vermöge besonderer Landesverfassungen, Ständischen Kollegien anvertraut ist;[4])

III. die Verwaltung des gerichtlichen und vormundschaftlichen Depositorii;[5])

IV. die Besorgung der sogenannten Actuum voluntariae jurisdictionis.

Ueber die Angelegenheiten der drei ersten Klassen sind die Gerichte in den ergangenen Vormundschafts-, Hypotheken- und Deposital-Ordnungen mit der nöthigen Anweisung versehen.[6]) Ueber das Verfahren aber bei den Handlungen der freiwilligen Gerichtsbarkeit sollen gegenwärtig nähere Vorschriften ertheilt werden.[7])

---

gilt statt derselben die G. B. O. v. 5. 5. 1872. Die Terminologie der A. G. O. folgt der Sprache der A. Hyp. O., welche von ihrem Hauptzwecke — einer Beförderung der Kreditaufnahme in Hypothekenform — den Namen ihrer Einrichtungen entlehnt hat; daher die Bezeichnung: Hypothekenbücher, Hypothekenwesen, Hypothekenordnung u. s. w. Die neuere Gesetzgebung spricht richtiger von Grundbüchern, Grundbuchsachen, Grundbuchordnung.

[4]) Unter „ständischen Kollegien" sind die Landschaften verstanden. A. Hyp. O. Tit. II § 1. Eine Führung der Hypothekenbücher durch diese hat seit der K. O. v. 1. 8. 1810 (Rabe 10 S. 392) nicht mehr stattgehabt.

[5]) Zur Zeit der A. G. O. bearbeiteten die Gerichte das gesammte Depositalwesen. Es galt dafür die Allgemeine Deposital-Ordnung vom 15. 9. 1783, nach welcher das Depositorium in ein Judicial- (gerichtliches) und ein Pupillar- (vormundschaftliches) Depositorium zerfiel, das erstere für Hinterlegungen wegen Streit oder Ungewißheit über die Person des Berechtigten, das letztere für Mündelgelder bestimmt. A. Dep. O. Tit. I § 2. Das Testaments-Depositorium bestand noch außerdem. Das G. v. 19. 7. 1875 bahnte die Ueberleitung des Hinterlegungswesens an die Verwaltungsbehörden an, welche jetzt die regelmäßigen Hinterlegungsbehörden nach Maßgabe der H. O. v. 14. 3. 1879 bilden. Die Gerichte sind damit nur noch in beschränktem Maße befaßt; s. oben S. 30 Nr. 5.

[6]) Vgl. Anm. 2. 3. 5. Insoweit in den betreffenden Prozeduren Akte der freiwilligen Gerichtsbarkeit vorkommen, gelten dafür die Vorschriften des Th. II der A. G. O. Aber auch für anderweite protokollarische Verhandlungen mit den Parteien nimmt man in diesen Angelegenheiten die gedachten Vorschriften zur Richtschnur, weil solche Verhandlungen denen der freiwilligen Gerichtsbarkeit verwandt sind. Vgl. insbesondere für Grundbuchsachen R. G. U. v. 9. 5. 1885 (R. u. K. 29 S. 966).

[7]) Die Anordnung der Titel des zweiten Theiles ist die folgende: Tit. 1 behandelt den Begriff der freiwilligen Gerichtsbarkeit und die Zuständigkeit der Gerichte; Tit. 2 die allgemeinen Regeln über das Verfahren, welche für alle Akte gelten sollen; Tit. 3 die besonderen Regeln für die Akte unter Lebenden; Tit. 4 diejenigen für die Akte von Todeswegen; Tit. 5 u. 6 endlich behandeln besondere Prozeduren, nämlich Tit. 5 die Siegelung, Entsiegelung und Inventur in Sterbefällen und Tit. 6 die Aufnahme von Taxen. Uebrigens greift Tit. 5 über das Gebiet der freiwilligen Gerichtsbarkeit im eigentlichen Sinne hinaus; vgl. oben S. 28.

Erster Titel.

Von Handlungen der freiwilligen Gerichtsbarkeit überhaupt und was dazu gehöre.

Was Handlungen der freiwilligen Gerichtsbarkeit sind.

§ 1. Zu den Handlungen der freiwilligen Gerichtsbarkeit werden hier sowohl diejenigen gerechnet, welche, ob sie gleich keine Prozesse sind, dennoch nach vorhandenen gesetzlichen Vorschriften vor Gerichten vollzogen werden müssen; als diejenigen, zu deren gerichtlicher Vollziehung die Parteien sich, mehrerer Gewißheit und Beglaubigung wegen, aus freiem Willen entschließen.

§ 2. Einige derjenigen Handlungen, deren gerichtliche Vollziehung die Gesetze verordnen, müssen nothwendig bei dem gehörigen Richter[1]) vorgenommen werden; bei anderen steht es den Parteien frei, dieselben bei einem jeden gehörig besetzten Gerichte[2]) vorzunehmen. Endlich giebt es auch einige solche Handlungen, bei welchen die Gesetze den Parteien die Wahl lassen: ob sie dieselben gerichtlich, oder vor einem Justizkommissario und Notario[3]) vollziehen wollen.

Welche Handlungen
A. nothwendig gerichtlich, und zwar
I. vor dem Richter der Sache,

§ 3. Zu den Handlungen, welche nothwendig vor dem gehörigen Gerichte vollzogen werden müssen, gehören:

1. Diejenigen, welche die Veräußerung, Verpfändung oder Belastung eines Grundstücks oder einer andern zur Eintragung in das Hypothekenbuch qualificirten unbeweglichen Sache betreffen.[4])

In so fern[5])

1) durch Verträge oder andere dergleichen Verhandlungen über das Eigenthum eines solchen unbeweglichen Guts verfügt werden soll, muß der Vertrag

---

[1]) Der „gehörige" Richter ist entweder der Richter der belegenen Sache (§ 3) oder der persönliche Richter eines der Kontrahenten (§ 6) oder der Richter für eine gewisse Gattung von Geschäften (forum speciale causae, §§ 5. 7). Handlungen, welche hiernach zur Aufnahme vor einen bestimmten Richter gewiesen sind, müssen von allen Betheiligten vor diesem Richter vollzogen werden; der letztere ist nicht berechtigt, im Wege der Rechtshilfe sich einen anderen Richter zu substituiren und zwar insbesondere auch nicht zum Zwecke des Beitritts zu einer vor dem zuständigen Richter aufgenommenen Verhandlung.

[2]) jetzt aber nur vor einem Amtsgericht; s. o. S. 32. Nr. 12.

[3]) d. h. jetzt vor einem Notar. A. G. O. III 7 § 9 Anm. 7.

[4]) Hiervon sind nur noch die Verträge über die Verjährung bestehen geblieben; s. Anm. 15.

[5]) Nr. 1 ist beseitigt. Die Verlautbarung und Bestätigung vor dem Richter der Sache ist bereits durch das G. v. 23. 4. 1821 (s. unten Abschn. IV Nr. 1)

selbst, nach der Wahl der Parteien, entweder vor irgend einem besetzten Gerichte (wenn es auch nicht das ordentliche Gericht der Sache wäre), oder vor einem Justizkommissario und Notario aufgenommen und vollzogen werden. In allen Fällen aber müssen die Parteien dergleichen Verträge und Verhandlungen demjenigen Richter, unter dessen Jurisdiktion die Sache liegt, vorzeigen, und sich dazu nochmals bekennen, auch in Provinzen, wo es hergebracht ist, die förmliche Bestätigung darüber nachsuchen (A. L. R. Th. I. Tit. X. §. 6—17.). Wo über gewisse Güter und Grundstücke das Hypothekenbuch nicht von demjenigen Gerichte, unter dessen Real-Jurisdiktion sie stehen, sondern von einer andern Behörde geführt wird,[6]) geschieht die Vorlegung solcher Kontrakte oder sonstiger Verhandlungen dieser letztgedachten Behörde, welche dabei alles das, was in der Folge dem Richter in Ansehung solcher Geschäfte wird vorgeschrieben werden, ebenfalls beobachten muß. Diese Behörde muß dem eigentlichen Richter der Sache von der vorgefallenen Besitzveränderung, sobald dieselbe im Hypothekenbuche wirklich eingetragen ist, von Amts wegen Nachricht geben; und versteht es sich übrigens von selbst, daß auch solche Hypothekenbuchführende Kollegien, wenn sie auch keine eigentliche Gerichte sind, dennoch mit Subjekten, welche die erforderlichen Rechtskenntnisse besitzen, und zur Justiz gehörig verpflichtet worden, besetzt seyn müssen.

Anh. § 412. Kontrakte über Domainenpertinenzen, welche von den Finanzbehörden aufgenommen und bestätigt sind, bedürfen der gerichtlichen Verlautbarung nur in so fern, als der Richter gegründete Veranlassung findet, von Amts wegen dagegen Erinnerungen zu machen, und die Kontrahenten deshalb näher zu vernehmen, um künftigen Streitigkeiten und anderen nachtheiligen Folgen pflichtmäßig vorzubeugen.[7])

Anh. § 413. Wenn Verträge wegen Veräußerung, Verpfändung, oder Belastung liegender Gründe bei dem Gericht aufgenommen worden, in dessen Gerichtsbezirke solche belegen sind, und Alles enthalten, was bei der nach den Provinzialgesetzen zum völligen Abschluß nothwendigen Verlautbarung erfordert wird, so ist eine nochmalige gerichtliche Anerkennung und Verlautbarung des Vertrages nicht erforderlich, vielmehr genügt es, wenn am Schlusse des Protokolls bei dem Vermerk der erfolgten Vorlesung und Genehmigung desselben hinzu gefügt wird, daß dadurch zugleich die Verlautbarung bewirkt werde.[8])

Anh. § 414. Auch die von Kommissarien des Realrichters mit der obigen Maaßgabe aufgenommenen Kontrakte sind für verlautbart zu achten.)

2) Von anderen Verträgen über Immobilien bedürfen nothwendig einer Vollziehung und Verlautbarung[9]) vor dem Richter der Sache:

---

§§ 1. 2 abgeschafft. Gegenwärtig regelt sich die Veräußerung unbeweglicher Sachen nach dem E. E. G. und der G. B. O., womit die früheren Vorschriften beseitigt sind. Ueber die hierdurch eingeführte neue Form s. Anm. 15 zu c.

[6]) Vgl. oben S. 48 mit Anm. 4.

[7]) Der Anh. § 412 ist als bloße Ergänzung des Prinzips des § 3 Nr. 1 mit letzterem selbst beseitigt.

[8]) Der Anh. § 413 ist zwar zum größten Theile gleichfalls antiquirt (s. Anm. 7); der Grundsatz desselben findet indessen bei Verträgen über die Verjährung noch jetzt Anwendung; s. Anm. 9. Der Anh. § 414 dagegen ist beseitigt, da die allein zuständigen Amtsgerichte (s. o. S. 32 Nr. 12) nicht durch Kommissarien handeln; vgl. II 2 § 1 Anm. 2.

[9]) „Vollziehung und Verlautbarung". Verlautbarung heißt die

a. Verträge über die Verjährung (A. L. R. Th. I. Tit. IX. §. 566);

b. die Austhuung eines Grundstücks in Erbzins, oder Erbpacht (Th. I. Tit. XVIII. §. 691 u. f.);[10])

c. die Bestellung eines nutzbaren Pfandrechts auf ein Grundstück (Th. I. Tit. XX. §. 227 u. f.).[11])

Was hingegen

3) alle andere Verträge und Verhandlungen über Immobilien betrifft, wodurch eine unbewegliche Sache mit einer Hypothek, einer Dienstbarkeit, oder einer andern bleibenden Reallast belegt werden soll; so können dieselben zwar auch außergerichtlich vorgenommen, sie müssen aber, wenn sie die Eigenschaft eines dinglichen Rechts wirklich begründen sollen, der das Hypothekenbuch führenden Behörde angezeigt, und in das Hypothekenbuch wirklich eingetragen werden. (A. L. R. Th. I. Tit. XX. §. 8—10. §. 411 u. f. Tit. XXI. §. 18—24. Allgem. Hyp.=Ordn.)[12])

Uebrigens versteht es sich von selbst, daß, wenn dergleichen eine unbewegliche Sache betreffende Handlungen, bei Gelegenheit eines andern Hauptgeschäfts, und als ein Theil desselben vorkommen, z. B. wenn bei Gelegenheit einer Erbsonderung über die zum Nachlasse gehörigen Grundstücke, und deren Vertheilung unter die Erben, Verfügungen getroffen werden, die Natur und Eigenschaft des Hauptnegotii zwar darüber entscheide: ob dasselbe nothwendig bei dem Richter der Sache vorgenommen werden müsse.[13]) Wenn aber auch dieses nicht wäre, so muß dennoch derjenige Theil des Ge-

---

wiederholte Bekennung zu einem bereits abgeschlossenen Vertrage vor dem Richter (G. v. 23. 4. 1821 § 1). Die Vorschrift der Nr. 2 ist durch den Anh. § 413 dahin abgeändert, daß es bei Vollziehung vor dem Richter der Sache eines besonderen Verlautbarungsaktes nicht bedarf.

[10]) Erbzins und Erbpacht sind abgeschafft. Ablösungsgesetz v. 2. 3. 1850 § 2 Nr. 2 u. § 91.

[11]) Die hier für den antichretischen Vertrag angeordnete Form ist beseitigt durch G. v. 23. 4. 1821 §§ 4. 5. (s. u. Abschn. IV Nr. 1). Vgl. auch A. G. O. II 3 § 14 Anm. 49.

[12]) Der letzte Theil des Satzes („sie müssen — eingetragen werden") ist beseitigt; inwiefern die Eintragung der fraglichen Rechte in das Grundbuch erforderlich ist, bestimmt sich jetzt nach §§ 12. 18 des E. E G. u. § 73 der G. B. O.

[13]) Nur die Vollziehung vor dem Richter der Sache als solchem ist erlassen; bedarf indessen das Nebengeschäft abgesehen von seiner Beziehung zu einem Immobile vermöge seiner allgemeinen Natur gerichtlicher Abschließung, wie dies betreffs der Verträge über die Verjährung der Fall ist (A. L. R. I 9 § 566), so bleibt die Beobachtung der gerichtlichen Form auch dann erforderlich, wenn das Geschäft nur als Nebenabrede getroffen wird.

schäfts, welcher das Grundstück betrifft, bei dem Richter der Sache zur Bestätigung verlautbart, oder resp. zur Eintragung in das Hypothekenbuch angezeigt werden.[14, 15])

Anh. § 415. Sind Urkunden von Behörden, deren Beamten zwar keine gerichtliche, aber doch öffentliche Glaubwürdigkeit gebührt, ausgestellt und besiegelt worden; so bedarf es der gerichtlichen Beglaubigung der Unterschrift einer solchen öffentlichen Behörde zum Behuf der Eintragung ihrer Erklärungen in das Hypothekenbuch nicht.[16])

§ 4. Wenn zwischen Gutsherrschaften und Unterthanen neue Dienstregister und Urbarien errichtet worden sind, so müssen dieselben demjenigen Gerichte, unter dessen Jurisdiktion das adlige Gut gehört, zur Prüfung und Bestätigung eingereicht werden. (A. L. R. Th. II Tit. VII § 141 f.)[17])

II. vor Seegerichten,

§ 5. II. Handlungen, wodurch über das Eigenthum eines Seeschiffes verfügt oder dasselbe verpfändet werden soll, gehören, wenn sie an Orten vorkommen, wo Seegerichte sind, vor diese; an anderen Orten aber können sie vor einem jeden Gerichte oder auch vor einem Justizkommissario und Notario vollzogen werden.[18]) Vor

---

[14]) Eine Bestätigung ist für die allein noch in Betracht kommenden Verträge über die Verjährung (s. Anm. 15) nicht vorgeschrieben; inwiefern die Eintragung erforderlich ist, bestimmt sich jetzt lediglich nach dem E. G. G und der G. B. O.

[15]) Das einzige Geschäft, für welches nach Vorstehendem die Form der Vollziehung vor dem Richter der Sache noch bestehen geblieben ist, ist der Vertrag über die Verjährung betreffs Immobilien; es treten indessen noch hinzu:

a) die freiwilligen Subhastationen (A. L. R. II 17 § 56);
b) die Aufnahme von Taxen, da das Gericht den Gegenstand der Taxe selbst in Augenschein nehmen muß (A. G. O. II 6 §§ 3. 8. 9; vgl. auch A. L. R. II 17 § 55).

Durch die neuere Gesetzgebung ist ferner hinzugefügt:

c) die Auflassung der Grundstücke und der ihnen gleichstehenden selbstständigen Gerechtigkeiten (E. E. G. § 2 G. B. O. §§ 20—22 A. G. z. G. B. G. § 31).

[16]) Der Anh. § 415 betrifft das Verfahren in Grundbuchsachen und ist deshalb durch die G. B. O. beseitigt. An seine Stelle ist der entsprechende § 35 der G. B. O. getreten.

[17]) § 4 beruhte auf der alten Agrarverfassung und dem in ihr begründeten Institut der Gutsunterthänigkeit. Dienstregister oder Urbarien (die beiden Worte bedeuten dasselbe) waren dazu bestimmt, die Pflichten der „Unterthanen" gegen ihre „Herrschaft" zu reguliren (A. L. R. II 7 § 137). Mit der Beseitigung der Gutsunterthänigkeit (Edikt v. 9. 10. 1807; G. S. S. 170 §§ 10—12) ist der § 4 gegenstandslos geworden.

[18]) Ueber die früheren Seegerichte s. o. S. 6. 12. 23. Gegenwärtig

die Seegerichte gehört auch die Ausfertigung der Beylbriefe,[19]) der Certifikate, Seeproteste[20]) und anderer Schiffsurkunden[21]) (A. L. R. Th. I. Tit. XX. §. 300 u. f. Th. II. Tit. VIII. §. 1392 u. f. §. 2408.).

---

existiren Seegerichte nicht (vgl. A. G. z. G. V. G. § 12 Nr. 2); insbesondere sind die Kammern für Handelssachen (G. V. G. §§ 100 ff.) als solche nicht anzusehen, weil sie keine selbstständigen Gerichte bilden, überdies auch nur mit streitigen Sachen befaßt sind. Danach könnte scheinen, als ob der Inhalt des § 5 jetzt der wäre, daß die bezüglichen Handlungen gegenwärtig gerichtlich oder notariell errichtet werden müssen. Das Ob.-Tr. (Präj. v. 14. 8. 1841, Präj.-Sammlung S. 203) hat indessen den § 5 dahin ausgelegt, daß derselbe über die zur Gültigkeit erforderliche Form überhaupt nichts bestimme, sondern nur vorschreibe, vor welche Behörde, im Falle eine öffentliche Aufnahme erfolgen soll, der Akt gehört. Damit ist der § 5 nunmehr gegenstandslos geworden. Nach jetzigem Recht ist zu vergleichen: wegen Uebereignung von Seeschiffen H. G. B. Art. 439. 440 und wegen der Verpfändung A. L. R. I 20 §§ 300 ff. mit Preuß. E. G. z. H. G. B. Art. 59.

19) „Beylbrief" oder „Beilbrief" war im früheren Seerecht das „Attest der Obrigkeit über den vorschriftsmäßigen Bau" des Schiffes (A. L. R. II 8 § 1392); über die weitere Entwickelung dieser Urkunde vgl. die Instr. v. 12. 12. 1861 Th. II (J. M. Bl. S. 356). Durch das H. G. B. ist der Beylbrief, welcher bis dahin die Hauptschiffsurkunde bildete, beseitigt; an seine Stelle ist das Certifikat aus dem Schiffsregister getreten (H. G. B. Art. 435; E G. z. H. G. B. Art. 53; Bundesgesetz betr. die Nationalität der Kauffartheischiffe v. 25. 10. 1867 §§ 3 ff.). Für dessen Ertheilung sind die Amtsgerichte als Schiffsregisterbehörden zuständig. (A. G. z. G. V. G. § 25 Nr. 1).

20) Mit „Seeprotest" bezeichnete man im älteren Seerecht die Urkunde, welche der Schiffer im Falle von Haverei im nächsten Hafen oder am Bestimmungsorte über Ursache und Umfang des Unfalles aufnehmen läßt (A. L. R. II 8 §§ 1843 ff.). Der Akt — welcher mit dem Begriffe des Protestes nur das gemeinsam hat, daß durch denselben der Schiffer die Verantwortung für den Unfall abzulehnen sucht — wird im jetzigen Seerecht Verklarung genannt (H. G. B. Art. 490 ff.); zur Aufnahme derselben sind die Amtsgerichte zuständig; s. o. S. 31 Nr. 7 zu f.

21) Unter den „anderen Schiffsurkunden" ist, wie das Citat des § 2408 II 8 A. L. R. ergiebt, zunächst an die gerichtliche Verzeichnung genommener Verbodmung auf den Originalschiffspapieren gedacht. Diese Verzeichnung findet gegenwärtig nicht mehr statt (H. G. B. Art. 680 ff.). — Im Uebrigen kommen nur noch der Meßbrief und die Musterrolle in Betracht; die Ertheilung derselben liegt jetzt den Verwaltungsbehörden ob. Schiffsvermessungs-Ordnung v. 20. 6. 1888 (R. G. Bl. S. 190) §§ 21 ff. Seemanns-Ordnung v. 27. 12. 1872 (R. G. Bl. S. 409) § 12. In Kriegszeiten kann unter Umständen der sonst nicht nothwendige Seepaß (Bundesges. v. 25. 10. 1867 § 9) erforderlich werden. Für den nordamerikanischen Krieg von 1861 ist die Ertheilung von Seepässen durch die Allg. Verf. v. 13. 8. 1861 (J. M. Bl. S. 180) angeordnet und den Gerichten übertragen worden.

III. vor dem ordentlichen persönlichen Richter,

§ 6. III. Vor dem ordentlichen persönlichen Richter[22]) müssen vollzogen werden[23])

1. die Verträge, wodurch die Gütergemeinschaft unter Eheleuten an Orten, wo sie nach den Gesetzen nicht Statt findet, eingeführt, oder da, wo sie Statt findet, ausgeschlossen werden soll (A. L. R. Th. II. Tit. I. §. 356—359. §. 422—426).

Anh. § 416. Die Bestätigung der Verträge, wodurch die Gütergemeinschaft unter Eheleuten eingeführt oder ausgeschlossen werden soll, gehört vor den Richter des Orts, wo die Verlobten nach geschlossener Ehe ihren Wohnsitz nehmen, und im Zweifel vor den persönlichen Richter des Bräutigams.[24])

2. die Errichtung von Familienstiftungen[25]) und beständigen Fideikommissen;[26]) jedoch mit Vorbehalt der Verlautbarung dieser letzteren,

---

[22]) Der „ordentliche persönliche Richter" ist identisch mit dem „allgemeinen Gerichtsstand" und bestimmt sich gegenwärtig nach §§ 12—20 C. P. O; vgl. G. v. 12. 3. 1869 (unten Abschn. IV Nr. 8) § 2 Anm. 3. Hat der betreffende Kontrahent mehrere Wohnsitze, so ist jedes der mehreren Gerichte zuständig. Das Gleiche gilt, wenn diejenige Partei, nach welcher die Zuständigkeit sich bestimmt, aus mehreren Personen mit verschiedenen Gerichtsständen besteht, während der Akt einheitlicher Aufnahme bedarf, wie z. B. die Errichtung einer Familienstiftung durch mehrere Personen (Foerster-Eccius IV § 242 Anm. 25 S. 254). — Hat die Partei ihren Wohnsitz außerhalb des Gebietes der A. G. O., so ist zunächst nach dem Wesen des Institutes, welches den Gegenstand der Instrumentirung bildet, zu beurtheilen, ob eine Beurkundung im diesseitigen Rechtsgebiete überhaupt in der Intention des Gesetzgebers liegt. Wird die Frage bejaht, wie z. B. in den Fällen des § 6 Nr. 2, wenn es sich um diesseitiges Vermögen handelt, so wird man den § 24 C. P. O. analog anwenden und das Gericht, bei dem das Vermögen sich befindet, für zuständig erachten dürfen (vgl. auch Foerster-Eccius a. a. O.).

[23]) Den Fällen des Textes treten noch hinzu:

a) Verträge zwischen Eltern und Kindern über Ausschließung der letzteren von der elterlichen Erbschaft oder über ihre Verkürzung im Pflichttheil; dieselben gehören vor das ordentliche Gericht des Kindes. A. L. R. II 2 § 484.

Durch die neuere Gesetzgebung sind ferner hinzugefügt:

b) Die Bestätigung der Annahme an Kindesstatt (§ 14 d. V. v. 2. 1. 1849); zuständig ist der persönliche Richter des parens adoptans (A. L. R. II 2 § 667).

c) Der Ehevertrag bei einer Ehe zur linken Hand mit dessen Bestätigung und die Umwandlung einer solchen Ehe in eine vollgültige, falls man das Institut noch für fortbestehend hält; vgl. Anm. 32.

d) Der Austritt aus der Kirche oder einer sonstigen mit Korporationsrechten versehenen Religionsgemeinschaft G. v. 14. 5. 1873 §§ 1. 8; G. v. 28. 7. 1876 § 2.

[24]) Die ausschließliche Zuständigkeit des ordentlichen persönlichen Richters ist ebenso wie das Erforderniß der Bestätigung überhaupt beseitigt; G. v. 20. 3. 1837 (unten Abschn. IV Nr. 3) §§ 2. 3.

[25]) Betreffs der Familienstiftungen besteht die Vorschrift unverändert. Kompetent ist der Richter des Stifters. A. L. R. II 4 § 29.

[26]) Die Errichtung von Fideikommissen gehört jetzt vor das Oberlandesgericht; indessen ist aus § 2 Nr. 6 noch die Norm für die örtliche Zuständigkeit ferner maßgebend; vgl. G. v. 5. 5. 1855 (unten Abschn. IV Nr. 7) § 1 Anm. 2.

in so fern sie Grundstücke betreffen, vor dem Richter der Sache, in so fern derselbe von dem persönlichen Richter verschieden ist. Liegen die zum Fideikommisse gewidmeten Sachen unter verschiedenen Gerichtsbarkeiten, so muß die Verlautbarung bei einer jeden derselben erfolgen.[27]) (Ebend. Tit. IV. §. 29—33. §. 62—71.).

3. Die Aussetzung eines Altentheils oder Auszugs. (Th. I. Tit. XI. § 602—605.)[28])

4. Die Erklärung eines Vaters, wodurch sein noch minderjähriger Sohn der väterlichen Gewalt entlassen werden soll. Th. II. Tit. II. §. 216. 217.)[29])

5. Die Ertheilung der Certifikate über die Wechselfähigkeit eines Menschen, der sonst nach seinem Stande und Gewerbe keine gültige Wechselverpflichtung übernehmen kann. (Th. II. Tit. VIII. §. 731—747.)[30])

6. Die Vergleiche über künftige Verpflegungsgelder. Th. I. Tit. XVI. §. 413.)[31])

IV. vor dem Obergerichte der Provinz vollzogen werden müssen.

§ 7. IV. Es giebt ferner einige Handlungen, welche nur von dem Obergerichte der Provinz gültig vollzogen werden können.[32]) Dahin gehört

1. die Bestätigung des Ehekontrakts bei einer unter Landesherrlicher Erlaubniß zu schließenden Ehe zur linken Hand (Th. II. Tit. I. §. 838);[33])

2. die Bestätigung einer Annahme an Kindesstatt. (Th. II. Tit. II. §. 667.)

---

[27]) Die Verlautbarung vor dem Richter der Sache bezieht sich nur auf Fideikommisse, nicht auf Stiftungen und ist für erstere beseitigt durch § 3 des G. v. 5. 3. 1855 (s. unten Abschn. IV Nr. 7) § 3.

[28]) No. 3 u. 6 sind aufgehoben durch G. v. 11. 7. 1845 (s. unten Abschn. IV Nr. 6) § 1 zu a u. b; es genügt jetzt die allgemeine Vertragsform.

[29]) Die Vorschrift gilt ungeachtet des § 97 V. O. fort; doch ist dies kontrovers. Vgl. das Nähere sowie die Litteratur über die Frage bei Foerster-Eccius IV § 224 mit Anm. 21 (S. 158).

[30]) Zu Nr. 5 vgl. II 3 § 30 Anm. 91. [31]) s. Anm. 28.

[32]) Unter dem Obergericht der Provinz sind im Sinne der A. G. O. die Landesjustizkollegien verstanden (A. G. O. III 1 §§ 1 ff.) an deren Stelle später die Appellationsgerichte getreten sind (V. v. 2. 1. 1849 §§ 24. 25). Bei der Justizreorganisation von 1849 ist nun aber den Kreisgerichten die unbeschränkte Zuständigkeit beigelegt worden und es sind den Appellationsgerichten nur einige speziell aufgeführte Gegenstände belassen worden (§§ 22. 25. der V. v. 2. 1. 1849). Da zu diesen die im Texte genannten Materien nicht gehören, so sind sie auf die Kreisgerichte übergegangen; für die Bestätigung der Annahme an Kindesstatt war dies im § 14 der V. noch besonders bestimmt. Danach gehören diese Angelegenheiten jetzt vor die Amtsgerichte (§ 26 Nr. 2 A. G. z. G. V. G.). Betreffs der Ehe zur linken Hand ist der Fortbestand des Instituts übrigens streitig; vgl. Dernburg III § 3 S. 10 mit Anm. 16; Basch zu § 7 Anm. 1. und die dortigen Citate. Danach sind die Fälle des Textes antiquirt. Wegen jetziger Zuständigkeiten der Oberlandesgerichte s. o. S 36.

[33]) Das Citat „§ 838" beruht auf einem Druckfehler; es ist § 858 gemeint

§ 8. Die Legitimationen unehelicher Kinder[34]) und die Majorennitätserklärungen noch nicht volljähriger Pflegebefohlenen,[35]) müssen zwar, der Regel nach, und wenn nicht durch besondere Provinzialverfassungen dergleichen Aktus einer andern Behörde ausdrücklich übertragen sind,[36]) bei Hofe ausgefertigt werden. Die Untersuchungen aber, welche zur nähern Prüfung eines solchen Gesuchs erforderlich sind, gehören vor den ordentlichen persönlichen Richter,[37]) welcher dieselben, wenn es einen Pflegebefohlenen betrifft,[38]) dem Obervormundschaftlichen Gerichte überlassen muß. (A. L. R. Th. II. Tit. II. §. 601—611. Tit. XVIII. §. 713—727.) Wegen der bloßen Legitimationen, zum Behufe des bessern Fortkommens, hat es bei der gesetzlichen Vorschrift Th. II. Tit. II. §. 664. sein Bewenden.[39])

B. Handlungen, die überhaupt nur eine gerichtliche Vollziehung erfordern.

§ 9. Eine zweite Klasse von Handlungen der freiwilligen Gerichtsbarkeit machen diejenigen aus, wo die Gesetze zwar die Vollziehung vor Gericht erfordern[40]), den Parteien aber die Wahl lassen, an

---

[34]) nämlich diejenigen per rescriptum principis. Dieselben gehören an sich vor den König, sind aber durch A. E. v. 25. 4. 1870 (J. M. Bl. S. 126), insoweit es sich nicht um Annahme eines adligen Namens handelt, dem Justizminister delegirt.

[35]) Die Majorennitätserklärungen sind bereits durch die K. O. v. 14. 10. 1807, 3. 4. u. 16. 6. 1808 (Rabe, Bd. 13 S. 758. 766; Bd. 9 S. 221) den Gerichten selbstständig übertragen worden; gegenwärtig erfolgen dieselben nach § 61 V. O.

[36]) Derartige Provinzialverfassungen sind nicht bekannt geworden.

[37]) nämlich des Kindes, nicht des Vaters, da es sich um eine Prüfung der Zuträglichkeit für das Kind handelt (A. L. R. II 2 § 602). Sachlich zuständig erscheinen, da die A. G. O. die Untersuchung unter dem Gesichtspunkte eines Aktes der freiwilligen Gerichtsbarkeit ansieht, gegenwärtig die Amtsgerichte (A. G. z. G. V. G. § 26 Nr. 2). Dieselben haben nach geführter Untersuchung an den Justizminister zu berichten.

[38]) auch bei gesetzlicher Vormundschaft (V. O. §§ 12. 13).

[39]) Danach sollten die Obergerichte die betreffende Legitimation ertheilen. Indessen ist diese Ertheilung bereits durch die V. v. 26. 12. 1808 (G. S. S. 464) § 1 vor die Regierungen (s. o. S. 10) verwiesen worden. Die erwähnte Legitimation enthält keine Beurkundung über die Person des Vaters, sondern ausschließlich ein Zeugniß, daß das Kind, obwohl es ein uneheliches ist, dieselben bürgerlichen Rechte genießt, wie ein eheliches (vgl. die Note v. Suarez bei Koch zu § 663 Anm. 79; Foerster-Eccius IV § 219 Anm. 51 S. 129). Danach wird angenommen, daß der Akt unter die in der Geschäftsinstruktion f. d. Regierungen v. 23. 10. 1817 (G. S. S. 248) § 3 zu 2a bemerkten Legitimationen zum Behufe des Gewerbebetriebes gehört (Basch zu § 8 Anm. 3; Bierhaus ebend. Anm. 4), deren Ertheilung jetzt dem Regierungspräsidenten zusteht. G. über die allgemeine Landesverwaltung v. 30. 7. 1883 § 18 in Verbindung mit K. O. v. 31. 12. 1825 (G. S. 1826 S. 5) zu D. II 1. Uebrigens ist diese Art der Legitimation völlig ungebräuchlich.

[40]) Sind die Akte indessen Handelsgeschäfte, so sind sie Kraft Reichsrechts (H. G. B. Art. 317) von jedem Formzwange befreit.

welches gehörig besetzte Gericht[41]) sie sich deshalb wenden wollen. Dahin gehören besonders[42])

1) die Verträge der Blinden und Taubstummen[43]) (Th. I. Tit. V. §. 171.).
2) Erbschaftskäufe (Ebend. Tit. XI. §. 473.).
3) Verkäufe künftiger Sachen, sobald der Kaufpreis die Summe von 100 Thaler übersteigt, und nicht beide Kontrahenten Kauf- und Handelsleute sind (Ebend. §. 582. 583.).[44])
4) Schenkungen, wenn sie die Kraft und Wirksamkeit der gerichtlichen haben sollen (Ebend. §. 1063—1069. §. 1094—1096.).[45])
5) Testamente (Ebend. Tit. XII. §. 66—207.).
6) Erbverträge (Ebend. §. 621—623.).[46])
7) Bürgschaften der Frauenspersonen (Ebend. Tit. XIV. §. 221—244.).[47])
8) Verträge zwischen Eheleuten in stehender Ehe, wodurch die Frau zu etwas, wozu sie nach den Gesetzen nicht verpflichtet ist, dem Manne, oder, zu dessen Vortheile, einem Dritten, verbindlich gemacht werden soll; z. B. Bürgschaften, Expromissionen, Abtretung der Vorrechte des Eingebrachten (Th. II. Tit. I. §. 198—201. §. 272. 273.).[48])
9) Die Bestellung eines Erbschatzes in Grundstücken oder Kapitalien (Ebend. §. 282.).
10) Die Errichtung einer Einkindschaft (Th. II. Tit. II. §. 721.).[49])

---

[41]) jetzt aber immer nur an ein Amtsgericht (s. o. S. 32 Nr. 12.).

[42]) Die Aufzählung hier und im § 10 ist unvollständig; ein Verzeichniß aller gerichtlicher oder notarieller Aufnahme bedürfenden Akte s. bei Koch-Jastrow S. 31 ff. 40 ff.

[43]) Inwiefern solche Akte wegen konkurirender reichsrechtlicher Vorschriften notariell aufgenommen werden können vgl. Koch-Jastrow Not. G. § 11 Anm. 2 (S. 82).

[44]) Nr. 2 u. 3 sind aufgehoben durch G. v. 11. 7. 1845 § 1 zu c u. d. (s. unten Abschn. IV Nr. 6); es genügt jetzt die allgemeine Vertragsform.

[45]) Nach §§ 56. 58 II. 17 A. L. R. waren Schenkungen und Einkindschaften vor den ordentlichen persönlichen Richter gewiesen. Den hiernach zwischen dem A. L. R. und der A. G. O. obwaltenden Widerspruch hat das R. v. 25. 2. 1799 (Rabe 5 S. 326) zu Gunsten der A. G. O. entschieden; der Inhalt dieses R. ist demnächst in den Anh. § 147 zu A. L. R. II 17 § 58 aufgenommen worden.

[46]) Vgl. aber § 10 Nr. 5; nähere Erörterungen s. bei Koch-Jastrow S. 540 u. 608.

[47]) Nr. 7 ist aufgehoben durch G. v. 1. 12. 1869; es genügt jetzt die allgemeine Vertragsform.

[48]) Für diejenigen Verträge, welche Intercessionen darstellen, ist die Form durch das in Anm. 47 citirte Gesetz beseitigt; vgl. Koch-Jastrow S. 33 Anm. 32.

[49]) s. Anm. 45; die Einkindschaft bedarf übrigens noch gerichtlicher Bestätigung A. L. R. II 2 § 721.

C. Handlungen die entweder gerichtlich, oder vor einem Justizkommissario vollzogen werden müssen.

§ 10. Endlich giebt es Handlungen, bei welchen die Gesetze zwar eine bloße außergerichtliche Vollziehung nicht für hinreichend achten; wo sie aber dennoch den Parteien die Wahl lassen: ob sie dieselbe gerichtlich, oder nur vor einem Justizkommissario oder Notario[50]) vornehmen wollen. Dahin gehören besonders[51])

1) die Verträge derjenigen, welche des Schreibens unkundig, oder daran verhindert, oder der Sprache, in welcher der Kontrakt abgefaßt werden soll, nicht mächtig sind.[52]) (A. L. R. Th. I. Tit. V. §. 172—184.)
2) Die Ausstellung von Schuldinstrumenten, aus welchen der exekutivische Prozeß stattfinden soll (Ger.-Ordn. Th. I. Tit. XXVIII. § 2).[53])
3) Verpachtungen von Landgütern, so bald der jährliche Pachtzins die Summe von 200 Rthlr. übersteigt.[54]) (Allg. L. R. Th. I. Tit. XXI. § 403 u. f.)
4) Ehegelöbnisse, insofern das Aufgebot mit beider Theile Bewilligung noch nicht erfolgt ist. (Th. II. §. 82—94.)[55])
5) Eheberedungen und Verträge, welche vor vollzogener Ehe über das Vermögen der künftigen Eheleute, insonderheit der Frau, dessen Einbringung Verwaltung und Nießbrauch geschlossen werden. (A. L. R. Th. II. Tit. I. §. 82 u. f. §. 440. 441.)[56])

---

[50]) d. h. jetzt vor einem Notar. A. G. O. III 7 § 9 Anm. 7; vgl. übrigens oben Anm. 40.

[51]) Vgl. Anm. 42.

[52]) Aber nur dann, wenn für den Vertrag die schriftliche Form allgemein vorgeschrieben ist; A. L. R. I 5 § 172. Im Uebrigen vergl. wegen des Begriffes der unter Nr. 1 fallenden Verträge Koch A. L. R. zu § 172 I 5 Anm. 4 u. zu § 179 Anm. 19 u. 20. — Wegen Aufnahme durch die Dorfgerichte s. A. G. O. II 2 § 8.

[53]) Der exekutivische Prozeß der A. G. O. (Th. I Tit. 28) bestand in einem abgekürzten, für Klagen aus gewissen Urkunden gewährten Verfahren. An seine Stelle trat später, unter Ausdehnung der bezüglichen Fälle, der Mandats- und zum Theil der summarische Prozeß. V. v. 1. 6. 1833 §§ 1. 6; V. v. 21. 7. 1846 § 1. Die betreffenden Institute sind als solche des Prozeßrechts gegenwärtig beseitigt (E. G. z. C. P. O. § 14); damit ist die Nr. 2 des Textes antiquirt. Die Idee des ehemaligen exekutivischen Prozesses hat im modernen Prozeß in zwei Instituten Eingang gefunden: im Urkunden- und Wechselprozeß (C. P. O. §§ 555 ff.) und in der vollstreckbaren Urkunde (C. P. O. § 702 Nr. 5), von denen die letztere, nicht aber der erstere gerichtliche oder notarielle Errichtung voraussetzt.

[54]) Die Vorschrift enthält einen Irrthum; es soll heißen: „die Summe von 200 Thlr. beträgt oder übersteigt". So besagt es der citirte § 403 I 21 A. L. R. Verträge mit einer Pachtsumme von genau 200 Thlrn. unterliegen deshalb der gerichtlichen oder notariellen Form gleichfalls. Wegen Abschluß der Verträge vor anderen öffentlichen Behörden vgl. Anh. § 57 zu § 403 a. a. O.

[55]) Wegen Aufnahme vor dem Dorfgericht vgl. A. G. O. II 2 § 8.

[56]) Verträge wegen Güter- oder Erwerbsgemeinschaft unterliegen ausschließlich gerichtlicher Form; vgl. G. v. 20. 3. 1837 (unten Abschnitt IV Nr. 3).

Auch wenn in solchen Verträgen über die künftige Erbfolge unter den Eheleuten etwas verabredet wird,[57]) werden sie dennoch, in Rücksicht auf die Form, nicht als Erb-, sondern nur als Eheverträge beurtheilt.[58])

6) Alle Urkunden, welche, auch ohne vorher gegangene Rekognition, Glaubwürdigkeit und Beweiskraft in Gerichten haben sollen. (Ger.-Ordn. Th. I Tit. X. §. 127—130.)[59])

§ 11. In wie fern in allen diesen Fällen (§. 3—10.) die Unterlassung der gerichtlichen oder von einem Notario beglaubigten Vollziehung die Handlung selbst nichtig und unkräftig mache, oder nur eine Verbindlichkeit der Parteien, das Verabsäumte nachzuholen, entstehe, ist in Ansehung eines jeden Geschäfts in den Gesetzen besonders bestimmt. Im zweifelhaften Falle ist keineswegs die gänzliche und absolute Nichtigkeit des Geschäfts, sondern nur eine Verbindlichkeit der Parteien, das Verabsäumte nachzuholen, sobald diese Nachholung noch Statt finden kann, anzunehmen (Allg. L. R. Th. 1 Tit. III §. 40. 41.).[60])

D. Handlungen, die aus freiem Willen der Partheien gerichtlich vollzogen werden.

§ 12. In Ansehung der übrigen Handlungen, bei welchen weder das allgemeine Landrecht, noch die Provinzialgesetze oder Statuten, eine gerichtliche oder andere öffentliche Vollziehung oder Beglaubigung ausdrücklich erfordern, hängt es bloß von dem Gutfinden der Parteien ab; in wie fern sie dieselben bloß außergerichtlich

---

[57]) aber nicht, wenn Verlobte einen bloßen Erbvertrag ohne Ehevertrag schließen.

[58]) Sie dürfen also auch nicht mittels bloßer gerichtlicher Uebergabe (A. L. R. I 12 § 621) errichtet werden. R. G. U. v. 11. 10. 1886 (17 S. 210.)

[59]) Nr. 6 besteht für die nicht streitige Gerichtsbarkeit unverändert. Für die streitige Gerichtsbarkeit bestimmt sich die Beweiskraft zwar zunächst nach § 380 C. P. O. Allein der Begriff der dort bezeichneten „öffentlichen Behörde" und „mit öffentlichen Glauben versehene Person" bestimmt sich auch jetzt aus § 10 Nr. 6. Auch wo die Gesetze sonst die Herstellung einer „öffentlichen Urkunde" fordern, ist hierunter, sofern nicht ein Spezialgesetz die Zuständigkeit anderer Behörden normirt, die gerichtliche oder notarielle Errichtung zu verstehen. A. L. R. II 17 §§ 48. 51.

[60]) Ueber das Verhältniß dieses Paragraphen zu den §§ 109. 110. I 5 A. L. R., vgl. Koch, A. L. R. zu § 41 I 3 Anm. 36. — Für die Fälle der §§ 3—9 kommt übrigens noch zur Anwendung:

A. L. R. II 17 § 59. „Handlungen, die statt gerichtlich, nur vor einem Justizkommissario (§ 52), oder die statt des gehörigen, vor einem andern Richter (§ 53—58) vorgenommen worden, werden als solche, die gar nicht öffentlich beglaubigt, oder gar nicht gerichtlich vollzogen sind, angesehen und gelten nur so weit, als die Handlung, von welcher die Rede ist, als eine bloſse Privathandlung rechtliche Wirkungen hervorbringen kann."

vornehmen, oder sich dabei, mehrerer Gewißheit und Feierlichkeit halber, des richterlichen oder des Amts eines Justizkommissarii und Notarii[61]) bedienen wollen[62]).

Zweiter Titel.

Von dem Verfahren bei den Handlungen der freiwilligen Gerichtsbarkeit überhaupt.[1])

Actus voluntariae jurisdictionis.

§ 1. Wenn eine Handlung der freiwilligen Gerichtsbarkeit vor Gerichten gültig vorgenommen werden soll, so wird dazu erfordert:

I. daß die Handlung vor versammeltem Gerichte, oder vor einzelnen, dazu ausdrücklich deputirten Gerichtspersonen vollzogen werde;[2])

---

[61]) d. h. jetzt: eines Notars; s. A. G. O. III 7 § 9 Anm. 7.

[62]) Vgl. Anm. 59.

[1]) Die Vorschriften d. T. gelten für alle in den folgenden Titeln behandelten Akte, insoweit nicht ein anderes bestimmt ist; vgl. auch oben S. 48 Anm. 6 u. 7.

[2]) Die Aufnahme der Akte vor versammeltem Gericht ist schon seit lange außer Uebung gekommen (vgl. auch A. G. O. III 1 § 45); namentlich in der Gerichtsverfassung von 1849 fand die Aktsaufnahme wohl nie anders als vor einem Kommissar oder Deputirten statt (s. o. S. 18 mit Anm. 13). Gegenwärtig ist die Verhandlung vor versammeltem Gericht dagegen wieder rehabilitirt. Dieselbe erstreckte sich nämlich nach der A. G. O. nicht bloß auf kollegialische Gerichte, sondern ebenso auf einzelrichterliche (vgl. den Ausdruck „Kleinere Gerichte" in § 14 d. T. und in A. G. O. II 4 § 3); das Entscheidende war, daß bei dieser Art der Verhandlung diejenigen Personen wirkten, welche das Gericht in seiner Totalität darstellten, während bei der anderen der Aktsaufnahme die mitwirkenden Gerichtspersonen ihre Befugniß von einem Auftrage des Gerichts ableiteten. In der jetzigen Verfassung der Amtsgerichte fungirt nun aber niemals ein Amtsrichter als Beauftragter („Deputirter") des Amtsgerichts, sondern er stellt in jeder seiner Funktionen „das Gericht" als solches dar. Daraus folgt, daß Akte, die vor einem Amtsrichter aufgenommen sind, im Sinne der A. G. O. als vor versammeltem Gerichte aufgenommen zu erachten sind (vgl. auch Anm. 27). Danach sind die §§ 2–6 auf die Akte der Amtsrichter nicht anwendbar. — Die dem Amtsgerichte (entgeltlich oder unentgeltlich) überwiesenen Gerichtsassessoren, ingleichen Referendare, welche von der Justizverwaltung mit der zeitweiligen Wahrnehmung richterlicher Geschäfte beauftragt sind (A. G. z. G. V. G. § 2 Abs. 1), stehen in der Art ihrer Thätigkeit dem Amtsrichter gleich. Nur in dem einen Falle, daß einem Referendar von dem ihn ausbildenden Richter eine Aktsaufnahme übertragen ist (a. a. O. Abs. 2), läßt sich davon sprechen, daß ein Akt von einer seitens des Gerichts deputirten Gerichtsperson aufgenommen wird. Allein dieser Spezialfall hat im § 2 des A. G. z. G. V. G. seine er-

II. daß das Gericht zur Vornehmung einer solchen Handlung an sich qualificirt,[3]) und daß es gehörig besetzt sey.

1. vor versammeltem Gerichte oder gehörig bestellten Deputirten vorgenommen werden.

§ 2. Vermöge des ersten Erfordernisses sind einzelne Gerichtspersonen[3]) eigenmächtig, ohne ausdrücklichen Auftrag des Gerichts, oder seines Vorgesetzten,[4]) eine solche Handlung vorzunehmen, nicht berechtigt; vielmehr hat ein solcher Aktus gar keine gerichtliche Kraft;[5]) und derjenige, welcher durch eigenmächtige Uebernehmung desselben die Parteien zu dem irrigen Wahne: als ob die Handlung gerichtlich vorgenommen sey, verleitet hat, muß ihnen für den dadurch verursachten Schaden gerecht werden.

§ 3. Die Deputation einzelner Gerichtspersonen geschieht in der Regel nur für einen gewissen bestimmten Fall. Es können aber auch, besonders an größeren Orten und bei zahlreicher besetzten Gerichten, zu gewissen Arten von Handlungen[6]) beständige Deputationen ein- für allemal ernannt werden.

Ausnahmen, wo einzelne Gerichtspersonen, auch ohne Auftrag, solche Handlungen gültig vornehmen können.

§ 4. Von der Regel, daß einzelne Gerichtspersonen, ohne dergleichen allgemeinen oder besondern Auftrag, keine Handlungen der freiwilligen Gerichtsbarkeit gültig vornehmen können, findet hier nur eine Ausnahme in Ansehung solcher Handlungen Statt, die entweder der bloßen Beglaubigung wegen, aus freiem Willen der Parteien, gerichtlich vollzogen werden sollen (Tit. I. §. 12.); oder bei welchen die Gesetze den Parteien die Wahl lassen, dieselben auch vor einem Justizkommissario und Notario zu vollziehen.[7]) Wenn zur Vollziehung

---

schöpfende Regelung gefunden (vgl. Anm. 34) und untersteht deshalb den §§ 2—6 d. T. gleichfalls nicht. Die letzteren haben sonach nur noch für die wenigen vor die Land- oder Oberlandesgerichte gehörigen Akte (s. o. S. 35 ff.) Bedeutung.

[3]) nämlich (jetzt) bei den Land- oder Oberlandesgerichten; s. Anm. 2.

[4]) Unter dem „Vorgesetzten“ ist der Vorsitzende zu verstehen; A. L. R. II 10 § 119 ff. Gegenwärtig gebührt die Deputirung dem Vorsitzenden der Kammer oder des Senats (G. V. G. §§ 68. 121). Dieselbe muß „ausdrücklich“ erfolgen. Schriftlichkeit hat dabei die Regel zu bilden, ist aber nicht gerade unbedingt erforderlich. Ob. Tr. v. 2. 7. 1869 (62 S. 94). Ein Auftrag „des Gerichts“ kann nur in dem Sinne vorkommen, daß das Gericht zur Vornahme der Handlung als solcher Auftrag giebt. Die Auswahl des Richters steht ihm nicht zu.

[5]) auch nicht diejenige, als ob der Akt notariell aufgenommen wäre. Ob. Tr. v. 24. 2. 1845 (Präj.-Sammlg. S. 289).

[6]) Hierunter ist auch die allgemeine Deputirung für alle in einer bestimmten Angelegenheit, z. B. in einer Fideikommißsache vorkommenden Akte zu verstehen.

[7]) Vgl. II 1 § 10. Diese beiden Arten von Akten gehören jetzt sämmtlich zur Zuständigkeit der Amtsgerichte (s. o. S. 32 Nr. 12). Die §§ 4 u. 5 sind deshalb vollständig beseitigt; s. Anm. 2; vgl. aber auch § 8 mit Anm. 19.

eines solchen Aktus die Parteien sich bei einzelnen Gerichtspersonen, zu einer Zeit, da das Gericht nicht versammelt ist, und unter Umständen melden, wo die im Verzuge obwaltende Gefahr die Abwartung der nächsten Gerichtssession, oder die Ausbringung eines förmlichen Auftrages an ein Mitglied des Gerichts nicht verstattet, so soll die Handlung selbst bloß von daher, weil die Gerichtsperson, vor welcher sie vollzogen worden, dazu nicht ausdrücklich deputirt gewesen, an ihrer Rechtsgültigkeit nichts verlieren.

§ 5. Damit jedoch hiervon kein Mißbrauch gemacht, und, unter dem bloßen Vorwande einer im Verzuge obwaltenden Gefahr, von der gesetzlichen Ordnung ohne Noth abgewichen werde, so muß

1) die Gerichtsperson, welche dergleichen Aktum ohne besondern Auftrag besorgt hat, davon dem Gerichte, unter Vorlegung des Protokolls, unverzüglich Anzeige machen.

2) Wenn die Umstände so beschaffen sind, daß eine Wiederholung des Aktus stattfinden kann, und die Parteien, welche denselben vorgenommen haben, sich noch am Orte, oder doch in der Nähe befinden; so muß entweder der Aktus selbst vor versammeltem Gerichte, oder einem dazu ausdrücklich bestellten Deputirten, jedoch ohne Verursachung neuer Kosten für die Parteien, wiederholt, oder wenigstens diesen letzteren das aufgenommene Protokoll solchergestalt zum Anerkenntnisse vorgelegt, und dieß Anerkenntniß sodann unter das vorige Protokoll verzeichnet werden.

3) Wenn dergleichen Wiederholung oder Anerkenntniß nach der Natur der Sache, oder wegen Abwesenheit und Entfernung der Parteien, nicht Statt finden kann, so muß das Gericht die angegebenen Gründe und Umstände, welche die vorzügliche Beschleunigung des Aktus nothwendig gemacht, und die Abwartung einer Session oder förmlichen Deputation verhindert haben, von Amts wegen prüfen, und die Richtigkeit derselben unter das Protokoll, und unter die Ausfertigung des etwa aufgenommenen Dokuments, verzeichnen und attestiren.

4) So oft sich findet, daß eine Gerichtsperson ohne Noth, und unter dem bloßen Vorwande einer obwaltenden Gefahr im Verzuge, dergleichen ihr, vermöge ihres Amts, nicht zukommendes Geschäft, ohne den Auftrag des Gerichts abzuwarten, eigenmächtig vorgenommen habe, soll dieselbe, außer dem §. 2. verordneten Schadensersatze, nach Bewandtniß der Umstände und des sich etwa zugezogenen Verdachts des Eigennutzes, oder gar einer Unrichtigkeit in der Sache selbst, willkührlich, jedoch nachdrücklich, bestraft werden.

§ 6. Uebrigens folgt aus der Bestimmung des §. 4. von selbst, daß solche Handlungen, welche nach den Vorschriften der Gesetze nothwendig vor Gerichten zu vollziehen sind (Tit. I. §. 3—9.), wohin besonders die Auf- oder Annahme der Testamente gehört,[8]) in keinem Falle, selbst nicht bei obwaltender Gefahr im Verzuge, vor einer einzelnen dazu nicht deputirten Gerichtsperson gültiger Weise vorgenommen werden können.

2. Das Gericht muß zu solchen Handlungen befugt seyn.

§ 7. Zur Gültigkeit einer Handlung der freiwilligen Gerichtsbarkeit wird ferner erfordert, daß das Gericht, vor welchem sie vollzogen werden soll, zu dergleichen Handlungen befugt seyn müsse. In wie fern gewisse Handlungen nur vor dem kompetenten Gerichte der Person, der Sache oder des Geschäfts vollzogen werden können, ist

[8]) Die Auf- und Annahme der Testamente gehört jetzt zur Zuständigkeit der Amtsgerichte (s. o. S. 32 Nr. 12), im Uebrigen s. Anm. 2.

bereits im vorigen Titel bestimmt. Außerdem aber ist jedes gehörig besetzte Gericht[9]) auch zu Handlungen der freiwilligen Gerichtsbarkeit für berechtigt anzusehen; und findet dabei nur in Ansehung derjenigen Gerichte, welche bloß für gewisse Arten der Geschäfte bestellt worden (fora specialia causae),[10]) eine Ausnahme Statt, da vor diesen nur solche Handlungen der freiwilligen Gerichtsbarkeit, die ein Geschäft derselben Art unmittelbar zum Gegenstande haben, gültiger Weise vollzogen werden können (A. L. R. Th. II. Tit. XVII. §. 49.).

Anh. §. 417. Vormundschaftskollegia können Handlungen der freiwilligen Gerichtsbarkeit, welche solche Personen und Sachen, die den Gegenstand ihres Wirkungskreises ausmachen, betreffen, z. B. Erb- und Schenkungsverträge, Verträge über künftige Verpflegungsgelder, Entlassung eines minderjährigen Sohnes aus der väterlichen Gewalt, rechtsgültig vornehmen.[11])

Anh. §. 418. Bei den mobil gemachten Truppen können von der Zeit ihrer Mobilmachung bis zur Zeit ihrer Demobilisirung förmliche Testamente der Militärpersonen von einem kommandirten Kriegsgerichte aufgenommen werden; wobei es übrigens bei den gesetzlichen Vorschriften von den privilegirten militärischen Testamenten sein Bewenden behält.

Auch sind die Brigade- und übrigen Auditeurs der mobil gemachten Truppen befugt, einseitige Handlungen der freiwilligen Gerichtsbarkeit solcher Militärpersonen, welche zu den gedachten Truppen gehören, ohne Zuziehung eines zu kommandirenden Offiziers aufzunehmen und zu beglaubigen.[12])

Von Dorfgerichten und

§ 8. Dorfgerichte[13]) können Handlungen der freiwilligen Gerichtsbarkeit für sich allein, und ohne den Gerichtshalter,[14]) in

---

[9]) jetzt nur jedes Amtsgericht s. o. S. 32 Nr. 12.

[10]) Hierher gehören sowohl die besonderen Gerichte (s. o. S. 42), als auch die Land- und Oberlandesgerichte, insoweit ihnen einzelne Angelegenheiten der freiwilligen Gerichtsbarkeit zugewiesen sind (s. o. S. 35 ff.).

[11]) § 417 ist aus dem R. v. 6. 12. 1796 (Rabe 3 S. 621) entnommen. Das letztere ist auf eine Anfrage der Vormundschafts-Deputation des Berliner Magistrats ergangen, welche zweifelte, ob die fraglichen Akte vor ihr gültig vollzogen werden können oder vor das „Stadtgericht" (vgl. hierüber oben S. 2) gehören. Die Entscheidung ist in ersterem Sinne erfolgt, „da dergleichen Kollegien, wo sie besonders existiren, eigentlich nur Deputationen des ordentlichen persönlichen Gerichts vorstellen". Es erhellt daraus, daß die Vorschrift auf die jetzige Verfassung der Amtsgerichte nicht anwendbar ist; hier sind die bezüglichen Fragen durch § 23 des A. G. z. G. V. G. erschöpfend geregelt (s. Anm. 34). Uebrigens beruht der Ausdruck „Erbverträge" im Text auf einen Irrthum; nach Inhalt des R. v. 6. 12. 1796 sind vielmehr Erbtheilungen gemeint.

[12]) Der § 418 des Anh. ist durch § 14 des G. v. 8. 6. 1860 aufgehoben. Ueber die Aufnahme dieser Akte s. o. S. 43, Nr. IV.

[13]) Ueber die Dorfgerichte s. o. S. 43 zu II.

[14]) Ueber den „Gerichtshalter" (Justitiarius) und den „Gerichtsherrn" s. o. S. 3. An die Stelle beider ist jetzt das Amtsgericht getreten. — Die Unterstellung, daß die Dorfgerichte in Gemeinschaft mit dem Richter zur Aktsaufnahme befugt sind, bezieht sich auf ihre, im früheren Recht anerkannte Befähigung, neben dem ordentlichen Richter die Stelle des Gerichtsschreibers zu vertreten; A. L. R. II 7 § 85, vgl. jetzt Anm. 43.

der Regel gültiger Weise nicht vornehmen. Doch findet eine Ausnahme in Ansehung solcher Handlungen Statt, die keine Rechtskenntniß, sondern bloße Beglaubigung erfordern;[15]) in so fern nämlich:

1) die Dorfgerichte mit einem gehörig vereideten Gerichtsschreiber versehen sind, und

2) bei der Handlung selbst Gefahr im Verzuge dergestalt obwaltet, daß weder die Herbeiholung des Gerichtshalters,[16]) noch die Verwendung an ein anderes ordentliches Gericht, abgewartet werden kann.

Doch müssen, auch in einem solchen Falle, die Dorfgerichte die von ihnen aufgenommene Verhandlung[17]) dem Justitiario[18]) ohne Zeitverlust vorlegen; welcher wegen der Wiederholung oder Anerkennung des Aktus, oder wenn diese nicht Statt finden, wegen Prüfung und Attestirung der die Gefahr im Verzuge begründenden Umstände, die Vorschriften §. 5. Nr. 2. 3.[19]) beobachten muß. (A. L. R. Th. II. Tit. VII. §. 82—84.).

Ist die Stelle des Justitiarii vakant, so muß die obgedachte Anzeige, von Seiten der Gerichte, dem Gerichtsherrn selbst, oder dem, der dessen Stelle vertritt, geschehen; und dieser muß, bei eigener Vertretung, unverzüglich dafür sorgen, daß allenfalls eine eine andere vereidete Gerichtsperson zur Besorgung des Vorgeschriebenen requirirt werde.[20])

In wie fern übrigens Verträge gemeiner Landleute, die des Schreibens und Lesens unkundig sind, ingleichen Ehegelöbnisse derselben, und überhaupt Testamente, von Dorfgerichten gültig aufgenommen werden können, ist in den Gesetzen besonders vorgeschrieben. (A. L. R. Th. I. Tit. V. §. 173. Tit. XII. §. 93—99. Th. II. Tit. I. §. 83.).

Polizeimagistraten.

§ 9. Was von Dorfgerichten verordnet ist,[21]) gilt auch von

---

[15]) Hierunter versteht die Praxis die in A. G. O. II 1 § 12 bemerkten Handlungen. Dorfger.-Instr. § 27. Die Zuständigkeit der Dorfgerichte zur Unterschriftsbeglaubigung ist indessen durch G. v. 15. 7. 1890 § 8 (s. A. G. O. II 8 § 26 Anm. 76) jetzt für ausgeschlossen zu erachten; vgl. Koch-Jastrow zu § 8 a. a. O. Anm. 5 (S. 158).

[16]) s. Anm. 14. Die Möglichkeit der Zuziehung eines Notars steht nicht entgegen.

[17]) Wegen Besetzung des Dorfgerichts vgl. Ob. Tr. v. 27. 9. 1845 (Präj.-Sammlg. 1 S. 180) u. v. 22. 3. 1867 (Strieth. 68 S. 41) sowie R. G. U. v. 24. 9. 1888 (22 S. 295).

[18]) s. Anm. 14.

[19]) Diese im Uebrigen aufgehobenen Vorschriften haben sonach für den Fall des § 8 noch fernere Bedeutung.

[20]) Abs. 3 ist mit der Beseitigung der Patrimonialgerichtsverfassung antiquirt.

[21]) Bezieht sich auf die im § 8 statuirte Befugniß der Dorfgerichte zur Aufnahme von Akten der freiwilligen Gerichtsbarkeit im Allgemeinen; für Testamente sind die Magistrate den Dorfgerichten ebenfalls gleichgestellt (A. L. R.

den Polizeimagisträten in kleinen Städten, wenn dieselben[22]) mit keiner zur Justiz verpflichteten Gerichtsperson versehen sind; oder wenn bei ihnen nur Eine zur Verwaltung des Richteramts bestellte Person vorhanden ist,[23]) und in deren Abwesenheit[24]) eine Handlung der freiwilligen Gerichtsbarkeit mit bloßer Zuziehung des Stadtsekretairs[25]) vollzogen werden soll.

3) Die Handlung muß am gehörigen Orte, und

§ 10. Der Ort, wo die Handlung vorgenommen wird, und ob es an gewöhnlicher Gerichtsstätte[26]) oder in einem Privathause[27])

I 12 § 99). Dagegen findet die dorfgerichtliche Befugniß zur Aufnahme von Verträgen der Analphabeten und von Ehegelöbnissen auf die Magistrate keine Anwendung. Gl. M. Foerster-Eccius Bd. I § 79 Anm. 30 (S. 462), allerdings im Widerspruch mit Bd. IV § 204 Anm. 7 (S. 23).

[22]) Das Wort „dieselben" bezieht sich nicht auf die Magistrate, sondern auf die kleinen Städte. Es ist danach nicht nur an den Fall einer vom Magistrat ausgeübten Gerichtsbarkeit (s. o. S. 2), sondern allgemein an den Fall gedacht, daß am Orte gar kein oder nur ein Richter vorhanden ist. Vgl. den analogen § 99 I 12 A. L. R. und die dazu ergangene K. O. v. 21. 1. 1833 (G. S. S. 13).

[23]) Das bedeutet jetzt: wenn am Orte kein Amtsgericht vorhanden ist oder das Amtsgericht mit nur einem Richter besetzt ist. Auf ein mit mehreren Richtern besetztes Amtsgericht kann auch bei Anwesenheit aller Richter die Vorschrift nicht angewendet werden. AM. Dernburg III § 113 Anm. 8 (S. 338).

[24]) Der Abwesenheit wird man eine sonstige thatsächliche Behinderung, wie Krankheit, nicht aber rechtliche Behinderung gleichstellen können.

[25]) Der Stadtsekretär (A. L. R. II 7 § 126) ist kein organisches Glied der jetzigen Städteverfassung, in welcher ein Amt mit dieser Bezeichnung nicht nothwendig vorhanden zu sein braucht (Städteordnungen v. 30. 5. 1853 u. v. 19. 3. 1856 §§ 10 u. 56 Nr. 6); es tritt alsdann ein Büreaubeamter des Magistrats an die Stelle. Wie im Uebrigen der Magistrat besetzt sein muß, sagt § 9 nicht. Die K. O. v. 21. 1. 1833 (s. Anm. 22) verlangt eine „aus dem Bürgermeister oder dessen Stellvertreter und zwei Magistratsmitgliedern bestehende Deputation", wobei indessen die Stelle eines Mitgliedes auch durch den Stadtsekretär vertreten werden kann. Diese Besetzung wird auch hier zu fordern sein. Wegen der Städte ohne Magistratsverfassung s. d. citirten Städte-Ordnungen § 72.

[26]) Bei gewissen Geschäften, wie Siegelungen, Inventuren, Taxen u. A. ergiebt sich die Nothwendigkeit der Verhandlung an Ort und Stelle aus der Sache selbst. Für Testamente s. ferner A. L. R. I 12 § 67 u. A. G. O. II 4 § 9 Abs. 4. Im Uebrigen entscheidet das richterliche Ermessen darüber, ob ein genügender Grund zur Verhandlung an Ort und Stelle vorliegt. Einer Genehmigung der Aufsichtsbehörde zu Lokalterminen, wie dieselbe in der früheren Gerichtsverfassung bestand (Geschäftsregulativ v. 18. 7. 1850; J. M. Bl. S. 232; § 10 a. E.), bedürfen die Gerichte nicht mehr. — Betreffs des Ortes für Wechselproteste vgl. W. O. Art. 91.

[27]) Früher erfolgten Verhandlungen an Ort und Stelle immer nur durch Deputirte des Gerichts; vor versammeltem Gericht wurde nur an der Gerichtsstelle verhandelt (s. § 13). Dies gilt auch jetzt noch für die Kollegialgerichte. Amtsrichterliche Akte gelten dagegen, auch wenn sie in einem Privatraume aufgenommen sind, als vor versammeltem Gerichte verhandelt; vgl. Anm. 2.

geschieht, macht in Ansehung der Gültigkeit keinen Unterschied. Auch schadet es der Kraft der Handlung an sich nicht, wenn der sie vornehmende Richter aus seinem Gerichtssprengel heraus und in einen fremden übergegangen ist.[28]) Doch wird derjenige Richter, welcher ohne Noth und erhebliche Ursachen einen Aktus in einem fremden Gerichtssprengel vorzunehmen sich angemaaßt hat, nach näherer Bestimmung der Gesetze, nicht nur seiner Gebühren verlustig, sondern er hat auch willkührliche fiskalische Strafe verwirkt (Allgem. L. R. Th. I. Tit. XII. §. 73—81. Th. II. Tit. XVII. §. 60.).[29])

Anh. §. 419. Ein Gerichtsherr kann Geschäfte der willkührlichen Gerichtsbarkeit vor seinem Justitiario an jedem Orte vollziehen.[30])

4) zur gehörigen Zeit vorgenommen werden.

§ 11. Auch die Zeit, wann eine Handlung der freiwilligen Gerichtsbarkeit vorgenommen worden ist, hat auf die Gültigkeit derselben keinen Einfluß.[31]) Doch sollen die Gerichte dergleichen Aktus an Sonn- und Festtagen,[32]) besonders während des Gottesdienstes, nicht ohne Noth vornehmen, und wenn es die Umstände gleichwohl erfordern, allen öffentlichen Anstoß oder Störungen mit möglichster Vorsicht vermeiden.

---

[28]) Ueber die Befugniß des Gerichts zu solchem Uebertritte in rechtmäßiger Form bestimmen jetzt G. V. G. § 167 u. A. G. z. G. V. G. § 87. Wegen der Gültigkeit des Aktes bei unrechtmäßigem Uebertritt dagegen entscheidet noch jetzt § 10 des Textes; vgl. auch A. L. R. I 12 § 73 und II 17 § 60.

[29]) Die Vorschrift wegen Bestrafung des Richters ist jetzt zweifellos beseitigt; vgl. Vorbemerkung zu A. G. O. Th. III Anm. 2 zu c. Aber auch die Bestimmung wegen der Gebühren ist für antiquirt zu erachten. Sie beruhte auf der alten Sportelverfassung, nach welcher die Gebühren einen Theil des Richtergehaltes bildeten und sollten dem Zwecke dienen, dem ordentlichen Richter seine Einnahmen nicht zu schmälern. Gegenwärtig kommen, da die sonstigen Gebühren zur Staatskasse fließen, nur die Reisekosten, Tagegelder und Kommissionsgebühren in Frage. Auf diese erscheint aber die Vorschrift nach ihrem Zwecke nicht anwendbar, denn auf Lokaltermine hat kein Richter ein Recht. Gl. M. Vierhaus bei Koch zu § 74 I 12 Anm. 92 und zu § 10 des Textes; Foerster-Eccius IV § 249 Anm. 18 (S. 349); Dernburg III § 107 Anm. 4 (S. 320); Barsch zu § 10. AM. Koch a. a. O. und Foerster (3. Aufl.) IV § 249 Anm. 14 (S. 91).

[30]) s. Anm. 14. Innerhalb der früheren Patrimonialverfassung bestanden einschränkende Vorschriften betreffs der Gerichtsbarkeit des Justitiarius über den Gerichtsherrn selbst; vgl. A. L. R. II 17 §§ 41. 44. 45. Der § 419 des Anh. wollte für die freiwillige Gerichtsbarkeit den entgegengesetzten Grundsatz zum Ausdruck bringen. Mit der Aufhebung der Patrimonialgerichte ist er beseitigt.

[31]) Im Mittelalter war es verboten, Rechtsgeschäfte an Sonntagen oder bei Nacht vorzunehmen. Oesterley I S. 289. Reichsnotariatsordnung von 1512 Th. I § 24. In neuerer Zeit ist die Beschränkung hinsichtlich der Tageszeit weggefallen. — Betreffs der Wechselproteste vgl. W. O. Art. 92 und Preuß. E. G. zur W. O. § 4.

[32]) Ueber den Begriff des Festtages s. A. L. R. II 11 §§ 34. 35. Wegen der katholischen Feiertage vgl. Allg. Verf. v. 12. 4. 1850 (J. M. Bl. S. 127).

Anh. §. 420. In keinem Falle soll an einem Sonn- oder Festtage eine gerichtliche Auktion gestattet werden.[33])

5) Das Gericht muß gehörig besetzt seyn.

§ 12. Das Gericht, vor welchem eine Handlung der freiwilligen Gerichtsbarkeit vorgenommen werden soll, muß gehörig besetzt seyn.[34])

§ 13. Wenn bei größeren, aus mehreren Personen bestehenden Gerichten eine Handlung an gewöhnlicher Gerichtsstelle, während einer der ordentlichen Versammlungen des Gerichts, vollzogen wird; so kommt es nicht darauf an: ob alle oder nur etliche Mitglieder anwesend sind, und ob der gewöhnliche Dirigent des Gerichts gegenwärtig ist, oder seine Funktion einem Andern übertragen hat. Doch wird auch in diesem Falle die Anwesenheit von wenigstens zwei Gerichtspersonen erfordert.[35])

---

[33]) Der § 420 ist aus dem R. v. 5. 3. 1810 (Rabe 10 S. 294) entnommen und findet gegenwärtig insbesondere auf die freiwilligen Versteigerungen der Gerichtsvollzieher (s. o. S. 40) Anwendung. Für Auktionen im Wege der Zwangsvollstreckung gilt C. P. O. § 681.

[34]) Insoweit es sich um Verhandlungen vor versammeltem Gericht handelt, wohin alle Akte der Amtsgerichte gehören (s. Anm. 2), bestimmt sich die Besetzung der Richterbank jetzt lediglich nach den Gerichtsverfassungsgesetzen. Danach ist das Amtsgericht stets mit einem Richter (niemals mit mehreren) zu besetzen (G. V. G. § 22, A. G. z. G. V. G. § 16). Die Funktion gebührt demjenigen Amtsrichter, welchem dieselbe durch die Geschäftsvertheilung zugewiesen ist; doch wird die Gültigkeit des Aktes durch Fungirung eines anderen Amtsrichters nicht ausgeschlossen (A. G. z. G. V. G. § 23). Dies gilt auch von Gerichtsassessoren und von kommissarisch beschäftigten Referendaren (vgl. Anm. 2), von letzteren jedoch nur, insoweit es sich nicht um die Aufnahme letztwilliger Verfügungen handelt. Andere, länger als zwei Jahre im Vorbereitungsdienst beschäftigte Referendare können für den einzelnen Fall vom Richter mit der Aktsaufnahme (wiederum unter Ausschließung letztwilliger Verfügungen) beauftragt werden. A. G. z. G. V. G. § 2, Allg. Verf. v. 9. 12. 1879 (J. M. Bl. S. 466). Hier bildet indessen der spezielle Auftrag die Voraussetzung für die Qualifikation des Referendars. Akte, die ohne einen solchen Auftrag vorgenommen werden, sind deshalb nichtig.

Sollten bei den Kollegialgerichten Verhandlungen vor versammeltem Gericht noch vorkommen, so würden sie vor diejenige Civilkammer (Civilsenat) gehören, vor welche die Angelegenheit nach der Geschäftsvertheilung verwiesen ist (s. o. S. 36 u. 38); die Richterbank wird dabei stets mit drei, beziehentlich fünf Richtern zu besetzen sein. G. V. G. §§ 77. 124. 194, A. G. z. G. V. G. § 90. Wenngleich diese Vorschriften nur von einer Mitwirkung „bei Entscheidungen" sprechen, sind sie doch gleicher Weise auf die Aktsaufnahme anzuwenden, da auch hierbei Entscheidungen, insbesondere über die Zulässigkeit der Aufnahme, zu treffen sind. (s. im Text §§ 22 ff.)

[35]) § 13 ist antiquirt; s. Anm. 34.

§ 14. Kleinere Gerichte,[36]) ingleichen Deputationen,[37]) vor welchen Handlungen der freiwilligen Gerichtsbarkeit gültig sollen vollzogen werden können, müssen wenigstens aus Einer richterlichen Person,[38]) und Einem Aktuario oder vereideten Protokollführer[39]) bestehen.

§ 15. Der Aktuarius kann, auch bei solchen Handlungen, die Stelle des Richters nicht vertreten, noch von dem Richter eigenmächtig substituirt werden.

Doch kann bei kleineren Gerichten, die nur aus Einem Richter und dem Aktuario bestehen, das Landesjustizkollegium der Provinz einem solchen Aktuario, der zur Justiz vollständig qualificirt und gehörig verpflichtet ist, den allgemeinen Auftrag ertheilen, in dringenden Fällen, wenn der Richter durch Krankheit, Abwesenheit und sonst verhindert wird, die Funktion desselben zu übernehmen, und den Aktus auf die unten (§. 18.) näher zu bestimmende Art, mit Zuziehung von Schöppen oder Beisitzern, zu besorgen. Ein solcher Aktuarius muß jedoch in dem aufzunehmenden Protokolle sowohl der Verhinderung des Richters, als des ihn legitimirenden Auftrags, unter Allegirung des Dati, ausdrücklich gedenken und dem Richter von dem Vorgange, sobald es nach gehobenem Hindernisse geschehen kann, Anzeige machen: damit, wenn ja bei den Legalitäten der Handlung noch etwas zu erinnern seyn sollte, der Richter das Erforderliche zu deren Ergänzung in Zeiten verfügen könne.[40])

§ 16. Die Regel, daß ein Gericht oder eine Deputation, zur gültigen Vollziehung eines Aktus der freiwilligen Gerichtsbarkeit, wenigstens aus Einem Richter und Aktuario oder Protokollführer bestehen müsse, findet auch in denjenigen Fällen Statt, wo nach §. 4. einzelne Gerichtspersonen einen solchen Aktus, ohne vorhergegangenen Auftrag, übernehmen können.[41])

---

[36]) Ueber die Besetzung der Richterbank s. Anm. 34. Aus § 14 gilt für die Verhandlungen vor dem Gerichte selbst nur noch die Vorschrift wegen des Protokollführers (vgl. indessen Anm. 39). Dieselbe ist nur für „kleinere Gerichte", d. i. solche, die kein Kollegium ausmachten (vgl. A. G. O. III 8 §§ 1 ff. mit A. G. O. I 25 § 3) gegeben und findet also jetzt auf die Amtsgerichte Anwendung. Für die Verhandlungen vor versammeltem Kollegialgericht ist die Zuziehung eines Protokollführers, obwohl ein solcher in § 48 d. T. erwähnt wird, nicht vorgeschrieben.

[37]) nämlich der Kollegialgerichte. Für die Besetzung dieser Deputationen gilt § 14 mit der Modifikation des Anh. § 421 fort.

[38]) Die Deputirung mehrerer Richter würde demnach zulässig sein, ist aber ganz ungebräuchlich.

[39]) Gegenwärtig ist die Zuziehung des Protokollführers als Regel abgeschafft; es bedarf seiner nur in den im § 421 des Anh. zu § 17 bezeichneten Ausnahmefällen. Das Führen des Protokolls gehört, obgleich die A. G. O. dasselbe vorzugsweise den Auskultatoren und Referendaren zuweist (III 4 §§ 7. 15), an sich zu den Obliegenheiten des Sekretärs (III 5 § 6) oder Aktuars und demnach jetzt zu denen des Gerichtsschreibers (Gesch.-O. § 4). Wegen Befähigung der Referendare dazu vgl. G. v. 1. 5. 1869 § 8 Abs. 2.

[40]) § 15 ist durch die veränderte Gerichtsverfassung beseitigt. Ueber die Befähigung zur Wahrnehmung richterlicher Geschäfte entscheidet jetzt lediglich G. V. G. §§ 2—10 mit A. G. §§ 2—5, denen eine Vertretung des Richters durch den Gerichtsschreiber unbekannt ist. Die im § 18 erwähnten „zur Justiz vollständig qualifizirten" Aktuarien giebt es übrigens gegenwärtig nicht mehr; die Einrichtung beruhte darauf, daß die Sekretäre aus dem Referendariat hervorgehen sollten, und daß letzteres zum Richteramt bei Untergerichten vollständig befähigte; vgl. A. G. O. III 4 §§ 34. 36, III 5 § 4.

[41]) § 16 ist mit § 4 zugleich beseitigt; s. Anm. 7.

§ 17. Dagegen giebt es einige Fälle der Ausnahme, wo entweder eine einzelne Gerichtsperson ohne Zuziehung eines Aktuarii oder Protokollführers die Handlung gültig vornehmen kann;[42]) oder wo andere Personen die Stelle des fehlenden Protokollführers vertreten können.[43])

Anh. §. 421.[44]) Der Zuziehung eines Protokollführers bedarf es nur dann, wenn Testamente, letztwillige Dispositionen,[45]) Erbverträge,[46]) oder solche Ehestiftungen errichtet werden, worin die künftige Erbfolge bestimmt wird.[47]) Bei allen anderen gericht-

---

[42]) Ueber die Fälle, in denen ein Protokollführer erforderlich ist, bestimmt jetzt Anh. § 421; damit sind der erste Satz des § 17 sowie die §§ 20. 21. d. T. beseitigt.

[43]) Die Vorschriften wegen Vertretung des Protokollführers (§ 17 Satz 2, §§ 18. 19) sind gleichfalls beseitigt. § 17 giebt nämlich dem Richter ein Recht zur Zuziehung anderer Personen und für den Fall des „Fehlens" des Protokollführers; der im § 18 citirte § 51 I 25 A. G. O. giebt an, daß darunter der Fall verstanden ist, „wenn irgendwo ein dergleichen Aktuarius oder Protokollführer nicht bestellt" ist; es waren dies die alten Untergerichte zweiter Klasse, die nicht nothwendig mit Aktuarien besetzt zu sein brauchten, sondern statt deren „ungelehrte Beisitzer und Schöppen" zuzogen (vgl. A. G. O. I 25 § 3, unten abgedruckt bei A. G. O. III 8 Anm. 3). Derartige Gerichte giebt es seit der Justizreform von 1849 nicht mehr (V. v. 2. 1. 1849 §§ 1. 18—21; Geschäftsregulativ v. 18. 7. 1850 §§ 52. 53 J. M. Bl. S. 232). Es sind deshalb die fraglichen Vorschriften schon seit dieser Zeit nicht mehr praktisch. Wollte man sie aber auch sinngemäß auf den Fall der Behinderung des Gerichtsschreibers anwenden, so würden sie diese Anwendbarkeit durch das G. über die Dienstverhältnisse der Gerichtsschreiber v. 3. 3. 1879 verloren haben. Letzteres giebt (§ 9) über die Besetzung des Gerichtsschreiberamtes in Verhinderungsfällen erschöpfende Vorschriften und beseitigt damit diejenigen älteren Bestimmungen, welche eine Vertretung in anderer Art vorsehen. AM. Basch und Bierhaus, sowie betreffs der analogen Vorschriften der §§ 83. 84 I 12 A. L. R. Dernburg III § 107 mit Anm. 23 (S. 322), Foerster-Eccius I § 249 mit Anm. 15 u. 16 (349), Bierhaus bei Koch zu §§ 82—84 Anm. 1—3; für die diesseitige Meinung anscheinend Fischer § 112 (S. 597).

[44]) Der Anh. § 421 ist aus Abschn. V § 1 der C. V. v. 30. 12. 1798 (Rabe 5 S. 270) entnommen.

[45]) „Letztwillige Dispositionen." Dahin gehören auch die Anordnungen wegen Bevormundung der Kinder (V. O. § 17 Nr. 2 u. A.) und wegen des Anerbenrechts (L. G. O. § 6), obwohl beide unter bloßer Unterschriftsbeglaubigung errichtet werden können, sowie ferner der Widerruf letztwilliger Anordnungen A. L. R. I 12 § 587), nicht aber die bloße Zurückgabe eines Testaments (A. G. O. II 4 § 9; A. L. R. I 12 § 565). Koch zu § 571 I 12 Anm. 71.

[46]) „Erbverträge". Hierunter fallen auch Familienverträge, wie namentlich über Adoption u. Einkindschaft, wenn in denselben besondere, die gesetzlichen Vorschriften über die Erbfolge abändernde Abreden getroffen werden. Ob. Tr. v. 17. 10. 1842 (Jur. Wochenschr. 1845 S. 835); Präj. 1176 v. 15. 8. 1842 (Präj.-Sammlg.) S. 293, Foerster-Eccius IV § 221 Anm. 11 (S. 135).

[47]) „Ehestiftungen"; gleichviel ob dieselben vor oder nach der Eheschließung errichtet werden, obwohl die ersteren nach A. G. O. II 1 § 10 Nr. 5 auch notariell abgeschlossen werden können. Ob. Tr. v. 27. 3. 1854 (27 S. 459). — Verträge wegen der Gütergemeinschaft fallen nicht hierunter. Ob. Tr. v. 4. 7. 1836 (2 S. 14).

lichen Verhandlungen haben die von einer Gerichtsperson allein aufgenommenen, von den Interessenten oder ihren Stellvertretern unterschriebenen Protokolle volle Glaubwürdigkeit, und können unter dem Vorwande der unterlassenen Zuziehung eines Protokollführers nicht angefochten werden.

Was der Richter in den Fällen, wo es der Zuziehung eines Protokollführers nicht bedarf, zu beobachten hat, ist §. 68 u. f. des Anhangs zu §. 19. Tit. X. Th. I.[48]) umständlich vorgeschrieben.

Fälle, wo andere Personen die Stelle des Aktuarii vertreten.

§ 18.[49]) Zu den Ausnahmen der letztern Art, wo nämlich auch andere Personen die Stelle des Protokollführers vertreten können, gehört zuvörderst: wenn die Gerichtsperson, bei Vornehmung des Aktus, zwei vereidete Gerichtsschöppen zugezogen hat, und von diesen das Protokoll mit unterschrieben ist. Wie dergleichen Gerichtsschöppen beschaffen und vereidet seyn müssen, und in wie fern, bei dringenden Fällen, die Stelle des zweiten Gerichtsschöppen auch durch einen bloßen Zeugen ersetzt werden könne, ist im Ersten Theile Tit. XXV. §. 51—56. verordnet.

§ 19. Wenn bei Handlungen, die nur einseitig sind, die Partei, welche sie vornimmt, oder auch der Richter, welcher den Aktus vollzieht, einen gehörig aufgenommenen und verpflichteten Justizkommissarius und Notarius zugezogen hat; so ersetzt die Anwesenheit und Mitunterschrift desselben die Stelle des ermangelnden Protokollführers.

Ein Gleiches findet Statt, wenn die Handlung von zwei oder mehreren Parteien zu vollziehen, und dabei von jeder Seite ein Justizkommissarius und Notarius gegenwärtig ist.

Ist aber nur von der einen Seite ein Justizkommissarius zugegen, so muß entweder ein Protokollführer, oder wenigstens ein vereideter Gerichtsschöppe zugezogen werden.

Bei Testamenten und eigentlichen Erbverträgen können Justizkommissarien und Notarien, als solche, die Stelle des Gerichtsaktuarii oder Protokollführers nicht vertreten.

Fälle, wo es keines Aktuarii oder Protokollführers bedarf.

§ 20. Zu den Fällen, wo es weder der Zuziehung eines Protokollführers, noch anderer Personen an seiner Stelle bedarf, sondern auch eine einzelne Gerichtsperson den Aktus gültig vornehmen kann, gehört:

1) wenn der Gegenstand desselben nur Funfzig Thaler oder weniger beträgt;

2) wenn die Parteien, welche den Aktus vornehmen, ausdrücklich erklären, daß sie die Zuziehung eines Protokollführers nicht verlangen.

§. 21. So wie aber in diesem letztern Falle die Vorschriften des Ersten Theils Tit. XXV. §. 57. auch bei Handlungen der freiwilligen Gerichtsbarkeit beobachtet werden müssen, so findet übrigens diese Ausnahme bei Testamenten, Erbverträgen und anderen letztwilligen Verordnungen gar keine Anwendung.

Was der Richter bei einem solchen Aktus zu beobachten hat:

§ 22. Bei einer jeden Handlung der freiwilligen Gerichtsbarkeit müssen von den Gerichten folgende allgemeine Vorschriften beobachtet werden.

---

[48]) Dieselben sind unter Abschn. III Nr. 1 abgedruckt.

[49]) Zu §§ 18—21 vgl. Anm. 42 u. 43.

Zuvörderst muß das Gericht sich überzeugen, daß die Handlung vor ihm gültiger Weise vorgenommen werden könne, und nicht etwa nach ihrer Natur und nach Vorschrift des Ersten Titels, vor ein anderes in Ansehung der Person, der Sache oder des Geschäfts kompetentes Gericht gehöre; in welchem letztern Falle die Parteien an dieses Gericht sofort verwiesen werden müssen.

l) in Ansehung der Personen, ihrer Identität,

§ 23.[50]) Hiernächst muß das Gericht sich vergewissern, daß die Parteien, welche die Handlung vornehmen wollen, diejenigen wirklich sind, für die sie sich ausgeben. Wenn daher fremde und im Gerichte von Person nicht hinlänglich bekannte Parteien sich zur Vollziehung eines Aktus melden, so muß der Richter darauf bestehen, daß ihm andere bekannte und unverdächtige Leute[51]) gestellt werden, welche die Identität der sich angebenden Parteien aus eigener Kenntniß bezeugen; oder er muß sich auf andere glaubwürdige Art von dieser Identität versichern.

Legitimation,

§ 24.[52]) Wenn die Parteien die Handlung nicht in Person, sondern durch Bevollmächtigte vollziehen wollen;[53]) so muß der Richter sich die Vollmachten derselben zu den Akten einreichen lassen[54]) und dieselben mit gehöriger Sorgfalt prüfen; auch auf die Vorschriften der Gesetze, in Ansehung der Fälle, wo gerichtliche, oder doch besondere Specialvollmachten erfordert werden,[55]) gehörige Rücksicht nehmen.

Fähigkeit zu solchen Handlungen.

§ 25.[56]) Ferner muß der Richter sich genau und sorgfältig erkundigen:[57]) ob die Parteien, welche die Handlung vornehmen

---

[50]) Vgl. hierzu § 43 Nr. 2.

[51]) sog. Rekognitionszeugen. Auf den Plural „Leute" ist kein entscheidendes Gewicht zu legen; es genügt auch eine Person. Im Uebrigen vgl. wegen der Bedeutung der Rekognition und der Rekognitionsmittel Koch-Jastrow Not.-G. v. 11. 7. 1845 § 10 Anm. 5 (S. 72).

[52]) Die Vorschrift des § 24 ist nur instruktioneller Natur; eine Zuwiderhandlung thut der Gültigkeit des Aktes keinen Eintrag; vgl. auch Anm. 77.

[53]) Das Gleiche gilt von Vormündern und sonstigen gesetzlichen Vertretern. App.-G. Marienwerder v. 5. 12. 1876 (Johow 7 S. 283).

[54]) Erklärt der Bevollmächtigte, der Vollmacht zu anderweiten Geschäften zu bedürfen, so genügt die Vorlegung im Termine unter sofortiger Rückgabe. — Vollmachten, Bestallungen u. dgl. müssen im Original, nicht bloß in beglaubigter Abschrift vorgelegt werden; s. darüber Koch-Jastrow Not.-G. v. 11. 7. 1845 § 23 Anm. 4 zu c (S. 115).

[55]) A. L. R. I 13 §§ 98 ff. [56]) Vgl. § 43 Nr. 4 mit Anm. 79.

[57]) aber regelmäßig immer nur durch Ausforschen und Belehren der Kom-

wollen, die dazu in den Gesetzen vorgeschriebenen Fähigkeiten und Erfordernisse besitzen. Er muß sich daher diese gesetzlichen Vorschriften, sowohl wegen der Willenserklärungen überhaupt, als wegen der Verträge und ihrer verschiedenen Arten, sowie in Ansehung der Testamente und anderer letztwilligen Dispositionen, beständig gegenwärtig erhalten.

§ 26. Wenn die Partei, welche die Handlung vornehmen will, dazu nach den Gesetzen des Beitritts, der Autorisation, oder der Einwilligung irgend eines Dritten bedarf; so muß der Richter dafür sorgen,[58]) daß auch diesem gesetzlichen Erfordernisse ein Genüge geleistet werde.

Wie zu verfahren, wenn bei diesen persönlichen Erfordernissen ein Anstand sich findet.

§ 27. Wenn bei dieser Prüfung der persönlichen Fähigkeit und Qualifikation der Parteien[59]) zu der von ihnen vorzunehmenden Handlung (§. 23—26.) irgend ein Zweifel oder Anstand sich findet, so muß der Richter den Fortgang des Geschäfts so lange aussetzen, bis demselben hinlänglich abgeholfen worden ist. Wenn jedoch die Partei auf der Fortsetzung der Verhandlungen, wegen einer im Verzuge obwaltenden Gefahr ausdrücklich besteht und sich bestimmt erklärt: wie und binnen welcher Frist sie das Bedenken heben wolle; auch bei Handlungen, zu welchen mehr als Eine Person gehört, der andere Theil damit zufrieden zu seyn ausdrücklich äußert, so kann[60]) zwar der Richter in der Sache weiter fortfahren, er muß aber den obgewalteten Anstand, so wie die von der Partei zu dessen Erledigung übernommene Verpflichtung, in dem Protokolle deutlich und bestimmt bemerken. Die auf dieses Protokoll zu veranlassende Ausfertigung muß in der Regel so lange, bis dem Bedenken wirklich abgeholfen ist, ausgesetzt bleiben. Wenn aber auch hierunter, wegen der besonderen Umstände des Falles, kein Verzug ohne erheblichen Nachtheil der Parteien Statt finden könnte; so muß dennoch der obgewaltete Anstand, und was zur Hebung des-

---

parenten; nur wenn sich hieraus erhebliche Bedenken ergeben, können weitere Nachweise von den Parteien gefordert werden; vgl. Weißler S. 105.

[58]) in gleichem Maße und mit gleicher Wirkung wie bei der Vollmacht; vgl. Anm. 52 u. § 43 Anm. 77.

[59]) Darunter sind, wie die Citirung des § 23 ergiebt, auch Bedenken betreffs der Identität zu verstehen. AM. Weißler (S. 98), welcher die Citirung des § 23 als eine irrthümliche ansieht. Ueber die Beweiskraft einer solchen Urkunde vgl. Koch-Jastrow, Not.-G. § 10 Anm. 5 (S. 72 ff.).

[60]) „Kann", nicht „muß". Regelmäßig wird indessen, wenn nicht ein besonderer Mißbrauch mit der Urkunde zu befürchten ist, bezüglichen Anträgen stattzugeben sein.

selben etwa noch geschehen oder beigebracht werden müsse, in der Ausfertigung selbst ausdrücklich angeführt werden.

2) Wegen Prüfung der Legalität und Zulässigkeit der Handlung selbst.

§ 28. Außer diesen Prüfungen der persönlichen Fähigkeit der Parteien muß der Richter auch die vorzunehmende Handlung selbst in so weit untersuchen, ob sie nach den Gesetzen erlaubt sey, und an sich rechtsbeständiger Weise vorgenommen werden könne. Denn obgleich den Gerichten nicht zugemuthet werden kann, für die Gültigkeit und Rechtsbeständigkeit der von den Parteien geschlossenen Verträge oder sonstigen Willenserklärungen zu haften, sondern sie eigentlich nur für die gehörige Beobachtung der gesetzlich vorgeschriebenen Form verantwortlich sind, so liegt ihnen dennoch ob, mit möglichster Sorgfalt zu verhüten, daß vor ihnen keine gesetzwidrige oder ungültige Aktus vorgenommen, und das Vertrauen des Publici auf die Legalität und Sicherheit gerichtlicher Handlungen nicht gemißbraucht werde.

§ 29. Wenn daher der Richter bei der Vollziehung eines solchen Aktus wahrnimmt, daß dadurch über Gegenstände, die einer solchen Verfügung der Parteien nicht unterworfen sind, disponirt, oder daß Verabredungen oder Maaßregeln, die nach den Vorschriften der Gesetze nicht bestehen können, festgesetzt werden wollen: so muß er den Parteien diese ihnen entgegen stehenden Vorschriften bekannt machen, und sie darnach gehörig bedeuten; übrigens aber mit einem solchen ungültigen Geschäfte sich nicht weiter befassen.[61])

§ 30. Finden sich Spuren von Unrichtigkeit oder Unlauterkeit in dem Betragen eines oder beider Theile, daß z. B. einer den andern durch falsche Vorspiegelungen Simulationen, wucherliche Kunstgriffe oder andere unredliche Mittel, zu einem Vertrage oder zu gewissen Bedingungen dabei verleitet habe; oder daß das ganze Geschäft zur Hintergehung oder widerrechtlichen Verkürzung eines Dritten abziele: so müssen die Gerichte die Verwendung ihres Amts zu einem dergleichen gesetzwidrigen Geschäfte schlechterdings

---

[61]) Der § 29 enthält eine der bedenklichsten Vorschriften der A. G. O., indem er es von der — möglicher Weise unrichtigen — Ansicht des instrumentirenden Richters abhängig macht, ob den Parteien der gerichtliche Abschluß des Rechtsgeschäftes überhaupt zu verstatten ist; vgl. die Kritik dieser Vorschrift im Gutachten der Kgl. Immediat-Justizkommission vom Jahre 1816, mitgetheilt bei Euler, Handbuch des Notariats in Preußen (Düsseldorf 1858) Bd. I S. 96. Die Verweigerung der Aufnahme darf deshalb nur bei klarer und unzweifelhafter Ungültigkeit des beabsichtigten Geschäftes erfolgen und zwar um so mehr,

versagen; vielmehr den Parteien das Unerlaubte und Strafbare[62]) ihres Vorhabens nachdrücklich vorhalten; ihnen die in den Gesetzen gegen solche Betrügereien bestimmten Strafen bekannt oder erinnerlich machen; auch in Fällen, wo die Gesetze schon die Unternehmung eines solchen Unfugs mit Strafen belegen, die erforderliche Untersuchung gegen diejenigen, welche sich eines dergleichen Attentati schuldig gemacht haben, entweder selbst verhängen, oder, wenn dieselbe nicht vor sie gehört, dem kompetenten Richter davon Nachricht geben.[63])

3) wegen Belehrung und Certioration der Parteien.

§ 31. In welchen Fällen eine besondere Belehrung der Parteien über die Natur und rechtlichen Folgen eines Geschäfts schlechterdings nothwendig sey, z. B. bei den Bürgschaften der Frauenspersonen, bei Ertheilung der Certifikate über die Wechselfähigkeit ꝛc.,[64]) ist in den Gesetzen verordnet. Aber auch außer diesen Fällen ist der Richter schuldig, wenn er es besonders mit Parteien zu thun hat, welche der Rechte nicht kundig, oder in Geschäften unerfahren sind, oder bei denen er, während der Verhandlungen selbst, inne wird, daß sie von dem vorzunehmenden Geschäfte keinen ganz richtigen Begriff, oder von den rechtlichen Folgen desselben keine vollständige Kenntniß haben, solche Parteien auf die Vorschriften der Gesetze, auf die Verpflichtungen, welche sie durch den Aktus übernehmen, und auf die Nachtheile, welche ihnen daraus erwachsen können, aufmerksam zu

---

als in den meisten Fällen die Parteien dasselbe vor einem Notar vollziehen können, für welchen § 29 keine Geltung mehr hat (Not.-G. § 3). — Gegen die Verweigerung der Aufnahme aus § 28 findet übrigens die Beschwerde im gerichtlichen Instanzenzuge statt (A. G. O. III 3 §§ 12. 13).

[62]) „Unerlaubte und Strafbare". Danach bezieht sich der § 30 lediglich auf solche unerlaubte Handlungen, die zugleich strafbar sind; nicht aber auf bloß moralisch verwerfliche Geschäfte. Sind die letzteren zugleich civilrechtlich ungültig, so findet § 29 Anwendung; ist dies nicht der Fall, so darf ihre Aufnahme nicht verweigert werden, falls dem Richter nicht gelingt, durch Belehrung die Parteien von dem Geschäfte abzubringen.

[63]) Die Vorschrift beruhte auf dem alten Kriminalprozeß, welcher dem Gerichte ein Einschreiten von Amts wegen auferlegte (vgl. Kriminal-Ordnung v. 11. 12. 1805 §§ 106 ff.). Jetzt hat das Gericht dem Staatsanwalt Anzeige zu machen (St. P. O. §§ 151. 156); vgl. auch St. P. O. § 163 u. G. V. G. § 185 mit A. G. § 88.

[64]) Diese beiden Beispiele sind antiquirt; vgl. A. G. O. II 1 § 9 Nr. 7 mit Anm. 47 u. II 3 § 30 Anm. 91. Der von Bierhaus hierher gezogene Fall des § 1095 I 11 A. L. R. gehört nicht unter § 31, sondern unter § 32 (vgl. II 3 § 17 a. E.). Einen Fall, in dem die Belehrung für den Bestand des Geschäftes wesentlich ist, dürfte es deshalb im heutigen Recht nicht mehr geben; instruktionell ist die Belehrung indessen noch mehrfach vorgeschrieben; vgl. A. G. O. II 3 § 11 u. § 12 Nr. 4, II 5 § 2 u. A. Wegen Protokollirung der Belehrung s. § 43 Nr. 5.

machen; und auch auf diese Art allen Uebereilungen und allen Uebervortheilungen, zu welchen listige und verschmitzte Parteien ihre minder unterrichteten oder erfahrenen Mitkontrahenten nur allzuoft verleiten, nach Möglichkeit vorzubeugen.

§ 32.[65]) Wenn bei einer solchen Handlung gewissen Einwendungen oder Rechtswohlthaten entsagt werden soll, so muß der Richter von Amts wegen dafür sorgen, daß dem Entsagenden dasjenige, worauf er Verzicht thun will, nach seinem wahren Inhalte und ganzen Umfange bekannt, und er auch davon unterrichtet seyn möge, daß er eine solche gerichtliche Entsagung unter keinerlei Vorwand zurück nehmen könne.[66]) Es müssen daher auch, in so fern nicht beide Theile Rechtsverständige sind, die Einwendungen und Rechtswohlthaten, denen entsagt wird, nicht bloß mit den juristischen Kunstworten, sondern so ausgedrückt werden, daß man aus der Fassnng selbst sieht, es sey den Parteien möglich gewesen, das zu verstehen und richtig zu begreifen, worauf von ihnen Verzicht geleistet worden ist.

§ 33. Inzwischen muß doch auch der Richter, bei Befolgung dieser Vorschriften (§. 31. 32), den Abweg vermeiden, daß er den Parteien seine Meinungen und Bedenklichkeiten, gegen ihre eigenen, freien und überlegten Entschließungen, nicht aufdringe, noch sie in einem solchen Vorhaben durch theilnehmendes Zurathen oder Abmahnen irre mache. So bald er wahrnimmt, daß eine Partei von dem Geschäfte, das sie vornehmen will, dessen Natur und rechtliche Folgen, einen hinlänglich klaren Begriff habe, und es ihr an der nöthigen Fähigkeit, ihr Vorhaben zu überlegen, nicht gebreche; so muß er dieselbe ihren freien Entschließungen lediglich überlassen und sich darauf einschränken, die Handlung so vorzunehmen und zu verzeichnen, wie es der Intention der Parteien wirklich gemäß ist.

4) wegen Ausforschung des wahren Sinns und der Meinung der Parteien.

§ 34. Die Hauptpflicht des Richters ist es daher, daß er den eigentlichen Sinn und die wahre Meinung der Parteien deutlich und umständlich zu vernehmen suche, und allem Irrthume, Mißverständnissen, oder Zweideutigkeiten, mit möglichster Sorgfalt vorbeuge.

---

[65]) vgl. § 43 Nr. 7.

[66]) Die Nichtbefolgung dieser Vorschrift macht den Richter civilrechtlich und disciplinarisch verantwortlich; den Bestand des Geschäftes berührt sie aber nur dann, wenn auch das einschlägige materielle Recht die Belehrung als wesentlich voraussetzt; vgl. A. L. R. I 11 §§ 1094—1096.

§ 35. Findet es sich, daß die Parteien einander nicht recht verstanden haben, oder über gewisse Haupt- oder Nebenpunkte noch nicht einig sind; so muß der Richter auf eine nähere gegenseitige Herauslassung darüber dringen, und die Parteien über die noch streitigen Umstände zu vereinbaren suchen.

§ 36. Der Richter muß sich daher, wenn ihm von den Parteien eine Punktation oder ein anderer vorläufiger Aufsatz, nach welchem sie die vorzunehmende Handlung eingerichtet wissen wollen, vorgelegt wird, niemals damit begnügen, das Protokoll und die Ausfertigung nach diesem Aufsatze zu fassen; sondern er muß denselben mit den Parteien Punkt für Punkt durchgehen, sich überzeugen, daß jeder Punkt ihrer wahren Absicht und Meinung wirklich gemäß sey; und wo er irgend Undeutlichkeit, Unbestimmtheit oder Unvollständigkeit wahrnimmt, diesen Mängeln durch nähere Vernehmung und Vereinbarung der Parteien abzuhelfen bedacht seyn.

besonders solcher, die der deutschen Sprache nicht mächtig sind.

§ 37.[67]) Wenn einer oder beide Theile, welche die Handlung vornehmen wollen, der deutschen Sprache nicht mächtig sind, so kommt es darauf an: ob die beiden Gerichtspersonen, von welchen die Handlung aufgenommen wird, die fremde Sprache der Parteien hinlänglich verstehen, und sich darin verständlich ausdrücken können; oder ob es diesen oder auch nur Einem von ihnen, an einer solchen Kenntniß und Fertigkeit ebenfalls ermangele. Erstern Falls kann der Aktus von diesen Gerichtspersonen allein gültig vorgenommen werden. Letztern Falls hingegen, wie auch überhaupt, wenn eine der deutschen Sprache nicht mächtige Partei es verlangt, muß, außer dem Richter und Protokollführer, auch noch ein vereideter Dollmetscher zugezogen werden. Dieser muß die Anträge der Parteien in der Sprache, deren sie mächtig sind, von ihnen aufnehmen; sie dem Richter in der deutschen Sprache erklären; nach seiner Anweisung die Parteien weiter vernehmen; und solchergestallt die zur gehörigen Vollziehung des Aktus nöthigen Nachrichten und Willenserklärungen herbei schaffen. Wenn alsdann der Richter zur Aufnehmung des Protokolls schreitet, so muß zu gleicher Zeit, da er dasselbe dem Protokollführer deutsch in die Feder diktirt, der Dollmetscher eben dasselbe in der Sprache der Parteien niederschreiben; diese Uebersetzung muß demnächst den Parteien vorgelesen, und von ihnen, mit dem deutschen Protokolle zugleich, unterzeichnet werden. Eben so muß, wenn beide der fremden Sprache hinlänglich mächtige Gerichtspersonen den Aktus ohne Dollmetscher vornehmen, die Verhandlung von dem einen in der deutschen, und zugleich von dem andern in der fremden Sprache niedergeschrieben; mit der Vorlesung und Unterzeichnung aber es eben so, wie in dem vorgedachten Falle, gehalten werden.

Anh. §. 422. Siehe §. 75. des Anhangs zu §. 19 u. f. Tit. X. Th. I.
Testamennte und Kodicille der Wenden dürfen nicht in wendischer, sondern nur in deutscher Sprache niedergeschrieben werden. Bei der Aufnahme derselben muß jedesmal, außer dem wendischen Prediger, ein dieser Sprache mächtiger Schulze oder Gerichtsmann zugezogen werden, welche

---

[67]) Die §§ 37—39 und Anh. §§ 75. 422 sind, nachdem sie bereits durch die V. v. 11. 5. 1843 und des G. v. 16. 1. 1857 modifizirt worden waren, aufgehoben durch G. v. 28. 8. 1876 § 10 (s. u. Abschn. IV Nr. 9).

beide auf ihren Amtseid zu verweisen sind. Durch diese wird der Wille des Testators vernommen, dem Richter bloß mündlich übersetzt, und von Letzterm deutsch niedergeschrieben; die Vorlesung oder Vorhaltung aber erfolgt durch den Prediger in wendischer Sprache, und es muß, wie alles dieß geschehen, im Protokolle registrirt, auch dieses Protokoll von dem Prediger und dem zweiten zugezogenen Sprachkundigen mit unterschrieben werden.

§ 38. Daß bei Aufnehmung der Testamente von Personen, welche der deutschen Sprache nicht kundig sind, zwei Dollmetscher, oder wenigstens ein Dollmetscher und Ein Zeuge, zugezogen, und wie überhaupt dabei verfahren werden müsse, ist im Landrechte vorgeschrieben (Th. 1. Tit. XII. §. 124—132.).

§ 39. Bei Handlungen unter Lebendigen ist die Zuziehung Eines Dollmetschers hinreichend, wenn eine der kontrahirenden Parteien der deutschen Sprache mächtig, oder wenn eine der Gerichtspersonen der fremden Sprache kundig ist; oder wenn der Gegenstand nur hundert Thaler oder weniger beträgt; oder wenn beide der deutschen Sprache unkundige Parteien sich über einen gemeinschaftlichen Dollmetscher vereinigen. Außer diesen Fällen müssen, wenn zwei oder mehrere Parteien nicht Deutsch verstehen, eben so, wie bei Testamenten, zwei Dollmetscher, oder doch Ein Dollmetscher und ein Zeuge, zugezogen werden.

§ 40. Bei größeren Gerichten, wo die Fälle, daß Handlungen in einer fremden Sprache aufzunehmen, und Uebersetzungen aus einer solchen Sprache zu veranstalten sind, öfterer vorkommen, müssen dazu ordentliche Dollmetscher förmlich bestellt, und ein- für allemal vereidet werden. Die Gerichte müssen dazu Subjekte aussuchen, die wegen ihrer Kenntniß der fremden Sprache, so wie in Ansehung ihrer Rechtschaffenheit und untadelhafter Aufführung, in allgemein gutem Rufe, oder mit glaubwürdigen Attesten versehen sind. Diese Subjekte müssen von Männern, deren Sprachkenntniß unbezweifelt ist, ordentlich geprüft; diese Prüfung aber nicht bloß darauf: ob der Kandidat die fremde Sprache nur nothdürftig verstehe und sprechen könne, sondern darauf gerichtet werden: ob seine Kenntniß beider Sprachen dergestalt vollständig und gründlich sey, daß er nicht bloß in alltäglichen Geschäften des gemeinen Lebens, sondern auch in wichtigeren und minder gewöhnlichen Fällen den Sinn der Parteien, oder den Verstand der Dokumente, richtig fassen, und dem Richter eben so, zuverlässig und bestimmt, erklären und klarlegen könne.[68]). Dergleichen Dollmetscher müssen von Obergerichten dem Chef der Justiz, von Untergerichten aber dem Landesjustizkollegio der Provinz, mit Beifügung der beigebrachten Atteste und des Examinationsprotokolls, vorgeschlagen,[69]) und nach erfolgter Approbation dahin vereidet

---

[68]) Zur Ausführung dieser Vorschrift ist die Dolmetscherordnung v. 24. 4. 1886 (J. M. Bl. S. 98) erlassen, doch dürfte die Vorschrift im § 16 daselbst, wonach auch ungeprüfte Personen zu Hilfsdolmetschern bestellt werden können, mit § 40 des Textes nicht in Einklang stehen.

[69]) Die Ernennung der Dolmetscher gebührt gegenwärtig den jetzigen Organen der Justizverwaltung und ist durchweg auf den Oberlandesgerichts-

werden: daß sie die in der fremden Sprache vorgetragenen Angaben, Erklärungen und Antworten der Parteien, ingleichen den Inhalt der in dieser Sprache abgefaßten Schriften und Urkunden, in die deutsche Sprache; eben so aber auch die den Parteien vorzulegenden Fragen, Bekanntmachungen und Andeutungen, oder den solchen Parteien zu eröffnenden Inhalt deutscher Schriften und Dokumente, aus der einen in die andere Sprache treu, richtig, vollständig, ohne etwas dazu oder davon zu thun, übersetzen, und mit gewissenhafter Sorgfalt dahin sehen zu wollen, daß in jedem Falle der wahre Sinn und die eigentliche Meinung der Parteien, oder der wahre Inhalt der zu übersetzenden Schriften dem Richter, so wie die Aeußerungen und Erklärungen des Richters den Parteien, bekannt werden.[70])

§ 41. Bei Gerichten, wo keine beständige vereidete Dollmetscher angestellt sind, muß der in jedem besonderen Falle zuzuziehende Sprachkundige von dem Richter, mit Beihülfe eines Sachverständigen geprüft, und mit vorstehendem Eide, nach Beschaffenheit des Falles selbst, belegt[71]) werden.

Aufnehmung des Protokolls.

§ 42. Wenn auf vorstehende Art sowohl in Ansehung der persönlichen Qualität und Fähigkeit der Parteien zur Vollziehung eines solchen Aktus das Erforderliche besorgt und berichtigt, als auch der Wille und die eigentliche Intention derselben mit hinlänglicher Zuverlässigkeit und Vollständigkeit erforscht worden ist; so muß alsdann über die ganze Verhandlung ein richtiges Protokoll aufgenommen werden.[72])

Erfordernisse desselben.

§ 43. Dieses Protokoll muß enthalten:[73])

---

präsidenten übertragen (A. G. z. G. V. G. § 77; Dolmetscherordnung § 14); ein Vorschlag der unteren Instanzen findet dabei nicht statt.

[70]) Die Eidesnorm ist beseitigt; s. jetzt G. v. 28. 8. 1876 § 5 (unten Abschn. IV Nr. 9).

[71]) Die Nothwendigkeit der Beeidigung sowie die Eidesnorm bestimmen sich jetzt nach §§ 5. 6 des G. v. 28. 8. 1876 (s. u. Abschn. IV Nr. 9).

[72]) Keines Protokolls bedarf es bei der Unterschriftsbeglaubigung und der Vidimation; A. G. O. II 3 § 26 Anm. 76 u. § 27.

[73]) Das Wort „muß" hat hier nicht die Bedeutung wie in der neuen Terminologie der C. P. O., daß ein Verstoß gegen die Vorschrift die Nichtigkeit des Aktes bewirke. Die Folgen eines solchen Verstoßes sind vielmehr je nach dem Wesen desselben verschieden. Der Mangel der Zeit- und Ortsangabe entzieht dem Protokoll die Eigenschaft einer öffentlichen Urkunde völlig Dernburg III § 111 (S. 334). RM. Ob. Tr. v. 6. 2. 1863 (Gruchot 7 S. 377). Im Uebrigen bewirkt ein Verstoß nur, daß dasjenige, was durch die betreffende Formalität erwiesen werden soll, als nicht erwiesen beziehentlich nicht geschehen gilt und es bestimmt sich nach der Natur des einzelnen Falles, inwiefern der verbleibende Rest der Urkunde noch eine Bedeutung beanspruchen kann; s. auch Anm. 76. 77. 79.

1) Ort und Zeit,[74]) wo und wann der Aktus vorgenommen worden ist.[75])

2) Wer die Parteien, die ihn vorgenommen haben, ihrem Namen, Stande und Charakter nach, sind; ob das Gericht sie persönlich kenne, oder durch welche Mittel[76]) es sich nach Vorschrift §. 23. von der Identität der Personen versichert habe.

3) Wenn die Parteien die Handlung durch einen Bevollmächtigten vornehmen, so muß der Name und die Qualität dieses Bevollmächtigten ebenfalls im Protokolle bemerkt; die von demselben übergebene Vollmacht muß allegirt und dem Protokolle beigefügt;[77]) und in so fern dabei noch etwas zu erinnern gefunden worden, dieses bemerkt; wenn er aber in zulässigen Fällen die Vollmacht nachzubringen versprochen hat,[78]) so muß dieses Angelöbnisses im Protokoll ebenfalls gedacht werden.

4) Wenn in Ansehung der Fähigleiten der Parteien, einen solchen Aktus vorzunehmen, ein Bedenken obgewaltet hat, so ist dessen, und wie es gehoben worden, im Protokolle ebenfalls Erwähnung zu thun.[79]) Hat das Bedenken nicht sogleich gehoben, und doch auch

---

[74]) „Ort" ist die politische Gemeinde; unter „Zeit" versteht der Gerichtsgebrauch Jahr, Monat und Tag, nicht auch die Stunde. Bei Handlungen außerhalb der Gerichtsstelle ist es üblich, auch die Behausung anzugeben. Ist für den Akt eine bestimmte Lokalität und eine gewisse Tageszeit wesentlich, wie z. B. bei Wechselprotesten (W. O. Art. 91, E. G. z. W. O. § 4), so muß das Protokoll die betreffenden Angaben enthalten. Im Uebrigen vgl. wegen der Bedeutung von Ort und Zeit Koch-Jastrow, Not. G. v. 11. 7. 1845 § 10 Anm. 8 (S. 77).

[75]) In neuerer Zeit ist es gebräuchlich geworden, im Anschluß an die Prozeßgesetze (C. P. O. § 145 Nr. 2, St. P. O. § 186 Abs. 2. 272 Nr. 2) auch die mitwirkenden Gerichtspersonen im Protokoll aufzuführen; es empfiehlt sich, auch die Bezeichnung des Gerichts beizufügen.

[76]) Der Vermerk „glaubhaft bekannt geworden" ist sonach ungenügend. — Hat die Rekognition nicht stattfinden können (s. § 27 mit Anm. 59), so muß das Protokoll den Sachverhalt ergeben.

[77]) nämlich wenn sie bei den Akten bleiben kann (s. Anm. 54). In diesem Falle wird auch der Ausfertigung (§ 49) eine beglaubigte Abschrift der Vollmacht beizufügen sein. Die Legitimation des Bevollmächtigten muß jeder Dritte bei Produzirung der Urkunde prüfen; der bezüglichen Feststellung des instrumentirenden Richters ist keine Beweiskraft beigelegt (s. aber Anm. 79). Ein Verstoß gegen die Nr. 3 ist deshalb für die Beweiskraft ohne Bedeutung.

[78]) Vgl. § 27.

[79]) Hat kein Bedenken obgewaltet, so bedarf es eines besonderen Vermerkes über die Verfügungsfähigkeit nicht. Wegen der Beweiskraft des Protokolls bezüglich der Verfügungsfähigkeit vgl. B. d. K. G v. 31. 12. 1883 (45. 128); welcher indessen zu weit geht, wenn er alle gemäß §§ 23—27 getroffenen Feststellungen mit Beweiskraft versieht; insoweit diese Vorschriften bloße Instruktionen behufs thunlichster Verkehrssicherung darstellen (vgl. namentlich §§ 24. 26), trifft dies nicht zu. Wegen der Zulässigkeit des Gegenbeweises gegen die richterliche Feststellung s. Ob. Tr. v. 8. 3. 1867 (58 S. 158; Strieth. 67 S. 92) und jetzt C. P. O. § 380.

der Aktus selbst nicht ausgesetzt werden können; so ist die Vorschrift des §. 27. genau zu befolgen.

5) Wenn der Richter nach Anleitung §. 28—31. nöthig gefunden hat, den Parteien über die Natur und Folgen der Handlung, welche sie vornehmen wollen, oder über gewisse dahin einschlagende Dispositionen und Verabredungen, Bedeutung oder Vorhaltung zu thun, so muß dessen, und was etwa dabei vorgekommen ist, im Protokoll ebenfalls Erwähnung geschehen.

6) Vornehmlich aber muß die Verhandlung selbst, mit allen dahin gehörenden Erklärungen, Haupt- und Nebenbestimmungen, Abreden und Bedingungen, umständlich, in klaren und bestimmten Ausdrücken niedergeschrieben;[80]) alle Dunkelheit und Zweideutigkeiten müssen sorgfältig vermieden; und Alles muß, nach der wahren Willensmeinung der Parteien, so deutlich und genau, als es nur immer möglich und nöthig ist, gefaßt werden.[81])

7) Wenn gegen den Kontrakt oder die Disposition gewisse Einwendungen oder Rechtswohlthaten Statt finden würden, und denselben von der Partei entsagt wird; so muß nach Anleitung des §. 32. die geschehene Erklärung und Entsagung, nebst den dabei beobachteten Solennitäten, in so fern dergleichen nach den Gesetzen erforderlich gewesen, ausdrücklich und umständlich zum Protokolle niedergeschrieben werden.

Vorlesung.

§ 44. Dieß Protokoll muß in gewöhnlichen Fällen, wenn wenigstens Eine Gerichtsperson und außer ihr noch ein Aktuarius oder Protokollführer bei der Verhandlung zugegen sind,[82]) der Richter dem Aktuario oder Protokollführer laut in die Feder diktiren; oder wenn nur Gerichtsschöppen oder Beisitzer zugezogen worden sind, es selbst niederschreiben.[83]) In beiden Fällen[84]) aber muß der Richter das Protokoll den Parteien langsam und deutlich vorlesen[85]) und sie befragen: ob sie den Inhalt desselben der eigentlichen Verhandlung und ihrer Willensmeinung gemäß finden.

---

[80]) Eine Bezugnahme auf Anlagen des Protokolls ist dabei nicht ausgeschlossen. Ob. Tr. v. 5. 4. 1845 (11 S. 186).

[81]) Ausdrücke fremder Sprachen sind thunlichst zu vermeiden, J. M. R. v. 6. 3. 1841 (J. M. Bl. S. 118); s. auch § 51.

[82]) Dieses Verfahren ist jetzt nicht mehr das gewöhnliche; s. Anh. § 421 zu § 17 d. T.

[83]) Das Verfahren mit Schöppen und Beisitzern ist veraltet, vgl. Anm. 43; wenn der Richter allein verhandelt, fällt ihm von selbst auch die Niederschrift des Protokolls zu.

[84]) Dies muß auch in dem — jetzt regelmäßigen Falle — gelten, daß der Richter allein verhandelt.

[85]) Die Praxis versteht dies nicht so, daß der Richter persönlich das Vorlesen bewirken müsse; bei Mitwirkung eines Gerichtsschreibers wird auch die

Wird bei dieser Gelegenheit von den Parteien noch etwas erinnert oder nachgetragen; so muß der Richter dergleichen Erinnerung oder Zusatz, am Schlusse des Protokolls, mit der Bemerkung, daß diese Erklärung von der Partei bei Gelegenheit der Vorlesung abgegeben worden sey, beifügen lassen. Durchstreichungen oder Zusätze am Rande des Protokolls müssen in der Regel nicht gemacht werden. Wenn es aber ja die Umstände erfordern, und es nicht eine ganz unbedeutende Kleinigkeit betrifft; so muß die am Rande beizusetzende Registratur eben so, wie wegen des Protokolls selbst sogleich verordnet werden wird,[86]) unterzeichnet werden.

Anh. §. 423. Wenn die Vorlesung des Protokolls unterlassen, oder, daß solche geschehen, nicht bemerkt worden ist; so folgt daraus die Ungültigkeit der Verhandlung nicht.[87])

Unterschrift.

§ 45. Wenn nämlich die Parteien bei dem Inhalte des Protokolls nichts mehr zu erinnern finden, so muß der Richter dasselbe schließen; es den Parteien[88]) zur Unterschrift[89]) vorlegen

---

Vorlesung durch letzteren für zulässig erachtet. Inwieweit Anlagen des Protokolls (s. Anm. 80) einer Vorlesung bedürfen, bestimmt sich nach ihrem Inhalt. Anlagen, welche nur eine Beschreibung der Vertragsgegenstände enthalten, wie Katasterauszüge, bedürfen keiner Vorlesung (Erk. d. App.-Ger. zu Hamm v. 18. 12. 1856 bei Gruchot 1 S. 446), wohl aber Anlagen, welche integrirende Theile der getroffenen Abrede darstellen, wie z. B. Verzeichnisse der Pertinenzien.

Statt der Vorlesung ist bei genügend kundigen Parteien auch das Vorlegen zu eigener Durchsicht statthaft; aus dem, allerdings antiquirten, § 47 ergiebt sich, daß man die eigene Durchlesung für die sicherere Garantie erachtet hat.

[86]) d. h. von den Parteien und den Gerichtspersonen.

[87]) Der § 423 des Anh. ist aus dem R. v. 5. 3. 1798 (Stengel 6 S. 171) entnommen; er statuirt einen wesentlichen Unterschied zwischen gerichtlichen und notariellen Protokollen; vgl. Not. G. §§ 13. 41. — Ob er übrigens auch auf Testamente Anwendung findet, ist bestritten; bejahend: Dernburg III § 111 Anm. 16 (S. 334) u. Foerster-Eccius IV § 249 Anm. 29; verneinend Thümmel S. 54.

[88]) Darunter sind die den Akt errichtenden Personen verstanden. Eine Mitunterschrift der Rekognitionszeugen (§ 23) unter dem Protokoll oder dem Rekognitionsvermerk ist vielfach üblich, aber nicht erforderlich. — Ueber Mitunterzeichnung in besonderen Fällen s. II 3 § 7, II 5 §§ 33. 41, II 6 § 9 Nr. 7. — Die Unterschrift der Parteien ist zur Gültigkeit erforderlich. R. G. U. v. 9. 5. 1885 (R. u. K. 29 S. 966). Weigert eine Partei die Unterschrift, so gilt die Erklärung dieser Partei nicht als abgegeben. — Ueber die Unterzeichnung bei Generalversammlungen von Gesellschaften und ähnlichen Akten vgl. Koch-Jastrow Not.-G. § 10 Anm. 11 (S. 80).

[89]) Vertreter von Handelsgesellschaften haben nicht mit der Firma, sondern mit ihrem Namen zu unterschreiben. B. d. App.-Ger. Hamm vom 31. 1. 1872 (Johow 2 S. 141) u. des früheren K. G. v. 3. 10. 1877 (Johow 7 S. 256).

und es sodann mit dem Aktuario oder dem Protokollführer, oder den Beisitzern,[90]) ebenfalls unterzeichnen.[91])

§ 46.[92]) Ist die eine oder die andere Partei des Schreibens nicht mächtig,[93]) so muß sie an die Stelle, wo ihr Name hingehört, Kreuze, oder ihr sonstiges gewöhnliches Handzeichen[94]) setzen. Der Protokollführer,[95]) oder ein Schöppe,[96]) muß ihren Namen dabei schreiben, und der Richter muß bei seiner Unterschrift attestiren, daß diese Zeichen von der Partei, weil sie des Schreibens unkundig sey, statt ihrer Unterschrift beigefügt worden.

§ 47. Daß in den nach §. 21. zulässigen Fällen, wenn die Handlung, auf ausdrückliches Verlangen der des Schreibens vollkommen kundigen Parteien, nur von Einer Gerichtsperson, ohne Zuziehung von Protokollführern oder Gerichtsschöppen, vorgenommen worden ist, dergleichen Parteien das Protokoll selbst lesen, und daß dieses geschehen, bei ihrer Unterschrift eigenhändig attestiren müssen, ist in der am angeführten Orte allegirten Vorschrift enthalten.[97])

§ 48. Bei Landesjustizkollegien und Obergerichten, ingleichen bei größeren Untergerichten, die ein formirtes Kollegium ausmachen, und bei welchen Justizkommissarien angesetzt sind, kommen, besonders in Beziehung auf das Hypothekenwesen, mancherlei Aktus vor, die nicht den Abschluß irgend eines neuen Geschäfts betreffen, sondern nur gewisse feierliche Erklärungen, Anerkenntnisse, oder Verlautbarungen über einen vorhin schon gehörig errichteten Kontrakt, oder andere dergleichen Handlung enthalten.[98]) Wenn solche Vorträge, welche

---

[90]) Vgl. Anm. 83.

[91]) Die Unterschriften der Gerichtspersonen sollen so deutlich vollzogen werden, daß Jeder auch ohne eine Vermuthung über die Namen derselben sie lesen kann. Allg. Verf. v. 14. 2. 1839, 6. 3. 1841, 17. 12. 1873 und 14. 4. 1881 (J.-M.-Bl. 39 S. 76; 41 S. 118; 73 S. 337; 81 S. 68).

[92]) Vgl. hierzu A. L. R. I 5 §§ 175 ff.; für Testamente gelten die besonderen Bestimmungen A. L. R. I 12 §§ 115 ff.

[93]) Gleichviel, ob Mangel an Schreibkunde oder ein körperlicher Fehler die Ursache ist. A. L. R. I 5 §§ 172. 175.

[94]) Ueber die Entstehung der Handzeichen s. Koch-Jastrow Not.-G. § 13 Anm. 8 (S. 90). In der Praxis macht häufig der Protokollant die Kreuze, wobei der Interessent nur das obere Ende der Feder anfaßt. Dieses Verfahren ist für genügend erachtet (Ob.-Tr. v. 22. 11. 1854 Entsch. 29 S. 245; Strieth. 14 S. 333), aber gleichwohl nicht zu empfehlen. — Für den Fall, daß der Betheiligte auch kein Handzeichen machen kann, schreibt § 177 I 5 A. L. R. die Unterzeichnung durch einen Beistand vor; diese Formalität ist indessen bei Zuziehung eines Protokollführers durch die K. O. v. 20. 6. 1816 (s. u. Abschn. III Nr. 1) jetzt beseitigt.

[95]) Ist kein Protokollführer zugezogen, so bestimmt sich das Verfahren nach §§ 68 ff. des Anh. (s. u. Abschn. III Nr. 1).

[96]) s. Anm. 83.

[97]) § 47 ist mit dem § 21 zugleich beseitigt; vgl. jetzt Anm. 84 u. 95.

[98]) Diese Akte gehören jetzt ausschließlich vor die Amtsgerichte (A. G. z. G. V. G. § 26 Nr. 2), welche die hier vorausgesetzte kollegialische Verfassung nicht haben; der § 48 ist deshalb antiquirt.

bloß der Form und Feierlichkeit wegen erfolgen, von den Justizkommissarien, in Gegenwart des versammelten Gerichts, dem protokollirenden Referendario laut in die Feder diktirt worden sind; so bedarf es keiner Vorlesung des Protokolls, und auch keiner Unterzeichnung von Seiten der Gerichtspersonen oder der Justizkommissarien, sondern es ist genug, wenn dasselbe nur von dem Protokollanten unterschrieben wird.

Ausfertigung.

§ 49. Auf den Grund des gehörig aufgenommenen Protokolls erfolgt sodann die gerichtliche Ausfertigung.[99])

Außer dem Falle, wo Testamente oder andere letztwillige Dispositionen, zum Protokoll aufgenommen werden, und wo, nach den unten folgenden näheren Vorschriften,[100]) das Protokoll selbst versiegelt in gerichtliche Verwahrung niedergelegt werden muß, wird die Ausfertigung von dem Richter, sogleich nach geschlossenem und unterzeichnetem Protokolle, verfügt.[101])

Doch muß bei Gerichten, die ein formirtes Kollegium[102]) ausmachen, das aufgenommene Protokoll zuvörderst einem andern Mitgliede, als dem, der den Aktus vollzogen hat, zum Vortrage im versammelten Kollegio zugestellt werden. Dieser Decernent[103]) muß gehörig prüfen: ob dabei noch irgend etwas zu erinnern oder nachzuholen sey, und solchenfalls das Erforderliche nach dem Beschlusse des Kollegii verfügen. Findet sich aber weiter nichts zu erinnern, so muß die Ausfertigung von ihm veranlaßt werden.

§ 50. In wie fern diese Ausfertigung mit Inserirung des Protokolls selbst geschehe, oder in wie fern nur der Inhalt desselben der zu expedirenden Urkunde, mit Beziehung auf das Protokoll, einverleibt werde, desfalls hat es, nach Verschiedenheit der Fälle, bei dem Gerichtsbrauche eines jeden Kollegii oder andern Gerichts,

---

[99]) Ueber das Wesen der Ausfertigung s. Koch-Jastrow Muster 13 (S. 217).

[100]) II 4 §§ 3 ff.

[101]) nämlich wenn die Parteien eine Ausfertigung verlangen; sonst ist dieselbe nicht erforderlich. — Zur Ausfertigung von Verhandlungen, welche der instrumentirende Richter im Original an einen anderen Richter dauernd abzugeben verpflichtet ist (A. L. R. I 12 §§ 79. 237, II 17 § 60), ist der letztere zuständig; bei Verhandlungen des ersuchten Richters erfolgt sonach die Ausfertigung durch den ersuchenden Richter, vgl. Johow 5 S. 33.

[102]) also jetzt nur bei den Land- und Oberlandesgerichten, vgl. oben S. 35—37.

[103]) Ueber den Dezernenten s. oben S. 18 Anm. 13 u. A. G. O. III 3 § 41. — Die Vorschrift über Bestellung eines anderen Richters als des instrumentirenden Richters ist nicht eine bloße Norm der Geschäftsvertheilung, sondern will die Prüfung durch zwei Richter sichern; sie ist deshalb durch § 68 G. V. G. mit § 16 A. G. nicht berührt worden. Die Praxis hat sich freilich schon unter der Gerichtsverfassung von 1849 über die Vorschrift meist hinweggesetzt.

auch noch ferner sein Bewenden.[104]) Wenn aber auch nicht das ganze Protokoll in extenso eingerückt, sondern nur der Inhalt desselben in eine besondere Ausfertigung gefaßt wird; so muß dennoch bei dieser das Protokoll lediglich zum Grunde gelegt, von den darin enthaltenen Erklärungen, Abreden und Bedingungen in keinem Stücke abgewichen, nichts denselben hinzu gethan oder davon weggelassen, und im übrigen die Ausfertigung so gefaßt werden, wie es die Natur des Geschäfts und die vorhandenen gesetzlichen Vorschriften mit sich bringen.[105])

§ 51.[106]) Bei Abfassung solcher Urkunden und Ausfertigungen müssen die Gerichte und Expedienten sich einer guten deutschen und allgemein verständlichen Schreibart befleißigen; alle, nur Sachverständigen nach ihrem eigentlichen Sinne bekannte Kunstwörter möglichst vermeiden, und sich, statt deren, lieber einer deutlichen und richtigen Umschreibung bedienen, den Terminum technicum aber in einer Parenthese beifügen; sich des verworrenen, dunkeln und weitschweifigen sogenannten alten Kanzelleistyls, so wie aller Affektationen, und der Würde einer gerichtlichen Handlung nicht geziemenden Künstelei und Neuerungssucht in der Sprache, gänzlich enthalten;[107]) die Perioden nicht in einander schieben, noch den Zusammenhang durch lange und häufige Parenthesen unterbrechen; keine Pleonasmen und unnütze Wiederholungen, welche nur zu Mißdeutungen und Verdrehungen Anlaß geben können, einfließen lassen; und mit Einem Worte dafür sorgen, daß sowohl die Parteien, als jeder andere, dem daran gelegen ist, das, was eigentlich verhandelt worden, aus der Ausfertigung deutlich, bestimmt und zuverlässig entnehmen können.

---

[104]) Gegenwärtig ist — von Taxinstrumenten abgesehen (II 6 §§ 10. 11) — die Ausfertigung mit Einfügung des Protokolls die allein gebräuchliche Form. Wegen auszugsweiser Ausfertigungen s. G. B. O. §§ 39. 51.

[105]) Wenn eine gerichtliche Urkunde nicht mit Inserirung der ihr zu Grunde liegenden Verhandlung ausgefertigt ist, so muß diese Ausfertigung, um als eine gerichtliche Urkunde gelten zu können, jedenfalls die Beziehung auf ein solches Protokoll und die wesentlichen Erfordernisse desselben, insbesondere, „daß und wie selbige von den Parteien unterschrieben worden", enthalten. Ob.-Tr. v. 3. 10. 1839 (Präj.-Samml. S. 270).

[106]) Die §§ 51. 52 haben für die Ausfertigung eine wesentliche Bedeutung nur in dem ungebräuchlichen Falle, daß nicht mit Einfügung des ganzen Protokolls ausgefertigt wird (s. Anm. 104). Im anderen Falle kann bei der Ausfertigung an dem Protokoll nichts geändert werden, und die Ausfertigungsformel enthält Klauseln der im § 52 erwähnten Art überhaupt nicht. Für diesen Fall sind die §§ 51. 52 bereits bei Abfassung des Protokolls zu beachten.

[107]) Vgl. auch die Bestimmungen wegen Aufhebung des Kurialstils in der V. v. 27. 10. 1810 (G. S. S. 1810/11 S. 9).

§ 52. Außerdem müssen dergleichen Ausfertigungen mit unnützen, zur Sache nicht gehörenden, oder unverständlichen, in der Folge wohl gar zu Zweifeln und Bedenklichkeiten Anlaß gebenden Klauseln, oder mit Renunciationen, die von keiner rechtlichen Wirkung seyn können, z. B. mit Entsagung der Exceptionis doli, vis, metus, usurariae pravitatis, restitutionis in integrum ex capite aetatis etc. etc., nicht überladen werden; sondern es ist bloß die Begebung solcher Einwendungen und Rechtswohlthaten beizufügen, die sonst dem Geschäfte wirklich entgegen gesetzt werden könnten, deren Entsagung den Rechten nach zuläßig, und denen in dem Protokolle wirklich entsagt worden ist.

§ 53. Dergleichen Ausfertigung muß allemal erst koncipirt,[108]) und das Koncept in dem Falle des §. 49. von dem Decernenten[109]) revidirt, auch nach erfolgter Ausreichung des Mundi, darauf: daß, wenn, und an wen diese geschehen sey, bemerkt; sodann aber das Koncept bei den Akten, in der Registratur des Gerichts, nach näherer Vorschrift des Kanzellei- und Registraturreglements,[110]) aufbewahrt werden.

§ 54. Das Mundum selbst wird von dem Gerichte[111]) unterschrieben und besiegelt. Ob die Unterschrift von dem Vorgesetzten[112]) allein, oder auch von allen, oder von einigen Mitgliedern des Gerichts geschehe; und ob dabei ein besonderes größeres, oder nur das ordinaire Gerichtssiegel[113]) gebraucht werde, desfalls hat es bei der Verfassung eines jeden Kollegii und Gerichts lediglich sein Bewenden.[114])

---

[108]) Das bedeutet für die gewöhnliche Art der Ausfertigung (Anm. 104): es muß die Ausfertigungsklausel zu den Akten entworfen werden.

[109]) Vgl. auch Gesch.-O. § 15 Abs. 2 a. E. bez. § 14 Abs. 2. Bei Kollegialgerichten ist es üblich, Expeditionen neben dem Dezernenten auch dem Vorsitzenden zur Revision vorzulegen.

[110]) Dieses Reglement ist aufgehoben; s. Th. III am Schlusse. Über die Aufbewahrung vgl. jetzt Gesch.-O. §§ 7 u. 9 und Allg. Verf. v. 26. 5. 1862 (J. M. Bl. S. 170) u. v. 15. 10. 1864 (J. M. Bl. S. 278).

[111]) nicht, wie jetzt für die streitige Gerichtsbarkeit bestimmt ist (C. P. O. § 271; St. P. O. § 275), vom Gerichtsschreiber; letzterem liegt dagegen die Vergleichung und Gegenzeichnung ob (III 5 § 15 und Gesch.-O. § 15 Abs. 5 bez. § 14 Abs. 5).

[112]) Darunter ist der Vorsitzende verstanden. A. L. R. II 10 §§ 119 ff.

[113]) Wegen der früher von den Gerichten geführten größeren und kleineren Siegel vgl. Müller S. 861. Gegenwärtig führt jedes Gericht nur eine Art von Dienstsiegeln; Cirk.-Verf. v. 5. 9. 1879 (a. a. O. S. 866). — Die Benutzung von Siegelmarken an Stelle des Dienstsiegels ist unzuläßig.

Mehrere Bogen der Ausfertigung müssen durch Schnur zusammengeheftet und die Enden des Fadens durch das Siegel verbunden werden; dies ist alter Gerichtsgebrauch.

[114]) Besondere Verfassungen der einzelnen Gerichte giebt es bereits seit der

Dritter Titel.

Von dem Verfahren bei Aufnehmung und Bestätigung der Verträge und anderer Verhandlungen unter Lebendigen.[1])

Anh. §. 424. Bei der Veräußerung der den Stadtgemeinen zugehörigen Grundstücke ist die Vorschrift der Städte-Ordnung vom 19. November 1808. §. 189. zu befolgen.[2])

Anh. §. 425. Wenn Verträge über Grundstücke geschlossen werden, wobei sich Bergwerke befinden; so muß die Verhandlung jedesmal auf die Bergwerke ausdrücklich mit gerichtet und die Kontrahenten müssen wegen der erforderlichen Verlautbarung bei dem Bergamte gehörig belehrt werden.[3])

Anh. §. 426. Justizkommissarien oder andere Justizbediente, welche bei Schließung von Kaufkontrakten oder auch nur Punktationen über Grundstücke und bei der darauf erfolgenden Naturalübergabe zugezogen werden, müssen bei 10 bis 50 Rthlr. dafür haften, daß von den Kontrahenten das abgeschlossene Geschäft binnen 14 Tagen nach erfolgter Naturalübergabe bei der Hypothekenbehörde angezeigt werde.[4])

Organisation von 1849 nicht mehr (s. o. S. 16 ff). Innerhalb der letzteren geschah bei allen Reinschriften die Unterzeichnung durch den Vorsitzenden allein. Geschäftsregulativ v. 18. 7. 1850 § 11 Abs. 3 u. v. 17. 9. 1850 § 15 Abs. 4. So wird es bei den Kollegialgerichten auch jetzt zu halten sein. Bei amtsgerichtlichen Akten unterzeichnet der Amtsrichter. — Wegen Leserlichkeit der Unterschriften s. Anm. 91.

[1]) Wegen Anwendung dieses Titels auf Erbverträge vgl. A. G. O. II 4 § 15.

[2]) Der citirte § 189 bestimmte für die Veräußerung städtischer Grundstücke besondere Kautelen (vgl. unten bei der freiwilligen Subhastation Abschn. III Nr. 6 Anm. 22) und machte jeden, der in Ermangelung der bezüglichen Erfordernisse bei der Veräußerung mitwirkte, dafür verantwortlich. Den jetzt geltenden Städteordnungen v. 30. 5. 1853 u. 19. 3. 1856 ist eine entsprechende Vorschrift unbekannt.

[3]) Die Verlautbarung bei dem Bergamte beruhte auf A. G. O. II 1 § 3, verbunden mit dem Umstande, daß die Bergbehörden die Hypothekenbuchführung für die Bergwerke besorgten (vgl. oben S. 6). Sowohl die letztere Einrichtung als die Verlautbarung vor dem Richter der Sache sind jetzt beseitigt; vgl. oben S. 24 u. zu § 3 a. a. O. Anm. 5. Gegenwärtig bilden die Veräußerung des Grund und Bodens und die des Bergwerkseigenthums völlig verschiedene Rechtsgeschäfte (Allgem. Berggesetz v. 24. 6. 1865 §§ 50. 52, E. E. G. §§ 68. 69, G. B. O. §§ 6. 9. 17). Damit ist auch der erste Theil des § 425 wegen Mitbeziehung der Verhandlung auf die Bergwerke beseitigt.

[4]) Der Anh. 426, dessen Quelle das Patent v. 16. 10. 1797 (Rabe 4 S. 322) ist, beruht auf dem landrechtlichen Immobiliarrecht, wonach das Eigenthum an Grundstücken durch den obligatorischen Vertrag in Verbindung mit der Naturalübergabe erworben wurde, die Hypothekenbehörde aber den Erwerber zur Eintragung seines Eigenthums („Berichtigung des Besitztitels") zwangsweise anzuhalten hatte (A. L. R. I 10 §§ 1. 12—14; A. Hyp. O. Tit. II §§ 49 ff.). Obwohl der Berichtigungszwang durch die K. O. v. 31. 10 1831 (zum Theil auch schon früher) suspendirt worden ist, blieb der § 426 bestehen, weil er noch nebenher dem Zwecke diente, weitere Verfügungen Seitens des bisherigen Eigenthümers beim Hypothekenbuche zu verhüten. Seit dem E. E. G. (§ 1) findet indessen ein Eigenthumswechsel durch Vertrag und Uebergabe überhaupt nicht mehr statt; damit ist § 426 beseitigt. Ausf.Verf. zu § 40 G. B. O. v. 2. 9. 1872 (J. M. Bl. S. 178) Art. 14.

§ 1. Verträge werden entweder vor Gerichten geschlossen und aufgenommen, oder sie werden denselben nur zur Bestätigung eingereicht.[5])

I. Aufnehmung der Verträge. Was dabei zu beobachten.

§ 2. Bei der gerichtlichen Aufnehmung eines Vertrages müssen zuvörderst die allgemeinen Anweisungen des vorher gehenden Titels genau beobachtet werden.

A. In Ansehung der Person der Kontrahenten, besonders

§ 3. Wenn besonders der eine oder der andere kontrahirende Theil mit einem Naturfehler behaftet ist, wodurch derselbe zwar zum Kontrahiren noch nicht ganz unfähig wird, dennoch aber die Deutlichkeit und Gewißheit in seinen Willensäußerungen zweifelhaft werden könnte; so muß der Richter vorzügliche Mühe anwenden, um nicht nur sich selbst von der wahren Intention einer solchen Partei vollkommen zu überzeugen, sondern auch zu verhüten, daß die Gültigkeit oder der Sinn des Vertrages nicht etwa in der Folge, unter dem Vorwande dieses Mangels einer deutlichen oder gewissen Willensäußerung, angefochten werden möge.

a) bei Tauben;

§ 4. Wenn ein Tauber einen Kontrakt schließen will, so muß der Richter die Vorschläge und Erklärungen des andern Kontrahenten, so wie die Fragen, die Er selbst an ihn ergehen zu lassen, und die Bedeutungen, die er ihm zu thun nöthig findet, von Wort zu Wort niederschreiben, und ihm zum Lesen vorlegen;[6]) und eben so seine Antworten und Gegenerklärungen wörtlich niederschreiben: also, daß die mündlichen Unterhandlungen und Traktaten, von denen in gewöhnlichen Fällen nur die Resultate zum Protokolle genommen zu werden pflegen, demselben in einem solchen Falle in extenso einverleibt werden müssen. Das Protokoll selbst muß allemal, statt des gewöhnlichen Vorlesens, dem Tauben zum eigenen Durchlesen gegeben, und, daß solches geschehen, von ihm bei seiner Unterschrift ausdrücklich attestirt werden.[7])

---

[5]) Ueber eine fernere Form, die gerichtliche Anerkennung des Vertrages, s. A. G. O. I 125 § 10 (unten Abschn. III Nr. 2).

[6]) Kann die Partei nur Gedrucktes lesen, so wird die Anwendung druckähnlicher Schriftzüge empfohlen. R. v. 24. 6. 1802 (Rabe 7 S. 175). Ueber den Fall, daß sie gar nicht lesen und schreiben kann, s. Anm. 10.

[7]) Die Nichtbefolgung der §§ 4—6 hat zur Folge, daß der Akt keine öffentliche Urkunde darstellt; dagegen bleibt die abgegebene Erklärung als eine privatschriftliche gültig, wenn sie als solche bestehen kann. R. G. U. v. 26. 3. 1887 (R. u. K. 31 S. 899).

b) bei Stummen;

§ 5. Wenn ein Kontrahent stumm ist, so muß derselbe seine Vorschläge und Erklärungen, seine Aeußerungen auf die Anträge des andern Theils, und seine Antworten auf die Fragen und Bedeutungen des Richters, eigenhändig in das Protokoll niederschreiben.[8])

§ 6. Bei Personen, die taub und stumm zugleich sind, muß der Richter die Vorschriften beider vorher gehenden Paragraphen beobachten.

c) bei Taubstummen;

§ 7. Taubstumme (A. L. R. Th. II. Tit. XVIII. § 15 16.), die nicht schreiben und Geschriebenes lesen können, sind in der Regel nicht fähig, Verträge zu schließen, sondern müssen unter Vormundschaft genommen, und ihre Angelegenheiten durch ihre Vormünder besorgt werden.[9])

Wenn jedoch in besonderen Fällen behauptet wird, daß ein solcher Mensch,[10]) bei übrigens gehörig entwickelten Verstandeskräften, durch die Zeichensprache von dem, was man ihm zu wissen thun will, hinlänglich unterrichtet werden, und eben so seinen Willen, durch Zeichen, deutlich und verständlich genug äußern könne; der Fall aber so beschaffen ist, daß entweder die vorzunehmende gerichtliche Handlung durch den Vormund allein nicht vollzogen werden kann, sondern die eigene Mitwirkung der Partei selbst nothwendig erfordert wird;[11]) oder wenn bei der Sache dergestalt Gefahr im Verzuge ist, daß auf die förmliche Bevormundung damit nicht gewartet werden kann: so muß der Richter vor allen Dingen, im erstern Falle, den bestellten Vormund dennoch zuziehen; im letztern aber der Partei, welche noch nicht förmlich bevormundet ist, einen besondern Kurator zu der gegenwärtigen Handlung zuordnen.[12]) Sodann muß er wenigstens zwei von denjenigen Personen, die mit einem solchen Menschen täglich oder doch oft zusammen kommen und Umgang pflegen, bei der vor-

---

[8]) Ueber den Fall der Schreibensurkunde s. Anm. 10.

[9]) Ueber die Nothwendigkeit der Bevormundung entscheidet jetzt V. O. § 81 Nr. 3 mit A. L. R. I 5 § 24.

[10]) oder auch ein blos Tauber oder blos Stummer, welcher nicht schreiben und lesen kann. Für diese Personen mangelt es gleichfalls an einer Form der gerichtlichen Vertragsschließung; sie können andrerseits aber nicht ungünstiger gestellt sein als die Taubstummen.

[11]) z. B. ein Verlöbnißvertrag.

[12]) Der „Kurator" ist kein vom Vormundschaftsrichter zu bestellender Pfleger, sondern lediglich ein vom instrumentirenden Richter zuzuordnender Beistand. Die Bezeichnung „Kurator" beruht auf einem inkorrekten Sprachgebrauch; vgl. A. L. R. II 18 §§ 5. 54.

zunehmenden Handlung aber kein solches eigenes Interesse haben, welches ihre Glaubwürdigkeit zweifelhaft machen könnte, darüber: ob und woher sie wissen, daß derselbe durch Zeichen hinlänglich verständigt werden, und seinen Willen auf eben die Art mit Deutlichkeit und Gewißheit äußern könne, an Eides Statt, und mit dem Bedeuten, daß sie sich zur eidlichen Bestärkung ihrer Angaben, auf Erfordern, bereit halten müßten,[13]) vernehmen; hiernächst den Gemüthszustand einer solchen Partei überhaupt, und die Richtigkeit der Angaben von ihrer Fähigkeit, Zeichen zu verstehen, und sich durch Zeichen zu erklären, insonderheit, sorgfältig prüfen; sich davon, durch wiederholte Proben, so vollständig als möglich, überzeugen, und die dießfälligen Verhandlungen umständlich zum Protokolle niederschreiben lassen. Sodann muß zur Sache selbst geschritten, und es müssen dabei wenigstens zwei Personen, welche der mit der Partei zu redenden Zeichensprache mächtig und seiner Zeichen kundig sind, zugezogen werden. Unter diesen Dollmetschern kann auch der Vormund oder Kurator, wenn sonst die übrigen Erfordernisse bei ihm zutreffen, mit begriffen seyn;[14]) doch muß überhaupt der Richter die Vorsicht brauchen, daß er sich bald des einen, bald des andern bediene, um der Partei die Fragen vorzulegen, oder ihre Erklärungen einzuziehen. Am Schlusse des Protokolls muß der Inhalt desselben, so weit er die vorzunehmen gewesene Handlung selbst betrifft, der Partei durch den Weg der Zeichensprache nochmals vorgehalten, und ihre Genehmigung darüber auf eben die Art eingeholt werden. Das Protokoll aber müssen, außer den gewöhnlichen Unterschriften, auch diejenigen, durch deren Zeugniß der Richter sich von der hinlänglichen Fähigkeit der Partei versichert, und deren er sich bei dem Aktus als Dollmetscher bedient hat, mit unterzeichnen. Der Vormund oder Kurator muß, wenn er auch nicht als Dollmetscher mit gebraucht worden, dennoch bei der ganzen Verhandlung zugegen seyn, und statt der Partei das Protokoll unterschreiben.

d) bei Blinden;

§ 8. Wenn ein Blinder kontrahiren will,[15]) so muß der Richter sich besonders davon, daß derselbe die Person, mit welcher der Kontrakt geschlossen werden soll, wirklich kenne, und daß dabei kein Irrthum vorwalte, hinlänglich überzeugen; und wie er zu dieser Ueberzeugung gelangt sey, in dem Protokolle bemerken. Auf eben

---

[13]) Daraus folgt, daß erforderlichen Falles der instrumentirende Richter auch zur Beeidung befugt ist. Wegen der Eidesnorm s. II 6 § 8 Anm. 11.

[14]) Auch die Zeugen können zugleich als Dolmetscher fungiren.

[15]) Wegen Blinder, die zugleich taub sind, vgl. Koch-Jastrow, Muster 18 Anm. 1 (S. 225).

die Art muß der Richter, wenn Gegenstände vorkommen, die gewöhnlich nur durch den Sinn des Gesichts erkannt werden, sich versichern, daß, und auf welchem andern Wege, der Blinde davon die zu einer gewissen Willenserklärung nöthige Kenntniß erlangt habe; und wie dieß geschehen, ebenfalls niederschreiben lassen. Uebrigens muß dem Blinden zu der ganzen Verhandlung ein Beistand zugeordnet werden,[16]) durch welchen ihm am Ende das Protokoll vorgelesen wird, und der dasselbe an seiner Statt unterzeichnet.

e) bei Leuten, die zuweilen ihres Verstandes nicht mächtig sind.

§ 9. Personen, die auch nur zuweilen, und mit gewissen Abwechselungen, an einer Abwesenheit des Verstandes leiden, müssen in der Regel zu Schließung lästiger Verträge nicht zugelassen, sondern unter Vormundschaft gesetzt werden.[17]) Wenn aber besondere Fälle vorkommen, wo eine solche Person in einem lichten Zwischenraume einen Vertrag schließen soll, und die Sache dergestalt dringend ist, daß die förmliche Bevormundung, ohne ihren eigenen Nachtheil, nicht abgewartet werden kann; so muß der Richter sich auf das vollständigste, allenfalls unter Zuziehung eines Arztes,[18]) überzeugen, daß der Kontrahent jetzt wirklich in einem solchen lichten Zwischenraume stehe, und daß seine Verstandeskräfte in sich noch ungeschwächt genug sind, um seine Handlungen und deren Folgen gehörig überlegen zu können. Sodann muß er diesem Kontrahenten zu dem Aktus selbst einen Beistand zuordnen, und bei der Vollziehung der Handlung die Vorschriften des zweiten Titels §. 27. 28., wegen der einer solchen Partei zu ertheilenden Belehrungen und Bedeutungen, mit vorzüglicher Sorgfalt beobachten; das Protokoll aber so umständlich fassen, daß aus selbigem die Ueberzeugung, wasmaaßen der Aktus wirklich in einem lichten Zwischenraume vorgenommen und vollzogen worden ist, zu allen Zeiten entnommen werden könne.

Sollte übrigens das Geschäft, vor gänzlicher Abschließung und Vollziehung des Protokolls, durch einen wiederholten Anfall der Gemüthskrankheit eines solchen Kontrahenten unterbrochen werden; so sind nicht nur alle bis dahin vorgefallene Verhandlungen, wie sich schon von selbst versteht, unverbindlich, sondern sie werden auch als gar nicht vorgefallen angesehen; und muß daher der Aktus, wenn er nach erfolgter Wiederherstellung des Kontrahenten dennoch vor sich gehen soll, nicht bloß da, wo er das erste Mal unterbrochen worden, wieder aufgenommen, sondern ganz von vorn angefangen werden.

---

[16]) Vgl. A. L. R. II 18 §§ 5. 51—55. Die Beistände sind durch die V. O. nicht berührt worden.

[17]) Für die Nothwendigkeit der Bevormundung ist jetzt § 81 Nr. 1 V. O. maßgebend.

[18]) Eine Vereidung des Arztes als Sachverständiger ist nicht vorgesehen.

B) In Ansehung des Inhalts[19]; besonders

§ 10. Bei den verschiedenen Arten der Kontrakte muß der Richter, vor welchem sie geschlossen werden sollen, darauf sehen, daß dasjenige, was die Gesetze nach der Natur eines jeden Kontrakts, zur Gültigkeit und Vollständigkeit desselben erfordern, genau beobachtet; und daß besonders den Streitigkeiten und Prozessen, die bei der Erfüllung desselben entstehen könnten, durch deutliche und bestimmte Verabredungen der Kontrahenten nach Möglichkeit vorgebeugt werde. Der Richter muß sich daher die gesetzlichen Vorschriften über die Natur, Erfordernisse und Wirkungen eines jeden Kontrakts, und über die Ausflüchte, welche wider die Erfüllung desselben gemacht zu werden pflegen, stets gegenwärtig erhalten, und durch richtige zweckmäßige Anwendung einer gründlichen Rechtstheorie, dem Haupttheile seiner Obliegenheit, welcher in Verhütung künftiger Prozesse besteht, ein Genüge zu leisten, sich angelegen seyn lassen.

1) bei Kaufkontrakten,

§ 11. Besonders muß bei Kauf- und anderen Veräußerungskontrakten, über Grundstücke und Gerechtigkeiten,[20] der Richter sich von dem zu verkaufenden Immobili einen Hypothekenschein[21] vorlegen lassen,[22] um daraus zu entnehmen: ob der Verkäufer seinen Besitztitel gehörig berichtigt habe;[23] und ob aus der im Hypothekenbuche bemerkten Qualität des Grundstücks, oder aus den in der ersten und zweiten Rubrik des Hypothekenbuches eingetragenen Vermerken irgend etwas hervor gehe, wodurch die Befugniß des Verkäufers, über die Substanz der Sache solchergestalt zu dis-

---

[19]) Die folgenden §§ 10—20 sind ausschließlich instruktionell; die Gültigkeit des Geschäftes ist von ihrer Beobachtung nicht abhängig.

[20]) Diese Verträge haben zwar nicht mehr die Bedeutung wie nach A. L. R. (s. Anm. 4); gleichwohl gilt § 11 auch jetzt noch für die Aufnahme des obligatorischen Veräußerungsvertrages. Auf die Auflassung findet § 11 dagegen keine Anwendung.

[21]) Ausdruck der A. Hyp. O. (Tit. II §§ 301 ff.), statt dessen man jetzt sagt: „beglaubigte Abschrift des Grundbuchblattes oder Artikels" (G. B. O. § 120).

[22]) nämlich wenn die Kontrahenten einen solchen besitzen; eine Verweigerung der Vertragsaufnahme bis zur Beschaffung des Hypothekenscheines ist nicht vorgeschrieben. Wird übrigens das Grundbuch bei demselben Gerichte geführt, so sieht der Richter das letztere selbst oder die Grundakten ein.

[23]) s. Anm. 4. Der Umstand, daß dies nicht der Fall ist, berechtigt nicht zur Verweigerung der Vertragsaufnahme, sondern nur zu anderweiter Legitimationsprüfung nach Maßgabe des § 29 II 2; J. M. R. v. 20. 2. 1836 (Jahrb. 47 S. 331). Uebrigens können die Parteien bewußter Weise auch über Grundstücke kontrahiren, die dem Verkäufer nicht gehören; vgl. A. L. R. I 5 §§ 46 ff. I 11 § 139.

poniren, eingeschränkt werde.[24]) Kommt nach Provinzialgesetzen, oder bei dem Gerichte bekannnten Verträgen, oder anderen Dispositionen, irgend jemandem ein Vorkaufs- oder Näherrecht[25]) zu; so muß der Richter sich erkundigen, und nachweisen lassen: ob diesen Berechtigten das Anbieten gehörig geschehen sey, ob, und wohin sich dieselben erklärt haben, und in wie fern, nach dieser Erklärung, das Geschäft mit dem Käufer gültig und zuverlässig abgeschlossen werden könne. Soll das Anbieten und die Aufforderung zur Ausübung des Vorkaufs- oder Näherrechts erst nach geschlossenem Kontrakte erfolgen, so muß der Richter die Vorschrift Tit. II. §. 23.[26]) genau beobachten, und darauf sehen, daß die dießfälligen Obliegenheiten des Verkäufers, die Frist, in welcher dieselben von ihm erfüllt werden müssen, die rechtlichen Folgen der unterbliebenen Erfüllung, und was Statt finden solle, wenn nach der Erklärung des Vorkaufsberechtigten der gegenwärtige Kontrakt außer Wirkung gesetzt würde, in dem Vertrage selbst, so genau und bestimmt als möglich, verabredet werden.

wegen Festsetzung des Kaufgeldes,

Bei Festsetzung des Kaufgeldes muß der Richter den Parteien die gesetzlichen Vorschriften, nach welchen der Käufer unter gewissen Umständen eine Verletzung über die Hälfte vorschützen kann,[27]) bekannt machen; und wenn der Käufer sich dieser Einwendung begeben will, demselben die rechtlichen Folgen einer solchen Verzicht ausdrücklich vorhalten.

wegen des Beilasses,

Besonders muß der Richter genau darauf sehen, daß bestimmt werde: ob der Käufer die Sache mit oder ohne Beilaß erhalten solle. Wenn Ersteres ist, und der Beilaß nach einem Inventario übergeben werden soll; so muß der Richter die Kontrahenten auffordern, dieses Inventarium dem Kontrakte beizufügen; und nur dann, wenn sie erklären, daß sie dieses nicht wollen, sich dabei beruhigen; die Weigerung aber und was die Parteien etwa sonst wegen dieses Punktes verabredet haben, in dem Protokolle ausdrücklich bemerken. Soll der Käufer die Sache in Ansehung des Beilasses, wie sie steht und liegt, übernehmen; so muß der Sinn

---

[24]) z. B. die Fideikommißeigenschaft des Grundstücks. Vormerkungen zur Erhaltung des Rechtes auf Auflassung hindern die Veräußerung nicht. R. G. v. 3. 10. 1881 (2 S. 110).

[25]) Die Näherrechte sind beseitigt. Ablösungsgesetz v. 2. 3. 1850 § 2 Nr. 6 u. § 4; wegen der Vorkaufsrechte vgl. E. E. G. § 12.

[26]) Es scheint § 27 gemeint zu sein. [27]) A. L. R. I 11 §§ 58—69.

und die gesetzliche Wirkung dieses Ausdrucks[28]) den Parteien gehörig erklärt werden.

wegen der Pertinenzstücke,

Gehören unbewegliche Pertinenzstücke zu der verkauften Sache,[29]) so muß der Richter darauf sehen: ob dieselben auf Ein Folium im Hypothekenbuche mit der Hauptsache eingetragen sind; oder ob sie ein besonderes Folium haben.[30]) Ist Ersteres, so muß er dafür sorgen, daß derselben in dem Kontrakte ausdrücklich, wenigstens relative auf den Hypothekenschein, gedacht werde. Ist Letzteres, so muß darüber entweder ein besonderer Kontrakt errichtet, oder doch in dem Hauptkontrakte bestimmt werden; wie viel von dem bewilligten Kaufgelde auf dieses Pertinenzstück zu rechnen sey.[31])

Eben so muß, in Ansehung der zu leistenden Gewähr,[32]) auf genaue und bestimmte Festsetzungen gedrungen werden: da die Erfahrung lehrt, daß besonders wegen der Gewährsmängel die weitläufigsten und kostbarsten Prozesse entstehen. Wenn also das Immobile nach einem Anschlage verkauft wird, so muß der Richter dafür sorgen, daß der zum Grunde gelegte Anschlag dem Kontrakte beigefügt werde; und daß dieser Anschlag so beschaffen sey, damit, bei entstehendem Streite, hinlänglich feste Grundsätze sowohl darüber: was zu gewähren, als darüber: wie bei eintretendem Eviktionsfalle die Entschädigung zu bestimmen sey, entnommen werden können. Nur dann, wenn die Parteien von dieser richterlichen Anweisung und Belehrung keinen Gebrauch machen zu wollen, sich ausdrücklich erklären, muß der Richter zwar weiter fortfahren, zugleich aber jene Weigerung, zu seiner eigenen künftigen Deckung in dem Protokolle gehörig bemerken.

wegen der Gewährsleistung,

Soll das Gut in Pausch und Bogen verkauft seyn, so ist den Parteien der Sinn und Umfang dieser Klausel gehörig zu erklären[33]) und ihnen bekannt zu machen: in wie fern dieselbe eine Verzicht auf die Gewährsleistung enthalte, und was, derselben ungeachtet, dennoch von dem Verkäufer zu vertreten seyn würde. Soll entweder auf alle und jede, oder auf gewisse Arten der Gewährsleistung Verzicht gethan werden; so muß der Richter den Käufer von der Wichtigkeit und den Folgen einer solchen Renunciation sattsam belehren, und ihm sowohl, als dem Verkäufer, bekannt machen: was für Gewährsmängel nach den Gesetzen entweder gar nicht entsagt werden

---

[28]) ebda. §§ 83—89. [29]) A. L. R. I 2 §§ 43 ff.

[30]) Vgl. jetzt G. B. O. § 5.

[31]) d. h. wenn die Kontrahenten sich hierzu bestimmen lassen; genöthigt können sie dazu nicht werden.

[32]) A. L. R. I 11 §§ 135 ff. [33]) A. L. R. I 11 §§ 83—89.

könne, oder bei welchen eine ausdrückliche und bestimmte Entsagung nöthig sey.[34])

wegen der eingetragenen Schulden,

Sind auf dem Grundstücke Schulden eingetragen, so muß der Richter den Käufer bedeuten, daß dieselben mit der Sache zugleich auf ihn übergehen. Werden dergleichen Schulden auf Rechnung des Kaufgeldes übernommen, so muß der Verkäufer erinnert werden, daß dadurch seine bisherige persönliche Verbindlichkeit gegen den Gläubiger nicht wegfalle; und es daher seine Sache sey, dafür zu sorgen, daß entweder der Käufer die übernommenen Schulden berichtige, oder die Erklärung der Gläubiger, ihn seiner persönlichen Verpflichtung entlassen zu wollen, herbei schaffe.[35]) Auch muß der Richter darauf sehen, daß die Parteien unter sich verabreden: ob ein Aufgebot des Grundstücks in Ansehung der unbekannten Realprätendenten veranlaßt werden; auf wessen Kosten es geschehen; ingleichen, ob, und wie viel von den Kaufgeldern, zur Sicherheit des Käufers, bis nach ergangener Präklusion stehen bleiben solle.[36])

wegen der Nebenverträge.

Sollen dem Kaufkontrakte Nebenverträge beigefügt werden, so muß der Richter dabei vorzüglich auf genaue bestimmte Fassung derselben Rücksicht nehmen. Insonderheit muß er, wenn ein Wiederkaufsrecht vorbehalten werden soll, bei Prüfung und Fassung der dießfälligen Verabredungen, mit genauer Sorgfalt und beständiger Rücksicht auf die Vorschriften des Landrechts Th. I. Tit. XI. §. 296—330 zu Werke gehen: damit eines Theils nicht Wucher und Uebervortheilungen hinter einem solchen Geschäfte versteckt,[37]) und andern Theils die Gelegenheiten und Veranlassungen zu Prozessen, welche bei künftiger Ausübung des Wiederkaufsrechts um so leichter entstehen können, je ein längerer Zeitraum etwa seit dem ersten Kaufe verstrichen ist, nach Möglichkeit verhütet werden.

---

[34]) A. L. R. I 11 §§ 137 ff.

[35]) Jetzt hat der Verkäufer noch das Recht der Bekanntmachung der Schuldübernahme an den Gläubiger mit der Wirkung des § 41 Abs. 2 des E. E. G. — Wegen der Grenzen der Verpflichtung des Richters, sich um die eingetragenen Schulden zu bekümmern s. Ob.-Tr. v. 23. 2. 1855 (Strieth. 17 S. 51).

[36]) Eine Abrede dieser Art kommt nur dann in Frage, wenn über ein in das Grundbuch nicht aufgenommenes Grundstück kontrahirt wird oder wenn das Eigenthum des Veräußerers nicht in das Grundbuch eingetragen ist und seine Legitimation sonst nicht vollständig geführt werden kann. G. B. O. § 135 Nr. 2. K. G. v. 6. 10. 1884 (5 S. 113). Dies war im Wesentlichen auch der frühere Rechtszustand. A. G. O. I 51 §§ 99. 100. K. O. v. 9. 5. 1839. G. v. 7. 3. 1845 (G. S. S. 160).

[37]) Inwiefern die §§ 321—326 I 11 durch die Reichsgesetzgebung über den Wucher berührt worden sind, vgl. Bierhaus bei Koch zu § 321 Anm. 26.

2) Bei Pachtkontrakten,

§ 12. Bei Aufnehmung von Pachtkontrakten über Landgüter muß der Richter sein Augenmerk vornehmlich darauf richten:

wegen des Beilasses;

1) daß, wenn das gepachtete Grundstück mit einem Beilasse übergeben werden soll, darüber eben so, wie bei Käufen, ein ordentliches und richtiges Inventarium aufgenommen, die Beilaßstücke taxirt, und das Inventarium dem Pachtkontrakte beigefügt werde, um dasselbe bei der künftigen Rückgewähr mit Zuverlässigkeit zum Grunde legen zu können.[38])

wegen der Gewährsleistung;

2) Wird die Pacht nach einem Anschlage geschlossen,[39]) so muß dieser Anschlag dem Kontrakte ebenfalls beigefügt werden; und der Richter muß, so wie bei Käufen, darauf sehen, daß der Anschlag zweckmäßig und bestimmt genug sey, um bei entstehendem Streite über Gewährsmängel hinlängliche Data darin zur Beurtheilung und Entscheidung anzutreffen. Wird in Pausch und Bogen gepachtet,[40]) so ist die Natur und der Umfang dieser Klausel, besonders dem Pächter, gehörig zu erklären, und da auch alsdann der Verpächter dennoch das gewöhnliche Zubehör des Guts gewähren muß, so ist dafür zu sorgen, daß wenigstens ein Verzeichniß der unbeweglichen mitverpachteten Pertinenzstücke, welche nicht etwa mit dem Hauptinbegriffe der Ländereien in einem Strich und Umkreise zusammen, sondern von demselben abgesondert liegen, dem Kontrakte beigefügt werde.

wegen der Remissionen;

3) Besonders muß, bei größeren und auf mehrere Jahre zu schließenden Verpachtungen, der Punkt wegen der Remissionen, wegen der Kriegsschäden, und wegen der sonst dem Pächter von dem Verpächter zu leistenden Vergütigungen, mit möglichster Sorgfalt bestimmt werden. Zu dem Ende muß der Richter den Kontrahenten die darüber vorhandenen Vorschriften der Gesetze bekannt machen;[41]) er muß von ihnen vernehmen: in wie fern sie dabei stehen bleiben, oder davon abgehen wollen; er muß die dießfälligen Verabredungen so genau und bestimmt als möglich zu fassen suchen, und dabei besonders darauf sehen, daß, wenn es in dem einen Stücke bei den Vorschriften der Gesetze gelassen, in dem andern aber davon abgegangen wird, daraus nicht Widersprüche, Dunkelheiten und Verwirrungen, welche zu den größten Weiterungen Anlaß geben

---

[38]) A. L. R. I 21 §§ 415 ff., 597 ff. [39]) ebda. §§ 294. 420 ff.
[40]) ebda. §§ 292 f. 409. 421. 432. [41]) ebda. §§ 478—596.

können, entstehen mögen. Wenn die Parteien sich bei diesen Punkten auf gewisse andere Festsetzungen, z. B. auf die bei den Königlichen Aemtern angenommenen Remissionsprincipia, beziehen wollen: so muß der Richter dieselben aufmerksam darauf machen; ob auch bei der Pachtung ein solcher Anschlag, wie bei den Königlichen Aemtern gewöhnlich ist, zum Grunde gelegt worden; damit nicht, wenn demnächst jene Principia auf einen bei dieser Pachtung vorkommenden Remissionsfall angewendet werden sollen, es an den zu einer solchen Anwendung nöthigen Datis und Voraussetzungen fehlen möge.

wegen der Pachtanticipationen;

4) Wenn der Pächter, wie oft zu geschehen pflegt, sich zu einer Vorausbezahlung der Pacht versteht, also, daß er z. B. in dem letzten Jahre, und bei seinem Abzuge, keine Pacht mehr zu entrichten habe; oder wenn er dem Verpächter eine baare Kaution bestellt, deren Betrag er sich successive, oder auch von der letzten Pacht, wieder inne behalten soll: so muß der Richter den Pächter bedeuten, daß durch ein solches Abkommen den zur Zeit des Kontrakts auf dem Gute schon eingetragenen Gläubigern ihr vorzügliches Recht, sich wegen ihrer Zinsen an die Früchte und Nutzungen des Guts zu halten, nicht entzogen werden könne; und was er wegen Vermerkung seines Kompensations- oder Innebehaltungsrechts im Hypothekenbuche, zu veranstalten habe, wenn er sich gegen die Ansprüche später einzutragender Gläubiger decken wolle.[42])

wegen der Onerum;

5) Auch wegen der Lasten, Abgaben und sonstigen Zahlungen, die nach allgemeinen oder Provinzialgesetzen ein Pächter auf Rechnung des Pachtzinses, oder noch außer und über denselben zu entrichten hat,[43]) muß den Parteien die nöthige Bedeutung geschehen, und alle Verabredungen, wodurch sie von diesen gesetzlichen Bestimmungen abweichen wollen, müssen deutlich und genau verzeichnet werden.

wegen des Abstandes;

6) Wenn das Recht des Verpächters nur an seine Person oder Lebenszeit, oder an gewisse Umstände und Begebenheiten, von denen man: ob und wann sie eintreten werden, nicht voraussehen kann,

---

[42]) Nr. 4 beruhte auf A. L. R. I 20 §§ 480. 481; jetzt gilt der entsprechende § 31 E. E. G., welcher indessen zwischen den bereits eingetragenen und den noch einzutragenden Hypothekengläubigern nicht unterscheidet. Ob danach die am Schlusse der Nr. 4 bemerkte Eintragung noch ferner wirksam ist, ist streitig; vgl. Turnau zu § 31 E. E. G. Anm. 1 (I S. 752).

[43]) A. L. R. I 21 §§ 288 ff., 413. 414.

gebunden ist, z. B. wenn er das Gut nur als Nießbraucher auf Lebenszeit besitzt, und also der Fall sich ereignen kann, daß der Pächter noch vor dem Ablaufe der kontraktmäßigen Zeit räumen muß; so sind auf diesen Fall besondere möglichst bestimmte Verabredungen über die Entschädigung zu treffen, welche der Pächter von dem Verpächter oder aus dessen Nachlasse erhalten soll.

wegen der Meliorationen.

7) Besonders sind dergleichen bestimmte Verabredungen nöthig, wenn der Pächter gewisse Verbesserungen in dem Gute zu machen übernommen hat.[44]) Dabei muß nicht nur der Umfang seiner Verbindlichkeit gehörig festgesetzt, sondern auch verabredet werden: was Statt finden solle, wenn der Pächter seiner übernommenen Obliegenheit nicht nachkäme, oder wenn er, mit oder ohne seine Schuld, unter der kontraktmäßigen Zeit von dem Gute abziehen müßte.

3) bei Darlehnsverträgen;

§ 13. Bei gerichtlich aufzunehmenden Dahrlehnskontrakten muß der Richter sich die möglichste Verhütung alles Wuchers, und aller Uebervortheilungen des Schuldners, besonders zum Augenmerk nehmen. Er muß sich daher genau erkundigen: ob und wie die Valuta berichtigt worden, oder noch berichtigt werden solle. Wird angezeigt, daß die Berichtigung der Valuta schon erfolgt sey, so muß er sich von dem Schuldner die Art, wie es geschehen, die Zeit und den Ort bestimmt angeben lassen;[45]) ihn gehörig bedeuten, welche nachtheiligen Folgen ein dergleichen wiederholtes gerichtliches Empfangsbekenntniß, wenn es der Wahrheit nicht gemäß seyn sollte, für ihn haben würde;[46]) und dieses alles in dem Protokolle gehörig niederschreiben lassen. Erfolgt die Zahlung der Valuta in seiner Gegenwart, so muß er auch dieses, mit Bemerkung der Münz- und Geldsorten,[47]) in das Protokoll eintragen, und dahin sehen, daß der Schuldner das hingelegte oder hingezählte Geld wirklich in seine Gewahrsam erhalte. Soll aber, wie bei Hypothekendarlehnen gewöhnlich ist, die Valuta erst nach geschehener Eintragung berichtigt werden; so muß der Richter dem Schuldner,

---

[44]) ebda. §§ 280 ff.

[45]) Die hier vorgeschriebene genaue Erkundigung beruhte auf der Wuchergesetzgebung des A. L. R., nach welcher die Frage, ob Wucher vorlag, sich ziffermäßig berechnen ließ. A. L. R. I 11 §§ 804 ff., II 20 § 1271. Diese Vorschriften sind durch das Bundesgesetz v. 14. 11. 1867 beseitigt. Das gegenwärtig geltende Reichsgesetz vom 24. 5. 1880 macht die Strafbarkeit des Wuchers nicht von der Ueberschreitung eines bestimmten Zinssatzes, sondern von moralischen Kriterien allgemeiner Art abhängig. Danach hat die richterliche Erkundigung jetzt nur einzutreten, insoweit dieses im einzelnen Falle zur Verhütung strafbarer Geschäfte erforderlich erscheint (§ 30 II 2).

[46]) A. L. R. I 11 §§ 732 ff.

[47]) Hierzu: Reichsmünzgesetze v. 4. 12. 1871 u. 9. 7. 1873.

auf den Grund der Hypothekenordnung, eröffnen, was er zu thun, und was er zu seiner Sicherheit bei dem Hypothekenbuche zu beobachten habe, wenn der Gläubiger mit der Berichtigung der Valuta, wider Verhoffen, zurück bleiben sollte.[48])

4) bei antichretischen Pfandkontrakten;

§. 14. Soll dem Gläubiger, zur Sicherheit eines Darlehns, oder einer andern Forderung, ein nutzbares Pfandrecht auf ein Grundstück eingeräumt werden; so muß der Richter die Vorschriften der Gesetze, wegen Verhütung des bei solchen Geschäften sehr oft versteckt liegenden Wuchers, sorgfältig beobachten. (A.L.R. Th. I. Tit. XX. §. 228 u. f.)[49]) Er muß sich also von dem Ertrage des zu verpfändenden Gutes, und dessen Zu- oder Unzuverlässigkeit, glaubwürdige Nachrichten so weit zu verschaffen suchen, als es nöthig ist, um die Gesetzmäßigkeit des Verhältnisses zwischen dem Ertrage, und den verabredeten zulässigen Zinsen zu beurtheilen. Auch müssen in einem solchen Kontrakte die Verhältnisse des Pfandinhabers, wegen der mit oder ohne sein Zuthun an der Substanz sich ereignenden Verbesserungen, oder Verschlimmerungen, ingleichen seine Obliegenheiten wegen Konservation der Substanz, und der darauf zu verwendenden Kosten,[50]) mit Sorgfalt bestimmt werden.

5) bei Vollmachten;

§. 15. Wenn eine Vollmacht gerichtlich aufgenommen werden soll, so muß der Richter, wenn besonders von einer Generalvollmacht die Rede ist, sich darnach erkundigen: ob und zu welcher von denjenigen Handlungen, wobei die Gesetze eine Specialvollmacht erfordern,[51]) der bestellte Mandatarius berechtigt seyn solle; damit dergleichen Handlungen in der Vollmacht selbst gehörig ausgedrückt werden können.[52]) Auch muß er nachfragen: ob und in wie fern der Bevollmächtigte[53]) einen Substituten zu bestellen das Recht ha-

---

[48]) Der letzte Absatz bezog sich auf die §§ 738. 739 I 11 u. §§ 424. 425 I 20 A. L. R. u. §§ 175—181 Tit. II A. Hyp. O. und ist mit diesen Vorschriften durch das E. G. G. und die G. B. O. beseitigt. Ob.-Tr. v. 2. 4. 1875 (75 S. 197; Strieth. 93 S. 305).

[49]) Dieser und der folgende Satz beruhten auf den landrechtlichen Vorschriften über das Zinsmaximum und über die gerichtliche Bestätigung des antichretischen Pfandvertrages; beide Institute sind durch die Reichsgesetzgebung (s. Anm. 45) beseitigt; vgl. Koch-Jastrow S. 316 Anm. 1. Damit sind die beiden ersten Sätze des § 14 aufgehoben; der dritte Satz gilt fort.

[50]) Vgl. A. L. R. I 20 §§ 239 ff.

[51]) A. L. R. I 13 §§ 99 ff.

[52]) Die bloße Bezugnahme auf das A. L. R. a. a. O. genügt nicht. J. M. R. v. 30. 4. 1819 bei v. Rönne Erg. z. A. G. O. zu § 15 Zus. 2.

[53]) Der Name desselben muß in der Vollmacht genannt sein. Vollmachten mit Offenhaltung dieses Namens können nicht aufgenommen werden. Soll die Auswahl des Bevollmächtigten einem Dritten überlassen werden, so ist dieser selbst zum Bevollmächtigten mit Substitutionsbefugniß zu bestellen. J. M. R. v. 29. 9. 1835 bei v. Rönne a. a. O. Zus. 3.

ben solle. Wie bei Aufnehmung der Vollmachten von Korporationen und Gemeinen zu verfahren sey, ist im Ersten Theile Tit. III. §. 39 u. f. vorgeschrieben.[54])

6) bei Bürgschaften;

§. 16a. Die Aufnehmung von Bürgschaften erfordert von Seiten des Richters vorzügliche Sorgfalt und Vorsicht. Er muß daher besonders nach der persönlichen Fähigkeit des sich angebenden Bürgen, einen solchen Kontrakt zu schließen, genaue Nachfrage halten, und wenn es eine Frauensperson, oder gar eine verheirathete Frau ist, die Vorschriften der Gesetze wegen der Vorhaltung und Verwarnung, die ihr geschehen muß, pünktlich befolgen. (A. L. R. Th. I. Tit. XIV. §. 221 u. f. Th. II. Tit. I. §. 341 u. f.)[55]) Außerdem muß er sowohl dem Bürgen, als demjenigen, welchem durch die Bürgschaft Sicherheit geleistet werden soll, die verschiedenen Einwendungen und Rechtswohlthaten, welche die Gesetze einem Bürgen gestatten,[56]) bekannt machen; und wenn denselben entsagt werden soll, den Entsagenden über die rechtlichen Folgen davon deutlich belehren.

§ 16b. Wenn eine Frau sich für ihren Ehemann verbürgen will, und also ein rechtskundiger Beistand zugezogen werden soll.[57]) an dem Orte aber, wo das Gericht seinen Sitz hat, kein Rechtsverständiger, der dieß Geschäft übernehmen könnte, vorhanden ist: so kann auch ein anderer verständiger, erfahrener, und in den Geschäften des bürgerlichen Lebens nicht ungeübter Mann als Beistand der Frau zugelassen werden. Der Richter muß aber, so wie überhaupt, also besonders in diesem Falle, dahin sehen, daß die Zuziehung eines solchen Assistenten nicht in eine bloße Formalität ausarte; vielmehr derselbe, dem Zwecke der Zuordnung gemäß, sich überzeuge, daß die Frau eine solche Bürgschaft, ohne Zwang und Ueberlistung, freiwillig, und mit hinlänglicher Kenntniß der Sache und ihrer Folgen, übernehme.

7) bei Schenkungen;

§ 17. Da der Grund, warum nach gesetzlichen Vorschriften[58]) alle Schenkungen, wenn sie verbindliche und unwiderrufliche Kraft haben sollen, gerichtlich geschehen müssen, darin besteht, damit Leichtsinn und unbesonnene Uebereilungen möglichst verhütet werden, so muß der Richter bei Aufnehmung eines Schenkungsvertrages diesen Gesichtspunkt besonders vor Augen haben. Wenn er nach den ihm bekannten persönlichen Familien- und Vermögensumständen

---

[54]) Die besonderen Vorschriften über die Aufnahme von (Prozeß-) Vollmachten der Stadt- und Dorfgemeinden (§§ 40—43 I 3) sind beseitigt und zwar für Stadtgemeinden durch Anh. § 47 zu § 40 I 3 und für Landgemeinden durch das G. v. 14. 4. 1856 § 10 Nr. 3; für Westfalen s. Landgemeinde-Ordnung v. 19. 3. 1856 § 65.

[55]) Die citirten Vorschriften sind aufgehoben. G. v. 1. 12. 1869.

[56]) A. L. R. I 14 §§ 283 ff.

[57]) nämlich gemäß § 343 II 1 A. L. R.; dieser Paragraph ist aufgehoben (s. Anm. 55) und damit der § 16b gleichfalls beseitigt.

[58]) A. L. R. I 11 §§ 1063 ff.; s. aber auch §§ 1046 ff. u. § 1173.

des Geschenkgebers, in Vergleichung mit den Verhältnissen, in welchen sich derselbe gegen den Geschenknehmer befindet, oder mit den Bewegungsgründen, welche der Erstere zu seiner vorhabenden Freigebigkeit anführt, in seinem Gewissen Grund findet, zu besorgen, daß diese Freigebigkeit eine bloße Verschwendung sey, daß sie dem Geschenkgeber durch listige Kunstgriffe und Schmeicheleien abgelockt worden; daß derselbe sich dadurch außer Stand setzen dürfte, seinen Pflichten gegen die Seinigen ein Genüge zu leisten; oder daß die Schenkung gar zur Verkürzung der Rechte eines Dritten, z. B. der Gläubiger des Geschenkgebers, abzielen möchte:[59]) so muß er dergleichen Bedenklichkeiten dem Geschenkgeber ohne Rückhalt eröffnen, und die allgemeine Vorschrift Tit. II. §. 30. gewissenhaft befolgen, jedoch auch hier mit Vorsicht und Behutsamkeit zu Werke gehen, damit er seinen Rath und seine Meinung der Partei, gegen ihre eigene Einsicht und Ueberzeugung, nicht aufdringe, und sich dadurch einer Uebertretung der Vorschrift Tit. II. §. 33. schuldig mache.

Wenn dem Einwande, daß das Geschenk übermäßig sey, entsagt, oder das Geschäft als eine belohnende Schenkung aufgenommen werden soll; so sind die Vorschriften des Landrechts Th. I. Tit. XI. §. 1094. 1095. und §. 1173. gehörig zu beobachten.

8) bei Ehepakten;

§ 18. Sollen Ehepakten errichtet, und dadurch Veränderungen in den gesetzlichen Bestimmungen, wegen des eingebrachten und vorbehaltenen Vermögens der Frau, vorgenommen werden; so muß der Richter dafür sorgen,[60]) daß diese Verabredungen, in so fern sie Grundstücke oder Kapitalien betreffen, in Ansehung der ersteren im Hypothekenbuche bemerkt,[61]) in Ansehung der letzteren aber durch Umschreibung des Schuldinstruments, oder Vermerkung auf demselben,[62]) und Bekanntmachung an den Schuldner,[63]) zur Wissenschaft

---

[59]) Vgl. Konk.-O. § 25; Reichsanfechtungsgesetz v. 21. 7. 1879 § 3 Nr. 3 u. 4.

[60]) „dafür sorgen". Darunter ist nach der Verschiedenheit der Fälle Verschiedenes verstanden, s. Anm. 61—63.

[61]) Bezügliche Eintragungen in das Grundbuch können nicht von Amts wegen erfolgen G. B. O. § 30. Dies galt als Regel schon zur Zeit der A. G. O. (A. Hyp.-O. Tit. II §§ 79—83) und gilt jetzt ausnahmslos. Der Richter kann daher nur die Interessenten zu bezüglichen Anträgen veranlassen.

[62]) Diesen Vermerk bewirkt der Richter, sofern ihm die Parteien die Urkunde vorlegen; eine Zwangspflicht zur Vorlegung besteht aber nicht. — Bei Hypotheken wird übrigens auf Eintragung im Grundbuch zu sehen sein.

[63]) Darunter ist zu verstehen, daß der Richter diese Bekanntmachung erlassen soll; hieran ist nichts geändert, obwohl die Interessenten jetzt befugt sind, die gerichtliche Bekanntmachung selbst zu betreiben. A. G. z. C. P. O. § 1 a. E. Häufig werden Ehepakten übrigens betreffs des gesammten Vermögens der Frau geschlossen; daß in einem solchen Falle der Richter auf Spezifizirung dieses

eines jeden, dem daran gelegen ist, gebracht; solchergestalt aber allen Irrungen oder Verleitungen des Publici möglichst vorgebeugt werde. Wird in den Ehepakten zugleich die künftige Succession der Eheleute bestimmt, so muß der Richter darauf sehen, daß diese Bestimmung auf beide Fälle, wenn bei dem Absterben des einen Ehegatten Nachkommen aus dieser Ehe vorhanden seyn sollten, oder nicht, mit der nöthigen Deutlichkeit gerichtet werde. Soll die überlebende Frau nach einem solchen Vertrage weniger erhalten, als ihr nach den Gesetzen gebühren würde; so muß der Richter vorzüglich aufmerksam seyn, daß nicht etwa die Frau, aus bloßem Leichtsinn, Schwäche, und Mangel an Ueberlegung, zu einem solchen ihr nachtheiligen Uebereinkommen verleitet seyn möge. Eben diese Vorschrift muß auch alsdann beobachtet werden, wenn Ehepakten, die zum Vortheile der Frau gereichen, mit gegenseitiger Einwilligung beider Eheleute wieder aufgehoben werden sollen. (A. L. R. Th. II. Tit. I. §. 215. 216. 441. 442.)[64])

9) bei Verträgen über die Gütergemeinschaft;

§ 19. Wenn die Gemeinschaft der Güter unter Eheleuten durch Vertrag eingeführt werden soll, so muß der Richter nicht nur, in Ansehung der Form, die Vorschriften des Gesetzbuchs[65]) Th. II. Tit. I. §. 357. 358. gehörig befolgen, sondern auch dafür sorgen, daß in Ansehung der Grundstücke die nach den Gesetzen erforderliche Eintragung in das Hypothekenbuch erfolge.[66]) (Ebend. §. 365—369.)

Wird die Kommunion durch einen Vertrag ausgeschlossen, oder aufgehoben; so ist der Richter für die vorschriftsmäßige Bekanntmachung zu sorgen verbunden. (Ebend. §. 422—426.)[67])

Wird eine Gemeinschaft des Erwerbs errichtet, so muß der Richter die Eheleute, zur Aufnehmung des vorgeschriebenen Verzeichnisses über das von jeder Seite in die Kommunion gebrachte Vermögen, ausdrücklich anweisen. (Ebend. §. 397—399.)

Vermögens zum Zweck weiterer Maßnahmen zu bringen habe, ist nicht vorgeschrieben.

[64]) Vgl. auch A. L. R. II 1 §§ 200. 201.

[65]) Darunter ist das A. L. R. verstanden, welches ursprünglich unter dem Titel „Allgemeines Gesetzbuch für die Preußischen Staaten" publizirt worden war.

[66]) s. Anm. 60. 61.

[67]) jetzt nur dann, wenn der instrumentirende Richter zugleich für die Bekanntmachung zuständig ist; s. G. v. 20. 3. 1837 §§ 2. 4 (unten Abschn. IV Nr. 3). Andernfalls hat derselbe nur auf die Stellung sachgemäßer Anträge hinzuwirken. — Vgl. übrigens noch, falls eines der Eheleute zu den Kaufleuten gehört, Preuß. E. G. z. H. G. B. Art. 20.

10) bei anderen Arten von Verträgen.

§ 20. Da übrigens hier nicht alle Arten der Kontrakte aufgezählt werden können, so werden die Gerichte nochmals erinnert, so oft Parteien zur Errichtung von Verträgen einer gewissen Art bei ihnen sich melden, sich die gesetzlichen Vorschriften darüber stets gegenwärtig zu erhalten, und mit möglichster Sorgfalt darauf zu sehen, daß durch deutliche, bestimmte und vollständige Fassung künftigen Ungewißheiten und Irrungen möglichst vorgebeugt werde.

II. Konfirmation von Verträgen.[68])

§ 21. Obige Vorschriften, §. 2—20., betreffen hauptsächlich den Fall, wenn ein Kontrakt gerichtlich aufgenommen und geschlossen werden soll.

Wenn aber ein schon errichteter Kontrakt bloß zur gerichtlichen Konfirmation übergeben wird, so ist wiederum ein Unterschied zu machen: ob derselbe bloß außergerichtlich, oder ob er vor einem andern Gerichte, oder doch vor einem Justizkommissario und Notario[69]) geschlossen worden sey.

a) Wenn der Vertrag nur außergerichtlich, oder

§ 22. Ist der zur Bestätigung eingereichte Kontrakt bloß außergerichtlich geschlossen, so muß der Richter den Inhalt desselben, nach den Vorschriften Tit. II. und Tit. III. §. 2—20., gehörig prüfen, und beurtheilen: ob sowohl in Ansehung der persönlichen Fähigkeit der Kontrahenten, als in Ansehung des Gegenstandes, oder der Deutlichkeit, Bestimmtheit und Vollständigkeit der Verabredungen, ein Be-

---

[68]) Unter der „gerichtlichen Bestätigung“ versteht das A. L. R. zwei von einander völlig verschiedene Institute: nämlich einmal die sog. Konfirmation, welche, obwohl gesetzlich nicht erforderlich, von den Parteien freiwillig nachgesucht und vom Richter nach feierlicher Verlautbarung des Vertrages als ein bloßer Formalakt ertheilt wird (A. L. R I 5 §§ 200 ff.), andererseits die für einzelne spezielle Geschäfte, z. B. den Adoptions- und Einkindschaftsvertrag, die Familienstiftung u. A. zur Perfektion gesetzlich vorgeschriebene Bestätigung des Richters (A. L. R. II 2 §§ 667. 721 II 4 § 29 u. A.). Die §§ 21 ff. des Textes beziehen sich, wie namentlich § 23 erkennen läßt, auf die erstgedachte Art der Bestätigung. Ob dieses Institut gegenwärtig noch fortbesteht, ist streitig; die einzige materielle Wirkung desselben war allerdings eine prozessuale Beschränkung der Einwendungen gegen den gerichtlich bestätigten Vertrag (A. L. R. I 5 § 203), und diese Vorschrift ist durch die C. P. O. (E. G. § 14) beseitigt. Allein wenn danach ein materieller Zweck der gerichtlichen Bestätigung auch nicht mehr ersichtlich ist, so ist das Institut doch noch nicht formell beseitigt. Gl. M. Basch; für Aufhebung: Foerster-Eccius I § 80 S. 482 u. Bierhaus. — Uebrigens ist die Nachsuchung dieser Art der Bestätigung schon seit langer Zeit völlig ungebräuchlich.

[69]) d. h. jetzt vor einem Notar, s. III 7 § 9 Anm. 7.

denken obwalte. Findet sich kein dergleichen Bedenken, und ist der Kontrakt nicht etwa von der Art, daß die gerichtliche Abschließung zu seiner Gültigkeit nothwendig ist; so wird bloß ein Termin auf einen der gewöhnlichen Gerichtstage anberaumt, und die Parteien werden dazu vorgeladen, um in diesem Termine persönlich, oder durch gehörig legitimirte Bevollmächtigte, ihre Unterschrift zu rekognosciren; sich zu dem Inhalte desselben zu bekennen, und dessen Festhaltung wiederholt anzugeloben. Ist dieß geschehen, so kann alsdann die Konfirmation ohne weitern Anstand ausgefertigt werden. Ist aber der Kontrakt von der Art, daß er nothwendig gerichtlich abgeschlossen werden muß, und [70]) findet der Richter bei Prüfung des eingereichten Privatkontrakts noch Bedenklichkeiten; so muß mit vorläufiger und specieller Eröffnung derselben ein Termin vor einem Deputirten des Gerichts [71]) anberaumt werden, welchen die Parteien in der Regel persönlich abwarten müssen, und wo mit vollständiger Aufnehmung des Kontrakts verfahren, oder die Hebung der obgewalteten Bedenklichkeiten gehörig bewirkt werden muß. Ob wegen der Zusätze oder Abänderungen, welche hieraus bei dem ursprünglichen Privatkontrakte entstehen, mit gänzlicher Beiseitesetzung dieses letztern, ein neuer Kontrakt abzufassen, oder ob es hinreichend sey, diese Zusätze oder Abänderungen dem ursprünglichen Privatkontrakte, auf dem oder den Originalien desselben, durch einen Nachtrag beizufügen, bleibt der richterlichen Beurtheilung nach Bewandniß der Umstände vorbehalten.

Wenn der Kontrakt auf die eine oder die andere Art berichtigt ist, so muß darüber von den Parteien eben so, wie in dem vorher gehenden Falle, das feierliche Anerkenntniß durch den Deputirten abgenommen, und sodann die Konfirmation von dem Gerichte ertheilt werden.

b) wenn er gerichtlich geschlossen worden ist.

§ 23. Wenn hingegen der zur Konfirmation eingereichte Kontrakt selbst, entweder gerichtlich, oder doch vor einem Justizkommissario und Notario,[72]) geschlossen ist; so bedarf es, da das Gericht oder der Justizkommissarius, welche den Kontrakt aufgenommen haben, für die Beobachtung der Vorschriften sorgen müssen, keiner so genauen Prüfung desselben; sondern es ist genug, wenn nur keine in die Augen fallende Nullität oder Gesetzwidrigkeit darin bemerkt wird. Bei einem solchen Kontrakte würde es auch an sich einer Rekognition der Unterschriften eigentlich nicht bedürfen.

---

[70]) Statt „und“ muß es, wie offensichtlich ist, „oder“ heißen.

[71]) An Stelle des Deputirten tritt jetzt das Amtsgericht; s. II 2 § 1 Anm. 2.

[72]) s. Anm. 69.

Da inzwischen dem Geschäfte selbst, durch den Hinzutritt der gerichtlichen Bestätigung, ein höherer Grad von Festigkeit und Unverletzbarkeit nach der Absicht der Parteien ertheilt werden soll; so müssen, der mehreren Feierlichkeit wegen, die Parteien entweder in Person, oder durch gehörig legitimirte Bevollmächtigte, sich vor versammeltem Gerichte[73]) zu dem Kontrakte und dessen Inhalte nochmals ausdrücklich bekennen, und die Festhaltung angeloben; worauf sodann die Konfirmation ausgefertigt wird.

§ 24. Wie viel Exemplare von einem Kontrakte und dessen Konfirmation zu expediren sind, hängt von der Bestimmung der Parteien ab. Der Richter aber muß dafür sorgen, daß sämmtliche Exemplare genau mit einander übereinstimmen; und daß aus den Akten zu entnehmen sey, wie vielfach der Kontrakt ausgefertigt, und wem jedes Exemplar zugestellt worden.

III. Einseitige Actus inter vivos.

§ 25. Bei Aufnehmung einseitiger gerichtlicher Handlungen unter Lebendigen, z. B. von Quittungen, Entsagungen, Verzichten u. s. w., finden eben die Vorschriften, wie bei Aufnehmung der Kontrakte, Statt, mit dem aus der Sache selbst fließenden Unterschiede, daß, da der Richter es bei solchen Handlungen nur mit Einer Person zu thun hat, von jenen Vorschriften, die, welche das Verhältniß zwischen zwei oder mehreren Kontrahenten voraus setzen, von selbst hinweg fallen.[74])

IV. Gerichtliche Rekognitionen.

§ 26. Von der gerichtlichen Aufnehmung der Kontrakte und anderer Instrumente, ingleichen von der Konfirmation derselben, ist die vor Gericht erfolgende bloße Rekognition der Unterschriften[75]) unter einem bereits ausgestellten Instrumente verschieden. In einem solchen Falle ist der Richter nicht schuldig, um den Inhalt des Instruments, oder um die Legalität des dadurch vollzogenen Geschäfts, sich zu bekümmern; er muß vielmehr, wenn die Parteien es ausdrücklich verlangen, sich aller Einsicht des Instruments selbst gänzlich enthalten, und nur mit Vorzeigung der Unterschrift sich begnügen.

---

[73]) Vgl. II 2 § 1 Anm. 2.

[74]) Wegen Aufnahme der Wechselproteste s. o. S. 34 und W. O. Art. 88 bis 93; Preuß. E. G. z. W. O. § 4. Allg. Verf. v. 24. 7. 1876 (J. M. Bl. S. 142).

[75]) Wegen Anerkennung einer Urkunde dem Inhalt nach s. A. G. O. I 10 § 125 (unten Abschn. III Nr. 2).

[76]) In allen dergleichen Fällen einer bloßen gerichtlichen Rekognition nimmt daher der Richter nur über die Erklärung der Parteien, daß sie die unter dem Instrumente befindliche Unterschrift als die ihrige anerkennen,[77]) ein Protokoll auf, und vermerkt, mit Beziehung auf den Inhalt desselben, die geschehene Rekognition unter dem Instrumente selbst, durch eine Registratur, welche von ihm und dem Protokollführer, oder den Gerichtsschöppen,[77]) unterschrieben, und mit Beidrückung des Gerichtssiegels bekräftigt wird. Ist das Attest der geschehenen Rekognition selbst in der Form eines Protokolls abgefaßt, und mit den legalen Erfordernissen desselben versehen, so bedarf es außerdem keines besonderen Protokolls.

Ein solcher Aktus hat aber auch nur die rechtliche Wirkung, daß das Instrument nachher nicht mehr eidlich diffitirt werden kann. In allen übrigen Stücken erlangt dasselbe keineswegs die Eigenschaft und Wirksamkeit eines gerichtlichen Instruments.[78])

Anh. §. 427. Wenn in dem über die gerichtliche Rekognition ausgefertigten Atteste keine Erwähnung von dem darüber besonders aufgenommenen Protokolle geschehen ist, so zieht dieß gleichwohl die Richtigkeit des Rekognitionsaktes nicht nach sich.

---

[76]) Abs. 2 des § 26 sowie der Anh. § 427 sind — nachdem schon vorher für einzelne Fälle durch Spezialgesetze das Verfahren vereinfacht worden war — nunmehr ersetzt durch:

Gesetz, enthaltend Bestimmungen über das Notariat und über die gerichtliche und notarielle Beglaubigung von Unterschriften oder Handzeichen. Vom 15. Juli 1890. (G. S. S. 229.)

§ 8. Für die Beglaubigung von Unterschriften oder Handzeichen sind im ganzen Umfange der Monarchie die Amtsgerichte und Notare zuständig.

Die Beglaubigung darf nur erfolgen, wenn in Gegenwart des richterlichen Beamten oder Notars die Unterschrift beziehentlich das Handzeichen gefertigt oder vor denselben von dem Aussteller persönlich als von ihm gefertigt anerkannt worden ist.

Die Beglaubigung geschieht durch einen unter die Unterschrift oder das Handzeichen zu setzenden Vermerk des Inhalts, dass die vorstehende Unterschrift oder das vorstehende Handzeichen der nach Vor- und Zunamen, Wohnort und etwaigem Stand oder Gewerbe zu bezeichnenden Person beglaubigt werde. Dabei muss angegeben werden, ob die Beglaubigung auf Grund der vor dem beglaubigenden Beamten erfolgten Fertigung oder der vor demselben erfolgten Anerkennung geschieht.

Diesem Vermerk muss Ort und Datum der Ausstellung, sowie die Unterschrift des Gerichts oder Notars beigefügt, auch das Amtssiegel beigedrückt werden. Erfolgt die Beglaubigung durch einen Notar, so soll ausserdem die Nummer des Notariatsregisters, unter welcher die Beglaubigung eingetragen ist, angegeben und die Gebührenrechnung beigefügt werden.

Für die erforderliche Prüfung der Identität und der Geschäftsfähigkeit des Ausstellers ist der richterliche Beamte oder Notar verantwortlich.

Der Aufnahme eines Protokolls über die Beglaubigung bedarf es nicht.

Vgl. die Kommentirung dieser Vorschrift bei Koch-Jastrow S. 155—163.

[77]) Vgl. II 2 § 17 Anm. 43.

[78]) Die Frage wegen Zulässigkeit der eidlichen Diffession ist an sich eine prozessuale, und insoweit würde der vorletzte Satz des § 26 beseitigt sein (E. G. z. C. P. O. § 14). Die beiden letzten Sätze des § 26 haben aber zugleich

V. Vidimationen.[79])

§ 27. Wenn die Ausfertigung beglaubter Abschriften von schon vorhandenen Urkunden bei Gerichten nachgesucht wird, so muß die Gerichtsperson,[80]) welcher der Auftrag dazu geschieht,[81]) sowohl das Original als die Abschrift aufmerksam durchlesen, dieselben von Zeile zu Zeile sorgfältig mit einander vergleichen, und, bei richtigem Befunde, die Uebereinstimmung der Abschrift mit dem Originale unter der ersteren attestiren; auch wenn im Originale sichtbare Mängel, als Rasuren, Korrekturen, Interlineationen und dergleichen, befindlich sind, dieselben am Rande der Abschrift, oder unter ihr, durch eine umständliche Registratur genau bemerken.

Zu einer dergleichen bloßen Vidimation ist die Zuziehung eines Aktuarii oder Protokollführers, oder besonderer Gerichtsschöppen,[82]) nicht erforderlich, sondern die bloße Unterschrift derjenigen Gerichtsperson, welche die Vergleiche angestellt hat, und die Beidrückung des Gerichtssiegels, ist hinreichend.[83])

§ 28. Soll jedoch eine dergleichen vidimirte Abschrift die Stelle des Originals vertreten, und mit demselben gleiche Kraft haben, so ist es an einer bloßen Vidimation nicht in allen Fällen genug; sondern es kommt alsdann darauf an: ob das Instrument selbst bei eben dem Gerichte, wo die Vidimation geschehen soll, aufgenommen oder bestätigt worden; oder ob die Ausfertigung bei einem andern Gerichte geschehen; oder gar nur von einem bloßen

---

einen materiellen Inhalt: sie besagen nämlich, daß der Rekognitions- (jetzt Beglaubigungs-) Akt eine gerichtliche Urkunde insoweit darstellt, als es sich um die Echtheit der Unterschrift handelt, nicht aber darüber hinaus. Diese Normen gelten fort, weil sie eine über den Prozeß hinausgehende Bedeutung haben. Insbesondere folgt aus ihnen, daß die bloße Unterschriftsanerkennung da nicht genügt, wo gesetzlich die öffentliche Errichtung des Geschäftes selber gefordert wird. Im Uebrigen vgl. Koch-Jastrow zu § 8 a. a. O. Anm. 18 (S. 162).

[79]) Ueber das Verfahren vgl. außer den folgenden kurzen Bemerkungen Koch-Jastrow Not.-G. § 23 Anm. 4 u. 5. (S. 113) sowie Muster 19 ebda. S. 226.

[80]) d. i. der Richter, nicht der Gerichtsschreiber. J. M. R. v. 22. 4. 1835 (v. Rönne Erg. z. A. G. O. zu § 27); App.-Ger. Hamm v. 31. 1. 1877 (Johow 7 S. 298).

[81]) beruhte auf der früheren Kollegialverfassung; jetzt ist die Vidimation auf die Amtsgerichte übergegangen (s. o. S. 32 Nr. 12) und liegt dem nach der Geschäftsvertheilung dazu berufenen Amtsrichter ob.

[82]) Vgl. II 2 § 17 Anm. 43.

[83]) Die Hinzufügung von Ort und Zeit der Beglaubigung ist indessen allgemein üblich.

außergerichtlichen Privatinstrumente die Rede sey.[84]) Erstern Falls[85]) hat eine gerichtlich ausgefertigte vidimirte Abschrift mit dem Originale allerdings gleiche Kraft. Letztern Falls[86]) aber muß eine von den Parteien zu leistende und nach §. 26.[87]) aufzunehmende Rekognition ihrer Unterschriften vorher gehen. Wenn diese erfolgt, und in der unter die Abschrift zu setzenden Registratur sowohl die geschehene Rekognition des Originals, als die Uebereinstimmung der Abschrift mit selbigem attestirt, und diese Registratur von der Gerichtsperson, welche den Aktus vorgenommen hat, mit Zuziehung eines Aktuarii oder Protokollführers, oder der Gerichtsschöppen,[88]) unterschrieben und mit dem Gerichtssiegel bestärkt worden ist; so kann alsdann erst eine solche Abschrift die Stelle des Originals bei allen Gelegenheiten vertreten.[89])

VI. Renovationen.

§ 29.[90]) Wenn Urkunden, welche wegen Alters, oder durch andern Zufall schadhaft geworden sind, oder sonst unleserlich zu werden Gefahr laufen, mit der Wirkung erneuert werden sollen, daß die neue Ausfertigung in allen Stücken die Stelle des bisherigen Originals vertrete; so muß dieses mit Zuziehung aller derjenigen, die bei der Sache zu und dem Gegenstande der Urkunde ein bekanntes Interesse haben: z. B. bei Grenzrezessen mit Zuziehung sämmtlicher Grenznachbaren, bei Lehnsurkunden mit Zuziehung des Lehnsherrn und aller Mitglieder der belehnten Familie, geschehen. Diese müssen daher zu einer solchen Handlung ordentlich vorgeladen, und ihnen muß angedeutet werden, daß bei ihrem Ausbleiben mit der Renovation dennoch verfahren, und in der Folge auf den Einwand, daß dieselbe ohne ihre Zuziehung geschehen sey, nicht mehr geachtet werden solle. Dabei versteht sich jedoch von selbst, daß, wenn es in dem einen oder andern Falle nicht möglich

---

84) Der hier gemachte Unterschied zwischen einfachen Beglaubigungen und solchen, die die Stelle des Originals vertreten sollen, ist durch die K. O. v. 6. 11. 1834 (s. u. Abschn. IV Nr. 2) für alle gerichtlichen und notariellen Urkunden beseitigt; von solchen kann jedes Gericht und jeder Notar mit voller Wirkung vidimiren.

85) d. h. nach jetzigem Rechtszustande: bei gerichtlichen und notariellen Urkunden (s. Anm. 84).

86) nach jetzigem Rechtszustande: bei anderen Urkunden als gerichtlichen oder notariellen.

87) jetzt nach § 8 des G. v. 15. 7. 1890 (s. Anm. 76).

88) Diese Zuziehung ist nicht mehr erforderlich. Anh. § 421 zu II 2 § 17.

89) Ueber Fälle, in denen gleichwohl das Original vorgelegt werden muß, s. C. P. O. § 400 u. Koch-Jastrow Not.-G. § 23 zu c u. e (S. 115).

90) Vgl. über das Renovationsverfahren Koch-Jastrow Muster 20

wäre, sämmtliche Interessenten auszuforschen, oder ihnen die Vorladung insinuiren zu lassen, der Aktus dennoch seinen Fortgang behalte; nur mit dem Unterschiede, daß gegen die nicht zugezogenen, oder nicht gehörig vorgeladenen Interessenten, der renovirten Urkunde die Kraft und Wirksamkeit des Originals nicht in gleichem Grade, wie gegen die übrigen, beigelegt werden könne; vielmehr Ersteren ihre etwanigen Einwendungen gegen die Richtigkeit und Authenticität des Renovati vorbehalten bleiben. Bei der Renovation selbst wird nach der Vorschrift §. 27. wie bei Anfertigung einer vidimirten Abschrift, welche die Kraft des Originals haben soll, verfahren. Kommen Stellen vor, die, weil die Schriftzüge nicht mehr ganz deutlich sind, von den Interessenten verschieden gelesen werden; so ist diejenige Lesart, welche dem renovirenden Richter mit den noch vorhandenen Schriftzügen am besten übereinzustimmen scheint, in den Kontext aufzunehmen; alle übrige aber müssen, wenn die Parteien sich darüber nicht vereinigen können, in besonderen, am Rande beizufügenden Registraturen ebenfalls angeführt, und dabei bemerkt werden: von welchem der Interessenten eine jede derselben als die richtige behauptet worden sey. Doch müssen dabei weder die Parteien noch das Gericht, auf Erörterungen oder Streitigkeiten über die Erklärung oder Ausdeutung solcher Stellen sich einlassen; da dergleichen nicht zu der Handlung der Renovation, sondern allenfalls zur prozeßmäßigen Instruktion und besondern Entscheidung im ordentlichen Wege Rechtens gehören.

Uebrigens versteht es sich von selbst, daß über den ganzen Aktus ein vollständiges Protokoll aufgenommen werden müsse, welches der Ausfertigung der erneuerten Urkunde in beglaubter Abschrift beigeheftet, oder doch daraus in den Eingaug der Ausfertigung das Erforderliche, wegen der Interessenten, mit deren Zuziehung die Renovation geschehen, wegen des dabei beobachteten Verfahrens, und wegen der von dem einen oder dem andern Interessenten etwa gemachten Bemerkungen, Vorbehalte oder Protestationen, übernommen wird.

Die alte Urkunde selbst muß nicht kassirt werden, sondern zum etwanigen künftigen Gebrauche in gerichtlicher Verwahrung bleiben.

VII. Wechselcertifikate.[91])

§ 80. Wegen der Ausfertigung der Certifikate über die Wechselfähigkeit solcher Personen, die an sich zur Ausstellung von Wechseln nach den Gesetzen

---

[91]) Die Wechselcertifikate beruhten auf dem älteren Recht, nach welchem die Wechselfähigkeit grundsätzlich nur gewissen Ständen zukam; andere Personen mußten sich um dieselbe erst beim Richter bewerben, der sie ihnen — nach vorangegangener causae cognitio — ertheilte (A. L. R. II 8 §§ 718 ff. 731 ff.). Mit der Einführung der allgemeinen Wechselfähigkeit (W. O. Art. 1) ist die Ertheilung von Wechselcertifikaten beseitigt worden.

nicht qualificirt sind, sind die umständlichen Vorschriften des Landrechts Th. II. Tit. VIII. §. 731—738., ingleichen §. 746. 747., genau zu beobachten.

Zur Erläuterung derselben wird hier noch Folgendes beigefügt:

a) Wenn derjenige, welcher die Wechselfähigkeit sucht, sich darum in einer eigenhändig geschriebenen, oder doch unterschriebenen Vorstellung meldet, und seine Hand im Gerichte hinlänglich bekannt ist; so kann eine solche Anmeldung für hinreichend angenommen werden. (§. 732.)

b) Die §. 733—735. vorgeschriebene Untersuchung ist nur dann erforderlich, wenn die auszumittelnden Umstände nicht schon bei dem Gesuche selbst hinlänglich bescheinigt, oder dergestalt notorisch sind, daß über deren Richtigkeit kein vernünftiger Zweifel Statt findet.

c) Da den §. 737. bemerkten Personen eine Certioration geschehen soll, so folgt daraus, daß ihnen das Certifikat niemals auf ein bloß schriftlich, oder durch einen Bevollmächtigten angebrachtes Gesuch ertheilt werden könne. Vielmehr müssen dergleichen Personen allemal vor dem Gerichte, oder einem Deputirten desselben, persönlich erscheinen; auch muß die geschehene Certioration in dem Protokolle gehörig bemerkt werden.

d) Da jedoch Fälle vorkommen können, daß eine solche Person, welche das Certifikat verlangt, sich zu der Zeit, wo sie desselben bedürftig ist, eben nicht an ihrem gewöhnlichen Wohnorte aufhält; so kann sie sich in einem solchen Falle auch bei einem andern Gerichte melden, und certioriren lassen. Wenn alsdann das darüber aufgenommene Protokoll dem schriftlichen Gesuche um die Ausfertigung des Certifikats in beglaubter Form beigefügt wird, so kann das Erforderniß des §. 737. für erfüllt angenommen werden.

e) Das §. 746. 747. vorgeschriebene Verzeichniß ist nach alphabetischer Ordnung unter folgenden Kolonnen zu führen:

1) Stand, Namen und Charakter des Extrahenten;
2) Datum der Ausfertigung des Certifikats;
3) ob, und wann dasselbe zurückgenommen oder mortificirt worden;
4) Signatur der Akten, worin die zur Sache gehörigen Verhandlungen sich befinden.

Dieß Verzeichniß muß der Richter zwar in genauer und sorgfältiger Verwahrung halten; er kann aber die Inspektion desselben, und Atteste daraus, niemandem, der ein scheinbares Interesse dabei anzuführen hat, versagen.

Vierter Titel.

Von dem Verfahren bei Aufnehmung der Testamente und anderer letztwilliger Verordnungen.

Von Testamenten.

§. 1. Außer den allgemeinen, bei den Handlungen der freiwilligen Gerichtsbarkeit überhaupt zu beobachtenden Vorschriften des zweiten Titels, enthält das Landrecht selbst Th. I. Tit. XII. §. 66—241[1]) die umständlichsten Anweisungen: wie bei der Auf- und Abnehmung der Testamente und bei deren Publikation zu verfahren sey; also, daß es wiederholter Verordnungen darüber allhier nicht bedarf.

---

[1]) Diese Vorschriften regeln die Testamentserrichtung erschöpfend; die in Th. II Tit. III A. G. O. für Verträge unter Lebenden enthaltenen Vorschriften, namentlich wegen der Zuziehung von Beiständen (II 3 §§ 7. 8) finden keine Anwendung. R. G. U. v. 9. 6. 1887 (18 S. 301).

§. 2. Nur wegen des Verfahrens bei der Niederlegung und Aufbewahrung der Testamente, welche nach der gesetzlichen Vorschrift,[2]) bis zur erfolgenden Publikation, im gerichtlichen Deposito[3]) verbleiben müssen, sind folgende nähere Bestimmungen erforderlich.

Von solchen, die mündlich vor versammeltem Gerichte, oder

§. 3. 1) Wenn der Testator seinen letzten Willen vor versammeltem Gerichte[4]) mündlich zum Protokolle erklärt, so wird das gehörig aufgenommene und unterschriebene Protokoll in seiner Gegenwart sogleich versiegelt und überschrieben. Ersteres geschieht mit dem Gerichtssiegel, welchem der Testator sein eigenes, oder ein anderes selbst gewähltes Petschaft beidrücken kann. Die Ueberschreibung geschieht mittelst einer kurzen Registratur, in welcher bloß bemerkt wird:

daß hierin die letztwillige Disposition des N. N. enthalten sey, welche derselbe, unter dem Dato der Registratur, vor versammeltem Gerichte[5]) zum Protokolle erklärt habe.

Diese Registratur wird, bei Kollegien, von dem Vorgesetzten,[6]) bei kleineren Gerichten aber von dem Richter, und in beiden Fällen von dem Aktuario oder sonstigen Protokollführer, welcher das Protokoll aufgenommen hat, unterschrieben.

Außerdem wird eine ebenfalls nur kurze, bei den Akten bleibende Registratur aufgenommen, in welcher bloß bemerkt wird:

daß unter dem Dato derselben der N. N. vor versammeltem Gerichte[7]) erschienen sey, und seinen letzten Willen zum Protokolle erklärt habe; daß das hierüber aufgenommene Proto-

---

[2]) A. L. R. I 12 § 112.

[3]) Ueber die früheren gerichtlichen Deposita s. o. S. 48 Anm. 5. Die Verwahrung erfolgt jetzt bei den Amtsgerichten nach Maßgabe der §§ 71. 79. 89 H. O. und der Allg. Verf. v. 9. 7. 1879 (J. M. Bl. S. 173) §§ 20—23.

[4]) Gegenwärtig werden letztwillige Verordnungen niemals mehr von einem Deputirten (§ 4), sondern, gleichviel ob dies an der Gerichtsstelle oder in einem Privathause geschieht, immer vor dem Amtsgericht als ganzem („versammeltem") Gericht errichtet; vgl. II 2 § 1 Anm. 2. Die §§ 4. u. 6 d. T. haben nur noch insofern eine Bedeutung, als sie einige Besonderheiten für die Aufnahme in einem Privathause enthalten; diejenigen Besonderheiten, welche sich auf das Deputationsverhältniß der Gerichtspersonen beziehen, sind fortgefallen.

[5]) Da die Verhandlungen vor versammeltem Gericht Jahrzehnte lang außer Uebung gekommen waren (s. II 2 § 1 Anm. 2), ist auch der entsprechende Ausdruck der Gerichtssprache entschwunden und hat sich in der Amtsgerichtsverfassung, für die er wenig passend ist, nicht wieder eingebürgert. Man sagt gewöhnlich: „vor dem Gericht" oder „vor den unterzeichneten Gerichtspersonen". Sachlich kommt hierauf nichts an.

[6]) Testamentaufnahme vor Kollegien findet nicht mehr statt, s. o. S. 32 Nr. 12.

[7]) s. Anm. 5.

koll in seiner Gegenwart versiegelt und überschrieben und zur richtlichen Verwahrung angenommen worden sey.

Dieser Registratur wird die Ueberschrift des eingesiegelten Protokolls wörtlich eingerückt, und zugleich bemerkt: mit welchen, und mit wie viel Siegeln dasselbe versehen worden.

Alsdann ergeht eine Verordnung an die Depositarien, das versiegelte Testament in das gerichtliche Depositum anzunehmen, und daselbst zu verwahren.[8]) Ueber die wirklich geschehene Niederlegung in den Testamentsdepositalkasten, wird von den Depositarien ein Protokoll, so wie bei anderen Ablieferungen in das Depositum, aufgenommen; und der Niederleger erhält eine unter dem Gerichtssiegel ertheilte Abschrift dieses Protokolls, als Rekognition über die erfolgte Niederlegung.[9])

vor einer Deputation errichtet werden.

§. 4. 2) Will der Testator seinen letzten Willen vor einer dazu erbetenen gerichtlichen Deputation in einer Privatwohnung zum Protokoll erklären, so muß er die Ernennung einer solchen Deputation,[10]) nach Vorschrift des Landrechts a. a. O. §. 68. durch eigenhändig unterschriebene Vorstellung, oder durch zwei Abgeordnete nachsuchen. Die Originalvorstellung, oder das über das Anbringen der Abgeordneten aufgenommene Protokoll, wird mit der darauf von dem Vorgesetzten des Gerichts, wegen Ernennung der Deputation getroffenen Verfügung, dieser Deputation zugestellt.[11])

Die Deputation[12]) muß, nach berichtigtem Punkte, die Identität der Person betreffend, es ihr erstes Geschäft seyn lassen, den angegebenen Testator zu vernehmen: ob es wirklich seine Absicht sey, ein Testament zu machen, und ob es mit seinem deshalb angebrachten Gesuche seine Richtigkeit habe.

Sodann verfährt die Deputation[12]) mit vorschriftsmäßiger Aufnehmung des Protokolls über die letzte Willenserklärung des Testators. Wenn das Protokoll gehörig abgeschlossen und unterschrieben ist, so besorgt sie die Einsiegelung und Ueberschrei-

---

[8]) s. Anm. 3; jetzt wird die Annahme zur gerichtlichen Verwahrung verfügt und zwar regelmäßig von demjenigen Richter, welcher das Testament aufgenommen hat. H. O. § 79. Allg. Verf. v. 9. 7. 1879 §§ 3. 20.

[9]) Die A. Dep. O. schrieb über jede Annahme in das Depositorium die Aufnahme eines von den Depositalbeamten zu unterzeichnenden Protokolls vor (§§ 73 ff.). Gegenwärtig erfolgt gemäß §§ 89 u. 110 Abs. 2 der H. O. die Eintragung in das für letztwillige Verordnungen bestehende besondere Vernehmungsbuch, und der Niederleger erhält einen gemäß § 22 der Allg. Verf. v. 9. 7. 1879 beglaubigten Auszug.

[10]) jetzt: das Erscheinen des Gerichtes in seiner Behausung; s. Anm. 4.

[11]) Dieser Satz ist antiquirt; das Gesuch geht jetzt an den nach der Geschäftsvertheilung berufenen Amtsrichter.

[12]) jetzt: das Gericht; s. Anm. 4.

bung auf die §. 3. angegebene Art[13]) und wird die auf den versiegelten Umschlag zu setzende Registratur von sämmtlichen Mitgliedern der Deputation unterschrieben. Sodann überreicht dieselbe das versiegelte Protokoll dem Gerichte, mittelst einer schriftlichen Anzeige, die eben das enthalten muß, wie die am angeführten Orte beschriebene besondere Registratur. Auf diese Anzeige wird die Verordnung zur Annahme in das gerichtliche Depositum erlassen, und nach deren Erfolg dem Testator der Extrakt des Depositalprotokolls, statt der Rekognition, zugestellt.

Von schriftlichen Testamenten, die dem Gerichte, oder

§ 5. 3) Wenn der Testator sein selbst angefertigtes Testament dem versammelten Gerichte[14]) verschlossen[15]) übergeben will, so muß er sich entweder an einem der ordentlichen Sessionstage[16]) persönlich melden, oder, wenn die Anmeldung in der Zwischenzeit schriftlich oder mündlich geschieht, zu einem solchen Sessionstage persönlich beschieden werden.

Wenn er sich nun solchergestalt bei versammeltem Gerichte gestellt, so wird mit der Abnehmung des Testaments von ihm, und mit der Aufnahme eines vollständigen Protokolls darüber, in welchem die Beschaffenheit des Testaments, die ihm von dem Testator etwa gegebene Ueberschrift, und die Zahl der Siegel bemerkt seyn muß, nach Vorschrift des Landrechts a. a. O. §. 100—103. verfahren.

Das übergebene Testament wird demnächst von dem Vorgesetzten des Gerichts[17]) präsentirt,[18]) und nach Vorschrift §. 3.[19]) überschrieben. Auf das Protokoll wird die Verordnung wegen der Annahme des Testaments in das gerichtliche Depositum erlassen, und wenn dieses geschehen ist, dem Testator die gewöhnliche Rekognition nach §. 3. zugestellt.[20])

einer Deputation desselben übergeben werden.

§ 6. 4) Wenn der Testator eine gerichtliche Deputation zur Abnahme des von ihm verfertigten und verschlossen zu übergeben-

---

[13]) Die folgenden Vorschriften sind antiquirt; das Verfahren regelt sich nach § 3; s. Anm. 4.

[14]) s. Anm. 4.

[15]) Ueber das Verfahren bei Uebergabe offener Testamente s. A. L. R. I 12 §§ 107 ff.

[16]) Ueber die „Sessionstage" s. III 1 § 38; jetzt ist darunter die für die Aufnahme der Akte der freiwilligen Gerichtsbarkeit bestimmte Zeit zu verstehen. Gesetzlich sind ordentliche Gerichtstage nur für die streitige Gerichtsbarkeit angeordnet. C. P. O. § 461.

[17]) Darunter ist der Vorsitzende verstanden A. L. R. II 10 §§ 119. 120; jetzt also der Amtsrichter.

[18]) „präsentirt", d. h. mit dem Vermerk über den Tag des Eingangs versehen. Wesentlich ist dieser Vermerk nicht, da die Ueberschreibung des Testaments das betreffende Datum enthalten muß.

[19]) nämlich unter Mitunterschrift des Protokollführers.

[20]) s. Anm. 3. 8 u. 9. Ein J. M. R. v. 27. 10. 1837 (v. Rönne Erg. z. A. G. O. zu § 8 d. T. Zus. 2) verlangt die Miteinsiegelung des Abnahme-Protokolls

den Testaments verlangt,[21]) so finden die Vorschriften des §. 4. überall Anwendung, mit der sich von selbst verstehenden Maaßgabe, daß wegen der Vernehmung des Testators nur die Vorschriften des Landrechts a. a. O. §. 100 – 103. zu beobachten sind; übrigens aber in dem Protokolle selbst eine genaue Beschreibung des übergebenen Testaments, nach Anweisung des vorstehenden §. 5. enthalten seyn muß. Dagegen ist in der schriftlichen Anzeige, womit das aufgenommene Protokoll, nebst dem übergebenen Testamente, dem Gerichte überreicht wird, eine Wiederholung desjenigen, was in dem Protokolle schon stehen muß, nicht erforderlich.[22])

Vom Verbote der Siegelung und Inventur.

§ 7. Wenn der Testator bei der Aufnahme oder Uebergabe seines Testaments die gerichtliche Siegelung und Inventur seines Nachlasses verbittet,[23]) so muß dessen nicht nur, wie sich schon von selbst versteht, in dem Protokolle gedacht, sondern auch dieser Erklärung in der auf den Umschlag des Testaments zu setzenden Registratur, und in der dem Testator zu ertheilenden Rekognition,[24]) ausdrücklich erwähnt werden.

Aufbewahrung der Testamente.

§ 8. Die gerichtlich aufgenommenen und übergebenen Testamente bleiben, nach Vorschrift der Gesetze, in so fern sie nicht von dem Testator selbst zurückgefordert werden, der Regel nach bis zur erfolgenden Publikation, in gerichtlicher Verwahrung.

Dergleichen Testamente müssen also entweder in einem besonders dazu gewidmeten Behältnisse, oder in einer besondern Abtheilung des Depositalkastens aufbewahrt werden; und wegen der äußern Sicherheit, sowohl des Behältnisses selbst, als des Orts und Gelasses, in welchem dasselbe steht, sind alle Vorschriften der Depositalordnung, in Ansehung anderer zum gerichtlichen Deposito gehöriger Urkunden, zu beobachten.

Eben so finden, wegen der Annahme, Aufbewahrung und Zurückgabe solcher Testamente, alle Vorschriften der Depositalordnung, bloß mit den aus der Natur der Sache sich von selbst ergebenden Maaßgaben, Anwendung.

Doch müssen die Gerichte über die Testamente ein besonderes Mandatenbuch, und eben so die Depositarien ein besonderes Protokollbuch, halten; dergestalt, daß die Testamente mit den anderen Depositis nicht vermischt werden.[25])

---

in einem zweiten gemeinschaftlichen Kouvert. Dieses Verfahren entspricht aber dem § 5 nicht und ist auch nicht im Gebrauch. Das Protokoll gelangt vielmehr zu den Testamentsakten (§ 14).

[21]) nämlich in des Testators Behausung, wie die Citirung des § 4 ergiebt; vgl. Anm. 4. u. 10.

[22]) Die besondere Anzeige fällt jetzt fort; s. Anm. 4 u. 13. Auf das Protokoll wird ebenso wie im Falle des § 5 verfügt.

[23]) Vgl. II 5 § 7 mit Anm. 18.

[24]) s. Anm. 9. Die Eintragung in Spalte 4 des Verwahrungsbuches muß deshalb den Vermerk gleichfalls enthalten.

[25]) Die drei letzten Absätze des § 8 sind durch die H. O. beseitigt; insbesondere haben die Vorschriften der A. Dep. O. (Tit. II §§ 8 ff.) über die Sicherheit der Behältnisse keine gesetzliche Geltung mehr. Die bezüglichen Anord-

Anh. §. 428. Wenn dem Testator aus besonderen Gründen daran liegt, die Existenz seines Testaments geheim zu halten; so kann von dem gewöhnlichen Verfahren, wonach der Vortrag wegen des Testaments durch den Siegelzettel, das Expeditionsbuch- und Depositalprotokoll gehen muß, in einzelnen Fällen eine Ausnahme gemacht werden. Auch muß der Vorgesetzte des Gerichts die Sache dergestalt einleiten, daß die Handlung nur den Mitgliedern des Kollegii und dem Sekretair, welche zur Aufnahme des Testaments deputirt worden, und sonst keinem Andern, bekannt werden.[26])

Zurückgabe.

§ 9. Da einem jeden Testator frei steht, seine letztwillige Disposition zu ändern und zurück zu nehmen; so soll es damit folgendergestalt gehalten werden.

Das Gesuch um die Zurücknahme kann der Testator persönlich zum Protokolle, oder durch einen mit gewöhnlicher Vollmacht versehenen Mandatarius, oder auch schriftlich anbringen.

Auf das solchergestalt angebrachte Gesuch muß aber ein Termin zur Zurückgabe schriftlich anberaumt,[27]) und der Testator vorgeladen werden, in diesem Termine entweder in Person, oder durch einen mit gerichtlicher Specialvollmacht[28]) versehenen Mandatarius zu erscheinen; das Testament aus den Händen des Gerichts zurück zu empfangen; und die wegen geschehener Niederlegung erhaltene Rekognition[29]) zurück zu geben, oder dieselbe zu amortisiren.[30]) Zugleich mit dieser Vorladung muß auch eine Verordnung an die Depositarien[31]) erlassen werden, in dem anberaumten Termine das Testament aus der gerichtlichen Verwahrung heraus zu nehmen, und an das Gericht abzuliefern.

---

nungen sind lediglich Sache der Justizverwaltung (H. O. § 110); die einzige gesetzliche Klausel enthält § 78 H. O. (gemeinschaftlicher Verschluß von Richter und Gerichtsschreiber).

[26]) Der Anh. § 428 ist aus dem R. v. 12. 2. 1804 (Rabe 8. S. 6) entnommen. Siegelzettel und Expeditionsbuch (A. G. O. III 5 § 14, Allgemeines Registratur- u. Kanzleireglement §§ 64 ff. 131. 166) sowie das Depositalprotokoll (s. Anm. 9) existiren nicht mehr, und bezüglich der jetzt bestehenden Geschäftskontrolen sind Ausnahmen nicht gestattet. Dagegen gilt noch der materielle Satz fort, daß auf Verlangen des Testators dafür zu sorgen ist, daß die Handlung anderen Beamten als den nothwendiger Weise mitwirkenden nicht bekannt werde.

[27]) Bei persönlichem Erscheinen des Testators wird gegenwärtig die Zurückgabe sich häufig sofort und ohne Ansetzung eines besonderen Termines bewirken lassen.

[28]) s. A. L. R. I 12. § 571; G. v. 11. 7. 1845 § 2 zu b (unten Abschn. IV Nr. 6).

[29]) s. Anm. 9. [30]) „amortisiren" s. A. L. R. I 16 §§ 126. 127.

[31]) s. jetzt H. O. § 71 u. Allg. Verf. v. 9. 7. 1879 § 21 Abs. 2; vgl. Anm. 3.

Befindet sich der Testator an dem Orte selbst, wo das Gericht seinen Sitz hat; so muß er den Termin in Person abwarten, oder die Rückgabe in seiner Behausung, zu eigenen Händen, durch eine Deputation,[32]) nachsuchen. Nur für abwesende Testatoren können Specialbevollmächtigte zugelassen werden.

Wenn nun in dem Termine der Testator gehörig erscheint, so muß ihm das versiegelte Testament zur Erklärung: ob es wirklich dasjenige sey, welches von ihm ehemals niedergelegt worden, vorgezeigt; ihm sodann zurück gegeben; über die ganze Verhandlung ein Protokoll aufgenommen; und selbiges von dem Testator, oder seinem gerichtlichen Specialbevollmächtigten, mit unterschrieben werden.[33])

Da nach diesen Vorschriften zwischen der Rückforderung eines Testaments, und dessen wirklicher Zurückgabe, doch immer einige Zeit verlaufen kann, und nach der Vorschrift des Landrechts Th. I. Tit. XII. §. 569. ein Testament durch die bloße Zurückforderung allein noch nicht entkräftet wird; so müssen die Gerichte sich die vorzüglichste Beschleunigung aller dergleichen, die Retradition eines Testaments betreffenden Verfügungen ganz besonders angelegen seyn lassen.

Anh. §. 429. Soll die Zurückgabe eines Testaments durch eine Kreis-Justizkommission erfolgen, so kann derselben das Testament mit der Post übersendet werden.[34])

Publikation.

§. 10. Die Fälle, in welchen die Publikation eines Testaments, nach notorisch erfolgtem oder gehörig nachgewiesenem Absterben des Testators, auf das Ansuchen eines Interessenten, oder auch von Amts wegen zu verfügen; was für Personen dabei zuzuziehen, und wie bei der Publikation selbst zu verfahren sey, sind in den Gesetzen umständlich vorgeschrieben. (A. L. R. a. a. O. §. 209—225.) Es muß also, wenn der Termin zur Publikation eines Testaments

---

[32]) s. Anm. 4.

[33]) Der Zuziehung eines Protokollführers bedarf es nicht; s. Anh. 421 mit Anm. 45 (oben S. 69).

[34]) Ueber die Kreis-Justizkommissionen s. o. S. 5. Der noch jetzt geltende Gedanke des § 429 (entnommen aus dem R. v. 1. 3. 1802, Rabe 7 S. 66) ist, daß es gestattet sein soll, die Zurückgabe des Testaments durch einen ersuchten Richter zu veranlassen und zu diesem Zweck dem letzteren das Testament durch die Post zu übersenden. — Bei dem ersuchten Gericht wird das Testament bis zur Zurückgabe ebenso aufbewahrt, wie andere letztwillige Verordnungen; J. M. R. v. 19. 12. 1884, bei Müller S. 673 Nr. 10, woselbst aber ungenau von „vorläufiger" Verwahrung gesprochen wird; zu solcher ist das Testament nach § 70 H. O. nicht geeignet; der § 80 (Verwahrung durch zwei Gerichtsschreiber) ist deshalb hier nicht anwendbar.

anberaumt wird, zugleich den Depositarien[35]) die Herausgabe desselben an das Gericht nach der Verordnung §. 9. anbefohlen werden.

Anh. §. 430. Verlangt ein überlebender Ehegatte aus besonderen Gründen, daß ein von ihm und dem Verstorbenen errichtetes wechselseitiges Testament nach geschehener Publikation anderweit wieder bis zu seinem Ableben versiegelt deponirt werde; so kann demselben nach vorher gegangener vorschriftsmäßiger Bekanntmachung an sämmtliche darin benannte Erben und Legatarien gewillfahrt werden.[36])

§. 11. Auch wegen der, nach erfolgter Publikation, durch den Richter von Amts wegen zu verfügenden Bekanntmachungen, hat es bei den Vorschriften des Landrechts a. a. O. §. 230—239. sein Bewenden.

§ 12. In Ansehung der bei dem Kammergericht bisher Statt gefundenen, auf die Lokalität gegründeten Verfassung; wegen Annahme der Testamente in die gerichtliche Verwahrung, deren Asservation und Herausgabe, wird es bei dem Reskripte vom 12. Sept. 1791.[37]) vor der Hand noch ferner belassen.

Publikation anderer letztwilliger Verordnungen.

§. 13. Wenn nach der gesetzlichen Vorschrift des Allgemeinen Landrechts Th. I. Tit. XII. §. 241. eine außergerichtliche Disposition den Gerichten zur Publikation eingereicht wird, so muß derjenige, der dieselbe bisher in Händen gehabt hat, sofort umständlich vernommen werden: wie er zu dieser Gewahrsam gekommen, und was ihm von dem Hergange und den Umständen, welche bei Errichtung der Dispositon vorgefallen sind, etwa bekannt sey.[38]) Das hierüber aufgenommene Protokoll muß, nach erfolgter Publi-

---

[35]) s. Anm. 31.

[36]) Der Anh. § 430 ist aus dem R. v. 10. 12. 1801 (Rabe 6 S. 681) entnommen. — Der Publikation und Bekanntmachung an die Interessenten kann im Uebrigen der Ueberlebende nicht widersprechen. K. G. v. 28. 5. 1890 (10 S. 57) gegen K. G. v. 30. 1. 1889 (8 S. 27).

[37]) Rabe 2 S. 182. Dasselbe ist antiquirt, da bereits seit der Reorganisation von 1849 das Kammergericht mit der Verwahrung von Testamenten nicht mehr befaßt ist (s. o. S. 17).

[38]) Die Vorschrift hat den Zweck, das für die Beurtheilung der Echtheit der Urkunde erforderliche Material thunlichst sicher zu stellen. Dagegen befaßt das Gesetz den Richter nicht mit der Entscheidung über die Echtheit; es giebt ihm keine Befugniß zu weiteren Beweiserhebungen und noch weniger zur Ablehnung der Publikation und der Ausfertigung für den Fall, daß er sich von der Echtheit der Urkunde nicht überzeugt hält. Die Urkunde bleibt deshalb trotz solcher Ausfertigung in Ansehung ihrer Beweiskraft nach wie vor lediglich eine Privaturkunde. Gl. M. K. G. v. 30. 8. 1880 (1 S. 95) AM K. G. v. 28. 3. 1887 (7 S. 109).

kation der Verordnung selbst, denjenigen, welche bei der Sache ein Interesse haben, von Amts wegen vorgelegt, oder abschriftlich mitgetheilt werden.

Testamentsakten.

§. 14. Ueber die Verhandlungen wegen eines bei den Gerichten niedergelegten Testaments, müssen für ein jedes besondere Testamentsakten gehalten, und diesen alle Vorstellungen, Protokolle und Verfügungen, welche dieß Testament betreffen, vollständig beigeheftet werden. Zu diesen Akten gehört auch das Originaltestament, nach erfolgter Publikation desselben; und sind daher diese Akten mit vorzüglicher Sorgfalt in dem Archive des Gerichts aufzubewahren.[39])

Von Erbverträgen.

§. 15. Wegen Aufnehmung, gerichtlicher Niederlegung und Aufbewahrung der Erbverträge finden die Vorschriften des Allgemeinen Landrechts a. a. O. §. 621—623., übrigens aber die obigen Anweisungen, unter den, aus der Natur eines Vertrags, und der dabei Statt findenden Mitwirkung zweier Kontrahenten, von selbst fließenden Maaßgaben, Anwendung. Die bei Verträgen überhaupt den Gerichten im Zweiten und Dritten Titel zur Pflicht gemachten Prüfungen, müssen bei Erbverträgen, wenn zu deren Aufnehmung eine Deputation erbeten worden, nur von dieser angestellt werden; also, daß ein Vortrag darüber im versammelten Gerichte, dergleichen sonst bei anderen Kontrakten in der Regel geschehen muß,[40]) bei Erbverträgen nur alsdann Statt findet, wenn es die Kontrahenten ausdrücklich verlangen.[41]) Daß übrigens bei Erbverträgen unter Eheleuten, die in einem und eben demselben Instrumente mit dem eigentlichen Ehevertrage errichtet werden, überall nur die Form der letztern zu beobachten sey, ist bereits im Ersten Titel[42]) vorgeschrieben.

Anh. §. 431.[43]) Wenn die den Vertrag schließenden Eheleute die Geheimhaltung desselben nicht verlangen, sondern solchen zur

---

[39]) Ueber Abgabe der Akten an den ordentlichen Richter des Testators s. A. L. R. I 12 § 237. — Die Akten sind von der Vernichtung ausgeschlossen. Allg. Verf. v. 24. 6. 1848 zu I Nr. 4 (J. M. Bl. S. 224) u. v. 22. 9. 1879 zu I Nr. 2 (J. M. Bl. S. 376).

[40]) s. II 2 § 49 Abs. 3.

[41]) Dieser Satz ist antiquirt; s. Anm. 4. Werden in einer der vor die Kollegialgerichte gehörenden Angelegenheit, z. B. bei der Errichtung eines Fideikommisses, erbvertragsmäßige Bestimmungen verabredet, so findet die Vorschrift gleichfalls keine Anwendung, weil die Natur des Hauptgeschäfts den Vortrag im Kollegium unbedingt erforderlich macht.

[42]) § 10 Nr. 5. Auf diese Verträge findet weder § 15 noch Anh. § 431 Anwenduug. J. M. R. v. 29. 7. 1833 (Jahrb. 42 S. 139).

[43]) Der erste Satz des Anh. § 431 stammt aus den R. v. 2. 1. 1796 und 21. 7. 1800 (Rabe 3 S. 226 u. 6 S. 211). Das erstere R. beschränkt sich in-

richterlichen Prüfung und Bestätigung[44]) vorlegen; so kann damit wie bei einem andern Vertrage verfahren, und den Paciscenten auf ihr Verlangen eine Ausfertigung ertheilt werden.[45])

Jedoch wird dadurch, daß der Erbvertrag unversiegelt den Gerichten übergeben worden, die Versiegelung und überhaupt die bei den Testamenten vorgeschriebene Form nicht ausgeschlossen.[46])

Fünfter Titel.

Von dem Verfahren bei Siegelungen und Inventuren in Sterbefällen.

Pflichten des Richters bei Sterbefällen überhaupt;

§. 1. Von Erbschaften überhaupt; von dem Anfalle derselben; von Antretung der Erbschaft mit oder ohne den Vorbehalt der Rechtswohlthat des Inventarii; von deren Entsagung; von der dem Erben zur Erklärung hierüber zu Statten kommenden Ueberlegungsfrist; von den rechtlichen Folgen der Erbschaftsantretung mit oder ohne Vorbehalt; von den Rechten und Verbindlichkeiten eines Beneficialerben insonderheit;[1]) von seiner Befugniß, auf Eröffnung eines erbschaftlichen Liquidationsprozesses anzutragen;[2]) von dem Rechte der Gläubiger, den Erben dazu anzuhalten, wenn derselbe,

---

dessen keineswegs auf Eheleute, sondern ordnet allgemein an, daß, „wenn .. die Parteien eine .. Geheimhaltung nicht verlangen", es kein Bedenken hat, daß „damit in allen übrigen Stücken ebenso wie bei einem anderen pacto inter vivos verfahren werde". Der Grundsatz des Anh. § 431 gilt deshalb auch für Erbverträge zwischen anderen Personen als Eheleuten; vgl. oben S. 45 Anm. 1 a. E.

[44]) Wegen der Bestätigung s. II 3 § 21 Anm. 68. Auch wenn die Bestätigung nicht nachgesucht wird, kann nach § 431 verfahren werden; entscheidend ist, daß die Geheimhaltung nicht verlangt und Ausfertigung begehrt wird.

[45]) In diesem Falle steht die Ausfertigung dem instrumentirenden Gericht auch dann zu, wenn es nicht das persönliche Gericht der Paciscenten (s. Anm. 39) ist, und es verbleibt der Vertrag offen bei den Akten. Ein J. M. R. v. 16. 8. 1840 (J. M. Bl. S. 282) empfiehlt zwar die nachträgliche Einsiegelung; dem steht indessen das Recht der Paciscenten auf Ertheilung späterer Ausfertigungen entgegen.

[46]) Der zweite Absatz ist gleichlautend mit § 43 des Anh. zu § 623 I 12 A. L. R. und stammt aus dem R. v. 27. 12. 1796 (Rabe 3 S. 665).

[1]) Hierzu s. außer A. L. R. I 9 §§ 420 ff. auch noch V. v. 28. 3. 1840 (G. S. S. 103).

[2]) Der erbschaftliche Liquidationsprozeß war nach der A. G. O. (I 51 §§ 53 bis 98) ein zur Aufbietung der Nachlaßgläubiger und zugleich zur Vertheilung der Masse unter dieselben bestimmtes Verfahren. Schon durch die preuß. Konk.-O. v. 8. 5. 1855 (§§ 342—361) ist es trotz Beibehaltung des alten Namens in ein bloßes Aufgebot der Nachlaßgläubiger umgewandelt worden. Jetzt gilt hierfür G. v. 28. 3. 1879.

unter dem Vorwande der besorglichen Unzulänglichkeit des Nachlasses, ihnen die Zahlung ihrer Forderungen vorenthält;[3]) so wie von dem gerichtlichen Verfahren bei Erbtheilungen[4]) und erbschaftlichen Liquidationsprozessen,[5]) sind die nöthigen Vorschriften theils im Allgemeinen Landrechte, theils in der Prozeßordnung[6]) enthalten (A. L. R. Th. I. Tit. IX. §. 350. u. f. Prozeßordn. Tit. XLVI. LI. Abschn. II.).

besonders wegen Belehrung der Erben.

§. 2. Damit nun niemand, aus Unwissenheit der Gesetze, gegen diese Verordnungen in vorkommenden Fällen handeln, und dadurch sich selbst in Schaden und Nachtheil setzen, oder auch zu Verdunkelungen und Verwirrungen der Erbschaftsangelegenheiten Anlaß gegeben werden möge; so müssen die Gerichte, besonders an Orten, wo keine Justizkommissarien bestellt sind,[7]) und wenn die Erben unter die Klasse der gemeinen in Geschäften unerfahrenen Leute gehören, denselben diese Vorschriften, besonders die rechtlichen Folgen der mit oder ohne Vorbehalt geschehenen Antretung der Erbschaft, die im letztern Falle nothwendige baldige Anfertigung und Niederlegung des Inventarii, und die Nachtheile, die aus dessen Unterlassung für sie entstehen könnten, bekannt machen und deutlich erkären;[8]) auch wie dieses geschehen, zum Protokolle vermerken.

§. 3. Was der Richter zu thun habe, wenn die Erben eines Nachlasses unbekannt, ungewiß, oder abwesend und weit entfernt sind; ingleichen, wenn sich zu einem solchen Nachlasse gar keine Erben finden, mithin derselbe als erbloses Gut zu betrachten ist, wird ebenfalls in den Gesetzen umständlich vorgeschrieben (A. L. R. Th. I. Tit. IX. §. 465. u. f.).[9])

Es ist also im gegenwärtigen Titel nur noch von dem gerichtlichen Verfahren bei Siegelungen und Inventuren zu handeln.

---

[3]) Darunter ist wesentlich das Recht auf Konkurseröffnung verstanden; s. darüber jetzt Konk.-O. §§ 203 ff.

[4]) s. hierüber A. G. O. I 46 (unten Abschn. III Nr. 5).

[5]) s. Anm. 2.

[6]) „Prozeßordnung" ist der erste Theil der A. G. O.; s. o. S. 45 Anm. 1.

[7]) Vgl. A. G. O. III 7; jetzt: wo keine Rechtsanwälte wohnen.

[8]) nämlich wenn eine Veranlassung vorliegt, mit den Erben zu verhandeln; eine Verpflichtung, die Erben von Amts wegen zu dieser Belehrung vorzuladen, ist nicht gemeint. Uebrigens ist die Vorschrift überhaupt nur instruktionell.

[9]) s. dazu jetzt auch noch V. O. § 89.

A. Von Siegelungen.[10])
Wenn dieselben von Amts wegen zu verfügen.

§. 4. Siegelungen werden von dem Richter entweder von Amts wegen, oder auf das Ansuchen eines Interessenten verhängt.[11]) Von Amts wegen muß der Richter die Siegelung veranlassen:

1) wenn die vermuthlichen nächsten Intestaterben unbekannt, ungewiß, oder sämmtlich von dem Orte, wo der Erblasser verstorben,[12]) abwesend sind;

2) wenn die vermuthlichen nächsten Erben sämmtlich fremde, und nicht Königliche Unterthanen sind;[13])

3) wenn unter den vermuthlichen nächsten Erben Minderjährige, Wahn- oder Blödsinnige, oder gerichtlich erklärte Verschwender sich befinden, und der Verstorbene keinen Ehegatten hinterlassen hat.[14])

§. 5. Auch in anderen Fällen ist der Richter befugt, die Siegelung von Amts wegen zu veranlassen, wenn besondere Zeit- oder andere Umstände es nothwendig machen; mit vorzüglicher Sorgfalt zu verhindern, daß nichts aus dem Nachlasse weggebracht, vielmehr Alles in dem Stande, worin es sich zur Zeit des Todes befunden hat, erhalten werde.

Anh. §. 432. Baare Gelder, geldwerthe Papiere und Petriosen sind in der Regel zum gerichtlichen Deposito zu nehmen.[15])

---

[10]) Vgl. auch A. L. R. I 9 §§ 460—463. [11]) Vgl. Anm. 20.

[12]) Darunter ist der Ort zu verstehen, an welchem der Verstorbene seine letzte ständige Wohnung hatte, und wo deshalb der größte Theil seines Mobiliarnachlasses zu vermuthen ist, sollte er auch in Folge vorübergehender Entfernung an einem anderen Orte gestorben sein. Vgl. auch R. G. U. v. 11. 7. 1889 (R. u. K. 34 S. 1061).

[13]) Diese Vorschrift beruht auf dem alten Abschoßrecht, d. h. der Erhebung einer Abgabe für die in das Ausland gehenden Erbschaften (A. L. R. II 17 §§ 161—173). Ihr Zweck ist nicht die Sicherung des Erben (denn es ist nicht ersichtlich, weshalb der Ausländer einen größeren Schutz genießen sollte als der Inländer, und weshalb der am Orte befindliche Erbe eines Schutzes überhaupt bedürfen sollte), sondern die Sicherung des Staates wegen des Abschosses. Nachdem der Abschoß mit Ausnahme der Retorsion gegen diejenigen Staaten, welche selbst Abschoß erheben, beseitigt ist (K. O. v. 11. 4. 1822; G. S. S 181), ist auch der § 4 Nr. 2 im Allgemeinen antiquirt und findet nur noch als Retorsionsmaßregel gegenüber den Unterthanen Abschoß erhebender Staaten Anwendung. Vgl. auch Foerster-Eccius IV § 267 Anm. 5 (S. 518).

Wegen der Siegelung, im Falle der Erblasser ein Ausländer war, s. Anm. 30 zu d.

[14]) § 4 Nr. 3 betrifft eine Norm des Vormundschaftsrechts und ist deshalb beseitigt (V. O. § 102). Jetzt gilt V. O. § 15, welcher die Zuständigkeit für die Sicherstellung (nicht nothwendig Siegelung) dem Vormundschafts- (nicht Nachlaß-) Gericht zuweist und auch die Voraussetzungen anderweit regelt.

[15]) Der § 432 ist (mit Aenderungen) aus dem R. 15. 2. 1814 (Jahrb. 3 S. 33; Gräff 3 S. 14) entnommen; er betrifft das Verfahren bei der Siegelung und gehört sachlich nicht zu § 5, sondern zu §§ 25 ff. Wegen des gerichtlichen Depositums s. o. S. 48 Anm. 5.

§. 6. Wenn der Verstorbene ein solcher Königlicher oder anderer öffentlicher Bedienter gewesen, welcher entweder Briefschaften oder Gelder, die zu seinem Amte gehören, in Händen gehabt; so kann, ohne Unterschied: ob der übrige Nachlaß gerichtlich gesiegelt wird, oder nicht, dasjenige Kollegium,[16]) bei welchem oder unter welchem der Verstorbene wegen seines Amts gestanden hat, die Versiegelung der Briefschaften und Gelder[17]) vornehmen.

§. 7. In wie fern auch in Fällen, wo die Siegelung von Amts wegen zu verfügen wäre, dieselbe wegen eines von dem Erblasser geschehenen Verbots unterbleiben müsse, ist in den Gesetzen bestimmt (A. L. R. Th. II. Tit. XVIII. §. 372—375.);[18]) wobei sich jedoch von selbst versteht, daß auch ein solches Verbot den Richter nicht hindern könne, mit der Siegelung zu verfahren, wenn es die Sicherheit des Staats,[19]) oder die Erhaltung der zu dem Amte des Verstorbenen gehörenden Gelder und Briefschaften erfordern.

Auf wessen Instanz sie zu veranlassen.

§. 8. In Fällen, wo eine Versiegelung von Amts wegen nicht erforderlich ist, kann selbige nur auf den Antrag eines Interessenten, er sey einer der Erben, ein Verwandter, ein Hausgenosse, oder auch ein Fremder, verhängt werden.[20]) Derjenige, welcher sich darum meldet, muß sein Interesse bei der Sache anzeigen. Wenn inzwischen dieses Interesse nicht ganz offenbar ungegründet, und nicht

---

[16]) Die betreffende Befugniß wird man dem Amtsvorgesetzten, auch wenn er kein Kollegium darstellt, gleichfalls zuerkennen müssen. Wegen der Reichsbeamten s. Reichsbeamtengesetz v. 31. 3. 1873 § 20.

[17]) Darunter wird man nur solche Stücke zu verstehen haben, die entweder Staatseigenthum sind, oder die der Beamte wenigstens Namens des Staates innegehabt hat, nicht aber solche, die der Beamte als Mandatar einer Partei verwahrt hat, und derenthalben seine Erben sich mit der Partei nach den Grundsätzen des Civilrechts auseinanderzusetzen haben. Für Notare und Gerichtsvollzieher s. übrigens die besonderen Vorschriften in Not.-G. § 37 u. Gerichtsvollzieherordnung § 40. — Wegen des Begriffes der im Staatseigenthum stehenden Schriften s. v. Rönne Erg. z. A. L. R. I 9 § 353 Zus. 1 und Koch ebenda Anm. 6.

[18]) Die citirten Vorschriften betreffen zunächst nur die Siegelung im Interesse von Minderjährigen und sind insoweit durch die V. O. (§§ 15. 102) beseitigt. Die Praxis hat die Vorschriften aber auch auf andere Fälle der Siegelung bezogen, und insoweit gelten sie fort; s. auch K. G. v. 29. 9. 1884 (5 S. 49). Das Gleiche gilt von den Vorschriften über das Verbot der gerichtlichen Inventur (A. L. R. II 18 §§ 395—398).

[19]) Die Sicherheit des Staates ist Siegelungsgrund ausschließlich in Rücksicht auf den Abschoß, s. hierüber Anm. 13.

[20]) Die Siegelung auf Antrag eines Interessenten begreift zwei jetzt wesentlich verschiedenartige Fälle, je nachdem die Erbschaft noch unergriffen ist

klar ist, daß die Siegelung bloß aus Chikane verlangt werde; so muß der Richter das Gesuch, wenn es kurz nach dem Todesfalle angebracht wird, nicht leicht ablehnen, sondern demselben gemäß verfügen; da in dergleichen Fällen, wo gemeiniglich Gefahr im Verzuge vorwaltet, die Zeit nicht hinreicht, sich auf weitläufige Erörterungen über das Recht und Interesse des Extrahenten, oder auf Nachforschungen, ob schon ein Besitzer der Erbschaft vorhanden sey, einzulassen; vielmehr es allemal unbedenklicher ist, mit der Siegelung zu verfahren, als den Nachlaß dem Anlaufe, dem Abbringen und unbefugten Besitzesergreifungen auszusetzen.

§. 9. Wenn hingegen die Siegelung erst nachgesucht wird, nachdem schon einige Zeit nach dem Ableben des Verstorbenen verstrichen ist, und sich schon jemand als Erbe im Besitze des Nachlasses notorisch befindet; so kann dieselbe nur verhängt werden, wenn der Erbe sich des Durchbringens der Erbschaft verdächtig macht, oder überhaupt für einen solchen zu achten ist, gegen den,

---

oder aber bereits ein Erbschaftsbesitzer vorhanden ist. Den ersteren Fall behandelt § 8, den letzteren behandeln §§ 9–13. Im ersteren Falle liegt, ebenso wie bei der Siegelung von Amts wegen ein rechtspolizeilicher und im Uebrigen nicht unter streitenden Parteien zu erlassender Akt vor, der § 8 ist deshalb von der C. P. O. unberührt geblieben. Der zweite Fall dagegen stellt eine bürgerliche Rechtsstreitigkeit zwischen dem Antragsteller und dem Erbschaftsbesitzer dar und unterliegt deshalb der Zuständigkeit der Prozeßgerichte (nicht des Nachlaßgerichts) und dem Verfahren nach der C. P. O. (G. V. G. § 13. E. G. z. C. P. O. § 3). Vgl. K. G. v. 5. 11. 1883, 29. 9. u. 6. 10. 1884 (4 S. 61; 5 S. 49. 50). Als Sicherungsmittel kommen demnach in diesem Falle der Arrest und die einstweilige Verfügung in Betracht, denen gegenüber die §§ 9—13 folgende Gestaltung gewinnen: Wird ein Arrest nachgesucht, so finden die §§ 9—13 keinerlei Anwendung vermöge § 14 E. G. z. C. P. O.; die Vollziehung eines Arrestes geschieht deshalb auch nicht durch Siegelung des Nachlasses, sondern lediglich nach §§ 808 ff. C. P. O. Wird dagegen eine einstweilige Verfügung beantragt, so gelten die §§ 9—13 noch insoweit, als sie die materiellen Voraussetzungen des Anspruchs auf Siegelung regeln (E. G. z. C. P. O. § 16 Nr. 4). Gewähren sie hiernach einen bezüglichen Anspruch (vgl. auch noch A. L. R. I 9 § 387, I 12 §§ 243—253 u. II 1 § 656), so ist der Antragsteller eine einstweilige Verfügung wegen Siegelung zu verlangen befugt, ohne daß es auf die Voraussetzungen der §§ 814. 819 C. P. O. ankommt, und ohne daß das Gericht befugt wäre, nach seinem Ermessen (§ 817) eine andere Maßregel statt der Siegelung anzuordnen; er hat dieses Recht auch dann, wenn seine Forderung eine bloße, dem § 796 C. P. O. unterliegende Geldforderung ist. Dagegen regeln sich die prozessualen Voraussetzungen des Gesuches (insbesondere die Glaubhaftmachung und die Erforderlichkeit der Sicherheitsleistung) sowie das Verfahren und die Vollziehung der einstweiligen Verfügung auch hier lediglich nach der C. P. O.; es finden deshalb die Vorschriften über die Ausführung der Siegelung (§§ 14 ff. d. T.) auch hier keine Anwendung. — Beim Vorliegen der Voraussetzungen der §§ 814. 819 C. P. O. kann übrigens eine einstweilige Verfügung wegen Siegelung auch dann erlassen werden, wenn die Voraussetzungen der §§ 9–13 des Textes nicht vorhanden sind.

oder dessen Vermögen, den Rechten nach, Arrest oder Sicherheitsbestellung gesucht werden kann.[21])

§. 10. In einem solchen Falle muß derjenige, welcher auf die Siegelung anträgt, sein Interesse, und die bei dem Besitzer der Erbschaft obwaltende Unsicherheit bescheinigen; und es muß sowohl bei der vorläufigen Prüfung eines solchen Gesuchs, als wegen Verhängung der Sperre selbst, des über die Rechtmäßigkeit derselben zu veranlassenden Verfahrens, der Wiederaufhebung der Sperre gegen Kaution, und sonst überall, die Vorschrift des XXIXsten Titels der Prozeßordnung, von Arresten, beobachtet werden.[22])

Besonders auf Instanz der Gläubiger.

§. 11. Wenn die Forderung eines Erbschaftsgläubigers so beschaffen ist, daß deswegen auf das Vermögen des Erblassers selbst ein Arrest Statt gefunden haben würde; so kann ein solcher Gläubiger auch gegen den Erben auf die Siegelung des Nachlasses, oder eines solchen Theils desselben, als zur Deckung seines Anspruchs erforderlich und hinreichend ist,[23]) antragen.

§. 12. Eben so kann ein Gläubiger des Erben, dessen Forderung zum Arreste qualificirt ist, die Verhängung desselben[24]) in den seinem Schuldner zugefallenen Nachlaß suchen; doch bleibt den Gläubigern des Erblassers die Befugniß, auf die Absonderung des Nachlasses von dem eigenen Vermögen des Erben anzutragen, vorbehalten.

Wenn mehrere Erben sind.

§. 13.[25]) Sind mehrere Erben vorhanden, und die §. 10. 11. 12. angeführten Gründe, die Siegelung nachzusuchen, treten nur gegen

---

[21]) § 9 bedeutet nach jetzigem Recht Folgendes: wenn der Erbe sich des Durchbringens der Erbschaft verdächtig macht, oder wenn für den Anspruch des Antragstellers gegen den Erbschaftsbesitzer die Voraussetzungen des Arrestes (C. P. O. §§ 796 ff.) oder diejenigen des materiellen Rechts über die Erforderlichkeit der Sicherheitsleistung (A. L. R. I 14 §§ 179. 180; vgl. Koch Anm. 4 zu § 180) vorliegen, so hat der Antragsteller, welcher ein Miterbe oder ein Nachlaßgläubiger sein kann, das Recht, auf eine einstweilige Verfügung wegen Siegelung anzutragen, s. Anm. 20.

[22]) § 10 enthält lediglich prozessuale Vorschriften und ist beseitigt; s. Anm. 20.

[23]) nämlich auf eine entsprechende einstweilige Verfügung; vgl. Anm. 20. Der § 11 bezieht sich nur auf Gläubiger, nicht auf Miterben.

[24]) d. h. des Arrestes, nicht gerade nothwendig der Nachlaßsiegelung. In der That ist § 12 nichts weiter als eine Wiederholung der bezüglichen Vorschrift aus dem Arrestrecht der A. G. O. (§ 7 I 29); der erste Satz des § 12 ist deshalb beseitigt (s. Anm. 20), während der zweite Satz als eine materiell-rechtliche Vorschrift über den Fortbestand des beneficium separationis (A. L. R. I 16 §§ 500 ff.) weiter gilt.

[25]) Der § 13 bezieht sich sowohl auf Erbschaftsprätendenten als auf Gläu-

einen oder etliche unter ihnen ein; so kommt es darauf an: ob die sämmtlichen Erben sich im gemeinschaftlichen Besitze des noch ungetheilten Nachlasses befinden; oder ob gewisse Theile des Nachlasses von diesem, andere aber von jenem Erben besessen werden.

Im ersten Falle kann die Versiegelung der ganzen Erbschaft gesucht werden; es wäre denn, daß die Miterben dem Extrahenten tüchtige Kaution, wegen alles Weg- oder Durchbringens von Seiten ihres in Anspruch genommenen Mitgenossen, und für alle Folgen davon, bestellten.[26])

Im zweiten Falle ist nur derjenige Theil des Nachlasses unter die Sperre zu nehmen, welcher von demjenigen Erben, gegen den der Antrag gerichtet ist, besessen wird.[27])

Verlangen die anderen Miterben die Wiederauffiegelung, und daß ihnen der Besitz, mit Ausschluß des in Anspruch genommenen Konsorten, überlassen werde;[28]) so ist ihnen darunter zwar zu willfahren; sie müssen aber, bei Vermeidung doppelter Erstattung, diesem Erben, ohne Vorwissen und Genehmigung des Extrahenten, oder des Gerichts,[29]) nichts aus dem Nachlasse verabfolgen.

Welchem Gerichte die Siegelung zukomme.

§. 14. Die Versiegelung kann in der Regel nur bei demjenigen Gerichte, unter welchem der Erblasser seinen persönlichen Gerichtsstand[30]) gehabt hat, nachgesucht, und nur von diesem verfügt werden.

---

[26]) Dieser Satz schränkt das Recht auf eine einstweilige Verfügung nach Maßgabe der §§ 9 ff. ein und gilt deshalb weiter (s. Anm. 20). Die Miterben haben dieses Recht, falls über den Erlaß der einstweiligen Verfügung mündlich verhandelt wird, in dieser Verhandlung, sonst mittels Widerspruchs geltend zu machen (C. P. O. §§ 801. 802. 804. 815). — Wird indessen eine einstweilige Verfügung nicht auf Grund der §§ 9 ff. des Textes, sondern lediglich auf Grund der §§ 814. 819 C. P. O. nachgesucht (s. Anm. 20 a. E.), so richtet sich die Aufhebung derselben gegen Sicherheitsleistung lediglich nach § 818 C. P. O.

[27]) d. h. die einstweilige Verfügung ist demgemäß einzuschränken.

[28]) Der Anspruch ist mittels Klage nach Analogie des § 690 C. P. O. zu verfolgen, vgl. auch § 61 C. P. O.

[29]) Der Miterbe hat eventuell eine bezügliche gerichtliche Entscheidung gegen den Extrahenten zu erwirken.

[30]) s. II 1 § 6 mit Anm. 22. Sachlich zuständig sind gegenwärtig die Amtsgerichte (A. G. z. G. V. G. § 26 Nr. 1). Besondere Bestimmungen betreffs der Siegelung, Entsiegelung und Inventarisirung bestehen:

a) für die Mitglieder der standesherrlichen Familien; s. u. Abschn. IV Nr. 10.

b) für Militär und Marine s. § 18 mit Anm. 38.

c) für den Nachlaß der am Bord von Kauffarteischiffen gestorbenen Schiffsleute; s. Seemannsordnung v. 27. 12. 1872 (R. G. Bl. S. 409) § 52. H. G. B. Art. 676.

§. 15. Wird also die Siegelung bei einem andern Gerichte nachgesucht, und das kompetente Gericht befindet sich an eben dem Orte; so muß ersteres sich aller Verfügung enthalten, und den Supplikanten an den kompetenten Richter lediglich verweisen.[31])

Wird aber an einem Orte, wo das kompetente Gericht sich nicht aufhält, die Versiegelung des daselbst befindlichen Nachlasses, oder eines Theils davon, bei dem ordentlichen Richter desselben Orts nachgesucht; so muß dieser zwar damit einstweilen verfahren, zugleich aber dem eigentlich kompetenten Richter davon unverzüglich Anzeige machen.

Hat der Verstorbene außer seinem Wohnorte, und außer dem Jurisdiktionsbezirke seines persönlichen Gerichts, Häuser oder Landgüter besessen; so ist das Gericht, unter welchem diese Grundstücke liegen, die Siegelung auf denselben vorzunehmen befugt und schuldig; doch muß auch von ihm dem persönlichen kompetenten Gerichte Anzeige darüber geschehen.[32])

Besonders bei Sterbefällen der Eximirten.[33])

§. 16. In Provinzen, wo, wegen des beträchtlichen Umfangs der den Landesjustizkollegien angewiesenen Jurisdiktionsbezirke, Justizräthe oder andere Commissarii perpetui des Landesjustizkollegii angesetzt sind, muß die Siegelung in denjenigen Fällen, wo sie von Amts wegen Statt findet (§. 4. 5.), von diesen Kommissarien veranlaßt werden; und hat es desfalls bei den für dergleichen Kommissarien besonders ergangenen Reglements und Instruktionen sein Bewenden.

Auch sind in diesen sowohl, als in den übrigen Provinzen, die Magisträte und Gerichte derjenigen Orte, wo das Landesjustizkollegium, oder ein Kommissarius desselben, sich nicht aufhält, bei Sterbefällen eximirter Personen schuldig, zur Abwendung der möglichen Gefahr, die aus dem Verzuge entspringen möchte, zur interimistischen Siegelung der an ihrem Orte befindlichen Verlassenschaft, so bald dieselbe von Amts wegen geschehen muß (§, 4. 5.), auch unersucht zu schreiten; davon aber auch dem Landesjustizkollegio sofort Anzeige zu machen.

Anh. §. 433. Bei Versiegelungen des Vermögens oder Nachlasses eines Regierungsoffizianten muß die betreffende Regierung davon benachrichtigt werden, welcher freisteht, an diejenigen Zimmer und

---

d) für den Nachlaß von Ausländern. Hier ist vielfach in Staatsverträgen besondere Vorkehrung getroffen; s. das Nähere im Anhang I.

Wegen der Siegelung rc. im Auslande durch die diesseitigen Konsuln s. die zu d erwähnten Verträge und Konsulatsgesetz v. 8. 11. 1867 (B. G. Bl. S. 137) § 18.

[31]) Dieser Absatz beruhte auf dem Gerichtsstande der Eximirten (s. o. S. 1), demzufolge für dieselben Orte mehrere örtlich zuständige Gerichte existirten. Für die allein noch bestehende Exemtion der standesherrlichen Familien gelten besondere Bestimmungen; s. Anm. 30 zu a.

[32]) Dieses Gericht kann auch seinerseits die Siegelung anordnen und das zuständige Gericht um die Ausführung ersuchen; vgl. Anm. 48.

[33]) s. Anm. 31; wegen der in § 16 citirten „Justizräthe" s. o. S. 5.

Behältnisse, worin Amtsakten zu vermuthen sind, ihre Siegel ebenfalls anlegen zu lassen.[34])

Der Militairpersonen.

§. 17. Bei dem Absterben solcher Personen, die unter Militairgerichtsbarkeit bis an ihren Tod gestanden haben, muß derjenige Nachlaß, welchen sie bei und um sich gehabt haben, von von den Kriegsgerichten versiegelt werden. Wegen des übrigen Nachlasses hingegen kommt die Siegelung demjenigen Civilgerichte zu, unter dessen Jurisdiktion, vermöge des Standes und Ranges der verstorbenen Militairpersonen, ihr Nachlaß aus der durch den Tod aufgehobenen Militairgerichtsbarkeit zurück fällt.[35])

Anh. §. 434. Die Versiegelung des Nachlasses der Militairpersonen gebührt den Civilgerichten, unter welchen der Verstorbene bei seinem Tode gestanden hat.[36])

Anh. §. 435. Die in dem Nachlasse eines Offiziers sich vorfindenden Montirungs- und Equipagestücke sind jedesmal so schleunig als möglich dem Regiments- oder Bataillonschef zu überliefern, damit sie der in die Stelle des Verstorbenen eintretende Offizier für die gerichtliche Taxe annehmen könne.[37])

§. 18. War der Verstorbene im Felde, oder auf Kommando, an einem Orte, wo kein Kriegsgericht sich befindet;[38]) so liegt dem kommandirenden Offizier ob, für den Nachlaß, welchen er bei und um sich hat, zu sorgen. Ist auch kein kommandirender Offizier vorhanden, so sind die Civilgerichte des Orts zu dieser Obsorge verpflichtet.

---

[34]) Die §§ 433 u. 436 des Anh. sind aus § 47 der V. wegen verbesserter Einrichtung der Provinzial- ꝛc. Behörden v. 26. 12. 1808 (G. S. S. 464, s. auch oben S. 10) entnommen. Unter „Regierungsoffizianten“ sind nach derselben die Beamten der Regierung sowie die Untergebenen der letzteren zu verstehen.

[35]) § 17 enthält keine materielle Anordnung, daß der Nachlaß von Militärpersonen unter allen Umständen versiegelt werden muß, sondern wie die Marginalüberschrift zu § 14 ergiebt, nur eine Zuständigkeitsnorm und ist deshalb aufgehoben durch Anh. § 434.

[36]) § 434 stammt aus der K. O. v. 19. 7. 1809; s. o. S. 12 Anm. 15. Wegen des Verfahrens mit dem Nachlasse vgl. Bek. v. 4. 9. 1890 (J. M. Bl. S. 240).

[37]) § 435 stammt aus dem R. v. 7. 1. 1812 (Jahrb. 1 S. 7; Gräff 3 S. 16) und ist durch die K. O. v. 8. 1. 1841 (G. S. S. 16) wieder aufgehoben worden. Wegen des Begriffes der hier erwähnten „Equipage“ vgl. A. L. R. I 2 § 29.

[38]) beruhte auf der Zuständigkeit der Kriegsgerichte zur Siegelung (§ 17); jetzt tritt die Funktion des kommandirenden Offiziers dann ein, wenn das zuständige Amtsgericht (Anh. § 434) nicht am Orte ist. Der letzte Satz des § 18 ist danach antiquirt. Ein Recht des Auditeurs zur Siegelung (Maercker S. 27 8) ist zu verneinen; die Befugniß „Handlungen der freiwilligen Gerichtsbarkeit aufzunehmen und zu beglaubigen“ (G. v. 8. 6. 1860 § 1 Nr. 1) ist auf die Nachlaßsiegelung als einen Zwangsakt nicht zu beziehen; vgl. oben S. 28. Nur auf Ersuchen des zuständigen Amtsgerichts ist der Auditeur zur Siegelung berufen; § 1 Nr. 2 a. a. O.

Für Sterbefälle in der Marine sind betreffs des ganzen Verfahrens (Siche-

Von Siegelungen der Dorfgerichte.

§. 19. Auch Dorfgerichte[39]) müssen, in Abwesenheit des Gerichtshalters,[40]) den am Orte befindlichen Nachlaß versiegeln; sie müssen aber davon dem Gerichtshalter,[41]) zur weitern Besorgung und Verfügung, schleunigst Anzeige machen.

Der Notarien.

§. 20. Notarien sind Siegelungen vorzunehmen nicht berechtigt;[42]) es wäre denn, daß sie entweder von dem Verstorbenen darum ersucht worden;[43]) oder das Gesuch zwar nur von Erben, Gläubigern, oder anderen Interessenten angebracht würde, zugleich aber kein Richter[44]) sich am Orte oder in der Nähe befände. Alsdann können sie zwar, mit Beobachtung der zu einem Notariatsinstrumente gehörigen Förmlichkeiten,[45]) zur Versiegelung schreiten;[46]) sie müssen aber auch den Vorfall, mit Einsendung des aufgenommenen Protokolls, dem kompetenten Gerichte sofort anzeigen.[47])

Von Versiegelungen durch inkompetente Behörden.

§. 21. Wenn von einem nicht kompetenten Gerichte gesiegelt worden ist, ohne daß selbiges dazu eine in den obigen Vorschriften (§. 15. 16.) gegründete Veranlassung gehabt hätte; so kann dasselbe dafür keine Gebühren fordern;[48]) und der kompetente Richter ist

---

rung, Inventarisirung, Auslieferung und Verkauf des Nachlasses) besondere Bestimmungen erlassen in der Marineordnung v. 4. 12. 1883 § 19 Nr. 5 mit Anlage 3 (Guttentag'sche Gesetzgebung 3 S. 1149 u. 1226).

[39]) Ueber die Dorfgerichte s. o. S. 43.

[40]) d. h. jetzt: wenn kein Amtsgericht am Orte ist; s. o. S. 3 u. A. G. O. II 2 § 8 Anm. 14.

[41]) jetzt dem Amtsgericht; s. a. a. O.

[42]) d. h. auf eigene Entschließung; über Siegelung Seitens des Notars im Auftrage des Gerichts s. III 7 § 88.

[43]) Formlos! Die Form der letztwilligen Verfügung ist für das Ersuchen nicht vorgeschrieben; eine solche Verfügung würde auch kaum rechtzeitig zur Publikation gelangen. Es genügt die amtliche Versicherung des Notars in dem Siegelungsprotokoll über die an ihn ergangene Requisition des Verstorbenen.

[44]) d. h. kein für die Vornahme der Siegelung zuständiger Richter.

[45]) Darunter waren die §§ 49 ff. III 7 verstanden; jetzt gilt statt derselben Not.-G. §§ 7 ff. mit G. v. 15. 7. 1890 §§ 4 ff.

[46]) Der Notar hat bei seiner bezüglichen Entschließung die Stellung des Nachlaßrichters; er hat deshalb das Gesuch nach Maßgabe der §§ 4. 5. 7. 8 zu prüfen; in den Fällen der §§ 9 ff. darf der Notar zu keiner Versiegelung schreiten; s. Anm. 20.

[47]) Wegen des weiteren Verfahrens des Gerichts s. § 21 Abs. 3

[48]) Die Vorschrift fußte auf der früheren Sportelverfassung, der zufolge der Richter selbst die betreffenden Gebühren bezog; gegenwärtig kann sie, da

berechtigt, so bald er den Vorfall in Erfahrung bringt, sein Siegel dem bereits vorhandenen beizudrücken; auch kann er, wenn es demnächst zur Wiederaufsiegelung kommt, das Siegel des inkompetenten Gerichts,[49]) ohne dessen Zuziehung, mit dem seinigen zugleich abnehmen.

Ist aber die Siegelung von dem inkompetenten Richter auf den Grund der Vorschriften des §. 15. 16. erfolgt, so hängt es von dem Befinden des kompetenten Gerichts, nach Beschaffenheit der Umstände, ab, es dabei entweder zu belassen, oder sein Siegel beizudrücken. Doch muß in diesem Falle die Abnehmung der Siegel allemal mit Zuziehung desjenigen, der die erste Siegelung verrichtet hat, geschehen.[50])

Eben das findet Statt, wenn der Verstorbene selbst vor seinem Tode auch nur einen Notarius,[51]) oder einen Freund, auf welchen er Vertrauen setzt, ersucht hat, seinen Nachlaß zu versiegeln.

Wenn gesiegelt werden müsse.

§. 22. In Fällen, da die Siegelung von Amts wegen zu verfügen ist, muß der Richter dieselbe sogleich, als er den Sterbefall in Erfahrung bringt, ohne den geringsten Verzug veranlassen. Erfolgt der Tod des Erblassers an eben dem Orte, wo das Gericht sich befindet; so muß die Siegelung noch an demselben Tage, außerdem aber, so bald es nach der Entfernung möglich ist, ins Werk gerichtet werden.

---

die Gebühr in die Staatskasse fließt, nur so angewendet werden, daß den Parteien durch die unberechtigte Siegelung keine Mehrkosten entstehen dürfen.

Im Uebrigen ist innerhalb der jetzigen Gerichtsverfassung zu unterscheiden (vgl. Anm. 31), ob der siegelnde Richter seinen Bezirk überschritten und in den des zuständigen Richters übergegriffen hat, oder ob er in seinem Bezirk geblieben und nur in der Beurtheilung seiner Zuständigkeit, insbesondere bei Anwendung des § 15 geirrt hat. Nur auf den ersteren Fall findet § 21 noch ferner Anwendung. Im zweiten Falle dagegen können dem zuständigen Gerichte die Befugnisse des § 21 nicht mehr zuerkannt werden, denn es müßte dabei eine Amtshandlung außerhalb seines Bezirks vornehmen, was es ohne Zustimmung des Amtsgerichts des Ortes nicht darf (G. V. G. § 167 mit A. G. z. G. V. G § 67). In diesem Falle bleibt es bei der Siegelung bis zur Anordnung der Wiederaufsiegelung, zu deren Ausführung der kompetente Richter sich wiederum regelmäßig der Vermittelung des Amtsgerichts des Ortes bedienen muß.

[49]) oder des von diesem beauftragten Notars oder Gerichtsvollziehers; vgl. Anm. 54.

[50]) Der Abs. 2 ist für alle gerichtlichen Siegelungen antiquirt; s. Anm. 48; er hat indessen noch Bedeutung für die in Abs. 3 behandelte notarielle und private Siegelung.

[51]) s. § 20 mit Anm. 42. Ist das kompetente Amtsgericht nicht dasjenige des Bezirks, in welchem gesiegelt ist, so muß regelmäßig die Vermittelung des letzteren eintreten.

§. 23. Da aber in weitläufigen Jurisdiktionsbezirken, und besonders in den Departements der Landesjustizkollegien,[52]) die sich ereignenden Sterbefälle, und die dabei eintretenden Umstände, welche eine Versiegelung von Amts wegen nothwendig machen, dem Richter nicht immer sogleich bekannt werden können; so liegt den im Sterbehause gegenwärtigen Verwandten oder Hausgenossen des Verstorbenen, ingleichen seinem Hauswirthe ob, dieserhalb mündliche oder schriftliche Anzeige bei den Gerichten zu thun, wenn sie sich gegen die Erben, oder die Gläubiger des Verstorbenen, außer Verantwortung setzen wollen.[53])

Durch wen?

§. 24. Zur Versiegelung selbst kann auch nur Eine gehörig vereidete Gerichtsperson, z. B. ein Sekretarius oder Aktuarius, abgeordnet werden;[54]) doch muß derselbe bei dem Aktus die im Sterbehause befindlichen Verwandten, oder Hausgenossen des Verstorbenen, oder allenfalls den Hauswirth, zuziehen.

Verfahren bei der Siegelung.

§. 25. Bei der Siegelung muß in der Verlassenschaft nichts gerührt, noch ein Inventarium darüber aufgenommen werden. Der Siegelnde muß sich vielmehr darauf einschränken, daß er die Gewölbe, Stuben, Kammern, Schreibtische, Schränke, Spinden, Kasten, wie nicht weniger die Boden, Scheuren und Keller, und überhaupt alle Behältnisse, in welchen etwas, so zum Nachlasse gehört, befindlich ist, oder vermuthet werden kann, mit dem Gerichtssiegel[55]) versiegele.[56])

Nur diejenigen Stuben und Kammern, welche zur Leiche, und zum Gebrauche der etwa im Hause bleibenden Verwandten, Freunde

---

[52]) Die Landesjustizkollegien (A. G. O. III 1 § 1) sind mit der Siegelung nicht mehr befaßt; s. Anm. 30.

[53]) Nach einem R. v. 8. 6. 1839 (J. M. Bl. S. 208) soll diese Vorschrift von Zeit zu Zeit durch die Amtsblätter in Erinnerung gebracht werden.

[54]) Gegenwärtig können mit der Siegelung, Entsiegelung und Inventur beauftragt werden: ein Notar (s. § 43 d. T. u. III 7 § 88 mit Anm. 55), ein Gerichtsschreiber des Amtsgerichts oder ein Gerichtsvollzieher (s. o. S. 34 u. 40); wegen der Inventuren s. auch § 43 Abs. 2 d. T. Der Richter kann den Akt auch selbst vornehmen. Aufträge (auch an Notare und Gerichtsvollzieher) darf das Gericht übrigens nur insoweit ertheilen, als es selbst die betreffende Handlung vornehmen dürfte, d. i. nur innerhalb seines eigenen Bezirks. § 162 G. V. G. findet sonach hier keine Anwendung; vielmehr muß bei Amtshandlungen außerhalb des Bezirkes nach §§ 158. 167 G. V. G. mit 87 A. G. z. G. V. G. verfahren werden. Wegen der Siegelung durch Notare s. auch III 7 § 88.

[55]) Notare und Gerichtsvollzieher verschließen mit ihrem eigenen Siegel.

[56]) Wegen der Gelder, Werthpapiere und Kostbarkeiten s. indessen Anh. § 432 zu § 5.

und Bedienten nöthig sind, werden offen gelassen; die in selbigen befindlichen Meublen aber, die nicht niet- und nagelfest, oder zum Gebrauche unentbehrlich sind, besonders die in den offen bleibenden Gelassen sich befindenden Schränke, Schreibtische, Kasten, Kommoden, und andere dergleichen Behältnisse, werden in ein Zimmer, dessen Thüren verschlossen und versiegelt werden können, gebracht. Ueber die in den offen bleibenden zurück gelassenen Sachen wird ein richtiges Verzeichniß aufgenommen; die Aufsicht darüber jemandem von den gegenwärtigen Personen übertragen, und diesem das Verzeichniß zur Mitunterschrift vorgelegt.

Sachen, die außer der Sperre zu lassen sind.

§. 26. Von den vorgefundenen Geldern und Vorräthen, an Eßwaaren, Getränken, Viehfutter, Leinenzeug, Betten, und was sonst zur täglichen Nothdurft gehört, wird nur so viel, als zum Begräbniß, oder auf eine kurze Zeit zur Unterhaltung des Gesindes und vorräthigen Viehes, oder auch zu den nöthigsten Bedürfnissen des etwa gegenwärtigen Erben erforderlich ist, heraus gelassen, und jemandem unter den Gegenwärtigen zur Aufsicht und künftigen Berechnung, nach einem darüber aufzunehmenden und von ihm mit zu unterschreibenden Verzeichnisse anvertraut. Auch Sachen, die nicht unter die Sperre genommen werden können, z. B. lebendige Thiere, müssen in ein Verzeichniß gebracht, und die Aufsicht darüber muß irgend einer sichern Person anvertraut werden.

Sachen, die dem Verderben unterworfen sind.

§. 27. Finden sich in dem Nachlasse Sachen, welche, bei längerer Aufbewahrung, dem Verderben unterworfen sind; so muß der Siegelungskommissarius dieselben zwar ebenfalls vor der Hand unter die Sperre nehmen, zugleich aber dem Gerichte, von welchem er seinen Auftrag hat, ohne den geringsten Zeitverlust, zur schleunigen Verfügung, davon Anzeige machen. Ist die Gefahr des Verderbens so dringend, daß wegen der Entfernung von dem auftragenden Gerichte die Verfügung desselben nicht abgewartet werden kann; so muß der Siegelungskommissarius selbst dafür sorgen, daß dergleichen Sachen unverzüglich so vortheilhaft, als es nach den Umständen möglich ist, veräußert, oder auf andere Art untergebracht werden.

Von der Siegelung auf einem Landgute,

§. 28. Ist die Siegelung auf einem Landgute zu verrichten, so muß der Kommissarius, wegen der im Wohnhause befindlichen Sachen, nach obigen Vorschriften verfahren; sich von dem Wirthschaftsbeamten den letzten Monatsschluß vorlegen lassen; den vorhandenen Kassenbestand revidiren; davon nicht mehr, als zur Fortsetzung der Wirthschaft erforderlich ist, zurück lassen; und das Uebrige in einem möglichst sichern Behältnisse, im Wohnhause, unter dem Siegel niederlegen; die Getreidebestände und andere Wirthschaftsvorräthe revidiren, und davon so viel, als zur Wirthschaftsnothdurft auf eine kurze Zeit erforderlich ist, absondern, und dem Beamten zur Verwaltung und Berechnung übergeben; das Uebrige aber in den Behältnissen, worin es sich befindet, gleichergestalt versiegeln; sich das Inventarium über das vorhandene Vieh und Wirthschaftsgeräthe aller Arten vorzeigen lassen, und Abschrift davon nehmen; wenn dergleichen Inventarium nicht vorhanden ist, ein vollständiges Verzeichniß darüber anfertigen; übrigens aber den Beamten, zur Fortsetzung der Wirthschaft, auf den bisherigen Fuß, bis auf weitere Verordnung anweisen.

Hat der Verstorbene die Wirthschaft durch sich selbst, und ohne Zuziehung von Wirthschaftsbedienten, geführt; so muß deren vorläufige Fortsetzung dem zurückgebliebenen Ehegatten, oder einem etwa gegenwärtigen majorennen Kinde, oder in deren Ermangelung einem benachbarten sichern Mann und Einwohner des Orts, allenfalls gegen Zusicherung einer verhältnißmäßigen Belohnung, aufgetragen werden.

Ist das Gut verpachtet, so bedarf es nur der Siegelung der etwa daselbst befindlichen, dem Verstorbenen zugehörigen Sachen; da für Alles, was zur Wirthschaft gehört, der Pächter haften muß.

bei Kaufmannshandlungen,

§. 29. Eine zum Nachlasse gehörende Handlung darf der Richter nicht versiegeln, sondern er muß deren Fortsetzung dem von dem Erblasser angenommenen Disponenten[57]) übertragen, und nur diesen, wenn es etwa nicht schon geschehen wäre, zur treuen und ordentlichen Verwaltung verpflichten. Ist kein besonderer Disponent vorhanden, so muß sofort ein Aufseher bestellt, und gehörig verpflichtet werden. Einem von dem Erblasser schon bestellten Disponenten wird die Fortsetzung der Handlung völlig auf den bisherigen Fuß überlassen; einem Aufseher hingegen, welchen der Richter von Amts wegen bestellt, wird nur eine gewisse Quantität der vorräthigen Waaren, nach einem darüber aufzunehmenden Verzeichnisse, verabfolgt; das übrige Waarenlager aber mit unter die Sperre genommen.

bei Professionen und Handwerken,

§. 30. Hat der Erblasser eine Profession, ein Handwerk, oder sonst ein Gewerbe getrieben; so muß die Fortsetzung desselben durch die Siegelung in der Regel nicht gänzlich gehemmt, vielmehr nur

[57]) Vgl. auch H. G. B. Art. 54. Abs. 2.

ein Aufseher darüber bestellt; von den vorhandenen Materialien und Geräthschaften so viel, als auf einige Zeit zum fortgesetzten Betriebe erforderlich ist, außer der Sperre gelassen, und auch darüber, nach Vorschrift §. 26., ein Verzeichniß aufgenommen werden.

bei öffentlichen Geldern, Papieren und Briefschaften.

§. 31. Geschieht die Versiegelung nur deßwegen, weil der Verstorbene, als ein Königlicher oder anderer öffentlicher Bedienter, Gelder oder Briefschaften vermöge seines Amts in seiner Gewahrsam gehabt hat;[58]) so darf nur die Kasse, die Schreibstube, der Schrank, oder das sonstige Behältniß, in welchem dergleichen Sachen sich befinden oder zu vermuthen sind, unter die Sperre genommen werden.

Aufsuchung einer vorhandenen letztwilligen Disposition.

§. 32. Thut sich bei der Versiegelung eine Anzeige oder Muthmaaßung hervor, daß etwa an einem Orte ein Testament oder andere letzwillige Verordnung des Erblassers, oder eine Rekognition über ein gerichtlich niedergelegtes Testament[59]) vorhanden sey; so muß derjenige, welcher die Siegelung verrichtet, mit Zuziehung der gegenwärtigen Verwandten, Freunde, oder Bedienten des Verstorbenen, an dem Orte, wo es zu seyn vermuthet wird, darnach suchen; und wenn er etwas dergleichen findet, es dem Gerichte zur weitern Verfügung einliefern.

Aufnehmung des Protokolls über die Siegelung.

§. 33. Ueber die richtig geschehene Versiegelung muß ein genaues Protokoll mit Specificirung der Anzahl der Siegel, welche nöthig gewesen, so wie mit Benennung der gegenwärtig gewesenen Personen, gehalten, und mit den nach obigen Vorschriften etwa aufgenommenen Verzeichnissen der außer der Sperre gebliebenen Sachen, zu den Akten gebracht werden. Dieß Protokoll muß der Kommissarius, in der Regel, sogleich im Sterbehause aufnehmen. Wenn jedoch die Kürze der Zeit, oder die Umstände des Falles dieß nicht gestatten; so muß er sich wenigstens die Data zu diesem Protokolle, z. B. die Namen der gegenwärtig gewesenen Personen, die Zimmer und Behältnisse, welche versiegelt worden, die Zahl der angelegten Siegel, die Arten und Quantitäten der aus der Sperre gelassenen Sachen rc., auf der Stelle vorläufig notiren, und daraus das Protokoll selbst noch an eben demselben, oder spätestens am folgenden Tage zu Hause abfassen. Bei dem Protokolle, welches eigentlich

---

[58]) Vgl. § 6.
[59]) Vgl. II 4 § 3 mit Anm. 9.

nur eine Anzeige über den vorgenommenen Aktus der Siegelung enthält, ist die Mitunterschrift der dabei zugezogenen Personen nicht nothwendig. Hingegen müssen die Verzeichnisse der außer der Sperre gebliebenen Sachen, von demjenigen, dessen Verwahrung oder Berechnung sie anvertraut worden, unterzeichnet seyn.

Vorsichtsregeln bei Anlegung und Verwahrung der Siegel.

§. 34. Der Kommissarius muß die Siegel dergestalt befestigen, daß sie nicht von selbst abfallen, noch ohne Gewalt abgerissen und wieder aufgeklebt werden können. Auch die Fenster und andere Zugänge, die, außer den Thüren, in die versiegelten Behältnisse führen könnten, müssen hinlänglich verwahrt; die Schlüssellöcher mit anzusiegelnden Streifen bedeckt, und die Schlüssel besonders eingesiegelt werden. Auch muß der Kommissarius die nöthige Vorsicht brauchen, um nicht Thüren, und andere Meublen von Werth durch das Lack zu verderben, und sich statt dessen, bei solchen Behältnissen, dünnen grünen Wachses bedienen.

Bleiben Erben, Verwandte, oder Freunde im Sterbehause, oder doch am Orte gegenwärtig, so muß der Kommissarius diesen, sonst aber einer andern dazu tauglichen und schicklichen Person, z. B. dem Hauswirthe, die besondere Aufsicht über die Siegel und daß sie nicht abgerissen werden, auftragen; auch wie dieses geschehen, im Protokolle bemerken.

Verfahren in der Zwischenzeit, bis zur Wiederaufsiegelung.

§. 35. Die einmal angelegte Siegelung muß in der Regel so lange liegen bleiben, bis nach den unten folgenden Vorschriften die Wiederauffiegelung und Ausantwortung des Nachlasses, mit oder ohne Inventur, erfolgen kann. In der Zwischenzeit darf sich der Richter keiner Verfügungen über den Nachlaß von Amts wegen anmaaßen; außer was etwa auf die Anzeige des Kommissarii, wegen vorhandener, dem Verderben unterworfener Sachen, nach §. 27., oder wegen anderer unvermeidlicher und dringender Umstände, zur Konservation des Nachlasses nothwendig geschehen muß. Dergleichen nothwendige Verfügungen kann auch ein nicht kompetentes Gericht in Fällen, wo dasselbe nach §. 15. 16. die Siegelung verrichtet hat, treffen. **Was aber bei Siegelungen, die bloß zur Sicherheit minorenner, oder sonst unter Vormundschaft stehender Erben verhängt worden, in dieser Zwischenzeit von dem vormundschaftlichen Gerichte zu besorgen sey, ist in den Gesetzen bestimmt. (A. L. R. Th. II. Tit. XVIII. §. 363—367.)** [60]

---

[60]) Vgl. Anm. 14.

Von der Wiederauffiegelung; wenn, und

§. 36. Die Wiederaufsiegelung findet überhaupt alsdann Statt, wenn die Ursache der angelegten Sperre aus dem Wege geräumt ist. Sie ist also in der Regel sogleich zu verfügen, als die Erben oder der in den gesetzlich bestimmten Fällen (A. L. R. Th. I. Tit. IX. §. 461 u. f. §. 475 u. f.)[61]) bestellte Verlassenschaftskurator, dieselbe nachsuchten.

von wem sie geschehen müsse.

§. 37. Die Wiederaufsiegelung kann nur von dem Gerichte, welchem der Verstorbene in Ansehung seiner Person unterworfen gewesen, verfügt werden.[62]) Jedes andere Gericht, auch wenn es nach Vorschrift §. 15. 16. zur Anlegung der Siegel an sich berechtigt gewesen, muß dennoch, wegen der Wiederaufsiegelung, die Verfügung des kompetenten persönlichen Gerichts abwarten. In wie fern dabei das andere Gericht, welches etwa zuerst gesiegelt hat, zugezogen werden müsse, ist §. 21. verordnet.

Anh. §. 436. Bei der Entsiegelung des Nachlasses eines Regierungsoffizianten müssen die Akten und Papiere, so sich darunter befinden, dem zuzuziehenden Abgeordneten der Regierung ausgehändigt werden. Auch ist in einem solchen Falle die Entsiegelung vorzüglich zu beschleunigen.

Diese Vorschrift ist gleichfalls zu beobachten, wenn der Verstorbene zwar an sich ein Justizbedienter, aber in anderer Rücksicht einer Regierung zugleich untergeordnet war, und Geschäfte in Händen hatte, welche zu ihrem Ressort gehören.[63])

Strafe unbefugter oder zu frühzeitiger Auffiegelung.

§. 38. Wer sich unterfängt, ohne Verfügung des kompetenten Gerichts die aufgedrückten Siegel abzureißen, soll, wenn auch die Verlassenschaft unberührt geblieben wäre, nach Bewandtniß der Umstände, mit 10 bis 50 Rthlr. fiskalischer Geld- oder verhältnißmäßiger Gefängnißstrafe belegt werden. Ist die Verlassenschaft sogar berührt und eröffnet worden, so muß er, außer der Strafe, den Erben allen Verlust, den sie durch das Juramentum in litem erhärten können, vergüten. Hat er aus dem Nachlasse etwas entwendet, so finden die Vorschriften der Kriminalgesetze wider ihn Anwendung.[64])

Selbst wenn sämmtliche Erben sich unter einander vereinigen, den gerichtlich versiegelten Nachlaß unter sich ohne gerichtliche Uebergabe oder Auffiegelung theilen zu wollen; oder wenn ein Erbe gegen den andern die Verlassenschaft erstritten hätte: so sollen nichts desto weniger der- oder diejenigen, die sich unterfangen, die gerichtlichen Siegel eigenmächtig abzunehmen, oder abnehmen zu lassen, mit vorgedachter fiskalischer Geld- oder Gefängnißstrafe belegt werden.

---

[61]) s. auch V. O. § 89. [62]) Vgl. Anm. 30 u. 54.

[63]) s. Anm. 34.

[64]) Von § 38 gilt nur noch der Satz, daß, wenn Jemand ohne Verfügung

Verfahren bei der Wiederaufsiegelung.

§. 39. Die Wiederaufsiegelung besteht in Abnehmung der aufgedrückten Siegel. Diese müssen daher zuvor: ob sie noch alle unverletzt sind, nach Anleitung des Siegelungsprotokolls, untersucht, und der Befund in dem über die gegenwärtige Handlung aufzunehmenden Protokolle bemerkt werden. Ist von dem Kollegio, welchem der Erblasser in Ansehung seines Amts unterworfen war, besonders gesiegelt worden;[65]) und will dieses, ohne die allgemeine Aufsiegelung abzuwarten, die unter die Sperre genommenen Amtssachen heraus nehmen: so muß es der Behörde, von welcher die allgemeine Siegelung veranlaßt worden, davon Nachricht geben; damit dieses seine[66]) Siegel, so weit es nöthig, abnehmen, und dieselben, nach erfolgter Separation und Herausgabe der Amtssachen, wiederum aufdrücken könne.

Ausantwortung des Nachlasses, mit oder ohne Inventur.

§. 40. An wen der aufgesiegelte Nachlaß verabfolgt werden, und ob die Ausantwortung desselben mit oder ohne Inventur erfolgen solle, ist nach Unterschied der Fälle, und nach den darauf gerichteten gesetzlichen Vorschriften[67]) zu bestimmen. Allgemein wird hier nur festgesetzt:

a) Daß, wenn der Erbe selbst, oder auch nur Einer unter mehreren Miterben, die gerichtliche Inventur verlangt, dieselbe ohne den geringsten Anstand verfügt werden müsse.

b) Daß, wenn zur Zeit der Wiederaufsiegelung ein Streit über die Erbschaft, es sey zwischen mehreren Erbschaftsprätendenten, oder auch zwischen den Erben und Gläubigern vorwaltet, der Richter die Inventur von Amts wegen veranlassen könne, so bald er pflicht-

---

des kompetenten Gerichtes die Siegel abreißt, und in Folge dessen die Verlassenschaft berührt und eröffnet worden ist, der Uebertreter den Erben allen Verlust ersetzen muß. Der ganze übrige Inhalt des § 38 ist beseitigt, und zwar die strafrechtlichen Vorschriften durch § 136 St. G. B. mit Art. 2 des E. G. z. St. G. B. (übrigens auch schon früher durch § 108 des preuß. St. G. B. v. 14. 4. 1851 mit Art. II des E. G. vom selben Tage) und die Vorschriften über den Schätzungseid durch § 260 Abs. 2 C. P. O. Der Abs. 2 des § 38 fällt damit vollständig fort. Ob der Thatbestand desselben jetzt strafbar ist, ist lediglich durch Auslegung des § 136 St. G. B. zu finden.

[65]) s. § 6. [66]) Statt „dieses seine" muß es heißen: „diese ihre".

[67]) Vgl. insbesondere A. L. R. I 9 §§ 437. 471. 472. 482—492. I 12 §§ 244 ff. I 17 §§ 159 ff. II 1 § 656. Die Entscheidung, ob und an wen der Nachlaß herausgegeben werden kann, gebührt dem Nachlaßrichter. Der Gegenprätendent muß zur Klage oder zu Anträgen auf einstweilige Verfügung greifen. — Wegen Herausgabe von Sachen, die im Nachlaß einer von ihrem Ehemann fiduziarisch eingesetzten Frau sich befinden, s. R. G. v. 28. 5. 1883 (4 S. 59). — Wegen Verbots der Inventur durch den Erblasser s. Anm. 18.

mäßig findet, daß sie nöthig sey, um der Verdunkelung oder Schmälerung des Nachlasses, bis zum Ausgange des Prozesses vorzubeugen.[68])

§. 41. Soll kein Inventarium aufgenommen werden, so geschieht die Abnehmung der Siegel auf einmal, und zu gleicher Zeit. Das darüber angefertigte Protokoll muß aber von dem, welchem der Nachlaß ausgeantwortet wird, mit unterschrieben werden.

§. 42. Soll die Inventur zugleich geschehen, so muß die Aufsiegelung dergestalt vorgenommen werden, daß die in den aufzusiegelnden Behältnissen befindlichen Sachen nach und nach aufgeschrieben, und, bis dieses vollständig geschehen, die Behältnisse oder Zimmer, worin sie befindlich sind, wieder versiegelt werden. In diesem Falle kann also die Entsiegelung nicht auf Einmal geschehen.

Inventur. Durch wen sie vorzunehmen;

§. 43. Die Aufnehmung eines gerichtlichen Inventarii muß durch eine dazu abgeordnete vereidete Gerichtsperson,[69]) mit Zuziehung eines gehörig verpflichteten Protokollführers,[70]) geschehen. Doch können die Gerichte dergleichen Handlung auch einem Justizkommissario und Notario[71]) auftragen, welcher dabei die gewöhnlichen Instrumentszeugen zuziehen muß.[72])

Ueber den Nachlaß gemeiner Leute auf dem Lande, so wie in Städten, wo keine eigene Gerichte sind, können die Verzeichnisse durch die Dorfgerichte,[73]) oder durch ein Mitglied des Polizeimagistrats, unter Direktion und nach der Anweisung des Gerichtshalters,[74]) aufgenommen werden.

---

[68]) Insofern hierbei die Ausantwortung des Nachlasses an einen der Prätendenten erfolgt, ist es zwar an sich Sache des Gegners, sich durch prozessuale Verfügungen gegen Verdunkelung und Schmälerung des Nachlasses zu sichern (vgl. Anm. 20). Gleichwohl besteht die Vorschrift zu b) auch für diesen Fall fort, weil sie eine Modifikation der Befugniß des Nachlaßrichters zur Entscheidung über die Herausgabe des Nachlasses (s. Anm. 67) enthält; vgl. auch A. L. R. I 12 § 246.

[69]) s. Anm. 54; vgl. auch Anm. 30.

[70]) Die Zuziehung eines Protokollführers ist durch Anh. § 421 zu II 2 § 17 beseitigt.

[71]) d. h. jetzt einem Notar, s. III 7 § 9 Anm. 7.

[72]) Die Erforderlichkeit der Zeugenzuziehung bemißt sich jetzt nach §§ 4. 6 des G. v. 15. 7. 1890; vgl. auch A. G. O. III 7 § 88 mit Anm. 56.

[73]) Vgl. A. L. R. II 7 § 86. Dorfger.-Instr. §§ 73 ff.

[74]) d. h. jetzt: des Amtsgerichts; s. II 2 § 8. Anm. 14.

besonders bei Militairpersonen.

§. 44. Wenn der Nachlaß, welchen eine Militairperson bei ihrem Absterben um und bei sich gehabt hat, von den Kriegsgerichten nach Vorschrift §. 17. versiegelt worden ist; so gebührt denselben auch die Absonderung der zum Dienste des Verstorbenen gehörenden Stücke; sie müssen aber von diesen ein Verzeichniß dem kompetenten Civilgerichte zustellen, und demselben die Inventur der außerdem vorhandenen Sachen überlassen.[75])

Wer dabei zuzuziehen.

§. 45. Von der vorzunehmenden Inventur muß den bekannten, und in der Nähe des Orts befindlichen Erben oder Miterben Nachricht gegeben werden. Ist es noch nicht bekannt, wer Erbe sey, so geschieht die Benachrichtigung an die nächsten bekannten anwesenden Verwandten. Sind auch diese nicht bekannt, so muß ein Verlassenschaftskurator bestellt seyn, welcher also der bevorstehenden Inventur beiwohnen muß.[76]) Sind die Erben zu weit entfernt, als daß sie bei der nicht füglich länger auszusetzenden Inventur persönlich erscheinen, oder einen Bevollmächtigten dazu ernennen könnten; so muß ihnen zu dieser Handlung ein Mandatarius ex officio bestellt werden.

§. 46. Wenn von den vorstehend bezeichneten Interessenten jemand auch schon nach angefangener Inventur sich meldet, so muß derselbe unbedenklich zugelassen werden. Außer diesen aber, und außer den vereideten Taxatoren,[77]) muß der Kommissarius keinen fremden Personen die Gegenwart bei der Inventur gestatten.

Verfahren bei der Inventur überhaupt;[78])

§. 47. Alle an dem Orte, wo der Erblasser gewohnt hat, gestorben ist, oder unbewegliches Gut besessen hat, befindliche Mobilien und Effekten, sie mögen Namen haben wie sie wollen, müssen genau, mit Bemerkung des Maaßes, des Gewichts, der Anzahl und Beschaffenheit, auch der von den Taxatoren geschehenen Würdigung,

---

[75]) § 44 ist antiquirt; s. § 17 mit Anm. 35.

[76]) Die Normen darüber, ob und wann ein Nachlaßpfleger zu bestellen ist, sind jetzt lediglich aus der V. O. zu entnehmen; vgl. §§ 89. 102 das. Zur Bestellung zuständig ist niemals das Nachlaßgericht als solches, sondern das Vormundschaftsgericht; wegen örtlicher Zuständigkeit s. V. O. § 8 Abs. 2. Aus dem zweiten Satze des § 45 gilt indessen noch die Norm fort, daß in dem hier unterstellten Falle die Inventur nicht früher erfolgen darf, als bis ein Nachlaßpfleger bestellt ist.

[77]) Wegen der Vereidung s. § 54.

[78]) Vgl. auch A. L. R. I 9 §§ 434. 435. — Ueber das Verfahren, wenn zum Nachlaß der Antheil an einer Handelsgesellschaft gehört, s. K. G. v. 17. 1. 1881 (2 S. 33).

aufgezeichnet werden; ohne daß der Kommissarius sich einer Entscheidung: ob etwa dieses oder jenes zur Erbschaft nicht gehöre, anmaaßen, und es aus diesem Grunde aus dem Inventario weglassen darf; doch muß er die desfalls etwa geschehenen Anzeigen in dem Inventario mit bemerken.

Die Aufzeichnung geschieht übrigens, nach Anweisung §. 42., von Zimmer zu Zimmer, so wie die Mobilien und Effekten in einem jeden derselben sich befinden, und mit Bemerkung ihrer Lage. Aus diesen Lokalverzeichnissen werden hiernächst, in dem Inventario selbst, die Sachen von einerlei Art unter gewisse Titel zusammen geschrieben; die Taxe eines jeden Stücks wird ausgeworfen; und die Summe des Werths nach der Taxe, von jedem Titel, bei dem Abschlusse desselben, zusammen gezogen.

insonderheit bei Zubehörungen,

§. 48. Bewegliche Sachen, die als Zubehör zu einer unbeweglichen Sache, oder zu einer Gerechtigkeit gehören, z. B. das Wirthschaftsinventarium eines Grundstücks, die Geräthschaften von Fabriken, Kramladen, Apotheken ꝛc., werden besonders verzeichnet,[79]) und diese Verzeichnisse dem Hauptinventario beigelegt.

bei Büchern,

§. 49. Bücher brauchen nicht taxirt zu werden, sondern es ist genug, wenn nur die Titel derselben, mit der Angabe des Formats, der Edition und des Bandes verzeichnet sind. Auch ist es, wenn weitläufige Bibliotheken vorhanden sind, nicht nöthig, den Abschluß des Inventarii so lange, bis der Katalogus geendigt worden, auszusetzen.

bei Häusern, Landgütern, und anderen unbeweglichen Sachen.

§. 50. Häuser, Landgüter, und andere unbewegliche Sachen, werden nur nach ihrem Namen, ihrer Qualität, ihrer Lage und Beschaffenheit, in das Inventarium eingetragen. Erhellet aus den Erwerbungsurkunden ein gewisser Werth, oder ist sonst dergleichen Werth im Hypothekenbuche eingetragen, so wird selbiger ausgeworfen. Konstirt kein solcher Werth, das Gut ist aber verpachtet, so wird nach dem Ertrage des Pachtgeldes der auszuwerfende Werth bestimmt.[80]) Ist auch auf diese Art kein Werth auszumitteln, so kann der Kommissarius keinen im Inventario auswerfen; denn die Aufnehmuug einer Taxe findet bei Gelegenheit der Inventur

---

[79]) ohne Angabe eines Taxwerths; letzterer ist im Werthe der Hauptsache enthalten.

[80]) Dabei ist anscheinend an die Kapitalisirung nach dem landesüblichen Zinsfuße von 5 % (A. L. R. I 11 § 841) gedacht.

niemals Statt, sondern es ist die Sache der Interessenten, wenn sie dergleichen in der Folge nöthig finden, das Erforderliche deshalb bei dem Richter nachzusuchen.[81])

Bei Briefschaften und Skripturen;

§. 51. Die vorhandenen Urkunden und Briefschaften muß der Kommissarius mit möglichster Aufmerksamkeit durchgehen, und diejenigen, welche auf den statum activum et passivum des Nachlasses irgend einige Beziehung haben, von den übrigen Papieren absondern.

Letztere müssen, so weit es nöthig ist, sortirt, und ihrer in dem Inventario nur unter gewissen allgemeinen Titeln, z. B. Wirthschafts- oder Hausrechnungen, Familienkorrespondenz, gelehrte Korrespondenz rc., gedacht werden.

Dabei muß jedoch der Kommissarius sich hüten, daß er nicht aus übertriebener Aengstlichkeit zu weit gehe, oder gar aus unbescheidener Neugier, unter dem Vorwande der Inventur, von vertrauten Familien- und anderen das Vermögen des Erblassers gar nichts angehenden Korrespondenzen Kenntniß nehmen zu wollen, sich anmaaße. Hat daher der Erblasser in seinen Papieren eine gewisse Ordnung beobachtet, und seine Korrespondenzen in gewisse Pakete oder Fächer, nach Unterschied der Gegenstände oder Subjekte, zusammen gelegt; so müssen dergleichen Pakete bei der Inventur undurchsucht bleiben, und im Inventario, obgedachtermaaßen, nur unter allgemeinen Rubriken aufgeführt werden.

Hingegen sind diejenigen Dokumente, welche entweder das Eigenthum, die Gerechtsame, Lasten, oder Pflichten der zum Nachlasse gehörigen oder anderer Grundstücke, auf welche dem Verstorbenen ein Anspruch zustand, betreffen; oder woraus Aktivforderungen desselben an Andere, sie seyen von welcher Art sie wollen, hervor gehen, umständlich, mit Bemerkung der Person des Ausstellers, der Zeit und des Orts, auch einer kurzen Angabe ihres wesentlichen Inhalts, im Inventario zu verzeichnen.

Betreffen dergleichen Dokumente Geldforderungen, so muß die verschriebene Summe im Inventario ausgeworfen werden.

Finden sich Umstände, aus welchen zu erhellen scheint, daß eine solche Forderung zweifelhaft oder inexigibel sey; so sind auch diese dabei zu bemerken.

Wegen der Schulden.

§. 52. Die auf dem Nachlasse haftenden Schulden muß der Kommissarius ebenfalls, so viel es sich thun läßt, vollständig verzeichnen. Er muß daher, wenn Immobilien vorhanden sind, sich Hypothekenscheine[82]) darüber ertheilen lassen; die darin vermerkten

---

[81]) Vgl. II 6 §§ 1 ff. [82]) Vgl. II 3 § 11 Anm. 21.

Schulden in das Inventarium eintragen, und die Scheine selbst beilegen. Er muß die eingegebenen Rechnungen, Mahnbriefe, die von dem Verstorbenen selbst geführten Rechnungsbücher, und andere schriftliche Nachrichten und Anzeichnungen über die Passivschulden genau nachsehen; auch von den Erben, Verwandten, Hausgenossen und Domestiken, sich dasjenige anzeigen lassen, was ihnen von Schulden und Ansprüchen an die Verlassenschaft bekannt sey. Aus allen diesen Nachrichten muß er ein Verzeichniß der angezeigten, oder sonst sich hervor gethanen Schulden anfertigen; dasselbe in einem besonderen Titel dem Inventario anhängen; und mit Absonderung der liquiden Posten von den noch illiquiden oder ungewissen, bei jeder der letzteren die Ursachen anzeigen, warum sie vor der Hand noch als ungewiß zu betrachten sey.

Form des Inventarii.

§. 53. Alle gerichtliche Inventaria[83]) sollen nach dem hier beigedruckten Formulare angefertigt und abgeschlossen werden.

Protokoll über die Inventur.

§. 54. Der Kommissarius muß über den ganzen Aktus der Inventur ein genaues Protokoll halten, und darin die Personen, die sowohl als Interessenten, als in der Eigenschaft von Taxatoren und Sachverständigen, der Inventur beigewohnt haben; die Verpflichtung der Letzteren, in so fern sie nicht etwa (welches ebenfalls zu bemerken) ein- für allemal vereidet sind;[84]) die Ordnung, wie bei der Aufzeichnung verfahren worden; was, wenn die Inventur mehrere Tage gedauert hat, an jedem Tage geschehen sey; die Aussagen und Angaben der Erben, der Hausgenossen und Domestiken, der sich gemeldeten Kreditoren, und Anderer, welche über den oder jenen den Aktiv- und Passivzustand des Nachlasses betreffenden Punkt vernommen worden sind,[85]) und andere dergleichen zur Sache gehörige Nachrichten, treulich verzeichnen.

Aus diesem Protokolle wird hiernächst das Inventarium selbst formirt, und nebst dem Protokolle dem Gerichte übergeben.

Von mehreren Specialinventariis.

§. 55. Wenn der Verstorbene an mehr als Einem Orte Vermögen zurück gelassen hat, z. B. wenn er einen doppelten Wohnsitz

---

[83]) auch Privatinventarien. A. L. R I 9 § 438.

[84]) Wegen der Eidesnorm s. II 6 § 4 Anm. 6.

[85]) Die Vernehmung dieser Personen erfolgt uneidlich; vgl. oben S. 42.

hatte, oder wenn er, außer seinem gewöhnlichen Wohnorte, Landgüter besaß, auf welchen ein Theil seiner Mobilien und Effekten, seiner Briefschaften u. s. w. sich befand; so wird dennoch, wenn die ganze Inventur einem und eben demselben Kommissario aufgetragen ist, nur Ein Inventarium errichtet, in welchem die an den verschiedenen Orten aufgenommenen Verzeichnisse, unter den gehörigen Titeln, mit der Bemerkung: an welchem Orte diese Stücke sich befinden, zusammen geschrieben werden. Haben hingegen mehrere Kommissarien ernannt, und also auch mehrere Inventaria aufgenommen werden müssen; so hängt es, nach Beschaffenheit der Umstände, von dem Gutfinden des Erben, und dem Ermessen des Richters ab: in wie fern es nöthig sey, alle diese besonderen Inventaria in Ein einziges allgemeines Inventarium zusammen zu fassen. Wenn aber auch dieß nicht geschehen soll, so muß dennoch, um einen Abschluß des ganzen Nachlasses zu erhalten, in demjenigen Specialinventario, welches die meisten und hauptsächlichsten Vermögensstücke enthält, ein Extrakt aus den übrigen Inventariis, sowohl in Ansehung der das Aktivvermögen betreffenden Titel, als in Ansehung des Titels der Schulden, hinzu gefügt; darnach der Abschluß gemacht, und die übrigen Specialinventaria diesem Hauptinventario beigeheftet werden.

Genaue Beobachtung obiger Vorschriften.

§. 56. Wenn die Verfertiger des Inventarii obigen Vorschriften nicht völlig nachgekommen sind, so ist zwar das Inventarium nicht für ganz ungültig zu achten;[86]) ist aber die Unterlassung aus Vorsatz, grobem oder mäßigem Verschulden geschehen, so müssen sie für den Schaden haften, welcher daraus den Interessenten entstehen kann. Auch sind diese sowohl, als die Gerichte selbst,[87]) befugt, dergleichen verdächtigen oder sorglosen Kommissarien den Manifestationseid abzufordern.

---

86) Wegen des Einflusses eines solchen Verstoßes auf die Erhaltung der Benefizialerbenqualität vgl. Koch zu A. L. R. I 9 § 438 Anm. 96.

87) Das Gericht selbst hat zur Erzwingung des Eides kein Mittel. Wird die Leistung verweigert, so liegt eine bürgerliche Rechtsstreitigeeit vor, welche zwischen den Interessenten und dem Beamten durch Klage zu erledigen ist. — Wegen der Verpflichtung des Erben zur Manifestirung des gerichtlichen Inventars s. A. L. R. I 9 § 441.

Inventarium

des

Nachlasses

des, den in verstorbenen

N. N.

verfertigt, den

von N. N.

Inventarium.[88])

	Tit. I. An unbeweglichen Gütern und liegenden Gründen. Unter diesen Titeln gehören Landgüter, Haus, Hof, Aecker, Mühlen, Gärten, Wiesen, Teiche, Weingärten, Kothe, Pfannen- oder Soolengüter und dergl. Wobei so viel möglich aus den Briefschaften der Besitztitel[89]) mit Anführung der Urkunden anzumerken.			
	Summa .			
	Tit. II. An Aktivis und ausstehenden Forderungen.			
1				
2				
	Summa .			
	Tit. III. An baarem Gelde. Hierbei müssen die Münzsorten genau angemerkt, und von jeder Art besondere Posten verzeichnet werden.			
1	An			
2	An			
	Summa .			
	Tit. IV. An goldenen, silbernen und anderen Medaillen und seltenen Münzen.			
1				
2				
3				
	Summa .			

---

[88]) An Stelle der drei Spalten (Thlr. Sgr. Pf.) werden jetzt nur zwei Spalten (M. Pf.) angesetzt.

[89]) Ueber den Besitztitel s. II 3 Anm. 4 (oben S. 86). Gegenwärtig wird es besonderer Angaben nur dann bedürfen, wenn das Eigenthum des Erblassers nicht in das Grundbuch eingetragen ist.

	Tit. V. An Juwelen und Kleinodien.			
1				
2				
3				
	Summa .			
	Tit. VI. An Uhren, Tabatieren und anderen kleinen kostbaren oder künstlichen Stücken.			
1				
2				
3				
	Summa .			
	Tit. VII. An Gold- und Silbergeschirr.			
1				
2				
3				
	Summa .			
	Tit. VIII. An Porzellan.			
1				
2				
3				
	Summa .			
	Tit. IX. An Gläsern.			
1				
2				
	Summa .			
	Tit. X. An Zinn, Kupfer, Metall, Messing, Blech und Eisen.			
1				
2				
3				
	Summa .			
	Tit. XI. An Leinenzeug[90]) und Betten.			
1				
2				
3				
	Summa .			

[90]) Leinenzeug, welches zu Kleidungsstücken verarbeitet ist, gehört unter Tit. XIII.

	Tit. XII. An Meubles und Hausgeräthe.			
1				
2				
3				
	Summa .			
	Tit. XIII. An Kleidungsstücken.			
1				
2				
3				
	Summa .			
	Tit. XIV. An Wagen und Geschirr.			
1				
2				
3				
	Summa .			
	Tit. XV. An Pferden.[91]			
1				
2				
3				
	Summa .			
	Tit. XVI. An allerhand Vorrath zum Gebrauch.[92]			
1				
2				
3				
	Summa .			
	Tit. XVII. An Vorrath und Waaren, zum Verkauf und Handel.			
	Wenn deren viel vorhanden, z. B. bei einem Kaufmann, Handelsmann, Krämer 2c.; so ist es bequemer, davon ein ganz besonderes Inventarium aufzunehmen, und nur die Summe davon in dem Generalinventario anzumerken.			
	Summa .			

[91]) Man überschreibt gewöhnlich: „An Pferden und anderen Thieren", weil es an einer Rubrik für letztere sonst fehlt.

[92]) Darunter sind Verzehrungsgegenstände verstanden.

Tit. XVIII. An Gemälden, Zeichnungen, Kupferstichen und mathematischen Instrumenten, und Gewehren.

1
2
3

Summa .

Tit. XIX. An Büchern und Manuskripten.

1
2
3

Ist der Büchervorrath ansehnlich, so ist es bequemer, einen besondern Katalogus davon zu machen, und dem Generalinventario nur den Betrag davon einzurücken.

Summa .

Tit. XX. An Briefschaften und Dokumenten.

1
2
3

Summa .

Tit. XXI. An Passivis und Schulden.

1
2
3

Diese sind entweder, wenn sie aus den Briefschaften und Rechnungen offenbar sogleich erhellen, oder wie sie angegeben werden, zu verzeichnen.

Summa .

Sollten sich bei einer ansehnlichen Erbschaft Sachen finden, so unter keinem dieser Titel zu bringen; so sind besondere Titel dieserwegen einzurücken. Es sind auch die Titel in besondere Abtheilungen sodann abzusondern, wenn z. B. bei dem Titel X, XI, XII, XVI, XVII, XVIII von jeder Art der darunter gerechneten Sachen sehr viele vorhanden sind.

Bei einer geringen Verlassenschaft können diejenigen Titel ganz ausgelassen werden, wovon nichts vorhanden ist. In Ansehung des Tit. I, II, III, XX, XXI aber ist jederzeit nothwendig, daß ausdrücklich im Inventario angeführt werde, ob etwas oder nichts davon vorhanden sey.

Recapitulatio.

Tit. I. pag.			
Tit. II. pag.			
Tit. III. pag.			
Tit. IV. pag.			
Tit. V. pag.			
Tit. VI. pag.			
Tit. VII. pag.			
Tit. VIII. pag.			
Tit. IX. pag.			
Tit. X. pag.			
Tit. XI. pag.			
Tit. XII. pag.			
Tit. XIII. pag.			
Tit. XIV. pag.			
Tit. XV. pag.			
Tit. XVI. pag.			
Tit. XVII. pag.			
Tit. XVIII. pag.			
Tit. XIX. pag.			
Tit. XX. pag.			
Summa Summarum .			
Hiervon geht ab			
Tit. XXI.			
Verbleibt Summa des Nachlasses .			

Sechster Titel.

Von dem Verfahren bei Aufnehmung gerichtlicher Taxen.

Veranlassungen zur Aufnehmung von Taxen.

§. 1. Gerichtliche Taxen werden hauptsächlich [1]) zum Behufe eines zu veranlassenden gerichtlichen Verkaufs; [2]) außerdem aber auch bei Auseinandersetzungen zwischen Miterben und anderen Miteigen-

[1]) Die folgenden Beispiele sind nicht erschöpfend; einer der häufigsten Gründe der Taxaufnahme, die Beleihung der abzuschätzenden Sache (vgl. auch B. O. § 39), ist übergangen. Wegen Anwendung der Grundsätze des Tit. 6 auf die Abschätzung bei der Expropriation vgl. Ob.-Tr. v. 7. 10. 1878 (82 S. 183).

[2]) Zur Zeit der A. G. O. war für jede nothwendige und freiwillige Subhastation die Aufnahme einer Taxe vorgeschrieben. A. G. O. I 52 §§ 11 ff. 67. Dies ist für nothwendige Subhastation durch die Subh.-O. v. 15. 3. 1869 (vgl. jetzt Zw. G. § 14; s. aber auch § 44) beseitigt; wegen freiwilliger Subhastation s. u. Abschn. III Nr. 6.

thümern oder Gesellschaften; ingleichen zur Bestimmung der an einer Sache entstandenen Beschädigungen, oder der dabei sich findenden Meliorationen oder Deteriorationen,[3]) aufgenommen.

Gegenstände.

§. 2. Sowohl Landgüter, als Häuser und andere Grundstücke, einzelne für sich bestehende Gerechtigkeiten, Schiffe und andere bewegliche Sachen, können der Gegenstand solcher Taxen seyn.[4])

Von wem gerichtliche Taxen aufzunehmen.

§. 3. Die Aufnehmung einer jeden gerichtlichen Taxe muß unter Direktion einer vereideten Gerichtsperson[5]) geschehen; die Zuziehung eines besondern Protokollführers ist dabei nicht nothwendig.

Wer dabei zuzuziehen. Taxatoren.

§. 4. Dagegen müssen allemal sachverständige Taxatoren zugezogen werden.

Dergleichen Taxatoren müssen

1) in Ansehung ihrer Tüchtigkeit und Sachkenntniß durch eine bei der Behörde angestellte Prüfung, oder durch glaubwürdige Zeugnisse, oder durch notorische davon abgelegte Proben legitimirt; sie müssen

2) in Ansehung ihrer bei der Taxe zu beobachtenden Sorgfalt, Gewissenhaftigkeit und Unparteilichkeit gehörig vereidet seyn. Diese Vereidung geschieht ein= für allemal, wenn gewissen Personen die Aufnehmung aller bei einem Gerichte, oder an einem Orte, und in einer Gegend, vorkommenden Taxen gewisser Objekte, als ein wirkliches Amt übertragen wird. Wenn es aber irgendwo an dergleichen förmlich bestellten Taxatoren ermangelt, so muß der gericht=

---

[3]) Vgl. insbesondere das Pachtrückgewährverfahren nach A. G. O. I 44 (unten Abschn. III Nr. 3) § 49.

[4]) Zum Antrage auf Taxirung ist der Eigenthümer auch ohne besondere Veranlassung legitimirt; für Grundstücke folgt seine Befugniß schon daraus, daß er berechtigt ist, das Ergebniß der Taxe in das Grundbuch eintragen zu lassen (G. B. O. § 10).

[5]) d. i. eines Richters, vgl. II 3 § 27 mit Anm. 80 u. J. M. R. v. 9. 9. 1841 (J. M. Bl. S. 303); s. indessen unten Anh. § 437 zu § 12 d. T. mit Anm. 24. Sachlich zuständig sind die Amtsgerichte (A. G. z. G. B. G. § 26 Nr. 2); örtlich zuständig ist das Gericht der belegenen Sache als das ordentliche Gericht im Sinne von A. L. R. II 17 § 55.

Aus der Verfassung der Amtsgerichte folgt, daß es einen „gerichtlichen Kommissarius“ für das Verfahren (§§ 4. 8 ff.) nicht mehr giebt. Alle bezüglichen Funktionen werden vielmehr vom Gericht selbst wahrgenommen; vgl. II 2 § 1 Anm. 2.

liche Kommissarius die von ihm auszuwählenden Sachverständigen zu der gegenwärtigen Handlung besonders verpflichten.[6])

Der Eid, mit welchem die gerichtlichen Taxatoren zu belegen sind, ist in der Prozeßordnung vorgeschrieben. (Th. I. Tit. X. §. 202.)[7])

§. 5. Die bei Aufnehmung einer Taxe zuzuziehenden Sachverständigen müssen mit keinem der Parteien, oder Interessenten, in Ansehung der Verwandtschaft, und sonst, in einem solchen Verhältnisse stehen, daß sie im Prozesse, als Zeugen für oder wider denselben, verwerflich seyn würden.[8])

Zahl derselben.

§. 6. Die Zahl der zuzuziehenden Taxatoren ist nach den Umständen und Erfordernissen der verschiedenen vorkommenden Fälle zu bestimmen.[9]) Bei Inbegriffen mehrerer ungleichartiger Sachen

---

[6]) Wegen der Boniteurs in der Kur- und Neumark vgl. K. O. v. 7. 8. 1846 (J. M. Bl. S. 170).

[7]) Diese Eidesnorm ist durch die C. P. O. nicht berührt worden. Die Ausdehnung der Vorschriften der letzteren in § 4 des A. G. z. C. P. O. bezieht sich nur auf bürgerliche Rechtsstreitigkeiten, welche nicht vor die ordentlichen Gerichte gehören. Indessen ist § 202 I 10 A. G. O. abgeändert durch V. v. 28. 6. 1844 (G. S. S. 249):

§. 2. Der Eid, den Sachverständige, wenn sie nicht ein- für allemal verpflichtet sind, nach ihrer Vernehmung zu leisten haben, ist dahin zu normiren:

dass sie das von ihnen erforderte Gutachten ihrer Kenntniss und Erfahrung gemäss, nach sorgfältiger Prüfung, unparteiisch und gewissenhaft abgegeben haben.

Bei Taxatoren ist dem Eide hinter dem Worte „Gutachten"

über den Werth des abzuschätzenden Gegenstandes

hinzuzusetzen.

Diese Eidesnorm ist jetzt maßgebend.

[8]) Die A. G. O. (I 10 §§ 202. 203) behandelte die Sachverständigen im Prozesse als Zeugen. Von selbst ergab sich deshalb für den Prozeß, daß, wer als Zeuge verwerflich war (A. G. O. I 10 §§ 228. 229), es auch als Sachverständiger war. Wenn nun § 5 des Textes für die Taxaufnahme eine Kongruenz mit dem Prozeßverfahren statuirte, so ist als ratio dieser Vorschrift anzusehen, daß, wenn es zu einem Prozesse über den Werth der Sache kommen sollte, der Prozeßrichter sich nicht genöthigt sehe, die Taxe wegen Inhabilität eines Sachverständigen zu verwerfen. Deshalb ist anzunehmen, daß § 5 gerade die Uebereinstimmung mit dem jeweiligen Prozeßverfahren anstrebt. Es ist demgemäß jetzt so zu verfahren, daß kein Sachverständiger ausgewählt wird, welcher im Prozesse mit einem Interessenten der Taxe nach § 371 C. P. O. abgelehnt werden könnte.

[9]) Es müssen indessen, soweit nicht für gewisse Fälle (§ 6 a. E. § 19) eine Ausnahme nachgelassen ist, mindestens zwei sein; R. G. U. v. 8. 3. 1886 (15 S. 284).

müssen zu jeder Art derselben besondere mit der nöthigen Sachkenntniß versehene Taxatoren gebraucht werden. In Fällen, wo die Bestimmung des Werths nicht sowohl auf festen und sicheren, aus Vermessungen, Rechnungen, Zeugenaussagen ꝛc., Maaß, Gewicht u. s. w. zu entnehmenden Datis, als vielmehr auf einem nach dem Augenscheine, besonderer Kunstkenntniß, Kunstgefühle ꝛc. sich bestimmenden Arbitrio beruhet, sind wenigstens drei Taxatoren erforderlich; die entweder über den anzunehmenden Werth sich vereinigen müssen, oder aus deren verschiedenen zusammen zu rechnenden Angaben der Werth, nach einem Durchschnitte, festgesetzt wird.

Wo es bisher üblich gewesen, daß zu gewissen Abschätzungen mehrere Klassen, oder sogenannte Schütten von Taxatoren, deren jede aus drei Personen besteht, gebraucht worden, hat es auch ferner dabei sein Bewenden.

In allen Fällen ist die Zuziehung auch nur Eines vereideten Taxators hinreichend, wenn die Kosten der Zuziehung mehrerer, mit dem wahrscheinlichen Werthe des Objekts in keinem Verhältnisse stehen möchten.

Bekanntmachung des Termins zur Taxe an die Interessenten.

§. 7. Der zur Abschätzung anberaumte Termin muß den Interessenten bekannt gemacht, und dieselben müssen dazu vorgeladen werden. Diese Vorladung hat jedoch bloß zur Absicht, die Interessenten von der bevorstehenden Abschätzung zu benachrichtigen. Wenn also dieselben in dem anberaumten Termine weder persönlich, noch durch zulässige Bevollmächtigte erscheinen; so muß das Geschäft, ohne weiter auf sie zu warten, dennoch seinen Fortgang erhalten. Daß dieses geschehen werde, ist den Interessenten in der Vorladung ausdrücklich anzudeuten.

Obliegenheiten des gerichtlichen Kommissarii.

§. 8. Der gerichtliche Kommissarius [10]) muß die ganze Handlung der Taxation dirigiren. Er muß darauf sehen, daß den Sachverständigen die abzuschätzenden Objekte gehörig und vollständig vorgelegt oder angewiesen werden; und daß dieselben die gehörige Sorgfalt und Genauigkeit anwenden, um sich von der Beschaffenheit des Objekts, und denjenigen Eigenschaften, Vorzügen oder Mängeln desselben, welche auf die Bestimmung seines Werths Einfluß haben können, vollständig zu unterrichten. Wenn Data und Nachrichten, woraus bei einem Gegenstande, oder bei einer Rubrik, die Gründe der nähern Bestimmung zu entnehmen sind, durch Zeugen ausgemittelt werden sollen; so muß der gerichtliche Kom-

[10]) Vgl. Anm. 5 a. E.

missarius selbst diese Zeugen ordnungsmäßig[11]) abhören; dabei aber entweder die Taxatoren mit zuziehen, oder sich doch von ihnen die Thatsachen, worauf es ankommt, und die den Zeugen etwa besonders vorzulegenden Fragen, an die Hand geben lassen. Wenn diese Data aus Rechnungen, Wirthschaftsregistern, oder anderen Schriften zu entnehmen sind; so muß er für deren Aufsuchung und Herbeischaffung sorgen, überhaupt aber dahin sehen, daß die vorgeschriebene Taxordnung von den Taxatoren genau und gewissenhaft befolgt, und keins der vorhandenen Hülfsmittel, die zu einer wahren und richtigen Bestimmung des Werths beförderlich seyn können, übersehen und vernachlässigt werde.

Dagegen muß der Kommissarius sich nicht anmaaßen, die Taxatoren in einer gewissenhaften, nach ihrer eigenen freien Einsicht und Ueberzeugung zu machenden Anwendung ihrer Sach- und Kunstkenntniß im geringsten einschränken, oder ihnen dabei etwas vorschreiben zu wollen.[12]) Er muß ihnen aus vermeintlicher eigener Kenntniß keine Suggestionen machen; ihnen bei Niederschreibung ihrer Angaben nicht in die Rede fallen, oder sie sonst irren; vielmehr sich damit begnügen, diese ihre Angaben treulich zu verzeichnen; nnd ihnen, wo es nöthig ist, besonders aber, wenn etwas Ungewöhnliches dabei vorkommt, oder wenn die Angaben mehrerer zu einerlei Objekt bestellter Taxatoren beträchtlich von einander abweichen, die Gründe davon abzufordern, und niederzuschreiben.

Taxationsprotokoll.

§. 9. Der Kommissarius muß über den ganzen Aktus der Abschätzung ein vollständiges Protokoll halten, und darein verzeichnen:

1) Was für Personen, sowohl an Taxatoren, als Interessenten, der Verhandlung beigewohnt haben.

2) Ob die Taxatoren schon überhaupt, und wo sie solchergestalt vereidet sind, oder wie sie zu der gegenwärtigen Handlung verpflichtet worden.[13])

3) In dem Protokolle muß ferner eine genaue Beschreibung des abzuschätzenden Gegenstandes, nach solchen Eigenschaften und Merkmalen, woran derselbe von anderen gleicher Art unterschieden werden kann; ingleichen die Veranlassung der aufzunehmenden Taxe,[14]) ob sie z. B. des Verkaufs, oder der Auseinandersetzung wegen, aufgenommen werde, enthalten seyn.

---

[11]) also eidlich. Ueber die Eidesnorm sind — im Gegensatz zum Taxatoreneide (s. Anm. 7) — keine Vorschriften gegeben; es wird deshalb jetzt nach Analogie der C. P. O. (§§ 356 Abs. 1, 357. 442 ff.) zu verfahren sein.

[12]) Wegen der Grenzen zwischen dem Wirkungskreis des Richters und dem der Sachverständigen vgl. Ob. Tr. v. 31. 1. 1859 (Strieth. 32 S. 182).

[13]) Vgl. § 4. [14]) nämlich wenn sie bekannt ist; vgl. Anm. 4.

4) Es muß historisch angeführt seyn: in welcher Ordnung, und nach welcher Methode bei der Aufnehmung der Taxe überhaupt verfahren, und wenn die Handlung mehrere Tage gedauert hat, was an jedem derselben gethan worden.

5) Es muß ferner angezeigt seyn, wie in Ansehung eines jeden besondern Objekts, oder einer jeden einzelnen Rubrik, bei der Ausmittelung des Werths oder Ertrags, ingleichen der von letzterm zu machenden Abzüge, verfahren; woher die Data zu deren Bestimmung entnommen; was z. B. für Zeugen vorgeschlagen, wie sie abgehört, und was von ihnen ausgesagt; welche Rechnungen, und aus was für Jahren sie zugezogen worden, was aus diesen Rechnungen sich ergeben habe, was etwa in Beziehung auf die Vollständigkeit, Glaubwürdigkeit oder Zuverlässigkeit dieser Rechnungen besonders zu bemerken vorgekommen; wohin bei jedem Objekt, oder bei jeder Rubrik, die Angaben der Taxatoren ausgefallen; wenn besonders diese Angaben verschieden sind, was ein jeder zu Begründung der seinigen angeführt habe; und was etwa noch sonst für Umstände, die auf das vorliegende Geschäft und dessen Beurtheilung Einfluß haben, vorgekommen sind.

6) Rechnungsextrakte, Saattabellen, Erndte-, Dresch- und Hebungsregister, Charten und Vermessungsregister, sind Beilagen dieses Protokolls, welche in dem Protokolle selbst, da, wo Nachrichten und Data, so aus ihnen entnommen sind, vorkommen, bestimmt allegirt werden müssen.

7) Das Protokoll muß von dem Kommissario und den zugezogenen Taxatoren, ingleichen von den etwanigen Zeugen, unterschrieben werden. Auch die gegenwärtigen Interessenten sind zur Mitunterschrift aufzufordern; doch ist dieselbe nicht nothwendig.

Taxationsinstrument.

§. 10. Aus diesem Protokolle muß der Kommissarius das Taxationsinstrument selbst entwerfen, **und dasselbe mittelst Berichts dem Gerichte übergeben.**[15]) Finden sich bei dieser Ausarbeitung Anstände und Zweifel, so muß er mit den Taxatoren darüber Rücksprache nehmen, und die nöthigen Erläuterungen von ihnen fordern. Bei weitläufigen Taxen, wo es auf Berechnung mehrerer Positionen, in Ansehung des Ertrags, der Abzüge u. s. w. ankommt, muß er sich zur Anfertigung des Taxationsinstruments der Hülfe eines vereideten Rechnungsverständigen [16]) bedienen.

---

15) Vgl. Anm. 5 a. E.

16) Wegen Wahrnehmung der betr. Geschäfte s. Allg. Verf. v. 30. 9. 1879 (J. M. Bl. S. 391).

Aufnehmung desselben.

§. 11. Das eingereichte Taxationsinstrument wird von dem Gerichte unter seinem größern Insiegel[17]) ausgefertigt. Ob und an welche Interessenten Kommunikation davon geschehen müsse; in wie fern den Interessenten frei stehe, Erinnerungen gegen die Taxe zu machen; und wie darauf weiter zu verfahren sey, ist nach Verschiedenheit der Fälle und Veranlassungen, wozu die Taxe aufgenommen worden, in den Gesetzen[18]) und in der Prozeßordnung bestimmt.[19])

1) Von Abschätzung adlicher Güter.

§. 12. So viel insonderheit I. die Taxen adlicher Güter[20]) betrifft, so sollen dieselben allemal nach dem wahren und wirklichen Ertrage aufgenommen werden.

Der Kommissarius muß dabei eine vollständige Beschreibung des abzuschätzenden Gutes, nach seiner Qualität, seiner Lage, seinen Grenzen, seiner Entfernung von großen, mittleren und kleineren Städten, von schiffbaren Kanälen und Flüssen, und nach anderen Umständen, welche etwa die Kultur, oder den Absatz der Produkte besonders erleichtern und begünstigen, oder hindern und erschweren, voraus schicken. Die Beschaffenheit der Gebäude und ihr Baustand muß im Allgemeinen beschrieben, und eben so der Zustand der Gutseinwohner, und ihr Verhältniß gegen den Gutsbesitzer,[21]) ob sie z. B. dienstpflichtig sind, oder nicht, ob ihre Stellen, Gebäude und Inventarium ihnen eigenthümlich, oder in wie fern sie der Herrschaft gehören; ob die Unterhaltung der Gebäude und des Inventarii ihnen selbst, oder der Herrschaft obliege, im Allgemeinen

---

[17]) Vgl. II 2 § 54 mit Anm. 113.

[18]) Vgl. (für Westfalen) G. v. 4. 6. 1856 (G. S. S. 550) § 3 Nr. 5 §§ 4 ff.

[19]) Die Aufnahme von Taxen als Prozeßhandlungen (vgl. Anm. 2) findet nicht mehr statt. Erinnerungen gegen die Taxe, welche das Verfahren des taxirenden Gerichts betreffen, sind übrigens mit Beschwerde zu verfolgen (III 1 §§ 12. 13).

[20]) Ueber adlige Güter (Rittergüter) vgl. A. L. R. II 9 § 38 und v. Rönne Staatsrecht II § 138 (S. 87 ff.). Der Unterschied zwischen Ritter- und anderen Gütern (auch im öffentlichen Recht immer mehr im Verschwinden begriffen) ist für die gerichtliche Taxaufnahme bedeutungslos; s. auch Anm. 35.

[21]) Die Vorschriften über das Verhältniß der Gutseinwohner beruhen auf dem aufgehobenen Institute der Gutsunterthänigkeit (A. L. R. II 7 §§ 87 ff., 246 ff. Ed. v. 9. 10. 1807 G. S. S. 170 §§ 10. 12) und sind deshalb im Wesentlichen antiquirt. Dienste der Gutseinwohner aus dem früheren Unterthanenverhältniß (A. L. R. II 7 §§ 308 ff.) können allerdings auch jetzt noch bestehen, wenn sie nicht abgelöst sind. (Ablösungsgesetz v. 2. 3. 1850.) Solches wird eventuell anzugeben sein.

angegeben werden. Auch ist nachzufragen, und im Protokolle zu bemerken: ob die Aecker, Wiesen, Hütungen und Holzungen der Gutsherrschaft von denjenigen, welche den Unterthanen[22]) gehören, separirt sind, oder mit ihnen noch im Gemenge liegen. Besonders ist anzumerken: ob die Grenzen richtig sind; oder ob und mit welchen Nachbarn Grenzstreitigkeiten obwalten; ob dem Gute Hutungs-, Holzungs-, Mastungs-, Jagd-[23]) oder andere dergleichen Gerechtigkeiten auf benachbarte Güter zustehen; oder ob dergleichen an das Gut im Wege Rechtens prätendirt werden. Auch solche Regalien und besondere Gerechtsame des Guts, welche keinen nach Gelde zu berechnenden Ertrag gewähren, sind in dem Protokolle mit aufzuführen, und umständlich zu beschreiben. Eben so muß der Kommissarius die ihm zukommenden Nachrichten von dem ehemaligen Werthe, wofür das Gut in den letzten Jahren gekauft, oder in der Erbtheilung übernommen worden, von den vorgewesenen Verpachtungen, und von anderen Ereignissen, wodurch der Zustand des Guts neuerlich eine wesentliche Veränderung erlitten hat, in dem Protokolle historisch bemerken.

Anh. §. 437.[24]) Wenn aus dem Hypothekenbuche, oder aus anderen unverdächtigen Angaben hervor geht, daß das zu subhastirende adliche Gut[25]) einen Werth von 500 Rthlr.[26]) nicht übersteigt; so können der Schulze oder[27]) die Gerichtsleute des Orts, wo das zu veräußernde Grundstück belegen ist, oder in Ermangelung der Gerichtsleute zwei dazu auserſehene Wirthe dieses oder eines benachbarten Ortes,[28]) über die Beschaffenheit, den Ertrag[29]) und den Werth des von ihnen zu diesem Behuf genau zu besichtigenden Grundstücks eidlich vernommen werden, welche Vernehmung alsdann die Stelle der Taxe vertritt.[30])

---

[22]) Herrschaft und Unterthanen giebt es nicht mehr (vgl. Anm. 21); es ist lediglich anzugeben, ob der gesammte Gutsbesitz bereits separirt ist oder in wie weit noch ein Gemengeverhältniß obwaltet. Vgl. Gemeinheits-Theilungsordnung v. 7. 6. 1821 mit den dazu erlassenen Ergänzungsgesetzen.

[23]) Die Jagdgerechtigkeiten sind aufgehoben. G. v. 31. 10. 1848 §§ 1. 2.

[24]) Der Anh. § 437 ist aus dem R. v. 20. 10. 1800 (Rabe 6 S. 304) entnommen. Derselbe ist indessen durch die G. v. 15. 6. 1840 u. 4. 5. 1857 (s. u. Abschn. IV Nr. 4 u. 5) wesentlich modifizirt.

[25]) jetzt auf alle Arten von Grundstücken ausgedehnt. G. v. 15. 6. 1840 (s. Anm. 24) § 1.

[26]) jetzt: „5000 Thlr." G. v. 4. 5. 1857 (s. Anm. 24) § 1.

[27]) Statt „oder" muß es heißen: „und"; s. das R. in Anm. 24 u. C. R. v. 27. 7. 1857 (J. M. Bl. S. 282).

[28]) Der Mitwirkung eines vollständig besetzten Dorfgerichts bedarf es nicht. Ob.-Tr. v. 19. 12. 1856 (34 S. 403). — Vgl. im Uebrigen Dorfger.-Instr. §§ 83 ff.

[29]) Eine Ertragsermittelung ist nicht mehr erforderlich. G. v. 15. 6. 1840 (s. Anm. 24) § 4.

[30]) Das Amtsgericht fertigt alsdann die Vernehmung als Taxinstrument aus. Diese Ausfertigung ist für die Existenz einer gerichtlichen Taxe wesentlich.

§. 13. Was die Grundsätze betrifft, nach welchen die verschiedenen Wirthschaftsrubriken in der Einnahme, und die bei einer jeden zu machenden Abzüge; die von dem ganzen Ertrage abgehenden Onera und Ausgaben; der dem Kapital hinzutretende Werth der Wohngebäude, und anderer keinen eigentlichen Ertrag gewährenden, aber doch den Kaufswerth erhöhenden Regalien und Zubehörungen; ingleichen die von dem Kapital der Taxe abzuziehenden Bau-, Reparatur- und Retablissementskosten, ausgemittelt und angeschlagen werden sollen: so können darüber hier keine allgemeine Vorschriften ertheilt werden. Da schon in den meisten Provinzen Kreditsysteme errichtet, und die Justizkollegia angewiesen sind, die Taxen adlicher Güter entweder durch die Kreditdirektionen aufnehmen, oder doch die Abschätzungsprincipia derselben dabei zum Grunde legen zu lassen; so hat es dabei auch ferner sein Bewenden.[31]) In den übrigen Provinzen aber sollen die Stände aufgefordert werden, sich mit den Landesjustizkollegien zusammen zu thun, und vollständige, den Umständen und der Landesverfassung angemessene Taxordnungen zu entwerfen.[32]) Bis dahin hatte es bei der bisherigen Observanz einer jeden Provinz ebenfalls sein Bewenden.

2) Anderer Landgüter.

§. 14. Anlangend II. die Taxen anderer Landgüter, die zwar nicht adlicher Qualität,[33]) aber doch ein freies Eigenthum ihrer Besitzer, und keiner Gutsherrschaft unterthänig sind,[34]) so sind dabei im Wesentlichen eben die Grundsätze anzuwenden, welche bei der Abschätzung adlicher Güter in der Provinz zur Richtschnur dienen; wobei die Verschiedenheiten und Abweichungen, aus der verschiedenen Qualität der Güter,[35]) sich von selbst ergeben.

---

[31]) Ueber die in den einzelnen Provinzen geltenden landschaftlichen Taxordnungen und die Art der Anwendung derselben s. Anhang II. — Wegen der Ertrags-Kapitalisirung s. auch Ob.-Tr. v. 16. 1. 1863 (Strieth. 48 S. 145) u. (Pl.-Beschl.) v. 10. 6. 1872 (Entsch. 67 S. 19).

Besondere Bestimmungen gelten:

a) für die Abschätzung von Landgütern behufs Pflichttheilsberechnung in Westfalen. G. v. 4 6. 1856;

b) für die nach Maßgabe der L. G. O. (§§ 17. 18 bez. § 13 bez. § 14) aufzunehmenden Taxen;

c) für die Abschätzung von Inventarienstücken verpachteter Landgüter bei der Uebergabe und Rückgewähr; s. unten Abschn. III Nr. 3.

[32]) Dies ist nicht geschehen. [33]) s. Anm. 20.

[34]) Die Gutsunterthänigkeit ist aufgehoben; s. Anm. 21.

[35]) Hierunter sind die den adligen Gütern und insbesondere den adligen Besitzern nach der landrechtlichen Gesetzgebung zugestandenen besonderen Vorrechte verstanden. A. L. R. II 9 §§ 41 ff. Dieselben sind durch die neuere Gesetz-

Unterthänige Bauergüter,[36]) die ihren Besitzern eigenthümlich gehören, und nach der Landesart mit beträchtlichen Realitäten an Ackerwerk, Viehzucht ꝛc. versehen sind, werden eben so nach dem Ertrage taxirt.

Bei solchen Bauerstellen aber, die entweder Laßgüter sind, oder sonst ihren Besitzern nicht eigenthümlich gehören;[37]) ingleichen bei allen kleinen Rustikalbesitzungen, auf welchen kein Gespann gehalten wird, findet keine eigentliche Ertragstaxe Statt. Dagegen muß eine richtige und vollständige Beschreibung des Guts, nach den dazu gehörenden Realitäten, Gebäuden, Inventarienstücken u. s. w., ingleichen den davon zu entrichtenden Abgaben, Diensten[38]) und Pflichten, aufgenommen, und aus diesen Datis, mit gehöriger Rücksicht auf den am Orte, oder in der Gegend gewöhnlichen Kaufpreis der Grundstücke von dieser Art und Beschaffenheit, ein ungefährer Werth nach dem pflichtmäßigen Ermessen der Taxatoren bestimmt werden.[39])

In Provinzen, wo in Ansehung der Rustikalgüter gewisse Grundtaxen eingeführt sind, nach welchen dieselben von einem der Söhne des bisherigen Besitzers übernommen, und die übrigen Kinder abgefunden werden, hat es dabei auch ferner sein Bewenden.[40])

Anh. §. 438.[41]) Wenn bei der Taxe eines Guts, welches dem Besitzer nur auf gewisse Jahre zur Kultur und Benutzung ge-

---

gebung völlig beseitigt; s. insbesondere Edikt v. 9. 10. 1807 (G. S. S. 170) §§ 1. 2; vgl. im Uebrigen Koch zu den citirten Paragraphen. Ein Unterschied bei der Taxirung besteht deshalb nicht mehr.

[36]) Dergleichen Güter giebt es nicht mehr (s. Anm. 21). Bauergüter fallen jetzt, wenn sie spannfähig sind, unter Abs. 1. sonst unter Abs. 3. — Nach einer Entsch. der Gesetzkommission v. 5. 4. 1782 (Rabe 1. Abth. 7 S. 31) sollen übrigens bei Abschätzung eines Bauergutes die Wirthschaftsgebäude gar nicht und die Wohngebäude nur dann und mit einem mäßigen Quantum zum Ansatz gelangen, wenn außer der Wohnung für die Wirthschaftsleute noch für den Eigenthümer eine besondere Wohnung vorhanden ist. — Nach einem R. v. 28. 8. 1818 (Jahrb. 12 S. 6) soll der Altentheil vom Werthe des Gutes nicht abgezogen, sondern nur in der historischen Beschreibung aufgeführt werden.

[37]) Laßgut ist das Erbzinsgut des A. L. R. (I 18 §§ 680 ff.); über Bauerstellen, die ihren Besitzern nicht eigenthümlich gehören, s. A. L. R. II 7 §§ 298 ff. Beide Institute sind beseitigt; s. Anm. 21 u. Ablösungsges. v. 2. 3. 1850 § 2 Nr. 2 u. § 91.

[38]) s. Anm. 21. [39]) Dies ist die sog. Beschreibungstaxe.

[40]) Das R. v. 3. 7. 1813 (Jahrb. 2 S. 25) erachtet diese Vorschriften als durch die neuere Gesetzgebung beseitigt. Jetzt sind ähnliche Vorschrifteu eingeführt durch die L. G. O. (s. Anm. 31).

[41]) Der Anh. § 438 ist aus dem R. v. 8. 9. 1804 (Rabe 8 S. 169) entnommen. Er bleibt, obwohl die Vergebung der Grundstücke zur Benutzung und Kultur (A. L. R. I 21 §§ 626 ff.) durch § 91 des Ablösungsges. v. 2. 3. 1850 beseitigt ist, doch noch für ähnliche Fälle, z. B. einen zeitlich begrenzten Nießbrauch, analog anwendbar.

geben war, die Frage entsteht: wie der durch eine gewöhnliche Taxe ausgemittelte reine Ertrag nach der Dauer des Nutzungsrechts zu Kapital zu schlagen sey; so muß der Kapitalswerth durch die Revenüensumme mit Abrechnung des Interusurii bestimmt werden.[42])

3) Der Häuser in den Städten.

§. 15. So viel III. die Häuser in den Städten anlangt, so können dieselben nicht nach dem bloßen Ertrage gewürdigt werden. Ist die Taxe eines Hauses aufzunehmen,[43]) so muß

1) der Kommissarius dasselbe nach seiner Lage, Beschaffenheit, Länge, Breite und Höhe, nach seinem Baustande, nach der Anzahl und Einrichtung der darin befindlichen Wohnungen, und anderer Behältnisse, umständlich beschreiben.

2) Die zum Hause gehörenden Pertinenzstücke, an Gärten, Wiesen, Aeckern rc., ingleichen die damit verbundenen Gerechtigkeiten, z. B. das Reihebrauen,[44]) die Befugniß, eine gewisse Anzahl Vieh auf die gemeine Stadtweide mit vorzutreiben, den ganzen Holzbedarf, oder eine gewisse Quantität desselben, aus der gemeinen Stadthaide zu nehmen rc.,[45]) müssen bestimmt angegeben werden.

3) Eben so muß der Kommissarius nach den auf dem Hause haftenden oder daran prätendirten Dienstbarkeitsrechten und Servituten sich sorgfältig erkundigen.

4) Die von dem Hause zu entrichtenden Abgaben, öffentliche und gemeine Lasten, müssen ebenfalls möglichst genau verzeichnet werden.

5) Sodann sind die in dem Hause befindlichen Materialien, Kunst- und Handwerksarbeiten aller Art, nach dem gegenwärtigen Zustande derselben, durch vereidete Werkmeister zu revidiren und abzuschätzen. Eben so ist,

6) besonders in großen Städten, der bisherige Ertrag der Miethen nach einem mehrjährigen Durchschnitte auszumitteln.[46]) Aus diesen Datis muß

---

[42]) Ueber die Art dieser Berechnung vgl. den Bericht der westpreußischen Regierung zu Marienwerder v. 15. 1. 1802 (Grävell, Kommentar zu den Kreditgesetzen Bd. 3 Beilage Nr. 1).

[43]) Für Berlin ist hier die Instr. v. 10. 2. 1800 (Rabe 6 S. 23) maßgebend.

[44]) A. L. R. II 8 §§ 427. 428. 432. Vgl. Anm. 53.

[45]) Die betreffenden Gerechtigkeiten sind größtentheils durch Auftheilung beseitigt. Gemeinheits-Theilungsordnung v. 7. 6. 1821 §§ 1. 2.

[46]) Vgl. hierüber und wegen des Verfahrens bei unvermietheten Räumen Koch-Jastrow S. 684 Anm. 1. Wegen Berücksichtigung des Ertrages eines in dem Hause betriebenen Erwerbsgeschäftes vgl. Ob.-Tr. v. 4. 11. 1872 (68 S. 132).

7) durch die Taxatoren eine Taxe des Hauses, in seinem gegenwärtigen Zustande, nach einem vernünftigen und billigen Ermessen derselben bestimmt;[47]) übrigens aber

8) die zu dem Hause gehörigen, und nach Nr. 2 ausgemittelten unbeweglichen Pertinenzstücke oder Gerechtigkeiten besonders angeschlagen, und der Taxe des Hauses selbst zugesetzt werden.

4) Anderer Grundstücke.

§. 16. IV. Bei den Taxen anderer Grundstücke[48]) kommt es darauf an: ob der gemeine Werth[49]) derselben in dem Nutzen bestehe, den sie ihrem Besitzer gewähren; oder ob sich der davon zu erwartende Vortheil hauptsächlich nur auf Vergnügen und Annehmlichkeiten einschränke.

Bei Grundstücken der ersten Art, z. B. bei Mühlen, nutzbaren Obst-, Küchen- und Gemüsegärten, muß der reine Ertrag ausgemittelt, und darnach der Anschlag bestimmt werden.[50])

Bei Grundstücken der zweiten Art, z. B. bloßen Lust- und Ziergärten, findet keine gerichtliche Taxe Statt; sondern es tritt an deren Stelle eine umständliche Beschreibung nach der Länge, Größe und innern Einrichtung. Nach diesen Datis, und zugleich mit Rücksicht auf die am Orte vorhandene Bevölkerung, auf den Grad der Wohlhabenheit und des Luxus unter den Einwohnern, und auf den gewöhnlichen Preis, welchen solche Grundstücke an diesem

---

[47]) Hierzu bestimmt das J. M. R. v. 17. 8. 1841 (J. M. Bl. S. 257), daß der durch Sachverständige ermittelte Materialien-, Boden- und Ertragswerth, nach erfolgter Kapitalisirung des letzteren, zusammengerechnet, die Summe halbirt, hiervon der Kapitalswerth der fixirten Abgaben und der durch Sachverständige festzustellenden Unterhaltungskosten in Abzug gebracht und die Restsumme als der Werth des Grundstücks angesehen wird.

Ein ferneres J. M. R. v. 19. 1. 1842 (J. M. Bl. S. 42) schreibt vor, den Kapitalswerth der Abgaben, Lasten und Reparaturkosten nach demselben Prozentsatze wie bei Berechnung des Ertragswerthes zu kapitalisiren und zwar der Regel nach zum landüblichen Zinssatz von fünf Prozent. Dieser Kapitalsbetrag soll von dem Durchschnitte des Ertragswerthes und des Boden- und Materialienwerthes abgesetzt werden.

Diese Reskripte widersprechen zwar dem § 15 Nr. 7, insofern sie statt des „vernünftigen und billigen Ermessens" einen mechanischen Maßstab setzen; indessen hat die Praxis sich denselben vollständig angeschlossen. Vgl. auch Ob.-Tr. v. 15. 2. 1858 u. v. 7. 10. 1878 (Strieth. Bd. 29 S. 106; Bd. 100 S. 223). — Zu den abzuziehenden Lasten gehören auch die Feuersozietätsbeiträge, wenn der Eigenthümer gesetzlich verpflichtet ist, der Feuersozietät beizutreten. Ob.-Tr. v. 20. 11. 1857 (Strieth. 28 S. 100).

[48]) Sind es ländliche Grundstücke, so bringt man zunächst die landschaftlichen Taxgrundsätze zur Anwendung (§§ 12. 14).

[49]) A. L. R. I 2 §§ 112. 113. 117.

[50]) Vgl. Koch-Jastrow S. 686 ff., 691 ff.

Orte zu gelten pflegen, muß ein ungefährer Werth von den Taxatoren, nach vernünftigem Ermessen, bestimmt werden.

Die bei einem solchen Grundstücke befindlichen Gebäude müssen ebenfalls beschrieben, und, wenn dazu Orangerie oder seltene Gewächse gehören, muß ein Verzeichniß derselben, mit einer ungefähren Angabe des Werths der einzelnen Stücke, der Taxe beigefügt werden.

5) Von Gerechtigkeiten.

§. 17. V. Bei einzelnen, für sich bestehenden Gerechtigkeiten ist darauf Rücksicht zu nehmen: ob dieselben an und für sich einen gewissen Ertrag gewähren; oder ob sie dem Besitzer bloß eine Gelegenheit darbieten, sich durch Anwendung seiner Wissenschaft, Kunst und Industrie Vortheile zu verschaffen; oder endlich, ob es bloße Ehrenrechte sind, mit welchen kein nach Gelde zu bestimmender Vortheil verbunden ist.

Bei Gerechtigkeiten der ersten Art, z. B. Zollgerechtigkeiten,[51]) Fischereigerechtigkeiten[52]) ꝛc., wird der Ertrag ausgemittelt, und die Taxe darnach bestimmt. Bei Gerechtigkeiten der zweiten Art, z. B. Barbier- und Badstuben, Krug- und Schankgerechtigkeiten, Kramgerechtigkeiten,[53]) Apotheken ꝛc., findet keine eigentliche Ertragstaxe Statt; sondern es müssen in einer aufzunehmenden Beschreibung die näheren Bestimmungen und der Umfang eines solchen Rechts angegeben, und mit Rücksicht auf den gewöhnlichen Werth, den dergleichen Gerechtigkeiten an einem Orte, nach dem Verhältniß der Bevölkerung und des Wohlstandes, so wie auch der mehr oder weniger eingeschränkten Zahl der Berechtigten, zu haben pflegen, ein ungefähres Taxquantum von den Sachverständigen angegeben werden. Gehören zu einer solchen Gerechtigkeit gewisse bewegliche Zubehörungen, Utensilien und Geräthschaften, so ist ein Verzeichniß derselben der Taxe beizufügen; Vorräthe von Waaren, Materialien ꝛc. werden besonders taxirt.

Auf eben die Art wird bei der Abschätzung von Gerechtigkeiten, die keinen nach Gelde zu berechnenden Vortheil gewähren, sondern in bloßen Ehrenrechten bestehen,[54]) verfahren.

---

[51]) A. L. R. II 15 §§ 88 ff.

[52]) A. L. R. I 9 §§ 170 ff., II 15 §§ 73 ff.

[53]) Barbier- und Badstuben- sowie Kramgerechtigkeiten sind vollständig beseitigt. Gew.-O. §§ 1. 7. 10. Krug- und Schankgerechtigkeiten dagegen können als Realberechtigungen noch bestehen; s. ebda. § 1 Abs. 2 mit §§ 33 u. 48.

[54]) z. B. Kirchen- und Schulpatronat.

6) Von Schiffen.

§. 18. VI. Schiffe können niemals nach ihrem Ertrage, sondern sie müssen lediglich nach dem Werthe der darin befindlichen Materialien, an Holz, Eisen, Kupfer ꝛc., ingleichen des Zubehörs an Tauen, Segeln, Ankern ꝛc., durch Sachverständige abgeschätzt werden. Dabei sind jedesmal die Bauart des Schiffes, der Ort, wo, und die Zeit, wann es erbauet worden, zu bemerken. Von den obgedachten Zubehörungen ist der Taxe ein Verzeichniß beizufügen.

7) Von beweglichen Sachen.[55])

§. 19. VII. Bei beweglichen Sachen kann nur die Substanz der Stücke selbst abgeschätzt werden. Gold und Silber wird nach dem Gewichte taxirt, und dabei die Probe bemerkt. Bei Juwelen und Kostbarkeiten, ingleichen bei Kunstwerken, bei welchen es weniger auf die Materie, als auf die Form und künstliche Bearbeitung ankommt, müssen, wenn der wahrscheinliche Werth nicht unbeträchtlich ist, zur Abschätzung wenigstens drei Sachverständige gebraucht, und die Taxe muß nach dem Durchschnitte ihrer Angaben bestimmt werden. Bei anderen beweglichen Sachen ist die Zuziehung auch nur Eines Taxators, welcher von Gegenständen dieser Art die nöthige Sachkenntniß besitzt, hinreichend.

Wenn mehrere Stücke von gleicher Art vorhanden sind, z. B. mehrere brillantene Ringe ꝛc.; so müssen denselben, mittelst eines an jedem Stücke mit dem Gerichtssiegel zu befestigenden Fadens, Nummern dergestalt angehängt werden, daß keine Verwechselung erfolgen könne.

Allgemeine Gerichtsordnung für die Preußischen Staaten.

Dritter Theil.

Von den Pflichten der bei der Justiz angesetzten Personen.

Vorbemerkungen:

1. Der dritte Theil der A. G. O. ist nach seiner Ueberschrift bestimmt, das Dienstrecht der Justizbeamten zu regeln. In seinem Inhalte greift er aber darüber hinaus und enthält Bestimmungen auch über die Gerichtsverfassung, das Verfahren sowie vereinzelte strafrecht-

[55]) Wegen Abschätzung der Inventarienstücke bei der Pacht vgl. unten Abschnitt III Nr. 3.

liche Vorschriften. Dieser Theil der A. G. O. ist durch die Justizreorganisation von 1849 (s. o. S. 16 ff.) und durch viele Einzelgesetze erheblich durchlöchert, und der hiermit begonnene Prozeß ist durch die Reorganisation vom 1. Oktober 1879 noch bedeutend gefördert worden. Gleichwohl kann der Ansicht von Vierhaus (A. G. O. S. 239 und bei R. u. K. S. 656 ff.), daß derselbe — mit Ausnahme der Vorschriften über das Notariat und der strafrechtlichen Bestimmungen — als Ganzes aufgehoben sei, nicht beigetreten werden. Vielmehr findet er im Prinzip jetzt auf diejenigen Aemter Anwendung, welche an die Stelle der entsprechenden früheren Amtskategorien getreten sind. In der Praxis wird diese Fortgeltung auch nicht bezweifelt. Vgl. Prüfungsregulativ v. 1. Mai 1883 (J. M. Bl. S. 131) § 27; J. M. R. v. 17. November 1881 wegen Anstellung der Referendare im Subalterndienst (bei Müller S. 102). K. G. v. 17. April 1882 (3 S. 41); vgl. auch K. G. v. 25. Februar 1884 (4 S. 126).

2. Bei der Anwendung im Einzelnen ist gegenüber den neueren Gesetzeskodifikationen der verschiedenartige Inhalt der Vorschriften besonders zu würdigen:

a) Normen über die Gerichtsverfassung gelten nur insoweit fort, als nicht die betreffenden Materien im G. V. G. und dem A. G. z. G. V. G. eine erschöpfende Regelung gefunden haben.

b) Normen über das gerichtliche Verfahren sind, insoweit sie die ordentliche streitige Gerichtsbarkeit oder das sonst den Reichsjustizgesetzen unterworfene Verfahren betreffen, beseitigt, falls sich nicht ihre besondere Konservirung nachweisen läßt (E. G. z. C. P. O. § 14, E. G. z. St. P. O. § 6); insoweit sie indessen andere Prozeduren betreffen, gelten sie fort, falls sie nicht durch positive Vorschriften aufgehoben oder mit der veränderten Gesetzgebung unverträglich sind.

c) Strafrechtliche Vorschriften sind beseitigt, insoweit sie eine Materie betreffen, welche entweder den Gegenstand des preuß. St. G. B. v. 14. April 1851 oder des Reichsstrafgesetzbuches bildet (E. G. z. preuß. St. G. B. Art. II. E. G. z. St. G. B. v. 31. Mai 1870 § 2). Insoweit dies nicht der Fall ist, gelten sie nach Maßgabe der Art. II. VIII—X bez. der §§ 2. 5. 6 der citirten E. G'e. fort. Die in der A. G. O. citirten Vorschriften aus Th. II Tit. XX A. L. R. sind ausdrücklich aufgehoben durch Art. II des E. G. z. preuß. St. G. B.

d) Vorschriften über das Dienstrecht gelten fort, insoweit sich nicht im Einzelnen deren Aufhebung nachweisen läßt. Letzteres ist aber der Fall in Ansehung aller auf ein Dienstvergehen gesetzten strafrechtlichen oder disciplinaren Folgen. Strafrechtliche Folgen sind gemäß dem Grundsatz zu c beseitigt (vgl. preuß. St. G. B. Th. II Tit. 28; Reichs-St. G. B. Th. II Abschn. 28), disciplinare Folgen dagegen durch die Disciplinargesetze v. 7. Mai 1851 und 21. Juli 1852. Diese Gesetze (§ 16 bez. § 17) legen die zu erkennende Strafe in jedem einzelnen Falle in das Ermessen der Disciplinarbehörde und beseitigen die älteren, eine bestimmte Strafe androhenden Bestimmungen (§ 81 bez. § 100). Ebenso normiren diese Gesetze das Verfahren in Disciplinaruntersuchungssachen erschöpfend. Wo deshalb die A. G. O.

einem Beamten eine Dienstpflicht unter Strafandrohung auferlegt, da bleibt die Dienstpflicht bestehen, während die Strafandrohung und das etwa normirte Untersuchungsverfahren antiquirt sind.

e) Unter den Normen des Dienstrechts behandelt die A. G. O. auch die Geschäftsinstruktionen. Betreffs dieser ist indessen durch die K. O. v. 24. August 1837 (s. o. S. 15 mit Anm. 30) dem Justizminister das Recht allgemeiner Abänderung übertragen. Die Vorschriften der A. G. O., welche bloße Geschäftsinstruktionen enthalten, sind deshalb auch dann beseitigt, wenn sie mit späteren J. M. R.'en in Widerspruch stehen, oder wenn durch letztere eine erschöpfende Regelung der betreffenden Materie beabsichtigt ist. Abgesehen hiervon unterliegen die Vorschriften des dritten Theils der A. G. O., auch wo sie nur instruktioneller Art sind, als Aussprüche der Gesetzgebungsgewalt der Aufhebung durch Anordnungen der Justizverwaltung nicht.

3. Was den Wirkungskreis des dritten Theiles der A. G. O. nach Ort und Personen anlangt, so gelten die Normen über das Dienstrecht nur für diejenigen Gerichtsbeamten, die unter preußischem Dienstrechte stehen, daher nicht für die Beamten des Reichsgerichts (Reichsverf. Art. 18, Reichsbeamtengesetz v. 31. März 1873), des gemeinschaftlichen Oberlandesgerichts zu Jena (Vertr. v. 19. Februar 1877 § 18; G. S. S. 205) und der gemeinschaftlichen Landgerichte zu Meiningen und Rudolstadt (Verträge v. 17. Oktober 1878 Art. 8 G. S. S. 189. 196), wohl aber für die von außerpreußischen Staaten vorgeschlagenen Beamten des Oberlandesgerichts zu Naumburg und des Landgerichts zu Erfurt (Vertr. v. 7. Oktober 1878 Art. 4. 8 G. S. S. 173; Vertr. vom 9. Oktober 1878 Art. 3. 7). Auf die Verfassung des Reichsgerichts hat ferner die preußische Gesetzgebung gar keinen Einfluß und auf die der gemeinschaftlichen Gerichte zu Jena, Meiningen und Rudolstadt einen Einfluß nur insoweit, als es sich um die Zuständigkeit dieser Gerichte handelt (s. die citirten Verträge vom 17. Oktober 1878 Art. 21 bez. Art. 20 u. Vertr. v. 23. April 1878 Art. 6; G. S. S. 202), woraus sich die Art der Anwendung der bezüglichen Vorschriften der A. G. O. ergiebt.

Die Normen über das gerichtliche Verfahren sind dagegen auch von den gedachten Gerichten anzuwenden, insoweit dieselben mit einem nach preußischem Recht zu regelnden Verfahren befaßt sind; zu diesen Normen gehören auch die Vorschriften über Ausschließung der Gerichtspersonen (vgl. III 3 §§ 13 ff.), bei denen es darnach nicht darauf ankommt, ob der auszuschließende Richter von Preußen oder einem anderen betheiligten Staate ernannt ist; dagegen gelangt die A. G. O. selbstverständlich auch für das Oberlandesgericht Naumburg und das Landgericht zu Erfurt insoweit nicht zur Anwendung, als es sich um Prozeduren in außerpreußischen Sachen handelt. Die gleiche Unterscheidung ist betreffs des Amtsgerichts zu Lippstadt zu machen. Vertr. v. 4. Januar 1879 Art. 8 ff. (G. S. S. 219).

Strafrechtliche Vorschriften endlich folgen den allgemeinen Normen über die örtliche Herrschaft der Strafgesetze; vgl. Oppenhoff St. G. B. zu § 3 Anm. 1 u. 18.

Erster Titel.

Von den Landesjustizkollegien[1]) überhaupt, deren Verrichtungen und Pflichten.

Zusammensetzung der Justizkollegien.

§. 1. Die von Sr. Königlichen Majestät zur Justizpflege in Höchstdero Staaten verordneten Landeskollegia bestehen:[2])

1) aus Vorgesetzten, welche den Namen der Präsidenten und Direktoren führen;

2) aus Mitgliedern, oder Räthen und Beisitzern;

3) aus den zum Betriebe der Geschäfte erforderlichen Subalternen;

4) sind dabei junge Leute angesetzt, die, als Auskultatoren[3]) und Referendarien, zu gerichtlichen Geschäften und Bedienungen vorbereitet und ausgebildet werden sollen.

Bestimmung derselben.

§. 2. Die Bestimmung der solchergestalt formirten Landesjustizkollegien ist:

1) daß sie den ihrer Gerichtsbarkeit unmittelbar unterworfenen Personen, und in den an sie gewiesenen Sachen, Justiz administriren sollen;[4])

2) daß sie die Aufsicht über die Untergerichte ihres Departements führen;[5]) zu dem Ende sowohl überhaupt auf eine ordnungsmäßige

---

[1]) Über die Landesjustizkollegien s. o. S. 3 ff. 10. 20. An die Stelle derselben sind jetzt die Oberlandesgerichte getreten. Die Bestimmungen dieses deshalb auf letztere Anwendung; vgl. indessen Anm. 15.

[2]) Die Nr. 1—3 des § 1 sind als Rechtsnormen beseitigt; vgl. Vorbem. zu Th. III Anm. 2 zu a und G. V. G. §§ 119 ff. 154. Die O. L. G.'e bestehen jetzt aus einem Präsidenten, aus Senatspräsidenten, Räthen und Gerichtsschreibereibeamten. Im Wesentlichen entsprechen diese Kategorien denen der Nr. 1—3 des Textes.

[3]) Vgl. III 4 Anm. 1.

[4]) Nr. 1 bezieht sich auf den eximirten Gerichtsstand in streitigen Sachen, welcher jetzt vollständig beseitigt ist; vgl. oben S. 1 u. G. V. G. §§ 12 ff. Damit sind auch die lediglich hierauf bezüglichen §§ 5—8 antiquirt. Allenfalls könnte man diese Vorschriften auf die Thätigkeit des Geheimen Justizraths als Gerichtes für die Mitglieder der Königlichen Familie anwenden. G. v. 26. 4. 1851 Art. III. A. G. z. G. V. G. § 18. Allein der „mit dem Kammergericht verbundene" Geheime Justizrath wird nicht als Theil des Kammergerichts, sondern als ein besonderes Gericht angesehen. Vgl. Jahrb. d. preuß. Gerichtsverfassung 1890 S. 79. v. Rönne Staatsrecht III § 244 Anm. 3 (S. 364).

[5]) Wegen der Untergerichte s. III 8 § 1 Anm. 1 u. 3. Unter der „Aufsicht" versteht die A. G. O. sowohl die Dienstaufsicht im eigentlichen Sinne als die materielle Entscheidung auf eingelegte Rechtsmittel. In der jetzigen Gesetzessprache begreift man unter der Aufsicht nur die erstere Thätigkeit; dieselbe steht gegenwärtig nicht mehr den Kollegien, sondern den Präsidenten der Gerichte zu. A. G. z. G. V. G. § 78.

Rechtspflege bei selbigen halten, und, um sich davon zu versichern, fleißig Justizvisitationen anstellen,[6]) als auch insonderheit die gegen die Verfügungen und Aussprüche sothaner Untergerichte, es sey durch den Weg der Appellation, oder des bloßen Rekurses, an sie gelangten Beschwerden[7]) untersuchen, und denselben, wenn sie gegründet sind, abhelfen sollen;

3) daß sie die ihnen besonders angewiesenen Geschäfte, in Vormundschafts-, Hypotheken- und anderen zur streitigen Gerichtsbarkeit nicht gehörigen Angelegenheiten, dirigiren und betreiben sollen.[8])

1. Extra-judicialia.

§. 3. Was für Geschäfte dieser letztern Art dem einen oder dem andern Justizkollegio angewiesen sind, ist bei jedem von ihnen, nach den verschiedenen Verfassungen der Königlichen Provinzen, besonders festgesetzt;[9]) und was die Kollegia dabei zu thun und zu beobachten haben, ist im zweiten Theile der gegenwärtigen Gerichtsordnung vorgeschrieben.

2. Aufsicht über die Untergerichte.

§. 4. Was den Kollegien in Ansehung des zweiten Hauptgegenstandes ihrer Bestellung, nämlich der Aufsicht über die Untergerichte zu thun obliegt, davon wird theils gelegentlich in den nachfolgenden Titeln, theils und vornehmlich aber in dem weiter unten vorkommenden Achten Titel, von Untergerichten, gehandelt werden.

3. Jurisdictio contentiosa.

§. 5.[10]) In Ansehung des ersten Hauptgegenstandes ihrer Bestimmung, nämlich der Ausübung der ihnen anvertrauten unmittelbaren landesherrlichen Jurisdiktion, haben die Justizkollegia theils gewisse allgemeine, theils die Personen, aus welchen sie bestehen, gewisse besondere Pflichten zu beobachten. Letztere werden in den folgenden Titeln, wo von den verschiedenen Amtsverrichtungen dieser Personen die Rede ist, umständlich vorgeschrieben.

Pflichten der Justizkollegien.

§. 6. Die allgemeine Pflicht der Landesjustizkollegien ist, daß sie den bei ihnen Recht nehmenden Parteien eine gründliche, schleunige, und durchaus unparteiische Justizpflege widerfahren lassen sollen.

---

[6]) Jetzt stehen die Visitationen nur den Präsidenten zu, s. Anm. 5.

[7]) Inwieweit die Rechtsmittel zur Zuständigkeit der O. L. G.'e gehören, bestimmt sich nach der einschlägigen besonderen Gesetzgebung; vgl. § 13 mit Anm. 18.

[8]) Über die erstinstanzliche nicht streitige Gerichtsbarkeit der Landesjustizkollegien und den jetzigen Rest derselben s. o. S. 1 ff. u. S. 36 f. Nr. 1 u. 2.

[9]) Provinzielle Verschiedenheiten giebt es nur noch in Lehnssachen; s. o. S. 35 u. 37.

[10]) Zu §§ 5—8 s. Anm. 4.

§. 7. Es müssen also die Landesjustizkollegia in allen für sie gehörigen Angelegenheiten die Klagen und Vorstellungen der bei ihnen Recht suchenden Parteien unweigerlich annehmen; dieselben sorgfältig und aufmerksam prüfen; die Sachen nach Vorschrift der gegenwärtigen Ordnung[11]) gehörig untersuchen, und nach den Gesetzen entscheiden; einen jeden bei seinem Rechte schützen, oder ihm dazu mit Nachdruck verhelfen; die Untersuchungen und Instruktionen fleißig und ununterbrochen betreiben; die Entscheidungen möglichst beschleunigen; und dabei weder selbst den geringsten nunöthigen Aufenthalt oder Verzug sich zu Schulden kommen lassen, noch daß dergleichen von Anderen gemacht werde, verstatten.

§. 8. Insonderheit müssen die Justizkollegia sich bei ihren Amtsverrichtungen der strengsten Rechtschaffenheit und gewissenhaftesten Unparteilichkeit befleißigen: dergestalt, daß sie einem jeden, ohne Unterschied des Ranges, Standes, Geschlechts, Ansehens oder Vermögens, lediglich nach Beschaffenheit und Lage der Sache, und nach den Vorschriften der Gesetze, sein Recht widerfahren lassen; insonderheit aber Armen und Niedrigen, gegen unrechtmäßige Bedrückungen und Beeinträchtigungen reicher, mächtiger und angesehener Gegner, nachdrücklichen Schutz und Hülfe verschaffen.

Rechte und Autorität derselben.

§. 9.[12]) Damit nun besagte Kollegia im Stande seyn mögen, diesen ihren Pflichten und Verrichtungen gehörig nachzukommen; so haben Se. Königliche Majestät ihnen das Recht beigelegt, die Justiz in Allerhöchstderoselben Namen zu administriren, und befehlen jedermänniglich, ohne Unterschied und Ausnahme, den Verordnungen und Verfügungen des ihm vorgesetzten Landesjustizkollegii, in den zu dessen Amte gehörigen Angelegenheiten, eben die willige, prompte und gehorsame Folge zu leisten, wozu er Sr. Königlichen Majestät selbst, als höchstem Landesherrn und oberstem Richter, verpflichtet ist; wollen auch mehr erwähnte Kollegia bei dieser ihnen ertheilten Macht und Ansehen nachdrücklich schützen, und den gegen sie bewiesenen Ungehorsam und Widersetzlichkeit auf das strengste geahndet und bestraft wissen.

§. 10. Höchstdieselben autorisiren daher auch oftbesagte Landesjustizkollegia, ihren auf die Gesetze und gegenwärtige Ordnung gegründeten Verfügungen, nöthigenfalls durch rechtliche Zwangsmittel, Gehorsam und Folge zu verschaffen;[13])

---

[11]) Darunter war der erste Theil der A. G. O. verstanden; s. o. S. 45 Anm. 1.

[12]) Die §§ 9 ff. betreffen, ungeachtet ihrer Rückbeziehung auf die §§ 6 ff. die gesammte, insbesondere auch die zweitinstanzliche Thätigkeit der Landesjustizkollegien. § 9 ist indessen antiquirt. Wegen der Ausübung der Gerichtsbarkeit im Namen des Königs gelten jetzt Verf.-Urk. Art. 86 u. 87 a; die oberstrichterliche Gewalt des Königs (A. L. R. II 17 § 18), insoweit sie in der Befugniß zu eigenem Erlaß von Gerichtsbefehlen besteht, ist, schon früher sehr bestritten, jedenfalls durch Art. 86 der Verf.-Urk. beseitigt worden und damit die Bezugnahme auf dieselbe antiquirt; wegen der strafrechtlichen Vorschriften endlich s. Vorbem. zu Th. III Anm. 2 zu c mit St. G. B. §§ 110 ff.

[13]) Seitdem durch die V. v. 2. 1. 1849 (§§ 22 ff.) die Zuständigkeit der Gerichte durchgreifend anders geregelt worden ist (s. o. S. 16 ff.), stehen die Verfügungen aller Gerichte, insoweit sie endgültig sind, in ihrer Vollstreckbarkeit einander gleich. Ein besonderes Recht der Obergerichte zur Androhung von Zwangsmitteln für ihre Verfügungen ist damit beseitigt. Inwiefern zur Ausführung einer gerichtlichen Verfügung Zwangsmittel zulässig sind, bestimmt sich gleichmäßig für alle Gerichte nach den in den Spezialgesetzen enthaltenen Vorschriften; vgl. auch Verf.-Urk. Art. 8.

die Widerspenstigen durch den Fiskus[14]) zur Verantwortung ziehen zu lassen; und mit den in den Kriminalgesetzen geordneten Strafen wider sie zu verfahren. (Allg. L. R. Th. II. Tit. XX. §. 166 u. f.)

Aufsicht über dieselben.

§. 11. Damit aber auch diese Kollegia die ihnen anvertraute Macht und Gewalt nicht mißbrauchen, sollen sie nicht allein unter beständiger ununterbrochener Aufsicht gehalten, und durch oftmalige Justizvisitationen von ihrem Betragen bei Verrichtung ihres Amts zuverlässige Kenntniß eingezogen; sondern es soll auch den Parteien mit ihren Beschwerden wider sie, das erforderliche Gehör niemals versagt werden.

Untersuchung der wider sie einkommenden Beschwerden.

§. 12.[15]) Beschwerden über die Justizkollegia und Gerichte gehen entweder nur gegen den Inhalt einer von ihnen getroffenen, dem Beschwerdeführer vermeintlich nachtheiligen Verfügung; oder sie enthalten zugleich persönliche Anschuldigungen wegen verletzter oder vernachlässigter Amtspflichten.

§. 13. Beschwerden der erstern Art, in so fern sie gegen wirkliche Urtel, oder mit denselben gleiche Kraft habende Resolutionen gerichtet sind, müssen durch die im Vierzehnten und Funfzehnten Titel beschriebenen ordentlichen Rechtsmittel der Appellation und Revision angebracht und ausgeführt werden.[16]) Betrifft aber die Beschwerde irgend eine andere gerichtliche Verfügung,[17]) so muß dieselbe, wenn sie gegen ein Untergericht erhoben wird, bei dem unmittelbar vorgesetzten Obergerichte,[18]) und wenn

---

[14]) Wegen der früheren Fiskale s. III 6 mit Anm. 1; wegen der in § 10 citirten Strafvorschriften s. Anm. 12 a. E.

[15]) Die §§ 12—34 beziehen sich nach dem Wortlaut („Justizkollegien und Gerichte) auf alle Gerichte, demnach jetzt auf die Amts-, Land- und Oberlandesgerichte. Im Einzelnen behandeln §§ 13—18 die materiellen Beschwerden, §§ 19—27 die Aufsichtsbeschwerden (s. Anm. 5) und die §§ 28—34 für beide Arten die Strafen muthwilliger Beschwerden. Die §§ 13—18 sind für die ordentliche streitige Gerichtsbarkeit außer Kraft gesetzt; s. Vorbem. z. Th. III Anm. 2 zu b.

[16]) Der erste Satz des § 13 ist antiquirt; s. Anm. 15 a. E.

[17]) Der zweite Satz des § 13 ist außerhalb der ordentlichen streitigen Gerichtsbarkeit noch jetzt die Rechtsquelle für die Norm, daß gegen jede gerichtliche Verfügung, sofern nicht gesetzlich ein anderes bestimmt ist, die Beschwerde stattfindet.

[18]) Wegen Regulirung des Instanzenzuges bei der Reorganisation von 1849 s. o. S. 20. Gegenwärtig sind regelmäßig zu Beschwerdeinstanzen bestellt: das Landgericht für die Entscheidungen der Amtsgerichte und das Oberlandesgericht für die Entscheidungen der Landgerichte; indessen giebt es einige Ausnahmen mit anderweiter Regulirung der Zuständigkeit und einige andere Fälle, in denen es an einer solchen Regulirung überhaupt fehlt; vgl. das Nähere oben S. 35 Nr. 4 u. 5 mit Anm. 50—52 und S. 37 f. Nr. 4—7 mit Anm. 66—

sich jemand über ein Obergericht, oder Landesjustizkollegium[19]) beschweren zu müssen glaubt, bei dem Justizdepartement des Staatsministerii[20]) angebracht werden.[21]) Auch bleibt einem jeden, welcher sich bei den Verfügungen des Justizdepartements nicht beruhigen zu können vermeint, der Zutritt zu Sr. Königlichen Majestät Allerhöchsten Person unverschlossen.[22])

Anh. §. 439. In rechtskräftig abgeurtelten Rechtsstreitigkeiten dürfen die Parteien Se. Königliche Majestät und das Ministerium gar nicht mit Beschwerden behelligen.[23])

---

71. Für die im Gesetz nicht geregelten Fälle ist noch jetzt aus §13 die entsprechende Rechtsnorm zu entnehmen. Danach ist zuständig das „unmittelbar vorgesetzte Obergericht"; darunter ist dasjenige Gericht gemeint, welches im Allgemeinen im Instanzenzuge vorgesetzt war (vgl. oben S. 3 u. 4.). Danach ist jetzt in allen Fällen, in welchen es an spezieller Normirung fehlt, für amtsgerichtliche Entscheidungen das Landgericht und für landgerichtliche Entscheidungen das Oberlandesgericht das zuständige Beschwerdegericht. Vgl. die Abhandlung des Herausgebers bei R. u. K. 30 S. 349 ff.; s. auch Rintelen bei J. u. K. 10 S. 341 ff. Ueber das Rechtsmittel der weiteren Beschwerde gegen landgerichtliche Entscheidungen s. o. S. 38 Nr. 6. — Vgl. auch noch Anm. 21.

[19]) d. i. jetzt über ein Oberlandesgericht. In § 13 ist hierbei sowohl an erst- als an zweitinstanzliche Entscheidungen des Obergerichts gedacht. Jetzt findet indessen die Beschwerde — von Ausnahmefällen abgesehen — nur noch in den in erster Instanz zur Zuständigkeit der Oberlandesgerichte gehörigen Sachen statt; vgl. über die Entwickelung dieser Frage oben S. 7 f. 15. 16. u. S. 39.

[20]) d. i. jetzt dem Justizministerium; s. o. S. 39 Nr. 6.

[21]) Aus § 13 beantwortet sich auch die Frage, wo die Beschwerdeschrift einzureichen ist und zwar dahin, daß dies bei der zur Entscheidung berufenen Instanz zu geschehen hat; K. G. v. 11. 10. 1880 u. 28. 3. 1881 (2 S. 3 u. 5). Doch ist für die weitere Beschwerde überhaupt, ferner für die Beschwerde in Vormundschaftssachen und für einzelne Spezialfälle ein Anderes angeordnet. A. G. z. G. V. G. § 53; V. O. § 10; H. O. §§ 86. 91; A. G. z. C. P. O. §§ 5 (Abs. 4) 6. 28; Genossenschaftsgesetz v. 1. 5. 1889 § 150. A. G. z. G. K. G. § 4. Vgl. auch Anm. 34.

Über die Voraussetzungen der Beschwerde und die Legitimation zu deren Erhebung s. Rechtsgr. R. 723—728; vgl. auch ebenda R. 124—133. 436. 444 bis 446. 504—517. 746—756. 887—893; sowie K. G. v. 7. 5. u. 26. 11. 1888 (8 S. 31. 36).

[22]) Der letzte Satz des § 13 gilt noch jetzt für die Angelegenheiten, in welchen der J. M. die materielle Beschwerdeinstanz bildet; für die übrigen Angelegenheiten dagegen ist er schon nach seinem Wortlaut nicht anwendbar; vgl. Anm. 19 und die dortigen Citate.

[23]) Die §§ 439 - 443 des Anhangs sind aus dem Publikandum v. 14. 2. 1810 (G. S. S. 641) entnommen. Der § 439 des Anhangs ist bereits durch Verf.-Urk. Art. 86 und jetzt durch G. V. G. § 1 als Rechtsnorm gegenstandslos geworden; er hat nur noch die Bedeutung eines Verbots ohne Folgen für die Uebertretung.

§. 14. Es muß aber ein jeder, welcher dergleichen Beschwerden anbringen will, die Sache deutlich, der Wahrheit gemäß, und mit gebührender Bescheidenheit vortragen; auch seinen Beschwerden jedesmal die letzte Resolution der unmittelbar vorher gehenden Behörde beilegen.[24])

Anh. §. 440.[25]) Bei der Unterschrift der Eingaben muß bemerkt werden, ob der Supplikant die Vorstellung selbst verfertigt und unterschrieben hat, oder von wem dieses geschehen; und bei Vorstellungen, die im Namen ganzer Gemeinden eingereicht werden, müssen insbesondere diejenigen Wirthe oder Gemeindeglieder, welche die Vorstellung veranlaßt haben, ihre eigenen Namen darunter setzen.

Diejenigen, welche Vorstellungen nicht deutlich fassen und schreiben können, und, der erfolgten Warnung ungeachtet, nicht unterlassen, solche für Andere zu fertigen und zu schreiben, werden mit Gefängnißstrafe von 14 Tagen bis 4 Wochen, oder mit verhältnißmäßiger Geldstrafe belegt, und sollen diese Strafen im Wiederholungsfalle verdoppelt werden.[26])

Diejenigen aber, die solche Vorstellungen für Verwandte, Freunde und Bekannte fertigen dürfen,[27]) dieses aber nicht in der gehörigen Form thun, oder eine schon zurück gewiesene Vorstellung wiederholen, sollen zuerst mit 8- bis 14tägiger Strafe in einem Gefängnisse, Arbeits- oder Besserungshause[28]) bestraft, und im Wiederholungsfalle mit der doppelten Strafe belegt werden. Bei ferneren Wiederholungen soll die vorher ausgestandene Strafe jedesmal mit 8 bis 14 Tagen erhöhet werden.

---

[24]) Die §§ 14. 15. gelten nur noch für diejenigen Beschwerden, betreffs deren das Einlegungsverfahren nicht durch Spezialgesetze anderweit erschöpfend geregelt ist; s. die Fälle in Anm. 21. Das Gleiche gilt von Anh. § 440 Abs. 1.

[25]) Vgl. Anm. 23. 24. — Verschiedene Ministerialreskripte wollen den § 440 auf Immediatgesuche oder wenigstens auf solche und auf Vorstellungen an die Ministerien beschränken. R. v. 19. 3. 1832 (Jahrb. 39 S. 149), v. 19. 9. 1836 u. 18. 6. 1840 (Jahrb. 48 S. 285; J. M. Bl. 1840 S. 206). In der That entspricht Letzteres dem Publ. v. 14. 12. 1810.

[26]) Abs. 2 des § 440 ist aufgehoben; die Befugniß, Schriften in Rechtsangelegenheiten für Andere abzufassen, regelt sich lediglich nach Gew.-O. §§ 1. 35 Abs. 3 u. 148 Nr. 4.

[27]) d. i. jetzt regelmäßig Jedermann; s. Anm. 26. — Abs. 3 ist nicht beseitigt: weder durch die neuere Strafgesetzgebung (vgl. hierüber Ob.-Tr. v. 16. 3. 1851 u. 26. 11. 1852 bei Oppenhoff Preuß. St. G. B. zu Art. II des Einf.-Ges. Anm. 11; s. auch unten Anm. 49), noch durch die Freigabe des Konsulentengewerbes in der Gew.-O; Ob.-Tr. v. 4. 11. u. 24. 11. 1870 u. 18. 1. 1871 (J. M. Bl. 1870 S. 350; 1871 S. 30. 114).

[28]) Durch Art. IX des E. G. zum preuß. St. G. B. v. 14. 4. 1851 ist die Strafart auf „Gefängniß oder Einschließung" bestimmt worden. Diesen Strafarten (Preuß. St. G. B. §§ 13. 14) entspricht jetzt Gefängniß oder Festungshaft; St. G. B. §§ 16. 18. E. G. z. St. G. B. § 6. Der § 5 a. a. O. findet hier keine Anwendung, weil er sich nur auf künftige Landesgesetze bezieht; Oppenhoff St. G. B. zu § 5 Anm. 1.

Anh. §. 441. Die Bittsteller sollen durch die ordentlichen Posten ihre Gesuche abschicken, nicht aber solche selbst überbringen und durch persönliches Suppliciren lästig werden.

§. 15. Wer entweder die hierin vorgeschriebene Ordnung in Anbringung seiner Beschwerden nicht beobachtet, sondern, mit Uebergehung des vorgesetzten Landeskollegii, das Justizdepartement, oder, mit Uebergehung des letztern, Se. Königliche Majestät unmittelbar behelliget (§. 13.); oder wer seiner Vorstellung die von der vorher gehenden Behörde erhaltene letzte Vorbescheidung nicht beifügt, und solchergestalt eine günstigere Resolution zu erschleichen sucht (§. 14.), der hat zu gewärtigen, daß er ohne weitere Verfügung sofort wird abgewiesen werden.

Anh. §. 442.[29]) Wer mit Uebergehung einer Behörde oder mit Unterlassung der bestimmten Form Beschwerden und Gesuche anbringt, hat zu gewärtigen, daß ihm seine Vorstellung ohne Verfügung zurück gegeben wird.

Wer sich dadurch nicht bedeuten läßt, und sein unförmliches Gesuch wiederholt, desgleichen, wer einmal beschieden worden, und sein Gesuch ohne besondern Grund wiederholt, soll zur Strafe auf 14 Tage bis 4 Wochen in ein Gefängniß,[30]) Arbeits- oder Besserungshaus gebracht werden.

Im Wiederholungsfalle wird die ausgestandene Strafe verdoppelt, und bei jeder fernern Wiederholung wird die vorher ausgestandene Strafe wieder mit 14 Tagen bis 4 Wochen erhöhet.

Bei Vermögenden wird eine verhältnißmäßige Geldstrafe festgesetzt.[31])

Diese Strafen werden von dem betreffenden Ministerium unmittelbar oder von der Behörde durch ein bloßes Dekret festgesetzt, so bald die verbotene Wiederholung des Gesuchs durch Vernehmung des Beschwerdeführers oder auf andere Weise festgestellt worden, und es werden solche durch die Behörde zum Vollzug gebracht, welcher deshalb Auftrag geschieht.[32])

Anh. §. 443. Diejenigen, welche Seine Königliche Majestät oder das Ministerium mit persönlichem Suppliciren belästigen, und sich nicht bedeuten lassen, in ihre Heimath zurück zu kehren und daselbst die Resolution abzuwarten, werden dahin durch die Polizeibehörden zurück gebracht. Wenn sie dennoch sich wieder einfinden, und das Suppliciren fortsetzen; so werden

---

[29]) s. Anm. 23. 27. Auch § 442 ist nur auf Vorstellungen an den König oder die Minister anwendbar; s. Anm. 25.

[30]) s. Anm. 28.

[31]) „verhältnißmäßige". Darunter war die Anwendung der §§ 88—90 II 20 A. L. R. verstanden; jetzt gilt St. G. B. § 29; vgl. E. G. z. St. G. B. § 3.

[32]) Der letzte Absatz des § 442 ist aufgehoben. Da es sich um kriminelle Strafen handelt (vgl. A. O. v. 25. 5. 1836 Jahrb. 47 S. 572), erfolgt deren Festsetzung durch die Gerichte im ordentlichen Verfahren. Vgl. G. V. G. § 13 und dazu Loewe Anm. 2 sowie E. G. z. St. P. O. §§ 3 u. 6.

sie nach der in §. 442. des Anhangs enthaltenen Bestimmungen bestraft und behandelt.

Gemeinden und Gemeinde-Deputirte, die ihren Wohnort verlassen, um bei Seiner Königlichen Majestät oder dem Ministerio Vorstellungen selbst zu überreichen und persönlich zu suppliciren, sollen von den Gerichts- und Polizeibehörden, deren Bezirk sie passiren, angehalten und in ihre Heimath zurück geschafft werden, nachdem zuvörderst die Vorstellung, die sie eingeben wollen, ihnen abgenommen, sie nach Befinden über den Inhalt derselben näher zu Protokoll vernommen, und solche zur Post gegeben worden. Wenn sie dennoch sich persönlich einfinden, um zu suppliciren; so werden sie mit den vorerwähnten Gefängniß- oder Geldstrafen belegt.[33])

§. 16. Damit niemand über Mangel an Gelegenheit, seine Gesuche oder Beschwerden gehörigen Orts anzubringen, mit Grunde klagen dürfe; so ist nicht nur den Justizkommissarien, nach den unten Tit. VII. erfolgenden näheren Bestimmungen, zur besondern Pflicht gemacht, den Parteien, welche sich über widerrechtliche Verfügungen und Bedrückungen der Gerichte beschweren wollen, so bald sie, nach näherer Prüfung des Anliegens, die Beschwerde nicht ungegründet, widerrechtlich, oder unerheblich finden, mit ihrem Rathe und Amte ohne alle Menschenfurcht und Ansehen der Person an die Hand zu gehen; sondern es muß auch bei allen Kollegien und Gerichten die Veranstaltung getroffen werden, daß Leute von gemeinem Stande, welche sich des Beistandes eines Justizkommissarii aus Unvermögen nicht bedienen können, an gewöhnlicher Gerichtsstelle jemanden finden, bei dem sie ihre Gesuche oder Beschwerden mündlich zum Protokolle vortragen können; und müssen von den dazu ein- für allemal, nach der Beschaffenheit und Verfassung eines jeden Gerichts oder Kollegii, bestellten Personen die Anträge solcher Parteien unweigerlich und unentgeldlich aufgenommen werden.

Wenn auch eine Partei gegen das Landesjustizkollegium ihrer Provinz selbst Beschwerden hätte, und weder einen Justizkommissarius zu deren schriftlicher Anbringung finden, noch eine der von Zeit zu Zeit bei diesem Kollegio anzustellenden Justizvisitationen abwarten könnte; so soll derselben frei stehen, sich bei dem nächstgelegenen Landesjustizkollegio zu melden, und um Aufnehmung ihrer Beschwerde zum Protokolle zu bitten; worunter ihr ohne allen Anstand gewillfahrt, und dergleichen Protokoll, mit Beilegung der letzten, dem Supplikanten abzufordernden Resolution, an das Justizdepartement unverzüglich eingesendet werden muß.[34])

---

[33]) Der § 443 des Anhangs (vgl. Anm. 23) ist beseitigt. Die Zurückschaffung der Supplikanten in ihre Heimath ist nach §§ 1 u. 12 des Freizügigkeitsgesetzes vom 1. 11. 1867 unstatthaft. Damit fallen zugleich die Strafbestimmungen des § 443, welche die gedachte Maßregel zur Voraussetzung haben.

[34]) § 16 ist beseitigt: wegen der Justizkommissarien vgl. III 7 Anm. 1, der übrige Theil des § 16 aber ist ersetzt durch:

A. G. z. G. V. G. vom 24. April 1878.

§ 71. Die Gerichtsschreiber bei den Amtsgerichten sind verpflichtet, in gerichtlichen Angelegenheiten, welche von den Deutschen Prozessordnungen nicht betroffen werden, Gesuche zu Protokoll zu nehmen. Das Protokoll ist erforderlichenfalls der zuständigen Stelle zu übersenden.

Vgl. dazu Gesch.-O. f. d. Gerichtsschreibereien der Amtsgerichte § 3 Abs. 4. Unter die „Gesuche" fallen auch Beschwerden. Die weitere Beschwerde des § 40 A. G. z. G. V. G. muß auch vom Gerichtsschreiber desjenigen Landgerichts, dessen Entscheidung angefochten werden soll, aufgenommen werden. (§ 53. a. a. O.)

Für die Frage nach der Unentgeltlichkeit der Aufnahme sind die maßgebenden Normen jetzt in den Gebührengesetzen zu suchen; vgl. Kostengesetz v. 9. 5. 1854 Art. 15.

§. 17. Die Landesjustizkollegia[35]) müssen die bei ihnen gegen Untergerichte des Departements angebrachten Beschwerden unweigerlich annehmen;[36]) nach den unten (Tit. III.) erfolgenden näheren Vorschriften sorgfältig prüfen; denselben, in so fern sie gegründet sind, mit Nachdruck abhelfen;[37]) wenn aber das Anbringen ungegründet befunden wird, den Supplikanten mit Glimpf, Mäßigung und Herablassung, zu seinen Fähigkeiten und Begriffen zu bedeuten und zurecht zu weisen, sich unermüdet angelegen seyn lassen.

§. 18. Beschwerden gegen Militairgerichte gehören zwar an sich lediglich für die ihnen vorgesetzten Militairbehörden; in wie fern jedoch die Civilgerichte sich ihrer Jurisdiktionsgesessenen, in Rechtsangelegenheiten derselben, bei den Militairgerichten anzunehmen verbunden sind, ist im Ersten Theile dieser Allgemeinen Gerichtsordnung Tit. II. §. 52. festgesetzt.[38])

§. 19. Beschwerden, welche nicht bloß den Inhalt einer getroffenen gerichtlichen Verfügung angehen, sondern zugleich persönliche Anschuldigungen, wegen verletzter oder vernachlässigter Amtspflichten enthalten, sind entweder gegen einzelne Mitglieder oder Subalternen eines Kollegii, oder sie sind gegen ein ganzes Kollegium, oder den Präsidenten oder Chef desselben gerichtet.

§. 20.[39]) Beschwerden gegen einzelne Mitglieder und Subalternen eines Justizkollegii, in Sachen, welche die Amtsführung derselben betreffen, müssen, der Regel nach, bei dem Präsidenten oder Chef des Kollegii angebracht werden.

---

[35]) jetzt analog alle Gerichte, welche auf Beschwerden zu entscheiden haben, also Land- und Oberlandesgerichte.

[36]) Sie sind also nicht befugt, zunächst eine Vorprüfung der Beschwerde durch den judex a quo anzuordnen. K. G. v. 28. 3. 1881 (2 S. 5.)

[37]) „mit Nachdruck“. Die Worte sind bedeutungslos, seitdem den Kollegien die Dienstaufsicht entzogen ist (s. Anm. 5); dieselben müssen sich darauf beschränken, die ungerechtfertigte Verfügung aufzuheben und durch eine andere zu ersetzen oder nach Befinden eine anderweite Prüfung und Entscheidung durch das nachgeordnete Gericht vorzuschreiben. — Ueber die Frage, ob eine aufhebende Beschwerdeentscheidung die Folgen der angefochtenen Entscheidung rückwärts oder nur für die Zukunft aufhebt, ist aus § 17 Nichts zu entnehmen; die Frage ist nach der Natur des Falles, dem Ziele der betreffenden Beschwerde und dem Inhalt der Entscheidung verschieden zu beantworten. Vgl. über die betreffende Kontroverse Dernburg III § 77 mit Anm. 23 (S. 237); Dernburg-Schultzenstein § 23 Nr. 5 (S. 98); Foerster-Eccius IV § 229 (S. 178); Eccius, Erörterungen aus dem Gebiete des Vormundschaftrechts S. 28 ff.

Im Uebrigen vgl. über die Kognition des Beschwerdegerichts und die Wirkung der Beschwerdeentscheidungen Rechtsgr. R. 137—139. 444—446. 520. 521. 756. 780. 781. Wegen der Behandlung von Beschwerden bei den Landgerichten s. auch Allg. Verf. v. 11. 6. 1887 (J. M. Bl. S. 170).

[38]) § 18 ist durch die Beseitigung der Militärgerichtsbarkeit für Civilsachen (s. o. S. 12) antiquirt.

[39]) Vgl. Anm. 15. Für die in den §§ 19—22 behandelten Aufsichtsbeschwerden

Dieser muß dieselben, allenfalls mit Zuziehung des Direktors oder vorsitzenden Raths, genau und sorgfältig untersuchen; den Denuncianten oder Querulanten zum Protokolle umständlich hören; den denuncirten Rath oder Subalternen über die Beschuldigung gleichergestalt zum Protokolle vernehmen; alle dabei vorkommende Thatsachen oder Umstände genau erörtern; und hiernächst von der Sache, mit Beischluß des Protokolls und Beifügung seines Gutachtens, an den Chef der Justiz pflichtmäßig berichten.

§. 21. Von diesem wird alsdann das Weitere verfügt, und entweder der Beschwerdeführende Theil beschieden; oder wenn aus dieser vorläufigen Untersuchung hinlängliche Anzeigen von wirklichem pflichtwidrigen Betragen gegen einen solchen Justizbedienten hervor gehen, die förmliche Inquisition wider ihn, nebst der etwa erforderlichen Suspension von seinem Amte, veranlaßt.

§. 22. Beschwerden in Amtssachen gegen ganze Kollegia oder deren Präsidenten, müssen unmittelbar bei dem Chef der Justiz angebracht, und zugleich jedesmal gehörig bescheinigt werden. Der Chef der Justiz hat alsdann, wegen näherer Untersuchung solcher Beschwerden, das Erforderliche, nach Beschaffenheit der Umstände, zu veranlassen.

Strafen pflichtwidriger Justizbedienten.

§. 23. Wenn bei diesen Untersuchungen sich veroffenbaret, daß ein solcher Justizbedienter wirklich seine Pflicht vernachlässigt, oder aus den Augen gesetzt, eine Ungerechtigkeit verübt, den Vorschriften der Gesetze und den Obliegenheiten seines Amtes zuwider gehandelt habe; so soll derselbe zuvörderst, allen der Partei dadurch verursachten Schaden sofort zu ersetzen, ohne prozessualische Weitläufigkeiten, mittelst Exekution angehalten,[40]) außerdem aber mit den nach Beschaffenheit und Größe des Vergehens, und der dabei zum Grunde liegenden Absicht, in den Kriminalgesetzen näher bestimmten scharfen und unerläßlichen Strafen belegt werden. (Allgem. L. R. Th. II. Tit. XX. §. 366 u. f.[41]))

§. 24. Se. Königliche Majestät wollen daher alle und jede Dero höhere und niedere Justizbedienten hierdurch ernstlich warnen, sich nach vorstehenden Anweisungen und Bedeutungen auf das genaueste zu achten; nicht nur vor allen groben und vorsetzlichen Ungerechtigkeiten sich sorgfältig zu hüten, sondern auch bei Besorgung der ihnen aufgetragenen Amtsgeschäfte alle und jede Leidenschaften von sich entfernt seyn zu lassen; selbst den Schein der Parteilichkeit und Animosität mit gewissenhafter Aufmerksamkeit zu vermeiden; von keiner Partei, welche bei dem Kollegio einen Prozeß oder sonst

---

ist die Zuständigkeit der Behörden durch §§ 78. 79. 85. A. G. z. G. V. G. anderweit geregelt. Damit ist zugleich das in den §§ 20. 21 des Textes geregelte Verfahren der Aufsichtsbehörden gegenstandslos geworden, weil dasselbe auf der — nicht mehr vorhandenen — Nothwendigkeit einer Berichterstattung an den Chef der Justiz beruhte. Das Verfahren bestimmt sich jetzt nach freiem Ermessen der Aufsichtsbehörden. Ueber die materiellen Befugnisse der letzteren s. A. G. z. G. V. G § 80 u. G. v. 9. 4. 1879 § 23.

Im Uebrigen s. wegen der kriminellen und disciplinarrechtlichen Vorschriften Vorbem. zu Th. III Anm. 2 zu d. Danach erweisen sich die §§ 20 bis 22 als antiquirt.

[40]) ist beseitigt. A. G. z. G. V. G. § 82.

[41]) Vgl. Vorbem. zu Th. III Anm. 2 zu d.

etwas zu suchen hat, etwas an Gelde oder Geldeswerth, es habe Namen, wie es wolle, unter keinerlei Prätext weder selbst anzunehmen, noch durch ihre Angehörigen, Dienstboten, oder Andere annehmen zu lassen; allen familiairen Umgang und Verbindungen mit solchen Parteien gänzlich zu vermeiden; und mit Einem Worte keine Rücksicht oder Betrachtung in der Welt, es sey Menschenfurcht, Vorurtheil des Ansehens, Freundschaft, Feindschaft, Haß, Neid, oder irgend sonst aus Leidenschaften, Privatinteresse, oder anderen Nebenabsichten herfließende unlautere Bewegungsgründe, sich von der genauen Beobachtung ihrer, Gott, dem Staate, und der Justiz so theuer angelobten Pflichten abwendig machen, oder zurück halten zu lassen.

§. 25. Wenn ein Justizbedienter überführt wird, von einer Partei Geschenke angenommen zu haben; so soll dieß allein schon hinreichend seyn, ihn zur Kassation und weitern Bestrafung zu qualificiren; gesetzt auch, daß er um dieser Geschenke willen, das Recht selbst gebeugt zu haben, nicht überwiesen werden könnte.[42])

§. 26. Wenn eine Partei sich beikommen läßt, einem Justizbedienten Geschenke zu versprechen oder wirklich anzubieten; so soll ein solcher Justizbedienter, bei schwerer Verantwortung,[43]) schuldig seyn, dergleichen Ansinnen dem Präsidenten oder Chef des Kollegii sofort anzuzeigen;[44]) und dieser soll den Fiskus[45]) gegen einen solchen Menschen unverzüglich excitiren, damit derselbe dieses seines Unternehmens halber zur gebührenden Verantwortung gezogen, und nach Befinden der Umstände nachdrücklich bestraft werden möge.

§. 27. Wer durch Geschenke und Bestechungen bei den Gerichten eine ungerechte Verfügung oder Erkenntniß erschlichen hat; ingleichen derjenige, welcher sich dazu auf irgend eine Art als Unterhändler hat gebrauchen lassen, soll zur Inquisition gezogen; und wenn er der Beschuldigung überführt wird, ihm nicht allein in allen seinen künftigen gerichtlichen Verhandlungen alle Glaubwürdigkeit und alle Fähigkeit zur Ableistung eines nothwendigen oder Zeugeneides abgesprochen, sondern er soll auch noch über alles dieses an Leibe oder Gütern, nach Vorschrift der Kriminalgesetze (Allg. L. R. Th. II. Tit. XX. §. 370.), empfindlich bestraft werden.[46])

---

[42]) Vgl. Vorbem. a. a. O. [43]) Vgl. Vorbem. a. a. O.

[44]) Die Anzeigepflicht besteht als eine Dienstpflicht noch fort; doch bezieht sie sich nur auf solche Versprechungen und Anerbietungen, welche den Thatbestand einer strafbaren Handlung darstellen (St. G. B. §§ 333. 334); denn nur für solche ist das weitere Verfahren des § 26 ausführbar. Die Anzeige wird bei nicht kollegialischer Verfassung an den unmittelbaren Vorgesetzten zu richten sein.

[45]) s. Anm. 14, jetzt ist Anzeige an die Staatsanwaltschaft zu erstatten (St. P. O. §§ 152. 156).

[46]) Vgl. Vorbem. z. Th. III Anm. 2 zu c mit St. G. B. §§ 333—335. 32 ff. Das Citat des § 370 im Text ist übrigens inkorrekt; gemeint sind die §§ 368 bis 370.

Uebrigens bleibt derselbe, wie es sich schon von selbst versteht, dem Gegentheile, wegen alles durch die bewirkte Ungerechtigkeit entstandenen Schadens, mit dem strafbaren Justizbedienten zugleich, und in solidum, verhaftet.

Strafen erdichteter Beschwerden, und Beleidigungen der Justizkollegien.

§. 28.[47]) So wie aber Se. Königliche Majestät Höchstdero sämmtlichen Unterthanen gegen alle unrechtmäßige Bedrückungen und Beeinträchtigungen nachdrücklichen Schutz gehalten, und die dahin abzielenden Vergehungen aller und jeder Justizbedienten mit Ernst und Strenge geahndet wissen wollen; so sind jedoch auf der andern Seite Höchstgedachte Se. Majestät eben so wenig gemeint, denjenigen, welche sich über die Verfügungen ihrer Obrigkeit ohne Grund und Ursach beschweren, und sich ihres Unrechts nicht bedeuten oder belehren lassen, in ihrem Ungehorsame nachzusehen, oder wohl gar Dero Justizkollegia und Bediente den Verläumdungen boshafter, aufgebrachter und mißvergnügter Parteien Preis zu geben; vielmehr soll denselben gegen dergleichen ungegründete Beschuldigungen eben so nachdrücklicher Schutz widerfahren, und Genugthuung verschafft werden.

§. 29. Da einem jeden nach §. 16. hinlängliche Gelegenheit angewiesen ist, seine Beschwerden und Gesuche auf eine gesetz- und regelmäßige Art anzubringen; so haben diejenigen, welche davon keinen Gebrauch machen, sondern dennoch zu Winkelschriftstellern und unbefugten Konsulenten ihre Zuflucht nehmen, zu gewärtigen, daß auf ihre schriftlichen Vorstellungen, die von keinem Justizkommissario unterschrieben und legalisirt sind, gar keine Rücksicht genommen, sondern ihnen dieselben ohne weitere Verfügung zurück gegeben werden.[48])

§. 30.[49]) Diejenigen Parteien, welche sich der vorgeschriebenen Ordnung nicht unterwerfen, sondern entweder die Kollegia[50]) und

---

[47]) Vgl. Anm. 15.

[48]) § 29 ist beseitigt. Für die ordentliche streitige Gerichtsbarkeit bestimmt sich das Erforderniß rechtsanwaltlicher Unterzeichnung der Schriftsätze nach den Reichsjustizgesetzen. Abgesehen hiervon steht den Rechtsanwälten ein derartiges ausschließliches Recht nicht mehr zu; vgl. oben S. 40.

[49]) Die §§ 30. 31 sind weder durch das Preuß. noch durch das Reichs-St. G. B. oder die Reichsjustizgesetze beseitigt (vgl. Anm. 27); sie werden seit der Gerichtsverfassung von 1849 auch gegenüber einzelstehenden Justizbeamten und auch gegenüber den Staatsanwälten angewendet. Ob.-Tr. v. 26. 9. 1851 (22 S. 76), v. 8. 2. 1865 u. 2. 7. 1873 (Oppenhoff 5 S. 468; 14 S. 483); Strafsenat des R. G. v. 28. 5. 1881 (2 S. 288); R. G. U. v. 28. 12. 1883 (Entsch. in Straff. 9 S. 358); in letzterer Beziehung wurde früher das Gegentheil angenommen. Ob.-Tr. v. 6. 12. 1860 (Oppenhoff 1 S. 169). Ueber die Einzelheiten der einschlägigen Gerichtspraxis vgl. Bierhaus bei R. u. K. 27 S. 666 Anm. 22.

[50]) auch auf die Generalkommissionen anwendbar, (Ob.-Tr. v. 14. 5. 1858

deren Vorgesetzte mit offenbar grundlosen und widerrechtlichen Beschwerden gegen bessere Wissenschaft und Ueberzeugung belästigen; oder nachdem sie ihres Unrechts gehörig bedeutet worden, mit ihren Klagen dennoch fortfahren, und durch wiederholtes ungestümes Suppliciren, etwas, so gegen Recht und Ordnung ist, durchzusetzen und zu erzwingen suchen; oder die endlich gar das Justizdepartement, oder Sr. Königlichen Majestät Allerhöchste Person mit falschen und unrichtigen Darstellungen ihrer Angelegenheiten, oder mit unwahren und erdichteten Beschuldigungen und Verunglimpfungen der Kollegien und Gerichte zu behelligen sich unterfangen, sollen als muthwillige oder boshafte Querulanten angesehen, ihnen der Prozeß gemacht, und über ihre Bestrafung rechtlich erkannt werden.

§. 31. Gegen einen solchen unbefugten Querulanten soll, nach Beschaffenheit der Umstände, des mehr oder minder offenbaren Ungrunds seiner Beschwerden, und des dabei erwiesenen Grades von Bosheit und Hartnäckigkeit, Gefängniß-, Festungs- oder Zuchthausstrafe[51]) von 14 Tagen bis zu Sechs Monaten Statt finden.

§. 32.[52]) Persönliche Anschuldigungen gegen Justizkollegia und Bediente, wegen verletzter oder vernachlässigter Amtspflichten, haben, wenn sie bei gehöriger Untersuchung ungegründet befunden werden, die in den Kriminalgesetzen (Th. II. Tit. XX. §. 207—209.) bestimmten Strafen verwirkt; welche allenfalls bis zu zweijähriger Festungs- oder Zuchthausstrafe geschärft werden sollen, wenn Justizkollegia und Bediente der Bestechung, oder einer aus Animosität oder Privatleidenschaft vorsätzlich begangenen Ungerechtigkeit und Parteilichkeit, ohne Grund beschuldigt worden sind.

§. 33.[53]) Wie diejenigen zu bestrafen, welche, ohne dazu gesetzmäßig berechtigt zu seyn, sich damit abgeben, den Parteien schriftliche Vorstellungen und Eingaben zu verfertigen; besonders aber diejenigen, welche ein Gewerbe daraus machen, unwissende oder boshafte Parteien zur Widersetzlichkeit, oder zu unnützem oder widerrechtlichem Queruliren aufzumuntern, Schriften und Suppliken für selbige anzufertigen, oder ihnen auf irgend eine andere Art in ihrem gesetzwidrigen Beginnen beiräthig und behülflich zu seyn, ist in den Kriminalgesetzen verordnet. (Th. II. Tit. XX. §. 176. 177.)

§. 34.[54]) Wenn unruhige und unbedeutsame Parteien sich an Winkelschriftsteller und Konsulenten wenden, die sich außerhalb Landes an den Grenzen

---

Goltdammer 6 S. 546), nicht aber auf Beschwerden bei den Verwaltungsbehörden. Ob.-Tr. v. 25. 10. 1877 (Oppenhoff 18 S. 672); s. im Uebrigen Anm. 49.

[51]) Wegen der Strafarten gilt das in Anm. 28 Gesagte. An sich ist die Festungsstrafe des A. L. R. eine völlig andere Strafe als die Festungshaft des St. G. B. (vgl. z. B. A. L. R. II 20 § 48).

[52]) § 32 ist beseitigt. Vgl. Vorbem. z. Th. III Anm. 2 zu c u. St. G. B. §§ 164. 185—187.

[53]) § 33 ist beseitigt; vgl. Vorbem. a. a. O.

[54]) Die internationale Prozedur des § 34 gegen ausländische Winkelschrift-

aufhalten, und denen daher durch die einländischen Gerichte unmittelbar nicht Einhalt geschehen kann; so sollen die Landesjustizkollegia, wenn dergleichen Fälle zu ihrer Kenntniß gelangen, die auswärtige Behörde sofort requiriren, daß einem solchen Menschen alles fernere Verkehr dieser Art mit hiesigen Unterthanen ernstlich, und bei verhältnißmäßiger Bestrafung, untersagt; auch diese Strafe, bei erfolgender Uebertretung des Verbots, wirklich vollzogen werde. Geschieht dieser Requisition kein Genüge, so muß davon an das Justiz- zur weitern Rücksprache mit dem Auswärtigen Departement berichtet werden. Wäre aber auch auf diesem Wege dem fernern unbefugten Einmischen solcher fremder Konsulenten in hiesige Rechtssachen nicht Einhalt zu thun; so hat die einländische Partei, welche sich derselben bedient, schon dadurch allein verhältnißmäßige Geld- oder Gefängnißstrafe verwirkt. (Th. II. Tit. XX. §. 35.)

Gang und Ordnung in dem Betriebe der Geschäfte.

§. 35.[55]) Bisher ist von der Einrichtung der Justizkollegien, ihrer Bestimmung, und ihren Pflichten überhaupt, gehandelt worden. Nunmehr soll noch die Ordnung vorgeschrieben werden, in welcher die diesen Kollegien obliegenden Geschäfte vorzunehmen und zu betreiben sind.

§. 36. Diese Geschäfte sind entweder solche, welche von dem versammelten Kollegio besorgt werden müssen; oder solche, die einzelnen Mitgliedern desselben für sich allein obliegen.

§. 37. Was bei den Geschäften der letztern Art zu beobachten sey, davon wird unten, in den besonderen, die Pflichten der Mitglieder und Subalternen des Kollegii betreffenden Titeln, gehandelt werden.

§. 38. Zu den Geschäften, welche von dem versammelten Kollegio zu besorgen, sind gewisse Zusammenkünfte oder Sessionen bestimmt. Diese müssen ein- für allemal fixirt seyn, und jederzeit an den nämlichen Tagen vor sich

---

steller ist nicht mehr anwendbar, nachdem in Folge der Gewerbefreiheit (s. Anm. 26) diesseits keine Reziprozität gewährt werden kann; wegen Beseitigung der Strafvorschrift des § 34 s. Vorbem. a. a. O.

[55]) Die §§ 35—50 beruhen auf dem Gedanken, daß die Geschäfte des Kollegiums entweder überhaupt oder mit Ausnahme der Spruchsachen (§ 48) in Plenarsitzungen erledigt werden (vgl. oben S. 4). Ueber die Kompetenz des Plenums nach der Gerichtsorganisation von 1849 s. o. S. 21. Gegenwärtig ist gesetzlich nur eine Angelegenheit vor das Plenum verwiesen, nämlich die Beschlußnahme über Zulassung eines Rechtsanwalts an einem ferneren Kollegialgericht desselben Ortes (R. A. O. § 10). Durch die Verwaltung kann dahin gewiesen werden: die Erstattung von Gutachten in Angelegenheiten der Gesetzgebung und der Justizverwaltung (A. G. z. G. V. G. § 84; vgl. Begründung in den Mat. z. A. G. S. 84) und, wie angenommen wird, auch die Beschlußnahme in den Fällen der §§ 9. 12 und 59 der R. A. O. (vgl. Turnau, Justizverf. II S. 160 zu § 9 Anm. 5 und S. 193 zu § 59 Anm. 1 a. E.). Diese Angelegenheiten lassen nur noch für eine ausnahmsweise Berufung von Plenarsitzungen Raum; es sind deshalb die Vorschriften über die Regelmäßigkeit und den Beginn der Sitzungen (§§ 38. 41. 42) sowie über die in denselben zu erledigenden Geschäfte (§§ 43—50) antiquirt. Im Uebrigen bleiben die §§ 35 ff., insoweit sie auf die jetzt vor das Plenum gehörigen Angelegenheiten passen, weiter anwendbar.

gehen. Wie viel aber dergleichen Sessionen in der Woche gehalten, und was für Tage dazu festgesetzt werden sollen, hängt von der besondern Verfassung eines jeden Kollegii, und dem Umfange der Geschäfte desselben ab.

§. 39. Diesen Sessionen müssen alle Mitglieder und Subalternen des Kollegii, ingleichen die Referendarien und Auskultatoren,[56]) beiwohnen. Niemand kann davon zurück bleiben, ohne erhebliche Ursachen, die er jedoch dem Präsidenten oder Vorgesetzten des Kollegii schriftlich anzeigen muß. Wer ohne gegründete Entschuldigung von einer Session zurück bleibt; oder dem Präsidenten davon nicht gehörige Anzeige gemacht hat; oder sich dabei zu spät einfindet, soll deshalb in eine proportionirliche Geldstrafe genommen; bei öfteren Wiederholungen und vergeblichen Warnungen aber, dergleichen Betragen, als eine pflichtwidrige Widersetzlichkeit gegen die Ordnung, dem Chef der Justiz zur weitern Ahndung einberichtet werden.[57])

§. 40. Es müssen daher bei den Kollegien, wie bisher schon gewöhnlich gewesen, ordentliche Präsenztabellen gehalten, und in selbigen, von jedem Sessionstage, die außengebliebenen Mitglieder, Subalternen und Referendarien,[58]) nebst den Ursachen ihres Ausbleibens, verzeichnet werden.

§. 41.[59]) Damit auch die Mitglieder des Kollegii an der Beiwohnung der Sessionen desto weniger gehindert seyn mögen, so sollen, der Regel nach, keine Instruktionstermine auf den Vormittag eines Sessionstages angesetzt werden.

§. 42. Die Sessionen sollen um acht Uhr früh ihren Anfang nehmen, und so lange dauern, als erforderlich ist, um die auf diesen Tag angewiesenen Geschäfte zu besorgen und abzuthun.

§. 43. Was nun die Geschäfte selbst, und die Ordnung, in welcher sie vorgenommen werden sollen, betrifft; so wird I. mit Publikation der vom Hofe eingelaufenen Reskripte, welche nicht einzelne Prozeßangelegenheiten, sondern Generalia betreffen, der Anfang gemacht.

§. 44. Sodann werden II. die Memorialien[60]) vorgetragen, welche entweder solche Generalia, oder Vormundschafts-, Hypotheken-, Konsistorial- und andere dergleichen, nach Maaßgabe §. 3. dem Kollegio zur speciellen Bearbeitung etwa angewiesene Sachen zum Gegenstande haben.

In so fern daher zu diesen Arten von Geschäften gewisse Personen, die sonst keine Mitglieder des eigentlichen Justizkollegii sind, z. B. besondere Konsistorial- oder Pupillenräthe, konkurriren,[61]) müssen diese sich am Anfange der Session mit einfinden, und dabei so lange gegenwärtig bleiben, bis die zu diesem ihren speciellen Departement gehörigen Geschäfte beendigt sind.

---

[56]) Subalternbeamte dürfen den Berathungen jetzt gar nicht und Referendare nur nach dem Ermessen des Vorsitzenden beiwohnen. G. V. G. § 195 mit A. G z. G. V. G. § 90. Auf die jetzigen Plenarsitzungen bezieht sich die Amtspflicht der Referendare zum Erscheinen sonach nicht.

[57]) Vgl. Vorbem. zu Th. III Anm. 2 zu d. [58]) s. Anm. 56.

[59]) Zu §§ 41—50 s. Anm. 55.

[60]) Über den Begriff der „Memorialien" s. III 3 § 42 Anm. 28.

[61]) s. hierüber oben S. 4.

§. 45. Nach diesem werden III. die Justizkommissarien, und Andere, welche in Sachen, die nicht zu einem Prozesse, oder sonst zur streitigen Gerichtsbarkeit gehören, Termine abzuhalten, oder etwas mündlich zum Protokoll vorzutragen haben, vorgelassen.

Dahin gehören also Ableistungen von Homagialeiden, Belehnungen, Verpflichtungen von Offizianten und Vormündern, Bestellung von Hypotheken, gerichtliche Anerkenntnisse und Vollziehung von Kontrakten, und anderen dergleichen Handlungen der willkührlichen Gerichtsbarkeit.

Doch steht den Kollegien frei, wenn dadurch die Session allzu lange verzögert, und die Zeit zu den übrigen Geschäften zu kurz werden sollte, dergleichen Handlungen und Verträge durch einen Deputirten, mit Zuziehung eines oder zweier Referendarien, in einem Nebenzimmer vor- und aufnehmen zu lassen. Durch diesen Deputirten werden alsdann auch die Urtelspublikationen, der Vorschrift Th. I. Tit. XIII. §. 44 u. f. gemäß, besorgt.

§. 46. Wenn solchergestalt die ad Extrajudicialia gehörigen Angelegenheiten abgethan sind; so wird IV. mit dem Vortrage derjenigen Memorialien fortgefahren, welche ad jurisdictionem contentiosam gehören, z. B. die Anmeldungsprotokolle der neuen Klagen; die Berichte, Anzeigen und Anfragen der Deputirten in Instruktionssachen; die Beschwerden über Untergerichte; die Berichte und Anfragen derselben, u. s. w.

§. 47. Nach beendigtem Memorialienvortrage werden V., in so fern die Zeit dazu noch hinreicht, die mündlichen und schriftlichen Relationen in den zum Spruch geschlossenen Sachen vorgenommen.

§. 48. Bei Kollegien, welche aus mehreren Senaten bestehen, müssen, wenn der Memorialienvortrag ad IV. geendigt ist, diese Senate sich trennen, und jeder von ihnen die für ihn gehörigen Spruchsachen besonders vornehmen.

§. 49. Wenn in den ordentlichen Sessionstagen die Zeit zum Ablesen der Relationen zu kurz würde, so müssen dazu außerordentliche Versammlungen, nach Beschaffenheit der Umstände, von dem Präsidenten angesetzt werden.

§. 50. Obige Vorschriften bestimmen die Ordnung der Geschäfte in den Sessionen nur der Regel nach; die Abweichungen und Ausnahmen davon, welche die besondere Verfassung dieses oder jenes Kollegii etwa erfordern könnte, sind, nach Maaßgabe dieser Verfassung, durch specielle Instruktionen für jedes Kollegium bestimmt.

Ferien.

§. 51.[62]) Diese ordentlichen Sessionen oder Versammlungen bleiben während der Gerichtsferien ausgesetzt. Es sollen aber dergleichen Ferien künftig nur Statt finden:

1) an jedem der drei hohen Feste, nämlich Ostern, Pfingsten und Weihnachten, auf vierzehn Tage;
2) in der Erndte auf vier Wochen.

§. 52. In diesen Gerichtsferien können also, der Regel nach, keine Instruktions- und andere zum Prozesse gehörige Termine, welche die Parteien selbst abzuwarten haben, anberaumt; während derselben keine Urtel publicirt, und keine Exekutionen vollstreckt werden.

---

[62]) Die §§ 51—54 mit Anh. § 444 sind beseitigt; vgl. Vorbem. z. Th. III Anm. 2 zu a mit G. V. G. §§ 201—204 u. A. G. z. G. V. G. § 91; s. auch oben S. 42 mit Anm. 97.

Anh. §. 444. Wenn durch öffentliche Vorladung oder Bekanntmachung ein Termin aus Versehen auf einen Tag in den Gerichtsferien anberaumt ist, so ist deswegen das Verfahren nicht für nichtig zu achten, und bedarf es daher auch keiner Wiederholung der Vorladung oder Bekanntmachung.

§. 53. Hiervon sind jedoch ausgenommen: Wechsel-, Aliment-, Arrest- und andere dergleichen Sachen, wo Gefahr bei dem Verzuge obwaltet, ingleichen Exekutionsvollstreckungen in den Th. I. Tit. XXIV. §. 25. näher bestimmten Fällen. Auch müssen sowohl die außergerichtlichen, zur Direktion des Kollegii gehörigen Geschäfte, als die Instruktion der Prozesse selbst, in so fern dabei die Gegenwart der Parteien nicht erforderlich ist, ihren ununterbrochenen Fortgang behalten.

§. 54. Zur Bearbeitung dieser Angelegenheiten muß während der Ferien ein Tag in der Woche bestimmt, und wenn in der Zwischenzeit Sachen, die eine vorzügliche Beschleunigung erfordern, einkommen, so müssen, zu deren Abmachung, die gegenwärtigen Mitglieder des Kollegii außerordentlich zusammen berufen werden.

Zweiter Titel.

Von dem Amte der Präsidenten und Direktoren.[1])

Bestellung.

§. 1. Die Präsidenten und Direktoren der Justizkollegien werden von Sr. Königl. Majestät unmittelbar bestellt.[2]) Ihre Introduktion geschieht durch den Chef der Justiz, oder wem er dazu den Auftrag zu machen befindet,[3]) und sie werden zu ihrem Amte nach dem beigedruckten Formulare vereidet.[4])

Pflichten.

§. 2. Ihre Hauptpflicht besteht darin, daß sie die in den Kollegien eingeführte gute Ordnung beständig unterhalten; allen sich einschleichenden Mißbräuchen mit Eifer und Nachdruck steuern; und

---

[1]) Der Titel findet jetzt auf die Präsidenten und Senatspräsidenten der Oberlandesgerichte Anwendung, die Vorschriften über die Amtspflichten, zu denen der ganze Titel mit Ausschluß des § 1 gehört, auch auf die Präsidenten und Direktoren der Landgerichte (III 8 §§ 5. 8).

[2]) Diese Vorschrift ist formell bereits durch § 36 der V. v. 2. 1. 1849 beseitigt worden, welcher für die damals geschaffenen Gerichte die Ernennung speziell geregelt hat. Jetzt erfolgt gemäß § 7 A. G. z. G. V. G. die Ernennung aller Richter durch den König. — Wegen Berathung des Vorschlags im Staatsministerium s. K. O. v. 3. 11. 1817 (G. S. S. 289) zu VIII Nr. 9.

[3]) Diese Art der Introduktion ist, ohne gesetzlich aufgehoben zu sein, außer Gebrauch gekommen.

[4]) Vgl. § 43 mit Anm. 30.

überhaupt auf eine gründliche, schleunige und rechtschaffene Justizpflege ihr ununterbrochenes Augenmerk richten sollen.

1. Vertheilung der Geschäfte.

§. 3.[5]) Ihnen kommt es zu, die vorfallenden Geschäfte und Arbeiten unter die Mitglieder des Kollegii zu vertheilen, und einem jeden diejenigen anzuweisen, zu deren zweckmäßiger Ausrichtung er nach seinen Kräften, Fähigkeiten und übrigen Verhältnissen am geschicktesten ist.

§. 4. Ob also wohl die Präsidenten, bei Vertheilung der Arbeit, im Ganzen genommen, die möglichste Gleichheit beobachten, und alle Prägravationen des einen für den andern sorgfältig vermeiden müssen; so sind sie doch schuldig und befugt, bei der Anweisung der verschiedenen Arten von Geschäften, auf die persönlichen Umstände und Talente der Arbeiter selbst Rücksicht zu nehmen; und also den einen bei den Instruktionen der Prozesse einen andern bei Abfassung der Dekrete, Relationen und Urtel; und einen dritten bei den zur Bearbeitung des Kollegii gehörenden außergerichtlichen Geschäften u. s. w. mehr oder weniger, ohne Rücksicht auf die Länge der Dienstjahre, oder sonstigen Vorrang im Kollegio, zuzuziehen.

§. 5. Hieraus folgt, daß eine Hauptobliegenheit der Präsidenten sey, die Mitglieder ihres Kollegii, nach ihren verschiedenen natürlichen Talenten, erworbenen Geschicklichkeiten und moralischen Eigenschaften, so genau als möglich kennen zu lernen.

2. Aufsicht über die Mitglieder und Subalternen.[6])

§. 6. Auf das Betragen der Mitglieder und Subalternen des Kollegii in ihren Amtsgeschäften müssen die Präsidenten ein wachsames Auge haben; sie dabei, so viel als möglich ist, kontrolliren; einen jeden zu seiner Pflicht mit Glimpf und Freundlichkeit, nöthigen Falls aber mit Ernst und Nachdruck, anhalten; auch zugleich dahin sehen, daß ein jeder in den Schranken des ihm angewiesenen Berufs verbleibe, und keiner sich in das, was seines Amts nicht ist, mische, oder dem Andern Eingriffe thue.

§. 7. Auch das Privatleben und die Konduite der Mitglieder und Subalternen des Kollegii müssen die Präsidenten zum Gegenstande ihrer Aufmerksamkeit machen. Ob es ihnen also gleich weder zugemuthet, noch verstattet werden kann, sich in die Privat- und Familienangelegenheiten der ihnen subordinirten Justizbedienten einzudringen; so müssen sie dennoch darauf Acht haben, daß dieselben äußerlich einen ordentlichen und anständigen Lebenswandel führen;

[5]) Die §§ 3—5 sowie § 38 sind beseitigt durch §§ 61—68. 121 G. V. G., welche auch auf die nicht streitige Gerichtsbarkeit Anwendung finden. A. G. z. G. V. G. §§ 16. 42. 57. Vgl. Vorbem. zu Th. III Anm. 2 zu a. Alle hier einschlägigen Fragen sind ausschließlich nach den citirten Vorschriften und, insoweit sie hier eine direkte Beantwortung nicht finden, nach dem Geiste dieser Vorschriften und nach der Natur der Sache, welche freilich mit dem Inhalt der §§ 3—5 meist übereinstimmen werden, zu beurtheilen.

[6]) Vgl. auch A. G. z. G. V. G. §§ 78 ff.

alle zum Aergernisse und Anstoße des Publici, und zur Entehrung ihrer Würde gereichende Ausschweifungen und Niederträchtigkeiten sorgfältig vermeiden; und überhaupt nichts vornehmen oder beginnen, wodurch das ihnen sonst gebührende, und zur Ausrichtung ihres Amts nothwendige Ansehen und Achtung vor der Welt herunter gesetzt, oder gar verloren werden könnte.

§. 8. Eben um dergleichen Aergerniß und Anstoß zu vermeiden, müssen die Präsidenten, wenn Mitglieder des Kollegii unter einander selbst, über Angelegenheiten, welche ihr Privatinteresse betreffen, in Streit gerathen, dergleichen Streitigkeiten gütlich beizulegen sich alle Mühe geben; beide Theile, allenfalls mit Zuziehung von ein paar anderen Räthen, gegen einander hören; sie zum Vergleiche oder Kompromisse zu vermögen suchen; und also möglichst verhüten, daß dergleichen Streitigkeiten nicht zu förmlichen Prozessen ausschlagen dürfen.

§. 9. Auf diejenigen Mitglieder oder Subalternen des Kollegii, welche sich in übertriebenen, ihrem Stande, Vermögen und Einkünften nicht angemessenen Aufwand einlassen; ingleichen auf diejenigen, von welchen verlautet, daß sie mit Schulden beladen sind, müssen die Präsidenten besonders genau Acht haben; da dergleichen in ihren häuslichen und Vermögensumständen zerrüttete Leute nicht nur gemeiniglich allzu sehr zerstreut und beunruhigt sind, als daß sie ihren Amtsgeschäften mit der erforderlichen Aufmerksamkeit und Applikation obliegen könnten; sondern auch Justizbediente, die durch Verschwendung und Schulden in Verlegenheit gerathen, ihre Pflichten den Versuchungen des Eigennutzes und der Korruption aufzuopfern, am ersten bewogen werden können.

§. 10.[7]) Wenn ein Mitglied oder Subaltern des Kollegii es in Beobachtung seiner Pflichten an etwas ermangeln läßt, so müssen die Präsidenten ihm solches zuerst privatim vorhalten, und ihn zu künftiger besserer Wahrnehmung seiner Schuldigkeit ernstlich anmahnen; diese Admonition nöthigenfalls, mit Zuziehung des Direktors oder ein paar anderer Räthe wiederholen; und wenn diese Mittel zur Besserung des fehlerhaften Subjekts nicht hinreichend sind, oder das Vergehen von der Art ist, daß es eine vorsätzliche Verletzung wesentlicher Amtspflichten, besonders der Rechtschaffenheit und Integrität, enthält, solche Vorfälle, nach der Anweisung des vorher gehenden Titels §. 20., von Amts wegen gehörig untersuchen, und von dem Befunde an den Chef der Justiz pflichtmäßig berichten.

§. 11. Subalternen, die ihre Pflichten aus Leichtsinn, Trägheit oder Fahrlässigkeit verletzen, können von den Präsidenten, auf geschehenen Vortrag im

---

[7]) Die §§ 10—12 über die Mittel zur Durchführung der Dienstaufsicht sind ersetzt durch A. G. z. G. V. G. § 80 und G. v. 9. 4. 1879 § 23. Rügen und Ermahnungen mit Zuziehung anderer Richter oder des Kollegiums sind diesen Gesetzen unbekannt und damit beseitigt. Vgl. auch III 1 §§ 19—22 mit Anm. 39.

Kollegio, mit Ordnungsstrafen an Gelde, oder durch Gefängniß belegt, und Mitglieder des Kollegii, welche die ihnen zugetheilten Spruchsachen, Vorträge, oder Instruktionen liegen lassen, können von ihnen durch Geldstrafen zu ihrer Schuldigkeit angehalten werden.

§. 12. Sollten wider Verhoffen alle, oder doch mehrere Mitglieder des Kollegii sich gemeinschaftlicher Unordnungen oder Kontraventionen in ihrem Amte, oder in ihrem Privatleben schuldig machen; und daher der Präsident nöthig finden, ihnen gemeinschaftlich im versammelten Kollegio Vorhaltung zu thun: so müssen alsdann die in der Session gegenwärtigen Referendarien, Auskultatoren und Subalternen, einen Abtritt zu nehmen angewiesen werden.

Konduitenlisten.[8])

§. 13. Die Präsidenten müssen von dem ihrer besondern Aufmerksamkeit empfohlenen Betragen ihrer subordinirten Justizbedienten, sowohl in als außer ihren Amtsgeschäften, akkurate, vollständige und gewissenhafte Konduitenlisten halten, und dieselben zu Ende jeden Jahres an den Chef der Justiz einsenden.

§. 14. Auf den Grund dieser Konduitenlisten sollen denjenigen Räthen des Kollegii, welche sich durch geschickte, fleißige und ordentliche Instruktionen in mehreren wichtigen und weitläufigen Sachen vorzüglich vor den Anderen ausgezeichnet haben, verhältnißmäßige Prämien und Douceurs bestimmt und angewiesen werden. Es folgt also von selbst, daß die Präsidenten dergleichen Listen besonders umständlich, getreu, und ohne die mindeste Parteilichkeit, halten und einsenden müssen.

3. Direktion in den Sessionen und bei dem Votiren.[9])

§. 15. Bei den Sessionen des Kollegii führen die Präsidenten den Vorsitz, und sorgen dafür, daß die Geschäfte in der bestimmten Ordnung vorgenommen und abgethan, die Vorträge deutlich, richtig und vollständig gemacht, die nöthige Aufmerksamkeit von den übrigen Mitgliedern des Kollegii darauf verwendet, in den Sessionen keine Nebendinge getrieben, und überall Stille, Ernst und Anstand beobachtet werde.

§. 16. Wenn bei einer Sache die Meinungen in dem Kollegio getheilt sind, so müssen die Präsidenten die Vota darüber einsammeln; bei dem untersten Rathe den Anfang machen; darauf sehen, daß jeder seine Stimme mit hinlänglicher Kenntniß, aus eigener freier Ueberzeugung, abgebe; sodann aus der Mehrheit der Stimmen das Konklusum heraus ziehen; und dafür sorgen, daß das Dekret oder Urtel diesem Konkluso gemäß abgefaßt werde.

Wie weit die Präsidenten ohne das Kollegium etwas verfügen können.

§. 17. Die Präsidenten sind also in der Regel nicht berechtigt, irgend eine Verfügung für sich selbst, eigenmächtig und ohne Zuziehung des Kollegii zu erlassen;[10]) viel weniger sollen sie sich im

---

[8]) Die Konduitenlisten sind durch den A. E. v. 31. 7. 1848 (G. S. S. 200), die Prämien und Douceurs für Richter — schon früher eingeschränkt, s. C. R. v. 25. 8. 1850 u. 18. 7. 1851. J. M. Bl. 1850 S. 299; 1851 S. 259 — durch A. G. z. G. V. G. § 11 abgeschafft; §§ 13. 14 sind damit beseitigt.

[9]) Die §§ 15 u. 16 sind beseitigt; vgl. Vorbem. z. Th. III Anm. 2 zu a mit G. V. G. §§ 61. 177. 196—199. A. G. z. G. V. G. §§ 16. 88. 90. Das in Anm. 5 Bemerkte gilt auch hier.

[10]) Dieser Satz ist für die ordentliche streitige Gerichtsbarkeit beseitigt; außerhalb derselben bleibt er aber als Rechtsnorm bestehen. Vgl. Vorbem. zu Th. III Anm. 2 zu b. Der folgende Satz dagegen enthält eine Dienstinstruktion gegen den Mißbrauch des Amtes und bleibt allgemein bestehen.

Kollegio selbst eines despotischen Ansehens anmaaßen, den Räthen ihr freies Votum verschränken, oder gar ihre Meinung gegen das Conclusum Collegii durchsetzen wollen. Ihnen kompetirt vielmehr dabei nur ihre Stimme, gleich den übrigen Mitgliedern des Kollegii; doch soll, wenn in einer Sache gleiche Vota von beiden Seiten vorhanden sind, das Votum des Präsidenten den Ausschlag geben.[11])

§. 18.[12]) Es steht jedoch nicht nur dem Präsidenten frei, bei Gelegenheit der Revision der Akten, Instruktions- und Prozeßlisten,

---

[11]) Von dem letzten Satz des § 17 gilt das in Anm. 10 Gesagte, weil § 198 G. V. G. mit § 90 A. G. die Abstimmung nach absoluter Mehrheit nur soweit einführen, als „das Gesetz nicht ein Anderes bestimmt". Indessen hat die Norm des § 17 thatsächlich nur noch eine minimale Bedeutung. In Folge der Besetzung der Senate und Kammern in ungerader Zahl kann nämlich Stimmengleichheit außerhalb der ordentlichen streitigen Gerichtsbarkeit nur noch bei den Plenarentscheidungen (s. III 1 § 35 mit Anm. 55) eintreten. Von den Angelegenheiten des Plenums können aber diejenigen der Rechtsanwaltschaft dem § 17 nicht untergeordnet werden, weil dem Landesrecht eine bezügliche Ergänzung der R. A. O. nicht zusteht; vielmehr muß die Regel hier aus dem Reichsrecht geschöpft werden und wird bei dem Fehlen einer direkten Vorschrift aus der Analogie mit den Plenarentscheidungen des Reichsgerichts (G. V. G. § 139 Abs. 2) zu entnehmen sein. Die Regel des § 17 a. E. bleibt sonach nur für die vom Plenum zu erstattenden Gutachten bestehen.

Insoweit die preußische Gesetzgebung dem „Präsidium" Angelegenheiten übertragen hat (A. G. z. G. V. G. §§ 23. 24. 38. 48; Schiedsmannsordnung v. 29. 3. 1879 § 4), hat sie damit auch die reichsrechtlichen Vorschriften über die Abstimmung innerhalb des Präsidiums (G. V. G. §§ 63. 121) eingeführt.

[12]) Der § 18 ist für die ordentliche streitige Gerichtsbarkeit beseitigt; für die übrigen Angelegenheiten dagegen sind die einzelnen Befugnisse des Präsidenten zu unterscheiden:

a) Die Befugniß, die im ersten Satz des § 18 bezeichneten Verfügungen ohne Vortrag im Kollegium zu erlassen, besteht fort, ist indessen für diese Angelegenheiten kaum von praktischer Bedeutung.

b) Die Befugniß, unter Aussetzung des Beschlusses an die vorgesetzte Behörde zu berichten, ist im Allgemeinen aufgehoben. Denn mit der Unabhängigkeit der Gerichte (s. o. S. 16. 39) ist ein beliebiges Eingreifen der vorgesetzten Behörde nicht mehr vereinbar; dagegen besteht die Befugniß für die in erster Instanz zur Zuständigkeit der Oberlandesgerichte gehörigen Sachen fort, weil hier das materielle Anweisungsrecht des J. M. noch gilt; s. o. S. 39.

c) Die Befugniß, beschlossene Sachen nochmals zum Vortrag zu bringen, ist, als die Art der Abstimmung betreffend, durchweg beseitigt; vgl. Anm. 9. Die einschlägige Frage ist für die gesammte Gerichtsbarkeit lediglich nach der Natur der Sache zu entscheiden und wird wohl richtig von Basch (zu § 18) dahin beantwortet, daß jedem Mitglied eine bezügliche Anregung zusteht, daß aber das Gericht zu entscheiden hat, ob es in eine nochmalige Erörterung eintreten will. Die Befugniß des Vorsitzenden, hierbei einen anderen Berichterstatter auszuwählen, bestimmt sich nach §§ 68. 121 G. V. G. und wird danach nicht zu beanstanden sein. Ueber die Zulässigkeit der Zurücknahme gefaßter

Verfügungen und Excitatoria, welche bloß die Beschleunigung der Sache und deren Fortgang in dem eingeleiteten Wege zum Gegenstande haben, auch ohne Vortrag im Kollegio zu erlassen; sondern er kann auch in Fällen, wo es darauf ankommt: wie eine Sache eingeleitet und betrieben werden solle, wenn er glaubt, daß der nach Mehrheit der Stimmen abzufassende Beschluß mit dem Sinne und dem Inhalte der Prozeßordnung, oder sonst vorgeschriebenen Verfahrungsart, nicht übereinstimme, die Fassung des Konklusi darüber aussetzen, und die Sache auf eine deshalb mit Beifügung der Gründe und Gegengründe an die vorgesetzte Behörde zu machende Anfrage richten. Auch ist es dem Präsidenten erlaubt, wenn ihm noch bei der Revision oder Unterzeichnung der beschlossenen Verordnungen entweder gegen die Fassung, und ob selbige der Meinung des Kollegii wirklich gemäß sey, Zweifel beifallen, oder ihm bei eigener Nachsehung der Akten, oder sonst, Umstände in facto vorkommen, die er für erheblich hält, und die bei dem Vortrage im Kollegio übergangen worden, eine solche Sache in der nächsten Session, durch einen andern Rath, nochmals zum Vortrage bringen zu lassen. Dagegen muß er sich in allen Fällen, welche Materialien und wirkliche Entscheidungen streitiger Rechte betreffen, bei dem einmal gefaßten Beschlusse des Kollegii schlechterdings beruhigen, und wenn er es nöthig findet, sein etwaniges abweichendes Votum schriftlich zu den Akten geben.

§. 19.[13]) Wenn außerhalb der Sessionstage Geschäfte vorfallen, die eine schleunige Ausrichtung und Verfügung erfordern; so muß der Präsident, nach Beschaffenheit und Wichtigkeit der Umstände, entweder eine außerordentliche Zusammenkunft des Kollegii veranlassen, oder die Sache zum schriftlichen Votiren unter den gegenwärtigen Mitgliedern befördern.

Vollziehung der Ausfertigungen.

§. 20. In wie fern die im Namen des Kollegii zu erlassenden Verfügungen von dem Präsidenten allein, oder auch zugleich von anderen Mitgliedern vollzogen werden, desfalls hat es bei der hergebrachten Observanz und Verfassung sein Bewenden.[14])

Beschlüsse an sich vgl. im Uebrigen Ob.-Tr. v. 7. 10. 1862 und 20. 6. 1864 (Strieth. 46 S. 254; 55 S. 154).

d) Der letzte Satz des § 18 bleibt bestehen. Die Befugniß zur Abgabe eines Separatvotums steht übrigens jedem Mitgliede zu (A. L. R. II 10 § 144).

[13]) § 19 ist beseitigt. Die Zulässigkeit der Abstimmung durch schriftliches Votiren ist lediglich nach Maßgabe der §§ 194—199 G. V. G. mit § 90 A. G. zu entscheiden (vgl. Anm. 9 und Anm. 12 zu c) und wird hier überwiegend verneint. Loewe zu St. P. O. § 33 Anm. 1b. Basch zu § 19 d. T. u. S. XVII. Vgl. auch Gesch.-O. des Reichsgerichts v. 8. 4. 1880 (Centralbl. S. 190) § 15 und (als argumentum e contrario) R. A. O. § 55 Abs. 2. AM. Bierhaus bei R. u. K. S. 669 Anm. 28. — Fällt aber die Zulassung schriftlichen Votirens fort, so ist § 19 damit gegenstandslos; denn sein Inhalt ist gerade der, daß der Präsident das eine oder das andere thun soll. Es ist jetzt Sache des Ermessens, ob genügende Gründe für Veranstaltung einer Sitzung vorliegen.

[14]) § 20 handelt, wie die Marginalüberschrift ergiebt, von der Vollziehung

Subordinationsverhältnisse.

§. 21. Alle Mitglieder und Subalternen des Kollegii sind in Amtssachen dem Präsidenten subordinirt, und daher schuldig, den Anweisungen desselben Folge zu leisten; die von ihm zugetheilten Verrichtungen unweigerlich zu übernehmen;[15]) ihm von ihrem Betragen und Verhalten dabei auf Erfordern Rechenschaft zu ertheilen; Ermahnungen und Verweise von ihm anzunehmen,[16]) und solchen williges Gehör zu geben; und sich überhaupt gegen ihn, in allen Stücken, der einem Vorgesetzten gebührenden Achtung und Ehrerbietung gemäß zu verhalten.

§. 22. Wenn daher auch ein Rath oder Subaltern des Kollegii glauben sollte, daß der Präsident sich eines zu weit getriebenen Ansehens und Autorität anmaaße; oder überhaupt die ihm vorgeschriebenen Pflichten und Schranken seines Amtes überschreite; oder daß er ihm für seine Person zu gegründeten Beschwerden Anlaß gebe; so muß er dennoch dadurch sich zur Verletzung der schuldigen Subordination, oder gar zur Widersetzlichkeit gegen die Anordnungen des Präsidenten, nicht hinreißen lassen;[17]) viel weniger Andere zu eben dergleichen Unterfangen aufwiegeln. Es steht ihm aber frei, seine Anzeigen oder Beschwerden dem Chef der Justiz[18]) in geziemenden Ausdrücken vorzutragen; worauf er sodann die weitere Verfügung oder Vorbescheidung ruhig abwarten muß.

4. Sorge für den ununterbrochnen Betrieb der Geschäfte.[19])

§. 23. Eine der Hauptbeschäftigungen des Präsidenten ist die ihm obliegende Aufmerksamkeit auf den ununterbrochenen Betrieb der bei dem Kollegio schwebenden Prozesse; mit welcher er dafür sorgen

---

der Reinschriften (nicht der Urschriften) und findet nur auf die von den Reichsjustizgesetzen nicht betroffenen Angelegenheiten Anwendung; Vorbem. zu Th. III Anm. 2 zu b. Vgl. dieserhalb II 2 § 54 mit Anm. 114; s. auch Allg. Verf. v. 5. 4. u. 31. 10. 1881 (J. M. Bl. S. 667 u. 257). — Ueber die Vollziehung der Urschriften vgl. K. G. v. 20. 3. 1882 (3 S. 8.)

[15]) Wegen der Zutheilung von Geschäften an Richter gelten jetzt die Bestimmungen des G. V. G. und A. G. z. G. V. G. § 77.

[16]) Über die Befugniß zu Ermahnungen und Verweisen entscheiden jetzt die Disciplinargesetze und A. G. z. G. V. G. § 80.

[17]) Diese Vorschrift erleidet eine Modifikation, insoweit es sich um richterliche Geschäfte handelt. Für solche haben Anordnungen des Vorgesetzten nur unter der Voraussetzung der Zuständigkeit des letzteren, welche der richterlichen Prüfung unterliegt, Geltung. Dies folgt aus dem Grundgesetz der Unabhängigkeit der Gerichte. G. V. G § 1. Verf.-Urk. Art. 86.

[18]) Handelt es sich um einen Landgerichtspräsidenten (vgl. III 8 §§ 7. 8), so geht die Beschwerde zunächst an den Oberlandesgerichtspräsidenten. A. G. z. G. V. G. §§ 78. 85.

[19]) § 23 findet nur noch insoweit Anwendung, als der Betrieb des Pro-

muß, daß dieselben in beständigem Gange erhalten, niemals liegen gelassen, und weder von den Parteien, noch von den Bevollmächtigten, oder von den Instruenten[20]) und Referenten verschleppt werden.

Instruktionslisten.

§. 24. Um den Präsidenten in Stand zu setzen, daß er alle kurrente Sachen gehörig übersehen, und auf deren vorschriftsmäßigen Betrieb Acht haben könne, sollen bei jedem Kollegio gewisse Instruktionslisten gehalten werden.

§. 25. Die Listen müssen folgende Kolonnen haben:
1) Namen der Parteien und Objekt des Prozesses;
2) Namen des Decernenten;
3) Namen der Rechtsbeistände oder Bevollmächtigten;
4) Namen des Instruenten;
5) Lage der Sache.

Für jede Kolonne ist ein angemessener Platz zu bestimmen, und also, wie sich von selbst ergiebt, zu der fünften der beträchtlichste Raum auszusetzen.

§. 26. In diese Tabellen werden die Prozesse nach den Namen der Kläger eingetragen. Bei Kollegien, wo wegen ihres weitläufigen Jurisdiktionsbezirks die Prozesse sehr zahlreich sind, können sie, der Bequemlichkeit halber, in mehrere Volumina oder Bücher eingetheilt werden.

§. 27. So bald daher eine neue Klage einkommt, muß der Decernent die Sache in die Instruktionsliste eintragen, und alle darin weiter erfolgende Verfügungen und Fortschritte, so wie sie vorkommen, gehörig bemerken. Während der Zeit, da die Sache sich in den Händen des Instruenten befindet, liegt es diesem ob, den Gang der Sache in der Liste nachzutragen.

§. 28. Die Vermerke müssen kurz, jedoch verständlich, geschehen; und jedesmal, wenn die Sache einen von der Regel abweichenden Aufenthalt erleidet, muß die Ursach davon mit wenigen, doch deutlichen Worten beigefügt werden.

§. 29. Die Instruktionslisten müssen beständig auf dem Sessionstische liegen, und die Nachtragung in selbigen muß unverzüglich ohne allen Zeitverlust geschehen. Der Instruent muß dieselbe in der Regel selbst besorgen; doch steht ihm frei, am Schlusse jeden Termins den ihm zugeordneten Referendarius anzuweisen, daß er, nach Maaßgabe der auf das Protokoll abgefaßten Resolution, das Erforderliche in der Liste nachtrage, und wie es geschehen, bei der Resolution bemerke. Auch die Decernenten müssen die Eintragungen in der Regel selbst verrichten; doch wird nachgegeben, daß bei größeren Kollegien ein paar fleißige und akkurate Referendarien ernannt werden mögen, denen jeder Decernent, so bald er ein in der Lage der Sache oder dem Fortgange des Prozesses etwas veranlassendes Dekret abgefaßt hat, dasselbe zur ungesäumten, noch in der Session selbst zu besorgenden Eintragung zustelle.

---

zesses dem Gericht obliegt, was nur in geringem Maße der Fall ist. Parteien und Bevollmächtigte sind für die Ausübung ihrer Rechte zum Prozeßbetrieb der Behörde nicht verantwortlich. Vgl. indessen Allg. Verf. v. 23. 9. 1887 (J. M. Bl. S. 257). — Die Vorschriften über die Instruktionslisten (§§ 24—33) waren schon vor dem 1. Oktober 1879 in Folge anderweiter Reglements antiquirt (vgl. Vorbem. z. Th. III Anm. 2 z. e); s. jetzt Gesch. O. f. d. Gerichtsschreibereien der L. G.'e bez. der O. L. G.'e §§ 19 ff.

[20]) Über den Instruenten, Dezernenten und Referenten s. III 3 §§ 20 ff. mit Anm. 27. 28.

§. 30. Die Instruktionslisten müssen paginirt, und mit einem Register, in welchem, auf den Namen eines jeden Mitglieds, die von ihm als Decernenten oder Instruenten zu bearbeitenden Sachen, mit Allegirung der Pagina der Liste, bemerkt sind, von der Registratur versehen werden.

Uebrigens bleibt eine Sache so lange in der Instruktionsliste, bis darin rechtskräftig erkannt ist.

§. 31. Diese Instruktionstabellen muß der Präsident den Nachmittag eines jeden Sessions- oder auch den folgenden Tag nachsehen; wo er nichts zu erinnern findet, bloß sein Vidi dabei vermerken; wo sich aber, besonders wegen Verzögerung der Instruktion, irgend einiger Anstand oder Bedenken hervor thut, den Instruenten darüber vernehmen; denjenigen, welcher dabei einer Nachlässigkeit oder Unbetriebsamkeit schuldig befunden wird, ernstlich zu seiner Pflicht anhalten; so bald aber der Anstand, oder die Ursach des Verzugs an den Parteien oder deren Bevollmächtigten, oder in der Sache selbst zu liegen scheint, die Akten auf die nächste Session durch den ordentlichen Decernenten zum Vortrage befördern, und sich, mit Zuziehung des Kollegii, alle ersinnliche Mühe geben, Mittel und Wege ausfindig zu machen: wie die Sache zusammen gefaßt; den etwa anscheinenden Verschleppungen der Parteien mit Nachdruck begegnet; die aus der Sache selbst entstehenden Verzögerungen gehoben; die Wahrheit auf die kürzeste und zuverlässigste Art heraus gebracht; und solchergestalt der Abschluß der Instruktionen möglichst, jedoch ohne Nachtheil einer gründlichen und vollständigen Entwickelung des Fakti, beschleunigt werden könne.

§. 32. Am Schlusse eines jeden halben Jahres müssen Extrakte aus diesen Listen, in Ansehung aller Sachen, welche seit länger als 6 Monaten von dem Tage an, da der erste Instruktionstermin abgehalten worden, unter der Instruktion begriffen sind, an den Chef der Justiz eingesendet werden.

§. 33. So wie der Präsident sich durch dieses Mittel von dem gehörigen Betriebe der unter der Instruktion stehenden Prozesse von Zeit zu Zeit unterrichten kann, und muß; so muß er eine gleiche Aufmerksamkeit auch auf diejenigen Sachen verwenden, welche, nach abgeschlossener Instruktion, in der Registratur des Gerichts, oder bei dem Referenten befindlich sind; wobei er die Prozeßlisten und Distributionsbücher zum Grunde zu legen hat.

§ 34. Besonders muß der Präsident gegen Ende des Jahres seine Aufmerksamkeit auf diejenigen Sachen, welche entweder noch im vorigen, oder in den ersten Monaten des laufenden Jahres ihren Anfang genommen haben, und noch nicht beendigt sind, verdoppeln; sich die Akten davon vorlegen lassen; dieselben allenfalls anderen Räthen des Kollegii, als den bisherigen Decernenten, zum Vortrage zuschreiben; dabei den Ursachen des Verzugs genau nachforschen; sie in den nach Hofe einzusendenden Prozeßlisten gewissenhaft und unverhohlen anzeigen; übrigens aber die nöthigen Maaßregeln zur ungesäumten Beendigung solcher veralteter Sachen, nach Vorschrift §. 31., mit dem Kollegio in Ueberlegung nehmen, und vorkehren lassen.[21])

5. Aufsicht über die Untergerichte.

§. 35. Ueber die Untergerichte und deren Amtsführung müssen die Präsidenten ebenfalls mit möglichster Sorgfalt wachen; die über selbige einkommenden Klagen und Beschwerden, so viel es ihre übrigen Geschäfte zulassen, selbst prüfen; daß dergleichen Beschwerden, und die darüber erstatteten Berichte, ingleichen die in der Appellationsinstanz, oder bei anderer Gelegenheit, von den Untergerichten einkommenden Akten von den Räthen,

---

[21]) § 34 ist durch die veränderte Gesetzgebung, insbesondere den den Parteien gestatteten Prozeßbetrieb (s. Anm. 19) gleichfalls antiquirt.

denen sie zum Vortrage zugetheilt sind, fleißig revidirt, sorgfältig geprüft, die dabei vorkommenden Mängel und Ausstellungen angezeigt, und die nöthigen Weisungen darüber ertheilt werden, Sorge tragen; insonderheit aber, so oft es möglich, vornehmlich bei solchen Untergerichten, über welche die meisten Beschwerden vorkommen, oder bei deren eingehenden Akten die meisten und wichtigsten Fehler bemerkt werden, Justizvisitationen veranlassen.[22])

§. 36. Damit auch arme Parteien, welche in ihren Rechtsangelegenheiten etwas suchen, anzeigen, oder beschwerdeführend anbringen wollen, solches aber schriftlich abzufassen, wegen Mangels der erforderlichen Kenntniß und Fertigkeit, nicht selbst im Stande sind, sich deshalb an unwissende und eigennützige Winkelkonsulenten zu wenden nicht verleitet werden mögen; so muß der Präsident, der Vorschrift des Tit. I. § 16. gemäß, die Veranstaltung treffen, daß auch außer den Sessionstagen einer oder etliche Referendarien in der Registratur des Gerichts gegenwärtig sind, welche dergleichen sich meldenden Parteien mit ihrem Anbringen zum Protokolle vernehmen, und solchergestalt die Sachen zu weiterm Vortrage befördern können.[23])

6. Ueber Registratur und Kanzellei.

§. 37. Auf Ordnung und regelmäßigen Betrieb in den Geschäften der Registratur und Kanzellei, so wie auf vorschriftsmäßige Verwaltung der Deposital- und Sportulkassen,[24]) müssen die Präsidenten gleichergestalt ihr ununterbrochenes Augenmerk richten.

Dispensation der Präsidenten von Bearbeitung einzelner Sachen.

§. 38. Da solchergestalt die Präsidenten für die Aufrechthaltung der Ordnung bei dem Kollegio, und für den vorschriftsmäßigen Betrieb aller Geschäfte desselben vorzüglich haften müssen; und Se. Königliche Majestät Sich deshalb an sie halten werden: so müssen sie der vollständigsten und gewissenhaftesten Erfüllung dieser ihrer vorbeschriebenen Pflichten ihre ganze Zeit und Aufmerksamkeit widmen; und sollen dagegen sich mit Bearbeitung einzelner Sachen und Angelegenheiten, als Decernenten, Instruenten oder Referenten, zu befassen nicht verbunden seyn.[25])

Urlaubsgesuche.

§. 39. Es ist ihnen also auch nicht erlaubt, sich von dem Orte, wo das Kollegium seinen Sitz hat, ohne Vorwissen und Genehmi-

---

[22]) Die Einzelheiten über die Art der Aufsichtsführung sind antiquirt; sie beruhten auf dem Gedanken einer Verschmelzung der Thätigkeit der höheren Instanzgerichte mit der eigentlichen Dienstaufsicht; vgl. III 1 § 2 mit Anm. 5. Jetzt entscheiden lediglich die §§ 77 ff. A. G. z. G. V. G.

[23]) s. III 1 § 16 mit Anm. 34; wegen Aufnahme der Gesuche durch Referendare vgl. G. v. 6. 5. 1869 § 8 Abs. 2.

[24]) Ueber das frühere Depositalwesen s. Einl. z. Th. II Anm. 5 (oben S. 48). Die Gerichtskassen waren bei der Reorganisation von 1879 gleichfalls von den Gerichten getrennt worden. Gegenwärtig sind sie mit den Gerichten zwar wieder verbunden, über die Obliegenheiten der Präsidenten bestimmen indessen jetzt die Kasseninstruktion v. 1. 12. 1884 (J. M. Bl. S. 272) und die auf das Kassenwesen bezüglichen sonstigen Verfügungen; vgl. Müller S. 567 ff.

[25]) s. Anm. 5.

gung des Chefs der Justiz, auf längere Zeit, als von einer Session zur andern, zu entfernen;[26]) viel weniger die Verrichtungen ihres Amts einem Andern zu übertragen.

Stellvertretung.

§. 40. Wenn der Präsident, durch Krankheit oder andern Zufall, sein Amt zu versehen auf eine kurze Zeit verhindert wird; so muß der zweite Präsident oder Direktor, in so fern dergleichen vorhanden, oder, bei deren Ermangelung, der vorsitzende Rath, seine Stelle vertreten. Ist aber im Voraus abzusehen, daß die Verhinderung eine längere Zeit dauern werde; so muß davon sofort an den Chef der Justiz berichtet, und dessen Anordnung, wegen einstweiliger Verwaltung des Postens, abgewartet werden.[27])

§. 41. Alles, was in Vorstehendem von den Pflichten und Befugnissen der Präsidenten verordnet worden, gilt auch von denjenigen Kollegien, wo die Vorgesetzten nicht den Titel eines Präsidenten, sondern eines Direktors, oder eine andere dergleichen Benennung führen.[28])

Von dem zweiten Präsidenten oder Direktor.

§. 42. An Orten hingegen, wo zwei Präsidenten, oder ein Präsident und ein Direktor bestellt sind, müssen die im Vorstehenden beschriebenen Obliegenheiten und Verrichtungen, nach der hergebrachten Verfassung des Kollegii und nach dem Gutfinden des Chefs der Justiz, unter sie vertheilt werden.[29])

Verpflichtung.[30])

§. 43. Die Präsidenten und Direktoren sollen bei dem Antritte ihres Amtes mit nachstehendem Eide belegt werden:

Ich ⸗ ⸗ ⸗ schwöre zu Gott dem Allmächtigen und Allwissenden einen leiblichen Eid, daß, nachdem ich zum Präsidenten (Direktor) des ⸗ ⸗ ⸗ Kollegii bestellt worden, ich zuvörderst Sr. Königlichen Majestät von

---

[26]) Vgl. jetzt die Allg. Verf. v. 28. 5. 1885 betreffend die Beurlaubung der Justizbeamten (J. M. Bl. S. 175). Die Frist der Selbstbeurlaubung ist darin, abweichend von § 39, auf 72 Stunden festgesetzt; vgl. Vorbem. zu Th. III Anm. 2 zu e. Wegen Eintritts der Beamten in den Land- und Reichstag s. Verf.-Urk. Art. 78 und Reichsverf. Art. 21.

[27]) § 40 ist beseitigt durch G. V. G. §§ 65. 121. Allerdings ordnen diese §§ die Vertretung des Präsidenten nur für die durch das G. V. G. demselben zugewiesenen Geschäfte. Allein indem § 77 A. G. z. G. V. G. „die Vorstände der Gerichte" zu Organen der Justizverwaltung bestimmt, nimmt er dieselben auch für diesen Zweck in der vom G. V. G. ihnen gegebenen Organisation in Anspruch. Der nach § 65 G. V. G. eintretende Direktor ist sonach kraft Gesetzes der Vertreter des Präsidenten auch für die Justizverwaltung, die Bestellung eines besonderen Vertreters hierfür ist nicht zulässig.

[28]) Solche Gerichtskollegien giebt es nicht mehr. G. V. G. §§ 58. 119; wegen der früheren Bezeichnungen s. o. S. 21.

[29]) Die Vertheilung der gedachten Obliegenheiten regelt sich jetzt in anderer Art: es ist nämlich zwischen den Obliegenheiten des Präsidenten als Aufsichtsbehörde und seinen Obliegenheiten als Gerichtsvorsitzender zu unterscheiden; die ersteren (§§ 6—9. 21. 22. 35. 37) stehen ausschließlich dem Präsidenten, die letzteren (§§ 17. 18. 20) stehen dem Präsidenten und dem Senatspräsidenten (Direktor), einem jedem für den Senat (Kammer), in welchem er den Vorsitz führt, zu; die §§ 2 u. 23 lassen für die Handhabung sowohl durch die Aufsichtsbehörde als durch den Vorsitzenden Raum.

[30]) Die meisten der in der A. G. O. normirten Diensteide (III 2 § 43;

Preußen, meinem allergnädigsten Herrn, getreu, gehorsam und gewärtig seyn; Höchstdero Bestes und Interesse aus allen Kräften suchen und befördern, Schaden und Nachtheil aber nach meinem äußersten Vermögen hindern und abwenden will.

Ich gelobe und schwöre ferner, mich den in den Gesetzen und in der Prozeßordnung beschriebenen Pflichten und Obliegenheiten eines Präsidenten mit möglichstem Fleiß und Eifer zu unterziehen; jedermänniglich prompte und rechtschaffene Justiz zu administriren, und darauf, daß solches auch von Anderen geschehe, unablässig Acht zu haben; mich besonders der Armen und Unterdrückten gegen übermächtige und ungerechte Widersacher treulich und standhaft anzunehmen; für die Aufrechthaltung der Ordnung in dem Kollegio, und bei den Geschäften desselben, unermüdet zu wachen; einen jeden zu seiner Pflicht mit Nachdruck anzuweisen; allen Unordnungen und Mißbräuchen ernstlich zu steuern; die mir subordinirten Justizbedienten unter beständiger Aufsicht zu halten; die einzusendenden Konduitenlisten treu, gewissenhaft, und der Wahrheit völlig gemäß zu führen; und mich von Beobachtung aller dieser Pflichten durch kein Ansehen der Person, durch kein Interesse, durch keine Leidenschaften, oder andere Nebenabsichten, hindern und abhalten zu lassen.

So wahr rc. rc. rc.

Anh. §. 445. Der von den Präsidenten und Direktoren bei dem Antritte ihres Amts abzuleistende Diensteid ist folgender:

Ich : : : schwöre zu Gott dem Allmächtigen und Allwissenden einen leiblichen Eid, daß, nachdem ich zum Präsidenten (Direktor) des : : : bestellt worden, Seiner Königlichen Majestät von Preußen, meinem allergnädigsten Herrn, ich treu und gehorsam seyn, alle mir vermöge meines Amtes obliegende Pflichten gewissenhaft und genau erfüllen, auch mich davon durch kein Ansehen der Person, keinen Vortheil, keine Leidenschaften, oder andere Nebenabsichten abhalten lassen will.

Ferner schwöre ich, allen Fleiß anzuwenden, daß die Gerechtigkeit nach Vorschrift der Gesetze gehandhabt, und jedermann schnelle und unparteiische Justiz administrirt werde.

Insbesondere gelobe ich, sämmtliche mir subordinirte Justizbediente in beständiger Aufsicht zu halten, und unermüdet dahin zu sehen, daß ein jeder derselben den ihm obliegenden Amtspflichten schuldiges Genüge leiste.

Endlich schwöre ich, in allen Fällen, wo es die Dienstverfassung erfordert, strenge Verschwiegenheit zu beobachten, und mich in allen Stücken so zu verhalten, wie es einem rechtschaffenen Königlichen wohl ansteht und gebühret.

So wahr mir Gott helfe durch Jesum Christum.

Wegen des bei Abnahme dieses Eides, so wie aller von Justizoffizianten zu leistenden Diensteide, zu beobachtenden Verfahrens, sind die Vorschriften der Verordnung vom 26. Oktober 1799 zu befolgen.

III 3 § 63; III 4 § 37; III 5 § 22. 55. 71; III 6 § 17; III 7 § 118) sind durch die V. v. 26. 10. 1799 und die Anweisung v. 13. 11. 1799 (Rabe 5 S. 586 u. 626) verändert; demgemäß sind die §§ 445. 447. 456. 457. 458. 459. 461. 471 des Anhangs formirt worden. Später sind auch letztere durch die K. O. v. 5. 11. 1833 (G. S. S. 291), welche bereits eine allgemeine Norm für alle Diensteide einführte, beseitigt worden. Zu dieser Norm trat nach Emanation der Verfassung noch der Eid auf die letztere (Verf.-Urk. Art. 108). Jetzt gilt für alle Diensteide die Eidesnorm der V. v. 6. 7. 1867 (G. S. S. 715); s. dazu den Staatsministerialbeschluß v. 31. 12. 1888 (J. M. Bl. 1889 S. 7). Die V. v. 26. 10. 1799 ist im Uebrigen, insoweit sie das Verfahren bei der Eidesabnahme regelt, formell nicht aufgehoben.

Dritter Titel.

Von dem Amte der Räthe bei den Justizkollegien.[1])

Bestallung.

§. 1. Die Räthe bei den Justizkollegien sollen aus der Zahl der daselbst angesetzten Assessoren und Referendarien, welche sich zu dergleichen wichtiger Bedienung, auf die im nachfolgenden Titel umständlich beschriebene Art, durch mehrjährige Uebung und ausgestandene scharfe Prüfung gehörig qualificirt haben, genommen, und Sr. Königlichen Majestät von dem Großkanzler vorgeschlagen werden.[2])

Allgemeine Pflichten.

§. 2. Die den Räthen obliegenden Pflichten sind theils allgemeine, welche sie in ihrem ganzen Betragen in- und außerhalb ihres Dienstes, und bei allen Geschäften desselben, wahrnehmen müssen; theils besondere, welche sie bei jeder von den verschiedenen Amtsverrichtungen zu beobachten haben.

in ihrem Amte;

§. 3. Zu ihren allgemeinen Pflichten gehört hauptsächlich ein rechtschaffener und lebhafter Eifer für die Beförderung einer Gott gefälligen, prompten, soliden, und unparteiischen Justiz; vermöge dessen sie ihr äußerstes Bestreben dahin richten müssen, daß einem jeden ohne Unterschied des Standes, Ranges, oder Vermögens, gleiches Recht widerfahre; die Unschuld und Armuth gegen Bosheit, Gewalt und Uebermacht nachdrücklich geschützt; und den Vorschriften der Gesetze überall der schuldige Gehorsam geleistet werde.

§. 4. Sie müssen sich also auch der vollkommensten Unparteilichkeit befleißigen, und sorgfältig Acht haben, daß durch sie niemandem, wer es auch sey, aus Vorsatz oder Verschulden, Gewalt und Unrecht geschehen möge. Vor allen Bestechungen, sie haben Namen wie sie wollen, unter welchem Vorwande sie auch versteckt werden möchten; ingleichen vor allen Leidenschaften, die auf eine kaltblütige Unparteilichkeit in ihren Urtheilen und Verfügungen einen nachtheiligen Einfluß haben könnten, müssen sie sich äußerst hüten; eben

---

[1]) Tit. 3 findet jetzt auf die Mitglieder der O. L. G.'e und vermöge der §§ 5. 8 III 8 in allen seinen noch gültigen Bestimmungen auch auf die Land- und Amtsrichter Anwendung, auf die letzteren, insoweit nicht kollegialische Geschäftsverhältnisse vorausgesetzt werden; s. §§ 7. 41—45.

[2]) § 1 ist antiquirt; über die Personen, aus welchen die Rathsstellen zu besetzen sind, entscheidet jetzt lediglich G. V. G. §§ 2—5; über die Königliche Ernennung und den Vorschlag dazu, s. V. v. 27. 10. 1810 (G. S. S. 3) Abschn.: „Justizminister" zu Nr. 4 u. A. G. z. G. V. G. § 7. Wegen des früheren Großkanzlers s. o. S. 8.

so wenig aber auch aus Leichtsinn, Uebereilung, oder Fahrlässigkeit, die gewissenhafte Beobachtung der Gesetze und ihrer Pflichten verabsäumen.

außerhalb desselben.

§. 5. Auch außerhalb ihres Amts müssen sie sich eines anständigen, gesitteten und regelmäßigen Lebenswandels befleißigen; nicht nur grober, ihr Amt entehrender Ausschweifungen sich enthalten; sondern auch ihr ganzes Betragen Anderen zum Muster der Redlichkeit, Uneigennützigkeit, Verträglichkeit, und aller übrigen bürgerlichen und christlichen Tugenden dienen lassen.

§. 6. Auch in ihrer häuslichen Oekonomie müssen sie sich der Ordnung und Regelmäßigkeit befleißigen, und vor Schuldenmachen sorgfältig hüten. Sollte es mit einem Rathe bei der Justiz, den Präsidenten mit eingeschlossen, so weit kommen, daß er, durch das Zudringen seiner Gläubiger, auf einen Indult, eine Behandlung, oder die Rechtswohlthat der Vermögensabtretung zu provociren genöthigt würde; so daß sein Schuldenwesen zur Konkurseröffnung sich anließe; oder daß Personalarrest gegen ihn verhängt werden müßte: so kann er seine Justizbedienung nicht ferner beibehalten, sondern es muß bei Sr. Königlichen Majestät auf seine Entlassung angetragen werden.[3])

Subordinationsverhältnisse.

§. 7. Alle von dem Präsidenten oder Vorgesetzten des Kollegii ihnen zugetheilte Arbeiten[4]) müssen sie willig übernehmen, fleißig und unverdrossen ausrichten; vornehmlich aber den Sessionen ordentlich beiwohnen, ohne erhebliche Ursache keine derselben verabsäumen; falls sie aber daran wirklich verhindert wären, dem Präsidenten davon geziemend Anzeige machen.

Urlaubsgesuche.[5])

§. 8. Ohne Vorbewußt und Genehmigung desselben müssen sie sich von dem Orte, wo das Kollegium seinen Sitz hat, niemals über Nacht entfernen; viel weniger ordentliche Reisen in der Provinz unternehmen.

---

[3]) Satz 2 des § 6 ist beseitigt; vgl. Vorbem. z. Th. III Anm. 2 zu d.

[4]) Unter dem „Vorgesetzten" ist hier der Vorsitzende verstanden; vgl. A. L. R. II 10 §§ 119 ff. Über die Vertheilung der Geschäfte entscheiden jetzt G. V. G. §§ 60—69. 78. 83. 121. u. A. G. z. G. V. G. §§ 23. 24. 38. 46. 48. 77.

[5]) Das Urlaubswesen ist durch die Allg. Verf. v. 28. 5. 1885 (J. M. Bl. S. 175) geregelt. Aus § 8 gilt indessen insbesondere der Satz noch fort, daß zu einer Entfernung, die nicht über Nacht dauert, kein Urlaub erforderlich ist. § 9 dagegen, welcher die Geschäfte bei der Beurlaubung zwischen dem Justizminister und dem Präsidenten vertheilt, ist durch A. G. z. G. V. G. § 77 mit der citirten Allg. Verf. beseitigt; vgl. auch Vorbem. z. Th. III Anm. 2 zu e.

§. 9. Wenn sie eine Reise außerhalb der Provinz zu thun haben, so müssen sie sich ebenfalls zuerst bei dem Präsidenten melden; demselben die Ursachen und Nothwendigkeit dieser Reise vorlegen; ihn ersuchen, die nöthigen Anstalten zu treffen, daß durch ihre Abwesenheit der Gang und Betrieb der Geschäfte nicht leiden möge; sich von ihm ein Attest darüber ertheilen lassen, und selbiges an den Chef der Justiz einsenden; von welchem sie alsdann die weitere Vorbescheidung zu erwarten haben.

Anh. §. 446. Die als Mitglieder eines Kriminalkollegii[6]) angestellten Justizkommissarien, welche Reisen außerhalb der Provinz, jedoch innerhalb der Königlichen Staaten, vornehmen wollen, bedürfen dazu nur der Erlaubniß des ihnen vorgesetzten Präsidenten.

§. 10. Bei allen solchen Gelegenheiten, wo ein Rath des Kollegii entweder in seinen eigenen, oder auch in seinen Amtsgeschäften, es sey inner- oder außerhalb der Provinz, zu verreisen genöthigt ist, muß derselbe, wenn während der Zeit seiner vermuthlichen Abwesenheit Termine vor ihm anstehen, dem Präsidenten davon besonders Anzeige machen; dieser aber muß dafür sorgen, daß ihm dazu ein anderes Mitglied des Kollegii substituirt, und dieses den Parteien von Amts wegen bekannt gemacht; auch dieselben, wenn sie sich melden, an den Substituten gehörig verwiesen werden.[7])

Vermeidung aller Konnexionen mit Parteien und Justizkommissarien.

§. 11. Die Räthe der Justizkollegien müssen sich ferner aller Konnexionen und vertrauten Umganges mit den Parteien, welche vor dem Kollegio zu rechten, oder sonst etwas zu suchen haben, ingleichen mit den zur Prozeßpraxis bei dem Kollegio angesetzten Justizkommissarien, enthalten; von ihnen, außer den zu den Instruktionen und Informationseinziehungen bestimmten Tagen und Zeiten, keine Visiten annehmen, oder dergleichen bei selbigen ablegen; und sich mit ihnen, außerhalb dieser Amtszusammenkünfte, in anderen Privatgesellschaften, über ihre Sache und Gesuch in keine Unterredungen oder Kontestationen einlassen.[8])

§. 12. Alles Rathgebens, und sonstiger Einmischungen in die Privathändel und Angelegenheiten Anderer, müssen sie sich gänzlich enthalten;[9]) wenn aber entweder sie selbst, oder jemand der Ihrigen bei einem Prozesse interessirt sind, dieses dem Präsidenten sofort getreulich anzeigen;

---

[6]) vgl. oben S. 4.

[7]) § 10 ist durch die anderweite Regelung der Vertretung der Richter (G. V. G. §§ 62. 66. 121. A. G. z. G. V. G. §§ 24. 38. 48) antiquirt; vgl. auch Allg. Verf. v. 28. 5. 1885 (J. M. Bl. S. 175) § 12 und C. P. O. §§ 314 und 326 Abs. 2.

[8]) Das Verbot freundschaftlichen Umgangs mit den Rechtsanwälten paßt in die heutigen Verhältnisse nicht und wird allgemein nicht beachtet, als ein Beweis dafür, daß trotz § 60 der Einl. z. A. L. R. Gesetze auch durch Gewohnheiten außer Anwendung gesetzt werden.

[9]) ausgenommen jedoch für Verwandte und Freunde in nicht prozessualen Angelegenheiten; vgl. § 14, s. auch § 19.

sich dabei keines Voti anmaaßen; vielmehr, wenn dergleichen Sachen in dem Kollegio vorkommen, sich sofort entfernen, und während des Vortrags derselben abtreten.[10])

Enthaltung des Voti in ihren und der Ihrigen Rechtssachen.[11])

§. 13. Jedes Mitglied[12]) eines Justizkollegii oder Gerichts muß in Sachen[13]) seiner Ehegattin, und solcher Parteien, mit denen er in auf- oder absteigender Linie, oder bis zum vierten Grade[14]) der Seitenlinie verwandt oder verschwägert ist, sich seines Stimmrechts und aller übrigen Einmischungen gänzlich enthalten. In weiteren Graden, bis zum sechsten mit eingeschlossen, ist ihm zwar sein Votum nicht gänzlich benommen; doch kann er dadurch, wenn die Stimmen

---

[10]) Satz 2 des § 12, der sich nur auf Prozesse bezog, ist beseitigt; vgl. Vorbem. zu Th. III Anm. 2 zu b.

[11]) § 13 ist für die von den Prozeßordnungen betroffenen Angelegenheiten, für welche übrigens früher noch besondere Bestimmungen bestanden (A. G. O. I 2 §§ 143 ff.) beseitigt; für die übrigen Angelegenheiten besteht er dagegen fort; vgl. Vorbem. zu Th. III Anm. 2 zu b. Insbesondere findet § 13 auf die gesammte nicht streitige Gerichtsbarkeit Anwendung (J. M. R. v. 23. 12. 1823, Jahrb. 22 S. 190; vgl. auch III 7 § 26 a. E.) und zwar auch auf die Testamentsaufnahme. Letzteres ist allerdings streitig, (vgl. hierüber Bierhaus bei R. u. K. 27 S. 673 Anm. 40 u. Koch A. L. R. zu § 75 I 12 Anm. 94), § 75 I 12 A. L. R. setzt indessen die Existenz von Perhorrescenzgründen für die Testamentsaufnahme gerade voraus, und die §§ 133—138 I 12 regeln nur modifizirend einen besonderen Fall; s. auch Dernburg III § 107 mit Anm. 28 (S. 323) u. Foerster-Eccius IV § 249 Anm. 13 (S. 348).

[12]) „Mitglied". Darunter ist auch der Vorsitzende zu verstehen. Für den Gerichtsschreiber gilt die Vorschrift nicht. Wegen Ausschließung des Gerichtsvollziehers s. G. V. G. § 156 mit A. G. § 76.

[13]) „in Sachen". Hierunter fallen zunächst Akte, welche diese Personen errichten sowie Prozeduren und Entscheidungen, welche auf deren Anträge ergehen oder sich von Amts wegen mit deren Angelegenheiten befassen. Aber auch Akte, welche dritte Personen errichten, sowie Prozeduren und Entscheidungen, welche von Dritten beantragt werden, gehören hierher, wenn sie Angelegenheiten der gedachten Personen betreffen, sollten die letzteren auch zu einer Mitwirkung im Verfahren nicht berufen sein, so z. B. bei Hypothekencessionen und deren Eintragung, wenn nur der Cedent dabei mitwirkt, während nicht dieser, sondern der Cessionar mit dem Richter verwandt ist. Eigene Angelegenheiten des Richters sind im § 13 nicht erwähnt, weil sie im § 12 in einem allerdings nur für Prozesse bestimmten Zusammenhange geregelt sind. Von ihnen muß per argumentum a minori ad majus das Gleiche gelten. Den eigenen Angelegenheiten des Richters analog wird man diejenigen zu behandeln haben, in welchen der Richter als Zeuge oder Sachverständiger vernommen und auf Grund seiner Aussage zu entscheiden ist.

[14]) Ueber die Berechnung der Grade s. A. L. R. I 1 § 45.

getheilt sind,[15]) zum Besten seines Verwandten niemals den Ausschlag geben.[16])

§. 14.[17]) Wenn ein Mitglied eines Kollegii oder Gerichts, als Verwandter oder Freund von Hause, Familienangelegenheiten besorgt, z. B. Privaterbtheilungen regulirt. Ehepakten oder Testamente abgefaßt, Vergleiche gestiftet hat u. s. w., und es entsteht darüber in der Folge ein Prozeß; so muß er sich darin eben so, wie in dem Falle des §. 12. 13., auch wenn ihm sonst der Grad der Verwandtschaft nicht entgegen stünde, keines Voti, oder irgend einer andern Ausübung seines richterlichen Amts, anmaaßen.

§. 15. In Fällen, wo der Rath eines Kollegii nach den Vorschriften §. 12. 13. 14. sich seines Voti enthalten muß, ist er dennoch

---

[15]) Basch und Bierhaus (letzterer bei R. u. K. 27 S. 673) gehen davon aus, daß es sich hier um den Fall gleicher Theilung der Stimmen handelt. Dies ist nicht richtig. Wenn von den Richtern A B C D u. E die drei A B u. C einem Antrage stattgeben, D u. E aber ihn ablehnen wollen, so sind die Stimmen getheilt; wenn nun A ein Verwandter des Antragstellers ist, so würde er durch seine Stimme hierbei den Ausschlag zu Gunsten seines Verwandten geben. Dies sollte nach § 13 vermieden werden, indem die Stimme des A nicht gezählt, sondern so verfahren werden sollte, als ob nur die vier anderen Richter vorhanden wären (vgl. III 2 § 17). Dieses Verfahren ist jetzt wegen der Vorschriften über die Besetzung der Richterbank (G. V. G. §§ 77. 124. 194. A. G. z. G. V. G. §§ 42. 57. 90) nicht mehr ausführbar; es kann kein Richter an einer Entscheidung Theil nehmen, welcher nur bedingt für die Abstimmung befähigt ist. Deshalb ergiebt sich, daß jetzt ein im fünften und sechsten Grade verwandter oder verschwägerter Richter von der Entscheidung absolut ausgeschlossen ist.

Die Frage, ob der Schlußsatz des § 13 auf einzelstehende Unterrichter anwendbar ist, ist durch Hofreskript v. 18. 9. 1797 (N. C. C. 10 S. 1365 Nr. 73; Rabe 4 S. 250) grundsätzlich verneinend entschieden worden; nur für streitige Sachen ist eine Abweichung normirt worden, welche demnächst in den Anhang § 40 zu A. G. O. I 2 § 143 aufgenommen worden ist (s. denselben im Exkurs am Schluß d. T.). Da jetzt nur die nicht streitigen Sachen in Frage stehen, so ist anzunehmen, daß der Schlußsatz des § 13 auf den Amtsrichter keine Anwendung findet; man wird dies analog auch auf die Thätigkeit des beauftragten Richters in den Kollegialgerichten anwenden dürfen.

[16]) Andere Momente als Ehe, Verwandtschaft und Schwägerschaft begründen in der nicht streitigen Gerichtsbarkeit eine Ausschließung des Richters nicht, insbesondere findet die Ablehnung wegen allgemeiner Besorgniß der Befangenheit in Ermangelung einer positiven Vorschrift nicht statt. AM. K. G. v. 17. 4. 1882 (3 S. 41). Daß ein Richter an einer Beschwerde-Entscheidung nicht mitwirken darf, wenn er an der angefochtenen Entscheidung mitgewirkt hat (C. P. O. § 41 Nr. 6), wird man indessen, als aus dem Wesen des Rechtsmittels folgend, auch für die nicht streitige Gerichtsbarkeit anzuerkennen haben.

Ueber das Verfahren bei Ablehnung von Richtern und über die Folgen einer Zuwiderhandlung gegen § 13 s. den Exkurs am Schlusse d. T. (S. 206).

[17]) § 14 ist als decisive Vorschrift beseitigt, weil er prozeßrechtlicher Natur ist; vgl. Vorbem. z. Th. III Anm. 2 zu b. Der erste Theil desselben ist indessen noch zur Auslegung des § 12 ferner heranzuziehen; vgl. Anm. 9.

nicht befugt, die Instruktion als Konsulent, Rechtsbeistand, oder Bevollmächtigter zu betreiben. Nur wenn der Prozeß die Ehegattin, Eltern, Kinder, oder Geschwister betrifft, kann ihm gestattet werden, Informationen für deren Rechtsbeistand oder Bevollmächtigten aufzunehmen, und Schriften zu verfertigen.[18])

§. 16. Sollte es sich fügen, daß ein Mitglied des Gerichts mit einem dabei zur Prozeßpraxis angesetzten Justizkommissario in auf- oder absteigender Linie, oder als Bruder oder Schwager verwandt wäre; so muß der Vorgesetzte des Kollegii darauf sehen, daß ein solches Mitglied in keiner durch diesen Justizkommissarius bearbeiteten Sache zum Decernenten, Instruenten, oder Referenten bestellt werde.[19])

§. 17. Wenn der Rath dergleichen Verbindungen zwischen ihm und einer prozeßführenden Partei, oder dem derselben assistirenden Justizkommissario, oder das bei der Sache selbst für ihn obwaltende Interesse, nicht anzeigt, oder wohl gar läugnet; so soll der Präsident die Sache, auf Anmelden des Gegentheils, sofort selbst gehörig untersuchen; und wenn dabei die Angabe gegründet befunden wird, dem Rathe nicht nur alle fernere Theilnehmung daran, und alles Votiren nachdrücklich untersagen;[20]) sondern auch dem Chef der Justiz von dem Vorfalle, und den Umständen desselben, Bericht abstatten: damit nach Bewandtniß des Grades vom Verdachte, den eine solche Gerichtsperson, durch die unterlassene Anzeige, oder gar abgeläugnete Angabe dieser ihrer Verbindung mit einer solchen prozeßführenden Partei, oder ihres dabei habenden Interesse, gegen ihre Redlichkeit und Unparteilichkeit rege gemacht hat, das Weitere verfügt werden könne.[21])

Pflicht der Verschwiegenheit.

§. 18. Sämmtliche Räthe müssen über alle im Kollegio vorkommende Angelegenheiten, besonders aber über ihre eigene sowohl, als über die Vota der anderen Mitglieder, in streitigen Rechtssachen, ein gewissenhaftes Stillschweigen beobachten;[22]) die ihnen zugekommenen Akten, Dokumente, Schriften und Eingaben sorgfältig verwahren; selbige weder von den Ihrigen, noch von Fremden lesen lassen; am allerwenigsten aber die ihnen zugetheilten Arbeiten

---

[18]) § 15 bleibt als Dienstvorschrift ferner in Kraft. Ein J. M. R. v. 8. 5. 1828 (bei v. Rönne zu § 15 d. T.) will die Ausnahme des zweiten Satzes übrigens auf die Schwiegereltern ausdehnen.

[19]) § 16 ist als Norm über die Geschäftsvertheilung beseitigt; es entscheidet jetzt lediglich das Ermessen des Vorsitzenden; vgl. Vorbem. z. Th. III Anm. 2 zu a mit G. V. G. §§ 68. 121 u. A. G. § 16.

[20]) Wegen Beseitigung dieses Passus s. den Exkurs am Schlusse d. T. (S. 206).

[21]) Wegen Beseitigung des Schlußpassus des § 17 s. Vorbem. z. Th. III Anm. 2 zu d.

[22]) Vgl. dazu K. O. v. 21. 11. 1835 (G. S. S. 237). Die Pflicht des Stillschweigens bezieht sich nach Einführung des öffentlichen Verfahrens (G. V. G. §§ 170 ff. und schon früher Verf.-Urk. Art. 93) nach der Natur der Sache nicht mehr auf den Inhalt des öffentlich Verhandelten; vgl. auch Anm. 26.

und Geschäfte Anderen übertragen, oder deren Meinung, Rath und Gutachten darüber privatim einholen.

Nebenbedienungen.

§. 19. Da die Räthe der Justizkollegien ihre ganze Zeit und Aufmerksamkeit einer treuen und prompten Besorgung ihrer Amtsgeschäfte zu widmen schuldig sind, und zu dem Ende durchgehends mit auskömmlichen Salarien versorgt werden sollen; so müssen sie ohne Genehmigung des Präsidenten, und ohne Erlaubniß des Chefs der Justiz, keine Nebenbedienungen annehmen;[23]) viel weniger sich mit Besorgung der Privat- und außergerichtlichen Angelegenheiten der Parteien, mit Konsuliren in Prozeßsachen, wenn selbige gleich bei anderen Gerichten schweben,[24]) oder sonst mit dergleichen zerstreuenden Nebengeschäften, abgeben.

Besondere Pflichten.

§. 20. Die besonderen Pflichten der Räthe bei den Justizkollegien sind von vierfacher Art:[25])

I. Die Besorgung der Instruktionen bei Prozessen, in der Qualität von Assistenten.

II. Die Abwartung der Instruktionen selbst, in der Qualität von Instruenten.

III. Das Dekretiren, oder der mündliche Vortrag der eingekommenen schriftlichen Vorstellungen und Anzeigen, und die Abfassung der Verfügungen darauf.

IV. Das Referiren, oder die Ausarbeitung der Relationen und Urtel, über die zum Erkenntnisse gediehenen Rechtssachen.

I. Der Assistenten.

§. 21. I. In denjenigen Fällen, wo eine Partei, statt sich einen Bevollmächtigten oder Rechtsbeistand unter den Justizkommissarien selbst zu wählen, um die Zuordnung eines Assistenten von dem Richter bittet (Th. I. Tit. III. §. 14 u. f.), muß ein solcher Assistent, er sey ein Mitglied des Gerichts, oder nur ein dabei angestellter Referendarius, die am angeführten Orte ertheilten,

---

[23]) Wegen der Uebernahme von Nebenbeschäftigungen gelten jetzt K. O. v. 13. 7. 1839 (G. S. S. 235) und G. v. 10. 6. 1874 (G. S. S. 244).

[24]) Ein J. M. R. v. 17. 6. 1830 (bei v. Rönne zu § 14 d. T.) will das Konsuliren in nicht prozessualen Angelegenheiten nur dann verboten sehen, wenn es gegen Entgelt oder mit Beeinträchtigung der amtlichen Thätigkeit getrieben wird; vgl. auch Anm. 9.

[25]) Hiervon sind nur noch die Pflichten zu Nr. III praktisch; Nr. I. II. IV und die hierauf bezüglichen §§ 21—40. 51—61 sind durch das veränderte Prozeßverfahren antiquirt. Immerhin enthalten auch die letzteren so viel beherzigenswerthe Gedanken allgemeiner Art, deren Geltung von ihrer positiven Normirung unabhängig ist, daß ihre Lektüre für jüngere Juristen sich sehr empfiehlt.

und in der Folge den Justizkommissarien noch näher zu ertheilenden Vorschriften gehörig beobachten. Von einem solchen Justizkommissario unterscheidet er sich hauptsächlich nur darin, daß er keiner Vollmacht von seiner auch abwesenden Partei bedarf; sondern seine Legitimation bloß durch die von ihm zu haltenden Manualakten, und die darin liegenden Informationsprotokolle, Korrespondenzen u. s. w., begründet wird.

II. Der Instruenten.

§. 22. II. Bei den wirklichen Instruktionen der Prozesse müssen die Instruenten den Hauptendzweck der ganzen Prozeßordnung:

> daß nämlich die Wahrheit der bei einem Rechtsstreite zum Grunde liegenden, oder zur richtigen Beurtheilung desselben gehörigen Thatsachen so genau und vollständig, als es nur irgend die Natur der Sache verstattet, zugleich aber auch mit dem mindest-möglichen Zeit- und Kostenverluste für die Parteien, eruirt und ausgemittelt werden solle,

unabläßig vor Augen haben.

§. 23. So wie sie desfalls überhaupt auf die Vorschriften des Ersten Theils dieser Gerichtsordnung verwiesen werden; so müssen sie insonderheit bei der Vernehmung der Parteien sich aller Geduld und Sanftmuth befleißigen; die Vorträge und Erzählungen derselben ruhig und aufmerksam anhören; sie darin ohne Noth nicht unterbrechen; über die zur Sache gehörigen Umstände, wovon die Parteien sich unverständlich, unzusammenhängend, oder zweideutig ausgedrückt haben, durch nähere Nachfrage die gehörige Kenntniß von ihnen einzuziehen, und nicht eher ablassen, als bis sie von jedem Theile eine vollständige und zusammenhängende Erzählung des Fakti, so viel ihm davon bekannt ist, heraus gebracht haben.

§. 24. Dabei müssen sie sich jedoch vor allen Suggestionen sorgfältig hüten; und dahin sehen, daß sie den eigentlichen Sinn und Meinung der Parteien richtig fassen; darunter kein Mißverständniß begehen; und nicht etwa ihre eigenen Vorstellungen und Vermuthungen denselben, als ihre Angaben und Geständnisse, unterschieben.

§. 25. Bei der Einziehung dieser Erkundigungen müssen sie sich jedoch weder durch eine unschickliche Neugier, noch durch andere unlautere Bewegungsgründe verleiten lassen, den Parteien mit Fragen zuzusetzen, welche zur Sache nicht gehören, die Ehrbarkeit beleidigen, auf unnöthige Erforschung der persönlichen und Familienumstände, oder anderer Geheimnisse der Parteien abzielen; oder durch deren Beantwortung denselben Verdruß, Schade, und andere Unannehmlichkeiten, ohne Noth würden zugezogen werden.

§. 26. Wenn daher eine Partei unter dem Vorwande, daß eine ihr vorgelegte Frage von dieser Art sey, deren Beantwortung verweigert; so muß der Instruent, wenn er sie darüber nicht glimpflich verständigen und bedeuten kann, deshalb nicht weiter in sie dringen; vielmehr den Umstand, und die Gründe, warum die Partei die Beantwortung versagt, er aber seines Orts dieselbe als zur Sache gehörig ansieht, dem Kollegio pflichtmäßig anzeigen, und dessen Vorbescheidung abwarten.

§. 27. Wenn auch bei den Instruktionen wirklich erhebliche Thatsachen vorkämen, gegen deren umständliche Entwickelung beide Theile protestiren; und es sind dieselben darin einig, daß das Faktum an sich zugestanden werde; so muß der Instruent sich damit begnügen, daß er selbiges nur allgemein, so wie es von den Parteien vorgetragen und eingestanden wird, aufnehme, ohne auf die speciellen Umstände desselben genauer einzugehen. Wenn also z. B. in einer Ehescheidungssache der klagende Ehegatte behauptet, was gestalten der beklagte Theil sich eines verdächtigen Umgangs mit anderen Personen schuldig gemacht habe; der Beklagte aber so viel einräumt, daß er zu dergleichen Verdachte wirklich Anlaß gegeben; so darf der Instruent den speciellen Umständen, mit wem und wie weit solcher Umgang getrieben worden u. s. w., nicht weiter nachforschen; es wäre denn, daß der eine Theil auf die gesetzlichen Strafen der Ehescheidung antrüge, der andere sich derselben nicht schuldig geben wollte; und daher, um zu beurtheilen, in wie fern diese Strafen wirklich Anwendung finden, unumgänglich nothwendig wäre, die Gründe der Ehescheidung genauer und umständlicher auseinander zu setzen.

§. 28. Wenn hingegen außerdem die zu Instruktionen verordneten Räthe Grund haben, zu argwöhnen, daß eine Partei mit der Wahrheit vorsätzlich zurück halte, oder gar mit Lügen und Falschheit umgehe; so müssen sie dieselbe an die in der Prozeßordnung bestimmten Strafen des frevelhaften Läugnens und gerichtlich behaupteter Unwahrheiten fleißig erinnern; sie durch Vorhaltung der wider sie streitenden Vermuthungen, der in ihren Angaben sich findenden Lücken und Widersprüche ꝛc. ꝛc., ihres Unfugs zu überzeugen, und zum Geständnisse der Wahrheit zu bringen suchen; solchergestalt aber die Sachen in facto zwischen den Parteien selbst, ohne daß es erst der Aufnehmung weitläufiger und kostbarer Beweise bedarf, so viel irgend möglich ist, zu entwickeln und aufzuklären, sich angelegen seyn lassen.

§ 29. Wenn besonders Thatsachen von Parteien in Person, die mit Rechtsbeiständen nicht versehen sind, eingestanden werden; so muß der Instruent mit vorzüglicher Vorsicht und Behutsamkeit zu Werke gehen; um, ehe er ein solches Geständniß niederschreibt, sich zu überzeugen, sowohl daß er selbst die wahre Meinung der Partei richtig gefaßt, als daß diese das Geständniß nicht etwa bloß aus Einfalt, Leichtsinn, Uebereilung, Unkunde der gesetzlichen Folgen ꝛc. ꝛc., wider ihre eigene Wissenschaft und Ueberzeugung abgegeben habe. (Th. I. Tit. X. §. 26.) In wie fern es, besonders bei einfältigen und gemeinen Leuten, nöthig sey, ihnen die rechtlichen Folgen eines solchen Geständnisses ausdrücklich zu erklären, muß der gewissenhaften Beurtheilung und Vorsicht des jedesmaligen Instruenten überlassen werden; damit auf der einen Seite die Partei durch ein unrichtiges Geständniß an ihrem wirklichen Rechte nicht verkürzt, auf der andern aber auch, durch unmittelbare Darstellung der ihr nachtheiligen Folgen, von der Einräumung der Wahrheit nicht abgeschreckt, oder gar zum augenblicklichen Widerrufe verleitet werde.

§. 30. Wie weit der Instruent den Parteien Exceptiones und Beneficia juris von Amts wegen an die Hand geben müsse, ist im Ersten Theile Tit. IX. §. 11. bestimmt. Ist die Partei mit keinem rechtsverständigen Assistenten versehen, so erstreckt sich die Verbindlichkeit des Instruenten, ihrem Mangel an Rechtskunde dabei zu Hülfe zu kommen, weiter, als in dem entgegen gesetzten Falle; wo es der Instruent in der Regel dem Assistenten überlassen muß, die seiner Partei zu Statten kommenden Rechtsausflüchte und Wohlthaten anzuführen und geltend zu machen. Nur wenn er wahrnimmt, daß der Assistent aus Fahrlässigkeit, Flüchtigkeit, oder vielleicht aus anderen unzulässigen Nebenabsichten, einen Rechtseinwand, von welchem in dem entwickelten Fakto ganz deutliche Spuren vorkommen, nicht rüge, und daher der Richter künftig in Verlegenheit gerathen dürfte, in wie fern auf eine solche Exceptionem juris, über welche gleichwohl der andere Theil mit seinen etwanigen Erwiederungen gar nicht gehört worden, von Amts wegen Rücksicht zu nehmen sey, muß der Instruent den Assistenten, allenfalls ohne Beiseyn der Parteien, an einen solchen vermuthlich übersehenen Umstand erinnern; und wenn dieser denselben gleichwohl nicht rügen will, über die desfalls angeführten Ursachen ein besonderes Protokoll aufnehmen.

§. 31. Die Vorträge und Angaben der Parteien müssen die Instruenten in Gegenwart derselben, und in Ausdrücken, die ihrem eigentlichen Sinne gemäß, und den Parteien selbst verständlich sind, dem Protokollanten laut und deutlich in die Feder diktiren.

§. 32. Sie müssen jedoch bei dieser Vernehmung der Parteien auch dahin sehen, daß selbige nicht in ein wildes Geschrei und unnützes Gezänke unter ihnen ausarte; wodurch die Zeit fruchtlos verschwendet, die Erbitterung der Gemüther vermehrt, und am Ende, unter einer Menge von irrelevanten Nebenumständen, persönlichen Vorwürfen und unnützen Wiederholungen, die Hauptsache, und die Fakta, worauf es dabei eigentlich ankommt, gar aus dem Gesichte verloren werden.

Wenn es also die instruirenden Räthe, besonders in Ehescheidungsprozessen, mit Parteien zu thun haben, die von heftigem Gemüthscharakter, oder sonst gegen einander persönlich animirt sind; so werden sie wohl thun, jeden derselben absonderlich, ohne Beiseyn des Andern, zu vernehmen, und sie nur erst alsdann zusammen zu stellen, wenn sie sich aus den gegenseitigen Erzählungen derselben von den Umständen, worüber sie einig sind, oder nicht, deutliche Kenntniß verschafft haben, und diese Zusammenstellung ein Mittel seyn kann, hinter die Wahrheit zu kommen, und die Parteien über den eigentlichen Hergang dieses oder jenes streitigen Fakti zu vereinbaren.

§. 33. Da die Th. I. Tit. X. §. 28 u. f. beschriebene Regulirung des Status controversiae eines der wichtigsten Geschäfte bei der Instruktion ist; so müssen die instruirenden Räthe dabei vorzüglich mit größtem Bedacht, Aufmerksamkeit und Beurtheilungskraft zu Werke gehen, und mit möglichster Sorgfalt dahin sehen: daß auf der einen Seite alle und jede bei der Vernehmung vorgekommene Fakta, woraus dem einen oder dem andern Theile eine zur gegenwärtigen Streitsache gehörige Befugniß oder Verbindlichkeit erwachsen; ingleichen diejenigen Nebenumstände, wodurch das Hauptfaktum aufgeklärt, erläutert, und näher bestimmt werden kann, in den Statum controversiae mit aufgenommen, auf der andern Seite aber auch derselbe mit unbedeutenden, irrelevanten, zur gegenwärtigen Streitsache nicht gehörigen Faktis und Umständen nicht überladen werde.

§. 34. Ueberhaupt muß jeder Instruent, bei der Einleitung und Führung der Instruktion, nicht auf bloßes Gerathewohl, sondern nach einem festen und wohl überlegten Plane zu Werke gehen. Einen solchen Plan muß er sich entwerfen, so bald er aus den ersten Vernehmungen der Parteien ungefähr ersehen kann, wo die Sache hinaus wolle; und darnach muß er in die ganze Folge seiner Operationen Ordnung und Zusammenhang zu bringen suchen. Er muß aber auch auf diesem Plane nicht mit Eigensinn bestehen, sondern wenn er in der Folge der Verhandlungen wahrnimmt, daß Umstände zum Vorschein kommen, die auf eine andere Entwickelung des streitigen Geschäfts, als bisher zu vermuthen war, führen könnten; so muß er denselben aufmerksam nachgehen, und darnach seinen Plan zur Fortsetzung und Beendigung des Instruktionsgeschäfts berichtigen. Sein Hauptzweck muß immer seyn, die Wahrheit der Thatsachen vollständig und zusammenhängend zu entwickeln; aber auch durch möglichste Vermeidung aller unnützen, zur Sache nicht gehörigen, und deren Aufklärung um nichts befördernden Nebenumstände, Zeit und Kosten möglichst zu sparen.

§. 35. Eine sorgfältige Vorbereitung zur Instruktion, und zu jedem abzuhaltenden Termine, vornehmlich aber auch zur Regulirung des Status causae et controversiae, ist eine Hauptpflicht des Instruenten. Er muß daher, besonders im Fortgange der Instruktion, den Termin niemals eröffnen, ohne sich vorher aus den früheren Verhandlungen den Zusammenhang der Sache, so weit er bisher entwickelt ist, wiederum in das Gedächtniß zurück zu rufen, und wohl zu überlegen, wie nun, dem entworfenen Plane gemäß, darin weiter fortzufahren, und worauf es in dem abzuhaltenden Termine eigentlich ankommen werde.

§. 36. Zu dieser Vorbereitung gehört es auch, daß der Instruent, vornehmlich wenn von Geschäften, die nicht alle Tage vorkommen, die Rede ist, die Theorie der ein solches Geschäft bestimmenden gesetzlichen Vorschriften sorgfältig rekapitulire, und sich stets gegenwärtig erhalte, damit er immer im Stande sey, sogleich zu bemerken und zu beurtheilen: was von den mancherlei Thatsachen und Umständen, welche von den Parteien vorgebracht worden, wirklich zur Sache gehöre, oder auf die künftige Entscheidung derselben Einfluß haben könne, und daher näher aufgenommen und erörtert werden müsse.

§. 37. Für den ununterbrochenen Betrieb aller unter ihrer Instruktion stehenden Sachen zu sorgen, ist eine Hauptpflicht der dazu deputirten Räthe. Sie müssen daher den Gang aller und jeder solcher Angelegenheiten unablässig vor Augen haben; bei Anberaumung der Termine alle Umstände der Sache reiflich erwägen, und die Parteien zwar damit nicht übereilen, sie aber auch nicht ohne Noth, um ihrer bloßen Bequemlichkeit oder Privatgeschäfte willen, allzu weit hinaus setzen; darauf, daß Parteien und Assistenten die Termine gehörig abwarten müssen, mit Ernst und Nachdruck halten; es zu solchem Ende an keinen Erinnerungen und Warnungen fehlen lassen; wenn aber ihre alleinigen Bemühungen zur zweckmäßigen Beschleunigung der Sachen nicht hinreichend sind, dem Kollegio von dem entstehenden Verzuge, und dessen Ursachen, pflichtmäßig, ohne allen Rückhalt, Anzeige machen: damit dieses durch richtige Anwendung der gesetzlichen Vorschriften die nöthige Beschleunigung der Sache bewirken, und allen auf deren Verschleppung abzielenden Winkelzügen und Chikanen nachdrücklichst Einhalt thun möge.

§. 38. Daß die zu den Instruktionen deputirten Räthe die im Kollegio zu haltenden Instruktionstabellen richtig fortführen; die Präsidenten selbige fleißig revidiren; und auf den Grund derselben nach denjenigen Sachen, welche liegen zu bleiben und verschleppt zu werden scheinen, besondere Nachfrage halten müssen, ist oben Tit. II. §. 29 u. f. verordnet. Wenn sich bei dieser Gelegenheit findet, daß der Instruent selbst, ohne sich eben eines strafbaren Betragens schuldig zu machen, aus übertriebener Aengstlichkeit, vorgefaßter Meinung, Anhänglichkeit an ein gewisses, sich selbst, ohne hinreichenden Grund, von dem Zusammenhange des Fakti formirtes System, oder aus einer zur Sache oder wider dieselbe gewonnenen Affektion, welche aus bloßem Mangel gehöriger Wachsamkeit über sich selbst, auch einen sonst redlichen und unbescholtenen Mann übereilen kann, die Instruktion nicht gehörig angreife; sie nicht richtig und passend genug eingeleitet habe; sich bei unbedeutenden Nebenumständen zu sehr aufhalte; den Parteien zu viel Nachsicht und Umzüge verstatte u. s. w.: so muß der Präsident ihm diese Instruktion abnehmen, sie einem andern Mitgliede des Kollegii übertragen, und statt derselben dem vorigen Instruenten andere Beschäftigungen anweisen.

§. 39. Ob auch gleich ein solches Versehen an und für sich noch nicht hinreichend seyn soll, die Redlichkeit und Brauchbarkeit eines Raths zweifelhaft zu machen; so müssen jedennoch die Räthe sich sorgfältig hüten, nicht zu wiederholtenmalen in den nämlichen Fehler zu verfallen; maaßen sie sich sonst den gegründeten Verdacht eines Mangels an Fleiß, Geschicklichkeit und Scharfsinn, Gleichmüthigkeit, und anderer dergleichen bei einer richterlichen Person unentbehrlichen Eigenschaften zuziehen, und es am Ende sich selbst beizumessen haben würden, wenn sie wegen solcher Untüchtigkeit ihrer Dienste gänzlich entlassen werden müßten.

§. 40. Von Familien- und anderen dergleichen Geheimnissen der Parteien, welche bei Gelegenheit der Instruktionen zu ihrer Kenntniß gelangen, müssen die dazu deputirten Räthe, den Anweisungen §. 25—27. gemäß, nur alsdann mit möglichster Schonung Gebrauch machen, wenn die Bekanntwerdung derselben unumgänglich nothwendig ist, um die Wahrheit rein, unverfälscht, und vollständig darzustellen, und den Richter in Stand zu setzen, daß er das Faktum, worauf es bei der Entscheidung des Rechtsstreits ankommt, gehörig übersehen und richtig beurtheilen könne.

Außer diesem Falle müssen die Räthe dergleichen Geheimnisse unter dem Siegel der unverbrüchlichen Verschwiegenheit bewahren, und sich besonders, bei Strafe der unvermeidlichen Kassation, alles zu ihrem Privatnutzen und zum Schaden der Partei abzielenden Gebrauchs derselben schlechterdings enthalten.[26])

III. Der Decernenten.[27])

§. 41. III. Die dritte Hauptbeschäftigung der Räthe bei den Justizkollegien ist das Dekretiren, oder der mündliche Vortrag der eingekommenen schriftlichen Vorstellungen und Anzeigen, und die Abfassung der Verordnungen darauf.

§. 42. Dabei müssen die Räthe vor allen Dingen die ihnen vor jeder Session zugestellten Memorialien,[28]) Protokolle und Anzeigen fleißig lesen; deren Inhalt mit den etwa schon vorhin in der Sache verhandelten Akten sorgfältig vergleichen; sich dadurch von dem eigentlichen Gegenstande und den Gründen des Gesuchs oder Antrags richtige und vollständige Kenntniß verschaffen; dieselben nach den Vorschriften der Gesetze prüfen und beurtheilen; und sich also zum Vortrage im Kollegio selbst gehörig vorbereiten; auch die nach dieser Präparation etwa zu erlassenden Dekrete zu Hause entwerfen:[29]) damit sie durch deren Abfassung in der Session,

---

[26]) Auch der letzte Absatz des § 40 ist nicht mehr geltendes Recht, weil er auf dem aufgehobenen Grundsatz des geheimen Gerichtsverfahrens beruht; s. Anm. 22. Wird jetzt ausnahmsweise unter Ausschluß der Oeffentlichkeit verhandelt, so ermißt es sich nach dem Zweck dieser Ausschließung und nach allgemeinen Grundsätzen, inwiefern dieserhalb eine Verschwiegenheitspflicht des Richters den Parteien gegenüber besteht. Als Regel ist davon auszugehen, daß die Ausschließung der Oeffentlichkeit nicht im Interesse der Wahrung von Privatgeheimnissen erfolgt. Vgl. G. V. G. § 173 und gegenüber den §§ 171. 172. die §§ 174. 175 daselbst.

[27]) Ueber den „Decernenten“ s. o. S. 18 Anm. 13. Gegenwärtig besteht eine Befugniß des einzelnen Kollegialmitgliedes, unbedenkliche Verfügungen selbständig zu erlassen, nicht mehr; das eine Sache bearbeitende Kollegialmitglied wird deshalb in der Sprache der Prozeßordnungen passender mit „Berichterstatter“ bezeichnet. Doch hat sich der alte Ausdruck in der Geschäftssprache auch heute noch erhalten und wird übrigens auch auf die Thätigkeit der Einzelrichter angewendet, indem man den Amtsrichter als den Decernenten für die ihm zugewiesenen Geschäfte bezeichnet. — Ueber den Unterschied des Decernenten gegen den früheren „Referenten“ s. Anm. 28.

[28]) Unter „Memorialien“ verstand man in der früheren Geschäftssprache die zu den Akten eingehenden Schriften. Der Vortrag der „Memorialien“ bildete den Gegensatz zum Vortrag der „Referate“. Ersterer erfolgte, wenn eine zu den Akten eingegangene Schrift eine Beschlußnahme des Kollegiums erforderte und lag dem „Decernenten“ ob, wogegen für die materielle Entscheidung eines in der Instruktion abgeschlossenen Prozesses (mitunter auch für andere Angelegenheiten) ein besonderer „Referent“ ernannt wurde (s. § 51). Der Ausdruck „Memorialienvortrag“ hat sich gleichfalls noch bis jetzt erhalten; man versteht heute darunter den Vortrag aller derjenigen Sachen, über die ohne mündliche Verhandlung entschieden wird.

[29]) Dies ist wohl nur für den Fall gemeint, wenn dem Berichterstatter die Entscheidung zweifellos erscheint.

an der nöthigen Aufmerksamkeit auf die Vorträge der anderen Räthe nicht gehindert werden mögen.

§. 43. Den Vortrag selbst müssen sie zwar kurz und ohne unnütze Weitläufigkeit, jedoch aber auch vollständig und deutlich thun: dergestalt, daß das ganze Kollegium verstehen könne, was eigentlich gesucht oder angetragen werde, und was für Umstände und Gründe dafür oder dawider vorhanden sind. Dem Vortrage müssen sie jedesmal ihr Votum nach dem projektirten Dekrete beifügen, und zugleich die aus der Natur und Lage der Sache, oder aus gesetzlichen Anordnungen herzunehmenden Gründe desselben anführen.

§. 44. Die Dekrete selbst müssen sie deutlich, wo es die Sache fordert, umständlich und mit Gründen, jedesmal aber schlechterdings dem Beschlusse des Kollegii gemäß abfassen, und also die sich zu Hause gemachten Entwürfe, wenn sie von dem Kollegio nicht genehmigt würden, nach dem Konkluso umändern.

§. 45. Die Räthe müssen keine dergleichen ihnen zum mündlichen Vortrage zugeschriebene Sachen bei sich liegen lassen, noch auch mit Beförderung der schon abgefaßten Dekrete zur Expedition in Rest bleiben.

Nur bei sehr weitläufigen, die Aufsuchung von älteren Akten erfordernden, sonst aber keine Gefahr im Verzuge bei sich führenden Sachen, kann der Präsident nachgeben, daß der Vortrag derselben bis zur nächsten Session ausgesetzt bleibe; er muß aber auch darauf sehen, daß sie alsdann gehörig nachgeholt, und, ehe zu den übrigen auf diesen Tag eigentlich distribuirten Memorialien geschritten wird, vorgetragen und abgemacht werden.[30])

§. 46.[31]) Was die Decernenten in Prozeßsachen bei dem Vortrage der Anmeldungsprotokolle, der Klageberichte und deren Beantwortungen, der Anfragen der Instruenten, der Anzeigen oder Beschwerden der Assistenten oder Parteien, der Appellationsanmeldungen und Berichte rc. zu beobachten haben, ist im Ersten Theile dieser Gerichtsordnung umständlich genug vorgeschrieben.

Die Räthe der Kollegien werden also hier nur noch überhaupt erinnert,

1) bei den Vorträgen der Klagen und Beantwortungen, besonders wenn dieselben, nach Tit. V. §. 16. und Tit. IX. §. 15. im Ersten Theile, schriftlich eingebracht worden, die Vollständigkeit derselben, und der von den Justizkommissarien darüber eingezogenen Informationen, nach den allemal beizulegenden Manualakten, mit vorzüglicher Sorgfalt zu prüfen: damit im Verfolge der Instruktion die Verzögerungen und Verwirrungen, welche unvermeidlich sind, wenn

---

[30]) Abs. 2 des § 45 hängt mit Geschäftseinrichtungen zusammen, die nicht mehr existiren, so namentlich mit einer vom Vorsitzenden zu führenden Geschäftskontrole über die eingehenden Memorialien und mit der Vertheilung der letzteren auf bestimmte Sitzungstage. Die betheiligten Organe haben jetzt nach ihrem Ermessen auf die nöthige Beschleunigung zu achten.

[31]) § 46 ist, weil prozeßrechtlichen Inhalts, antiquirt; vgl. Vorbem. z. Th. III Anm. 2 zu b.

erst alsdann viele neue unvorhergesehene und unvorbereitete Umstände zum Vorschein kommen, möglichst vermieden werden;

2) bei der Anberaumung der Instruktionstermine die im Ersten Theile Tit. IX. §. 36 u. f. näher beschriebene Vorbereitung mit vorzüglicher Sorgfalt und Aufmerksamkeit zu besorgen;

3) wenn von dem Instruenten Anfragen oder Anzeigen, mit Beilegung der bisherigen Verhandlungen geschehen, sich nicht bloß an das zu halten, was etwa der Instruent in seinem Promemoria über die Lage der Sache und der Instruktion angeführt hat; sondern in die Verhandlungen selbst einzugehen; dieselben aufmerksam zu prüfen; und wenn sie bei dieser Gelegenheit Fehler, Mängel, oder Irrthümer bei der Einleitung und Führung der Instruktion bemerken, dieselben dem Kollegio ohne Rückhalt anzuzeigen; damit der Instruent deswegen gewarnt und zurecht gewiesen werden könne.

§. 47.[32]) Wenn Beschwerden über Untergerichte einkommen, so müssen die Decernenten vorzügliche Aufmerksamkeit darauf verwenden; sich auf die darüber abgestatteten Berichte nicht schlechterdings verlassen, sondern diese mit der Beschwerde selbst genau vergleichen; so bald durch den Bericht aller scheinbare Verdacht eines ordnungswidrigen und unregelmäßigen Betragens nicht gänzlich entfernt wird, oder sonst ein Bedenken bei der Sache übrig bleibt, vornehmlich aber, wenn die Beschwerde gegen ein Untergericht geführt wird, welches sich schon in anderen Fällen der Verschleppung und Unordnung verdächtig gemacht hat, auf Abforderung der Akten antragen; selbige, und das darin enthaltene Verfahren des Unterrichters, ebenfalls genau prüfen, und sodann wegen Abhelfung der gegründeten Klagen, oder wegen Vorbescheidung der Supplikanten, das Nöthige bei dem Kollegio in Vorschlag bringen.

§. 48. Besonders müssen die Decernenten und Kollegien auf Verhütung, Abstellung, und ernstliche Bestrafung der von solchen Untergerichten begangenen Sportulexcesse vorzüglich aufmerksam seyn, und Erstere müssen dergleichen Excesse, wenn sie sie in den Akten bemerken, auch ohne daß sie von den Parteien ausdrücklich gerügt werden, von Amts wegen ahnden.

§. 49. Sind die Beschwerden gegründet, so muß denselben auf Kosten des schuldigen Unterrichters abgeholfen; dieser, den Parteien allen verursachten Schaden zu ersetzen, nachdrücklich angehalten; auch überdieß, nach Bewandtniß der Umstände, entweder mit einer proportionirlichen Geldstrafe wider ihn verfahren, oder auch, wenn das Vergehen von großer Wichtigkeit, oder schon zum öftern wiederholt, und vergebens geahndet worden ist; vornehmlich aber, wenn dabei gründliche Anzeigen einer vorsätzlichen Ungerechtigkeit, Parteilichkeit, Animosität, oder Bestechung sich hervor thun, die förmliche Inquisition gegen einen solchen Richter verhängt, und hiernächst über seine Bestrafung nach den im Ersten Titel §. 23. enthaltenen Vorschriften ordentlich erkannt werden.[33])

§. 50. Sind hingegen die Beschwerden ungegründet, so müssen die Supplikanten damit, unter Anführung richtiger, ihren Fassungskräften gemäß aus einander gesetzter und vorgetragener Gründe, nachdrücklich abgewiesen werden. Auch müssen die Landesjustizkollegia dafür sorgen, den unter ihrer Aufsicht

---

[32]) Die §§ 47. 48 beruhen auf der den Obergerichten zustehenden Aufsichtsgewalt und auf dem Gedanken, daß dieselbe aus Anlaß von Parteibeschwerden mit auszuüben ist; vgl. III 1 §§ 2 u. 17 mit Anm. 5 u. 37. Sie passen daher nicht auf die jetzigen, lediglich materiellen Befugnisse der Beschwerdegerichte und sind deshalb antiquirt. Das Gleiche gilt von der Schutzpflicht der Beschwerdegerichte (§ 50).

[33]) § 49 ist aufgehoben; wegen Ersatz von Kosten und Schäden s. A. G. z. G. V. G. § 82; wegen des übrigen Inhalts s. Vorbem. z. Th. III Anm. 2 zu d.

stehenden Untergerichten, gegen Verläumdungen und ungebührliche Zudringlichkeiten boshafter und unbedeutsamer Querulanten, Schutz und Genugthuung nach Vorschrift Tit. I. §. 31 u. f. zu verschaffen.[34])

IV. Der Referenten.[35])

§. 51. IV. Das vierte Hauptgeschäft der Räthe bei den Justizkollegien ist das Referiren aus den zum Spruch geschlossenen Akten, und die Abfassung der darauf zu publicirenden Urtel.

§. 52. Die allgemeinen Regeln, welche bei Ausarbeitung der Relationen beobachtet werden müssen, sind Th. I. Tit. XIII. §. 7 u. f. enthalten. Bestimmtere Vorschriften über die Methode zu referiren, können nicht gegeben werden, weil es dabei zu sehr auf die speciellen Umstände jeder vorliegenden Sache ankommt.

§. 53. In wichtigen Sachen, welche nach Art des ordentlichen Prozesses instruirt worden, müssen die Relationen, der Regel nach, schriftlich abgefaßt werden. Qualificirt sich aber auch eine Sache zum bloßen mündlichen Vortrage, so muß dennoch der Referent, wenn er zuvörderst den von dem Instruenten formirten Statum causae mit den Vernehmungsprotokollen verglichen, sorgfältig geprüft, und dabei richtig aufgenommen gefunden hat, selbigen dem Kollegio vorlesen; ein Gleiches in Ansehung der Dokumente, besonders der Stellen daraus, auf welchen die Entscheidung beruht, der Zeugenaussagen, und der über die Okularinspektion aufgenommenen Protokolle beobachten; sodann aber sein schriftliches Votum, mit Beifügung der Zweifels- und Entscheidungsgründe, gehörig abgeben.

§. 54. Besteht eine Sache aus mehreren Punkten, so muß jeder derselben auf vorstehende Art besonders vorgetragen und erörtert werden.

§. 55. Ob eine Sache nur mündlich vorgetragen, oder ob schriftlich darin referirt werden solle, hängt lediglich von der Bestimmung des Präsidenten ab. In Sachen, welche von diesem zum schriftlichen Referiren ausgestellt worden, muß der Referent sich eines bloß mündlichen Vortrags nicht eigenmächtig anmaaßen.

§. 56. Wenn ein Korreferent bestellt ist, so muß in der Regel auch dieser eine ordentliche vollständige Relation abfassen. Doch kann in der ersten und zweiten Instanz, vornehmlich bei Kollegien, welche mit Geschäften sehr überhäuft sind, nachgegeben werden, daß der Korreferent statt einer förmlichen Relation ein bloßes schriftliches Votum, mit Zweifels- und Entscheidungsgründen, ausarbeite. In der dritten Instanz hingegen müssen allemal, auch wenn die Sache wegen einer in Vorschlag gekommenen Abänderung zweier gleichförmiger Urtel, neuen Referenten zugestellt wird, von sämmtlichen Referenten ordentliche und vollständige Relationen angefertigt werden.

§. 57. Der Re- und Korreferent müssen einander die Relationen nicht mittheilen, noch über das abzugebende Votum mit einander Privatverabredungen treffen; vielmehr müssen alle Relationen dem Präsidenten versiegelt eingehändigt werden.

In so fern aber den Auskultatoren und Referendarien Spruchsachen nur noch zur Uebung distribuirt werden, kann der Präsident die Relation, wenn sie eingekommen und präsentirt ist, dem Korreferenten zustellen: damit dieser, nach abgefaßter Korrelation, dem Referenten seine Bemerkungen und Anweisungen über die Relation mittheilen könne.

---

[34]) s. Anm. 32.

[35]) Zu §§ 51—61 s. Anm. 25; vgl. auch Anm. 28.

§. 58. Während des Vortrags und Ablesens der Relationen müssen die anderen Mitglieder des Kollegii ihre ganze Aufmerksamkeit auf die vorhabende Sache richten; sich also mit anderen Gegenständen und Verrichtungen nicht distrahiren; und sich solchergestalt in den Stand setzen, daß sie ihr Votum pflichtmäßig, gewissenhaft, aus Ueberzeugung, und mit Gründen abgeben können.

§. 59. Wenn aus Untergerichtsakten referirt wird, so muß der Referent, wegen Prüfung und Rügung der dabei vorkommenden Fehler und Mängel, die den Instruenten und Decernenten oben §. 47. gegebenen Vorschriften auch seines Orts wahrnehmen.

§. 60. Die Räthe müssen die ihnen zum Referiren zugeschriebenen Akten nicht liegen lassen, sondern sie unverzüglich bearbeiten. Die Referenten, denen mehrere Sachen zu gleicher Zeit zugeschrieben worden, müssen dieselben nach den Nummern des Distributionsbuches vornehmen; es wäre denn, daß die eine oder die andere darunter, nach der Natur des dabei Statt gefundenen Prozesses, eine vorzügliche Beschleunigung forderte. Wenn ein Referent in Bearbeitung der ihm zugetheilten Sachen saumselig ist, so muß er seiner Schuldigkeit von dem Präsidenten ernstlich erinnert; allenfalls seine Reste ihm abgenommen, und auf seine Kosten durch einen Assessor oder geschickten Referendarius expedirt; bei beharrlicher und wiederholter Trägheit und Saumseligkeit aber, dem Chef der Justiz davon pflichtmäßig Anzeige gemacht werden.

§. 61. Was bei Abfassung der Urtel selbst zu beobachten sey, ist im Ersten Theile Tit. XIII. §. 3 u. f. vorgeschrieben.

Von Assessoren.[36])

§. 62. Außer den Räthen können bei den Justizkollegien, besonders in Zeiten, wo das eine oder das andere derselben mit Arbeiten vorzüglich überhäuft ist, von dem Großkanzler Assessoren bestellt. und dem Kollegio zu Hülfe gegeben werden. Solche Assessoren müssen eben so, wie die Räthe, qualificirt seyn, und haben ebenso dieselben Pflichten zu beobachten. Doch wird ihnen nur in denjenigen Sachen, die ihnen als Decernenten oder Referenten zum Vortrage zugeschrieben sind, ein volles Votum, in anderen Sachen aber nur ein Votum consultativum beigelegt.

Diese Assessoren erhalten noch keine fixirte Besoldungen; doch können denjenigen unter ihnen, welche sich durch Fleiß und Brauchbarkeit auszeichnen, von den Sachen, in welchen sie als Instruenten oder Urtelsfasser gearbeitet haben, nach Beschaffenheit der Umstände, die ganzen oder halben Instruktions- oder Urtelsgebühren durch den Großkanzler angewiesen werden.

Uebrigens ist auf dergleichen Assessoren, bei Besetzung erledigter Rathsstellen, vorzüglich Rücksicht zu nehmen.

Verpflichtung.[37])

§. 63. Die Räthe bei den Justizkollegien werden bei dem Antritte ihres Amtes mit folgendem Eide belegt:

---

[36]) Die Thätigkeit der Gerichtsassessoren war schon durch § 36 der V. v. 2. 1. 1849 wesentlich verändert worden. Gegenwärtig ist eine Thätigkeit derselben bei den Oberlandesgerichten unzulässig (G. V. G. § 122). Im Uebrigen ist die Qualifikation der Assessoren und ihre Beschäftigung in den Gerichten durch G. v. 6. 5. 1869 § 11 u. A. G. z. G. V. G. §§ 1. 3—5 u. 63 erschöpfend geregelt. Nach letzteren Bestimmungen ist auch ihr Pflichtenkreis zu beurtheilen. Damit sind Abs. 1 u. 2 des § 62 beseitigt. Abs. 3, welcher sich lediglich auf die Rathsstellen bei den Oberlandesgerichten bezog (vgl. III 4 §§ 20 u. 32), ist bereits durch § 37 Abs. 2 der V. v. 2. 1. 1849 aufgehoben worden.

[37]) Vgl. III 2 § 43 mit Anm. 30.

Ich : : : schwöre ꝛc. ꝛc. Nachdem Se. Königliche Majestät von Preußen mich zum Rath bei Dero : : : bestellt und angenommen haben, daß Höchstgedachter Sr. Königlichen Majestät ich zuvörderst treu, hold, und gewärtig seyn; Dero Bestes und Interesse aus allen Kräften suchen und befördern, Schaden und Nachtheil aber möglichst verhüten und abwenden wolle.

Ferner schwöre ich, in meinem Amte die Gerechtigkeit, nach Vorschrift der Gesetze, und meiner besten Kenntniß und Ueberzeugung, zu befördern und zu handhaben; jedermann, ohne Ansehen der Person und Unterschied des Standes, unparteiische Justiz, so viel an mir ist, zu administriren; und mich davon weder durch Geschenke, Gunst und Gaben, noch durch Freundschaft, Feindschaft, Menschenfurcht, oder andere unlautere Bewegungsgründe, und überhaupt durch keine Nebenrücksichten abwenden zu lassen.

Ich gelobe ferner, den Sessionen des Kollegii ordentlich und aufmerksam beizuwohnen; die von dem Kollegio, oder dessen Präsidenten, mir aufgetragenen Arbeiten willig zu übernehmen, und nach meinem besten Vermögen prompt und unverdrossen auszurichten, auch dem Präsidenten in Amtssachen die schuldige Subordination und Folge zu leisten.

Insonderheit schwöre ich, bei der Instruktion der Prozesse allen meinen Fleiß, Mühe und Bestreben auf die vollständige und gründliche Entdeckung der Wahrheit, und zugleich auf die möglichste Beschleunigung der Sachen, zu verwenden; und es meines Orts an nichts fehlen zu lassen, wodurch die Königliche landesväterliche Intention, zur Verschaffung einer soliden, prompten und unparteiischen Rechtspflege, befördert und erreicht werden kann; überhaupt aber mich in allen Stücken so zu verhalten, wie es einem getreuen und rechtschaffenen Königlichen Rath und Justizbedienten wohl ansteht und gebührt. So wahr ꝛc. ꝛc.

Anh. §. 447. Der von den Räthen der Justizkollegien abzuleistende Eid ist nach dem §. 445. des Anhangs zu §. 43. Titel II. Theil III. vorgeschriebenen Formular einzurichten; nur muß statt der Worte:

„Insbesondere gelobe ich — — Genüge leiste" gesetzt werden:

„Insbesondere gelobe ich meinen Vorgesetzten in Amtssachen, der Subordination gemäß, schuldige Folge zu leisten."

Exkurs zu §§ 13 u. 17.

Das Verfahren bei der Ablehnung von Gerichtspersonen in nicht streitigen Sachen.

I. Liegt der Fall der Ausschließung eines Richters vor (§ 13 d. T.), so gehört es zu den Obliegenheiten des letzteren, sich der Thätigkeit in der Sache von Amts wegen zu enthalten. Als ein Mittel zur Erzwingung dieser Obliegenheit erwähnt § 17 d. T., daß der Präsident dem betreffenden Richter die Theilnahme untersagen soll. Dieses Mittel fand indessen schon nach der A. G. O. nur in sehr beschränktem Maße Anwendung und ist heute völlig antiquirt. Um das — mangelhaft geregelte — Verfahren richtig zu konstruiren, muß man die Praxis des älteren preußischen Prozeßrechts und den hier über die Ablehnung der Richter ausgebildeten Gerichtsgebrauch heranziehen. Die A. G. O. erörterte die Ablehnung der Richter in den §§ 142—147 I 2 (s. am Schlusse dieses Exkurses). Die Regelung war indessen unvollständig; an einem positiven Satze, wer über das Vorhandensein des Ablehnungsgrundes zu befinden hat, fehlte es. Für die Ablehnung einzelner Richter (im Gegensatze zu ganzen Gerichten oder deren Präsidenten oder Dirigenten) schrieb § 144 lediglich vor, daß die Partei dem Präsidenten Anzeige machen soll; zur Ergänzung ordnete § 17 III 3 an, daß der Präsident dem Richter die Theilnahme an der Sache untersagen soll. Man bezweifelte indessen in Theorie und Praxis des preußischen Rechts nicht, daß, ebenso wie im gemeinen Prozeß,

vgl. Wetzell, System des ordentlichen Civilprozesses 3. Aufl. 1878 S. 424.

die materielle Entscheidung über die Existenz eines Perhorrescenzgrundes in allen

Fällen ein Akt der richterlichen Gewalt ist. Demgemäß vindizirte man dem Präsidenten eine Einwirkung nur dann, wenn der Ablehnungsgrund von dem betreffenden Richter zugestanden wurde, oder wenn er so klar lag, daß es gar keiner Aeußerung des Richters bedurfte, wogegen in den Fällen, in denen der Richter den Grund leugnete, lediglich richterliche Entscheidung einzutreten hatte.

vgl. Koch, Der Preußische Civilprozeß, 2. Aufl. Berlin 1855 S. 147. Oppenhoff, Die preußischen Gesetze über das mündliche und öffentliche Verfahren in Strafsachen, Berlin 1860, zu Art. VI des G. v. 26. 4. 1851 Anm. 13 (S. 56).

Es läßt sich nicht verkennen, daß diese Einschränkung der Befugnisse des Präsidenten mit dem Wortlaute des § 17, wonach der Präsident die Sache „gehörig untersuchen" und nur „wenn die Angabe gegründet befunden wird" einschreiten soll, schwer vereinbar erscheint. Indessen kann der langjährige und übrigens der Natur der Sache entsprechende Gerichtsgebrauch nicht ignorirt werden; es ist deshalb der § 17 so zu verstehen, daß er den Präsidenten nicht als die zur materiellen Entscheidung berufene Instanz hinstellt, sondern ihm nur für Fälle, die richterlicher Entscheidung nicht bedürftig erschienen, ein Einschreitungsrecht kraft seiner Aufsichtsgewalt vindizirt, wie es der damaligen Auffassung von der Justizaufsicht entsprach. Danach aber ist bei der jetzt veränderten Stellung der Aufsichtsbehörden der § 17 überhaupt für antiquirt zu erachten. Denn gegenwärtig ist die Justizaufsichtsbehörde auch bei klaren Ordnungswidrigkeiten nur zu einer Rüge und Ermahnung, nicht aber zur direkten Erzwingung ihrer Auffassung gegenüber richterlichen Akten befugt (G. v. 9. 4. 1879 § 23). In diesen Befugnissen erschöpft sich die Zuständigkeit der Aufsichtsbehörde auch in dem Falle, daß ein gesetzlich ausgeschlossener Richter sich an der Sache betheiligt. Die Befugnisse des § 17 d. T. sind damit beseitigt, und es bewendet auch für die nicht streitige Gerichtsbarkeit bei dem allgemeinen durch Gerichtsgebrauch ausgebildeten Satze, daß über jedes Ablehnungsgesuch richterliche Entscheidung einzutreten hat.

II. Was die für die Entscheidung zuständige richterliche Instanz betrifft, so fehlt es für die nicht streitige Gerichtsbarkeit an jeder Vorschrift hierüber. Ein Heranziehen der Vorschriften des älteren Prozeßrechts zur Ergänzung der Lücke erscheint nicht angezeigt. Denn einen Rechtssatz des Inhalts, daß allgemein das Prozeßrecht der A. G. O. für das Verfahren in nicht streitigen Sachen ergänzend eintreten soll, giebt es nicht. Ein solche Heranziehung, welche allerdings häufig geboten war, beruhte lediglich auf Analogie, d. i. auf der Pflicht des Richters, in Fällen, die in den Gesetzen nicht entschieden sind, „nach den wegen ähnlicher Fälle vorhandenen Verordnungen" zu erkennen (§ 49 der Einl. z. A. L. R.). Diese ähnlichen Fälle sind aber jetzt die nach Maßgabe der C. P. O. zu behandelnden Ablehnungsgesuche; es erscheint deshalb berechtigt, die Vorschriften der C. P. O., insoweit sie mit dem Geiste des Verfahrens in nicht streitigen Sachen vereinbar sind, auch auf die Ablehnungsgesuche in diesen Sachen anzuwenden.[1]) Demgemäß ist der § 45 C. P. O. zur Anwendung zu bringen, wonach über Ablehnungsgesuche gegen Amtsrichter das Landgericht, im Uebrigen das Gericht, welchem der abgelehnte Richter angehört, und wenn letzteres durch das Ausscheiden des abgelehnten Richters beschlußunfähig wird, das im Instanzenzuge zunächst höhere Gericht entscheidet; einer Entscheidung gegenüber

[1]) Das R. G. hat in wiederholten Entscheidungen kein Bedenken getragen, Vorschriften der C. P. O. auf nicht streitige Sachen da analog anzuordnen, wo auch früher die Anwendung der Prozeßvorschriften nur auf Analogie beruhte. So insbesondere den § 265 wegen Nachweisung des ausländischen Rechts (B. v. 6. 3. 1882 Bd. 3 S. 34) und die §§ 380. 382. 383 über die Beweiskraft öffentlicher Urkunden (B. v. 31. 12. 1883 Bd. 4 S. 128).

dem Amtsrichter bedarf es nicht, wenn dieser das Gesuch für begründet hält. Auch der § 48 C. P. O., welcher für Zweifel, die von Amts wegen über die Ausschließung eines Richters entstehen, die Zuständigkeit in gleicher Weise normirt, dürfte analog anwendbar erscheinen, zumal eine ähnliche Bestimmung auch im preußischen Prozesse existirt hat (A. G. O. I 2 § 147). Nicht anwendbar erscheinen dagegen die weiteren Vorschriften der C. P. O. über das Verfahren und namentlich über die Beschwerde; hier entscheiden vielmehr lediglich die — an sich zureichenden — in der nicht streitigen Gerichtsbarkeit allgemein geltenden Grundsätze. Wird das Ablehnungsgesuch für begründet erklärt und ergiebt sich alsdann, daß das Gericht nicht mehr beschlußfähig ist, so finden § 20 Nr. 1 u. § 24 Abs. 3 des A. G. z. G. V. G. Anwendung, wonach die Substituirung eines anderen Gerichts — in Abweichung von dem Grundsatze des § 36 C. P. O. — auch gegenüber einem Amtsgericht nicht dem Landgericht, sondern dem Oberlandesgericht zusteht. Eine solche Substituirung kann geeigneten Falles auch ohne vorausgegangenes Ablehnungsverfahren erfolgen (s. hierüber unten zu III). — Bei Anwendung der vorstehenden Regeln ergiebt sich allerdings, daß, wenn so viele Mitglieder eines Oberlandesgerichts abgelehnt werden, daß eine beschlußfähige Zahl nicht mehr verbleibt, es an einem für die Entscheidung zuständigen Gerichte fehlt; denn dem Reichsgericht steht eine Mitwirkung in nicht streitigen Sachen nicht zu (s. o. S. 29). Allein dieser Konsequenz ist man sich bei Berathung des — zu gleichem Resultat führenden — § 20 Nr. 1 des A. G. z. G. V. G. bewußt geworden und hat gemeint, daß ein solcher Fall, weil praktisch schwerlich vorkommend, der Regelung nicht bedürfe.

Vgl. Bericht der Kommission des A. H. zu § 13 des Entwurfs; Mat. z. A. G. S. 147.)

Ueber die Anfechtung der auf das Ablehnungsgesuch ergehenden Entscheidung ergeben sich aus allgemeinen Grundsätzen die folgenden Regeln: Gegen Entscheidungen der Landgerichte — gleichviel ob sie die Ablehnung eines Amtsrichters oder eines Landrichters betreffen — findet gemäß § 49 Nr. 3 des A. G. z. G. V. G. (s. auch A. G. O. III 1 § 13 Anm. 17) die Beschwerde an das örtliche Oberlandesgericht (nicht an das Kammergericht als solches) statt; die Entscheidung des Oberlandesgerichts ist endgültig. Gleiches gilt von der Entscheidung des Oberlandesgerichts, wenn sie die Ablehnung von Richtern des Landgerichts, oder in den Angelegenheiten, in welchen das Oberlandesgericht die Beschwerdeinstanz bildet, die Ablehnung eines Richters des Oberlandesgerichts betrifft. In den in erster Instanz vor die Oberlandesgerichte gehörigen Angelegenheiten findet dagegen über die Entscheidungen der Oberlandesgerichte wegen Ablehnung ihrer Mitglieder die Beschwerde an den Justizminister statt; (s. o. S. 39 Nr. 6 u. A. G. O. III 1 § 13 Anm. 19). Die Beschwerde ist überall an keine Frist gebunden. Ob übrigens die Beschwerde auch gegen eine Entscheidung, welche das Ablehnungsgesuch für begründet erklärt, zu gewähren ist, hängt davon ab, ob der Antragsteller ein Interesse an der Beseitigung einer solchen Entscheidung hat. Regelmäßig wird dies zu verneinen sein; es kann indessen z. B. dann anerkannt werden, wenn die Ablehnung zugleich die Substituirung eines anderen, beschwerlich gelegenen, Gerichtes zur Folge haben würde.

III. Mit den vorstehend entwickelten Grundsätzen steht in Widerspruch ein B. des K. G. v. 17. 4. 1882 (3 S. 41), welcher für die Ablehnung eines Richters des Amtsgerichts I zu Berlin in einer Vormundschaftssache ausführt:

„Die nur für das Verfahren in bürgerlichen Rechtsstreitigkeiten gegebenen Vorschriften der C. P. O. finden auf Vormundschaften und Pflegschaften keine Anwendung; über die Ablehnungsgesuche in solchen Sachen haben, wie seither nach A. G. O. I 2 §§ 143 ff., III 3 §§ 13 ff. Art. V des Gesetzes v. 26. April 1851 die Appellationsgerichte, nach § 24 des A. G. z.

G. V. G., da die Entscheidung weder den Landgerichten, noch den Organen der Justizverwaltung zugewiesen ist, die Oberlandesgerichte zu befinden.

Vgl. die Motive zu § 17 des Entwurfs des letzterwähnten Gesetzes und den Bericht der Kommission des Abgeordnetenhauses — Materialien S. 40 ff. u. 151 ff."

Gegen diesen Beschluß ist zunächst zu bemerken, daß die in demselben citirten Gesetzesvorschriften den zur Erörterung stehenden Fall nicht treffen. Die §§ 13 ff. III 3 A. G. O. bestimmen über die Zuständigkeit der richterlichen Instanzen überhaupt nichts; alle übrigen Vorschriften aber, ebenso wie die vom K. G. citirten Gesetzesmaterialien betreffen lediglich den Fall einer Beschlußnahme wegen Substituirung eines anderen Gerichts, befassen sich dagegen gar nicht mit der Frage der Zuständigkeit zur Entscheidung über Ablehnungsgesuche.

Vgl. Oppenhoff a. a. O. Anm. 3.

Soviel ist allerdings zuzugeben, daß, wenn alle Amtsrichter eines Gerichts von der Ausübung des Richteramtes ausgeschlossen sind, die Partei gemäß § 20 Nr. 1 des A. G. z. G. V. G. beim Oberlandesgericht die Bestimmung eines anderen Amtsgerichts beantragen kann, und daß das Oberlandesgericht dabei zugleich über das Vorhandensein der Voraussetzungen des Antrages befinden kann. Indessen das gleiche Verfahren existirt im Gebiete der streitigen Gerichtsbarkeit gemäß § 36 Nr. 1 C. P. O. So wenig aus letzterer Norm die Zuständigkeit für Ablehnungsgesuche entnommen werden kann, so wenig kann dies aus § 20 Nr. 1 des A. G. geschehen. Will man mit dem Kammergericht die Zuständigkeitsfrage nach Maßgabe des älteren preußischen Prozeßrechts entscheiden, so muß man eine wesentlich andere Untersuchung anstellen, als der erwähnte Beschluß thut. In der preußischen Praxis war man nämlich darüber einig, daß Ablehnungsgesuche gegen einen einzelnen Richter eines mehrgliedrigen Gerichtes der Entscheidung dieses Gerichtes selbst unterliegen und stritt nur darüber, ob der abgelehnte Richter bei der Entscheidung selbst mitwirken darf oder nicht.

Vgl. Koch a. a. O. Oppenhoff a. a. O. Anm. 13. R. O. H. G. v. 14. 9. 1875 (18 S. 165).

Wurde ein ganzes Gericht oder wurden so viele Mitglieder abgelehnt, daß keine beschlußfähige Zahl mehr zurückblieb, so nahm die Kontroverse eine andere Gestalt an; nach der einen Meinung blieb auch hier das Gericht zur Entscheidung kompetent, und es fand nur gegen den Beschluß die Beschwerde an das höhere Gericht statt;

vgl. Ob.-Tr. v. 5. 12. 1860 (Oppenhoff 1 S. 164) u. v. 25. 2. (oder 25. 4.?) 1861 (a. a. O. S. 378 u. Goltdammer 9 S. 488),

während nach der anderen Meinung von vorn herein die Entscheidung des letzteren Gerichtes einzutreten hatte.

Vgl. Koch a. a. O. S. 148; Oppenhoff Verfahren in Straffachen a. a. O. Anm. 13.

Dem Falle der Ablehnung eines ganzen Gerichtes stellte man die Ablehnung des Präsidenten oder Dirigenten gleich, weil man gemäß § 145 I 2 A. G. O. annahm, daß ein Perhorrescenzgrund in der Person des Präsidenten oder Dirigenten in jedem Falle die Ablehnung des ganzen Gerichtes rechtfertige.

B. des Ob.-Tr. v. 19. 3. 1860 bei Oppenhoff Verfahren in Straffachen a. a. O. Anm. 22 und Erk. d. Ob.-Trib. v. 13. 3. 1873 (Oppenhoff, Rechtsprechung 14 S. 201).

Die zweite Meinung nun, welche in jedem Falle die Entscheidung des höheren Gerichtes forderte, stützte sich nicht darauf, daß nach § 143 I 2 A. G. O. das Obergericht diejenige Instanz war, welche über die Verweisung an ein anderes Gericht zu beschließen hatte. Vielmehr war der wesentliche Grund für dieselbe der, daß man die Ablehnung eines ganzen Gerichts als eine Beschwerde gegen die Thätigkeit dieses Gerichts auffaßte und deshalb dem Beschwerdeverfahren unterwarf. Das „Obergericht" sah man demgemäß hier lediglich als die zuständige Beschwerdeinstanz an.

Vgl. Kriminal-Ordnung v. 11. 12. 1805 §§ 48. 49. Koch a. a. O. S. 147 u. die erste Aufl. dieses Werkes (1848) S. 140, wo — noch vor dem G. v. 26. 4. 1851 — im § 143 Abs. 5 an Stelle des Justizministers das Ob.-Trib. substituirt wird, lediglich aus dem Grunde, weil demselben durch die V. v. 21. 7. 1846 § 35 alle Prozeßbeschwerden übertragen waren.

Will man demnach die Grundsätze des älteren preußischen Prozeßrechts jetzt zur Anwendung bringen, so würde eine Stellungnahme zu den betreffen Kontroversen geboten sein. Wenn man hierbei der zweiten Meinung folgt, so wird zuzugeben sein, daß die Ablehnung eines Amtsrichters auch bei Amtsgerichten, die mit mehreren Richtern besetzt sind, unter demselben Gesichtspunkte zu betrachten ist, wie die eines ganzen Gerichtes; denn da der Amtsrichter das ganze Gericht repräsentirt, enthält eine Opposition gegen seine Thätigkeit bereits den Beschwerdecharakter, den man der Ablehnung des ganzen Gerichts beilegte. Unter dem Gesichtspunkt der Beschwerde kann man aber gemäß § 40 des A. G. O. z. G. V. G. (vgl. auch A. G. O III 1 § 13 Anm. 18) nur zu dem mit § 45 C. P. O. übereinstimmenden Ergebniß gelangen, daß über Ablehnungsgesuche gegen einen Amtsrichter das Landgericht zu entscheiden hat. Der Umstand, daß diesem Gericht nicht auch eventuell die Substituirung eines anderen Gerichts zusteht, kann daran nichts ändern.

Auch bei der Ablehnung von Mitgliedern des Land- oder Oberlandesgerichts führen die erwähnten Grundsätze zu einem dem § 45 C. P. O. entsprechenden Ergebnisse, nur mit der Abweichung, daß die Entscheidung des höheren Gerichts auch bei Ablehnungsgesuchen gegen Präsidenten oder Direktoren einzutreten hat. Die Konsequenz würde dann sein, daß es bei Ablehnung des Präsidenten oder Senatspräsidenten eines Oberlandesgerichts an einer für die Entscheidung zuständigen Stelle überhaupt fehlt (vgl. oben S. 208).

IV. Ueber die Folgen eines Aktes, an dem ein kraft Gesetzes ausgeschlossener Richter mitgewirkt hat, ist im Gesetze nichts bestimmt. Nach der Natur der Sache muß man hierbei die bloße Aufnahme von Parteiakten einerseits und den Erlaß von Entscheidungen andrerseits trennen. Die ersteren sind — in Ermangelung einer das Gegentheil anordnenden Vorschrift — gültig, und die Aufnahme macht den Richter nur disziplinarisch verantwortlich. Vgl. Ob.-Tr. v. 5. 3. 1851 (20 S. 132). Betreffs der letzteren giebt die Uebertretung des Gesetzes der dadurch benachtheiligten Partei das Recht, im Beschwerdewege auf Beseitigung der Entscheidung und auf Herstellung des ordnungsmäßigen Verfahrens anzutragen. Findet gegen die Entscheidung eine Beschwerde nicht statt, oder wird eine solche nicht eingelegt, so bleibt die Entscheidung bestehen.

V. Da zum Verständniß der vorstehenden Ausführungen die Einsicht der §§ 143 ff. I 2 A. G. O. erforderlich ist, so mögen dieselben hier abgedruckt werden. Es ist zu ihnen zu bemerken, daß durch § 17 der V. v. 2. 1. 1849 an Stelle der Verweisung einer Sache vom Untergericht an ein Obergericht lediglich die Uebertragung an ein anderes Gericht erster Instanz eingeführt worden ist, während Art. V des G. v. 26. 4. 1851 die Bestimmung des Gerichts in diesen Fällen, wenn es sich um ein erstinstanzliches Gericht handelte, dem Appellationsgericht, und wenn es sich um ein Appellationsgericht handelte, dem Obertribunal zuwies.

A. G. O. Th. I. Zweiter Titel. Von dem Gerichtsstande.

Von dem außerordentlichen Gerichtsstande.

4) wegen gegründeten Verdachts gegen den gehörigen Richter.

§. 143. Wenn der gehörige Richter bei dem Ausfalle des Prozesses ein nahes, oder auch nur ein entferntes Interesse hat;

Oder wenn derselbe mit einer Partei in auf- oder absteigender Linie, oder im vierten Grade der Seitenlinie verwandt oder verschwägert, oder mit einer Partei oder deren nahen Verwandten verlobt ist, oder in Heirathsunterhandlungen steht, oder sich von einer der streitenden Parteien als Konsulent hat gebrauchen lassen;

Oder mit einer Partei in offenbarer Feindschaft lebt; (A. L. R. Th. II. Tit. XVIII. §. 145. 146.)

Oder in der Sache zum Zeugen aufgestellt werden soll; so ist diejenige Partei, welche sich vor einem solchen Untergerichte einzulassen Bedenken trägt, auf die Verweisung der Sache an das Obergericht der Provinz anzutragen berechtigt.

Ist das Gericht, bei welchem ein solcher Anstand sich ereignet, selbst ein Obergericht, so muß die Sache dem Justizdepartement angezeigt werden, welches sodann, wenn die Anzeige richtig befunden ist, den erforderlichen Auftrag an ein anderes Obergericht veranlassen wird.

Dahingegen soll auf bloße Vermuthungen der Parteien, daß sie von dem Gerichte kein günstiges Urtel zu erwarten hätten, wenn sie auch dieses ihr Mißtrauen eidlich erhärten wollten (Juramentum perhorrescentiae), keine Rücksicht genommen werden.

Anh. §. 40. Schwebt die Sache bei einem Untergerichte, und ist der Richter im fünften oder sechsten Grade der Seitenlinie mit einer Partei verwandt oder verschwägert; so wird er zwar dadurch zur Ausübung seines Amts nicht unfähig; es muß aber doch, wenn der Gegner ausdrücklich darauf anträgt, die Kognition der Sache einem andern Untergerichte übertragen werden In weitern Graden der Verwandtschaft wird auf die Rekusation keine Rücksicht genommen.[3])

§. 144. Besteht das Gericht aus mehrern zur Justiz verpflichteten Mitgliedern, so bewirken dergleichen Umstände (§. 143.) nur, daß dasjenige Mitglied, auf welches sie Anwendung finden, nicht nur von aller unmittelbaren Bearbeitung der Sache ausgeschlossen werden, sondern auch bei allen darin zu haltenden Vorträgen sich aus dem Sessionszimmer entfernen, und überhaupt sich seines Voti durchgehends enthalten muß. Besorgt eine Partei, daß ein solches Mitglied sich dieser seiner Pflicht nicht von selbst erinnern werde, so steht derselben frei, dem Präsidenten oder Dirigenten des Kollegii davon Anzeige zu thun, und seine Angabe nöthigen Falls zu bescheinigen.

§. 145. Wenn bei dem Präsidenten oder Dirigenten selbst einer der §. 143. bemerkten Umstände vorwaltet; so soll die Sache, auf Verlangen der einen nachtheiligen Einfluß besorgenden Partei, bei der vorgesetzten Instanz, oder, in deren Ermangelung, bei dem mit dem Kammergericht verbundenen Geheimen Justizrathe verhandelt werden.

§. 146. Wenn bei Untergerichten, welche gewöhnlich nur mit wenigen zur Justiz verpflichteten Mitgliedern besetzt sind, eines dieser Mitglieder als Kläger,

---

[3]) s. hierzu oben S. 194. Anm. 15 a. E.

Beklagter, Intervenient, oder Litisdenunciat in eine daselbst rechtshängige Sache verwickelt wird; so steht dessen Gegner frei, darauf zu dringen, daß die Instruktion und Entscheidung dem Obergerichte überlassen, oder von diesem einem benachbarten unparteiischen Gerichte aufgetragen werde.

§. 147. Eine gleiche Provokation steht auch den Präsidenten und Dirigenten der Kollegien, so wie den zur Justiz verpflichteten Mitgliedern der Untergerichte frei, wenn sie dadurch ihrem Gegner den Verdacht einer obwaltenden Parteilichkeit zu benehmen nöthig finden.

Vierter Titel.

Von dem Amte der Referendarien und Auskultatoren.[1])

Bestellung der Auskultatoren.

§. 1. Junge Leute, welche sich der Justiz widmen wollen, müssen sich, nach absolvirten Studien, bei dem Präsidenten oder Chef eines Justizkollegii schriftlich melden, beglaubte Zeugnisse; ihres Fleißes und Wohlverhaltens auf Akademien beibringen; und sich zugleich zu der vorschriftsmäßigen Prüfung erbieten. Dergleichen Zeugnisse müssen nicht bloß von einzelnen Professoren, oder anderen akademischen Lehrern ausgestellt seyn, sondern der Studirende muß dergleichen Atteste, vor seinem Abgange von der Akademie, dem Rektor oder Prorektor derselben vorlegen, und sich von diesem sowohl über seinen dadurch nachgewiesenen Fleiß, als über sein während des Aufenthalts auf der Akademie beobachtetes sittliches Betragen, ein pflichtmäßiges Zeugniß unter dem Siegel der Universität ertheilen lassen.

Anh. §. 448. Jeder Rechtskandidat, welcher als Auskultator angestellt zu werden wünscht, muß ein Zeugniß der Universität nicht nur über die §. 1.

---

[1]) Nach der A. G. O. zerfiel der Vorbereitungsdienst je nach seinem Ziel (niederes oder höheres Richteramt) in zwei oder drei Stadien. Obligatorisch waren das Universitätsstudium mit der darauf folgenden Prüfung zum Auskultator und die Beschäftigung als letzterer mit der Prüfung zum Referendar. Die Ablegung der Referendariats-Prüfung befähigte zu allen Richterstellen bei Untergerichten (§ 34 d. T.). Nur wer die Qualifikation zu höheren Stellen erwerben wollte, mußte sich noch einer ferneren Beschäftigung als Referendar und einer (dritten) Prüfung zum Gerichtsassessor unterziehen. Durch Art. XV des G. v. 26. 4. 1851 wurde im Anschluß an die Justizorganisation von 1849 (s. o. S. 16ff.) die Ablegung der dritten Prüfung als Vorbedingung für alle Richterämter aufgestellt und den Referendaren nur die Befähigung zu zeitweiser Hilfsrichterthätigkeit zugesprochen. Das G. v. 6. 5. 1869 hat sodann die juristischen Prüfungen auf zwei herabgesetzt, deren erste, nach Abschluß des Universitätsstudiums fallende, zum Referendariat, und deren zweite zum Richteramt befähigte. Gegenwärtig beruht das Prüfungswesen, sowie die Beschäftigung der Referendare und die Erwerbung der Befähigung zum höheren Justizdienst auf dem gedachten Gesetze und den Regulativen v. 1. 5. 1883 (J. M. Bl. S. 131) u. 12. 3. 1888 (J. M. Bl. S. 64) in Verbindung mit G. V. G. §§ 2. 3. 5. 10 A. G. z. G. V. G. §§ 1 u. 2 R. A. O. §. 40 u. St. P. O. § 144. Für die erste Prüfung ordnet die Allg. Verf. v. 3. 11. 1890 (J. M. Bl. S. 277) eine umfassende Neuregelung an. Vgl. auch Allg. Verf. v. 21. 2. 1891 u. 21. 3. 1891 (J. M. Bl. S. 57 u. 133.) Die gedachten Materien sind damit erschöpfend geregelt und hierdurch der Tit. 4 des Textes fast durchweg außer Kraft gesetzt. In Geltung geblieben sind nur noch die Vorschriften über die allgemeinen Amtspflichten (§ 18) und über die Anstellung der Referendare im Subalterndienst (§§ 19 u. 36); s. aber Anm. 2.

dieses Titels enthaltenen Gegenstände, sondern auch darüber beibringen, daß er drei Jahre hindurch auf Universitäten studirt habe. Wer sich nicht über die Vollendung des dreijährigen akademischen Kursus vollständig ausweiset, darf ohne ausdrückliche Erlaubniß des Chefs der Justiz zu der §. 3 dieses Titels verordneten Prüfung gar nicht zugelassen werden. Wenn jedoch solche Umstände eintreten, die in ganz besonderen Fällen eine Ausnahme von der Regel begründen könnten; so haben die Landesjustizkollegia an den Chef der Justiz zu dessen weiterer Entschließung zu berichten.

Anh. §. 449. Dem Gesuch um Zulassung zur Prüfung muß ein von dem Kandidaten selbst in lateinischer Sprache abgefaßtes und von ihm geschriebenes curriculum vitae beiliegen, worin sein Name, sein Alter, der Ort seiner Herkunft, der Name und Stand seiner Eltern, und die kurze Geschichte seiner Ausbildung auf Schulen und Universitäten enthalten ist. Dieses curriculum vitae muß auch den nachherigen Berichten über die Zulassung zum Referendariat und zur dritten Prüfung beigefügt werden.

§. 2. Ein solcher Kandidat muß hiernächst von Mitteln und Unterstützung nicht ganz entblößt seyn, damit er während der zu seiner Vorbereitung und Prüfung erforderlichen Zeit sich seinen Unterhalt verschaffen, und die Gelegen= zu seiner Versorgung abwarten könne.[2])

Prüfung.

§. 3. Die Prüfung solcher Kandidaten muß der Präsident einem oder zwei Räthen des Kollegii auftragen. Es darf jedoch dieselbe nur darauf gerichtet werden: ob der Kandidat gute natürliche Fähigkeiten und eine gesunde Beurtheilungskraft besitze, und ob er sich in der Theorie der Rechtsgelehrsamkeit gründliche und zusammenhängende Kenntnisse erworben habe. Die Examina müssen übrigens nicht allen Räthen, ohne Unterschied und nach der Reihe, aufgetragen werden; sondern der Präsident muß dazu ein oder zwei Mitglieder des Kollegii, welche, außer den nöthigen Kenntnissen, zugleich die zu einem solchen Geschäfte erforderlichen Naturgaben besitzen, aussuchen, und dieselben dem Großkanzler als beständige Examinatoren bei dem Kollegio vorschlagen.

Anh. §. 450. Bei der Prüfung muß besonders darauf gesehen werden, ob der Kandidat die lateinische Sprache versteht. Findet sich, daß er diese auch dem Geschäftsmanne unentbehrliche Sprache vernachlässigt habe, so soll ihm das Zeugniß der Brauchbarkeit nicht ertheilt werden. Auch ist die Prüfung nicht auf das bloße bürgerliche Privatrecht zu beschränken, sondern auf die Theorie der Rechtswissenschaft überhaupt zu erstrecken, und besonders zu erforschen, ob der Kandidat von dem Staats- und Völkerrecht wenigstens so viele Kenntnisse erlangt habe, daß er sich durch fortgesetztes Studium darin so ausbilden könne, wie es seine künftige Amtslage und Verhältnisse erfordern.

§. 4. Leute, welchen es an dem einen oder dem andern der §. 3. bemerkten Erfordernisse mangelt, müssen ohne alle Nachsicht oder übel angebrachtes Mitleiden abgewiesen werden; weil es besser ist, daß sie noch in Zeiten zu einem andern nützlichen Gewerbe greifen, als daß sie den Kollegien und dem Staate zur Last fallen, oder am Ende wohl gar sich in Bedienungen einschleichen, wo sie durch ihre Untüchtigkeit dem gemeinen Wesen schädlich werden.

---

[2]) Der § 2 scheint als die gesetzliche Grundlage für den § 14 des Regulativs v. 1. 5. 1883 angesehen zu werden, welcher von den Kandidaten (übrigens nicht, wie § 2 will, vor der Prüfung, sondern nachher und vor der Ernennung zum Referendar) den Nachweis der Subsistenzmittel für fünf Jahre fordert. Dieser Auffassung ist indessen nicht beizutreten. § 5 des G. v. 6. 5. 1869 schließt nach seiner Fassung die Aufstellung anderer Bedingungen als der in dem gedachten Gesetze normirten aus.

§. 5. Wenn hingegen bei der Prüfung eines Kandidaten sich findet, daß derselbe seine Zeit auf Akademieen wohl angewendet habe, gründliche theoretische Kenntnisse besitze, und gute Fähigkeiten und Anlagen zu einem künftigen brauchbaren Justizbedienten zeige; so kann das Kollegium seine Ansetzung und Verpflichtung zum Auskultator verfügen; und bedarf es dazu künftig keiner besondern Approbation vom Hofe. Doch werden die Präsidenten ernstlich erinnert, bei der Zulassung solcher Auskultatoren, und bei deren Prüfung, die obigen Vorschriften pflichtmäßig zu beobachten, und die Kollegia mit untauglichen Subjekten nicht zu belästigen.

Beschäftigung.

§. 6. Diesen Auskultatoren muß das Kollegium, und besonders der Präsident, alle Gelegenheit verschaffen, sich von Betreibung der Rechtsangelegenheiten praktische Kenntnisse zu erwerben; ihnen Akten von allerhand Art zum Lesen zustellen lassen; sie anweisen, daß sie sich den Gang der Sachen, und die Bearbeitung der Geschäfte in der Registratur, bekannt machen; auch sie zur fleißigen und aufmerksamen Gegenwart bei den mündlichen Vorträgen, und Ablesung der Relationen im Kollegio, anhalten.

§. 7. Die Vorgesetzten der Kollegien müssen die dabei bestellten Auskultatoren, in so fern deren eine hinlängliche Anzahl vorhanden ist, unter die Mitglieder des Kollegii dergestalt vertheilen, daß jedem Rathe einer oder etliche solcher junger Leute angewiesen werden, deren er sich bei Aufnehmung der Informations- und Instruktionsprotokolle als Protokollführer bedienen kann; die er aber auch zu den Geschäften anzuführen und auszubilden, sich besonders angelegen seyn lassen muß.

Auch müssen dergleichen Auskultatoren, wenn sie besonders schon einige Zeit bei dem Kollegio gestanden haben, zur Vernehmung der Supplikanten, und Anderer, die bei dem Kollegio etwas mündlich anzubringen haben, gebraucht werden.

Die Auskultatoren und Referendarien müssen sich, bei Niederschreibung der Protokolle, einer guten und leserlichen Hand möglichst befleißigen, damit nicht durch ihre Vernachlässigung und Sorglosigkeit die Akten mit unleserlichen Schreibereien angefüllt, und deren fernere Bearbeitung dadurch erschwert werde.

§. 8. Die Auskultatoren müssen unterdessen auch für sich selbst die Prozeßordnung fleißig studiren, und sich mit den in dem Departement des Kollegii bestehenden Provinzial- und Statutarischen Rechten näher bekannt machen.

Prüfung zum Referendariat.

§. 9. Wenn ein Auskultator bei diesen vorläufigen Uebungen und Geschäften Beweise von Fähigkeiten, Fleiß und Applikation gegeben hat; so müssen ihm Akten zur Anfertigung einer Proberelation daraus zugestellt; diese Relation aber von dem zweiten Präsidenten, oder Direktor, oder von einem Rathe des Kollegii, eigends censirt, und über den Befund dem Kollegio Vortrag gemacht werden.

§. 10. Sodann wird mit dem Kandidaten ein nochmaliges Examen, besonders aus der Prozeßordnung, und den Provinzial- und Statutarischen Rechten vorgenommen; und hiernächst, wenn er darin bestanden hat, wegen seiner Ansetzung zum Referendario, mit Beischluß der Proberelation und deren Censur, ingleichen des über sein Examen aufgenommenen Protokolls, an den Chef der Justiz Bericht abgestattet.

§. 11. Nach erfolgter Approbation wird derselbe als Referendarius introducirt, und auf den bei seiner Annehmung zum Auskultator bereits geleisteten Eid nochmals verwiesen.

§. 12. Ein wesentliches Erforderniß bei der Zulassung zum Referendariat ist jedoch ein ordentlicher Lebenswandel und ein nach den Vorschriften der gesunden Vernunft und des Christenthums eingerichtetes Betragen. Leute also, welche sich lüderlichen oder niederträchtigen Ausschweifungen ergeben haben, müssen nicht zugelassen werden, wenn es ihnen auch sonst an der erforderlichen Geschicklichkeit nicht mangeln sollte; und die Kollegia müssen von dem Charakter und der Aufführung der bei ihnen sich meldenden Kandidaten sichere Nachricht einzuziehen suchen; auch was sie dadurch in Erfahrung gebracht haben, jedesmal in ihrem Berichte anzeigen.

Beschäftigung der Referendarien.

§. 13. Diese Referendarien müssen nun fernerhin zu künftigen richterlichen Bedienungen vorbereitet, und ihnen alle Gelegenheit verschafft werden, in den verschiedenen, bei dem Kollegio vorkommenden Geschäften praktische Kenntniß und Erfahrung zu erlangen.

Anh. §. 451. Die Präsidenten müssen mit Nachdruck darauf halten, daß die Auskultatoren und Referendarien den Sessionen des Kollegii pünktlich beiwohnen, ihre Geschäfte prompt und gründlich verrichten, sich einer deutlichen Handschrift befleißigen, das Subordinationsverhältniß strenge beobachten, und einen sittlich guten Lebenswandel führen.

§. 14. Es müssen ihnen also nicht nur Akten zum Referiren zugestellt, und jedesmal, besonders im Anfange, geschickte Korreferenten beigegeben; sondern sie müssen auch zum Memorialvortrage und Dekretiren,[3]) unter der Kontrolle der Räthe, gehörig angewiesen werden.

§. 15. Eben so sind sie nach wie vor zur Führung aller Arten von Protokollen, in den Sessionen selbst, bei mündlichen Anmeldungen der Klagen, bei Vernehmungen der in Person erscheinenden Supplikanten u. s. w., zu gebrauchen; insonderheit aber bei wichtigeren und verwickelteren Instruktionen den dazu deputirten Räthen als Protokollführer beizugeben: damit sie solchergestalt von der Art, die Sachen einzuleiten und zu behandeln, mit den Parteien umzugehen, aus den Erzählungen derselben eine deutliche und vollständige Speciem facti heraus zu ziehen, und wesentliche, zur Sache gehörige Umstände von unnützen und irrelevanten abzusondern, einen richtigen Statum controversiae festzusetzen, und die Beweismittel zweckmäßig aufzunehmen, deutliche und praktische Begriffe erlangen mögen.

§. 16. Je nachdem die Referendarien auf diese Art sich mehr Fertigkeit und Uebung in solchen Geschäften erworben haben, muß das Kollegium sie allmählig zu wichtigeren Arbeiten zuziehen; sie in allen Fällen, wo die Parteien die Zuordnung von Rechtsbeiständen bei dem Kollegio nachsuchen, oder ihnen dergleichen ex officio beigegeben werden müssen, solchen Parteien als Assistenten, anfänglich unter Aufsicht, nachher aber auch, bei nicht gar zu weitläufigen und verwickelten Sachen; allein, anweisen; sie in dergleichen Sachen zu Instruenten bestellen; sie bei auswärtigen Kommissionen, zuerst unter Direktion eines andern zuverlässigen und geübten Kommissarii, hiernächst aber, in Sachen von minderer Wichtigkeit, ebenfalls allein, gebrauchen; bei allen diesen Verrichtungen aber auf ihr Betragen, ihre Art, sich dabei zu nehmen; ihre Geschicklichkeit, Applikation und Betriebsamkeit beständig Acht haben.

§. 17a. Die Referendarien müssen aber ihre Zeit und Aufmerksamkeit nicht bloß auf Justizsachen anwenden, sondern sich auch in anderen bei einem Justizkollegio vorkommenden Arten von Geschäften, z. B. im Vormundschafts- und Hypothekenwesen, zu üben bemüht seyn; den Vorträgen in dergleichen Angelegenheiten ordentlich beiwohnen; Akta, so dahin gehören, fleißig lesen; sich bei Kommissionen, z. B. bei Rechnungsabnahmen, Erbsonderungen rc. rc., gebrauchen lassen; sich nähere Kenntnisse von der Verfassung und Administration des Depositi[4]) zu erwerben suchen; die Einrichtung der Registratur, die Führung

---

[3]) Ueber den Memorialienvertrag und das Dekretiren vgl. III 3 §§ 41. 42 mit Anm. 27. 28.

[4]) Ueber die früheren gerichtlichen Deposita s. oben S. 48 Anm. 5.

der Bücher und Repertorien, und die in den dießfälligen Geschäften zu beobachtende Ordnung und Akkuratesse, sich so viel als möglich praktisch bekannt machen; und mit Einem Worte keine Gelegenheit verabsäumen, wo sie in allen und jeden zum richterlichen Amte gehörigen Geschäften ihre Begriffe erweitern und berichtigen, und sich immermehr Uebung und Fertigkeit darin erwerben können.

§. 17b. In Provinzen, wo Justiz und Kammerkollegia an Einem Orte sich befinden, kann solchen Referendarien, die schon eine Zeit lang bei dem Justizkollegio gearbeitet haben, und sich nunmehr auch in den Geschäften des Kammerressorts praktische Kenntnisse zu erwerben wünschen, gestattet werden, ihre Ansetzung in eben dieser Qualität, auch bei der Krieges- und Domainenkammer,[5]) nachzusuchen. Doch müssen alsdann unter den Vorgesetzten beider Kollegien Einrichtungen verabredet werden, wornach diesen bei beiden Kollegien angesetzten Referendarien bei dem einen nur solche Geschäfte, und diese nur zu einer solchen Zeit aufgetragen werden, daß sie an gehöriger Abwartung der Geschäfte des andern Kollegii nicht behindert werden mögen.

Allgemeine Pflichten.

§. 18. Uebrigens müssen die den Justizbedienten überhaupt vorgeschriebenen Pflichten der Rechtschaffenheit, Akkuratesse, Arbeitsamkeit und Verschwiegenheit, auch von den Referendarien heilig beobachtet werden; und sie müssen während der Zeit, da sie auf dieser Stufe stehen, sich einer fortgesetzt regelmäßigen und stillen Aufführung befleißigen; widrigenfalls, wenn sie sich zum unordentlichen Leben, Schuldenmachen und anderen Excessen hinreißen lassen, oder sonst die von ihnen geschöpfte Hoffnung ihrer künftigen Brauchbarkeit durch unverbesserlichen Leichtsinn, Trägheit, oder Zerstreuungen vereiteln, die Präsidenten auf die Ausstoßung solcher unwürdiger und untauglicher Subjekte, sonder Anstand oder Schonung, in Zeiten anzutragen schuldig sind.[6])

Versorgung der Referendarien.

§. 19. Diejenigen hingegen, welche sich durch Fleiß, Application, Lust zur Arbeit, stilles und ordentliches Betragen auszeichnen, sollen zu wirklichen Justizbedienungen, nach dem Maaße ihrer Talente und übrigen Kenntnisse, befördert werden.[7])

1. mit Stellen bei Landesjustizkollegien.

§. 20. Diejenigen unter ihnen, welche mit den obgedachten Qualitäten zugleich einen vorzüglichen Grad von Scharfsinn, praktischer Beurtheilungskraft, Rechtskenntniß, Deutlichkeit und Präcision des Vortrags verbinden, sollen bei den Landesjustizkollegien als Assessoren und Räthe bestellt werden.

Vorbereitung und Prüfung.

§. 21. Dergleichen Subjekten müssen, wenn sie sich durch Führung der Protokolle, und durch selbst eigene Abhaltung einiger leichter Instruktionen, in dieser Arbeit schon einigermaaßen geübt haben, drei oder vier Instruktionen in wichtigen und verwickelten Sachen aufgetragen; ihnen aber dabei jederzeit ein

---

[5]) s. o. S. 4 Anm. 13.

[6]) Vgl. Anm. 1 a. E. und Vorbem. z. Th. III Anm. 2 zu d (oben S. 160) mit Disciplinarges. v. 21. 7. 1852 § 84.

[7]) § 19 hat noch in Verbindung mit § 36 Geltung.

im Instruktionsgeschäfte vorzüglich geschickter und geübter Rath zugeordnet werden.

Anh. §. 452. Die Zulassung zu den Vorbereitungsarbeiten zum dritten Examen sollen die Präsidenten nur alsdann verfügen, wenn sie sorgfältig geprüft haben, ob der zur Probeinstruktion sich meldende Referendarius auch die §. 19. 20. dieses Titels angezeigten Eigenschaften besitze, ingleichen, ob er hinlängliche Proben seiner Fertigkeit in mündlichen Vorträgen abgelegt habe.

Anh. §. 453. Als solche Sachen, welche sich zur Probeinstruktion eignen, können auch erhebliche Untersuchungen angesehen werden.

§. 22. Dieser muß dem Referendario die eigene Führung der Instruktion zwar überlassen, und ihn dabei nur so weit leiten und dirigiren, daß die Sache selbst, und die Gerechtsame der Parteien durch etwanige Fehler derselben nicht leiden mögen; er muß aber den Terminen, wenigstens denjenigen, in welchen die Aufnehmung der Klage, die Beantwortung derselben, die Regulirung des Status causae et controversiae, und die Vernehmung der Zeugen erfolgt, selbst beiwohnen, und sein Benehmen bei Examinirung der Parteien, bei Abfassung der Protokolle, bei der Auseinandersetzung der Thatsachen, und bei der Absonderung der erheblichen von den unerheblichen, genau beobachten.

Anh. §. 454. Die zur Aufsicht bei den Probeinstruktionen bestellten Räthe haben darauf zu sehen, daß die Instruktion nicht aus den Manualakten zusammen geschrieben, oder die Einlassung von den Justizkommissarien zum Protokoll diktirt werde. Das über die Probeinstruktion zu ertheilende Attest muß auch hierüber die pflichtmäßige Bescheinigung enthalten.

§. 23. Dieser Aufseher muß hiernächst über den Grad des Fleißes, der Akkuratesse und Sorgfalt, des Scharfsinns, der Beurtheilungskraft und Ueberlegung, welche der Kandidat bei diesen Probearbeiten erwiesen hat, ein umständliches Attest, seiner Pflicht und seinem geleisteten Amtseide gemäß, ausstellen.

§. 24. In der Zwischenzeit muß sich ein solcher Referendarius nach wie vor im Dekretiren und Referiren fleißig zu üben fortfahren; und es müssen ihm dabei vorzüglich geschickte und akkurate Korreferenten zugegeben werden.

§. 25. Wenn nun das Kollegium pflichtmäßig dafür hält, daß der Kandidat sich durch alle diese Proben zu dem gesuchten Posten eines Raths hinlänglich geschickt bewiesen habe; so muß der Präsident ein umständliches Zeugniß darüber ausstellen, und selbiges nebst dem §. 23. beschriebenen Atteste, und einigen schon abgethanen und reponirten Akten, worin er als Instruent gearbeitet hat, an den Chef der Justiz einsenden. An Orten, wo besondere Pupillenkollegia[8]) sind, muß der Kandidat von deren Vorgesetzten ebenfalls ein Attest seines bei selbigem erwiesenen Fleißes, und der auch in diesem Fache sich erworbenen praktischen Kenntnisse, beibringen.

§. 26. Der Kandidat muß sich hiernächst bei dem Chef der Justiz persönlich melden, und die erforderliche Verordnung wegen seiner Prüfung an die dazu von Seiner Königlichen Majestät verordnete Immediatkommission nachsuchen.

§. 27. Diese Kommission muß

1) die von dem Chef der Justiz ihr zugefertigten §. 25. erwähnten Probeakten einem ihrer Mitglieder zur genauen Censur übergeben; sie muß
2) dem Kandidaten Acta zu einer doppelten Proberelation zustellen, und dazu weitläufige, wichtige, auf mehreren Quaestionibus facti et

---

[8]) Ueber die Pupillenkollegia s. o. S. 4.

juris beruhende Sachen ganz eigentlich aussuchen. Der Kandidat muß bei Ausarbeitung dieser Relationen nicht allein von seiner gründlichen Rechtskenntniß, sondern auch von seiner Gabe, eine verwickelte Sache deutlich und richtig auseinander zu setzen, und bei deren Beurtheilung den rechten Punkt zu treffen, ablegen; zu dem Ende auch das Verfahren bei der Instruktion in den ihm vorgelegten Akten genau prüfen; die etwanigen dabei vorgefallenen Mängel gehörig anmerken, und seine Meinung, wie denselben vorgebeugt, oder die Sache kürzer und doch vollständiger, oder sonst zweckmäßiger hätte zusammen gefaßt werden können, abgeben; übrigens aber eine schriftliche an Eides Statt ausgestellte Versicherung, daß er diese Proberelationen selbst, ohne fremde Beihülfe verfertigt habe, beifügen. Endlich und

3) muß die Kommission ein strenges Examen in der Theorie der Rechtsgelehrsamkeit mit dem Kandidaten anstellen; und dabei ihre Fragen dergestalt einrichten, daß nicht bloß sein Gedächtniß, sondern auch der ihm beiwohnende Grad von Scharfsinn und Beurtheilungskraft, dadurch auf die Probe gestellt werden.

§. 28. Von dem Ausfalle dieser Prüfung muß die Kommission treu und umständlich an den Chef der Justiz berichten, und diesem Berichte sowohl die Censur über die Probeakten, als auch die Proberelationen und deren Censur beilegen.

§. 29. Die Kommission muß diesen ihren Bericht hauptsächlich darauf richten:

ob der Kandidat bei allen mit ihm angestellten Proben eine so vorzügliche Geschicklichkeit bewiesen habe, daß er vor Anderen als Rath bei einem Landesjustizkollegio bestellt zu werden verdiene;

oder

ob er nach dem Maaße seiner Fähigkeiten und Kenntnisse nur zu einer minder wichtigen Justizbedienung qualificirt sey.

§. 30. Diejenigen Referendarien, welche sich solchergestalt zu Rathsstellen gehörig legitimirt haben, sollen bei erster Gelegenheit versorgt, allenfalls vorläufig nach §. 62. Tit. III. zu Assessoren bestellt, und ein jeder von ihnen dahin gewiesen werden, wo seine Dienste, nach Beschaffenheit der Umstände, dem gemeinen Wesen am nöthigsten und nützlichsten seyn können.

§. 31. Ohne dergleichen Vorbereitung und Prüfung aber soll niemand, wer es auch sey, ohne Unterschied des Standes, der Geburt, und seiner vorhin etwa schon bekleideten Aemter und Würden, zu einer Rathsstelle bei einem Landesjustizkollegio gelassen; und jedes Gesuch um Dispensation davon, soll als ein Beweis und Geständniß der Unfähigkeit angesehen werden.

2. Bei Untergerichten.

§. 32. Referendarien, die zwar ebenfalls eine gründliche Kenntniß der Gesetze, und eine gute Fertigkeit in Anwendung der Vorschriften der Prozeßordnung sich durch mehrjährige Uebung erworben, auch sich durch Fleiß und Applikation, und durch einen stillen regelmäßigen Lebenswandel ausgezeichnet haben; denen aber ein geringeres Maaß an natürlichen Fähigkeiten zu Theil geworden ist; oder deren häusliche und Familienumstände es nicht gestatten, daß sie die Versorgung bei einem Landesjustizkollegio abwarten können, sollen nach dem Verhältniß ihrer Tüchtigkeit, als Räthe bei minder wichtigen Justizkollegien, als Justizbeamte, Bürgermeister, Richter, Syndici, Assessoren, Justitiarien u. s. w. bei Magisträten, Stand-, Land-, Amts- und Patrimonial- oder anderen Untergerichten,[9]) wo sie unter der Aufsicht höherer Kollegien stehen, und von denselben dirigirt werden können, ihre Versorgung erhalten.

---

[9]) Vgl. oben S. 2.

Anh. §. 455. Den Referendarien kann gestattet werden, Justitiariate zu übernehmen, in so fern sie dadurch nicht abgehalten werden, ihren Obliegenheiten als Referendarien zu genügen.

§. 33. Denn es ist Seiner Königlichen Majestät Allerhöchste und ernstliche Willensmeinung, daß in Höchstdero Landen niemand zu irgend einer Justizbedienung, sie habe Namen, wie sie wolle, und gehöre zu einem Departement, wohin sie wolle, zugelassen werden soll, welcher sich nicht zuvor bei einem Justizkollegio praktisch formirt hat; und dabei in Ansehung seiner Talente und Kenntnisse sowohl, als in Ansehung seiner moralischen Grundsätze und Konduite, hinlänglich geprüft worden ist.

§. 34. Wer das Referendariatsexamen mit Beifall ausgestanden hat, bedarf wegen seiner Qualifikation zu einer ordinairen Untergerichtsbedienung keiner nochmaligen Prüfung; sondern es ist hinreichend, wenn er sich über sein ferneres Wohlverhalten durch ein Zeugniß des Kollegii, bei welchem er bisher gestanden hat, legitimirt.

Nur zu Stellen bei Mediatregierungen,[10]) und bei Stadt- und anderen größeren Gerichten in Haupt- und wichtigeren Handlungsstädten, ist eine dritte Prüfung erforderlich, bei welcher die Vorschriften des §. 27. und 28. zu beobachten sind. Doch ist es nicht nothwendig, daß diese Prüfung bei der Immediat-Examinationskommission erfolge, sondern sie kann auch dem Landesjustizkollegio der Provinz aufgetragen werden.

3. Als Justizkommissarien.

§. 35. Referendarien, welche sich nicht zu einer richterlichen Bedienung, sondern zum Justizkommissariat bestimmen, sollen dazu, nach der unten Tit. VII. näher zu bestimmenden Qualifikation, zugelassen werden.[11])

4. Mit Subalternbedienungen.

§. 36. Diejenigen endlich, denen es zu wirklichen richterlichen Bedienungen, oder zum Justizkommissariat, an natürlichen oder erworbenen Eigenschaften fehlt, oder deren Umstände es nicht erlauben, eine solche Versorgung abzuwarten; die jedoch von gutem Verstande, auch einiger Kenntniß und Uebung in den Vorschriften der Prozeßordnung, in sonderheit aber von Fleiß, Applikation, Liebe zur Ordnung und rechtschaffener Denkungsart hinlängliche Proben abgelegt haben, sollen mit Sekretair-, Registrator- und anderen dergleichen Subalternstellen bei Ober- und Untergerichten versorgt werden.[12])

Verpflichtung.[13])

§. 37. Die Auskultatoren müssen bei ihrer Annahme folgenden Eid ableisten:

Ich ⸗ ⸗ ⸗ schwöre ꝛc. ꝛc. Nachdem ich bei ⸗ ⸗ ⸗ zu einem Auskultator bestellt und angenommen worden, daß ich Seiner Königlichen Majestät von Preußen, meinem allergnädigsten Herrn, getreu, gehorsam und unterthänig seyn wolle.

---

[10]) Ueber die Mediatregierungen s. o. S. 3 u. S. 2 Anm. 5.

[11]) Ueber die Befähigung und Zulassung zur Rechtsanwaltschaft gelten jetzt die §§ 1 ff. der R. A. O.

[12]) Ueber die Befähigung der Referendare zu diesen Stellungen bestimmt zwar jetzt § 1 Abs. 2 des G. v. 3. 3. 1879. Aus § 36 des Textes ist indessen noch ferner der Grundsatz ihres vorzugsweisen Anspruches auf solche Versorgung in Kraft geblieben. Allg. Verf. v. 20. 2. 1864 (J. M. Bl. S. 58) u. J. M. R. v. 17. 11 1881 (Müller S. 102).

[13]) Vgl. III 2 § 43 mit Anm. 30.

Ferner schwöre ich, die Protokolle getreu, richtig und akkurat zu führen; die mir von dem Kollegio und dessen Präsidenten aufgetragenen Geschäfte willig, fleißig und unverdrossen auszurichten; die mir zugeschriebenen Akten sorgfältig zu referiren; über alle Vorfallenheiten im Kollegio, und besonders über die Vota der Räthe, ein gewissenhaftes Stillschweigen zu beobachten; die Gelegenheit, mich zu einer Justizbedienung zu qualificiren, nach bestem Vermögen zu nutzen; und mich überall so zu verhalten, wie es einem fleißigen und getreuen Auskultator und Referendarius wohl anstehet und gebühret. So wahr 2c. 2c.

Anh. §. 456. Der von den Referendarien und Auskultatoren bei ihrer Annahme zu leistende Eid ist nach dem im §. 445. des Anhangs zu §. 43. Titel II. Theil III. vorgeschriebenen Formular einzurichten. Statt der Worte:

„Insbesondere gelobe ich — — — Genüge leiste"

muß gesetzt werden:

„Insbesondere gelobe ich, die Protokolle getreu und richtig zu führen; die mir von meinen Vorgesetzten aufgetragenen Geschäfte willig zu übernehmen und nach meinen Kräften mit genauer Beobachtung der gesetzlichen Vorschriften gewissenhaft zu besorgen, auch diesen meinen Vorgesetzten in Amtssachen, der Subordination gemäß, schuldige Folge zu leisten."

Fünfter Titel.

Von den Subalternen bei den Justizkollegien.[1])

§. 1. Zu den Subalternen der Justizkollegien gehören:

1) Sekretarien;
2) Archivare und Registratoren;[2])
3) Kanzellisten und Kopisten;
4) Kanzleidiener oder Botenmeister und Boten;
5) Exekutoren.

---

[1]) Subalternbeamte sind ihrem Begriffe nach solche Beamte, die eine Amtsthätigkeit nur sub altero d. h. nach den Anweisungen anderer Beamten zu entfalten haben. Das Maß der Vorbildung kommt dabei für den reinen Begriff an sich nicht in Frage (daher noch heute im Heere die „Subalternoffiziere"). In der Dienstpragmatik des Beamtenthums hat indessen der Begriff noch eine anderweite Entwickelung gefunden und dient zur Unterscheidung zwischen den Amtsstellen mit höheren und geringeren Qualifikationsanforderungen. In der neueren Zeit ist eine weitere Unterscheidung eingetreten. Ohne daß sich ein bestimmter gesetzlicher Ursprung nachweisen ließe, hat sich nämlich der Geschäftsgebrauch dahin gebildet, zwischen eigentlichen Subalternbeamten und Unterbeamten zu scheiden; man versteht unter ersteren hauptsächlich die Beamten für die Büreaugeschäfte (§ 1 Nr. 1—3 des Textes) und unter letzteren die Beamten für mechanische Dienstleistungen (§ 1 Nr. 4 u. 5). Fest geschieden findet sich der Begriff der letzteren in der Dienstinstruktion v. 2. 8. 1850 (J. M. Bl. S. 261); die Scheidung ist demnächst sanktionirt im Disciplinargesetze v. 21. 7. 1852 §§ 59. 64 u. § 15 Nr. 4. — Wegen der Subalternen bei Untergerichten vgl. übrigens III 8 §§ 5 u. 8.

[2]) Die Scheidung in Nr. 1 u. 2 beruhte auf der früheren Trennung des

§. 2. Die allgemeine Pflicht aller dieser Subalternbedienten ist: daß sie ihres Amts treu und fleißig wahrnehmen; die Vorschriften der Prozeßordnung, so weit solche sie angehen und auf ihre Dienstgeschäfte Beziehung haben, genau beobachten; sich aller Begünstigung oder Verkürzung der Parteien, aller Konkussionen und Abforderung ihnen nicht gebührender, oder den vorgeschriebenen Satz übersteigender Sporteln,[3] bei schwerer Strafe und Kassation[4]) gänzlich enthalten; übrigens aber wegen der durch ihre Hände gehenden Sachen und Geschäfte, und über die zu ihrer Kenntniß gelangenden Vota, Beschlüsse und Verfügungen des Kollegii, ein genaues Stillschweigen beobachten, und besonders von letzteren niemandem, weder den Parteien selbst, noch Anderen, vor der Zeit etwas eröffnen oder kommuniciren sollen.

§. 3. Die jedem von ihnen obliegenden Verrichtungen sind in den folgenden Abschnitten im Allgemeinen bestimmt; nähere Vorschriften aber, wie die Registratur-, Expeditions- und Kanzleiarbeiten betrieben werden, und was für ein Mechanismus dabei Statt finden solle, sind aus dem angehängten Registratur- und Kanzelleireglement zu entnehmen.[5])

Alle diese Vorschriften enthalten inzwischen nur die Regel, deren in der besondern und eigenthümlichen Verfassung einzelner Kollegien und Gerichte gegründete Ausnahmen durch besondere Instruktionen festgesetzt sind.[6])

Erster Abschnitt.

Von dem Amte der Sekretarien.[7])

Bestellung.

§. 4. Zu Sekretarien sollen keine andere, als solche Leute genommen werden, die bei einem Gerichte als Referendarien gestanden, und daselbst von

---

ganzen gerichtlichen Geschäftsbetriebes in den Expeditions-, Registratur- und Kanzleidienst. Durch spätere Anordnungen (vgl. Vorbem. z. Th. III Anm. 2 zu e oben S. 161) ist indessen diese Art des Geschäftsbetriebes beseitigt, und sind vielmehr einzelne gerichtliche Büreaus eingerichtet worden, in welchen alle die gedachten Geschäfte neben einander erledigt werden. Vgl. Büreau-Reglement v. 3. 8. 1841 (J. M. Bl. S. 292), Geschäftsregulative v. 18. 7. u. 17. 9. 1850 (J. M. Bl. S. 232. 323) §§ 52. 53 bez. § 34. Damit ist die Scheidung in Sekretarien, Archivare und Registratoren antiquirt. Gegenwärtig werden diese Beamten als Gerichtsschreiber und Gerichtsschreibergehülfen bezeichnet.

[3]) Dies beruhte wesentlich auf der älteren Sportelverfassung, der zu Folge Einnahmen zum Theil den Beamten selbst zufielen. Vgl. übrigens wegen des Verbots der Rabattannahme von Zeitungen für die ihnen gewährten Insertionen die Allg. Verf. v. 13. 5. 1880 (J. M. Bl. S. 120).

[4]) Vgl. Vorbem. z. Th. III Anm. 2 zu d.

[5]) Dieses Reglement ist bereits durch das Kanzleireglement v. 19. 12. 1833 (Jahrb. 42 S. 362) und das Büreaureglement v. 3. 8. 1841 (s. Anm. 2) beseitigt worden; vgl. Vorbem. a. a. O.

[6]) Wegen allgemeiner Befugniß des Justizministers zur Abänderung der Vorschriften vgl. Vorbem. a. a. O.

[7]) Die Dienstverhältnisse der Gerichtsschreibereibeamten (s. Anm. 2 a. E.)

gerichtlichen Angelegenheiten, insonderheit von dem ordnungsmäßigen Betriebe der Prozesse, gute Begriffe erlangt, übrigens aber sich durch Fleiß, Akuratesse und untadelhafte Konduite ausgezeichnet, auch eine richtige deutliche Schreibart in ihrer Gewalt haben.

§. 5. Sie erhalten ihre Bestallung, auf den Vorschlag des Kollegii, von dem Chef der Justiz, und werden bei dem Antritte ihres Amts mit dem zu Ende dieses Abschnitts vorgeschriebenen Eide verpflichtet.

Obliegenheiten.

§. 6. Diese Sekretarien können, nach dem Befund des Kollegii und Präsidenten, zu allerlei Arten von Geschäften, z. B. zu Siegelungen, Inventuren, Testamentsabnahmen und anderen Kommissionen, desgleichen, in Ermangelung einer hinlänglichen Anzahl von Referendarien, zu Führung der Protokolle mit gebraucht werden.[8])

Bei dem Expediren.

§. 7. Ihre Hauptverrichtung aber ist die schriftliche Ausfertigung und Extension der von dem Kollegio und dessen Mitgliedern, auf die eingekommenen Memorialien,[9]) oder sonst, dekretierten Verordnungen, Befehle und Resolutionen.

---

sind jetzt durch das G. v. 3. 3. 1879 und die Gerichtsschreiberordnung v. 10. 2. 1886 (J. M. Bl. S. 37; s. auch Allg. Verf. v. 12. 12. 1879 J. M. Bl. S. 471), die von ihnen wahrzunehmenden gerichtlichen Obliegenheiten noch außerdem durch die einschlägigen Prozedurgesetze, endlich ihre Geschäftsverhältnisse auf Grund des § 154 G. V. G. und des § 68 des A. G. z. G. V. G. durch die Geschäftsordnungen für die Gerichtsschreibereien der Amts-, Land- und Oberlandesgerichte v. 1. 8., 3. 8. u. 8. 9. 1879 und die zu denselben erlassenen Ergänzungen und Abänderungen (vgl. dieselben bei Müller S. 707 u. dazu Allg. Verf. v. 9. 12. 1887 J. M. Bl. S. 359) geregelt. Diese Regelung ist für die einschlägigen Verhältnisse eine erschöpfende, und es sind damit die Vorschriften der A. G. O. über die speziellen Obliegenheiten dieser Beamten selbst da beseitigt, wo der Inhalt dieser Vorschriften, weil auch den neueren Bestimmungen oder deren Geiste entsprechend, fortgelten könnte; die Geltung beruht in einem solchen Falle nicht mehr auf der A. G. O. Für die Sachen der nicht streitigen Gerichtsbarkeit haben die Geschäftsordnungen (§ 40 bez. § 31 u. § 32) allerdings die bisherigen Bestimmungen „über die Führung von Büchern, Registern und Listen und über die sonstigen, den Beamten übertragenen Arbeiten" aufrecht erhalten. Allein auch hierdurch sind nicht die geschäftlichen Vorschriften der A. G. O. konservirt, da dieselben in Bezug auf die erwähnten Arbeiten bereits früher durch das Reglement v. 3. 8. 1841 (s. Anm. 2) beseitigt waren. Die Aufrechterhaltung bezieht sich vielmehr auf die einschlägigen Vorschriften des gedachten Reglements und auf die besonderen, für Vormundschafts-, Grundbuch-, Handelsregistersachen u. A. ergangenen Vorschriften; vgl. das Nähere bei Müller S. 721 ff. Sonach ergiebt sich, daß der erste und zweite Abschnitt d. T. im Allgemeinen beseitigt sind; wegen §§ 20. u. 26 vgl. indessen Anm. 11. u. 14.

[8]) Die Befähigung der Gerichtsschreiber zur Protokollführung ergiebt sich jetzt für die streitige Gerichtsbarkeit aus §§ 149. 151 C. P. O. und §§ 166. 186. 271 St. P. O. und im Uebrigen aus A. G. O. II 2 § 14. Wegen der übrigen Geschäfte, zu denen sie befähigt sind, vgl., abgesehen von den Prozeßordnungen, insbes. A. G. z. G. V. G. §§ 31. 53. 69—71. G. v. 3. 3. 1879 § 5 u. Zw. G. § 98 Abs. 5 u. § 142 Abs. 2; s. auch oben S. 34.

[9]) s. III 3 § 41 mit Anm. 28.

§. 8. Dabei müssen sie sich nach dem Inhalte des Dekrets genau achten; nichts davon auslassen oder eigenmächtig hinzuthun; den wahren und richtigen Sinn der Verordnung bestimmt und deutlich ausdrücken; wenn sie aber in dem Dekrete selbst eine Dunkelheit, Zweideutigkeit, oder Unvollständigkeit wahrzunehmen glauben, dergleichen Bedenken dem Decernenten geziemend anzeigen, und nähere Erläuterung von ihm darüber erwarten.

§. 9. Die Sekretarien müssen sich dabei einer guten, reinen und deutlichen Schreibart befleißigen, und die darüber Th. I. Tit. VII. §. 1. gegebenen Anweisungen aufmerksam befolgen.

§. 10. Sie müssen auch die einem jeden zukommenden Titulaturen, und sonst bei dem Kollegio hergebrachten Kurialien, gehörig beobachten, darin eigenmächtig nichts ändern, und die Adressen so einrichten, daß ein jeder gleich wissen könne: ob der Befehl ihn, oder jemand andern angehe; weshalb der Vor- und Zuname der Parteien, ingleichen ihr etwaniger Charakter, oder bekleidendes Amt, in diesen Adressen so viel als möglich ausgedrückt werden müssen.

§. 11. Besonders müssen die Sekretarien den mit ausländischen Kollegien hergebrachten Stylum Curiae sorgfältig beobachten, damit diese, unter dem Vorwande eines dabei begangenen Verstoßes, nicht Gelegenheit nehmen, die Antwort oder Befolgung der Requisition zu versagen.

§. 12. Auf dem Koncepte der Expedition müssen die Sekretarien bemerken: ob und was dafür an Gerichtstaxen zu bezahlen sey, und was für ein Stempelbogen zur Ausfertigung des Mundi genommen werden solle; wobei sie die Vorschriften der Sportultaxe und des Stempeledikts genau und pflichtmäßig zu beobachten haben.

§. 13. Unter dem Dekrete müssen sie bemerken, wann ihnen dasselbe zur Expedition zugestellt worden ist, und wann sie diese zur Revision des Decernenten abgegeben haben.

§. 14. Alle von ihnen gefertigten Expeditionen müssen sie in das, nach näherer Anweisung der Beilage, zu führende Expeditionsbuch, unter dem Dato, wo eine jede wirklich koncipirt worden, gehörig eintragen, und den, nach eben dieser Anweisung, aus dem Expeditionsbuche zu fertigenden Siegelzettel gehörig revidiren und attestiren.

Kontrasigniren.

§. 15. Die in der Kanzellei gefertigten Munda der Dekrete müssen die Sekretarien mit den Koncepten kollationiren, und nach richtigem Befund gehörig kontrasigniren.

Haltung des Gerichtskalenders.

§. 16. Die Termine, welche nicht vor einzelnen Mitgliedern und Deputatis, sondern vor dem versammelten Kollegio anstehen, müssen die Sekretarien in einen des Endes zu haltenden Gerichtskalender eintragen. Aus diesem Gerichtskalender muß an jedem Sessionstage ein Extrakt dem Präsidenten vorgelegt werden, damit derselbe darauf Acht haben könne, daß die anstehenden Termine vor sich gehen, und die Sachen nicht liegen bleiben.

Depositalwesen.

§. 17. Worin die Pflichten und Verrichtungen der Sekretarien bei dem Depositalwesen bestehen, ist in der Depositalordnung näher bestimmt.[10])

---

[10]) Vgl. oben S. 48 Anm. 5.

Aufsicht über die Kanzellei.

§. 18. Die Sekretarien sind schuldig und berechtigt, auf Ordnung und Akkuratesse in der Kanzellei zu halten, und die Kanzellisten zu ihren Pflichten anzuweisen. Wenn sie also Unordnungen oder Unrichtigkeiten dabei wahrnehmen, müssen sie es dem Präsidenten, zur nähern Untersuchung und Remedur, sofort anzeigen. Was dabei die Obliegenheit des Protonotarii und Kanzelleidirektors sey, bestimmt das beigedruckte Reglement.

Allgemeine Pflichten.

§. 19. Die Sekretarien müssen sich täglich, Sonn- und Festtage allein ausgenommen, um Acht Uhr Vormittags auf dem Kollegienhause und in dem ihnen darin angewiesenen Expeditionszimmer einfinden, und ihren Verrichtungen obliegen; auch dasjenige, womit sie Vormittags nicht fertig werden können, den Nachmittag nachholen.

§ 20. Ohne Erlaubniß des Präsidenten dürfen sie nicht zurückbleiben, noch weniger sich über Nacht von dem Orte, wo das Gericht seinen Sitz hat, entfernen, oder gar Reisen unternehmen.[11])

§. 21. Die Expeditionen müssen sie möglichst beschleunigen: dergestalt, daß, der Regel nach, alle bei einer Session dekretierte Sachen noch an eben dem, oder spätestens am folgenden Tage, zur Revision der Decernenten gelangen können.

§. 22.[12]) Die Sekretarien müssen sich bei dem Antritte ihres Amtes mit folgendem Eide verpflichten:

Ich ⸗ ⸗ ⸗ schwöre ꝛc. ꝛc. Nachdem ich bei ⸗ ⸗ ⸗ zum Sekretario ernannt und angenommen worden, daß ich Sr. Königlichen Majestät von Preußen, meinem allergnädigsten Herrn, treu, gehorsam und unterthänig seyn wolle.

Ferner schwöre ich, die Pflichten des mir anvertrauten Amts gewissenhaft zu beobachten; alle von dem Kollegio und desselben Präsidenten mir aufgetragene Verrichtungen willig zu übernehmen, und nach bestem Vermögen getreulich zu besorgen; die Protokolle getreu und richtig zu führen; die Expeditionen der Dekrete fleißig, akkurat und prompt anzufertigen; die Gebühren und Stempelgelder nach Vorschrift der Sportultaxe und Stempeledikte richtig anzusetzen; über die durch meine Hände gehenden, oder sonst zu meiner Kenntniß gelangenden Geheimnisse der Parteien, oder des Kollegii, ein unverletztes Stillschweigen zu beobachten; die meiner Verwahrung anvertrauten Schriften, Briefschaften und Urkunden sorgfältig zu verwahren; mich vor allen genaueren Konnexionen mit den Parteien und Sollicitanten zu hüten; keine Geschenke noch Gaben von ihnen zu nehmen, noch auch von den Meinigen nehmen zu lassen; keiner Partei wider die andere Warnung zu thun, Nachricht zu geben, oder zu rathen; und mich überall so zu verhalten, wie es einem rechtschaffenen Justizbedienten und getreuen Sekretario wohl anstehet und gebühret. So wahr ꝛc. ꝛc.

Anh. §. 457. Die Sekretarien werden bei dem Antritte ihres Amts mit dem im §. 456. des Anhangs zum §. 37. Titel IV. Theil III. vorgeschriebenen Eide belegt.

Zweiter Abschnitt.

Bestellung.

Von dem Amte der Registraturbedienten.[13])

§. 23. Die Registratoren müssen gute Schulstudia besitzen; mit den Vorschriften der Gesetze und Prozeßordnung bekannt seyn; in den Registraturgeschäften

---

[11]) Vgl. III 3 § 8 mit Anm. 5. [12]) Vgl. III 2 § 43 mit Anm. 30.
[13]) s. Anm. 7.

als Referendarien, Auskultatoren, oder Registraturgehülfen, bereits einige praktische Kenntniß und Uebung erlangt haben; und wegen dieser Eigenschaften bei dem Antritte ihres Amtes, so weit es nöthig ist, geprüft werden.

§. 24. Sie erhalten ihre Bestallung auf den Vorschlag des Kollegii von dem Chef der Justiz, und müssen sich zu ihrem Amte durch den am Ende dieses Abschnitts vorgeschriebenen Eid verpflichten.

Allgemeine Pflichten.

§. 25. Sie müssen täglich, Sonn- und Festtage allein ausgenommen, früh um Acht Uhr in der Registratur erscheinen, und darin, so lange die Session dauert, außerdem aber bis um Ein Uhr, gegenwärtig bleiben; des Nachmittags um Drei Uhr sich wieder daselbst einfinden, und die Registratur vor Abends um Sechs Uhr nicht verlassen.

§. 26. Sie können also auch keinen Tag ohne Vorwissen und Genehmigung des Präsidenten zurück bleiben, viel weniger ohne dergleichen Permission über Nacht von dem Orte des Gerichts abwesend seyn.[14])

Bei den einkommenden Sachen.

§. 27. Die Vorstellungen, Eingaben und Berichte an das Kollegium von Personen, die am Orte gegenwärtig sind, müssen in der Registratur abgegeben werden. Der Registrator muß den Tag, wenn sie eingekommen sind, und, in Hypothekensachen, auch die Stunde darauf vermerken; und jedes Stück an dem gehörigen Orte, nach den in der Beilage folgenden näheren Anweisungen, unverzüglich eintragen.

§. 28. Sind von der Sache, die eine solche Eingabe betrifft, schon Akten vorhanden, und ist also schon ein Decernent darin bestellt; so muß der Registrator die Akten sofort aufsuchen. Ist es aber eine neue Sache, so muß er sie dem Präsidenten, zur Ernennung eines Decernenten, ungesäumt vorlegen.

§. 29. Die mit der Post, oder sonst versiegelt, eingehenden Sachen werden dem Präsidenten zur Erbrechung und Präsentation zugestellt. Dieser aber muß sie ohne Aufenthalt dem Registrator einhändigen lassen, und der Registrator muß damit eben so, wie mit den bei ihm unmittelbar übergebenen Sachen, verfahren.

Bei deren Vertheilung unter die Decernenten.

§. 30. Er muß dafür sorgen, daß die zu einer Session gesammelten Vorträge den Decernenten zu rechter Zeit nach Hause geschafft werden. Er muß denselben die zu jeder Sache gehörigen Akten beifügen; er muß aber auch bei dem in der Beilage beschriebenen Tagezettel richtig notiren: was für Akten an den Decernenten solchergestalt ausgegeben worden sind.

Einsammlung der dekretirten Stücke.

§. 31. Nach geendigter Session muß er die Akten auf dem Sessionstische zusammen suchen; eine jede wieder an ihren gehörigen Ort bringen; nach den fehlenden sich erkundigen; und wenn sie bei den Decernenten zurück geblieben, oder von den Sekretarien an sich genommen worden sind, fleißig Acht geben, daß sie zu rechter Zeit wieder in der Registratur abgeliefert werden.

Bei den Spruchsachen.

§. 32. Wenn Prozeßakten zum Spruche geschlossen sind, muß er sie in das Distributionsbuch sofort eintragen; dieses Buch dem Präsidenten zur Ernennung

---

[14]) vgl. III 8 § 8 mit Anm. 5.

des Urtelsfassers vorlegen; und hiernächst die Akten versiegelt an denselben befördern.

Verwahrung und Vervollständigung der Akten.

§. 33. Außer den Mitgliedern des Kollegii und den Sekretarien, muß der Registrator, ohne ausdrückliche Verordnung des Präsidenten, niemandem Akten verabfolgen lassen. Auch den erstgenannten Personen muß er sie auf ihr Verlangen, nicht anders, als gegen einen schriftlichen Empfangschein zustellen.

§. 34. Ueberhaupt muß ein jeder Registrator für alle zu seiner Registratur gehörige Akten und Piecen haften, und sich also beständig gefaßt halten, sie nach den Repertorien in guter Ordnung vorzeigen, die fehlenden aber richtig nachweisen zu können.

§. 35. So bald die im Vortrage gewesenen Sachen und die darauf ergangenen Expeditionen entweder durch den Botenmeister, oder aus der Kanzellei an ihn abgeliefert worden sind, muß er unverzüglich dafür sorgen, daß jede Piece den Akten, zu welchen sie gehört, beigeheftet werde.

§. 36. Er muß also dafür stehen, daß keine zur Registratur gehörige Piece verloren gehe, oder ungeheftet liegen bleibe, und dadurch die Akten unvollständig werden. Wenn er daher bemerkt, daß die eine oder die andere einmal zur Registratur gekommene, und aus selbiger zum Vortrage, oder sonst ausgegebene Sache zurück bleibe, und ihm nicht wieder abgeliefert werde; so muß er sorgfältig Erkundigungen anstellen, wo sie geblieben sey; und wenn er sie solchergestalt nicht entdecken oder zurück erhalten kann, dem Präsidenten davon unverzüglich Anzeige machen.

Eintheilung der Registratur.

§. 37. Der Registrator muß ferner dafür sorgen, daß die verschiedenen Arten von Registraturen, welche bei einem Landesjustizkollegio existiren können, von einander gehörig abgesondert; jede in zweckmäßiger Ordnung gehalten; und über jede vollständige und akkurate Repertoria geführt werden.

§. 38. Bei einem Landesjustizkollegio können nachstehende besondere Arten von Registraturen vorhanden seyn:

I. die Prozeßregistratur;
II. die Konkursregistratur;
III. die Kriminalregistratur;
IV. die Generalregistratur;
V. die Pupillenregistratur;
VI. die Registratur über das Lehns- und Hypothekenwesen;
VII. die Registratur über andere zum Lehns- und Hypothekenwesen nicht gehörige Actus voluntariae jurisdictionis;
VIII. die Konsistorialregistratur.

Da jedoch verschiedene Kollegia mit einigen der vorstehend benannten Geschäfte nichts zu thun haben, sondern dieselben von Anderen bearbeitet werden; so ergiebt sich von selbst, daß darüber bei solchen Kollegien auch keine Registraturen zu halten sind.

Prozeßregistratur.

§. 39. I. Die Prozeßregistratur theilt sich in zwei Sektionen, nämlich die kurrente und reponirte.

§. 40. In die kurrente Prozeßregistratur gehören alle bei dem Kollegio wirklich im Gange befindliche Prozeßakten, welche nach dem Anfangsbuchstaben von dem Namen des Klägers, in den einem jeden Buchstaben nach alphabetischer Ordnung angewiesenen Fächern verwahrt werden.

§. 41. In die reponirte Prozeßregistratur gehören alle abgethane und beendigte Sachen. Sie werden dahin gebracht, so bald Repositio actorum dekretirt worden ist; und die Akten werden, zum Unterschiede von den kurrenten, mit gewissen äußerlichen Merkzeichen, z. B. mit eingehefteten blauen Nummerzetteln, versehen. Uebrigens werden sie gleichergestalt in besonderen, nach den Buchstaben, womit der Name des Klägers sich anfängt, eingetheilten Fächern, in alphabetischer Ordnung registrirt.

Konkursregistratur.

§. 42. II. Die Konkursregistratur theilt sich ebenfalls in zwei Sektionen, nämlich in die kurrente und reponirte.

§. 43. Da bei einem Konkurs so mancherlei Angelegenheiten von ganz verschiedener Natur vorkommen, so müssen dieselben in mehrere Akten sorgfältig von einander abgesondert werden. Es gehören also zu jedem Konkurs gewisse General- und gewisse Special-Volumina.

General-Volumina müssen formirt werden:

A. Von Konstituirung der Passivmasse, wohin die Verfügungen wegen Eröffnung des Konkurses, Bestellung des Kurators, und Konvokation der Gläubiger, das Konnotations- und Inrotulationsprotokoll, die Klassifikatoria, das Protokoll wegen Regulirung der Appellationen u. s. w. gehören.

B. Von Konstituirung der Aktivmasse, worin das Inventarium; der offene Arrest; die an die Schuldner der Masse ergangenen Inhibitionen; die Auktionsprotokolle und Berichte; die Anzeigen auf Exhibita,[15]) mittelst welcher die zur Masse gehörigen Gelder in das Depositum offerirt werden; alle die Administration der Güter, die Handlung, und die ausstehenden Aktiva betreffende Nachrichten, Vorstellungen und Berichte, die Rechnungen des Kurators u. s. w. enthalten sind.

In wichtigen Konkursen, wo die Aktivmasse aus verschiedenen Arten des Vermögens, aus mehreren beträchtlichen Grundstücken rc. rc. besteht, können mehrere dergleichen General-Volumina angefertigt, und jedem Objekt, z. B. der Handlung, den Grundstücken, den Aktivis, besondere Aktenstücke gewidmet werden. (Th. I. Tit. L. §. 93.)

C. von der Subhastation der Immobilien, in so fern dergleichen in der Masse vorhanden sind. Endlich

D. von der Distribution der Masse.

Außer diesen Generalakten müssen auch in Ansehung eines jeden Liquidanten, dessen Anspruch einer besondern Erörterung und Instruktion bedurft hat, Special-Volumina formirt, und darin, was einen jeden solchen Liquidanten besonders angeht z. B. der Bericht über seine Forderung; das Instruktionsprotokoll; ein Extrakt des Klassifikationsurtels; der Bericht über die dagegen von dem Liquidanten selbst, von dem Kurator, oder von Mitgläubigern eingewandte Appellation, das weitere Instruktionsverfahren im Appellatorio u. s. w. zusammen gefaßt werden.

§. 44. Nach eben diesen Vorschriften, wie im Konkurs-, sind auch, je nachdem die Natur der Sache es mit sich bringt, die in einem Liquidationsprozesse vorkommenden Piecen zu ordnen und einzutheilen.

§. 45. Jedem Konkurs- und jedem Liquidationsprozesse, und den dazu gehörigen General- und Specialakten, muß in der Registratur ein besonderes Fach angewiesen werden.

---

[15]) Unter „Exhibitum" (das Vorgelegte) verstand man in der älteren Geschäftssprache die zu den Akten neu eingegangenen, dem Richter vorgelegten Schriften.

Kriminalregistratur.

§. 46. III. Die Kriminalregistratur theilt sich ebenfalls in die kurrente und reponirte. In beiden müssen die Akten nach alphabetischer Ordnung gehörig geordnet seyn, und über beide müssen akkurate und vollständige Repertoria gehalten werden. Die besonderen Vorschriften wegen Einrichtung derselben gehören zur Kriminalordnung.

Generalregistratur.

§. 47. IV. Die Generalregistratur enthält alle bei einem Kollegio vorkommende Geschäfte und daraus erwachsende Akten, welche zu keiner der übrigen speciellen Registraturen gehören.

Darunter sind vornehmlich zu rechnen:

1) Acta generalia, welche die Verfassung und Einrichtung des Kollegii; die Bestellung der Mitglieder und Subalternen desselben; die Verfassung und Besetzung der Untergerichte; das Sportul-, ingleichen das Depositalwesen, die dahin gehörigen Extrakte, Rechnungen und Berichte; die allgemeinen Verordnungen in Justizsachen, nach allen den verschiedenen Branchen derselben; die Publikationen solcher Verordnungen; die darüber von Untergerichten bei dem Kollegio, oder von diesem bei Hofe geschehenen Anfragen; die bei dem Kollegio vorgewesenen Justizvisitationen, und andere dergleichen allgemeine, das Justizwesen im Ganzen, dessen Einrichtung bei dem Kollegio, und in dem Departement desselben überhaupt, betreffende Angelegenheiten enthalten.

Wie viel dergleichen Generalakten formirt werden sollen, leidet keine allgemeine Vorschrift; sondern ist nach der Anzahl und Verschiedenheit der bei jedem Kollegio vorkommenden Materien dieser Art, von dem Registrator, unter der Anweisung des Präsidenten oder Direktors, vernünftig zu beurtheilen; übrigens aber dahin zu sehen, daß die Anzahl dieser Voluminum nicht ohne Noth vervielfältigt werde.

2) Acta generalia über die Korrespondenz mit anderen Kollegien und Gerichten, in- und außerhalb Landes, in solchen Angelegenheiten, worüber in irgend einer andern speciellen Registratur keine besonderen Akten existiren. Dahin gehören z. B. die Requisitionen von fremden Gerichten wegen Insinuationen, Zeugenabhörungen, Eidesabnahmen rc. rc. in Prozessen, welche bei diesem Gerichte schweben; die Ersuchschreiben derselben, um die Affixion der von ihnen erlassenen Ediktalcitationen und Subhastationspatente; die Verhandlungen in Privatstreitigkeiten zwischen beiderseits Jurisdiktionseingesessenen, die nicht zum förmlichen Prozesse gediehen sind; Intercessionsschreiben, Compulsoriales u. s. w. Für jedes solches fremdes Kollegium oder Gericht, mit welchem dergleichen Korrespondenz geführt wird, ist ein besonderes Volumen auszusetzen, und ein akkurates Verzeichniß darüber zu halten, in welchem die Akten in alphabetischer Ordnung, nach dem Namen des fremden Judicii oder Kollegii, specificirt werden.

3) Acta generalia, die Aufsicht über die Untergerichte, und die gegen selbige geführten Beschwerden betreffend. Für die wichtigeren Untergerichte, bei welchen dergleichen Beschwerden oft vorkommen, müssen besondere Volumina bestimmt; bei kleineren aber können deren mehrere, welche an Einem Orte, oder in einerlei Kreise oder Distrikte existiren, in Ein Volumen zusammen gefaßt werden. Es wird darüber gleichergestalt ein vollständiges Verzeichniß nach alphabetischer Ordnung gehalten.

4) Acta generalia von Supplikantensachen, wohin alle einzelne Gesuche von Parteien in solchen Angelegenheiten gehören, welche weder einen bei dem Kollegio verhandelten Prozeß oder Konkurs, noch eine Beschwerde über ein Untergericht, noch andere dergleichen Gegenstände betreffen, welche in diese oder jene specielle Registratur einschlagen. Dahin sind z. B. zu rechnen, die Anmeldungsprotokolle von Klagen, bei welchen es nicht zum wirklichen Prozesse gekommen ist, sondern wo der Kläger die Sache hat liegen lassen, oder durch ein bloßes Dekret ab-, und an ein anderes Forum verwiesen worden; die über das Kollegium selbst in Fällen, wovon keine Specialakten existiren, bei Hofe geführten Beschwerden, darauf ergangene Reskripte und abgestattete Berichte u. s. w. Ueber dergleichen einzelne Piecen werden Generalakten in alphabetischer Ordnung, nach den Anfangsbuch-

staben von den Namen der Supplikanten formirt, und ein vollständiges Verzeichniß darüber gehalten.

§. 48. Bei dieser Generalregistratur muß der Registrator mit vorzüglicher Ordnung und vernünftiger Beurtheilungskraft zu Werke gehen; auch sich sorgfältig hüten, daß Piecen, welche zu der einen oder der andern Specialakte gehören, nicht in die Generalakten, wo sie nicht so geschwind wieder heraus zu finden sind, verheftet werden.

Andere Arten der Registraturen.

§. 49. Anlangend V. die Pupillar-, VI. die Lehns- und Hypotheken-, VIII. die Konsistorialregistratur;[16]) so wird den Registratoren hier nur überhaupt Ordnung, vernünftige Separation der Sachen, und Haltung richtiger vollständiger Repertorien darüber, empfohlen. Die specielle Einrichtung dieser Registraturen wird in der Beilage vorgeschrieben.

§. 50. Endlich müssen VII. von den zum Lehns- und Hypothekenwesen nicht gehörigen actibus voluntariae jurisdictionis, ebenfalls besondere Akten nach den Jahren, in einem oder mehreren Bänden formirt, und darüber richtige Verzeichnisse gehalten werden.

§. 51. Vorstehende allgemeine Verordnungen wegen Einrichtung des Registraturwesens bei den Landesjustizkollegien enthalten die Regel, wornach durchgehends, und im Ganzen, verfahren werden muß.
Ausnahmen davon und genauere Bestimmungen, welche nach der besondern Verfassung dieses oder jenes Kollegii nothwendig sind, oder Anwendung finden, werden der einem jeden Kollegio zu ertheilenden Specialinstruktion vorbehalten.

Einrichtung der Akten.

§. 52. Sämmtliche zu jeder Registratur gehörige Akten müssen ordentlich foliirt, und denselben ein vollständiger Rotulus, oder Verzeichniß der darin enthaltenen Piecen, vorgeheftet werden.

Rotuli.

§. 53. Zu den Prozeßakten wird dieser Rotulus nach der Vorschrift Th. I. Tit. XII. §. 9. durch den bei der Instruktion das Protokoll führenden Referendarium angefertigt; muß aber sodann, und wenn die Akten in die Registratur kommen, von dem Registrator gehörig fortgesetzt werden. Zu den anderen Akten muß der Registrator für die Anfertigung und Fortführung der Rotulorum selbst sorgen; wobei ihm jedoch nöthigen Falls Auskultatoren zur Hülfe gegeben, und diesen solchergerstalt zugleich die Gelegenheit, Akten kennen zu lernen, verschafft werden soll.

Listen.

§. 54. Außer den zu obgedachten verschiedenen Registraturen gehörigen Listen und Repertorien muß der Registrator auch

1) den Tagezettel, oder das Journal;
2) das Distributionsbuch,

nach den in der Beilage enthaltenen Vorschriften, führen.

§. 55.[17]) Ein Registrator muß bei dem Antritte seines Amts nachstehenden Eid ableisten:

Ich ... schwöre ꝛc. ꝛc. Nachdem ich bei dem ... Kollegio zum Registrator angestellt worden, zuvörderst Sr. Königlichen Majestät von Preußen, meinem allergnädigsten Herrn, getreu und unterthänig zu seyn; dem Kollegio und dessen Präsidenten die schuldige Folge und Subordination

---

[16]) Vgl. oben S. 4. [17]) Vgl. III 2 § 43 mit Anm. 30.

zu leisten; mir die Pflichten meines Amtes, nach den in der Allgemeinen Gerichtsordnung, dem Kanzellei- und Registraturreglement, und den hiesigen Specialinstruktionen enthaltenen Anweisungen, mit allem Fleiße, Eifer und Treue angelegen seyn zu lassen; die Registratur in gehöriger Ordnung zu erhalten; alle einkommende Sachen sofort richtig zu präsentiren, und gehörigen Orts einzutragen; die Listen und Repertorien akkurat und vollständig zu führen; niemandem außerhalb dem Kollegio, ohne ausdrückliche Verordnung des Präsidenten, Akten zu verabfolgen, Abschriften daraus zuzustellen, oder von dem Inhalte derselben etwas zu eröffnen; und mich durchgehends so zu verhalten, wie es einem getreuen, fleißigen und ordentlichen Registrator wohl ansteht und gebührt. So wahr ꝛc.

Anh. §. 458. Die Registratoren werden bei dem Antritte ihres Amts mit dem im § 456. des Anhangs zum §. 37. Titel IV. Theil III. vorgeschriebenen Eide belegt.

Dritter Abschnitt.

Von dem Amte der Kanzellisten.[18])

Bestellung.

§ 56. Zu Kanzellisten sollen keine andere Subjekte genommen werden, als welche von ehrlicher Herkunft sind; eine gute Erziehung genossen haben; eine stille und regelmäßige Konduite beobachten; zugleich aber eine leserliche, orthographisch richtige, und gut in die Augen fallende Hand schreiben; auch einen lateinischen Terminum verstehen.

§. 57. Dergleichen Subjekte werden in vorkommenden Fällen von den Kollegien geprüft und vorgeschlagen; ihre Bestallung aber erhalten sie von dem Chef der Justiz.

Obliegenheiten.

§. 58. Sie müssen sich alle Tage um Acht Uhr auf der Kanzellei einfinden, und die den Vormittag nicht fertig gewordenen Munda den Nachmittag nachholen.

§. 59. Ihre Verrichtung ist, daß sie die von dem Kollegio abgefaßten, und von den Sekretarien expedirten Dekrete, Reskripte, Resolutionen, Berichte, und sonstige Verordnungen, abschreiben und mundiren müssen.

§. 60. Diese Munda müssen sie rein, korrekt und ordentlich schreiben; sie mit den Koncepten fleißig kollationiren; und dafür sorgen, daß jedem Mundo die dazu gehörigen und darin allegirten Beilagen und Kopeien richtig beigefügt werden.

§. 61. Sie müssen sich dabei zwar einer deutlichen, zierlichen, und gut in die Augen fallenden Hand befleißigen, jedennoch aber auch aller ungebührlichen, aus bloßer Gewinnsucht, zu Häufung der Kopalien, herrührenden Ausdehnung der Wörter und Buchstaben gänzlich enthalten. Auf jeder Seite müssen also wenigstens 24 Zeilen, und in jeder Zeile 12 Sylben enthalten seyn.

---

[18]) Die Besorgung des Kanzellirens gehört zu den Geschäftseinrichtungen der Gerichtsschreiberei und untersteht deshalb jetzt der Regelung Seitens der Justizverwaltung. G. V. G. § 154. Dieserhalb ist das Kanzleireglement v. 23. 3. 1885 (J. M. Bl. S. 120) mit den Abänderungen v. 4. 2. 1889 (J. M. Bl. S. 48) 16. 1. u. 16. 12. 1890 (J. M. Bl. S. 17 u. 348) erlassen. Hierdurch sind die — schon früher vielfach abgeänderten — §§ 57—67 u. 70 beseitigt.

§. 62. Sie müssen Alles in der Kanzleistube schreiben, und nichts mit nach Hause nehmen; wenn ihnen aber solches in besonderen Fällen, wegen vorzüglich dringender Beschleunigung, verstattet wird, so sind ihnen dennoch nicht die ganzen Akten, sondern nur das Stück, oder die Piece, welche mundirt oder abgeschrieben werden soll, zu verabfolgen.

§. 63. Sie müssen die Fertigung der Mundorum und Abschriften fleißig betreiben: dergestalt, daß die an einem Gerichtstage dekretirten Verordnungen bis zum nächstfolgenden mundirt, und an die Behörde abgegeben seyn können.

§. 64. Zu ihrer Legitimation deshalb müssen sie unter das Koncept des Sekretarii den Tag und die Stunde, wann ihnen selbiges zugestellt, und wann es von ihnen mundirt und weiter befördert worden ist, jedesmal gehörig vermerken.

§. 65. Wenn wegen Menge der Sachen die Kanzellisten mit den Mundis von einem Gerichtstage zum andern nicht fertig werden können, so muß der Präsident und das Kollegium dafür sorgen, daß ihnen zur Hülfe gewisse Kopisten angesetzt, und gehörig vereidet werden.

§. 66. Wenn zu gewissen Zeiten die ordinairen Kanzelleiverwandten zur Bestreitung der Arbeit nicht hinreichen, so kann das Kollegium denselben einige extraordinaire Assistenten zu Hülfe geben. Diese werden zwar ebenfalls auf Treue, Richtigkeit und Verschwiegenheit verpflichtet; erhalten auch einen gewissen Antheil an den Schreibgebühren der ordinairen Kanzelleiverwandten, denen sie assistiren; ihre Funktion aber ist kein eigentliches Amt, und dauert nur so lange, als die Umstände ihre Beibehaltung nothwendig machen.

§. 67. Wie die Arbeit unter die Kanzellisten und Kopisten zu vertheilen, und was für Ordnung sowohl bei dieser Vertheilung, als bei der Ablieferung der Mundorum zu beabachten sey, wird in der Beilage vorgeschrieben.

§ 68. Die Kanzellisten müssen sich aller familiairen Verbindungen mit den Parteien und Sollicitanten, oder deren Angehörigen enthalten; selbigen den Inhalt der Dekrete, Berichte und anderer Mundorum, vor deren legaler Insinuation nicht eröffnen; viel weniger ihnen vor- oder nachher die Originalien in die Hände geben; niemandem, er sey wer es wolle, Abschriften von solchen Mundis oder anderen Aktenstücken, ohne Vorwissen und Genehmigung des Präsidenten, ertheilen; und überhaupt von den durch ihre Hände gehenden, oder sonst zu ihrer Kenntniß gelangenden Geheimnissen der Parteien, oder des Kollegii, ein gewissenhaftes Stillschweigen beobachten.

§. 69. Kein Kanzellist soll außer den in der Sportultaxe festgesetzten Gebühren[19]) einiges Geschenk, es habe Namen wie es wolle, wenn es ihm auch aus freien Stücken angeboten würde, nehmen; keiner Partei dienen, noch für dieselbe sollicitiren; noch in Amtssachen einen Briefwechsel mit ihr unterhalten; bei Vermeidung der unfehlbaren Kassation und anderweitiger nachdrücklicher Ahndung.[20])

---

[19]) s. Anm. 3.

[20]) Vgl. Vorbem. zu Th. III Anm. 2 zu d.

§. 70. Die Depositial- und Sportulkassenrendanten, ingleichen die diesen Letzteren gesetzten Kontrolleurs, sind ebenfalls Mitglieder der Kanzellei. Ihre Amtsverrichtungen und Obliegenheiten aber werden in den besonderen Depositial- und Sportulkassenordnungen vorgeschrieben.

§. 71.[21]) Die Kanzellisten werden bei ihrer Ansetzung mit folgendem Eide belegt:

Ich : : : schwöre ꝛc. ꝛc. Nachdem ich bei dem Kollegio zum Kanzellisten angenommen worden, Sr. Königlichen Majestät von Preußen ꝛc. ꝛc. getreu und unterthänig, dem Kollegio und dessen Präsidenten aber gehorsam und gewärtig zu seyn; die in der Gerichtsordnung, dem Allgemeinen und dem hiesigen besondern Kanzelleireglement vorgeschriebenen Pflichten, nach meinem besten Vermögen, genau zu beobachten; die mir zugestellten Koncepte fleißig, richtig und ordentlich zu mundiren; niemandem außerhalb dem Kollegio, von den durch meine Hände gehenden, oder sonst zu meiner Kenntniß gelangenden Sachen und Geschäften etwas zu offenbaren; mich mit den ausgesetzten Schreibgebühren zu begnügen, und außer denselben nicht das Geringste von irgend jemandem, es habe Namen wie es wolle, zu fordern oder anzunehmen; auch mich durchgehends so zu verhalten, wie es einem ordentlichen und getreuen Kanzellisten eignet und gebührt. So wahr ꝛc. ꝛc.

Eben dieser Eid muß auch von den Kopisten bei ihrer Annehmung geschworen werden.

Anh. §. 459. Die Kanzellisten, Kanzelleidiener, Botenmeister und Boten, ingleichen die Landreiter und Exekutoren, haben folgenden Diensteid zu leisten:

Ich — — — schwöre zu Gott dem Allmächtigen und Allwissenden einen leiblichen Eid, daß, nachdem ich zum — — — angenommen worden, Seiner Königlichen Majestät von Preußen, meinem allergnädigsten Herrn, ich treu und gehorsam seyn, die in Dienstsachen von meinen Vorgesetzten erhaltenen Befehle willig und unweigerlich befolgen, mich den erhaltenen Anweisungen gemäß betragen, über alle zu meiner Kenntniß gelangende geheim zu haltende Dienstangelegenheiten ein unverbrüchliches Stillschweigen beobachten, an Gebühren nicht mehr als die vorschriftsmäßigen Sätze fordern oder annehmen, auch von gewissenhafter Verwaltung meines Amtes mich durch Geschenke, Freundschaft, Feindschaft, Versprechungen oder Drohungen nicht abhalten lassen, sondern vielmehr mich überall in Ausrichtung meines Dienstes treu, ordentlich, nüchtern und unverdrossen betragen will. So wahr mir Gott helfe zur ewigen Seligkeit!

Vierter Abschnitt.

Von dem Amte der Kanzelleidiener, Botenmeister und Boten.[22])

Bestellung.

§. 72. Die Kanzelleidiener und Botenmeister müssen von ehrlichem Herkommen, von vorzüglich guter Aufführung und geprüfter Treue seyn. Sie müssen fertig schreiben und rechnen können, und es müssen dazu vorzüglich Leute, die in Königlichen Militairdiensten als Unteroffiziere, Korporale, Wachtmeister u. s. w. gestandeu, und

---

[21]) Vgl. III 1 § 43 mit Anm. 30; s. auch Kanzleireglement § 3.

[22]) Diese Beamten heißen jetzt „Gerichtsdiener"; für dieselben ist die Dienstordnung v. 23. 2. 1885 (J. M. Bl. S. 65) erlassen.

als Invaliden Abschied und Versorgungsscheine erhalten haben,[23]) sonst aber noch hinlängliche Kräfte und Munterkeit zu diesem Amte besitzen, erwählt werden.

§ 73. Die Kollegia müssen daher bei entstehender Vakanz über die Auswahl solcher Subjekte, wenn ihnen dergleichen nicht schon selbst bekannt sind, mit der Behörde korrespondiren; sie durch einen Sekretarius über ihre Fähigkeiten prüfen lassen; und sodann den tauglichsten darunter dem Chef der Justiz vorschlagen; als von welchem demselben die erforderliche Bestallung ausgefertigt wird.[24])

Obliegenheiten.[25])

§. 74. Die Kanzelleidiener und Botenmeister sind überhaupt schuldig, alle von dem Kollegio oder dessen Präsidenten in Dienstgeschäften ihnen ertheilte Befehle und Aufträge willig zu übernehmen, und fleißig und getreu auszurichten.

§. 75. Insonderheit müssen sie bei den Sessionen des Kollegii, und in den Instruktionsterminen die Aufwartung versehen; die etwa geforderten Akten aus der Registratur herbei holen; die Parteien vorrufen; die vorgetragenen und dekretirten Sachen an die Sekretarien zur Expedition abliefern; die Akten aber, und die keiner schriftlichen Ausfertigung, noch besondern Insinuation bedürfenden Piecen ungesäumt wieder zur Registratur befördern.

§. 76. Wenn ein Dekret abgefaßt worden ist, welches zwar keiner schriftlichen Expedition bedarf, das aber einer Partei, einem Justizkommissario, oder sonst jemandem, zur Nachricht vorgezeigt werden soll; so müssen sie diese Vorzeigung baldigst besorgen; wie es geschehen, von der Partei unter das Dekret vermerken lassen,

---

[23]) Wegen der besonderen Berechtigung dieser Kategorien gelten jetzt das Militärpensionsgesetz v. 27. 6. 1871 §§ 58 ff. mit der Novelle v. 4. 4. 1874 und den zu deren Ausführung ergangenen Verwaltungsvorschriften (s. dieselben bei Müller S. 194 ff.), insbesondere auch die Cirk.-Verf. v. 18. 10. 1879 (ebenda S. 215), wonach die Stellen aller Gerichtsdiener den Militäranwärtern ausschließlich vorbehalten sind.

[24]) Die Anstellungsbefugnisse sind jetzt auf Grund des § 77 A. G. z. G. V. G. anderweit geregelt. Die Annahme und Anstellung gebührt danach dem O. L. G.-Präsidenten. Allg. Verf. v. 2. 3. 85 (J. M. Bl. S. 96 zu 5); Dienstordnung § 2. Aus dem § 73 ist indessen die Bestimmung über die Prüfung noch in Kraft; AM. § 2 der Dienstordnung, welcher die Prüfung nur fakultativ anordnet.

[25]) Die Obliegenheiten sind durch die Dienstordnung in einigen Beziehungen geändert (vgl. Anm. 6); insbesondere ist der Unterschied zwischen Kanzleidienern und Botenmeistern einerseits und den Boten andererseits aufgegeben; vgl. hierüber Dienstordnung §§ 8—11. 13—16.

oder selbst vermerken, und sodann dergleichen Piece unverzüglich zur Registratur abliefern.)

§. 77. Die von den Sekretarien gefertigten Expeditionen müssen sie von selbigen nach der Nummer übernehmen, und zur Re- und Superrevision befördern; sie sodann in die Kanzellei, ebenfalls nach der Nummer, abliefern; die Munda von den Kanzellisten oder dem Kanzelleiinspektor eben so übernehmen; sie den Sekretarien zur Revision und Kontrasignirung, alsdann aber der Behörde zur Vollziehung vorlegen; die Siegelung besorgen; und die gesiegelten Sachen, nach Verschiedenheit derselben, und nach der Verfassung eines jeden Kollegii, entweder an den Sportulrendanten abliefern, oder unter die Boten zur weitern Abgabe vertheilen.

§. 78. Bei allen diesen Verrichtungen müssen sie sich, nach näherer Bestimmung des Kanzelleireglements, der möglichsten Akkuratesse und Sorgfalt befleißigen; sich genau nach der Ordnung des Siegelzettels achten; wann und an wen jedes Dekret abgegeben worden, auf dem Koncepte richtig bemerken; und die Koncepte von einem Siegelungstage zum andern, gleichergestalt nach den Nummern, in die Registratur gehörig abliefern.[26])

§. 79. Zu ihrem Amte gehört auch, die Af- und Refixion der von dem Kollegio erlassenen, oder von einem andern ihm zugeschickten Ediktalcitationen, Subhastationspatente, und anderer öffentlicher Proklamatum zu besorgen; und müssen sie sorgfältig dahin sehen, daß dergleichen Proklamata die vorgeschriebene Zeit hindurch aushängen, folglich den Tag, wann sie angeschlagen, und wann sie wieder abgenommen worden sind, auf den Originalien derselben pflichtmäßig vermerken.

§. 80. Die Kanzelleidiener und Botenmeister haben die Aufsicht über die Boten; müssen die Arbeit unter sie vertheilen; und einen jeden zu seiner Schuldigkeit anhalten.[27])

§. 81. Ihnen werden die Schlüssel zu den Sessionszimmern anvertraut; und sie müssen dafür sorgen, daß diese Zimmer reinlich und sauber gehalten, auch die darin befindlichen Geräthschaften nicht ruinirt, oder entwendet werden. Wird etwas davon schadhaft, so müssen sie solches dem Präsidenten anzeigen, und nach dessen Anweisung die Reparatur veranstalten.

§. 82. Sie müssen alle Tage, die Sonn- und Festtage allein ausgenommen, sowohl Vor- als Nachmittags, an dem Orte, wo das Kollegium seine Versammlungen hält, sich einfinden, ihre Geschäfte daselbst besorgen, und die sich meldenden Parteien gehörig anweisen.

---

[26]) Die §§ 77. 78 betreffen den Geschäftsgang in den Gerichtsschreibereien und sind deshalb beseitigt; s. Anm. 7.

[27]) Vgl. jetzt Dienstordnung § 16.

§. 83. Sie müssen sich durchgehends eines rechtschaffenen, vernünftigen und regelmäßigen Betragens befleißigen; sich mit den in der Sportultaxe ihnen ausgesetzten Gebühren begnügen;[28]) und ein Mehreres von den Parteien, bei Strafe der Kassation,[29]) weder abfordern, noch annehmen.

§. 84. Sie müssen bei ihrer Ansetzung schwören:
daß sie dem Kollegio und dessen Präsidenten allen schuldigen Gehorsam und Folge leisten; ihre Pflichten nach der gegenwärtigen Vorschrift sorgfältig wahrnehmen; die ihnen aufgetragenen Verrichtungen treu, unverdrossen und akkurat besorgen; von den Parteien über ihre ausgesetzten Gebühren nichts fordern noch annehmen; von den zu ihrer Kenntniß gelangenden Heimlichkeiten der Parteien oder des Kollegii niemandem etwas entdecken; und sich überall so verhalten wollen, wie es einem getreuen und ehrlichen Kanzelleidiener (Botenmeister) eignet und gebührt.[30])

§. 85. Bei größeren Kollegien, wo wegen des weitläufigen Umfanges der Geschäfte ein besonderer Kanzelleidiener und ein besonderer Botenmeister angesetzt sind,[31]) müssen die im Vorstehenden beschriebenen Verrichtungen unter dieselben vertheilt werden.

Bestellung der Boten.

§. 86. Zu Boten bei den Justizkollegien müssen ebenfalls vorzüglich Invaliden,[32]) welche treu und ehrlich gedient haben, annoch liche Kräfte, und die zu ihren Geschäften nöthige Munterkeit des Körpers besitzen; von stiller und ordentlicher Lebensart, auch des Schreibens und Lesens nicht ganz unkundig sind, ausgesucht und bestellt werden.

§. 87. Sie sind überhaupt schuldig, die ihnen von dem Kollegio und dem Präsidenten gemachten Aufträge willig und fleißig auszurichten, und die Aufwartung in den Sessionen, so wie bei den Instruktionsterminen, nach der Anweisung des Botenmeisters, mit zu besorgen.

Obliegenheiten.[33])

§. 88. Insonderheit werden sie gebraucht, die Akten aus der Registratur an die Decernenten und Referenten abzutragen; die eingegangenen Sachen von der Post abzuholen; und diejenigen, welche abgehen sollen, dahin zu befördern.

§. 89. Ihre Hauptverrichtung aber ist die Insinuation der Citationen und anderer Verordnungen an die Parteien, bei welcher sie die Vorschriften des

---

[28]) Die Gerichtsdiener erhalten jetzt ein festes Einkommen aus der Staatskasse.

[29]) Vgl. Vorbem. z. Th. III Anm. 2 zu d.

[30]) s. III 2 § 43 mit Anm. 30.

[31]) Diese Einrichtung besteht nicht mehr.

[32]) s. Anm. 23. [33]) s. Anm. 25.

Ersten Theils Tit. VII. zu beobachten haben.[34]) Diese Vorschriften müssen ihnen also gleich bei ihrer Annehmung durch einen Sekretarius bekannt gemacht und erläutert; auch sie derselben in der Folge von Zeit zu Zeit erinnert, und in vorkommenden Fällen, wie sie sich dabei zu verhalten haben, instruirt werden.

§. 90. Sie müssen sich, in so fern sie nicht auf auswärtigen Verschickungen begriffen sind, täglich, die Sonn- und Festtage allein ausgenommen, in der Kanzellei und Registratur des Kollegii einfinden, und ihre Verrichtungen abwarten.

§. 91. Von den Parteien und Sollicitanten müssen sie sich zu Bestellungen und Erkundigungen nicht gebrauchen lassen; ihnen so wenig, als Anderen, von dem, was bei dem Kollegio vorgeht, und ihnen bekannt wird, Nachrichten mittheilen; sich mit den ihnen ausgesetzten Gebühren begnügen,[35]) und von niemandem, es sey unter welchem Prätext es wolle, ein Mehreres verlangen oder abfordern.

§. 92. Sie müssen bei dem Antritte ihres Amts schwören:
daß sie den Verordnungen des Kollegii und dessen Präsidenten, wie auch den Anweisungen des ihnen unmittelbar vorgesetzten Botenmeisters, gehorsame und willige Folge leisten; die ihnen geschehenen Aufträge fleißig ausrichten; die Insinuationen der Citationen und Verordnungen gehörig verrichten; davon getreuen und der Wahrheit gemäßen Bericht abstatten, und sich in allen Stücken treu, ordentlich, nüchtern, und unverdrossen beweisen wollen.[36])

Fünfter Abschnitt.

Von dem Amte der Landreiter und Exekutoren.[37])

Bestellung.

§. 93. Die Exekutoren müssen aus den Invaliden, die nach treu geleisteten Diensten ihren ehrlichen Abschied erhalten haben, ausgesucht werden. Sie müssen zu dergleichen Amte annoch hinlängliche Munterkeit und Kräfte besitzen; von bekannter, vernünftiger, ordentlicher und nüchterner Aufführung seyn; fertig lesen und schreiben können; auch zum wenigsten einige Kenntniß und Uebung im Rechnen erlangt haben.

§. 94. Wie es mit ihrer Ansetzung und Bestellung zu halten sey, deshalb hat es bei der eingeführten speciellen Verfassung einer jeden Provinz und Kollegii lediglich sein Bewenden.

---

[34]) Dies ist jetzt eine Obliegenheit der Gerichtsvollzieher und kommt den Gerichtsdienern nur zu, insoweit sie als Hülfsgerichtsvollzieher fungiren; alsdann haben sie sich nach den Vorschriften für die Gerichtsvollzieher zu richten. Dienstordnung §§ 13. 14.

[35]) s. Anm. 28. [36]) s. III 2 § 43 mit Anm. 30

[37]) Die Exekutoren waren Gerichtsbeamte zur Ausführung der den Gerichten obliegenden Vollstreckung der Urtheile; mit der Uebertragung der Urtheilsvollstreckung an besondere Gerichtsvollzieher ist diese Amtskategorie beseitigt, und der 5. Abschnitt d. T. antiquirt. Die jetzigen Gerichtsvollzieher haben eine durchaus andere Amtsstellung. Vgl. Gerichtsvollzieherordnung v. 23. 2. 1885 (J. M. Bl. S. 55) und Gesch.-Anweisung v. 24. 7. 1879 (J. M. Bl. S. 206).

§. 95. An Orten, wo diese Exekutoren in fixirten Besoldungen stehen, und wo es nicht immer möglich ist, daß sie die eingezogenen oder beigetriebenen Gelder unmittelbar nach deren Empfange an die Behörde abliefern können, müssen sie zu Bestellung einer proportionirlichen Kaution angehalten werden.

Obliegenheiten.

§. 96. Die Exekutoren müssen sich, bei Strafe der Kassation nicht unterfangen, eigenmächtig, oder auf das Privatansuchen einer Partei, irgend einige Exekutionen zu vollstrecken; sondern sie müssen dazu den ausdrücklichen Befehl des ihnen vorgesetzten Kollegii abwarten.

§. 97. Nach diesem Befehle müssen sie sich aber auch genau und pünktlich achten; davon eigenmächtig nicht abgehen, oder sich einer Ausdeutung desselben anmaaßen; dem Inhalte des Befehls in Ansehung der Zeit der Vollstreckung, der Art derselben, des Quanti, worauf die Exekution zu richten, und der übrigen darin enthaltenen Anweisungen, prompt und durchgängige Folge leisten; und von der Vollziehung des Auftrages, an das Kollegium, verständlich und der Wahrheit gemäß berichten.

§. 98. Bei Vollstreckung der Exekutionen selbst müssen sie die Vorschriften der im Ersten Theile Titel XXIV. enthaltenen Exekutionsordnung gehörig befolgen; und sich daher diese Vorschriften sorgfältig und genau bekannt machen.

§. 99. Bei diesen Exekutionsvollstreckungen müssen sie durchaus vorsichtig und pflichtmäßig zu Werke gehen; dem Schuldner keine Gelegenheit noch Raum verstatten, durch Umzüge, Dilationen, Verheimlichung oder Wegschaffung der Objekte der Exekution, solche zu vereiteln, und sich überhaupt, weder durch Geschenke, List, Widerspruch oder Drohungen des Schuldners, noch durch unzeitiges Mitleiden, oder andere persönliche Rücksichten, von Beobachtung ihrer Amtspflichten, und Befolgung ihres Auftrags abwendig machen lassen.

§. 100. Auf der andern Seite müssen sie aber auch sich in den gehörigen Schranken halten; bei Vollstreckung der Exekutionen sich vernünftig, nüchtern und bescheiden aufführen; alle Schimpfreden, Grobheiten und andere Insolentien unterlassen; sich keiner unnöthigen Härte und Grausamkeit gegen unglückliche Debitoren schuldig machen, und vielmehr das Schicksal derselben, so viel es ihnen, ohne Verletzung ihrer Pflichten und des erhaltenen Auftrages, möglich ist, zu erleichtern bereit seyn.

§. 101. Wie die Exekutoren sich wegen Ablieferung der beigetriebenen, oder aus den gepfändeten Sachen, bei der Auktion gelöseten Gelder, zu verhalten haben, ist in vorallegirter Exekutionsordnung §. 65. 66. 80. und 90. umständlich vorgeschrieben.

§. 102. Wie sie gegen die Widersetzlichkeiten eines Exequendi sich Beistand und Verstärkung verschaffen, und wie die, bei Verrichtung ihres Amtes, ihnen zugefügten Beleidigungen geahndet werden sollen, ist eben daselbst §. 148—150. verordnet.

§. 103. Die Exekutoren müssen, außer den in der Sportultaxe bestimmten Gebühren, Warte- und Meilengeldern, und wenn sie Exekutionen über Land verrichten, dem freien Quartier, und Heizung zur Winterszeit, schlechterdings und unter keinerlei Prätexte, er habe Namen, wie er wolle, weder von dem Extrahenten der Exekution, noch von dem Exequendo selbst, ein Mehreres an Gelde oder Geldeswerth, abfordern oder annehmen, und auch allen Schein der Erpressung oder Korruption, auf das sorgfältigste vermeiden.

§. 104. Alle Beschwerden gegen Exekutoren, wegen verübter Plackereien und Insolentien; wegen ungebührlicher Begünstigung des Exequendi; wegen

Ueberschreitung der Schranken ihres Auftrags; wegen unterschlagener oder in ihren Nutzen verwendeter Gelder u. s. w., müssen die Kollegia genau und nach aller Strenge untersuchen lassen, und, bei richtigem Befunde der Beschwerde, dergleichen Excesse um so mehr mit Ernst und Nachdruck ahnden, da diese Leute ihre meisten Verrichtungen in der Provinz, und es dabei sehr oft mit gemeinen, einfältigen, und furchtsamen Parteien zu thun haben; folglich die Kontraventionen derselben leichter vorfallen, und seltener zur Wissenschaft des Gerichts gelangen können, als bei anderen Subalternen, die ihre Amtsgeschäfte unter den Augen des Kollegii selbst verrichten.

§. 105. Ein Exekutor muß bei dem Antritte seines Amts schwören: daß er die von dem Kollegio ihm aufgetragenen Exekutionen prompt und unverdrossen vollstrecken; dabei lediglich nach den Vorschriften der Exekutionsordnung, und des an ihn ergangenen Dekrets, verfahren; die ihm darin vorgeschriebenen Grenzen nicht überschreiten; dagegen aber auch von Vollziehung seines Auftrags, sich weder durch Furcht noch Geschenke, weder durch Drohungen noch Versprechungen, abwendig machen lassen; sich vor allen Excessen sorgfältig hüten; die beigetriebenen Gelder, nach dem jedesmaligen Inhalte des Dekrets, unverzüglich und treulich abgeben; sich mit seinen ausgesetzten Gebühren, ohne Mehreres zu fordern oder anzunehmen, begnügen, und sich überall so verhalten wolle, wie es einem getreuen und rechtschaffenen Exekutor wohl ansteht und gebührt.

Sechster Titel.

Von dem Amte der fiskalischen Bedienten.[1])

Bestellung.

§. 1. Fiskalische Bediente müssen die gemeinen und Landesgesetze wohl inne haben; eine genaue und praktische Kenntniß von den Vorschriften der Prozeßordnung besitzen; und bei dem Kollegio, wo sie die fiskalischen Angelegenheiten besorgen sollen, wegen ihres Fleißes, Liebe zur Ordnung, regelmäßigen, gesetzten und rechtschaffenen Betragens vortheilhaft bekannt seyn.

§. 2. Es sind daher zu solchen Bedienungen vorzüglich Leute zu wählen, welche bereits bei einem Landesjustizkollegio als Referendarien gestanden, und sich daselbst nach obigen Erfordernissen qualificirt haben. Insonderheit können auch Justizkommissarien dergleichen Stellen füglich übernehmen.

Obliegenheiten.

§. 3. Die Verrichtungen der fiskalischen Bedienten sind von doppelter Art. Die ersteren betreffen die Ausführung und Vertheidigung der dem höchsten Landesherrn und dessen Fisko zukommenden Rechte, so bald sie von einer

---

[1]) Ueber das frühere Amt der Fiskäle und dessen thatsächliches Eingehen s. o. S. 7 u. 13. Durch die demnächstige Gesetzgebung ist das Institut auch formell für beseitigt zu erachten. Denn bei den zu Finanzbehörden bestellten Regierungen ist zur speziellen Beaufsichtigung der fiskalischen Prozesse und der zu bestellenden fiskalischen Mandatare ein besonderes Amt, das der Justitiarien, geschaffen. Instr. f. d. Regierungen v. 23. 10. 1817 (G. S. S. 248) §§ 1. 3. 44; in Ansehung des Straf- und des Disciplinarverfahrens (§ 8 d. T.) aber sind die Fiskäle durch die Staatsanwälte ersetzt, und der fiskalische Untersuchungsprozeß ist durch § 182 der V. v. 3. 1. 1849 aufgehoben worden. Da sonach die Funktionen des Fiskalats gesetzlich anderweit vergeben sind, ist das Amt auch gesetzlich beseitigt. Tit. 6 des Textes ist somit antiquirt.

Privatpartei, oder sonst einem Dritten, beeinträchtigt oder bestritten werden. Die zweiten haben Verbrechen und Kontraventionen gegen die Gesetze zum Gegenstande, auf welche die fiskalischen Bedienten wachsam sein, sie ordnungsmäßig untersuchen, und auf deren Bestrafung gehörig antragen sollen.

§. 4. Die speziellen Obliegenheiten derselben in Ansehung beider Arten von Verrichtungen sind im Ersten Theile Tit. XXXV. hinlänglich auseinander gesetzt.

§. 5. Ueberhaupt aber müssen die fiskalischen Bedienten, in so fern sie die Rechte des Landesherrn und seiner Kassen in Civilprozessen ausführen oder vertheidigen, davon aus den Registraturen und Akten desjenigen Kollegii, welchem die Wahrnehmung und Verwaltung des streitigen Rechts oder Sache aufgetragen ist, zuverlässige und vollständige Informationen einzuziehen, sich nach bestem Vermögen angelegen seyn lassen; sie müssen ihr eifriges Bestreben dahin richten, daß dem Fisko, so wie jeder andern Partei, sein Recht widerfahre; sie müssen aber auch dabei sich aller Chikane, vorsätzlichen Zurückhaltung, Verdunkelung, Verdrehung der Wahrheit, falscher und unrichtiger, ihrer eigenen Ueberzeugung zuwider laufender Behauptungen, und frevelhaften Läugnens, sorgfältig enthalten; allermaaßen, wenn sie sich eines dergleichen ordnungswidrigen Betragens schuldig machen, solches an ihnen mit den gesetzlichen Strafen, gleich als an anderen Parteien und deren Bevollmächtigten, ohne die geringste Nachsicht geahndet werden soll.

§. 6. Nach dem zweiten Theile ihres Amts, sind die Fiskäle Wächter der Gesetze; welchen obliegt, auf eine durchgängig genaue Beobachtung derselben Acht zu haben; so bald ihnen Vermuthungen von Kontraventionen dagegen bekannt werden, selbigen mit Fleiß, Vorsicht und unablässigem Eifer näher nachzuforschen; wenn dadurch der geschöpfte Verdacht bestätigt wird, davon gehörigen Orts unverzüglich pflichtmäßige Anzeige zu machen; und auf weitere rechtliche Verfügung, wegen Untersuchung und Bestrafung derselben, anzutragen.

§. 7. Von Beobachtung dieser ihrer Hauptpflicht müssen sich die Fiskäle durch keine Konsideration in der Welt, am allerwenigsten durch Menschenfurcht, oder Ansehen der Person, abhalten lassen; da Se. Königliche Majestät, wenn sie durch gewissenhafte Wahrnehmung ihres Amtes sich Haß, Feindschaft, Neid, oder Verfolgung zuziehen sollten, sie dagegen nachdrücklich schützen und sicher stellen werden.

§. 8. Hauptsächlich müssen die Fiskäle auf das Betragen der sämmtlichen höheren und niederen Justizbedienten in ihrem Amte ein wachsames Auge haben; und wenn sie bei selbigen Verabsäumung oder Verletzung ihrer Pflichten wahrnehmen, davon, nach Bewandtniß der Umstände, dem Präsidenten des Kollegii, oder dem Chef der Justiz, freimüthig und ohne Rückhalt Anzeige machen.

§. 9. Sie müssen aber auch in diesem Theile ihres Amts sich vor allen Chikanen und Animositäten sorgfältig hüten, und niemanden ohne hinreichenden Grund, aus bloßem Privathaß, oder anderen Nebenabsichten, durch ihre Angaben und Denunciationen in Verdruß und Verlegenheit setzen.

§. 10. Bei den ihnen aufgetragenen Untersuchungen müssen sie mit aller Aufmerksamkeit, Akkuratesse und Legalität zu Werke gehen, sich nach den Vorschriften des Ersten Theils Tit. XXXV. genau achten; alle in den Gesetzen angewiesene und erlaubte Mittel, zur Entdeckung und vollständigen Ausmittelung des Verbrechens, oder der Kontravention, mit unverdrossenem Eifer aufsuchen und anwenden; dabei aber auch die für den Denunciaten oder Inkulpaten streitenden Vertheidigungsgründe mit gleicher Sorgfalt zu erforschen und ins Licht zu setzen bemüht seyn.

§. 11. In so fern den Fiskälen, vermöge ihres Amts und Bestallung, noch gewisse specielle Verrichtungen obliegen, müssen sie sich nach den ihnen darüber ertheilten Instruktionen pflichtmäßig achten.

Amt des Generalfiskals.

§. 12. Die fiskalischen Bedienten stehen zwar, gleich anderen Justizbedienten, unter der allgemeinen Aufsicht desjenigen Landeskollegii, in dessen Departement sie angesetzt sind; außerdem aber sind sie auch der nähern Direktion des Generalfiskals subordinirt, welchem sie zu gewissen Zeiten von der Beschaffenheit und Lage der unter ihrem Betriebe stehenden Prozesse und Untersuchungen Bericht abstatten müssen.

§. 13. Der Generalfiskal ist schuldig, die ihm untergebenen Fiskäle in beständiger Aufsicht und Ordnung zu halten; darauf zu sehen, daß sie ihren Pflichten, und insonderheit der obliegenden Wachsamkeit auf die Beobachtung der Gesetze, und Bestrafung aller Uebertretungen derselben, gehörig nachkommen; und diejenigen, welche sich dabei der Chikane und Durchstechereien, oder auch nur einer inkorrigiblen Nachlässigkeit und Schläfrigkeit schuldig machen, zur Kassation gehörigen Orts anzuzeigen.

§. 14. Er selbst muß auch an seinem Theile seine Pflichten, als Wächter der Gesetze, treulich wahrnehmen; besonders auf die Amtsführung bei den Landesjustizkollegien, und auf einen ununterbrochenen vorschriftsmäßigen Betrieb der bei selbigen schwebenden Prozesse fleißig Acht haben; seine desfalls gemachten Bemerkungen dem Chef der Justiz gebührend anzeigen; wenn Kontraventionen von anderer Art zu seiner Wissenschaft gelangen, selbigen durch die ihm untergebenen Fiskäle näher nachforschen, und die Sache durch sie weiter gehörig betreiben lassen.

§. 15. Dahingegen ist er für seine Person nicht schuldig, in einzelnen Fällen selbst Untersuchungen zu unternehmen; es wäre denn, daß ihm solche, wegen großer Wichtigkeit der Sache, von dem Landesjustizkollegio, in dessen Departement er seinen Sitz hat, oder unmittelbar vom Hofe aufgetragen würden.

Belohnung der Fiskäle.

§. 16. In so fern die fiskalischen Bedienten die Rechte des Fisci in Civilprozessen ausführen, oder vertheidigen, erhalten sie dafür die ihnen ausgesetzten Besoldungen; und haben, wenn der Gegentheil in die Kosten verurtheilt wird, eben die Gebühren, wie Rechtsassistenten der Privatparteien, zu fordern. In so fern sie Untersuchungen führen, kommen ihnen deshalb, wenn der Denunciat schuldig befunden wird, und des Vermögens dazu ist, die in der Sportultaxe ausgemessenen Gebühren zu; und in so fern besonders durch ihre Wachsamkeit und Zuthun fiskalische Strafen festgesetzt und beigetrieben werden, gebührt ihnen davon eine gewisse Quote, welche nach Beschaffenheit des Objekts, und der verschiedenen Verfassung einer jeden Provinz und Kollegii, an jedem Orte näher bestimmt ist.

Anh. §. 460. Von einem im Wege der Gnade vor der Einziehung erlassenen Konfiskate ist der fiskalische Bediente die fiskalische Quote zu fordern nicht berechtigt.

§. 17. Die fiskalischen Bedienten müssen bei dem Antritte ihres Amtes folgenden Eid ableisten:

Ich : : : schwöre 2c. Nachdem ich bei dem : : : Kollegio zu einem Fiskal bestellt worden, daß ich zuvörderst Sr. Königlichen Majestät von Preußen, meinem allergnädigsten Herrn, jederzeit treu, unterthänig und gewärtig seyn; Höchstdero Bestes und Interesse aus allen meinen Kräften suchen, beobachten und fördern, Schaden und Nachtheil aber, so viel an mir ist, warnen, verhüten und abwenden wolle.

Insonderheit schwöre ich, daß ich in den Angelegenheiten, wo mir die Ausführung oder Vertheidigung fiskalischer Gerechtsame aufgetragen wird, davon gründliche und vollständige Information, mit möglichstem Fleiß und Sorgfalt einziehen; bei der Instruktion solcher Sachen das Interesse des Königlichen Fisci, der Wahrheit und Gerechtigkeit gemäß, treulich wahrnehmen, und nichts, was solchem zuwider läuft, weder selbst thun, noch daß es von Anderen geschehe, willigen und gestatten wolle. Ich gelobe ferner, über einer genauen Befolge der Gesetze und Landesherrlichen Verordnungen unermüdet zu wachen; allen Kontraventionen dagegen eifrig und unverdrossen nachzuforschen, und sie zur gebührenden Bestrafung anzuzeigen; dabei auf kein Ansehen der Person, Furcht, Zuneigung, oder andere Konsiderationen zu achten; mich aber auch aller Chikane und Bedrückungen gegen die Unterthanen des Staats gewissenhaft zu enthalten; die mir aufgetragenen Untersuchungen mit pflichtmäßiger Treue, Sorgfalt und Betriebsamkeit zu führen; und mich durchgehends so zu verhalten, wie es einem getreuen, wachsamen, und rechtschaffenen fiskalischen Bedienten eignet und gebühret. So wahr ꝛc. ꝛc.

Anh. §. 461. Der von den fiskalischen Bedienten bei dem Antritt ihres Amts zu leistende Eid ist nach dem §. 4, 45 des Anhangs zu §. 43. Titel II. Theil III. vorgeschriebenen Formulare einzurichten. Statt der Worte:

„Insbesondere gelobe ich : : : Genüge leiste"

muß gesetzt werden:

„Insbesondere gelobe ich, den Vortheil des Königlichen Fisci überall nach meinem Vermögen wahrzunehmen, und möglichst zu verhüten, daß in keinem Falle zum Nachtheil desselben gehandelt werde, über die genaue Befolgung der landesherrlichen Verordnungen unermüdet zu wachen, allen etwanigen Kontraventionen eifrig und unverdrossen nachzuforschen, und solche ohne Ansehen der Person zur gebührenden Bestrafung anzuzeigen, die mir aufgetragenen fiskalischen Prozesse und Untersuchungen vorschriftsmäßig zu führen und baldmöglichst zur Endschaft zu befördern, die aufzunehmenden Protokolle genau und richtig niederzuschreiben, und meinen Vorgesetzten, in Amtssachen, der Subordination gemäß, schuldige Folge zu leisten.

Siebenter Titel.

Von dem Amte der Justizkommissarien und Notarien.[1])

Bestimmung der Justizkommissarien.

§. 1. Außer den eigentlichen Prozessen fallen im bürgerlichen Leben häufig Geschäfte vor, bei welchen, wenn sie auf eine gültige

---

[1]) Ueber die Justizkommissarien s. o. S. 7 u. 22. Auf die gegenwärtigen Rechtsanwälte ist der vorliegende Titel nicht anwendbar. Die Rechtsstellung der letzteren ist im Allgemeinen durch die R. A. O. geregelt. Aber auch insoweit hiernach für die von den Prozeßordnungen nicht betroffenen Angelegenheiten der Regelung einzelner spezieller Fragen durch die Landesgesetzgebung Raum gelassen ist, können hierfür die Vorschriften d. T. nicht mehr herangezogen werden, weil die wesentliche Voraussetzung derselben, die Beamteneigenschaft der Justizkommissarien, durch die R. A. O. beseitigt ist. Damit sind alle Vorschriften d. T., welche Verhältnisse der Rechtsanwälte als solche betreffen, namentlich auch diejenigen über ein ausschließliches Vertretungsrecht der Rechtsanwälte in nichtprozessualen Angelegenheiten (§§ 4. 30. 35) aufgehoben. R. G. v. 25. 2. 1884 (4 S. 125) u. Bierhaus S. 240. AM. Basch S. XVI und anscheinend auch die Allg. Verf. v. 28. 6. 1879 (J. M. Bl. S. 153), welche die „Befugniß zur Ausübung der Rechtsanwaltschaft für die bei den Amtsgerichten zu verhandelnden Angelegenheiten, auf welche die deutschen Prozeßordnungen nicht An-

und gesetzmäßige Art vollzogen werden sollen, die Unterthanen und Einwohner des Staats den Rath und die Assistenz eines Rechtsverständigen nicht entbehren können.

Da von einer ordentlichen, zuverlässigen und legalen Besorgung solcher Angelegenheiten die Sicherheit und der Wohlstand der Unterthanen größtentheils mit abhangen; so kann es dem Staate nicht gleichgültig seyn, was für Leute zu solchen Besorgungen gebraucht werden, sondern er muß dazu Männer von geprüfter Geschicklichkeit und Rechtschaffenheit aussuchen, und dem Publiko als solche, an die es sich in seinen Privatangelegenheiten mit Zuversicht wenden könne, bezeichnen.

§. 2. Aus diesem Grunde haben Se. Königliche Majestät resolvirt, in den verschiedenen Oertern und Gegenden von Höchstdero gesammten Provinzen, dergleichen Personen anzusetzen, welche dazu bestimmt und autorisirt sind, den Einwohnern und Unterthanen, sowohl in ihren Prozessen als Rechtsbeiständе oder Bevollmächtigte zu dienen; als ihnen in ihren keinen Prozeß betreffenden Rechtsangelegenheiten, mit ihrem Rath und Beistande, auf Verlangen, an die Hand zu gehen.

§. 3. Diesen Justizbedienten wird der Name von Justizkommissarien,[2]) und denjenigen unter ihnen, welche zugleich die den Notariis publicis angewiesenen Geschäfte mit besorgen sollen, die Benennung von Notarien beigelegt. In so fern sich der eine oder der andere unter ihnen durch treue, fleißige, und rechtschaffene, dem Publiko geleistete Dienste besonders auszeichnen würde, behalten

---

wendung finden, allen Rechtsanwälten ertheilt, welche bei dem Landgerichte des Bezirks oder bei einem Amtsgerichte im Bezirk desselben zur Rechtsanwaltschaft zugelassen sind"; vgl. auch J. M. Bl. 1879 S. 356.

Dagegen besteht der siebente Titel fort in Ansehung der Notare. Da aber das Amt der letzteren nicht nur in der Urkundenaufnahme besteht, vielmehr zu ihrer Thätigkeit auch sonstige außerprozessuale Bedienung der Parteien in Rechtsangelegenheiten gehört (vgl. Koch-Jastrow S. 38; s. auch § 47 d. T.), so sind alle diejenigen Bestimmungen d. T., welche auf solche Art von Thätigkeit anwendbar sind, und welche nach der A. G. O. für Rechtsanwälte und Notare gemeinschaftlich gelten, noch heute anwendbar, insoweit solche Thätigkeit von Notaren geübt wird, sei es, daß dieselben überhaupt nicht Rechtsanwälte sind (s. Anm. 7), sei es, daß sie in ihrer Eigenschaft als Notare angegangen werden. Lediglich auf rechtsanwaltliche Funktionen oder auf die Bestellung der Rechtsanwälte als solche beziehen sich insbesondere die §§ 4—6. 39—44 und die Anh. §§ 464. 466. Diese sind somit vollständig beseitigt; wegen § 5 vgl. indessen Anm. 9.

Wegen der Beseitigung einzelner Vorschriften auch in Ansehung der Notare s. die folgenden Anmerkungen.

[2]) Der Name ist bereits durch die V. v. 2. 1. 1849 § 30 in „Rechtsanwalt" geändert worden; gegenwärtig bestimmt er sich nach der R. A. O.

Se. Königliche Majestät Sich vor, denselben mit dem Charakter eines Justizkommissionsraths begnadigen zu lassen.[3])

Anh. §. 462. Die Justizkommissarien und Notarien sind als wirkliche Staatsdiener anzusehen.[4])

§. 4. In wie fern bei Prozessen auch Andere, als Justizkommissarien, zu Rechtsbeiständen, oder Bevollmächtigten der Parteien zugelassen werden können, ist im Ersten Theile Tit. III. §. 14 und 22 u. f. verordnet. Zu den übrigen §. 1. benannten Geschäften sind sie dergestalt ausschließend befugt, daß außer ihnen, in der Regel, niemand dergleichen Geschäfte, als ein Gewerbe, treiben darf, und daß daher keine Vorstellungen und Eingaben in Sachen dieser Art, welche nicht von den Parteien selbst kundbar angefertigt, oder von recipirten Justizkommissarien unterschrieben und legalisirt sind, bei den Kollegien angenommen, oder Verfügungen darauf erlassen werden sollen. Es wird dagegen aber auch dafür gesorgt werden, daß in allen Gegenden des Landes eine hinlängliche Anzahl solcher öffentlich autorisirter Personen, an die ein jeder sich in vorkommenden Fällen wenden könne, zu haben seyn möge.

§. 5. An welchen Orten Justizkommissarien, und wie viele derselben an einem Orte zu bestellen, muß nach Erforderniß der Umstände, der Bevölkerung, des Verkehrs und Gewerbes, der häufiger oder seltener vorkommenden mehr oder minder wichtigen Prozesse, und der daraus sich ergebenden größern oder geringern Bedürfniß des Publici bestimmt; dabei aber dahin gesehen werden, daß es auf der einen Seite dem Publiko an einer hinlänglichen Auswahl solcher Männer, deren es sich in seinen Rechtsangelegenheiten bedienen könne, nicht gebreche, auf der andern Seite aber auch durch eine zu große Vermehrung derselben, und den daraus entstehenden Mangel hinlänglicher Subsistenz, zu Erregung und Unterhaltung der Streitsucht unter den Einwohnern, zu Betrügereien und Unterschleifen und zu anderen dergleichen unerlaubten Handlungen, wozu Nahrungslosigkeit und Not mannigfaltigen Reiz enthalten, kein Anlaß gegeben werde.

§. 6. In größeren Städten, wo mehrere Gerichte sind, bei welchen viele Prozesse schweben, sind die Justizkommissarien in Ansehung der Prozeßpraxis unter diese Gerichte dergestalt zu vertheilen, daß einem jeden derselben eins oder etliche davon angewiesen werden, bei welchen allein er nur Prozesse, als Rechtsbeistand oder Bevollmächtigter, betreiben kann.

§. 7. Ueberhaupt ist die Prozeßpraxis eines jeden Justizkommissars auf den Ort oder Distrikt eingeschränkt, wo er dazu in seiner Bestallung angesetzt worden ist. In Ansehung seiner übrigen auch der Notariatsgeschäfte hingegen, erstreckt sich seine Befugniß über den ganzen Gerichtsbezirk des Landesjustizkollegii, bei welchem er bestellt ist.[5])

---

[3]) Die Titelverleihung steht dem König auch gegenüber den Rechtsanwälten, wie gegenüber jedem Privatmanne, zu (Verf.-Urk. Art. 50). Durch K. O. v. 1. 11. 1835 (G. S. S. 230) ist der Titel in „Justizrath" geändert worden.

[4]) Der Anh. § 462 ist aus dem R. v. 30. 1. 1813 (Jahrb. 2 S. 3) entnommen. Er gilt nur noch betreffs der Notare (s. Anm. 1; vgl. auch St. G. B. § 359). Wegen der Eigenschaft der Notare als „Behörden" vgl. B. d. vereinigten Strafsenate d. R. G. v. 14. 11. 1888 (E. i. St. 18 S. 246).

[5]) § 7 ist antiquirt; Betreffs der Rechtsanwälte s. Anm. 1; betreffs der Notare gilt jetzt:

Gesetz enthaltend Bestimmungen über das Notariat u. s. w. Vom 15. Juli 1890 (G. S. S. 229).

§ 2. Der Geschäftsbezirk eines Notars umfasst den ganzen

Kollegia der Justizkommissarien.

§. 8. Die in einem Departement bestellten Justizkommissarien stehen unter der Aufsicht und Direktion des dem Departement vorgesetzten Justizkollegii. Damit jedoch dieses sie desto zuverlässiger übersehen und in Ordnung halten könne; so sollen sie, nach Gelegenheit jeden Orts und Distrikts, in gewisse Kollegia zusammen gezogen, und jedem dergleichen Kollegio soll ein gemeinschaftlicher Direktor vorgesetzt werden.[6])

Von Justizkommissarien, die zugleich Notarien sind.

§. 9. Die Funktion eines Justizkommissarii, und die eines Notarii, dürfen nicht nothwendig mit einander verbunden seyn;[7]) vielmehr erfordert dieses letztere Amt, außer der nöthigen Geschicklichkeit und gewöhnlich gutem moralischem Charakter, einen vorzüglichen Grad von Erfahrung, Geschäftskenntniß, und durch mehrjährige Beobachtung geprüft erfundenen Rechtschaffenheit und Zuverlässigkeit. Es sollen daher junge Leute, von denen man sich wegen dieses letztern Erfordernisses noch nicht so überzeugend versichert halten kann, vorerst nur als Justizkommissarien angesetzt,[8]) und ihnen das Notariat erst in der Folge, wenn sie sich dazu noch mehr qualificirt haben, anvertraut werden.[9])

Nebenbedienungen der Justizkommissarien.

§. 10. Die Justizkommissarien können zwar bei solchem ihrem Amte zugleich andere Nebenbedienungen übernehmen; damit aber hieraus kein Mißbrauch entstehen, die Justizkommissarien sich mit

---

Oberlandesgerichtsbezirk, in welchem ihm der Wohnsitz angewiesen ist."

Wegen der Anweisung des Wohnsitzes s. A. L. R. II 10 § 92 und wegen Anweisung einer bestimmten Stadtgegend G. v. 15. 7. 1890 § 3.

[6]) s. Anm. 1 u. 62.

[7]) Der erste Satz des § 9 gilt gegenwärtig nicht kraft der A. G. O., sondern ergiebt sich aus den Grundsätzen der R. A. O. Dagegen besteht aus § 9 der weitere Inhalt, daß die Notare aus den Rechtsanwälten zu entnehmen sind, fort, wenngleich die Verwaltung einen Einfluß darauf, daß der Funktionär die Rechtsanwaltschaft beibehält, nicht immer hat. — Zu § 9 tritt hinzu:

V. v. 2. Januar 1849 (G. S. S. 1) § 30 Abs. 3:

In den Städten von 50 000 und mehr Einwohnern können besondere Notarien angestellt werden.

Wo die A. G. O. von einem „Justizkommissar und Notar" spricht (vgl. II 1 §§ 10. 12 II 3 § 23 u. A.), da ist jetzt ein Notar darunter zu verstehen, gleichviel ob er Rechtsanwalt ist oder nicht.

[8]) Die Vorschrift über Ansetzung der Rechtsanwälte ist antiquirt; s. Anm. 1.

[9]) Dies ist jetzt, wo die Verwaltung einen Einfluß auf die Zahl der Rechtsanwälte nicht mehr hat, nicht dahin zu verstehen, daß jeder Rechtsanwalt unter den Voraussetzungen des § 9 einen Anspruch auf das Notariat hätte. Vielmehr muß die Verwaltung die allgemeinen Rücksichten, welche früher bei Bestimmung der Zahl der Rechtsanwälte maßgebend waren (§ 5), jetzt bei der Ernennung der Notare zur Geltung bringen.

solchen Nebenarbeiten nicht zu sehr überladen und distrahiren; dadurch aber sich außer Stand setzen mögen, dem Publiko ihre Dienste mit der erforderlichen Applikation, Genauigkeit und Promptitüde zu leisten: so sollen sie, ohne Vorwissen und Genehmigung des Landesjustizkollegii, dergleichen Nebenbedienungen anzunehmen, nicht berechtigt seyn.[10])

§. 11. Damit auch sowohl das Publikum wissen möge, in welchen Vorfallenheiten und Geschäften es sich an die Justizkommissarien zu verwenden habe; als auch diese selbst von den Obliegenheiten ihres Amtes, und den Schranken desselben, sich richtige und vollständige Begriffe bilden können; so soll im gegenwärtigen Titel näher gehandelt werden:

I) von Ansetzung und Bestellung der Justizkommissarien;
II) von ihren Verrichtungen und Pflichten;
III) von der Einrichtung und Verfassung ihrer Kollegien.

Erster Abschnitt.

Von Ansetzung und Bestellung der Justizkommissarien und Notarien.[11])

Erfordernisse.

§. 12. Es soll niemand zu einem Justizkommissario bestellt werden, der nicht zuvor eine Zeit lang bei einem Justizkollegio als Referendarius gestanden; unverdächtige Proben von Geschicklichkeit und Betriebsamkeit abgelegt; und sich übrigens jederzeit eines stillen, regelmäßigen, und durchaus rechtschaffenen Verhaltens beflissen hat.

§. 13. Wer dergleichen Amt erlangen will, muß sich bei dem Landesjustizkollegio des Departements darum melden, und sich, auf Erfordern, einer nochmaligen Prüfung, oder doch der Anfertigung gewisser Probearbeiten über Materien, die sich auf die Notariatsfunktion näher beziehen, unterwerfen.

Anh. §. 463. Die Prüfung geschieht, wie es in Absicht der Mitglieder der Landesjustizkollegien §. 21—25. Titel IV. Theil III. vorgeschrieben ist, von der Immediatkommission zu Berlin. Der Chef der Justiz kann jedoch in einzelnen Fällen davon dispensiren.

Der Prüfung der Justizkommissarien von Seiten der Immediatkommission bedarf es nicht, wenn sie bei Gerichten angestellt werden sollen, deren Direktoren oder Mitglieder sich der Prüfung bei der Immediatkommission zu unterwerfen nicht schuldig sind.[12])

---

[10]) s. dazu K. O. v. 13. 7. 1839 (G. S. S. 235). G. v. 10. 6. 1874 § 4. Ob.-Tr. v. 10. 2. 1865 (J. M. Bl. S. 72; Oppenhoff 5 S. 485).

[11]) Wegen der Rechtsanwälte s. Anm. 1. Betreffs der Befähigung zum Notariat (§§ 12—14) gilt jetzt (nachdem schon § 37 der V. v. 2. 1. 1849 eine Aenderung getroffen hatte) G. v. 15. 7. 1890 (s. Anm. 5):

§ 1. Zur Bekleidung der Stelle eines Notars ist befähigt, wer in einem Deutschen Bundesstaate die Fähigkeit zum Richteramt erlangt hat.

[12]) vgl. III 4 § 34.

Prüfung.

§. 14. Bei dieser Prüfung sollen die Kompetenten über die nach dem folgenden Abschnitte zu ihrem Amte gehörigen Verrichtungen, insonderheit über die Lehre von Kontrakten und Testamenten, deren wesentlichen und zufälligen Stücken, den darin vorkommenden Klauseln und deren Wirkungen; ingleichen über die Lehre von Hypotheken und deren Erfordernissen, die Verfassung des Hypothekenwesens, und die Art, wie die dahin einschlagenden Geschäfte nach Vorschrift der Landesgesetze zu betreiben; wie nicht weniger über andere in die Notariatsgeschäfte einschlagende Materien, examinirt; sodann ihnen von den Examinatoren Fälle, worüber Kontrakte oder Testamente zu errichten sind, vorgelegt; und darnach von ihnen in Gegenwart der Examinatoren ein Protokoll, nachher aber ein Instrument entworfen; überhaupt aber bei diesem Examen auf die dem Kandidaten beiwohnende Akkuratesse und Ueberlegung, so wie auf Ordnung und Deutlichkeit des Vortrags, Rücksicht genommen werden.

Bestellung.[13])

§. 15. Wenn nun ein solcher Kompetent bei der vorgenommenen Prüfung zu dem Amte eines Justizkommissarii tauglich befunden worden ist, so soll das Kollegium wegen seiner Bestellung dazu an den Chef der Justiz berichten.

§. 16. Die Justizkommissarien und Justizkommissionsräthe erhalten ihr Patent unter dessen Vollziehung, und müssen zugleich, wenn sie auch zu Notariatsgeschäften autorisirt seyn sollen, bei dem Kollegio, in dessen Departement sie angesetzt worden sind, als Notarii publici ordentlich immatrikulirt werden.[13])

Zweiter Abschnitt.

Von den Verrichtungen der Justizkommissarien, und ihren Pflichten.

§. 17. Die Verrichtungen der Justizkommissarien [14]) sind von dreifacher Art:

I. daß sie den Parteien in ihren rechtlichen Angelegenheiten, auf Verlangen, mit Rath und Gutachten an die Hand gehen;

II. daß sie von denselben in dergleichen Geschäften, besonders wenn dieselben gerichtlich vollzogen werden sollen, Aufträge und Vollmachten übernehmen;

III. daß sie in wirklichen Prozessen die Angelegenheiten der Parteien als deren Rechtsbeistände oder Bevollmächtigte besorgen;

IV. daß sie als Notarii Kontrakte und andere Instrumente

---

[13]) Wegen Bestellung der Notare (§§ 15. 16) gilt jetzt:
V. v. 2. Januar 1849 (G. S. S. 1).
§ 36. Die Präsidenten . . . . werden durch Uns selbst, dagegen Assessoren . . . . Notarien . . . . in Unserem Namen durch den Justizminister ernannt.

Die besondere Immatrikulation der Notare beim Obergericht hing mit der kollegialen Organisation des Notariats zusammen (§ 91) und ist zugleich mit letzterer unpraktisch geworden; vgl. Anm. 62.

[14]) Die Verrichtungen zu III betreffen lediglich die Rechtsanwälte; die zu I u. II können dagegen auch von den Notaren geübt werden. Die auf die Angelegenheiten zu I. II. IV bezüglichen Einzelvorschriften bestehen deshalb betreffs der Notare fort; s. Anm. 1.

errichten und unter den Parteien vollziehen, welche den Glauben und die Kraft öffentlicher Urkunden haben sollen.

Allgemeine Obliegenheiten.

§. 18. Die Justizkommissarien haben bei diesen Verrichtungen theils gewisse allgemeine, theils bei den verschiedenen Arten derselben gewisse besondere Pflichten und Obliegenheiten zu beobachten.

§. 19. Zu ihren allgemeinen Plichten gehört:

1) eine genaue und sorgfältige Beobachtung der Gesetze überhaupt;
2) eine strenge und gewissenhafte Redlichkeit;
3) eine unverdrossene Bereitwilligkeit, dem Publiko mit ihrem Amte zu Statten zu kommen.

Gesetzmäßigkeit.

§. 20. In Ansehung der ersten Hauptpflicht sind die Justizkommissarien schuldig, sich die Vorschriften der Gesetze sorgfältig bekannt zu machen, und dieselben bei allen ihren Amtsverrichtungen beständig vor Augen zu haben.

§. 21. Sollte daher ein Justizkommissarius etwas vornehmen, und insonderheit bei Gerichten nachsuchen oder antragen, was den klaren Vorschriften der Gesetze zuwider wäre; so soll er deshalb mit einer proportionirlichen Geldstrafe belegt, im Wiederholungsfalle aber auf seine Entlassung angetragen werden.[15])

§. 22. Wenn ein Justizkommissarius in seinen Amtsgeschäften, es sey aus Unwissenheit, oder aus Leichtsinn und Fahrlässigkeit, solche Fehler begeht, woraus Nullitäten in den von ihm vollzogenen Handlungen, oder irgend ein anderer Nachtheil für die Parteien, welche sich und ihr Interesse ihm anvertraut haben, entsteht; so soll derselbe nicht nur schuldig seyn, allen solchergestalt verursachten Schaden zu erstatten; sondern es soll auch, bei einem daraus sich veroffenbarenden höhern Grade von Unwissenheit, Faulheit, oder Nachlässigkeit, darauf, daß er seines Amtes, als dazu untüchtig, entsetzt werde, gehörigen Orts der Antrag geschehen.[16])

Redlichkeit.

§. 23. Die gewissenhafte Redlichkeit, deren sich ein Justizkommissarius in allen seinen Geschäften befleißigen muß, verbindet denselben, das Interesse derjenigen Partei, die ihn zu ihrem Konsulenten oder Bevollmächtigten erwählt hat, treu und eifrig wahrzunehmen; wenn Parteien einen Aktus vor ihm in der Qualität eines Notarii vollziehen wollen, bei Abfassung der Protokolle und

---

[15]) Vgl. Vorbem. z. Th. III Anm. 2 zu d.
[16]) Vgl. Vorbem. a. a. O.

Instrumente, den Hergang der Sache richtig, vollständig, und der Wahrheit gemäß darin vorzutragen, und die Versprechungen, Angelöbnisse und Verabredungen der Interessenten nach ihrem eigentlichen Sinne und Meinung zu verzeichnen; solchen Parteien die Vorschriften der Gesetze deutlich und richtig zu erklären, und sie vor deren Uebertretung oder Verabsäumung, ingleichen vor allem andern Schaden und Nachtheil, ehrlich und freimüthig zu warnen;[17]) von den bei solchen Gelegenheiten zu seiner Kenntniß gelangenden Geheimnissen der Familien, und der Interessenten selbst, nichts zu verrathen, noch sonst einen übeln Gebrauch davon zu machen; vielmehr darüber die unverbrüchlichste Verschwiegenheit zu beobachten;[18]) insonderheit aber sich unter keinerlei Vorwande als ein Werkzeug der Bosheit, der Arglist, der Chikane, des Betrugs, des Wuchers, oder anderer dergleichen unerlaubter Kunstgriffe, gebrauchen zu lassen.

§. 24. Vergehungen wider diese Hauptpflicht müssen um so strenger und nachdrücklicher geahndet werden, je nothwendiger es ist, den Bürgern des Staats, die sich in ihren wichtigsten und geheimsten Angelegenheiten der Redlichkeit und Sorgfalt dieser Justizkommissarien anvertrauen sollen, dabei Sicherheit und Zuverlässigkeit zu verschaffen. Wenn daher nur irgend ein Verdacht eines hinterlistigen, betrügerischen, oder sonst unlautern Betragens gegen einen Justizkommissarius sich hervor thut; so muß das Gericht dem Grunde desselben von Amts wegen sofort näher nachforschen; die Verantwortung des Verdächtigen erfordern; den Vorfall, welcher zu dergleichen Argwohn Anlaß gegeben hat, genau und sorgfältig, doch ohne die Förmlichkeiten eines ordentlichen Inquisitionsprozesses, untersuchen; und von dem Befunde, mit Beischluß der darüber aufgenommenen Protokolle, an den Chef der Justiz gutachtlich berichten; welcher Letztere sodann, nach Bewandtniß der Umstände, bestimmen wird, wie dergleichen Vergehen bestraft, und ob der beschuldigte Justizkommissarius seines Amts, als dessen unwürdig, sofort entsetzt; oder ob gegen ihn, wenn die Sache sich nach Vorschrift des Allgemeinen Landrechts Th. II. Tit. XX. §. 1334. zu einer noch härtern Bestrafung qualificirt, der förmliche Inquisitionsprozeß verhängt, unterdessen aber er von seinen Funktionen suspendirt werden solle.[19])

Anh. §. 464. Damit geschickte, fleißige und rechtschaffene Justizkommissarien der verdienten Auszeichnung genießen, so sollen die Ober- und größeren Untergerichte sie denjenigen Parteien, welche die Auswahl eines Rechtsfreundes nachsuchen, nicht nur ausschließlich empfehlen, sondern auch in die Ediktalcitationen, in welchen die Vorgeladenen an Justizkommissarien verwiesen werden, nur die Namen solcher Männer einrücken, welche jene Eigenschaften besitzen.[20])

---

[17]) s. dazu Not. O. § 4.

[18]) s. dazu Not. O. § 19.

[19]) Vgl. Vorbem. a. a. O.

[20]) Die Vorschrift bezieht sich nur auf die rechtsanwaltliche Thätigkeit, bei welcher die Parteien die Zuweisung eines Anwalts durch das Gericht verlangen konnten. A. G. O. I 3 §§ 14. 23.

Bereitwilligkeit.

§. 25. Vermöge der den Justizkommissarien, als ihre dritte Pflicht, obliegenden Bereitwilligkeit, dem Publiko mit ihrem Amte zu dienen, müssen dieselben jedermänniglich, welcher sich an sie wendet, damit auf eine gesetzliche Art zu Statten kommen; und ihre Assistenz aus bloßer Bequemlichkeit, Menschenfurcht, oder anderen Nebenrücksichten, niemandem versagen.[21])

Eben dieß sind sie auch gegen arme Parteien unentgeldlich zu thun verbunden, wenn sich diese an sie wenden, oder von den Gerichten, oder dem Direktor, an sie verwiesen werden.[22])

§. 26. Nur in folgenden Fällen sind sie nicht nur befugt, sondern auch schuldig, die Parteien abzuweisen, und sich mit den Angelegenheiten derselben nicht zu befassen.[23])

a) Wenn Parteien die Assistenz und den Dienst eines Justizkommissarii zu einer widerrechtlichen, betrüglichen, und auf die Verkürzung eines von ihnen, oder auch eines Dritten, abzielenden Handlung begehren sollten.

Anmuthungen dieser Art müssen die Justizkommissarien nicht nur standhaft abweisen, sondern auch den Requirenten das Unerlaubte und Strafbare ihrer Vorhabens nachdrücklich vorhalten; übrigens aber von einem dergleichen Vorfalle dem Direktor ihres Kollegii unverzüglich Anzeige machen; welcher alsdann die übrigen Justizkommissarien davon sofort benachrichtigen, und sie warnen muß, sich mit dergleichen Parteien in einer solchen Sache durchaus nicht einzulassen.[24])

b) Wenn, in Prozessen, der Justizkommissarius von dem Ungrunde der Forderung oder Weigerung einer an ihn sich wendenden Partei überzeugt ist, so muß er eine solche Sache gegen seine eigene Einsicht und Ueberzeugung nicht übernehmen; vielmehr eine solche Partei durch Vorstellungen und Belehrungen, vom ungegründeten oder wohl gar strafbaren Prozessiren abzuhalten suchen. Nur wenn das vorgesetzte Kollegium ihn einer Partei zum Beistande oder Bevollmächtigten zuordnet, muß er die Vertretung derselben übernehmen; und wenn er sie von der Unstatthaftigkeit ihres Anspruchs oder ihrer Einwendungen nicht überzeugen kann, von den zu deren Unterstützung ihm an die Hand gegebenen Gründen treulich Gebrauch machen.[25])

c) Wenn ein Justizkommissarius mit Amtsgeschäften dergestalt überladen ist, daß er neue ihm zukommende Requisitionen und Aufträge, mit der erforderlichen Sorgfalt, Attention und Bedachtsamkeit, nicht würde befolgen noch ausrichten können; so muß er

---

[21]) s. dazu Not. G. § 1.

[22]) Die Verpflichtung der Notare, im Armenrecht thätig zu sein, erscheint jetzt beseitigt; vgl. Koch-Jastrow Not. G. § 1 Anm. 4 zu e (S. 50); wegen des in § 52 erwähnten Direktors s. Anm. 62.

[23]) Für die Weigerungsbefugniß der Notare in Ansehung der instrumentirenden Thätigkeit gelten jetzt Not. G. §§ 1—6; betreffs der nichtinstrumentirenden Thätigkeit (s. Anm. 1) gilt § 26 fort; vgl. auch Anm. 27.

[24]) Die Anzeige an den Direktor ist antiquirt; s. Anm. 62.

[25]) Buchstabe b) bezieht sich nur auf die Thätigkeit als Rechtsanwälte; vgl. deshalb Anm. 1.

sich durch den Eigennutz nicht verleiten lassen, mehr Geschäfte, als er bestreiten kann, zu übernehmen; sondern er muß dergleichen Parteien an andere seiner Kollegen verweisen; und soll, wenn er in einer Sache etwas versieht oder vernachlässigt, der Vorwand überhäufter Arbeiten ihm niemals zu einiger Entschuldigung gereichen.

d) Wenn ein Geschäft zwischen zwei Parteien abzuthun ist, welche dabei ein gegeneinander laufendes Interesse haben; und es hat ein Justizkommissarius sich mit der einen Partei, als ihr Konsulent oder Bevollmächtigter, bereits vorhin eingelassen; so muß er, wenn der Gegentheil sich an ihn wendet, und die Sache einen Prozeß betrifft,[26]) darin von diesem Gegentheile keinen Auftrag annehmen, noch demselben mit seinem Rathe und Gutachten beistehen; am allerwenigsten aber von den Nachrichten und Geheimnissen, die ihm etwa vorhin von dem andern Theile anvertraut worden, zu dessen Schaden, bei Strafe der Prävarikation, irgend einigen Gebrauch machen.

Soll in einer andern Angelegenheit, worin der Justizkommissarius dem einen Interessenten vorher beiräthig gewesen ist, eine Notariatshandlung von ihm vorgenommen werden;[27]) so muß er dieß Verhältniß dem andern Interessenten ohne Rückhalt eröffnen. Findet dieser dennoch keinen Anstand dabei, die Handlung durch ihn vollziehen zu lassen; so kann er dieselbe zwar unbedenklich vornehmen, er muß aber dabei, so bald er als Notarius handelt, die Rechte beider Theile mit gleicher Sorgfalt wahrnehmen, und, bei Strafe der Kassation,[28]) sich nicht dazu gebrauchen lassen, den einen Theil zu Gunsten des andern zu übervortheilen.

Noch weniger ist es für eine Prävarikation zu achten, wenn Parteien in einer solchen Angelegenheit mit gutem Vorbedacht und Ueberlegung, sich an einen und eben denselben Justizkommissarius wenden, und ihn um die Vollziehung eines Aktus gemeinschaftlich requiriren; oder wenn sie auf denselben als ihren Schiedsrichter kompromittiren; in welchem letztern Falle derselbe die Obliegenheiten eines solchen Schiedsrichters genau beobachten muß. Uebrigens versteht es sich von selbst, daß in Fällen, wo Justizbediente überhaupt, wegen naher Verwandtschaft, oder bei der Sache habenden Interesse, sich ihres Amts zu enthalten schuldig sind, auch ein Justizkommissarius sich keiner Notariatsverrichtungen anmaaßen dürfe.[29])

Besondere Pflichten der Justizkommissarien.

§. 27. Bisher ist von den Verrichtungen und Pflichten der Justizkommissarien überhaupt gehandelt worden. Nunmehr sollen

---

[26]) Dieser Fall betrifft ausschließlich die Thätigkeit als Rechtsanwalt; vgl. deshalb Anm. 1.

[27]) Wegen Anwendbarkeit der beiden letzten Absätze des § 26 auf die Aufnahme von Notariatsakten vgl. Koch-Jastrow Not. G. § 6 Anm. 8 (S. 64).

[28]) Vgl. Vorbem. zu Th. III Anm. 2 zu d.

[29]) Der Schlußsatz bezieht sich nur auf die instrumentirende Thätigkeit und ist durch Not. G. §§ 1. 5. 6. beseitigt.

die verschiedenen Arten ihrer Geschäfte, und ihre besonderen Obliegenheiten bei jedem derselben, näher bestimmt werden.

I. Als Konsulenten.

I) Als Konsulenten der Parteien sind sie berechtigt, denjenigen, welche sich an sie wenden, in allen Arten von außergerichtlichen Angelegenheiten, mit ihrer Rechtswissenschaft und Rathschlägen an die Hand zu gehen. Sie müssen aber ihren Rath und Gutachten nicht eher, als nach eingezogener vollkommener Kenntniß der Sache, und nach reiflicher Erwägung aller dabei vorkommender Umstände ertheilen; und sich sorgfältig hüten: daß sie dadurch die Parteien nicht irre führen, noch zum unnöthigen oder ungegründeten Prozessiren verleiten; den Frieden und die Eintracht der Familien nicht stören; noch irgend eine gesetzwidrige Handlung dadurch veranlassen, oder begünstigen.

II. Als Bevollmächtigte und Rechtsbeistände.

§. 28. II) Das zweite Hauptgeschäft der Justizkommissarien besteht darin, daß sie den Parteien in allen ihren rechtlichen Angelegenheiten, welche keinen Prozeß betreffen, sie mögen nun, ihrer Natur und den Vorschriften der Gesetze nach, eine gerichtliche Verhandlung erfordern, oder nach der Intention der Parteien, mehrerer Sicherheit und Festigkeit halber, solchergestalt vollzogen werden, die Parteien vertreten, und als Bevollmächtigte derselben erscheinen.

§. 29. Zu solchen Angelegenheiten gehören vornehmlich:

1) Der Betrieb der Exekution eines rechtskräftigen Urtels, auch wenn die Instruktion des Prozesses ohne Zuziehung eines Justizkommissarii erfolgt ist.[30])

2) Das Amt eines Curatoris bonorum.[31])

3) Die Besorgung der Deposital-Angelegenheiten, wobei Privatparteien interessiren, z. B. Annehmungs- und Auszahlungsgesuche, Einbringung der Gelder in das gerichtliche Depositum, deren Erhebung u. s. w.[32])

4) Ueberhaupt alle und jede Angelegenheiten und Geschäfte, wo, außer wirklichen Prozessen, bei Gerichten etwas anzuzeigen, nachzusuchen oder zu besorgen ist.

§. 30. In allen vorstehenden Fällen müssen die Parteien sich der Assistenz der bei dem Gerichte angesetzten und recipirten Justizkommissarien schlechterdings bedienen, und können dazu keine andere Personen, als welche selbst in einem

---

[30]) Der Betrieb der Zwangsvollstreckung ist als prozessuale Angelegenheit lediglich Obliegenheit der Rechtsanwälte; vgl. deshalb Anm. 1.

[31]) Der curator bonorum ist jetzt entweder der Pfleger der B. O. oder der Konkursverwalter. Beide Funktionen stehen zum Amte eines Rechtsanwalts oder Notars in keiner Beziehung mehr. Wird ein Notar dazu ernannt, so fällt die betreffende Funktion gleichwohl nicht unter seine Amtsthätigkeit.

[32]) Ueber das Depositalwesen s. o. S. 48 Anm. 5.

Prozesse nach der Vorschrift des Ersten Theils Tit. III. §. 25. 26. nicht auszuschließen seyn würden, admittirt werden. Nur allein in den unter Nr. 3. bemerkten Depositalangelegenheiten soll den Interessenten frei stehen, zur Ablieferung oder Erhebung der Gelder auch jemand andern zu bevollmächtigen.[33])

§. 31. Uebrigens müssen die Justizkommissarien sich bei allen diesen Geschäften hauptsächlich nach den Gesetzen, und nach den oben ihnen allgemein vorgeschriebenen Pflichten; hiernächst aber nach dem Auftrage und der Intention ihrer Mandanten lediglich achten; auch alle Ueberschreitung der Grenzen ihrer Vollmacht und Instruktion sorgfältig vermeiden.

§. 32. Hauptsächlich aber gehören zu den Verrichtungen der Justizkommissarien, in so fern sie Bevollmächtigte der Parteien sind:

5) Die Besorgung aller und jeder Handlungen der nichtstreitigen Gerichtsbarkeit, sie mögen nun das Hypothekenwesen, oder andere Geschäfte der Bürger und Einwohner des Staats betreffen; in so fern dergleichen Aktus nicht zum Prozesse gehören; gleichwohl aber, entweder nach gesetzlichen Vorschriften, oder nach dem Entschlusse und der Verabredung der Interessenten, gerichtlich vollzogen werden sollen.

§. 33. In beiderlei Angelegenheiten können die Justizkommissarien nach einem doppelten Verhältnisse mitwirken, nämlich:

1) in so fern sie die dazu gehörigen Kontrakte und Instrumente aufnehmen und verfertigen;

2) in so fern sie dieselben gerichtlich einreichen und vollziehen.

§. 34. Was die Justizkommissarien in beiderlei Verhältnissen zu beobachten haben, wird ihnen unten[34]) umständlich vorgeschrieben; hier aber nur allgemein verordnet: daß sie, so wie in allen übrigen in der Qualität von Bevollmächtigten ihnen obliegenden Geschäften, also auch in diesem, die Vorschriften, der Gesetze, und hiernächst den Inhalt der ihnen aufgetragenen Vollmacht, zur Richtschnur ihres Verhaltens annehmen müssen.

§. 35. Zu solchen §. 32. beschriebenen Verhandlungen können gleichergestalt keine andere, als approbirte, und bei dem Gericht aufgenommene Justizkommissarien zugelassen werden; weil nur sie allein von dem Gericht gehörig übersehen werden können; wegen ihrer Fähigkeit und Geschicklichkeit dazu sich vorschriftsmäßig legitimirt haben; und für die Richtigkeit und Legalität einer solchen Handlung, so weit als sie daran Theil nehmen, mit haften müssen.[35])

---

[33]) Vgl. Anm. 1.

[34]) nämlich in den §§ 47 ff., bei Behandlung des Notariats.

[35]) Vgl. Anm. 1. Mit dem Fortfall der Regel des § 35 ist zugleich die Ausnahme des Anh. § 465 antiquirt.

Anh. §. 465. Generalbevollmächtigte sind gerichtliche Handlungen für ihre Machtgeber zu vollziehen befugt, ohne sich dazu der Hülfe eines bei dem Gericht, wo die Handlung vollzogen wird, angestellten Justizkommissarii zu bedienen.

§. 36. Ferner können

6) die Justizkommissarien auch als Curatores der Abwesenden, ingleichen als Curatores in litem, bei vorkommenden Fällen gebraucht werden, wo sie sodann die mit diesen Funktionen, nach den Gesetzen und der Vormundschaftsordnung, verbundenen Pflichten sorgfältig wahrzunehmen haben.[36])

§. 37. Eben so steht es

7) majorennen Erben frei,[37]) wenn dieselben von einem ihnen zugefallenen Nachlasse ein ordentliches Inventarium aufnehmen lassen wollen, sich dazu der Assistenz eines Justizkommissarii zu bedienen. Dergleichen Inventarium hat jedoch keine mehrere Kraft und Wirkung, als jede außergerichtliche Privatspecifikation; und in so fern solchem die Effekte eines gerichtlichen Inventarii beiwohnen sollen, müssen die Vorschriften des folgenden §. 107.[38]) beobachtet werden.

§. 38. Endlich

8) kann jeder, welcher ein Testament, oder andere letztwillige Disposition errichten will, selbige durch einen Justizkommissarius aufsetzen lassen, der dabei die gehörige Beobachtung der in den Gesetzen vorgeschriebenen Erfordernisse einer solchen Disposition pflichtmäßig wahrzunehmen hat. Es versteht sich jedoch von selbst, daß eine dergleichen Disposition durch die bloße Zuziehung eines Justizkommissarii noch nicht die volle äußere Rechtsbeständigkeit erhalte; sondern es müssen zu solchem Ende auch die übrigen in den Gesetzen bestimmten Erfordernisse beobachtet werden.[39])

III. Als Bevollmächtigte und Assistenten in Prozessen.[40])

§. 39. III) Der dritte Haupttheil der den Justizkommissarien beigelegten Geschäfte betrifft die Vertretung der Parteien in wirklichen Prozessen, als Rechtsbeistände oder Bevollmächtigte derselben.

---

[36]) Vgl. Anm. 31. Die betreffenden Kuratelen sind spezielle Arten der Vormundschaft oder Pflegschaft (V. O. §§ 82. 86. 90).

[37]) Bei Minderjährigkeit der Erben sollte die Inventur regelmäßig gerichtlich erfolgen (A. L. R. II 18 §§ 378 ff.). Jetzt braucht auch hier nur ein Privatverzeichniß eingereicht zu werden (V. O. § 35); es wird deshalb auch dem Vormunde nicht zu versagen sein, sich hierzu eines Assistenten nach Maßgabe des § 37 zu bedienen.

[38]) Die Citirung des § 107 beruht auf einem Versehen; es ist § 88 gemeint.

[39]) Es handelt sich hier lediglich um die Entwerfung privater Testamente ꝛc., welche demnächst zur gerichtlichen Uebergabe gelangen. Ueber die Befugniß der Notare, gewisse letztwillige Verordnungen in der Form von Notariatsinstrumenten mit voller Wirkung aufzunehmen vgl. Koch-Jastrow Not. G. v. 15. 7. 1890 § 4 Anm. 7 (S. 148).

[40]) zu §§ 39—44 mit Anh. § 466 s. Anm. 1.

Anh. § 466. Wenn ein Justizkommissarius mehr Geschäfte übernimmt, als er nach seinen Kräften zu bestreiten im Stande ist, und wenn besonders die Instruktionslisten ergeben, daß er mit den Deduktionen, Defensionen oder anderen Arbeiten im Rückstande bleibt; so soll demselben auf eine von dem Chef der Justiz zu bestimmende Zeit die Annahme neuer Aufträge gänzlich untersagt, und dieses durch einen Aushang zur Kenntniß der litigirenden Parteien gebracht werden. Wenn die solchergestalt bestimmte Frist von dem säumigen Justizkommissarius nicht dazu genutzt wird, die vorhandenen Rückstände aufzuarbeiten, oder wenn, dem Verbote zuwider, dennoch neue Sachen angenommen, oder die in dieser Zeit sich meldenden Parteien nicht, wie es sich gebührt, unverzüglich an andere Justizkommissarien verwiesen worden sind; so soll, auf deshalb eingehende Anzeige des Präsidii, die Inhibition verlängert, und wenn auch dieses fruchtlos seyn sollte, dem Befinden nach, einem nicht zu bessernden Justizkommissarius die fernere Praxis gänzlich entzogen werden.

§. 40. In diesem Verhältnisse liegt den Justizkommissarien überhaupt ob, die Rechte ihrer Parteien mit Treue, Sorgfalt und unermüdeter Aufmerksamkeit wahrzunehmen; sich davon durch keine Menschenfurcht oder andere Nebenrücksichten abhalten zu lassen; besonders den Deputirten des Gerichts bei den Instruktionen fleißig zu kontrolliren; dagegen aber auch weder selbst die Wahrheit zu verdrehen, oder zu verdunkeln, noch ihren Parteien dazu zu rathen, oder sie darin zu bestärken; vielmehr diese, wenn sie sich wissentlicher Behauptungen von Unwahrheiten, oder des frevelhaften Läugnens verdächtig machen, an die gesetzlichen Strafen ernstlich zu erinnern, und gegen die Verwirkung derselben zu warnen.[41])

§. 41. Wegen ihrer besonderen Obliegenheiten in Rücksicht der einzureichenden Informationen, bei der Instruktion selbst, bei Anfertigung der Deduktionen, Einwendung und Ausführung der Rechtsmittel rc. sind die nöthigen Vorschriften im Ersten Theile dieser Gerichtsordnung, vornehmlich Tit. III. §. 15 - 20. §. 71 — 77. Tit. V. §. 1 - 11. §. 16 — 19. Tit. VIII. §. 28. 29. 36. Tit. IX. §. 1 — 12. §. 15. 16, ingleichen Tit. X. §. 12 — 15. enthalten.

§. 42. Eben daselbst sind die Obliegenheiten des Richters, wegen der be den Instruktionen über die Justizkommissarien zu führenden Aufsicht, und die Mittel, welche ihm die Gesetze verleihen, den durch Schuld derselben entstehenden Umzügen und Verzögerungen vorzubeugen, oder dieselben zu ahnden, näher bestimmt. Zu diesen Mitteln gehören vornehmlich Ordnungsstrafen von 2, 5 bis 20 Rthlr., und Einlegung des Exekutors.[42]) Wenn aber ein Justizkommissarius es zur Gewohnheit bei sich werden läßt, bei Einziehung der Information leichtsinnig, flüchtig, ohne Umsicht und Ueberlegung zu verfahren; saumselig und nachlässig darin zu seyn; unvorbereitet in den Terminen zu erscheinen; durch verschuldete Unvollständigkeit der Instruktionen zu Prorogationsgesuchen und Unterbrechungen der Instruktion Anlaß zu geben; die zur Einreichung der Schriften und Deduktionen bestimmten Fristen zu verabsäumen, und dadurch entweder den Prozeß zu verzögern, oder das Interesse seiner Parteien zu vernachlässigen; und wenn er solcher Fehler und Vergehungen wegen schon dreimal mit den gewöhnlichen Ordnungsstrafen belegt worden ist: so muß der Vorgesetzte des Gerichts, mit Zuziehung eines Raths, ihn deswegen im Protokolle

---

[41]) Die A. G. O. drohte vielfach Strafen für chikanöses Prozeßführen an. I 10 §§ 11. 148. I 23 §§ 51—55b.

[42]) Die „Einlegung des Exekutors" war eine alte Form der Exekution und bestand darin, daß der Exekutor auf mehrere Tage sich beim Schuldner in Quartier begab. A. G. O. I 24 §§ 48. 64. 67. Sie ist bereits durch V. v. 4. 3. 1834 § 8 (G. S. S. 31) aufgehoben worden.

zur Verantwortung ziehen; ihm die aktenmäßigen Fälle solcher Pflichtvernachlässigungen vorhalten; ihn vernehmen, was er dabei noch zu seiner Entschuldigung oder Rechtfertigung anführen zu können vermeine; alsdann die Sache im Kollegio vortragen; und die weitere Verfügung des Chefs der Justiz darüber, mit Beilegung des Protokolls, allenfalls auch der darin in Bezug genommenen Akten, nachsuchen. Dieser muß alsdann, wenn er findet, daß bei einem solchen untauglichen oder nachlässigen Subjekte keine wahrscheinliche Hoffnung der Besserung mehr vorhanden sey, ihn durch ein Reskript von der ferneren Prozeßpraxis ausschließen, und auf die übrigen Geschäfte des Justizkommissariats einschränken.

§. 43. Außer der Haltung richtig und vollständiger Manualakten (Th. I. Tit. III. §. 77.) müssen die Justizkommissarien auch eine fleißige Korrespondenz mit ihren abwesenden Parteien unterhalten, und dieselben über die Lage ihres Prozesses von Zeit zu Zeit benachrichtigen, damit besonders mißtrauische und ängstliche Parteien, durch Mangel an Nachricht, zu unnützen Behelligungen der Gerichte, der höheren Behörden, oder gar der Königlichen Allerhöchsten Person, nicht verleitet werden mögen.

§. 44. Da den Justizkommissarien die vollständige Prozeßpraxis wiederum eingeräumt ist, so können sie sich nicht entbrechen, an Oertern, wo keine besondere besoldete Armenassistenten vorhanden sind, auch unvermögenden Parteien, nach einer unter ihnen festzusetzenden Reihe, als Rechtsbeistände und Bevollmächtigte zu dienen; wie ihnen denn auch in gleicher Art die Uebernehmung der Defensionen für unvermögende Inquisiten, nach näherer Bestimmung der Kriminalordnung, obliegt.

IV. Als Notarien.

§. 45. IV) Es ist nunmehro noch der Vierte Theil von dem Amte der Justizkommissarien übrig, wo sie eigentlich als Notarien anzusehen sind, vor welchen gewisse Handlungen dergestalt vorgenommen werden können, daß denselben durch ihre Zuziehung öffentliche Glaubwürdigkeit erworben und beigelegt wird.

§. 46. Welche Handlungen dieser Art von Justizkommissarien, als Notarien, auf Verlangen der Parteien vorgenommen werden können; und welche, in so fern nicht die Interessenten den Weg der gerichtlichen Vollziehung wählen wollen, nothwendig von einem Justizkommissario und Notario aufzunehmen sind, ist im Zweiten Theile dieser Gerichtsordnung im Ersten Titel näher bestimmt.

§. 47. Die Justizkommissarien konkurriren dabei in einer dreifachen Rücksicht; in so fern sie nämlich dergleichen Kontrakte oder andere Instrumente, als Konsulenten der Parteien entwerfen und anfertigen; in so fern sie, als Mandatarien derselben, deren gerichtliche Vollziehung und Konfirmation, wo solche nöthig ist oder verlangt wird, besorgen;[43]) und in so fern sie dergleichen Kontrakt,

---

[43]) Diese beiden Fälle stehen mit § 45 nicht in Harmonie, da sie sich nicht auf die öffentliche Beurkundungsthätigkeit der Notare beziehen. Der erste Fall betrifft lediglich die Entwerfung privater Urkunden für die Partei, der zweite Fall die Einreichung von Urkunden an die Gerichte zu weiterer Veranlassung

dessen gerichtliche Konfirmation weder nothwendig, noch von dem Kontrahenten beliebt ist, vor sich selbst, in der Qualität von Notarien, unter gewissen Feierlichkeiten vollziehen lassen.

Um also[44]) diese Materie, und die dabei von den Justizkommissarien wahrzunehmenden Pflichten vollständig abzuhandeln, müssen:

a) die Aufnehmung des Kontrakts;

b) die Anfertigung des Instruments darüber;

c) die Vollziehung desselben von den Parteien,

von einander unterschieden werden.

1) Bei Aufnehmung der Handlung;

§. 48. Bei der Aufnehmung solcher Handlungen und der Protokolle darüber; bei deren Vorlesung und Unterschrift; ingleichen bei der Abfassung der Kontrakte und sonstigen Urkunden selbst, müssen die Justizkommissarien die in gleicher Beziehung den Gerichten im Zweiten und Dritten Titel des Zweiten Theils gegebenen allgemeinen und besonderen Vorschriften und Anweisungen ebenfalls beobachten.[45])

§. 49.[46]) Da jedoch den bloßen Protokollen der Justizkommissarien und Notarien der gerichtliche Glaube nicht beigelegt ist; auch die öffentliche Glaubwürdigkeit nicht diesen Protokollen, sondern nur den daraus abgefaßten, und von den Parteien gehörig vollzogenen Urkunden selbst beiwohnt; die Protokolle daher eigentlich nur zur Bestärkung und Erläuterung der Urkunden dienen: so folgt daraus, daß diejenigen der vorgedachten Vorschriften, welche die Form der Handlung, als einer gerichtlichen, betreffen, von den Justizkommissarien bei Aufnehmung ihrer Protokolle nicht nothwendig zu beobachten sind; und daß es

---

im Auftrage der Partei. Im zweiten Falle kann es sich unter Umständen um Urkunden handeln, die der Notar in öffentlicher Form aufgenommen hat; es ist dies aber nicht nothwendig. Zu dieser Art der Thätigkeit tritt im Uebrigen ergänzend hinzu:

Grundbuch-Ordnung vom 5. Mai 1872 (G. S. S. 446).

§. 36. Notare bedürfen zur Stellung der Anträge keiner besonderen Vollmacht, wenn die von ihnen aufgenommene oder beglaubigte und eingereichte Urkunde die Bewilligung oder den Antrag der Betheiligten auf Eintragung oder Löschung enthält.

Nur der dritte Fall des § 47 betrifft ausschließlich die öffentliche Urkundsthätigkeit.

[44]) Das Wort „also" an dieser Stelle giebt keinen Sinn. Denn die folgende Dreitheilung entspricht nicht der vorhergehenden, sondern betrifft lediglich die Aufnahme öffentlicher Notariatsakte. Uebrigens ist dieser Absatz mit der Aufhebung der §§ 49—77 (s. Anm. 46) antiquirt. Bei der jetzigen Art der Instrumentirung findet die hier gemachte Unterscheidung nicht mehr statt.

[45]) Dies gilt auch für die jetzigen Notariatsprotokolle, insoweit nicht die in Anm. 46 citirten Gesetze Abweichungen herbeigeführt haben. R. G. U. v. 5. 3. 1888 (R. u. K. 33 S. 457).

[46]) Die §§ 49 – 77 sind aufgehoben durch Not. G. § 45. An deren Stelle treten jetzt die das Notariatsverfahren neu regelnden Vorschriften des letzteren Gesetzes u. Not. G. v. 15. 7. 1890 §§ 4—10.

dabei der Zuziehung eines besondern Protokollführers nicht bedürfe. Nur wenn eine Partei des Schreibens nicht mächtig ist, muß bei der Vorlesung des Protokolls, und dessen Unterschrift, jedesmal, entweder ein zweiter Justizkommissarius, oder wenigstens ein Zeuge (welches auch der Protokollführer, wenn er eine von dem Justizkommissario verschiedene Person ist, seyn kann) zugezogen werden. Alsdann muß, nach geschehener Vorlesung, der des Schreibens unerfahrene Kontrahent an die Stelle, wo sein Name hingehört, Kreuze oder sein sonst gewöhnliches Handzeichen setzen; der zweite Justizkommissarius, oder der Zeuge, muß den Namen dabei schreiben; und hinter den gesammten Unterschriften muß durch eine besondere, von dem zweiten Justizkommissario oder dem Zeugen mit zu unterzeichnende Registratur attestirt werden, daß diese Zeichen von der Partei, weil sie des Schreibens unerfahren, statt ihrer Unterschrift beigefügt worden.

2. bei Ausfertigung des Instruments;

§. 50. Wenn der Justizkommissarius aus dem Protokolle das Instrument selbst, unter Beobachtung der Th. II. Tit. II. §. 51. 52. ertheilten Vorschriften entworfen hat; so muß er, wenn nicht die Parteien ausdrücklich ein Anderes verlangen, die Reinschrift besorgen; dazu des vorschriftsmäßigen Stempelpapiers sich bedienen; in dem Mundo keine Rasuren, Ausstreichungen, Interlineationen, Einschaltungen, oder andere Korrekturen, welche den Sinn verstellen, oder zweifelhaft machen könnten, dulden; und sodann das Instrument, nach selbst vorgenommener genauer Revision, den Parteien zur Vollziehung vorlegen.

3. bei dessen Vollziehung,

§. 51. Anlangend nun die Vollziehung selbst, so ist dabei ein Unterschied zu machen:

ob einer von den Fällen obwalte, wo der Kontrakt gerichtlich übergeben und konfirmirt werden soll;

oder

ob eine dergleichen gerichtliche Konfirmation nicht hinzu kommen solle.

a) in so fern es gerichtlich bestätigt werden, oder

§. 52. Im ersten Falle, wenn nämlich die gerichtliche Konfirmation hinzu kommen soll, geschieht die Vollziehung des Instruments von den Parteien vor dem Justizkommissario, welcher solches aufgenommen und koncipirt hat, allein, in seiner Qualität als Notarius; und er hat dabei Nachstehendes zu beobachten.

§. 53. Zuvörderst muß das Instrument den Kontrahenten vorgelegt werden, um es selbst durchzulesen, und sich also zu überzeugen, daß dasselbe durchgehends ihrer Intention und Vereinbarung gemäß abgefaßt sey.

§. 54. Finden sie dabei nichts zu erinnern, so müssen sie das Instrument mit ihrem ausgeschriebenen Namen unterzeichnen, und dabei eigenhändig attestiren, daß sie es durchgelesen und richtig befunden haben.

§. 55. Ist das Instrument bloß über einen einseitigen Kontrakt errichtet, so versteht es sich von selbst, daß selbiges nur von demjenigen Theile, welcher sich darin zu etwas verbindlich macht, z. B. ein Hypothekeninstrument bloß von dem Schuldner, unterzeichnet werden dürfe.

§. 56. Nach erfolgter Unterschrift der Kontrahenten wird von dem Notario unmittelbar hinter derselben eine Registratur beigefügt: daß der Kontrakt von den Parteien obstehendermaaßen vor ihm, und mit seiner Zuziehung, errichtet und geschlossen, auch nach vorhergängiger Durchlesung unterschrieben worden sey. Diese Registratur muß der Notarius selbst, mit seinem vollständigen Namen, unter Bemerkung seiner Qualität, und des Kollegii, wo er immatrikulirt ist, unterschreiben, und sein Notariatssiegel beidrucken.

§. 57. Kann ein kontrahirender Theil nicht Geschriebenes lesen, so muß bei der Vollziehung des Instruments, eben so, wie bereits oben §. 49. in Ansehung des Protokolls verordnet ist, ein zweiter Justizkommissarius, oder wenigstens ein Zeuge zugezogen werden.

Dieser muß solchem Kontrahenten das Instrument langsam und deutlich vorlesen; der Kontrahent muß sodann selbiges unterschreiben; und der Notarius muß in der nach §. 56. beizufügenden Registratur die geschehene Vorlesung attestiren; auch diese Registratur von demjenigen, welcher die Vorlesung verrichtet hat, mit unterzeichnen lassen.

§. 58. Kann ein solcher Interessent auch nicht seinen Namen schreiben, so muß nach Vorschrift §. 49. wie bei dem Protokolle verfahren werden.

§. 59. Nach solchergestalt vollständig berichtigten Unterschriften muß der Notarius die Parteien anweisen, sich nunmehro bei den Gerichten zu melden, und einen Termin zur gerichtlichen Vollziehung und Konfirmation des Kontrakts nachzusuchen.

§. 60. Deklariren dabei einer oder beide Theile, daß sie diese gerichtliche Verhandlung nicht persönlich vornehmen können oder wollen, sondern entweder ihn selbst, oder einen andern, zum Bevollmächtigten deshalb zu ernennen gesonnen sind; so muß er zugleich die Ausstellung der Vollmacht gehörig besorgen; dieselbe von dem Mandanten auf eben die Art, wie das Instrument selbst, vollziehen lassen; und die Parteien, sofern es nöthig ist, weiter anweisen.

Soll die Vollmacht auf den Justizkommissarius selbst, welcher die Handlung als Notarius vorgenommen hat, gerichtet werden; so muß die Vollziehung derselben von einem andern Justizkommissario attestirt werden; es wäre denn, daß zu der gerichtlichen Verhandlung auch eine bloße Privatvollmacht hinreichend seyn würde.

§. 61. Wenn nun ein solches Instrument bei Gerichten eingereicht wird, so müssen diese, in so fern sie bei dem Inhalte und der Form desselben nichts Wesentliches zu erinnern finden, einen Termin zur gerichtlichen Vollziehung und Konfirmation, mit Vorladung der Interessenten, anberaumen, und das Weitere nach Vorschrift der Gesetze besorgen und veranlassen.

b) als ein Instrumentum publicum extrajudiciale gelten soll.

§. 62. Bisher ist von dem Falle gehandelt worden, wenn ein Kontrakt zur gerichtlichen Konfirmation gelangen soll. Wenn sich aber derselbe hierzu weder nach seiner Natur und Gegenstande, noch nach einer Verabredung der Parteien qualificirt, sondern nur die Kraft und Wirkung eines vollkommen glaubwürdigen Notariatsinstruments erhalten soll; so müssen bei Vollziehung desselben nachstehende Vorschriften beobachtet werden.

§. 63. Erstlich muß bei dieser Vollziehung allemal, und ohne Unterschied der Fälle, ein zweiter Notarius, oder statt dessen zwei Zeugen gegenwärtig seyn; welche Letztere die in den Gesetzen vorgeschriebenen Requisita gültiger Instrumentszeugen haben, lesen und schreiben können, vornehmlich aber dem Notario als Leute von unbescholtenem Rufe bekannt, und in Königlichen Landen angesessen seyn, oder daselbst ein Amt bekleiden, oder Handlung, oder sonst ein ehrliches Gewerbe treiben müssen.

Anh. §. 467. Der bei der Vollziehung zuzuziehende zweite Notarius darf mit demjenigen, welcher den Akt aufnimmt, nicht in solchen Verhältnissen stehen, die die Ablegung eines rechtsgültigen Zeugnisses des einen für den andern ausschließen.[47])

---

[47]) Der Anh. § 467 steht in Widerspruch mit dem diese Frage regelnden § 8 des Not. G. v. 11. 7. 1845 und ist deshalb nach § 45 dieses Gesetzes, obwohl er daselbst nicht speziell als aufgehoben genannt ist, beseitigt.

§. 64. In Gegenwart dieses zweiten Notarii, oder dieser Zeugen, muß Zweitens die §. 53. beschriebene Durchlesung des Instruments von den Kontrahenten, und die Unterschrift derselben, nach Maaßgabe der §. 54. erfolgen.

§. 65. Drittens muß in der §. 56. beschriebenen Registratur die in Gegenwart beider Notarien, oder der Zeugen, erfolgte Durchlesung und Unterschrift attestirt, und diese Registratur auch von dem zweiten Notario oder den Zeugen, mit unterschrieben werden.

§. 66. Ist ein zweiter Notarius zugezogen, so muß derselbe, gleich dem ersten, sein Notariatssiegel beidrücken; sind aber nur Zeugen adhibirt, so müssen sie ihre Petschafte hinzufügen, oder wenn sie keine führen, dieß bei ihres Namens Unterschrift mit bemerken.

§. 67. Kann ein Kontrahent nicht Geschriebenes lesen, so geschieht die §. 57. geordnete Vorlesung von dem zweiten Notario, oder einem Zeugen. Kann er auch seinen Namen nicht schreiben, und muß also, nach Maaßgabe §. 58., an dessen Stelle nur Kreuze machen, so muß der zweite Notarius, oder ein Zeuge, desselben Namen beisetzen. Wie und von wem die Vorlesung und die Unterschrift geschehen, muß alsdann in der Schlußregistratur ausdrücklich mit bemerkt werden.

§. 68. Wenn nun solchergestalt das Instrument gehörig vollzogen ist, so muß solches dem Direktor des Notarienkollegii, nebst dem Koncepte, vorgelegt; von besagtem Direktor, wenn er Alles richtig und gehörig beobachtet findet; das Siegel des Notarienkollegii, nebst seiner Unterschrift, beigesetzt; und sodann das Instrument dem- oder denjenigen, für welche es bestimmt ist, ausgehändigt werden.

Anh. §. 468. Die Beobachtung dieser Vorschrift ist nur alsdann erforderlich, wenn der Extrahent ausdrücklich darauf anträgt.[48])

Anh. §. 469. Justitiariate anzunehmen, ist den Justizkommissarien nicht erlaubt.[49])

§. 69. Ein dergleichen Kontrakt, welcher nach den gegenwärtigen Vorschriften eingerichtet und abgefaßt ist, hat nach Maaßgabe des Ersten Theils Tit. X. §. 130—132. alle Glaubwürdigkeit und Beweiskraft einer öffentlichen außergerichtlichen Urkunde; und wenn er ein Darlehn betrifft, so findet daraus der Tit. XXVIII. beschriebene exekutivische Prozeß Anwendung.

§. 70. Uebrigens hängt es von der Natur des Geschäftes, außerdem aber von der Willkühr der Partei ab, in wie fern über einen solchen Kontrakt nur ein oder mehrere Exemplarien ausgefertigt werden sollen. Geschieht Letzteres, so müssen bei jedem Exemplar, in Ansehung der Unterschrift und Vollziehung, die obigen Anweisungen beobachtet werden; und der Notarius muß auf jedem Exemplar bemerken, wie viele dergleichen ausgefertigt, und wem jedes davon zugestellt worden.

---

[48]) Mit der Aufhebung des § 68 (s. Anm. 46) ist der Anh. § 468 gleichfalls antiquirt.

[49]) Unter Justitiarien sind nach dem Sprachgebrauch der A. G. O. die von den Privatgerichtsherren gehaltenen Richter verstanden; s. o. S. 3; vgl. auch § 117 d. T. Mit der Aufhebung der Privatgerichtsbarkeit ist deshalb die Vorschrift beseitigt. Dieselbe bezieht sich nicht auf die bei vielen Behörden unter dem Namen von Justitiarien angestellten juristischen Beiräthe (vgl. III 6 Anm. 1); wegen Annahme derartiger Aemter Seitens der Notare gelten lediglich die allgemeinen Vorschriften; s. Anm. 10.

§. 71. Auf eben die Art, wie nach diesen Vorschriften alle andere Kontrakte vor den Notarien dergestalt vollzogen werden können, daß die darüber errichteten Instrumente die Kraft und Wirkung von öffentlichen Urkunden haben, kann ein Gleiches auch in Ansehung der Erbsonderungen geschehen, in so fern dabei nur lauter majorenne Interessenten, oder solche Minderjährige Theil nehmen, welche bloß unter väterlicher Gewalt stehen.

Wenn aber

a) ein unbewegliches Grundstück zur Erbschafsmasse gehört, so muß in Ansehung desselben auch hier, so wie sonst überall, die gerichtliche Konfirmation hinzu kommen. Wenn
b) einer oder mehrere unter den Interessenten, als Minderjährige, Blödsinnige, Verschwender, oder aus anderen Ursachen, unter gerichtlich bestellter Vormundschaft und Kuratel stehen; so muß die ganze Erbsonderung nach näherer Vorschrift der Vormundschaftsordnung angelegt werden; und wenn
c) unter den Interessenten, sie mögen majorenn oder minorenn seyn, Streit entsteht, so ist die Vorschrift Th. I. Tit. XLVI. gehörig zu befolgen.

§. 72. Schließlich ist noch zu bemerken, daß, wenn an Orten, wo kein Kollegium oder Deputation von Notarien etablirt, und also auch kein Direktor gegenwärtig ist, ein Kontrakt dergestalt, daß er die Kraft einer öffentlichen Urkunde habe, aufgenommen werden soll, alsdann die Kontrahenten sich entweder an das Gericht wenden, oder, wenn sie dieses nicht wollen, sich gefallen lassen müssen, daß der Justizkommissarius, welchen sie einer solchen Handlung wegen requiriren, das Koncept mit dem Protokolle und die Reinschrift an den Direktor zur Revision und Siegelung einsende.

Bei Actibus unilateralibus.

§. 73. 2) Eben so, wie vorstehend wegen Aufnehmung und Vollziehung der Kontrakte und Verträge aller Arten verordnet ist, können auch andere Handlungen, welche kein eigentlicher Kontrakt sind, z. B. Quittungen, Renunciationen, Vollmachtsausstellungen u. dgl., vor den Notarien vollzogen werden.

Ein Notarius hat alsdann, wegen der Aufnehmung eines solchen Aktus, und Ausfertigung des Instruments darüber, eben das zu beobachten, was oben wegen der Kontrakte vorgeschrieben ist, und wegen der Art der Vollziehung derselben finden nach Unterschied der Fälle, ob nämlich gerichtliche Konfirmation hinzu kommen soll, oder nicht, die Vorschriften §. 51 u. f. Anwendung.

§. 74. Die Differenz zwischen solchen bloß einseitigen Actibus, und wirklichen Kontrakten, besteht also bloß darin: daß der Notarius es hier nur mit Einer Person zu thun hat; und daher von den allegirten Dispositionen alle diejenigen, welche das Verhältniß zwischen zwei oder mehreren Kontrahenten voraus setzen, hier von selbst wegfallen.

Aufnehmung von Rekognitionsattesten.

§. 75. Ganz verschieden von der den Notarien zustehenden Aufnehmung solcher Handlungen ist:

3) die vor ihnen erfolgende bloße Rekognition der Unterschriften unter einem bereits ausgestellten Instrumente.

In allen Fällen nämlich, wo Kontrakte und andere verbindliche Handlungen von den Kontrahenten bloß unter sich vollzogen, und schriftlich abgefaßt werden, hängt es von den Interessenten ab, dergleichen Privatinstrumente einem Notario vorzulegen, und sich vor selbigem zu ihrer Unterschrift zu bekennen.

§. 76. In diesem Fall ist der Notarius weder schuldig noch befugt, sich um den Inhalt des Instruments oder um die Legalität der darin vollzogenen Handlung zu bekümmern; sondern er nimmt bloß über die geschehene Rekognition der Hand- und Unterschrift ein Protokoll auf und vermerkt auf den Grund dieses Protokolls die geschehene Rekognition unter dem Instrumente selbst, durch eine Registratur, welche von ihm, mit Zuziehung eines zweiten Notarii oder zweier Zeugen, ausgefertigt und unterschrieben wird.

§. 77. Es hat jedoch diese Handlung bloß den Effekt, daß dergleichen Instrument von den Parteien nachher nicht eidlich diffitirt werden kann. In allen anderen Stücken behält es die Qualität und Wirkung eines bloßen Privatinstruments.

Von Wechselprotesten.

§. 78. 4) Eine vierte Art von Geschäften, die den Justizkommissarien in der Qualität von Notarien zukommt, ist die Aufnehmung von Wechselprotesten. Dabei müssen die Vorschriften des Allgem. Landrechts Th. II. Tit. VIII. §. 1035 u. f. beobachtet; übrigens aber die bisher üblichen Formulare, woran besonders die Ausländer einmal gewöhnt sind, ferner beibehalten werden.[50])

Von Vidimationen und Renovationen der Instrumente.[51])

§. 79. 5) Können die Justizkommissarien als Notarien auch zum Vidimiren und Kollationiren der Instrumente gebraucht werden.

Wenn ihnen dergleichen aufgetragen wird, so müssen sie Beides, Original und Abschrift, aufmerksam durchlesen, von einer Periode zur andern mit einander sorgfältig vergleichen, und bei richtigem Befunde die Uebereinstimmung unter der Abschrift attestiren; auch wenn im Originale sichtbare Mängel, als Rasuren, Korrekturen, Interlineationen u. dgl. befindlich sind, dieses am Rande der Abschrift oder unter derselben durch eine umständliche Registratur genau bemerken.

§. 80. Zu einer dergleichen bloßen Vidimation ist die Zuziehung eines zweiten Notarii oder der Zeugen nicht erforderlich, sondern die bloße Unterschrift des vidimirenden Notarii und die Beidrückung seines Siegels hinreichend.

Uebrigens finden auch dabei die Vorschriften des Zweiten Theils Tit. III. §. 27—29. Anwendung.

§. 81. Vidimationen und Renovationen gerichtlich aufgenommener und konfirmirter Instrumente können mit voller Wirkung nur gerichtlich erfolgen.[52]) Privatinstrumente[53]) hin-

---

[50]) f. dazu Not. G. § 23 u. W. O. Art. 87—90.

[51]) vgl. Not. G. § 23.

[52]) Die Befugniß der Notare zu Vidimationen (nicht Renovationen) ist jetzt auch auf gerichtliche Urkunden erstreckt. K. O. v. 6. 11. 1834; f. u. Abschn. IV Nr. 2.

[53]) „Privatinstrumente". Die Konstruktion beruht auf einem Redaktionsversehen; es muß heißen: „Vidimationen und Renovationen der Privatinstrumente".

gegen können auch durch einen Notarius mit vollem Effekt der Gleichstellung mit dem Original vorgenommen werden, wenn dieser dabei die in der angeführten Stelle den Gerichten ertheilten Vorschriften beobachtet.

Von Zeugenverhören.

§ 82. Unter die Verrichtungen, wozu die Justizkommissarien in der Qualität von Notarien gebraucht werden können, gehören auch

6) die Zeugenverhöre.

Mit diesen können sich jedoch dieselben nur in gewissen besonderen Fällen einlassen, und müssen sich außerdem davon gänzlich enthalten: weil, wenn Zeugen bloß auf einseitige Abgaben, ohne richtige und vollständige Kenntniß von dem ganzen Zusammenhange des Fakti, abgehört werden, daraus nur Irrthümer und Verwirrungen entstehen, niemals aber dadurch die Wahrheit sicher und zuverlässig ausgemittelt werden kann.

§. 83. Die Fälle also, wo Zeugenverhöre von den Notarien vorgenommen werden können, sind:[54])

a) wenn ihnen dieselben von den kompetenten Gerichten aufgetragen werden;

b) wenn dadurch in processorio sumariissimo bloß der gegenwärtige Besitzstand bescheinigt werden soll:

c) wenn eine prozeßführende Partei, zum Behuf eines Prorogationsgesuchs, die persönlichen Hindernisse oder Ehehaften, welche dieß Gesuch begründen sollen, zu bescheinigen hat;

d) wenn die Abhörung zum Behuf eines bei einem fremden Gericht außerhalb Landes schwebenden Prozesses verlangt wird.

§. 84. Im ersten Falle muß der Notarius die Vorschriften des Ersten Theils Tit. X. §. 188 u. f. beobachten, und den §. 218. ebend. beschriebenen statum causae dabei zu Grunde legen.

§. 85. Im zweiten und dritten Falle muß der Notarius zuvörderst dergleichen statum causae, über das Faktum, welches bescheinigt werden soll, mit der bei ihm sich meldenden Partei aufnehmen, und sodann mit Abhörung der von selbiger sistirten Zeugen nach der Anweisung des Ersten Theils, Tit. X. §. 188 u. f. gehörig verfahren.

§. 86. Die Zeugen werden jedoch in diesen beiden Fällen nicht eidlich, sondern nur an Eides Statt, und so wie sie ihre Aussagen allenfalls eidlich bestärken können, abgehört.

Das darüber aufgenommene Protokoll kann also auch nur in dem Falle sub. c) §. 83., wenn es auf die Begründung eines bloßen Prorogationsgesuchs ankommt, zur Bescheinigung hinlänglich seyn. In dem Falle sub b) aber hat es in der Sache selbst keine eigentliche Beweiskraft, sondern kann bei deren Instruktion bloß zur Erläuterung des streitigen Fakti dienen.

---

[54]) Die Fälle zu a—c und damit die sich hierauf beziehenden §§ 84—86 sind antiquirt; vgl. Koch=Jastrow S. 36 Nr. 5 mit Anm. 51.

§. 87. Im letztern Falle sub d) finden eben diese Vorschriften Anwendung. Doch kann der Notarius dergleichen Zeugen alsdann eidlich abhören, wenn bei dem fremden Gerichte, wo der Prozeß schwebt, auf dergleichen Notariatszeugenverhöre, in so fern sie eidlich aufgenommen sind, nach dasigem Gerichtsgebrauche reflektirt wird.

Von Siegelungen und Inventuren.

§. 88. 7) Können den Justizkommissarien, in der Qualität von Notarien, auch Siegelungen und Inventuren von den Gerichten aufgetragen werden.[55]) Geschieht dieses, so müssen sie bei Vollziehung des Auftrags einen vereideten Protokollführer gebrauchen;[56]) übrigens aber alle gesetzlichen Solennitäten und Erfordernisse eines solchen Aktus[57]) gehörig beobachten.

Unter dieser Voraussetzung hat das von einem Notario aufgenommene Inventarium alle Kraft und Wirkung eines gerichtlichen. Es muß jedoch dasselbe von dem kommittirenden Gerichte genau revidirt, sodann bestätigt, und in der Konfirmation des ergangenen Auftrags ausdrücklich erwähnt werden.

In welchen Fällen ein Notarius ohne dergleichen Auftrag ein Inventarium aufnehmen könne, und was solches für Wirkung habe, ist oben §. 37. verordnet;[58]) und in welchen Fällen Siegelungen von ihnen[59]) vorgenommen werden können, ist im Zweiten Theile Tit. V. §. 20 festgesetzt.[60])

Von anderen gerichtlichen Aufträgen.

§. 89. Eben so können

8) die Justizkommissarien, als Notarien, von den Gerichten auch noch zu Besorgung anderer Aufträge, z. B. zu Insinuationen, Eides-

---

[55]) vgl. II 5 § 24 mit Anm. 54 u. II 5 § 43. Dazu tritt ferner:

A. G. z. G. v. G. V. 24. April 1878.

§ 108. Für die Vornahme von Siegelungen und Entsiegelungen im Auftrage des Gerichts oder des Konkursverwalters, einschliesslich der Abnahme der in der Rheinischen Civilprozessordnung vorgeschriebenen Eide, sind auch die Notare zuständig.

Die Neuerung besteht für das Gebiet der A. G. O. in der Zuständigkeit der Notare zu Entsiegelungen.

[56]) Die Vorschrift wegen Zuziehung eines Protokollführers ist antiquirt; die Urkunde wird wie jedes andere Notariatsinstrument aufgenommen; vgl. Koch-Jastrow Not. G. § 45 Anm. 1 (S. 135).

[57]) vgl. II 5 §§ 25 ff. 45 ff.

[58]) Wegen der Zuständigkeit der Notare zur Inventarisirung im Auftrage des Konkursverwalters s. Koch-Jastrow S. 657.

[59]) nämlich ohne gerichtlichen Auftrag.

[60]) Wegen der Entsiegelung in solchen Fällen s. ebenda § 21 Abs. 3.

abnahmen, Dirigirung von Exekutionen,[61]) Auktionen u. s. f. gebraucht werden; wobei sie die solche Geschäfte bestimmenden Vorschriften der Gesetze gehörig beobachten müssen.

Dritter Abschnitt.

Von den Kollegien der Notarien, deren Einrichtung und Verfassung.[62])

Von den Kollegien der Justizkommissarien.

§. 90. Da aus dem Inhalte des vorigen Abschnitts sattsam erhellet, wie wichtig das Amt der Justizkommissarien und Notarien für das Publikum, und wie viel also der Sicherheit desselben daran gelegen sey, daß diese Klasse der Justizbedienten von den Landeskollegien gehörig übersehen und in Ordnung gehalten werde; so ist bereits oben §. 8. festgesetzt, daß sie in gewisse Kollegia zusammen gezogen, und ihnen ein gemeinschaftlicher Direktor vorgesetzt werden solle.

§. 91. Dergleichen Kollegium befindet sich an eben dem Orte, wo das Landesjustizkollegium eines Departements seinen Sitz hat. Diejenigen Notarien, welche zur mehrern Bequemlichkeit des Publici, in anderen Orten und Gegenden der Provinz vertheilt werden, sind, dieses ihres auswärtigen Aufenthalts ungeachtet, dennoch Mitglieder eben desselben Hauptkollegii, und müssen daher bei dem Landesjustizkollegio der Provinz gleich den übrigen immatrikulirt seyn.

§. 92. Die Mitglieder eines solchen Notarienkollegii sind zu allen Geschäften und Verrichtungen ihres Amts ohne Unterschied, bei welchem Gerichte solche verhandelt werden sollen, innerhalb der Grenzen des Departements, bloß mit der wegen der Prozeßpraxis §. 6. und 7. verordneten Einschränkung, berechtigt. Außer ihnen aber soll von nun an niemand weiter, ohne Unterschied oder Ausnahme, dergleichen Geschäfte zu respiciren befugt seyn; viel weniger bei irgend einem Gerichte dazu angenommen oder verstattet werden.[63])

§. 93. Wenn das Departement eines Landesjustizkollegii von sehr weitläufigem Umfange ist, und sich in selbigem mehrere große Städte, wo eine beträchtliche Handlung getrieben wird, befinden; so können in solchen Provinzen auch mehrere Deputationen errichtet werden, welche zwar ihre besonderen Direktoren haben, dennoch aber an sich zu einem und eben demselben Hauptkollegio gehören.

§. 94. Damit ein jeder, welcher sich in seinen gerichtlichen oder außergerichtlichen Angelegenheiten des Amts und Beistandes

---

[61]) Die vorbenannten Aufträge sind antiquirt; vgl. Koch-Jastrow S. 39 Anm. 65. Auktionen dagegen können den Notaren innerhalb der nicht streitigen Gerichtsbarkeit auch jetzt noch aufgetragen werden.

[62]) Die hier angeordneten Notaren-Kollegien sind niemals errichtet worden. Durch die §§ 16—18 des Not. G. v. 11. 7. 1845 ist demnächst die Aufbewahrung der Notariatsakte anderweit in einer Weise geregelt worden, daß eine Mitwirkung der Notarenkollegien (§§ 95 ff. 107. 115) dabei nicht mehr stattfinden konnte. Später hat die V. über Bildung eines Ehrenraths v. 30. 4. 1847 (G. S. S. 196) die korporative Organisation der Rechtsanwälte und Notare anderweit geordnet, und es sind deshalb die Vorschriften dieser Verordnung als gesetzliche Aufhebung der älteren Organisation anzusehen. Demnach ist der dritte Abschnitt, insoweit er mit der Kollegienverfassung zusammenhängt, antiquirt. Gegenwärtig findet übrigens, nachdem die Institution des Ehrenraths der Rechtsanwälte u. Notare theils durch die R. A. O., theils durch § 21 des G. v. 9. 4. 1879 beseitigt ist, eine korporative Organisation des Notariats überhaupt nicht statt.

[63]) vgl. hierzu Anm. 1.

eines Notarii bedienen will, wissen möge, wohin er sich zu wenden habe, soll in allen größeren Orten, an gewöhnlicher Gerichtsstätte, ein Verzeichniß aller im Departement angesetzten Justizkommissarien und Notarien, mit ihren Wohnungen, ausgehängt; auch dieß Verzeichniß alle Jahre erneuert und berichtiget werden.[64])

Von deren Registratur.

§. 95. Wo hinlänglicher Raum dazu vorhanden, ist dem Kollegio der Notarien ein Zimmer in dem Gerichtsgebäude zu seinen Versammlungen und zur Aufbewahrung seiner Registratur anzuweisen. Wo aber dieß nicht angeht, muß zu gleichem Behuf ein solches Zimmer in einem Privathause auf gemeinschaftliche Kosten gemiethet und eingerichtet werden.

§. 96. Jeder Notarius ist schuldig, die Originalprotokolle, Koncepte, Korrespondenzen, und übrige Beilagen, über jeden von ihm in dieser Qualität vorgenommenen Aktus, und die zu jedem gehörigen Papiere, nach Ordnung der Zeitfolge, in einen, oder, wenn deren sehr viele sind, auch in mehrere Bände zusammen zu heften; ein Verzeichniß darüber nach dem Dato und den Namen der Parteien anzufertigen; dieß Verzeichniß statt eines Rotuli jedem Bande vorzuheften; und solchergestalt die Akten in die Registratur abzuliefern.

§. 97. In dieser Registratur hat jeder Notarius seine gewissen ihm angewiesenen Fächer, in welche dergleichen Akten, nach den Jahren, in möglichster Ordnung reponirt werden.

§. 98. Die in §. 97. beschriebenen jährlichen Verzeichnisse vertreten dabei die Stelle des Repertorii; in dem nach selbigen, wenn nur der Name der einen Partei, und das Jahr, wo der Aktus vollzogen worden, bekannt sind, eine jede Sache in der Registratur, ohne große Mühe und Zeitverlust, heraus gesucht werden kann.

§. 99. Wenn es die Parteien ausdrücklich verlangen, können dergleichen Akten auch versiegelt reponirt werden; doch müssen alsdann auf dem Umschlage das Jahr, der Tag, und die Namen der Parteien vermerkt seyn.

§. 100. Auch die außerhalb des Sitzes des Kollegii in der Provinz angesetzten Notarien sind schuldig, am Ende jeden Jahres ihre Akten, nebst der vorgeschriebenen Konsignation, in die Registratur des Kollegii abzuliefern.

§. 101. Diese Registratur steht unter der Aufsicht des Direktors, welcher allein den Schlüssel dazu hat, und keinem Fremden, ja selbst keinem Notario, ohne sein Beiseyn, den Zutritt zu selbiger verstatten muß.

§. 102. Wenn jemand von einem in dieser Registratur deponirten Protokolle oder einer Urkunde Abschrift verlangt, so muß er sich darum bei dem Direktor melden. Dieser muß untersuchen: ob der Requirent eine von den Parteien selbst. welche den Aktus vollzogen haben, oder deren Erbe sey; und wenn er dieß findet, muß er das Protokoll, oder das Koncept, nebst den Beilagen aufsuchen, und die verlangte Abschrift davon in der Kanzellei besorgen lassen.

§. 103. Außer den Interessenten und deren Erben ist der Direktor nicht befugt, irgend jemandem dergleichen Abschrift eigenmächtig mitzutheilen; sondern er muß dazu den Befehl des vorgesetzten Landesjustizkollegii, welches die dießfällige Befugniß des Imploranten näher zu beurtheilen hat, abwarten.

---

[64]) Diese Vorschrift besteht noch jetzt zu Recht.

Von deren Direktor und dessen Obliegenheiten.

§. 104. Der Direktor des Kollegii der Notarien wird aus der Mitte derselben von dem Landeskollegio der Provinz dem Chef der Justiz in Vorschlag gebracht. Da er als Notarius schon vereidet ist, so muß er nur bei Uebernehmung seines Direktorii von dem Präsidenten oder Deputirten des Landesjustizkollegii auf diesen seinen Eid nochmals verwiesen, und auf die Vorschriften des gegenwärtigen Titels mittelst Handschlags verpflichtet werden.

Anh. §. 470. Die Besetzung der Direktorstelle ist nicht schlechterdings erforderlich. In den wenigen Fällen, in welchen auf ausdrückliches Verlangen der Parteien eine Mitunterschrift des Direktors nothwendig wird, kann der Senior der Justizkommissarien dessen Stelle vertreten.

§. 105. Ein jeder ist schuldig, dieß ihm aufgetragene Amt zu übernehmen; doch kann er zu dessen Beibehaltung auf längere, als Jahresfrist, nicht gezwungen werden.

§. 106. Das Amt des Direktors besteht: 1) in einer fleißigen und sorgfältigen Aufsicht über sämmtliche zu dem Kollegio gehörige Personen, und einer scharfen ununterbrochenen Beobachtung ihres Betragens, in ihren verschiedenen Amtsverrichtungen.

So bald ihm dabei die geringste Nachricht oder Vermuthung zukommt, daß der eine oder der andere Notarius es an einer genauen und rechtschaffenen Wahrnehmung seiner Pflichten ermangeln lasse, ist er schuldig, solchem näher nachzuforschen, und wenn durch dergleichen Erkundigung der Verdacht nicht völlig gehoben wird, dem Landesjustizkollegio, oder dessen Chef, davon, zur weiteren Verfügung, ungesäumt Anzeige zu machen.

§. 107. 2) Liegt ihm ob, wenn Kontrakte und Verträge vor Notarien geschlossen werden, das ihm eingereichte Protokoll und Koncept des Instruments, nach der §. 68 ertheilten Anweisung, zu revidiren; die Legalität der vollzogenen Handlung, die Uebereinstimmung des Instruments mit dem Protokolle, und die Fassung desselben in Absicht der Deutlichkeit und Präcision, gehörig zu prüfen; wenn er dagegen noch etwas zu erinnern findet, allenfalls nähere Nachricht und Auskunft darüber zu fordern, oder den Notarius gehörig anzuweisen.

Es muß jedoch der Direktor in allen Fällen, wo ihm dergleichen Kontrakte zur Revision und Siegelung vorgelegt werden, dieselben schleunigst, mit Beiseitsetzung aller übrigen Beschäftigungen, expediren, damit die Parteien, wegen solcher oft sehr dringenden Angelegenheiten, nicht ohne Noth durch seine Schuld aufgehalten werden.

§. 108. 3) Wenn unvermögende Parteien sich bei ihm melden, oder von den Gerichten an ihn verwiesen werden, so muß er denselben die zur unentgeldlichen Vollziehung ihrer Geschäfte benöthigten Notarien nach einer gewissen Reihe anweisen.[65])

Wenn auch andere Parteien aus Mangel der Bekanntschaft sich an ihn wenden, und um Anweisung von Notarien zur Vollziehung dieses oder jenes Aktus bitten; so muß er denselben, wenn er die Besorgung nicht selbst übernehmen kann oder will, ein anderes dazu qualificirtes Subjekt aus den Mitgliedern seines Kollegii, ebenfalls nach einer gewissen Folgeordnung, vorschlagen.

§. 109. 4) Da auch jederzeit Leute von vorzüglich geprüfter Rechtschaffenheit und Erfahrung zu Direktoren bestellt werden sollen; so können die übrigen Notizen[66]) in vorkommenden zweifelhaften Fällen sich des Raths und Gutachtens eines solchen Direktors bedienen, womit er ihnen nach seiner besten Wissenschaft und Einsicht an die Hand zu gehen verbunden ist.

---

[65]) vgl. Anm. 22.

[66]) Statt „Notizen“ muß es heißen „Notarien“.

§. 110. 5) Der Direktor hat das Recht, bei solchen und ähnlichen Veranlassungen, oder wenn er es sonst wegen gemeinschaftlicher Angelegenheiten des gesammten Kollegii nöthig findet, Konferenzen anzusetzen, und sämmtliche am Orte gegenwärtige Mitglieder des Endes zu versammeln.

§. 111. Endlich 6) liegt ihm die Aufsicht über die Registratur ob, wobei er die Vorschriften §. 96 u. f. gehörig beobachten muß.

§. 112. Die Emolumente, welche ihm dagegen zu gute kommen, bestehen darin:

a) daß er, so lange sein Amt dauert, von unentgeldlicher Bearbeitung der Armensachen frei ist;
b) daß er, wenn Parteien von den Gerichten an ihn verwiesen werden, oder aus Mangel der Bekanntschaft, sich um Bestellung eines Notarii an ihn wenden, die Handlung, wenn er will, selbst besorgen, und die Gebühren davon einziehen kann;
c) sollen ihm von den nach Maaßgabe §. 103. aus der Registratur des Kollegii zu ertheilenden Abschriften die Aufsuchungs- und Vidimationsgebühren allein, und endlich
d) von den einkommenden taxmäßigen Siegelgeldern die Hälfte zu gute kommen.

§. 113. Wenn der Direktor durch Krankheit oder andere Ehehaften sein Amt zu verrichten auf einige Zeit verhindert wird, so soll ihn derjenige von den am Orte gegenwärtigen Justizkommissarien, welcher, seiner Bestallung nach der älteste ist, vertreten.

§. 114. Eben dieser muß in Fällen, wo der Direktor als Notarius Kontrakte aufnimmt, und vor sich vollziehen läßt, die Obliegenheit des Direktors an dessen Stelle besorgen.

Von den Kanzellisten.

§. 115. Bei jedem Notarienkollegio soll ein gemeinschaftlicher Kanzellist bestellt werden, welcher unter der Aufsicht des Direktors die Registratur in Ordnung hält, die Munda der Instrumente und Abschriften der Protokolle anfertigt, und die sonst etwa vorkommenden Verrichtungen eines Kanzellei- und Registraturbedienten wahrnimmt.

Das Mundiren der Notariatsinstrumente geschieht in der Regel durch diesen Kanzellisten; doch steht es den Parteien frei, das Mundiren auch durch den Notarius, welcher den Aktus vorgenommen hat, oder dessen Privatschreiber, oder auch durch einen Dritten, worüber sie sich vereinigen, besorgen zu lassen.

Gebühren der Justizkommissarien.

§. 116. Die Gebühren, welche die Justizkommissarien als Bevollmächtigte oder Rechtsbeistände der Parteien, und in der Qualität von Notarien erhalten sollen, sind in der ihnen vorgeschriebenen Sportultaxe festgesetzt.[67])

Nach dieser müssen sich dieselben schlechterdings achten, und unter keinerlei Vorwande, bei Strafe zehnfachen Ersatzes, oder im Wiederholuugsfalle, bei Vermeidung der Kassation,[68]) den Parteien ein Mehreres abfordern.

§. 117. In so fern hingegen die Justizkommissarien den Parteien bloß als Konsulenten, in anderen, als wirklich schwebenden Prozeßangelegenheiten

---

[67]) Für die Notare gilt jetzt G. v. 11. 5. 1851 (G. S. S. 651) mit §§ 9. 10 des Not. G. v. 8. 3. 1880.

[68]) vgl. Vorbem. z. Th. III Anm. 2 zu d u. St. G. B. §§ 331. 352.

assistiren, oder bei Privatgerichtsherren Justitiariate besorgen, läßt sich die ihnen dafür zukommende Belohnung nach keinem gewissen Satze bestimmen; sondern es kommt lediglich darauf an, wie sie sich deshalb mit den Parteien oder Kommittenten vereinigen.[69])

§. 118.[70]) Schließlich müssen die Justizkommissarien nachstehenden Eid ableisten:

Ich ... schwöre ꝛc. ꝛc. Nachdem ich zum Justizkommissario und Notario publico bei dem Kollegio des ... Departements bestellt worden, daß ich zuvörderst Sr. Königlichen Majestät von Preußen, meinem allergnädigsten Herrn, treu, unterthänig und gewärtig seyn, Dero Bestes und Interesse befördern, Schaden und Nachtheil aber, so viel an mir ist, abwenden wolle.

Ferner schwöre ich, mich bei meiner Amtsführung einer genauen und sorgfältigen Beobachtung der Gesetze, einer strengen und gewissenhaften Redlichkeit, und einer unverdrossenen Bereitwilligkeit zum Dienste des Publici eifrigst zu befleißigen; den Parteien, welche sich in ihren Angelegenheiten meines Raths bedienen wollen, damit nach reiflicher Ueberlegung, und meiner besten Wissenschaft und Einsicht zu assistiren; meine Rathschläge aber auch jederzeit der wahren Lage der Sache und den Vorschriften der Gesetze gemäß einzurichten; die Parteien zu unnützen und ungegründeten Prozessen nicht zu verleiten noch aufzuhetzen; ihnen keine Mittel oder Kunstgriffe zur Verdrehung und Verdunkelung der Wahrheit an die Hand zu geben; sie zum frevelhaften und vorsätzlichen Läugnen nicht aufzumuntern, noch zu veranlassen; vielmehr wenn ich inne werden sollte, daß dergleichen Parteien mit solchen unerlaubten Wendungen und Kunstgriffen umgehen, sie davon ernstlich abzumahnen, und ihnen die in den Gesetzen darauf verordneten Strafen gehörig bekannt zu machen.

Ich gelobe ferner, die von den Parteien mir, als ihrem Bevollmächtigten, gemachten Aufträge getreu, akkurat, sorgfältig, eifrig, und mit gehöriger Rücksicht auf die Vorschriften der Gesetze auszurichten; vornehmlich aber in Fällen, wo dergleichen Parteien die Ausübung meines Amtes als Notarius von mir verlangen, dabei die Anweisungen der Allgemeinen Gerichtsordnung genau und pünktlich zu befolgen; die Protokolle und Instrumente dem wahren Hergange der Sache, dem Vortrage und der Meinung der Parteien gemäß, mit der strengsten Akkuratesse, sorgfältigsten Legalität, und möglichsten Deutlichkeit aufzunehmen und abzufassen; dabei, so viel an mir ist, nicht zu gestatten, daß ein Theil von dem andern hintergangen, übereilt, oder sonst verkürzt werde; mich auf keine Weise zum Werkzeuge des Betrugs oder der Bosheit gebrauchen zu lassen; vielmehr, wenn ich finden sollte, daß Parteien mit dergleichen unerlaubten Begünstigungen umgehen, sie ihres strafbaren Unfugs ernstlich zu bedeuten, nöthigen Falles dem Direktor des Kollegii oder den Gerichten davon Anzeige zu machen; in allen anderen Fällen hingegen, wo Parteien sich meines Amtes bedienen, über dergleichen Angelegenheiten ein genaues, gewissenhaftes, und unverbrüchliches Stillschweigen zu beobachten; und mich durchgehends so zu verhalten, wie es einem getreuen, gewissenhaften, und glaubwürdigen Justizkommissario und Notario wohl ansteht und gebührt. So wahr ꝛc.

Anh. §. 471. Der von den Justizkommissarien und Notarien abzuleistende Diensteid ist nach dem im §. 445. des Anhangs zu §. 43. Tit. II. Theil III. vorgeschriebenen Formulare einzurichten. Statt der Worte:

---

[69]) Die Geschäfte, bei denen für Notare eine Vereinbarung über die Gebühren zulässig ist, bestimmen sich jetzt lediglich nach § 15 des Geb. Ges. v. 11. 5. 1851.

[70]) vgl. A. G. O. III 2 § 43 mit Anm. 30. Ueber die Beeidung der zu Notaren ernannten Rechtsanwälte vgl. Koch-Jastrow S. 18.

„Insbesondere gelobe ich — — Genüge leiste" ist zu setzen:
„Insbesondere gelobe ich, den Parteien, welche sich meines Raths bedienen, nach meiner besten Wissenschaft und Einsicht zu assistiren, sie vor Anstellung ungerechter Klagen oder Abläugnung gegründeter Ansprüche zu warnen, ihnen die gesetzlichen Vorschriften bekannt zu machen, diese, auch selbst bei Ausrichtung der erhaltenen Aufträge, genau zu befolgen, die Protokolle getreu und richtig zu führen, die Notariatsinstrumente mit der größten Sorgfalt nach den gesetzlichen Anweisungen auszufertigen, und in allen auf mein Amt Beziehung habenden Angelegenheiten meinen Vorgesetzten, der Subordination gemäß, schuldige Folge zu leisten."

Achter Titel.

Von den Justizbedienten bei Untergerichten, und deren Pflichten.[1])

Eintheilung der Untergerichte.

§. 1. Die Untergerichte, unter welchen hier überhaupt alle und jede Kollegia, Gerichte, und richterliche Personen, welche kein Landeskollegium ausmachen, noch dazu gehören, ohne Unterschied ihrer sonstigen Würde und Benennung, gemeint sind,[2]) werden der Vorschrift des Ersten Theils Tit. XXV. §. 3. zu Folge, nach dem Umfange ihres Jurisdiktionsbezirks, und der mehrern oder mindern Anzahl der bei ihnen vorkommenden wichtigen Rechtssachen, in zwei Klassen eingetheilt; und es soll in jeder Provinz besonders bestimmt werden: welche von den daselbst befindlichen Untergerichten zur ersten, und welche zur zweiten Klasse zu rechnen sind.[3])

---

[1]) Die Annahme, daß dieser Titel durch die Reorganisation von 1849 antiquirt sei (v. Rönne, Erg. zur A. G. O. zu d. T. u. Basch ebda.) ist nicht begründet; im Gegentheil citirt § 4 des Geschäftsregulativs v. 18. 7. 1850 denselben als fortgeltend; s. aber Anm. 3.

[2]) Über die Landeskollegien s. o. S. 3f. Danach gehören jetzt zu den Untergerichten die Land- und Amtsgerichte.

[3]) A. G. O. I 25 bestimmt, nachdem im § 1 eine mit der obigen übereinstimmende Definition der Untergerichte gegeben und in § 2 die Anwendung der Prozeßordnung auch bei den Untergerichten angeordnet worden, was folgt:

§. 3. Um jedoch die Art dieser Anwendung näher zu bestimmen, werden die Untergerichte in zwei Klassen eingetheilt.

I. Zur ersten Klasse gehören diejenigen, die ein formirtes Kollegium ausmachen, d. h. bei welchen wenigstens drei zur Justiz vollständig qualificirte und verpflichtete Mitglieder vorhanden sind.

II. Alle übrigen Untergerichte, bei welchen das richterliche Amt nur von Einer Person, mit Zuziehung eines Sekretarii, Aktuarii, Protokollführers, oder ungelehrter Beisitzer und Schöppen, ausgeübt wird, werden zur zweiten Klasse gerechnet.

Danach besteht der Unterschied zwischen den Untergerichten erster und zweiter Klasse in Wahrheit darin, ob die Gerichte ein Kollegium ausmachen oder nicht.

§. 2. Diese Eintheilung soll jedoch dem Range, den Vorrechten und Prärogativen, welche einem Untergericht vor den übrigen sonst etwa zustehen, ganz unschädlich seyn; und es soll darunter bei der bisherigen Verfassung überall sein Bewenden haben.

§. 3. In so fern Magisträte zur ersten Klasse der Untergerichte gehörig sind, soll so viel, als es die Umstände nur irgend verstatten, darauf gesehen werden, daß an Orten, wo es noch nicht geschehen ist, die Bearbeitung der Justizsachen von den übrigen Oekonomischen, Polizei- und Städtischen Angelegenheiten abgesondert; und zu erstgenanntem Geschäfte gewisse Mitglieder dergestalt ausschließungsweise bestimmt und angewiesen werden, daß sie sich derselben allein widmen können, und von anderen sie zerstreuenden Verrichtungen gänzlich frei bleiben.[4])

Besetzung derselben.

§. 4. Zu Justizbedienungen bei den Untergerichten soll, der Vorschrift Tit. IV. §. 33. gemäß, niemand zugelassen oder angenommen werden, der nicht zuvor als Referendarius bei einem Landesjustizkollegio gestanden, und solchergestalt die nöthige praktische Kenntniß und Fertigkeit in den verschiedenen Geschäften des richterlichen Amtes, und in dem zweckmäßigen Betriebe derselben erlangt; auch von einem guten und rechtschaffenen moralischen Charakter unverdächtige Proben abgelegt hat.[5])

Allgemeine Obliegenheiten.

§. 5. Alle Justizbedienten bei Untergerichten, ohne Unterschied und Ausnahme, haben eben dieselben Pflichten eines pünktlichen Gehorsams und Folgsamkeit gegen die Gesetze; eines ernstlichen Eifers, Fleißes und aufmerksamen Bestrebens, zur Beförderung der gottgefälligen Justiz; einer unverdrossenen und anhaltenden Betriebsamkeit in Ansehung aller und jeder zu ihrem Amte gehörigen Verrichtungen; einer durchaus untadelhaften Rechtschaffenheit und strengen Unparteilichkeit zu beobachten, welche in den vorigen Titeln den bei den Landesjustizkollegien angesetzten Personen umständlich vorgeschrieben worden ist.

§. 6. Alle Verletzungen dieser Pflichten, sie mögen nun entweder bei Gelegenheit der von den Parteien darüber geführten Beschwerden an Tag kommen oder sonst von dem vorgesetzten Landesjustjzkollegio entdeckt und wahrgenommen werden, sind mit eben der Strenge zu untersuchen, und mit eben dem Nachdrucke zu ahnden, als in Ansehung der Justizbedienten bei Obergerichten in den vorigen Titeln verordnet worden ist.[6])

Durch die V. 2. 1. 1849 (§§ 18—22) ist nun aber überall die kollegialische Gerichtsverfassung eingeführt worden (s. o. S. 17 ff.). Damit sind die Untergerichte der zweiten Klasse beseitigt worden. Die Kreisgerichte mit ihren Deputationen und Kommissionen waren Untergerichte erster Klasse. Das Gleiche gilt deshalb jetzt von den an ihre Stelle getretenen Land- und Amtsgerichten. Damit sind die §§ 2. 3 u. 11—13 beseitigt.

[4]) Über die frühere Verbindung der Justiz mit der Verwaltung und deren spätere Trennung s. o. S. 2. 7. 10.

[5]) Vgl. III 4 mit Anm. 1.

[6]) Vgl. Vorbem. z. Th. III Anm. 2 zu d.

Von Untergerichten der ersten,

§. 7. Die Untergerichte der ersten Klasse bestehen: [7])
1) aus einem Dirigenten, welcher den Namen eines Präsidenten, oder Direktors, oder Justizburgemeisters u. s. w. führt;
2) aus gewissen Mitgliedern, welchen nach Verschiedenheit des Orts, und des sonstigen Ranges eines solchen Untergerichtskollegii, der Name von Räthen, Rathmännern, Assessoren, Syndicis u. s. w. beigelegt wird;
3) aus den nöthigen Kanzellei- und Registraturbedienten und anderen Subalternen;
4) sollen bei den beträchtlicheren Untergerichten dieser Klasse auch einige junge Leute als Auskultatoren und Referendarien angesetzt werden.

§. 8. Die Dirigenten, Mitglieder und Subalternen dieser Untergerichte haben in Ansehuug der speciellen Obliegenheiten ihres Amtes eben das zu beobachten, was oben Tit. II. III. V. den Präsidenten, Räthen und Subalternen der Landesjustizkollegien vorgeschrieben ist.

§. 9. Auskultatoren und Referendarien können die Untergerichte zwar annehmen; sie müssen aber selbige dem vorgesetzten Obergerichte zur Prüfung und Approbation präsentiren.[8])

§. 10. Diese Auskultatoren und Referendarien haben eben das zu thun und zu beobachten, was denen bei den Obergerichten Tit. IV. vorgeschrieben ist[9].) Wenn sie sich solchergestalt eine Zeit lang in gerichtlichen Geschäften geübt haben, so müssen sie entweder in Subalternposten, oder kleinen Untergerichtsbedienungen ihre Versorgung suchen; oder sie müssen sich bei einem Obergerichte in gleicher Qualität noch eine Zeit lang gebrauchen lassen, und sich dadurch zu wichtigeren Aemtern qualificiren.

Anh. §. 472. Können sie jedoch ein vortheilhaftes Zeugniß ihrer Brauchbarkeit beibringen, und wird dieses Zeugniß durch eine demnächst mit ihnen anzustellende Prüfung bestätigt; so sind sie zu wichtigeren Aemtern eben so zuzulassen, als wenn sie wirklich bei einem Landesjustizkollegio gestanden hätten.

der zweiten Klasse.[10])

§. 11. Bei kleinen Untergerichten können Rechtskandidaten als Protokollführer angenommen und gebraucht werden. Diese müssen aber, wenn sie auch in der Folge bei der Justiz ihr wirkliches Unterkommen finden wollen, sich dazu durch fernere Arbeiten, als Auskultatoren oder Referendarien, bei einem Obergerichte qualificiren. Doch soll ein solcher Kandidat, der schon eine Zeit lang bei einem kleinern Untergerichte gestanden hat, wenn er bei der Prüfung dazu tüchtig befunden wird, mit Uebergehung des Zwischengrades als Auskultator, sogleich zum Referendario bestellt werden können..

§. 12. Da bei Untergerichten der zweiten Klasse der Richter es ganz allein mit den Parteien zu thun hat, und bei den einzelnen Verhandlungen mit ihnen von niemandem unmittelbar kontrollirt werden kann; auch besonders in Prozeßsachen die Obliegenheiten des Decernenten, des Instruenten, und des Urtelsfassers in seiner Person vereinigen muß: so ist bei einem solchen Manne die

---

[7]) Die Verfassung der Land- und Amtsgerichte bestimmt sich jetzt nach §§ 22. 58. 154 G. V. G.

[8]) § 9 ist antiquirt; über die Beschäftigung der Referendare bei den Amts- und Landgerichten bestimmt § 7 des G. v. 6. 5. 1869 u. § 23 des Regulativs v. 1. 5. 1883.

[9]) Vgl. III 4 Anm. 1. [10]) Vgl. Anm. 3.

strengste Redlichkeit, und die sorgfältigste Entfernung von allem Eigennutz, Habsucht, Parteilichkeit, und anderen Affekten, die unentbehrlichste Eigenschaft. Die Obergerichte müssen daher, bei ihrer Aufsicht über diese Klasse von Untergerichten, dieselben vornehmlich aus diesem Gesichtspunkte betrachten; jeden sich ereignenden Verdacht gegen die Rechtschaffenheit und Unparteilichkeit derselben mit der äußersten Aufmerksamkeit prüfen und untersuchen; und wenn sie dergleichen Vergehungen schuldig befunden werden, dieselben, ohne die geringste Nachsicht, noch strenger und nachdrücklicher ahnden, als andere Fehler gegen die Vorschriften der Gesetze und der Prozeßordnung, in welche dergleichen Unterrichter, wegen Mittelmäßigkeit ihrer Talente und Einsichten, in der einen oder der andern Sache etwa verfallen möchten.

§. 13. Wie die Unterrichter der zweiten Klasse sich zu verhalten haben, wenn Prozesse mit abwesenden und entfernten Parteien zu instruiren sind, ist Theil I. Tit. XXV. §. 48. verordnet.

Subordination gegen das Landesjustizkollegium.

§. 14. Jedes Untergericht ist dem ihm vorgesetzten Landesjustizkollegio Gehorsam und Subordination schuldig.[11]) Es muß Befehle von demselben annehmen; seinen Anweisungen in Justizsachen prompte Folge leisten; ihm von seinem Verhalten auf Erfordern Rechenschaft geben, und seine Akten zur Einsicht und Prüfung unweigerlich vorlegen; übrigens aber sich in diesen Amtsgeschäften nach keinen anderen Vorschriften und Verordnungen achten, als die ihm entweder von diesem vorgesetzten Obergerichte, oder auch unmittelbar von Hofe aus,[12]) zukommen.

Uebrigens hat es wegen der von den Untergerichten an ihre vorgesetzten Obergerichte einzusendenden Prozeß-, Vormundschafts- und Depositaltabellen bei der bisherigen Verfassung überall sein Bewenden.

Aufsicht über die Untergerichte.

§. 15. Wie die Justizkollegia in vorkommenden einzelnen Fällen auf das Verfahren der Untergerichte Acht geben; dasselbe prüfen; den erhobenen und gegründet befundenen Beschwerden, oder auch den ex officio entdeckten Mißbräuchen abhelfliche Maaße verschaffen; und jedes pflichtwidrige Betragen mit Ernst und Nachdruck, ohne alles Ansehen der Person, strafen sollen, ist bereits oben Tit. II. §. 35. Tit. III. § 47. 59. umständlich verordnet.[13])

---

[11]) Gegenwärtig steht die eigentliche Dienstaufsicht nur den Gerichtsvorständen zu; der Anspruch auf Gehorsam und Subordination ist den O. L. G.'en nur noch als ein Ehrenrecht verblieben, auf Grund dessen sie befugt sind, ihre amtlichen Anschreiben an die Land- und Amtsgerichte im Befehls- (Reskripten-) Stil abzufassen und zu verlangen, daß die ersteren an sie im Bitt- (Berichts-) Stil schreiben, (J. M. R. v. 8. 7. 1880 R. u. K. 24 S. 878; Müller S. 745), wogegen den Landgerichten im Verhältniß zu den Amtsgerichten ein solches Recht nicht zusteht. J. M. R. v. 19. 1. 1881 (Müller a. a. O.). Der sachliche Inhalt der Befugnisse der O. L. G.'e und die Stellung der Land- und Amtsgerichte zu den Anordnungen der ersteren bestimmt sich indessen, insoweit nicht in den Gesetzen besondere Vorschriften ertheilt sind, lediglich nach dem Wesen des vorgesetzten Instanzgerichts, des Rechtsmittels u. s. w. und den hieraus zu abstrahirenden Grundsätzen. Die speziellen Vorschriften des § 14 sind antiquirt.

[12]) Wegen des früheren Einflusses der Hofreskripte auf den Gang der Rechtspflege s. o. S. 7 u. 15.

[13]) Vgl. III 1 §§ 2 u. 17 mit Anm. 5 u. 37.

Visitationen.

§. 16. Außerdem aber müssen die Landesjustizkollegia [14]) von Zeit zu Zeit Justizvisitationen bei ihren Untergerichten veranlassen.

§. 17. Zu dergleichen Justizvisitationen bei Untergerichten der ersten Klasse muß jedesmal ein wirklicher Rath des Kollegii deputirt werden. Bei denen von der zweiten Klasse bleibt es den Landeskollegien überlassen, dieselben entweder ebenfalls einem Rathe aus ihrer Mitte, oder auch einem andern Justizbedienten oder Referendario von vorzüglicher Geschicklichkeit und Erfahrung, und von geprüfter Rechtschaffenheit, zu übertragen.

§. 18. Dergleichen Justizvisitationen sind entweder ordentliche und gewöhnliche, oder es sind außerordentliche.

ordentliche.

§. 19. Was die ordentlichen und gewöhnlichen Visitationen betrifft, so sollen die sämmtlichen zu dem Departement eines Landesjustizkollegii gehörigen Untergerichte, nach Verhältniß des Umfangs eines solchen Departements und nach der Lage der Oerter, in gewisse Distrikte eingetheilt, für jeden Distrikt ein beständiger Revisor ernannt; jedoch mit der Person dieser Revisoren, und mit den einem jeden von ihnen angewiesenen Distrikten, von Zeit zu Zeit abgewechselt; übrigens aber ein jeder Revisor in den gegen die Untergerichte seines Distrikts, und deren Urtel, eingehenden Beschwerden und Appellationen, der Regel nach, zu Decernenten bestellt werden.

§. 20. Diese Revisoren müssen die ihrer speciellen Aufsicht anvertrauten Untergerichte zum öftern, und wenigstens, wo es die Umstände nur irgend erlauben, jährlich einmal besuchen; dazu zwar vorzüglich die Gerichtsferien, wo sie von ihren eigenen Amtsgeschäften am leichtesten abkommen können, erwählen; sich aber an keine gewisse Zeit binden; noch das zu visitirende Gericht von ihrer bevorstehenden Ankunft benachrichtigen.

§. 21. Sie müssen es ihr erstes Geschäft seyn lassen, die Depositalschlüssel abzufordern; die Rechnung abschließen zu lassen; selbige nachzusehen, und mit den an das Obergericht eingesandten Tabellen und Extrakten zu vergleichen; die Bestände zu revidiren; und sich solchergestalt von der richtigen und ordentlichen Verwaltung des Depositalwesens [15]) zu überzeugen.

§. 22. Sie müssen ferner den Sessions- und Gerichtstagen beiwohnen; auf das Verfahren dabei, und wie die Richter in den dabei vorkommenden Geschäften überhaupt, insonderheit aber bei den Instruktionen der Prozeßsachen zu Werke gehen, genau Acht geben; die etwa vorkommenden Mißbräuche und Unregelmäßigkeiten sorgfältig bemerken; wenn sie wahrnehmen, daß selbige nur aus Mißverstand, Irrthum, eingeschränkter Kenntniß, oder Mangel an Uebung herrühren, den Richtern mit deutlichen praktischen Anweisungen dabei zu Statten kommen; wenn aber dergleichen Mißbräuche in einer groben Ignoranz, in der Faulheit und Fahrlässigkeit, oder gar in einer unredlichen, parteiischen, oder animirten Denkungsart eines solchen Unterrichters ihren Grund haben, denselben näher nachspüren, und wenn sich die Sache zu einer förmlichen Untersuchung qualificirt, dem Kollegio davon unverzüglich Anzeige machen.

---

[14]) Das Recht der Visitation steht jetzt lediglich den Präsidenten und den von ihnen beauftragten Beamten zu. A. G. z. G. V. G. §§ 77. 78. Über deren Vornahme ist „unter Aufhebung der bestehenden Vorschriften" die Allg. Verf. v. 24. 5. 1880 (J. M. Bl. S. 122) ergangen. Durch dieselbe sind alle diejenigen Bestimmungen d. T. über die Visitationen, welche lediglich den Charakter von Geschäftsinstruktionen tragen (§§ 17—24. 26—34. 36. 38. 39) beseitigt; vgl. Vorbem. z. Th. III Anm. 2 zu e.

[15]) Über das frühere Depositalwesen s. o. S. 48 Anm. 5.

§. 23. Alle kurrente Prozeß-, Konkurs- und die wichtigeren Vormundschaftsakten müssen sie sich vorlegen lassen; nachsehen, ob dieselben in gehörigem Gange befindlich sind, und wodurch die Beendigung der schwebenden Prozesse etwa noch aufgehalten wird; auch was dabei zu thun, und wie die Sache, um ihre Endschaft zu beschleunigen, einzuleiten sey, fleißig erinnern, und an die Hand geben.

§. 24. Sie müssen sich ferner das Hypothekenbuch vorlegen lassen, und prüfen, ob selbiges getreu, akkurat und ordentlich geführt werde.

§. 25. Sie müssen die bei ihnen etwa angebrachten Beschwerden gegen das Untergericht hören; dieselben mit den Akten vergleichen; von dem Gerichte Auskunft und Erläuterung darüber fordern; wenn die Beschwerde offenbar unbegründet ist, den Supplikanten umständlich bedeuten; wenn sie offenbar erheblich wäre, das Gericht wegen deren Abhelfung gehörig anweisen; in bedenklichen Fällen aber die weitere Beurtheilung und Verfügung dem Kollegio vorbehalten.[16])

§. 26. Nach beendigter Revision muß der Revisor von dem Befunde an das Kollegium berichten, und sein dabei aufgenommenes Protokoll beilegen.

außerordentliche.

§. 27. Außer diesen ordentlichen und gewöhnlichen müssen auch von Zeit zu Zeit außerordentliche und specielle Justizvisitationen bei solchen Untergerichten veranlaßt werden, gegen welche häufige Beschwerden einkommen, oder bei welchen in einzelnen Fällen Spuren von Unordnungen, Plackereien oder Verschleppungen bemerkt worden sind.

§. 28. Dergleichen Justizvisitation ist dem Untergerichte, bei welchem sie geschehen soll, in Zeiten bekannt zu machen; auch muß dieselbe entweder durch Ablesung von den Kanzeln, oder durch öffentlichen Aushang, oder auf eine andere schickliche Art, zur Wissenschaft des Publici und der Jurisdiktions-Eingesessenen gebracht werden.

§. 29. Der Visitationskommissarius muß sich vor allen Dingen von der Beschaffenheit und inneren Verfassung des Gerichts; von den Qualitäten der Mitglieder desselben; ob sie zu dem bekleidenden Posten auf die vorgeschriebene legale Art geprüft und bestellt worden; von der Vertheilung der Geschäfte und Departements unter sie, und von der eingeführten Ordnung bei den Sessionen, nähere Kenntniß verschaffen.

---

[16]) Die Verpflichtung des Revisors, die Parteien mit Beschwerden gegen das Gericht anzuhören, besteht noch jetzt, aber modifizirt durch die Behinderung der Aufsichtsbehörde, in den Gang der Rechtspflege einzugreifen (s. o. S. 15. 16 u. 39). Betreffs des Verfahrens auf die Beschwerde gelten jetzt folgende Regeln. Beschwerden, welche zu einem Eingreifen der Aufsichtsbehörde keinen Anlaß bieten, werden gemäß § 25 zurückgewiesen; begründeten Beschwerden wird, falls die Entscheidung zur Zuständigkeit der Justizverwaltung gehört (A. G. z. G. V. G. § 85) durch Anweisung Abhilfe geschafft, andernfalls können nur die der Verwaltung zu Gebote stehenden Einwirkungsmittel versucht werden (G. v. 9. 4. 1879 § 23, Allg. Verf. v. 24. 5. 1880 § 1). Ist übrigens der Revisor nicht der Präsident selbst (Allg. Verf. §§ 2. 3), so stehen ihm gegenwärtig Entscheidungsrechte nicht zu (s. Anm. 11); vielmehr kann er nur die Entscheidung des Präsidenten vorbereiten.

§. 30. Er muß hiernächst diesen Sessionen, und besonders den Instruktionen der Prozesse, fleißig beiwohnen; dabei Alles beobachten, was den Revisoren oben §. 23. vorgeschrieben ist; die etwa eingeschlichenen Mißbräuche sorgfältig bemerken; und auf den eigentlichen Grund derselben zu kommen bemüht seyn.

§. 31. Sämmtliche kurrente Prozeß-, Konkurs- und Vormundschaftsakten muß er genau und mit aller Aufmerksamkeit revidiren; dabei nicht allein auf die gegenwärtige Lage derselben, und was nach selbiger zu ihrer zweckmäßigen Fortsetzung und Beendigung etwa zu verfügen sey, Rücksicht nehmen; sondern auch das ganze Verfahren des Gerichts in solchen Sachen vom ersten Anfange an, genau prüfen; die Fehler desselben umständlich vermerken; dem Grunde und der Veranlassung davon näher nachforschen; die Verantwortung des Gerichts darüber erfordern; und um sich von dem Betragen desselben in den verschiedenen Arten der Rechtssachen vollständig zu unterrichten, in Fällen, wo die kurrent gefundenen Akten dazu nicht hinreichend sind, auch auf ältere bereits abgethane und reponirte zurück gehen.

§. 32. Die Verwaltung des Depositi muß er eben so sorgfältig untersuchen; sich desfalls nach der den Revisoren oben §. 22.[17]) ertheilten Anweisung achten; dabei aber auch in diesen Gegenstand noch genauer und umständlicher, als wegen Kürze der Zeit bei den gewöhnlichen Revisionen geschehen kann, eingehen.

§. 33. Nicht nur das Hypothekenbuch muß der Kommissarius in Augenschein nehmen, sondern sich auch die Grundakten, Protokoll- und Signaturbücher[18]) vorlegen lassen, und ganz eigentlich untersuchen: ob die Vorschriften der Hypothekenordnung mit schuldiger Sorgfalt und Akkuratesse beobachtet werden.

§. 34. Auch die Verfassung der Registratur und Kanzellei bei einem solchen Untergerichte muß der Kommissarius in Augenschein nehmen, und nachsehen: ob dabei überall Ordnung, Akkuratesse und Betriebsamkeit anzutreffen sey.

§. 35. Die bei ihm sich meldenden Supplikanten muß er mit ihren Beschwerden umständlich zum Protokoll vernehmen; dabei die den ordentlichen Revisoren gegebenen Vorschrifteu § 26. ebenfalls genau befolgen; aber auch auf solche Untersuchungen, nach Bewandtniß der Sache, noch genauer und eigentlicher sich einlassen, als von diesen in der Regel geschehen kann.[19])

§. 36. Auf die Beobachtung der Untergerichts-Sportultaxe muß der Kommissarius besonders aufmerksam seyn; die dabei wahrgenommenen Mißbräuche und Excesse[20]) fleißig anmerken; das Gericht darüber zur Verantwortung ziehen, und den Grund eines solchen Excesses gehörig ins Licht setzen.

§. 37. Sollte der Kommissarius bei seiner Visitation entdecken, daß ein Mitglied des Gerichts sich solcher pflichtwidriger Handlungen schuldig gemacht habe, woraus wahrscheinlicher Weise dessen Kassation, oder wohl gar noch härtere

---

[17]) „§ 22" ist versehentlich citirt; es ist § 21 gemeint.

[18]) Über die älteren Protokoll- und Signaturbücher in Hypothekensachen vgl. A. Hyp.-O. Tit. I §§ 64 – 69 und Tit. III § 17.

[19]) Vgl. Anm. 16. Die hier vorausgesetzte Scheidung in ordentliche und außerordentliche Visitationen ist übrigens beseitigt; s. Anm. 14.

[20]) Dies hing mit der älteren Sportelverfassung zusammen, nach welcher die Beamten Sporteln für ihre eigene Rechnung erhoben.

Bestrafung folgen dürfte; so muß er davon sofort, und noch während der Visitation, dem Kollegio Bericht abstatten; die ein solches Subjekt betreffenden Protokolle, Vermerke und Nachrichten beifügen; auf seine Suspension und die Veranlassung einer förmlichen Inquisition wider ihn antragen; und wegen interimistischer Versehung seines Amts Vorschläge machen.

So lange, bis die weitere Verfügung des Kollegii auf diesen vorläufigen Bericht eingeht, ist der Visitationskommissarius berechtigt, dem verdächtigen Subjekte die fernere Ausübung seines Amtes zu untersagen, und die nöthigen Anstalten zu treffen, daß er sich der Inquisition und Bestrafung durch die Flucht nicht entziehen könne.[21])

§. 38. Nach geendigter Visitation muß der Kommissarius davon umständlich berichten; die aufgenommenen Akten übergeben; auch den Entwurf eines Visitationsbescheides, worin die bemerkten Mängel und Unordnungen aufgenommen, und die nöthigen Vorschriften und Anweisungen, wegen Abstellung und Verbesserung derselben ertheilt sind, beifügen.

§. 39. Dieser Bericht und Entwurf müssen im Kollegio umständlich vorgetragen, genau erwogen, und nach erfolgter Approbation, oder Rektificirung des Visitationsbescheides, derselbe nach Hofe zur Genehmigung eingesendet, sodann aber dem visitirten Untergerichte zum Nachverhalt zugefertigt werden.

§. 40.[22]) Was die Kosten dieser Visitation betrifft, so muß den ordentlichen Revisoren sowohl, als den besonders ernannten Visitationskommissarien, die freie Fuhre verschaft werden.

Ersteren ist für ihre Arbeit eine verhältnißmäßige fixirte Belohnung auszusetzen; die Justizkollegia müssen auf die Ausmittelung eines Fonds dazu bedacht seyn, und darüber, in Ansehung der Magisträte, mit der Kriegs- und Domainenkammer des Departements[23]) in Korrespondenz treten.

Bei außerordentlichen und speciellen Visitationen erhalten die Kommissarien Diäten, welche von den dabei einer Unordnung, pflichtwidrigen Betragens, und zu Beschwerden gegebenen Anlasses überführten Gerichtspersonen, aus eigenen Mitteln bezahlt werden müssen. Hat sich aber bei der Visitation kein dergleichen legaler Anlaß, die Kosten dem visitirten Gerichte zur Last zu legen, hervor gethan; so werden die Diäten, bei Magisträten und Justizämtern, aus dem auf die Etats gebrachten Diätenfonds bezahlt, und zu dem Ende muß mit der Kriegs- und Domainenkammer Rücksprache gehalten werden.

Allgemeines Registratur- und Kanzellei-Reglement für sämmtliche Landes-Justizkollegia.[1])

---

[21]) Vgl. Vorbem. z. Th. III Anm. 2 zu d.

[22]) § 40 ist antiquirt. Gegenwärtig gilt, was die Bezahlung der Revisoren anlangt, lediglich: G. v. 24. 3. 1873; G. v. 28. 6. 1875 u. V. v. 15. 4. 1876. Die Gebühren derselben werden demnach überall aus der Staatskasse gezahlt.

[23]) s. o. S. 4 Anm. 13.

[1]) Dasselbe ist aufgehoben (s. III 5 Anm. 5) und wird seines großen Umfanges wegen (es zählt 244 Paragraphen) hier nicht abgedruckt. Es ist nur noch in den älteren Auflagen der A. G. O. zu finden.

III. Vorschriften für die nicht streitige Gerichtsbarkeit aus Th. I. der A. G. O.

1. Die Verhandlung mit Analphabeten.[1])

a) Aus A. G. O. Th. I Tit. 10 zu § 19.

Anh. §. 68.[2]) Personen, die nicht schreiben und Geschriebenes lesen können,[3]) müssen einen glaubhaften[4]) Mann[5]) wählen, welcher in ihrem Namen die Unterschrift verrichtet.[6]) Diese Vorschrift hat der Richter solchen Personen, deren Stand oder Ansehen es zweifelhaft macht, ob sie lesen oder schreiben können, gleich vor dem Anfange der Verhandlung bekannt zu machen, und auf deren Befolgung zu dringen.

Ist diese Vorschrift nicht befolgt, so ist die Verhandlung für die Partei, welche nicht schreiben oder Geschriebenes lesen kann, unverbindlich.

---

[1]) Nach Anh. § 421 zu § 17 II 2 A. G. O. (s. o. S. 69) finden auf Akte der freiwilligen Gerichtsbarkeit, sofern sie ohne Zuziehung eines Protollführers aufgenommen werden, die — zunächst für das prozessuale Verfahren bestimmt gewesenen — §§ 68 ff. des Anhangs zur A. G. O. Anwendung. Vgl. zur Erläuterung dieser Vorschriften auch Koch A. L. R. I 5 zu §§ 175 ff., s. auch J. M. R. v. 18. 7. 1840 (J. M. Bl. S. 251).

[2]) Die §§ 68—74 des Anhangs sind aus Abschn. V, §§ 3—6 der C. V. v. 30. 12. 1798 (Rabe 5 S. 270) und den R. v. 21./2., 26./2., u. 27./5. 1799 u. 17. 3. 1800 (Rabe Bd. 5 S. 320. 388. 465; Bd. 6 S. 68) entnommen. Vgl. auch Anh. § 5 zu § 178 I 5 A. L. R.

[3]) Über den Begriff s. Anh. § 72.

[4]) „Glaubhaft" ist hier so viel wie glaubwürdig. Der Mann muß im Uebrigen dem Richter bekannt sein; seine anderweite Rekognoszirung (A. G. O. II 2 § 23) ist ausreichend, falls sie in solcher Weise geschieht, daß dadurch zugleich die Ueberzeugung von der Glaubwürdigkeit des Rekognoszirten begründet wird.

[5]) Frauen sind zu der Funktion unfähig.

[6]) Es genügt, daß der Schreibebeistand seinen Namen unterschreibt; daß er den Namen des Analphabeten oder einen Theil des Attestirungsvermerkes selbst schreibt, ist nicht erforderlich. Ob.-Tr. (Pl. Beschl.) v. 7. 5. 1855 (30 S. 393; Strieth. 17 S. 168) u. v. 3. 5. 1869 (Strieth. 74 S. 305) im Gegensatz zum älteren Präj. v. 31. 10. 1839 (Präj.-Sammlg. S. 13).

Anh. §. 69. Der zur Verhandlung zugezogene glaubhafte Mann muß in der Regel der ganzen Verhandlung beiwohnen. Kann dieses aber nicht bewirkt werden, so ist die Gegenwart desselben bei der Vorlesung und Genehmigung des Protokolls hinreichend.[7]) Auch muß die des Schreibens unerfahrene Partei, wenn gleich in ihrem Namen die Unterschrift von einem Andern verrichtet worden, doch das Protokoll mit drei Kreuzen unterzeichnen.[8])

Anh. § 70.[9]) Falls die Partei unterläßt, einen glaubhaften Mann zum Zweck der zu verrichtenden Unterschrift mitzubringen,[10]) oder ihn auszuwählen sich weigert; so muß ihr der Richter einen solchen von Amts wegen zuordnen.

Justizkommissarien,[11]) vereidete Protokollführer oder Aktuarien, auch der Ehemann, wenn er mit seiner Ehefrau vor Gericht erscheint und sein Interesse dem ihrigen nicht widerspricht, können das Geschäft vollziehen.

Anh. §. 71. Wenn unter mehreren gemeinschaftliche Sache machenden Personen auch nur Eine schreiben und Geschriebenes lesen kann; so ist es hinreichend, wenn solche mittelst ihrer Namensunterschrift in Ansehung der Litisconsorten,[12]) welchen diese Fähigkeit mangelt, die Richtigkeit der von ihnen durch Kreuze bewirkten Unterzeichnung bezeugt.[13])

Haben die Parteien ein entgegen gesetztes Interesse,[14]) so sind

---

[7]) aber auch zur Gültigkeit der Verhandlung erforderlich. Der Anh. § 423 (zu A. G. O. II 2 § 44) findet auf diese Verhandlungen keine Anwendung. Ob.=Tr. v. 14. 1. 1843 (9 S. 488). Vgl. aber auch Pl.=Beschl. v. 6. 11. 1848 (17 S. 66).

[8]) Wegen Mitwirkung eines Anderen bei Anfertigung der Kreuze vgl. A. G. O. II 2 § 46 Anm. 94. — Für den Fall, daß die Partei auch kein Handzeichen machen kann, gilt:

A. L. R. I 5

§. 177. Kann der Kontrahent auch keine solche Zeichen beifügen, so muss ein von ihm gewählter Beistand die Unterschrift in seinem Namen leisten; und dass dieses geschehen sey, von dem Richter oder Justizkommissario attestirt werden.

[9]) Wegen Anwendbarkeit des § 70 auf Handlungen der freiwilligen Gerichtsbarkeit s. Pl.=Beschl. d. Ob.=Tr. v. 15. 1. 1847 (14 S. 3).

[10]) Das Mitbringen eines bloßen Assistenten, sofern derselbe nicht als Schreibebeistand zugezogen ist, genügt nicht. Ob.=Tr. v. 5. 5. 1837 (Präj.=Sammlung S. 234).

[11]) Darunter würden die jetzigen Rechtsanwälte an sich nicht fallen; vgl. A. G. O. III 7 Anm. 1 (oben S. 241). Es ist dies indessen bedeutungslos, da die im Text genannten Personen nur Beispiele darstellen.

[12]) d. h. in der freiwilligen Gerichtsbarkeit: der Mitinteressenten.

[13]) Doch muß ausdrücklich bemerkt werden, daß der Mitinteressent als Beistand für den Schreibensunkundigen fungirt. Ob.=Tr. v. 23. 10. 1851 (Ztschr. d. Revisions=Kollegiums f. Landeskultursachen 5 S. 36).

[14]) also insbesondere, wenn sie mit einander kontrahiren.

auch verschiedene Beistände erforderlich;[15]) im umgekehrten Falle bedarf es nur der Zuziehung eines Beistandes.

Anh. §. 72. Parteien, welche bloß ihren Namen schreiben, sonst aber weder schreiben, noch lesen können, werden den §. 68 des Anhangs gedachten Personen gleich geachtet.[16])

Anh. §. 73. Wegen der Tauben, Stummen, Taubstummen und Blinden verbleibt es zwar bei der Anweisung Th. II. Tit. III. §. 4 - 8., es bedarf jedoch auch bei diesen Personen keiner Zuziehung eines Protokollführers.

Anh. §. 74. Wenn eine Partei das aufgenommene Protokoll nicht unterschreiben will, so muß der Richter eine zweite Gerichtsperson oder einen Justizkommissarius, oder in deren Ermangelung einen sonst glaubhaften Mann als Zeugen zuziehen und in dessen Gegenwart die weigernde Partei befragen:

ob sie noch die Niederschreibung von Zusätzen oder sonstigen Erklärungen verlange, und, wenn solche erfolgt sey, die Unterschrift leisten wolle?

Nach dem Verlangen der Partei ist das Nöthige im Protokolle nachzutragen, und sodann mit der Unterschrift zu verfahren. Erklärt aber die Partei, daß sie keine Zusätze verlange, das Protokoll aber gleichwohl nicht unterschreiben wolle; so muß unter demselben vermerkt werden:

daß die Partei, nachdem sie vorher deshalb befragt worden, keine Gründe der Weigerung, das Protokoll zu unterschreiben, habe angeben können, — daß ihr zwar die Bedeutung geschehen, die Verhandlung werde, der verweigerten Unterschrift ungeachtet, wider sie beweisen, daß aber diese Bedeutung fruchtlos geblieben sey.

Wenn diese Vorschrift beobachtet worden, und die Verhandlung von dem obgeachtermaaßen zugezogenen Zeugen mit unterzeichnet ist; so behält sie die volle Glaubwürdigkeit eines gerichtlichen Protokolls. [17])[18])

---

[15]) Wegen der Folgen einer Nichtbeachtung dieser Vorschrift s. Ob.-Tr. v. 8. 1. 1848 (16 S. 101).

[16]) Wegen des Begriffes eines Analphabeten vgl. Koch A. L. R. I 5 zu § 172 Anm. 4 u. 5. – Indessen werden Personen, welche ihren Namen schreiben können, diesen statt der Kreuze zu zeichnen haben.

[17]) Der Anh. § 74 ist zwar für die freiwillige Gerichtsbarkeit im engeren Sinne nicht anwendbar, weil in dieser die Verweigerung der Protokollunterzeichnung die Bedeutung hat, daß der Akt nicht zu Stande gekommen ist (Ob.-Tr. v. 25. 11. 1870; 64 S. 170); für diejenigen Akte der nicht streitigen Gerichtsbarkeit, deren Zustandekommen vom Willen der Parteien unabhängig ist, behält der § 74 indessen fernere Bedeutung, so z. B. bei den Verhandlungen in Vormundschaftssachen (vgl. Einl. z. A. G. O. Th. II Anm. 6 oben S. 48).

[18]) Der nachfolgende Anh. § 75 betraf das Verhandeln mittels Dolmetschers und ist durch § 10 Nr. 1 des Geschäftssprachengesetzes v. 28. 8. 1876 (s. u. Abschn. IV Nr. 9) aufgehoben.

b) Allerhöchste Kabinetsorder vom 20sten Juni 1816., betreffend die Gültigkeit der gerichtlichen Verhandlungen bei Personen, welche des Schreibens und Lesens unerfahren sind.

(G. S. S. 203.)

Ich ersehe aus Ihrem Berichte vom 22sten Februar d. J., daß die Gerichte darüber zweifelhaft sind:

ob die Vorschrift des Allgemeinen Landrechts im Anhange §. 5. und der Allgemeinen Gerichts-Ordnung im Anhange §. 68. und §. 421., nach welcher diejenigen Personen, welche nicht schreiben und Geschriebenes lesen können, zu ihren gerichtlichen Verhandlungen einen glaubhaften Mann zur Stelle bringen müssen, welcher in ihren Namen die Unterschrift verrichtet, auch dann anzuwenden sey, wenn die Verhandlung mit Zuziehung eines Aktuars, vereideten Protokollführers, oder zweier Schöppen[19]) aufgenommen wird;

und entscheide diesen Zweifel, nach Ihrem Antrage, dahin:

daß es der Zuziehung eines glaubhaften Mannes zu gerichtlichen Verhandlungen, mit solchen Personen welche des Schreibens und Lesens unerfahren sind, **nicht** bedarf, sobald die Verhandlung von dem Richter unter Zuziehung eines Aktuars, vereideten Protokollführers[20]) oder zweier Gerichts-Schöppen aufgenommen wird.[21])

Ich trage Ihnen auf, für die vorschriftsmäßige Publikation dieser Meiner Ordre zu sorgen.

Berlin, den 20sten Juni 1816.

Friedrich Wilhelm.

An den Staats- und Justizminister von Kircheisen.

c) Allerhöchste Kabinetsorder vom 8. Oktober 1837., betreffend die Bestimmung, daß bei gerichtlichen Verhandlungen mit Personen, welche des Lesens und Schreibens unkundig sind, ein gerichtlich vereideter Dolmetscher die Stelle des Unterschriftszeugen vertreten könne.

(G.S. S. 154.)

Das Bedenken, welches nach Ihrem Berichte vom 16. v. M. bei einigen Behörden, namentlich bei den General-Kommissionen, darüber angeregt ist, ob der zu einer gerichtlichen Verhandlung zugezogene Dolmetscher gleichzeitig die Stelle

---

[19]) Das Verfahren mit Schöppen ist antiquirt; vgl. A. G. O. II 2 § 17 Anm. 43.

[20]) Hierhin gehört nicht der Fall, wenn die zweite Gerichtsperson nur als Schreibebeistand zugegen ist; in diesem Falle unterscheidet sie sich von einem anderen Beistande nicht. Ob.-Tr. v. 8. 1. 1848 (16 S. 101).

[21]) Auf die Aufnahme letztwilliger Verordnungen bezieht sich die K. O. nicht; vgl. A. L. R. I 12 §§ 115 ff.

des Zeugen für solche Personen, welche nicht schreiben und Geschriebenes nicht lesen können, vertreten dürfe, erledigt sich durch Meinen, von Ihnen mit Recht in Bezug genommenen gesetzlich publizirten Erlaß vom 20. Juni 1816., nach welchem es eines solchen besonderen Zeugen nicht bedarf, wenn die gerichtliche Verhandlung unter Zuziehung eines vereideten Protokollführers aufgenommen worden ist, indem der Dolmetscher nach den Bestimmungen der Allgemeinen Gerichtsordnung §§. 214. 215. Tit. X. Theil I. und §. 37. Titel II. Theil II. zu den vereideten Protokollführern gehört. Sie haben hiernach diejenigen Behörden, welche dieserhalb ein Bedenken erhoben haben, zu belehren, und gegenwärtige Order durch die Gesetzsammlung bekannt zu machen.[22])

Berlin, den 8. Oktober 1837.

Friedrich Wilhelm.

An die Staatsminister Frh. v. Brenn und Mühler.

2. Die Anerkennung der Urkunden dem Inhalte nach, (Verlautbarung.)[1])

Aus A. G. O. Th. I Tit. 10.

2) Anerkannte Urkunden.

§. 125. Auch außergerichtlich vollzogene Urkunden[2]) können die Eigenschaft einer gerichtlichen erlangen,[3]) wenn sie den Ort und das Datum der Aufnahme, die Benennung aller dabei gegenwärtig ge-

---

[22]) Die K. O. v. 8. 10. 1837 ist nicht mehr für geltendes Recht zu erachten. Denn die darin citirten §§ der A. G. O., aus welchen die K. O. folgert, daß der Dolmetscher zu den vereideten Protokollführern gehört, sind durch § 10 Nr. 1 des G. v. 28. 8. 1876 (s. u. Abschn. IV Nr. 9) aufgehoben. Aus dem letzteren Gesetze läßt sich aber eine solche Eigenschaft der Dolmetscher — sofern sie nicht etwa Gerichtsschreiber sind und als solche bei dem Akte fungiren (s. § 8 des Gesetzes) — nicht herleiten. Danach ist die Frage, ob der Dolmetscher die Stelle des Schreibebeistandes vertreten kann, gegenwärtig gesetzlich nicht gelöst; sie ist in Ermangelung einer entgegenstehenden Vorschrift zu bejahen.

[1]) Über die Entstehung dieses Instituts (welches mit dem der bloßen Unterschriftsanerkennung — II 3 § 26 — nicht zu verwechseln ist) s. Koch-Jastrow Not.-G. § 22 Anm. 1 (S. 108). Das Institut hat im zweiten Theile der A. G. O. keine Regelung gefunden. Das Prozeßrecht der A. G. O. setzt indessen im Beweisverfahren das Institut voraus. In der Lehre vom Urkundenbeweise (Th. I Tit. 10) handelt nämlich die A. G. O. unter der Gesammt-Marginale „Verschiedene Arten der Urkunde" ab:

1) „Gerichtlich aufgenommene" (§ 124).
2) „Anerkannte Urkunden" (§§ 125. 126).
3) „Documenta publica extrajudicialia" (§§ 127—132).
4) „Privaturkunden" (§ 133).

Diese Vorschriften sind, in so weit sie die Beweiskraft betreffen, als Normen des Prozeßrechts beseitigt. § 125 enthält indessen, indem er Regeln über die Erfordernisse der anerkannten Urkunde aufstellt, zugleich Normen über das Verfahren bei deren Aufnahme und gilt deshalb, als der nicht streitigen Gerichtsbarkeit angehörig, fort.

[2]) Privatschriftliche oder notarielle.

[3]) Sie stehen alsdann den gerichtlich aufgenommenen gleich und zwar auch

wesenen Interessenten, nebst einer vollständigen und deutlichen Erzählung der vorgefallenen Verhandlung enthalten;[4]) demnächst aber sämmtliche Interessenten sich vor Gericht, oder[5]) vor zwei dazu deputirten Gerichtspersonen[6]) stellen, ihnen das Dokument von einer dieser Gerichtspersonen vorgelesen wird,[7]) sie dessen Inhalt genehmigen, die darunter befindlichen Unterschriften anerkennen;[8]) und wie dieses alles geschehen sey, unter der Urkunde selbst von den gegenwärtigen Gerichtspersonen gehörig attestirt wird.[9])

Anh. §. 78. Das gerichtliche Anerkenntniß kann auch von einem Gerichtsdeputirten aufgenommen werden.[10])

---

dann, wenn das Gesetz die gerichtliche Aufnahme vorschreibt. Ob.-Tr. v. 5. 4. 1845 (11 S 185), 3. 5. 1869 (61 S. 456) u. v. 8. 11. 1877 (Strieth. 99 S. 249). R. G. U. v. 12. 11. 1890 (J. M. Bl. 1891 S. 37). Auch wenn die Aufnahme der Urkunde vor einen bestimmten Richter gewiesen ist (A. G. O. II 1 §§ 2 ff.), kann die Form der Verlautbarung vor dem letzteren gewählt werden, insbesondere können Fideikommißurkunden vor dem O. L. G. in der Form des § 125 errichtet werden. — Daß mehrere Kontrahenten die Anerkennung gleichzeitig vornehmen, ist nicht erforderlich; wenn gesetzlich nicht ein bestimmtes Gericht ausschließlich zuständig ist, können die Erklärungen auch vor verschiedenen Gerichten abgegeben werden, s. d. citirte R. G. U. — Ueber die Grenzen der Anwendbarkeit des § 125 mit Rücksicht auf den Inhalt der Urkunde vgl. im Uebrigen Koch-Jastrow a. a. O. Anm. 7 (S 110); s. auch G. v. 12. 3. 1869 (unten Abschn. IV. Nr. 8) § 3 Anm. 6.

[4]) Diesen Erfordernissen muß die außergerichtliche Urkunde bereits entsprechen; s. auch Anm. 8.

[5]) Über den Gegensatz der Verhandlung vor dem Gerichte und vor einer Deputation s. A. G. O. II 2 § 1 mit Anm. 2. Danach erfolgt die Anerkennung jetzt regelmäßig vor dem Amtsgericht; in Stiftungssachen, Fideikommißsachen u. A. kann sie indessen noch jetzt vor einem Deputirten des Kollegialgerichts vorkommen.

[6]) Darunter waren nicht zwei Richter, sondern vielmehr Richter und Protokollführer verstanden (vgl. A. G. O. II 2 § 14); jetzt ist der Protokollführer entbehrlich; s. Anm. 10.

[7]) Die Durchlesung seitens der Kontrahenten selbst steht dem gleich; Ob.-Tr. v. 8. 11. 1877 (Strieth. 99 S. 250) und das in Anm. 3 citirte R. G. U.

[8]) Also muß die Urkunde vorher unterschrieben sein. Danach ist die Form für Analphabeten nur dann anwendbar, wenn dieselben wenigstens ihren Namen schreiben können; vgl. aber das in Anm. 3 citirte Erk. v. 5. 4. 1845.

[9]) Für die gerichtliche Aufnahme der Anerkennungsverhandlung gelten die allgemeinen Vorschriften des zweiten Theils; insbesondere auch über die dem Richter obliegenden Prüfungen (II 2 §§ 22 ff. II 3 §§ 10 ff); über die Prüfung des sachlichen Inhalts der Urkunde braucht indessen, wenn keine Anstände vorliegen, nichts Besonderes bemerkt zu werden; vgl. das in Anm. 3 citirte R. G. U.

[10]) Der Anh. § 78 ist aus Abschn. V § 1 der C. B. v. 30. 12. 1798 (Rabe 5 S. 270) entnommen. Er bildet eine Ergänzung des ebendaher stammenden Anh. § 421 (s. o. S. 69) und intendirt, wie diese, die Beseitigung des Protokollführers. Seine Bedeutung besteht nur darin, daß er die Besonderheit des § 125 wegen Zuziehung zweier Gerichtspersonen als solche in

3. Die gerichtliche Rückgewähr bei der Pacht.

Aus A. G. O. Theil I:

Vier und vierzigster Titel.[1])

Vom Verfahren in Pacht- und Miethsachen.[2])

Verschiedene Arten der Pachtstreitigkeiten.

§. 1. Bei Gelegenheit der Verpachtungen unbeweglicher Grundstücke pflegen zwischen den kontrahirenden Theilen mancherlei Streitigkeiten zu entstehen, welche in Ansehung ihres Grundes und Gegenstandes verschieden sind, und also auch eine verschiedene Art des Verfahrens bei ihrer Instruktion erfordern.

§. 2. Dergleichen Streitigkeiten entstehen nämlich:

I. Ueber die Bezahlung der versprochenen Pachtgelder, und die dagegen von dem Pächter angebrachten Kompensations- und Remissionsforderungen.

Wegfall bringt. Würde indessen nach dem Inhalt der Urkunde, wenn letztere gerichtlich aufzunehmen wäre, nach Anh. § 421 ein Protokollführer zugezogen werden müssen, so muß dies auch zur Anerkennungsverhandlung geschehen.

[1]) Vorbemerkung zu A. G. O. Th. I Tit. 44—46.

Die Titel 45 u. 46 sowie ein Theil des Tit. 44 (s. Anm. 2) enthalten äußerlich ungetrennt eine Verbindung von Prozeduren der freiwilligen und der streitigen Gerichtsbarkeit. Die Vermischung beruhte darauf, daß in der Gerichtsverfassung, wie sie die A. G. O. voraussetzte, die beiden Arten der Thätigkeit demselben Richter oblagen (s. o. S. 17 Anm. 8). Schon nach der Aenderung des preußischen Prozeßrechts und der Gerichtsverfassung durch die V. v. 1. 6. 1833, 21. 7. 1846 u. 2. 1. 1849 waren namentlich in Ansehung des Erbtheilungsverfahrens (Tit. 46) Zweifel über die fernere Art der Anwendung entstanden und es hat sich eine feste Praxis hierüber nicht gebildet. Vgl. Ob.-Tr. v. 3. 6. 1853 (Strieth. 3. S. 66) sowie Kuhr bei Gruchot 5 S. 269); s. auch J. M. R. v. 16. 8. 1840 (J. M. Bl. S. 283). Im heutigen Recht bestehen die Zweifel in noch größerem Umfange fort. Vgl. Basch Vorbem. zu Tit. 44—46 (S. 87). Für die Lösung derselben ist davon auszugehen, daß die Vorschriften, insoweit sie Maßnahmen in bürgerlichen Rechtsstreitigkeiten betreffen, beseitigt sind (E. G. z. C. P. O. § 14), insoweit sie dagegen Maßnahmen der freiwilligen Gerichtsbarkeit betreffen und zugleich in dieser Beschränkung noch ausführbar sind, fortgelten. Eine Verpflichtung der Parteien, vor der Klageerhebung das Verfahren der Tit. 44—46 in Antrag zu bringen, besteht in keinem Falle mehr. Vgl. Ob.-Tr. v. 22. 5. 1862 (Strieth. 45 S. 271). — Insoweit das Verfahren fortbesteht, gehört es vor die Amtsgerichte (A. G. z. G. V. G. § 26 Nr. 2). Wo deshalb von Kommissaren, Deputirten, Decernenten oder Instruenten die Rede ist, tritt an deren Stelle das Amtsgericht (vgl. A. G. O. II 2 § 1 Anm. 2); der Amtsrichter vereinigt die Funktionen der letzteren sowie die des Kollegiums in seiner Person.

[2]) Zu den aufrecht erhaltenen Prozeduren des Tit. 44 (s. Anm. 1) gehört nur ein Theil des Verfahrens über die Pachtrückgewähr (§ 2 zu IV u. §§ 48—53); die übrigen Vorschriften (s. § 2 zu I—III) betreffen lediglich streitige Sachen.

II. Ueber ein dem Pächter schuld gegebenes unwirtschaftliches Betragen, und seine deshalb während der Pachtjahre verlangte Exmission, oder Verfügung gewisser anderen, zur Sicherheit des Verpächters abzielenden Veranstaltungen.

III. Ueber die von dem Verpächter eigenmächtig geschehene Exmission des Pächters.

IV. Ueber die Rückgewähr oder Rückgabe des Gutes, nach verlaufenen Pachtjahren, und die bei dieser Gelegenheit, wegen Meliorationen und Deteriorationen, oder sonst, gegenseitig gemachten Anforderungen.

I. Pachtgelderberechnungen, Klage und Antwort.

§§ 3—35.

II. Prozesse über Exmissionen der Pächter.

§§ 36—43.

III. Wegen Wiedereinsetzung eigenmächtig exmittirter Pächter.

§§ 44. 45.

IV. Prozesse bei Gelegenheit der Rückgewähr.

§. 46. Wenn IV., über die Rückgewähr des Gutes nach beendigten Pachtjahren Streit entsteht; so ist ein Unterschied zu machen:

ob die Rückgewähr bereits erfolgt ist, und nur bei Gelegenheit derselben Streitigkeiten unter den Parteien entstanden sind, welche jetzt rechtlich entschieden werden sollen;

oder:

ob die Rückgewähr selbst gerichtlich geschehen soll;[3])

oder:

ob der Pächter, unter dem Vorwande eines ihm zustehenden Retentionsrechts, die Rückgabe und Räumung des Gutes verweigert;

oder endlich:

ob ihm der Verpächter seine in das Gut gebrachten Sachen und Effekten, wegen gewisser aus der Pacht rückständigen Forderungen, zurück halte.

1. Wenn nach schon geschehener Rückgewähr über die dabei entstandenen Differenzien zu erkennen ist;

§. 47. Im erstern Falle, wenn nämlich die Rückgewähr schon geschehen ist, findet zur Erörterung der bei dieser Gelegenheit über das Plus oder Minus an dem Inventario; über Meliorationen und Deteriorationen u. s. w. entstandenen Streitigkeiten, das ordentliche und gewöhnliche Verfahren Statt. Klage und Antwort müssen also bei dem Gerichte ordnungsmäßig aufgenommen; nach jedesmaliger Beschaffenheit der Umstände: ob die fernere Instruktion an ordentlicher

---

[3]) Dies ist der allein noch praktische Fall (s. Anm. 1). Die übrigen Fälle des § 46 sind lediglich prozessualer Natur.

Gerichtsstelle vor sich gehen könne, oder es dazu einer Lokalkommission bedürfe? vernünftig beurtheilt; übrigens aber die allgemeinen Vorschriften der gegenwärtigen Prozeßordnung durchgehends beobachtet werden.[4])

2. wenn die Rückgewähr selbst gerichtlich geschehen soll.

§. 48. Im zweiten Falle, wenn nämlich einer oder beide Theile darauf antragen: daß die Rückgewähr selbst gerichtlich geschehen solle, muß das Kollegium einen Kommissarius dazu ernennen,[5]) und ihm jedesmal einen Oekonomieverständigen[6]) beigeben.

§. 49. Diese Kommission[7]) muß vor allen Dingen ein vollständiges Rückgewährsinventarium aufnehmen, und selbigem eine von vereideten Sachverständigen, Rubrik für Rubrik, unter ihrer Direktion gefertigte Taxe[8]) beifügen.

§. 50. Dieß Inventarium muß sie alsdann mit demjenigen, welches bei der Uebergabe an den Pächter errichtet worden ist, vergleichen, und bei jeder Rubrik das Plus oder Minus festsetzen. Ist kein solches Gewährsinventarium errichtet worden, so muß sie die erforderlichen Data hierzu, so wie die Umstände zur Zeit der Uebergabe beschaffen gewesen, und wie es die für einen solchen Fall gegebenen Vorschriften der Gesetze mit sich bringen (A. L. R. Th. I. Tit. XXI. §. 614. u. f.), durch Vernehmung der Parteien und Vereinbarung derselben darüber, durch Abhörung der Zeugen und Sachverständigen,[9]) und durch Anwendung der sonst etwa vorhandenen Beweismittel, in möglichstes Licht zu setzen bemüht seyn; alsdann aber die obgedachte Vergleichung vornehmen.

§. 51. Die von einem oder dem andern Theile angegebenen Meliorationen und Deteriorationen müssen gleichergestalt untersucht, und ausgemittelt werden: worin die Forderung des Provokanten eigentlich bestehe; und was für Einwendungen der Provokat ihr entgegen setze.

---

[4]) s. Anm. 1 u. 3.

[5]) s. Anm. 1 a. E. Als örtlich zuständig ist das Gericht der Pachtsache anzusehen, wenngleich es an einer ausdrücklichen Vorschrift hierfür mangelt.

[6]) Vgl. Landeskulturedikt v. 14. 9. 1811 § 38. Wegen des Verfahrens überhaupt s. Instr. v. 16. 6. 1832 (v. Kamptz Jahrb. 40 S. 186), auch abgedruckt bei Koch-Jastrow S. 281. — Wegen der materiellen Grundsätze der Rückgewähr vgl. A. L. R. I 21 §§ 597 ff.

[7]) Hierunter ist der Richter und der Oekonomieverständige begriffen. Letzterer hat indessen lediglich die Stellung eines Sachverständigen.

[8]) Vgl. A. G. O. II 6 § 1 ff.

[9]) Vgl. A. G. O. II 6 §§ 4 u. 8 mit Anm. 7 u. 11. In § 50 des Textes ist — schon wegen der Verbindung des Verfahrens mit einem etwa später folgenden Prozesse — an die eidliche Vernehmung gedacht, welche sonach auch jetzt in diesem Verfahren für statthaft zu erachten ist.

§. 52. Bei allen diesen Punkten muß die Kommission die Sühne ernstlich versuchen, und sich alle Mühe geben, die Parteien über das ganze Rückgewährsgeschäft, und alle daraus entspringenden wechselseitigen Forderungen, mit Vorhaltung der darüber vorhandenen gesetzlichen Vorschriften (A. L. R. a. a. O. §. 601. u. f.), gütlich auseinander zu setzen.

§. 53.[10]) Wenn dergleichen Auseinandersetzung nicht durchgehends erreicht werden kann, so muß die Kommission die streitig bleibenden Punkte aus dem Rückgewährsprotokolle ausziehen; jeden derselben besonders erörtern; die Parteien darüber hören; den statum controversiae unter ihnen reguliren; die vorhandenen Beweismittel aufnehmen; und solchergestalt jeden Punkt in einem besonderen Protokolle zum Definitiverkenntnisse instruiren.

Besonders wegen der Meliorationen und Deteriorationen.

§. 54.[11]) Bei den Meliorations- und Deteriorationsforderungen, welche den Gegenstand dieser Untersuchung ausmachen, können zwei Fragen streitig seyn:

a) ob der Provokat zur Vergütung einer solchen Melioration, oder Erstattung der Deterioration überhaupt schuldig sei?

b) wie viel das zu vergütende oder zu erstattende Quantum betrage?

Wenn über beide Fragen zugleich gestritten wird, und es also darauf ankommt: ob die Untersuchung der Verbindlichkeit selbst, und die Ausmittelung des Quanti zugleich vorgenommen; oder letztere so lange, bis die erstere feststeht, ausgesetzt werden solle; so ist nach der Vorschrift §. 24 bis 35. zu verfahren.

3. Wenn der Pächter ein jus retentionis ausüben oder[12])

§ 55.

4. Der Verpächter sich an die Invecta et Illata des Pächters halten will.

§§ 56—58.

Von Miethssachen.

§§ 59—64.

---

[10]) Die in § 53 vorgesehene Ueberleitung des freiwilligen Verfahrens in ein prozessualisches ist seit Neuordnung des letzteren nicht mehr ausführbar. Kommt keine Einigung zu Stande, so ist die Thätigkeit des Richters der freiwilligen Gerichtsbarkeit beendet. Die Betreibung des Prozesses bleibt den Parteien überlassen.

[11]) § 54 betrifft lediglich den aus der Rückgewähr entstehenden Prozeß und ist danach antiquirt; s. Anm. 1.

[12]) Wegen §§ 55—64 s. Anm. 1. u. 3.

4. Das gerichtliche Rechnungsabnahmeverfahren.

A. G. O. Theil I.:

Fünf und vierzigster Titel.

Von Rechnungssachen.[1])

Verschiedene Arten der Rechnungsstreitigkeiten.

§. 1. Wenn wegen Rechnungssachen Streit entsteht, so betrifft selbiger entweder die Schuldigkeit, Rechnung zu legen, überhaupt; oder den Termin von, oder bis zu welchem die Rechnung gelegt werden solle; oder eine Zögerung des Rechnungslegers in der Abgabe der Rechnung; oder die Abnahme einer bereits gelegten Rechnung, und die dagegen von dem Rechnungsnehmer gemachten Ausstellungen.

1. Wenn über die Schuldigkeit zur Rechnungslegung, oder
2. über den Terminum a quo et ad quem, oder

§. 2. Die ersten beiden Punkte sind Präjudicialfragen, welche nothwendig erst erörtert und entschieden seyn müssen,[2]) ehe von der Abnahme der Rechnung und den Ausstellungen dagegen die Rede seyn kann. Bei der Verhandlung dieser Präjudicialfragen müssen, wenn nicht etwa die ganze Rechnung nur ein Objekt von Funfzig Thalern oder weniger betrifft, die Vorschriften des ordentlichen und gewöhnlichen Prozesses angewendet werden.

§. 3. Wenn jedoch bloß der Termin von, oder bis zu welchem die Rechnung gelegt werden soll, streitig ist; so kann in der Zwischenzeit, daß diese Frage im ordentlichen Wege Rechtens verhandelt wird, mit der Rechnungsabnahme für denjenigen Zeitraum, über welchen kein Streit obwaltet, verfahren; und die Sache über die dabei vorkommenden Monita, in erster Instanz, nach den folgenden Vorschriften, bis zum Spruche instruirt werden; hingegen muß die Abfassung des Urtels darauf so lange ausgesetzt bleiben, bis über den weiteren Terminum a quo oder ad quem rechtskräftig erkannt ist.

3. über Zögerungen des Rechnungslegers gestritten wird.

§. 4. Wird über Zögerungen eines Rechnungslegers geklagt, der seine Verbindlichkeit an sich nicht ableugnet; so findet kein

---

[1]) Vgl. die Vorbem. zu Tit. 44—46 (oben S. 283). Aus Tit. 45 gilt danach nur noch das Verfahren wegen Abnahme von Rechnungen fort. Dasselbe dient sowohl dazu, eine Aufklärung der Sache herbeizuführen und die dabei sich ergebende Einigkeit der Parteien richterlich zu beurkunden als auch unter uneinigen Parteien die Sühne zu versuchen und die Zahl der Streitpunkte zu vermindern. Wegen beschränkter Fortgeltung des Verfahrens bei Zögerung des Rechnungslegers s. Anm. 3.

Oertlich zuständig ist das Gericht, bei welchem die Klage auf Rechnungslegung zu erheben sein würde, wenn sie vor das Amtsgericht gehörte.

[2]) nämlich jetzt als bürgerliche Rechtsstreitigkeit im Verfahren nach der C. P. O.

eigentlicher Prozeß Statt; sonderm der Richter muß, nach vorhergegangener Vernehmung desselben, eine Frist zur Abgabe der Rechnung bestimmen, und wenn diese nicht inne gehalten wird, den Rechnungsleger zu seiner Schuldigkeit durch Exekution anhalten.[3])

Eigentliche Rechnungsprozesse.

§. 5. Ist die Rechnung dem Rechnungsnehmer abgeliefert worden, und wird sie von diesem nicht durchgehends für richtig angenommen; so kommt es darauf an:

ob einer oder beide Theile die gerichtliche Abnahme der ganzen Rechnung verlangen;

oder:

ob der unter ihnen vorwaltende Streit nur gewisse einzelne Posten der Punkte betrifft, und im übrigen die Rechnung für bekannt angenommen wird.

Verfahren bei der Rechnungsabnahme.

§. 6. Wird auf gerichtliche Abnahme der ganzen Rechnung angetragen, so muß dieselbe entweder von dem Rechnungsleger sogleich, nebst den Belägen, bei dem Gerichte übergeben, oder von dem Rechnungsnehmer, wenn sie sich schon in seinen Händen befindet, eingereicht, und zugleich der Rechnungsleger zur Einreichung der Beläge angehalten werden.[4])

§. 7. Sobald die Rechnung sammt den Belägen bei den Akten ist, wird sie dem Kalkulator[5]) zur Prüfung in calculo vorgelegt, und zugleich ein Termin zur gewöhnlichen Abnahme anberaumt.

§. 8. In diesem Termine wird die Rechnung, Post für Post, mit Zuziebung beider Theile durchgegangen; mit den Belägen ver-

---

[3]) Die Beschwerde über Zögerung des Rechnungslegers betrifft eine bürgerliche Rechtsstreitigkeit; § 4 ist deshalb, insoweit er das Prozeßverfahren durch anderweite Normen ersetzen will, aufgehoben. Es gilt aus § 4 nur noch folgender Gedanke: Beklagt sich der Berechtigte über Zögerungen des Rechnungslegers, so hat der Richter der freiwilligen Gerichtsbarkeit den letzteren darüber zu vernehmen. Läßt dieser seine Verpflichtung zur Rechnungslegung unbestritten, so hat ihm der Richter zur Abgabe der Rechnung eine Frist zu bestimmen. Die Nichteinhaltung der Frist begründet indessen keine Exekution. Der Antragsteller muß vielmehr den Prozeßweg beschreiten und bis zu dessen Erledigung ruht das Abnahmeverfahren. Vgl. auch A. G. O. I 46 Anm. 1 u. 8.

[4]) Die Übergabe der Rechnung und der Beläge muß der Antragsteller — nöthigen Falls im Wege der Klage — erwirken, bevor dem Verfahren Fortgang gegeben werden kann (vgl. Anm. 2 u. 3). — Der § 6 enthält hierbei gleichzeitig einen materiellen Rechtssatz, insofern dem Berechtigten ein Anspruch darauf beigelegt ist, daß Rechnung und Beläge dem Gericht eingereicht werden. Er kann seinen Klageantrag hierauf richten.

[5]) Wegen der Kalkulaturgeschäfte s. Allg. Verf. v. 30. 9. 1879 (J. M. Bl. S. 391).

glichen; und der Rechnungsnehmer bei einer jeden Post befragt: ob er dieselbe für bekannt annehme, oder ob und was er dabei zu erinnern finde?

§. 9. Eine ganz bestimmte Anbringung von Monitis ist hier noch nicht erforderlich, sondern es ist hinreichend, wenn der Rechnungsnehmer nur so viel bestimmt anzeigt: gegen welche Posten er sich die Beibringung von Erinnerungen vorbehalte.

§. 10. Dagegen muß er sich über die vorgezeigten Beläge wenigstens in so weit bestimmt erklären: ob er sie für das, wofür sie ausgegeben worden sind, anerkenne; oder ob und was er gegen ihre äußere Form und Richtigkeit einzuwenden habt.

§. 11. Schon bei dieser Gelegenheit muß der Deputirte des Gerichts[6]) sich alle Mühe geben, über die von dem Rechnungsnehmer angefochtenen Posten, wenigstens über die minder wichtigen, ein gütliches Abkommen unter den Parteien zu Stande zu bringen. Da hierzu die persönliche Gegenwart der Parteien sehr viel beitragen kann; so steht dem Gerichte frei, schon die Rechnungsabnahme selbst, wenn die Parteien nicht an ordentlicher Gerichtsstelle, wohl aber an einem dritten Orte persönlich zusammen gebracht werden können, zur Lokalkommission zu verweisen.

§. 12. Wenn solchergestalt die Rechnungsabnahme vollendet ist, so müssen aus dem Protokolle die von der einen und der andern Seite ganz unwidersprochen gebliebenen Einnahme- und Ausgabeposten, allenfalls durch einen Kalkulator, herausgezogen; dieselben gegen einander balancirt, und solchergestalt ein vorläufiges Liquidum angelegt werden.

§. 13. Zugleich aber muß dem Rechnungsnehmer eine nach den Umständen zu bestimmende Frist gesetzt werden, binnen welcher er die sich vorbehaltenen besonderen Erinnerungen über die einzelnen Posten anfertigen, und entweder bei dem Deputirten des Gerichts zum Protokolle anzeigen, oder schriftlich einreichen müsse.[7])

§. 14. Zu diesem Behufe können ihm die bei der Abnahme vorgekommenen Beläge, nach einem von ihm zu unterschreibenden akkuraten Verzeichnisse, mit der Anweisung, dieselben mit seinen

---

[6]) jetzt der Amtsrichter; s. die Vorbem. zu Tit. 44–46 (oben S. 283).

[7]) Die §§ 13. 14 gelten fort; denn das Verfahren des Tit. 45 ist auch betreffs der monirten Posten fortzusetzen, um die Monita aufzuklären und die Parteien thunlichst zu vergleichen.

Erinnerungen zugleich zurück zu geben, verabfolgt werden. Sind jedoch unter denselben einige befindlich, gegen deren äußere Form und Richtigkeit er nach §. 10. Ausstellungen gemacht hat, so müssen die Originale davon in gerichtlicher Verwahrung zurück bleiben, und es sind ihm, auf sein Verlangen, nur Abschriften mitzutheilen.

Defectatorium.

§. 15. Wenn die Erinnerungen einkommen, so müssen sie von dem Decernenten mit vorzüglicher Sorgfalt geprüft werden:[8]) ob sie deutlich und bestimmt genug abgefaßt, und ob wegen der zusammenhängenden Angabe der dabei vorkommenden Thatsachen, und der darüber beizubringenden Beweismittel, die allgemeinen Vorschriften der Prozeßordnung gehörig beobachtet sind.

§. 16. Findet sich dabei nichts mehr zu erinnern, so wird, mit Kommunikation der Erinnerungen an den Rechnungsleger, als Defektaten, ein Termin zu deren Beantwortung, und zur weitern Instruktion der Sache anberaumt.[9])

§. 17. Ob dieser Termin an gewöhnlicher Gerichtsstätte zu bestimmen, oder ob die Sache (wenn es besonders eine Wirthschaftsrechnung betrifft) zur Lokalkommission, mit Beobachtung der Vorschriften Tit. XLI.[10]) zu verweisen sey; desgleichen, in wie fern es (z. B. bei Bau-, Wirthschafts- oder Kaufmannsrechnungen) der Zuziehung eines Sachverständigen bedürfe,[11]) muß der Richter nach Beschaffenheit der Umstände beurtheilen.

Instruktion.

§. 18. Bei dieser Instruktion sind die allgemeinen Vorschriften der gegenwärtigen Prozeßordnung, und in so fern die Sache vor einer Lokalkommission verhandelt wird, die Tit. XLI. §. 39. angegebenen Bestimmungen zu beobachten.[12])

---

[8]) Diese Prüfung sollte die künftige Entscheidung vorbereiten und fällt deshalb jetzt fort; der gegenwärtig noch anwendbare Inhalt der §§ 15. u. 16 ist folgender:

„Wenn die Erinnerungen einkommen, so wird unter Mittheilung derselben an den Rechnungsleger ein Termin zu deren Erörterung und zum Versuche der Sühne angesetzt."

[9]) s. Anm. 8.

[10]) Diese Vorschriften (Tit. 41 §§ 31 ff.) beziehen sich lediglich auf Lokaltermine in Prozessen und haben für das nichtprozessuale Verfahren keine Bedeutung.

[11]) Vgl. A. G. O. II 6 §§ 4 u. 8 mit Anm. 7 u. 11. Beim Einverständniß beider Theile wird es einer Beeidigung der Sachverständigen nicht bedürfen.

[12]) Die §§ 18. 20—24 enthalten lediglich prozessuale Vorschriften und sind deshalb beseitigt.

§. 19. Am Schlusse der Instruktion [13]) und bei Gelegenheit des Versuchs der Sühne, muß der Deputirte, allenfalls mit Zuziehung des Kalkulators, aus den verhandelten Specialprotokollen ausziehen: über welche Posten die Parteien nunmehr einig sind, und wie viel dieselben betragen; ingleichen über welche es eines richterlichen Erkenntnisses noch bedürfe. [14])

§. 20. Deduktionen in jure finden nach der Regel nicht Statt; es wäre denn, daß bei einem oder dem andern besondern Monito in der Instruktion wirklich zweifelhafte Rechtsfragen vorgekommen wären. Wenn die Instruktion nicht an ordentlicher Gerichtsstelle, sondern vor einer Lokalkommission, ohne Zuziehung der Assistenten, geschehen ist, finden die Vorschriften Tit. XLI. §. 44. 45. Anwendung.

§. 21. Bei der Abfassung des Erkenntnisses ist, wegen des am Ende desselben auszudrückenden Liquidi, die Vorschrift des vorhergehenden Titels §. 9. zu beobachten.

Remedia.

§. 22. Gegen das darauf folgende Erkenntniß, welches gewöhnlichermaaßen publicirt wird, ist die Appellation allerdings zulässig; es hindert aber dieses nicht, daß nicht während des Appellatorii, auf Andringen eines oder des andern Theils, wegen derjenigen Posten, welche entweder niemals streitig gewesen sind, oder wo das erste Erkenntniß rechtskräftig geworden ist, der Partei, die hiernach schon dermalen etwas heraus zu bekommen hat, zu ihrer Bezahlung sollte verholfen werden können.

§. 23. Doch muß bei der Bestimmung eines solchen, der Appellation ungeachtet, zu bezahlenden Liquidi, nicht bloß auf die einzelnen Posten, sondern nur auf den ganzen Saldo Rücksicht genommen werden, welcher sich ergiebt, wenn die unstreitig feststehenden Einnahme- und Ausgabeposten gegen einander balancirt werden. Auch ist auf solche ins Appellatorium gediehene Posten, durch welche, wenn ein abänderndes Urtel erfolgte, der Saldo zum Vortheil des Appellanten sich vermindern würde, gehörig Bedacht zu nehmen.

§. 24. Bei der Anmeldung der Appellation, der Instruktion derselben, der Revision, und überhaupt wegen des weitern Verfahrens bis zur rechtskräftigen Entscheidung, finden die allgemeinen Vorschriften Anwendung.

Eidliche Bestärkung der Rechnungen.

§. 25. [15]) Die eidliche Bestärkung der Rechnung soll in den Fällen, wo der Rechnungsleger nach den Gesetzen dazu verpflichtet ist, [16]) nicht ferner, wie bisher gemeiniglich geschehen, gleich im ersten Anfange der Rechnungsabnahme von ihm geleistet; sondern sie soll

---

[13]) s. Anm. 8.

[14]) Dies ist der Abschluß des Verfahrens; dasselbe muß den Parteien Auskunft darüber geben, worüber sie noch zu prozessiren nöthig haben.

[15]) § 25 umfaßt zwei jetzt getrennt zu haltende Fälle: den einen, daß der Eid im Rechnungsabnahmeverfahren ohne prozessualen Zwang freiwillig geleistet wird und den anderen, daß auf die Eidesleistung geklagt werden muß. Für den ersteren Fall gilt der erste Satz des § 25; über die Fortgeltung des zweiten Satzes für den anderen Fall s. Anm. 17.

[16]) Vgl. A. G. O. I 22, § 29 abgedruckt bei Basch S. 42 u. bei Vierhaus S. 28.

bis zum Schlusse derselben, und bis nach erfolgter Erörterung der einzelnen Punkte und Erinnerungen, ausgesetzt werden. Es wird also erst in dem Urtel darauf erkannt; die Formul des Eides darin festgesetzt;[17]) wenn außerdem noch über einzelne Punkte Eide zu schwören sind,[18]) dieselben diesem Haupteide mit beigefügt; und mit der wirklichen Abnahme von dem Rechnungsleger, der Regel nach, erst alsdann verfahren, wenn über die einzelnen Punkte rechtskräftige Urtel vorhanden sind, und der Rechnungsnehmer oder Defektant auch alsdann noch darauf besteht.

§. 26. In dem zweiten §. 5. gesetzten Falle, wo keine Abnahme der ganzen Rechnung verlangt wird, sondern die Parteien nur wegen einzelner Punkte und Posten streitig sind, muß der Rechnungsnehmer die Rechnung, nebst seinen nach §. 15. eingerichteten Erinnerungen dem Gerichte übergeben; worauf sodann nach Vorschrift §. 16. u. f. weiter verfahren wird.[19])

---

5. Das gerichtliche Erbtheilungs- und Auseinandersetzungsverfahren.

A. G. O. Theil I:

Sechs und vierzigster Titel.

Von Erbsonderungen und Auseinandersetzungen.[1])

Inhalt dieses Titels.

§. 1. Wegen Erbsonderungen und Auseinandersetzungen kann Streit entstehen:

---

[17]) Der Satz, daß im Streitfalle auf den Eid erst dann zu erkennen ist, wenn die Formel desselben festgesetzt werden kann, und daß die Festsetzung der Formel im Urtheil zu erfolgen hat, gilt fort. Diese Vorschriften sind materiellrechtlicher Natur, denn sie regeln den Inhalt dessen, was dem Antragsteller zuzuerkennen ist. Dagegen ist der Schlußsatz des § 25 beseitigt, denn die Frage, wann und wie ein erlassenes Urtheil in Vollstreckung zu setzen ist, bestimmt sich nach der C. P. O.

[18]) Es ist nicht klar, was darunter zu verstehen ist. Zugeschobene und richterliche Eide, zu denen das Prozeßverfahren sonst Anlaß giebt, regeln sich jetzt lediglich nach Maßgabe der C. P. O. Insofern je nach Leistung oder Nichtleistung solcher Eide die Formel für den Haupteid sich ändert, wird die letztere in dem bedingten Urtheil in doppelter Norm festzusetzen sein.

[19]) Auch für diesen Fall ist das Verfahren des Tit. 45 nicht bedeutungslos: der Antragsteller ist zu verlangen befugt, daß der Richter in Ansehung der streitigen Posten das Amt des Aufklärers und Vermittlers übernehme; s. Anm. 7. 8 u. 14.

[1]) Vgl. die Vorbem. zu Tit. 44—46 (oben S. 283). Auch jetzt noch hat der Theilungsrichter (s. Anm. 9. 21. 35) Anträge der Interessenten auf Theilung entgegen zu nehmen und darauf nach Maßgabe des Tit. 46 insoweit zu proze-

I. zwischen mehreren Erben, wegen der Theilung des ihnen gemeinschaftlich zugefallenen Nachlasses;[2])

II. zwischen einem Lehns- oder Fideikommißfolger, und den Allodialerben seines Vorfahren;

III. zwischen mehreren Miteigenthümern, über die Theilung der gemeinschaftlichen Sache;[3])

IV. zwischen Kaufleuten, die mit einander in einer Handlungssocietät gestanden haben.

I. Erbschaftliche Prozesse:
1) über das Erbrecht und die Erb-Quoten.

§. 2. Wenn I. über eine Erbschaft Streit entsteht, so betrifft selbiger entweder die Ausmittelung des Erbrechts der vorhandenen Prätendenten überhaupt; oder die Bestimmung der Quota, welche jedem der verschiedenen, sich untereinander in dieser Qualität erkennenden Erben gebührt; oder die Anlegung der Erbtheilung selbst, und die Festsetzung der jedem Erben gebührenden Antheile (partis quantae).

Interimistische Verfügungen dabei.

§. 3. Da, so lange die Erbrechte und Quoten der Interessenten nicht ausgemacht sind, die Anlegung einer Erbschicht unter ihnen sich nicht denken läßt; so müssen zuvörderst diese beiden Präjudicialfragen, wenn die Parteien darüber uneins sind, nach den Vorschriften des ordentlichen und gewöhnlichen Prozesses erörtert und entschieden werden;[4]) doch steht in beiden Fällen, unterdessen, daß die Hauptsache verhandelt wird, den Parteien frei, diejenigen Verfügungen, welche die Gesetze an die Hand geben, zur Abwendung

---

diren, als das Verfahren sich innerhalb der Grenzen der freiwilligen Gerichtsbarkeit hält. Ein Zwangsverfahren gegen Mitinteressenten überschreitet indessen diese Grenzen stets und steht deshalb dem Richter nicht mehr zu. Insoweit ein solches in Frage kommt, müssen die Interessenten den Prozeßweg beschreiten. R. G. v. 10. 5. 1886 u. v. 8. 10. 1888 (6 S. 28; 8 S. 26). Vgl. auch R. G. v. 20. 5. 1889 (9 S. 28).

[2]) Der Erbtheilung analog und deshalb gleichfalls hierher gehörig ist die Auseinandersetzung geschiedener Eheleute (A. L. R. II 1 § 743). Vgl. Ob.-Tr. v. 20. 2. 1874 (Strieth. 91 S. 113); s. auch Grad bei Gruchot 4 S. 36. Wegen der Auseinandersetzung bei fortdauernder Ehe im Falle des § 392 II 1 A. L. R. s. J. M. R. v. 26. 10. 1838 (Jahrb. 52 S. 461; Koch A. L. R. zu § 392 Anm. 55).

[3]) Dieser Fall ist antiquirt; s. § 33.

[4]) Das bedeutet jetzt: so lange die Erbrechte und Quoten nicht ausgemacht sind, kann kein Interessent vom Nachlaßrichter die Anlegung der Erbtheilung fordern. Uebrigens enthält § 3 auch den materiellen Rechtssatz, daß die darin gewährte Präjudizialklage unbedingt zulässig ist. R. G. U. v. 30. 5. 1890 (R. u. K. 34 S. 1009).

aller Verdunkelung oder Verbringung des streitigen Nachlasses, oder zur Sicherstellung ihrer eventuellen Ansprüche, bei dem Richter besonders nachzusuchen.[5])

§. 4. Eben so kann derjenige, welcher an sich ohne Widerspruch Miterbe ist, dem aber nur eine geringere Quota, als er verlangt, von den übrigen Interessenten zugestanden wird, darauf antragen,[6]) daß, während der Verhandlung dieser Präjudicialfrage, die Erbsonderung angelegt, und dasjenige, was ihm von der Erbschaft gebührt, auf beide Fälle, nämlich, wenn er die verlangte höhere Quotam erstreiten, oder wenn es bei der geringern, welche die Gegner nachgeben, sein Verbleiben haben sollte, gehörig ausgemittelt werde.

§. 5.[7]) Beiderlei vorläufige Anträge sind jedoch mit der Instruktion der Hauptsache über das Erbrecht selbst, oder die dem oder jenem Miterben gebührende Quotam, nicht zu vermengen, sondern in separaten Akten zu verhandeln.

§. 6. Wenn dem Erbschaftsprätendenten sein Erbrecht überhaupt, und zugleich allenfalls die angesprochene Quota bestritten wird; so müssen in der Regel beide Punkte zugleich instruirt und entschieden werden. Wenn jedoch der Streit über das Erbrecht selbst auf einer bloßen Rechtsfrage beruhete, und dagegen die Ausmittelung der Erbquota eine weitläufige Untersuchung in facto erforderte; so kann der Richter beide Punkte von einander absondern, und die Instruktion wegen der Quota so lange aussetzen, bis über das streitige Erbrecht selbst rechtskräftig erkannt ist.

§. 7. Wenn Erben, deren Recht nicht bezweifelt wird, über den Besitzer der Erbschaft sich beschweren, daß er ihnen die zur Ausmittelung ihres Antheils erforderlichen Nachrichten vorenthalte, so bedarf es darüber keines förmlichen Prozesses; sondern dem Besitzer der Erbschaft wird, binnen einer nach den Umständen zu bestimmenden Frist, die Herausgabe des Inventarii, und die Vorlegung seiner Administrationsrechnung aufgegeben. Hält er diese Frist nicht inne, so muß er, auf ferneres Andringen der unstreitigen Erben, zu seiner Schuldigkeit durch Exekution, nach Vorschrift Tit. XXIV. §. 48 u. f. angehalten werden. Ist auch die Exekution fruchtlos, so steht den Erben frei, ihr Interesse zu liquidiren, und sich zum juramento in litem zu erbieten, worauf sodann nach Vorschrift Tit. XXII. §. 19. u. f. verfahren wird.[8])

---

[5]) Der letzte Satz des § 3 ist im Wesentlichen antiquirt (s. Anm. 1); nur insoweit er Siegelung und Inventur betrifft, hat er noch eine beschränkte Bedeutung, s. A. G. O. II 5 §§ 8. 9 mit Anm. 20. 21.

[6]) nämlich beim Nachlaßrichter (s. Anm. 9).

[7]) Die §§ 5 u. 6 sind prozessualen Inhalts und deshalb antiquirt.

[8]) Der jetzt geltende Inhalt des § 7 ist folgender: Unter der Voraussetzung des § 7 kann der Erbe verlangen, daß der Nachlaßrichter (s. Anm. 9)

2) Ueber die Erbtheilung.

§. 8. Wenn die Erbrechte und Antheile der sämmtlichen Interessenten durch gegenseitiges Anerkenntniß, oder durch rechtskräftige Entscheidung, feststehen, und sie sich über die Erbsonderung außergerichtlich nicht vereinigen können; so steht einem jeden unter ihnen frei, deren gerichtliche Anlegung zu suchen.[9])

Einleitung.

§. 9. So bald dergleichen Provokation einkommt, muß der Richter sogleich einen Termin zu Regulirung der Sache anberaumen, und dazu sowohl den Provokanten, als seine von ihm angegebenen Miterben vorladen.

§. 10. Bei Bekanntmachung dieses Termins, und Vorladung der Interessenten zu selbigem, muß das Gericht zugleich von Amts wegen alles das verfügen, was erforderlich ist, die Sache ins Licht zu setzen, und die Instruktion zu erleichtern. Es muß also z. B. dem Erben, welcher sich im Besitze des Nachlasses befindet, aufgegeben werden: das gerichtliche oder Privatinventarium über den Nachlaß, und alle sonst zur Sache gehörigen Urkunden und Briefschaften mit zur Stelle zu bringen; demjenigen, welcher die Erbschaft oder einen gewissen Theil und Zubehör derselben verwaltet hat, muß die Beibringung seiner Kuratel- oder Administrationsrechnung; dem Miterben, welcher etwas einwerfen soll, die An-

---

dem Besitzer der Erbschaft die im § 7 bestimmte Auflage macht. Hält der Besitzer der Erbschaft die Frist nicht ein, so muß der Antragsteller gegen ihn im Prozeßwege vorgehen. Kann er auch hier im Wege der Zwangsvollstreckung die Leistung nicht erreichen, so haftet ihm der Erbschaftsbesitzer für das Interesse; vgl. die Entscheidungen in Anm. 1.

Wegen eidlicher Schätzung des Interesses gilt jetzt lediglich § 260 C. P. O.

[9]) Oertlich zuständig ist der ordentliche Richter des Erblassers (A. L. R. II 17 § 56), bei der Auseinandersetzung Geschiedener (s. Anm. 2) der Richter des Ehemannes (§ 744 II 1 A. L. R., vgl. indessen dazu Koch Anm. 8). Wegen des Begriffes des ordentlichen Gerichtsstandes s. G. v. 12. 3. 1869 Anm. 3. (unten Abschn. IV Nr. 8). — Sind die Interessenten völlig einig und verlangen sie nur die gerichtliche Aufnahme der Erbtheilung, so können sie sich an jedes beliebige Amtsgericht wenden. Wegen der besonderen Wirkung der vor dem gehörigen Richter errichteten Theilung s. indessen A. L. R. I 17 § 111 u. Koch Anm. 92 dazu.

Ueber die Legitimation des Pflichttheilsberechtigten zum Antrage s. R. G. v. 9. 10. 1882 (3 S. 38) und (dagegen) R. G. v. 10. 5. 1886 (6 S. 28) sowie R. G. U. v. 5. 4. 1888 (21 S. 272); wegen der Uebertragbarkeit des Anspruches auf Nachlaßregulirung s. R. G. v. 21. 6. 1880, 20. 6. 1881 u. 21. 5. 1883 (1 S. 27; 3 S. 39; 4 S. 58); über die nachträgliche Antragstellung seitens übergangener Miterben s. R. G. v. 9. 10. 1882 (3 S. 38).

fertigung eines akkuraten Verzeichnisses der Conferendorum u. s. w. anbefohlen werden.[10])

Verfahren.

§. 11. Im Termine selbst muß der Deputirte des Gerichts,[11]) durch gegenseitige Vernehmung der Parteien, vor allen Dingen auszumitteln suchen: worauf es bei der Sache eigentlich ankomme, und wie hiernach dieselbe zur baldigsten gütlichen oder rechtlichen Endschaft am füglichsten eingeleitet werden könne.

§. 12. Da, so bald die Erbrechte und Quoten der Parteien an sich feststehen, der obwaltende Streit nur

1) entweder die Ausmittelung oder Konstituirung der Erbschaftsmasse selbst; oder

2) die Art der Theilung; ob selbige z. B. durchs Loos geschehen, ob einem oder dem andern Interessenten die Güter nach einer gewissen Taxe zugeschlagen werden sollen u. s. w., oder

3) die Berechnung der Antheile selbst, und deren Anweisung, zum Gegenstande haben kann; so muß der Instruent jeden dieser Punkte besonders erörtern, und auseinander setzen: worüber die Parteien einig sind, oder worin der eine oder der andere Interessent mit den übrigen im Widerspruche stehe.

Anh. §. 305. Die zur immerwährenden Fortsetzung einer Fabrikanstalt gegebenen Fonds können niemals zur Erbtheilung kommen, sondern fallen demjenigen Erben zu, welcher die Fortsetzung der Fabrik übernimmt.[12])

§. 13. Wenn durch diese Vernehmung die eigentlichen Objekte des Streits gehörig bestimmt sind, und der Instruent sich einen allgemeinen Begriff von der Lage und dem Zusammenhange der Sache gemacht hat; so muß er die Sühne unter den Parteien überhaupt ernstlich versuchen, und die Erbsonderung in Güte zu Stande zu bringen, sich angelegen seyn lassen.

§. 14. Wird ein gütliches Abkommen unter den Interessenten in der Hauptsache erreicht, und es bleiben nur einige Nebenpunkte streitig; so muß der Erbrezeß errichtet und abgeschlossen; darin die Sache auf beide Fälle, wenn die Nebenpunkte so, oder anders

---

[10]) ohne Androhung von Rechtsnachtheilen; s. Anm. 1 u. 8.

[11]) jetzt der Amtsrichter.

[12]) Der Anh. § 305 ist aus dem R. v. 12. 1. 1805 (Rabe 8 S. 235) entnommen.

entschieden wurden, regulirt; diese selbst aber sofort zum Definitiverkenntnisse, nach der unten folgenden Vorschrift, eingeleitet[13]) werden.

Interimisticum.

§. 15. Sind aber die Parteien über Hauptumstände und Principia der Theilung nicht zu vereinbaren, und kann also kein Erbrezeß zu Stande gebracht werden; so muß der Instruent sein Bestreben darauf richten, wenigstens ein Interimistikum, wie es bis zum völligen Austrage der Sache gehalten werden solle, zu reguliren; oder die liquide und illiquide Masse von einander abzusondern; erstere sofort zu vertheilen, und nur die letztere zur fernern rechtlichen Erörterung[14]) auszusetzen.

Weitere Instruktion

§. 16.[15]) Hiernächst muß, wenn die ganze Sache nicht gütlich hat abgemacht werden können, der Instruent die bei der allgemeinen Vernehmung ausgemittelten und bestimmten Objekte des Streits, mit Zuziehung derjenigen Interessenten, welche jedes derselben angeht, einzeln nach einander vornehmen, und beurtheilen: in wie fern sich dieselben, ihrer Natur nach, und nach den Vorschriften der Gesetze, zu einer ordentlichen Instruktion zum Erkenntnisse, oder zu irgend einer andern richterlichen Verfügung qualificiren.

§. 17. Die Punkte der erstern Art muß er sofort ordnungsmäßig zum Erkenntnisse einleiten. Die Art der Instruktion richtet sich nach der Natur des Objekts, je nachdem sich selbiges zum ordentlichen oder summarischen Prozesse qualificirt; worauf also der Instruent die erforderliche Rücksicht zu nehmen hat. Es muß aber einem jeden dergleichen besondern Punkte auch ein besonderes Protokoll gewidmet, und Alles, was diesen Punkt angeht, demselben unter gehöriger Beziehung auf das Hauptprotokoll nach der Vorschrift Tit. XLI. §. 42. beigefügt werden.

§. 18. Wenn die meisten und wichtigsten dieser Punkte von der Art sind, daß die Instruktion derselben durch eine Lokalkommission am sichersten und geschwindesten bewirkt werden könnte; so muß der Instruent dem Kollegio, mit Einreichung sämmtlicher bisher aufgenommenen Akten, davon Anzeige machen; dieses aber sodann, nach Befund der Umstände, dergleichen Lokalkommission nach der Vorschrift Tit. XLI. §. 32—35. gehörig verfügen.

§. 19. Wenn es hingegen nur bei einem oder etlichen minder wichtigen Punkten auf Lokalkommission ankommt, so muß der Instruent, nur mit Einreichung der diese Punkte betreffenden Specialprotokolle, auf die Veranlassung dieser Kommission antragen; unterdessen aber, daß diese vor sich geht, mit der Instruktion der übrigen Punkte fortfahren.

§. 20. Wenn unter den solchergestalt zu instruirenden besonderen Punkten einige vorkommen, welche den übrigen ein Präjudiz machen, z. B. wenn über die Schuldigkeit eines Miterben etwas in die Masse einzuwerfen, und zugleich über das Quantum eines Konferendi gestritten wird; so müssen, der Regel nach, beiderlei Punkte zugleich zum Definitiverkenntnisse instruirt werden. Falls

---

[13]) jetzt bleibt lediglich den Interessenten die Klageerhebung überlassen (s. Anm. 1)

[14]) s. Anm. 13.

[15]) Die §§ 16—23 betreffen das prozessuale Verfahren und sind beseitigt.

jedoch ein dergleichen nur eventualiter zur Kontestation gekommener Punkt von der Beschaffenheit wäre, daß die vollständige Erörterung desselben einen weitläufigen Aufenthalt in der Sache nach sich ziehen, oder beträchtliche Kosten erfordern dürfte, welche durch die Entscheidung des Präjudicialpunkts leicht unnütz werden könnten; so muß der Deputatus dieserhalb bei dem Kollegio besonders anfragen; und dem Richter steht frei, nach reiflicher Erwägung der obwaltenden Umstände, festzusetzen: daß die Erörterung eines solchen eventuellen Punkts so lange ausgesetzt bleiben solle, bis der Präjudicialpunkt rechtskräftig entschieden worden ist. Wenn also z. B. über die Schuldigkeit zu konferiren gestritten wird, und die Ausmittelung des eventuellen Quanti conferendi nicht ohne große Weitläufigkeiten, Rechnungsrevisionen, Lokaluntersuchungen, Abschätzungen unbeweglicher Güter u. s. w. erfolgen könnte; so kann der Richter festsetzen, daß zuvörderst die Frage: ob konferirt werden solle? zu entscheiden; bis dahin aber die weitere Untersuchung wegen des Quanti conferendi auszusetzen sey.

§. 21. Wenn nun nach Maaßgabe §. 17. sämmtliche streitige Punkte zum Erkenntnisse instruirt sind, und die alsdann nochmals zu versuchende Sühne fruchtlos ist, so müssen die etwa erforderlichen Deduktionen von den Assistenten zum Protokolle gegeben, oder schriftlich eingereicht, und alsdann die Akten zum Spruche vorgelegt werden.

Erkenntniß.

§. 22. Der Richter muß sämmtliche streitige Punkte in Einem Urtel entscheiden; selbst über die nur eventuell instruirten, allenfalls auch nur eventualiter, nach Maaßgabe Tit. XLIV. §. 35. erkennen; und im Uebrigen die Vorschrift Tit. XIII. §. 37. dabei gehörig beobachten.

Remedia.

§. 23. Wegen der gegen ein solches Erkenntniß einzuwendenden Rechtsmittel, und deren Instruktion, finden die allgemeinen Vorschriften Anwendung.

§. 24. Während der Zeit, daß die unter den Interessenten wirklich streitigen Punkte instruirt und abgeurtelt werden, muß wegen derjenigen, wo unter ihnen selbst kein Streit ist, sondern nur gewisse Verfügungen zur Aufklärung der Sache oder Konstituirung der Masse erforderlich sind, z. B. wegen Vorladung der Erbschaftsgläubiger,[16]) wegen Versteigerung der vorhandenen Mobilien und Effekten, wegen Abschätzung und Subhastation des zur Masse gehörigen Gutes, nach dem Antrage der Interessenten, und der Anzeige des instruirenden Deputirten,[17]) das Nöthige von dem Richter [18]) verfügt werden.

Errichtung des Erbrezesses.

§. 25. Wenn nun nach vorstehenden Anweisungen die Sache völlig auseinander gesetzt, und die streitigen Punkte insgesammt rechtskräftig entschieden sind; so muß der Deputirte des Gerichts,

---

[16]) Vgl. A. G. O. II 5 § 1 Anm. 2.

[17]) Diese Anzeige fällt jetzt fort; s. Vorbem. zu Tit. 44—46 (oben S. 283).

[18]) nämlich vom Nachlaßrichter. Wegen Abschätzung und Subhastation müssen indessen die Interessenten ihre Anträge bei dem hierfür zuständigen Richter anbringen; vgl. A. G. O. II 6 § 3 mit Anm. 5 u. Instr. v. 20. 5. 1839 § 2 (unten in diesem Abschnitt Nr. 6) sowie Zw. G. § 180 mit C. P. O. § 755.

mit Zuziehung eines vereideten Kalkulators,[19]) die Erbsonderung selbst entwerfen; den Plan derselben den Parteien zur Erklärung vorlegen; und wenn er von ihnen anerkannt, oder nach ihren gegründeten Erinnerungen berichtigt worden ist, den Erbrezeß selbst abfassen, von den Parteien vollziehen lassen, und ihn dem Gerichte zur Bestätigung einreichen;[20]) solchergestalt aber dieses Geschäft gänzlich zur Endschaft bringen.

II. Separatio feudi ab allodio.

§. 26. Nach eben diesen Grundsätzen und Vorschriften ist II. bei Auseinandersetzung zwischen Lehns- oder Fideikommißfolgern und Allodialerben zu verfahren;[21]) und wenn dabei über Meliorationen des Lehn- oder Fideikommißgutes Streit entsteht, so müssen die Vorschriften Tit. XLIV. §. 54. beobachtet werden.[22])

§. 27. Wenn die Lehns- oder Fideikommißeigenschaft des Gutes selbst bestritten wird, und die Allodialerben des letzten Besitzers die Herausgabe desselben an den Lehns- oder Fideikommißprätendenten aus diesem Grunde gänzlich verweigern; so muß diese streitige Qualität vor allen Dingen im Wege des ordentlichen Prozesses erörtert und entschieden werden.[23])

§. 28.[24]) Bis zur ausgemachten Sache bleiben die Allodialerben im Besitze; und der Lehns- oder Fideikommißprätendent kann auf eine gerichtliche Verwaltung nur alsdann antragen, wenn er Umstände anführen und bescheinigen kann, woraus eine unordentliche Wirthschaftsführung, und die Besorgniß erheblicher Deteriorationen, gegen die im Besitze befindlichen Allodialerben sich zu Tage legt. Ueber einen solchen Antrag auf Exmission der Allodialerben, während des Hauptprozesses, muß nach Vorschrift Tit. XLIV. §. 36—43. verfahren und erkannt werden.

---

[19]) s. Tit. 45 Anm. 5.

[20]) Die gerichtliche Bestätigung (s. A. G. O. II 3 § 21 Anm. 68) ist im materiellen Recht für den Erbrezeß nirgend vorgeschrieben. Der Ausdruck des Textes ist danach ein ungenauer; es ist darunter lediglich die in A. G. O. II 2 § 49 Abs. 3 vorgeschriebene Prüfung und Ausfertigung zu verstehen, welche jetzt dem Amtsrichter obliegt. — Wegen Ertheilung von Bescheinigungen auf Grund des Erbrezesses s. G. B. O. § 40 u. K. G. v. 12. 3. 1888 (7 S. 113).

[21]) Zuständig ist sonach das Amtsgericht des Nachlasses (s. Anm. 9), nicht die Lehns- oder Fideikommißbehörde.

[22]) s. Tit. 44 Anm. 11.

[23]) nämlich bevor die Auseinandersetzung in Antrag gebracht werden kann; vgl. Anm. 4.

[24]) Die §§ 28. 29. betreffen nicht das Verfahren des Theilungsrichters, sondern das des Prozeßrichters; sie sind für dieses — mit Ausschluß des letzten Satzes des § 28 — als Vorschriften, nach welchen in gewissen Fällen einstweilige Verfügungen erlassen werden können, in Kraft geblieben; E. G. z. C. P. O. § 16 Nr. 4. Vgl. die analogen Erörterungen zu A. G. O. II 5 Anm. 20.

§. 29. Da auch, wenn die Allodialerben bis zum Austrage der Hauptsache im Besitze bleiben; hiernächst aber der Lehns- oder Fideikommißprätendent die bestrittene Qualität wirklich ausführt, große Weiterungen daraus entstehen können, daß durch den Zeitverlust, während des vielleicht langwierigen Hauptprozesses, die Lehns- oder Fideikommißmasse verdunkelt, die Absonderung derselben vom Erbe erschwert, und über die von dem Allodialerben inzwischen gehobenen Nutzungen neuer Stoff zu weitläufigen Prozessen gesammelt worden ist; so muß der Richter solchen neuen Verwickelungen durch zweckmäßige, sogleich bei der Einleitung des Hauptprozesses zu treffende Verfügungen, z. B. durch Aufnehmung oder Einforderung eines vollständigen Inventarii, durch Bestellung eines Aufsehers, durch Vereidung der Wirthschaftsbedienten des im Besitze bleibenden Erben auf treue und genaue Rechnungsführung u. s. w., möglichst vorzubeugen bedacht seyn.

§. 30. Wenn die Lehns- oder Fideikommißeigenschaft an sich nicht streitig ist, wohl aber dem sich meldenden Fideikommiß- oder Lehnsfolger seine Legitimation bezweifelt wird; so ist es entweder nur der Allodialerbe, der diesen Zweifel rege macht, und Bedenken trägt, das Gut an einen nicht hinlänglich legitimirten Successor auszuliefern; oder es sind mehrere Prätendenten vorhanden, die sich unter einander die Legitimation, oder das vorzüglichere Recht zur Succession bestreiten.

Im erstern Falle muß nach den Grundsätzen des Allgem. Landrechts Th. I. Tit. IX. §. 482. bis 492. verfahren; mithin, wenn die Bedenklichkeiten des Allodialerben nicht offenbar ungegründet sind, ein Lehns- oder Fideikommißkurator bestellt werden,[25]) welcher auf der einen Seite den Legitimationspunkt mit dem sich meldenden Successor gehörig verhandle;[26]) auf der andern Seite aber, unter Zuziehung dieses Successors, die Absonderung des Lehns vom Erbe mit dem Allodialerben regulire.[27]) Im zweiten Falle, wenn mehrere Prätendenten über das Recht zur Succession streiten, muß zwar dieser Streit zwischen ihnen, im Wege des ordinairen Prozesses erörtert und entschieden werden; inzwischen kann aber der Landerbe[28]) sich nicht entbrechen, auf den Antrag auch nur des einen der streitenden Theile, das Gut zu räumen;[29]) und sämmtliche Präten-

---

[25]) und zwar von der Lehns- bez. Fideikommißbehörde. R. G. U. v. 4. 7. 1887. (19 S. 306).

[26]) nämlich im gewöhnlichen Prozesse, sofern er die Legitimation nicht anerkennt.

[27]) nämlich in dem in diesem Titel geordneten Verfahren.

[28]) „Landerbe“ im Gegensatz zum Lehnerben: eine Reminiscenz an den alten Gegensatz von Landrecht und Lehnrecht.

[29]) Satz des materiellen Rechts. Auf die Räumung muß erforderlichen

denten zusammen müssen mit ihm die Absonderung des Lehns vom Erbe gemeinschaftlich, oder durch einen zu bestellenden Kommunmandatarius reguliren.

In beiden Fällen muß, wenn zur Zeit der Räumung das Recht des eigentlichen Successors noch nicht entschieden ist, das Gut bis zum Austrage der Sache, unter gerichtliche Verwaltung genommen werden.[30])

§. 31. Auf den Grund eines bloßen Retentionsrechts kann der Allodialerbe die Räumung in der Regel niemals verweigern; sondern er kann nur Sicherheit für seine Ansprüche fordern. (Allgem. L. R. Th. I. Tit. XVIII. §. 600. 601.)

§. 32. Wo ein solches Retentionsrecht den Allodialerben, nach Provinzialgesetzen, noch wirklich beigelegt ist, da pflegen, wenn die Auseinandersetzung selbst sich nur etwas in die Länge zieht, zuletzt wegen der von den Erben geführten Administration, und darüber zu legenden Fruchtrechnungen, neue Weitläufigkeiten und Prozesse zu entstehen. Um diese zu vermeiden, muß der Deputirte des Gerichts seine Bemühungen, bei dem nach §. 15. zu regulirenden Interimistiko, besonders dahin richten: daß der Allodialerbe das Gut räume, und ihm dagegen ein nach ungefährem Ueberschlage, und vorläufiger Prüfung seiner Forderungen, mit Vorbehalt des Rechts beider Theile, ausgemitteltes Quantum auf das Gut versichert, und bis zum Austrage des Separationsgeschäfts von dem Lehnsfolger verzinset werde. Kann er die Parteien hierüber in Güte nicht vereinbaren, so muß er den Streit wegen dieses Interimistici in einem besondern Protokolle instruiren, und selbiges ungesäumt zum Erkenntnisse einreichen. Das Urtel muß sodann schleunigst abgefaßt, und in selbigem das Interimistikum regulirt werden; und soll dagegen kein Rechtsmittel zulässig seyn.[31])

III. Gemeinheitstheilungen.

§. 33. Wie III. bei Auseinandersetzung gemeinschaftlicher Hütungsplätze, vermischter Aecker und Wiesen verfahren werden solle, davon ist oben in einem besondern Titel gehandelt worden.[32])

Falles geklagt werden (s. Anm. 1); im Prozesse wird auch über die Retentionseinrede (§ 31) entschieden.

[30]) Nach dem in Anm. 25 citirten R. G. U. soll die Verwaltung dem Lehns- bez. Fideikommißrichter zustehen.

[31]) Die beiden letzten Sätze sind antiquirt; vgl. Tit. 44 § 53 mit Anm. 10

[32]) nämlich im Tit. 43 „Von dem Verfahren bei Auseinandersetzung der Gemeinheiten". Dieser Titel ist durch die V. v. 20. 6. 1817 (G. S. S. 161) beseitigt; s. jetzt G. v. 18. 2. 1880 (G. S. S. 59).

IV. Separationen bei kaufmännischen Societäten.

§. 34. Wenn IV. Kaufleute, die mit einander in einer Handlungssocietät[33]) gestanden haben, sich separiren wollen, und mit ihrer Auseinandersetzung außergerichtlich[34]) nicht zu Stande kommen können; so steht jedem von ihnen frei, auf gerichtliche Auseinandersetzung anzutragen.[35])

§. 35. Wird über die Verbindlichkeit zur Rechnungslegung, über den Terminum a quo oder ad quem derselben, oder über eine dem Rechnungsleger zur Last fallende Verzögerung gestritten; so finden die Vorschriften Tit. XLV. §. 2. 3. 4. Anwendung.

§. 36. Nach den Vorschriften eben dieses Titels §. 5. u. f.[36]) ist zu verfahren, wenn die gelegte Rechnung gerichtlich abgenommen, oder über die Erinnerungen und Ausstellungen, welche dagegen gemacht worden sind, verfahren werden soll.

Dabei finden in Ansehung der kaufmännischen Societätsrechnungen nur noch folgende nähere Bestimmungen Statt:

1) Dem Instruenten muß gleich vom Anfange an ein sachverständiger Con-Commissarius zugeordnet werden.[37])

2) Wenn nach beigebrachten Ausstellungen, und abgegebener Erklärung des Defektaten[38]) über jedes Monitum, feststeht: bei welchen Punkten die Parteien über Thatsachen noch streitig sind; so muß der sachverständige Deputirte[39]) die Bücher und Korrespondenzen nachsehen, und bei einem jeden Punkte pflichtmäßig und bestimmt anzeigen: was sich daraus über den streitigen Punkt ergebe; wie weit die Thatsache dadurch ins Licht gesetzt werde; oder was für Umstände noch dunkel und unausgemacht bleiben.

3) Dieser Befund des Sachverständigen muß den Parteien vorgelegt werden, und sie müssen sich bei einem jeden Punkte erklären:

---

33) D. i. in einer offenen Handelsgesellschaft, Kommanditgesellschaft oder stillen Gesellschaft (H. G. B. Art. 85. 150. 250).

34) Vgl. H. G. B. Art. 133 ff. 172. 265.

35) Aber nur bei verwickelter Sachlage; s. § 40. — Als örtlich zuständig wird das Gericht des bisherigen Gesellschaftssitzes zu erachten sein. H. G. B. Art. 144. 172.

36) s. hierzu und wegen der Aufhebung der nachstehend als antiquirt gekennzeichneten Vorschriften die Anmerkungen zu den im Text citirten Paragraphen (oben S. 287 ff.).

37) Das bedeutet jetzt: der Amtsrichter hat einen Sachverständigen zuzuziehen (Tit. 44 Anm. 1 u. 7); vgl. auch Tit. 45 Anm. 11.

38) „Defektat" ist der Rechnungsleger, welchem ein Defekt vorgeworfen wird (vgl. Tit. 45 § 16).

39) d. i. der vom Richter zugezogene Sachverständige, der jetzt nicht mehr die Stellung eines gerichtlichen Deputirten hat; vgl. Tit. 44 Anm. 7.

in wie fern sie damit einverstanden sind, oder was sie dagegen noch zu erinnern haben.

4) Erst wenn dieses geschehen ist, erfolgt die eigentliche Regulirung des Status causae et controversiae, bei welcher also schon von dem aus den Büchern rc. gezogenen Befunde des Sachverständigen, und von den Erklärungen der Parteien, darüber Gebrauch gemacht wird. Ueber die alsdann noch streitig bleibenden erheblichen Thatsachen müssen die Parteien die etwa sonst noch vorhandenen Beweismittel angeben, mit deren Aufnehmung gewöhnlichermaaßen verfahren wird.

§. 37. Am Schlusse der Instruktion muß das Tit. XXX. §. 6. beschriebene Gutachten von dem zugezogenen Sachverständigen abgefordert; sodann müssen die Deduktionen beigebracht, und endlich die Akten zum Erkenntnisse vorgelegt werden.

§. 38. In Ansehung der gegen dieß Erkenntniß zulässigen Rechtsmittel finden die Verordnungen des XIV. Titels, und wegen anderweitiger Zuziehung eines Sachverständigen bei deren Instruktion, die Tit. XXX. §. 7. ertheilten Vorschriften Anwendung.

§. 39. Während der Zeit, daß solchergestalt mit der Abnahme der Societätsrechnung, und der Erörterung der dagegen vorkommenden Ausstellungen verfahren wird, muß auch die Auseinandersetzung zwischen den Sociis in Ansehung der vorhandenen Bestände, an Waaren, Geräthschaften, ausstehenden Aktiv- und Passivschulden u. s. w. entweder gütlich oder rechtlich regulirt, und dabei die Vorschrift §. 11 bis 25. beobachtet werden.

Ob diejenigen Punkte, worüber hierbei Streit entsteht, mit den Ausstellungen gegen die Societätsrechnung selbst in Ein Verfahren und in Einerlei Akten zusammen zu ziehen; oder ob beiderlei Arten von Streitpunkten in besonderen Akten zu verhandeln, bleibt nach Beschaffenheit der Umstände, Weitläufigkeit der Sache, und des zwischen beiderlei Arten der streitigen Objekte mehr oder weniger obwaltenden Zusammenhangs, richterlicher Beurtheilung vorbehalten.

§. 40. Vorstehende §. 34 bis 39. ertheilte Anweisungen setzen den Fall voraus, wo zwei oder mehrere Kaufleute lange Zeit hindurch in Handlungssocietät gestanden, und während derselben wichtige Geschäfte betrieben haben; folglich bei ihrer Auseinandersetzung viele verwickelte, wichtige, und der genauesten Untersuchung bedürfende Streitfragen vorkommen. Wenn also die Sache von geringer Erheblichkeit ist, oder die Interessenten wegen ihrer Auseinandersetzung in der Hauptsache einig sind, und nur wegen einer oder der andern speciellen Post auf richterliche Entscheidung provociren; so wird die Sache nach den allgemeinen Grundsätzen des ordentlichen oder summarischen Prozesses (je nachdem sie an und für sich zu einem oder dem andern qualificirt ist) eingeleitet, und nur bei der Instruktion ein Sachverständiger, der Vorschrift Tit. XXX. gemäß, zugezogen.[40])

---

[40]) Der jetzt geltende Gedanke des Schlußsatzes ist: so findet der Antrag auf Einleitung des Auseinandersetzungsverfahrens nicht statt, vielmehr ist der Antragsteller lediglich auf den Prozeßweg zu verweisen.

6. Die freiwillige Subhastation.

a) A. G. O. Theil I:

Zwei und Funfzigster Titel.

Vom Subhastationsprozesse.

Begriff.

§. 1. Wenn ein unbewegliches Grundstück, oder eine unkörperliche Gerechtigkeit, oder eine in den Gesetzen den Immobilien gleich geachtete bewegliche Sache, gerichtlich feil gestellt wird, und die Kauflustigen öffentlich aufgefordert werden, sich zu melden, ihr Gebot abzugeben, und in so fern sie Meist- und Bestbietende bleiben, den Zuschlag zu erwarten; so heißt dieses eine Subhastation.

Eintheilung.

§. 2. Dergleichen Subhastation ist entweder nothwendig, oder freiwillig. Zwischen beiden waltet einiger Unterschied des Verfahrens ob.

Erster Abschnitt.

Von der nothwendigen Subhastation.

§§. 3—65 — — —

Zweiter Abschnitt.

Von freiwilligen Subhastationen.[1])

§. 66. Freiwillige Subhastationen können aus mancherlei Ursachen Statt finden, z. B. wenn Erben zum Behufe der Theilung unter sich ein zum gemeinschaftlichen Nachlasse gehöriges Grundstück öffentlich und gerichtlich feil bieten wollen; insonderheit aber alsdann, wenn die Veräußerung eines Grundstücks, dessen Besitzer noch minderjährig ist, erfolgen soll.[2])

§. 67. Bei dergleichen Subhastationen muß, so wie durchgehends, eine gerichtliche Taxe zum Grunde gelegt werden.[3]) Die Bestimmung der Termine, und die Art der Bekanntmachung, hängt, in so

---

[1]) Durch das hier geregelte gerichtliche Verfahren ist die außergerichtliche Vornahme freiwilliger Subhastationen, sei es privatim oder vor einem Notar, nicht ausgeschlossen. Vgl. R. v. 20. 7. 1795 (N. C. C. 9 S. 2597, Rabe 3 S. 120), v. 27. 10. 1804 (Rabe 8 S. 205), v. 10. 8. 1829 (Jahrb. 35 S. 133) u. v. 9. 1. 1832 (v. Rönne Erg. z. A. G. O. zu § 1 I 52 Zus. 2), sowie V. O. § 44; jedoch treten die Wirkungen eines gerichtlichen Verkaufs (A. L. R. I 11 §§ 343. 345) hierbei nicht ein. — Eine eingehende Kommentirung der Vorschriften über die freiwillige Subhastation s. bei Krech-Fischer S. 752 ff.; vgl. auch Jaeckel S. 571 ff.

[2]) s. hierzu Instr. v. 20. 5. 1839 § 1 (unten S. 307) mit Anm. 15 ff.

[3]) Vgl. den folgenden § 68 u. Instr. § 6. Wegen Aufnahme der Taxe s. A. G. O. II 6. Gehört die Taxaufnahme nach der Geschäftsvertheilung vor einen anderen Richter, so wird der Subhastationsrichter Anträge der Extrahenten auf Taxirung aufzunehmen und an die zuständige Stelle abzugeben haben.

fern der Verkauf nicht auf Andringen der Gläubiger geschieht,[4]) lediglich von dem Vorschlage und Gutfinden der Extrahenten ab. Wird aber von diesen nichts besonders angetragen, so ist dabei eben das, was bei nothwendigen Subhastationen,[5]) zu beobachten.

§. 68. Die Extrahenten einer blos freiwilligen Subhastation können darauf antragen, daß, statt einer förmlichen Taxe, eine bloße Beschreibung des Grundstücks, nach seiner Lage, Grenzen, allgemeinen Beschaffenheit, und aus dem Hypothekenbuche oder dem Steuerkatastro erhellenden Realitäten, Zubehörungen, Dienstbarkeiten, und beständiger Lasten, den Subhastationspatenten beigefügt werde.

§. 69. Wenn mehrere Extrahenten einer freiwilligen Subhastation vorhanden sind, und diese sich über die dabei zu beobachtenden Förmlichkeiten nicht vereinigen können; so muß nach denjenigen Anträgen, welche sich den gesetzlichen Bestimmungen bei nothwendigen Subhastationen am meisten nähern, verfahren werden.[6])

§. 70. Auch in Ansehung des Zuschlags[7]) kommt es lediglich auf die Vereinigung der Extrahenten mit den sich meldenden Licitanten an: ob und an welchen von diesen Letzteren, für welches Gebot, und unter was für Bedingungen der Zuschlag erfolgen; ob allenfalls die Subhastation weiter fortgesetzt; oder ob sie gänzlich eingestellt werden solle.

§. 71. Sind mehrere Extrahenten der freiwilligen Subhastation vorhanden, und diese können sich wegen des Zuschlags unter einander nicht vereinigen; so muß die Sache unter ihnen nach den Vorschriften der Gesetze vom gemeinschaftlichen Eigenthume beurtheilt, und allenfalls durch Urtel und Recht entschieden werden. (Allgem. L. R. Th. I. Tit. XVII. §. 10. u. f.)[8])

---

[4]) Dieser Fall gehört jetzt nicht mehr unter die freiwillige Subhastation.

[5]) nämlich jetzt die Vorschriften des Zw.-G. (s. § 211 daselbst), insoweit diese nach der Natur des Verfahrens anwendbar sind. Vgl. insbes. §§ 40 ff., 160 ff., 173. 174. Die Nr. 5. 6. 8 u. 9 des § 40 müssen indessen außer Anwendung bleiben. Im Uebrigen s. Instr. § 8.

[6]) d. i. jetzt nach den Bestimmungen des Zw.-G. (s. § 211 das.) Die Vorschrift ist wenig praktisch; denn derjenige Interessent, der auf seinen Widerspruch Werth legt, kann durch Zurückziehung seines Antrages das ganze Verfahren beseitigen; s. Anm. 16.

[7]) Vgl. V. v. 6. 4. 1839 §§ 1. 2 (unten S. 307.).

[8]) Der Richter der freiwilligen Subhastation hört damit auf, mit der Sache befaßt zu sein und tritt erst dann wieder in Thätigkeit, wenn ihm ein Interessent ein den Widerspruch des Gegners beseitigendes vollstreckbares Urtheil vorlegt; vgl. V. v. 6. 4. 1839 § 2.

§. 72. Während des darüber entstehenden Streites können die Licitanten für das Gebot zu haften nicht gezwungen werden; und wenn sie abstehen, so bleiben dem die Ajudikation verlangenden Theile, wenn er in der Hauptsache obsiegt, seine Rechte gegen den Wiedersprechenden, wegen des aus der Vereitelung des Zuschlags etwa entstehenden Interesse, nach allgemeinen gesetzlichen Verordnungen vorbehalten.

§. 73. Wenn nach veranlaßter freiwilliger Subhastation, und vor dem Zuschlage, Umstände sich hervor thun, welche die Verwandlung derselben in eine nothwendige begründen können;[9]) so kann mit dem Zuschlage nur alsdann verfahren werden, wenn entweder die sämmtlichen alsdann vorhandenen Interessenten damit einig, oder wenn bei der freiwilligen Subhastation alle gesetzliche Förmlichkeiten der nothwendigen beobachtet worden sind.

Anh. §. 411. Soll die Subhastation fortgesetzt werden, und sind alle Interessenten einig, daß nur eine einfache Subhastationspflicht auf die §. 55. dieses Titels bestimmte Art rathsam sey; so ist demgemäß zu verfahren. Sind die Interessenten darüber nicht einig, so sind die Vorschriften §. 30. 31. zur Richtschnur anzunehmen.

§. 74. Bei den freiwillig subhastirten Gütern der Pflegebefohlenen ist zu bemerken:

1) daß, ehe die Subhastation verfügt werden kann, der Vormund oder Kurator sich durch ein obervormundschaftliches Dekret zu solchem Antrage legitimiren müsse. Was bei Ertheilung eines solchen Dekrets die Pupillengerichte zu beobachten haben, bestimmen die Vormundschaftsgesetze. (Allg. L. R. Th. II. Tit. XVIII. §. 550. u. f.)

2) daß, ehe auf das abgehaltene Licitationsprotokoll die Adjudikation erfolgen kann, zuvörderst die Genehmigung des vormundschaftlichen Gerichts, sowohl in Ansehung des Quanti, als der Zahlungs- und übrigen Bedingungen, beigebracht werden müsse.[10])

b. Verordnung, betreffend das Verfahren bei freiwilligen Subhastationen. Vom 6. April 1839.

(G. S. S. 125.)

Wir Friedrich Wilhelm, von Gottes Gnaden, König von Preußen 2c. 2c.

Da das bisherige Verfahren, wonach bei freiwilligen Subhastationen der Zuschlag in Form eines, die Stelle des Kontrakts vertretenden, Adjudikations-Erkenntnisses erfolgt, der Natur eines gerichtlichen freiwilligen Verkaufes nicht entspricht und zu Mißdeutungen Veranlassung giebt, so haben Wir für alle Provinzen

---

[9]) Dieser Fall kann nach dem Zw.-G. nicht mehr vorkommen; § 73 mit Anh. § 411 sind deshalb antiquirt.

[10]) Die „Adjudikation" ist durch § 1 der V. v. 6. 4. 1839 aufgehoben; im Uebrigen enthält der Paragraph nur Normen des Vormundschaftswesens und ist deshalb beseitigt. V. O. § 102. Es gelten jetzt V. O. § 42 Nr. 5 und §§ 44. 47. 87 Abs. 2, nach denen die Legitimation des Vormundes zu beurtheilen ist; s. auch Instr. §§ 3. 9. 10.

Unserer Monarchie, in welchen die Allgemeine Gerichtsordnung Gesetzeskraft hat, auf den Antrag Unserer Justizminister [11]) und nach dem Gutachten einer von Uns aus Mitgliedern des Staatsraths ernannten Kommission verordnet, was folgt:

§. 1. Bei freiwilligen Subhastationen findet die Abfassung eines Zuschlagbescheides oder Adjudikationserkenntnisses nicht weiter statt.

§. 2. Das Gericht hat, wenn die Einwilligung der Betheiligten in den Zuschlag erfolgt, oder vorschriftsmäßig ergänzt worden ist (§. 71. und 74. Nr. 2. Titel 52. der Prozeßordnung), die Lizitationsverhandlungen eben so, wie bei Verträgen, welche nothwendig einer Aufnahme und Vollziehung vor dem Richter der Sache bedürfen,[12]) unter Beifügung der Kaufbedingungen und der Urkunde über die erfolgte oder ergänzte Zustimmung der Betheiligten in beglaubter Form auszufertigen. Diese Ausfertigung vertritt die Stelle des Kaufkontrakts.[13])

Die Vorschrift des §. 361. des Allgemeinen Landrechts Theil I. Titel 11. wird aufgehoben.

§. 3. Geht die freiwillige Subhastation in eine nothwendige über, so verbleibt es bei den Bestimmungen im §. 73. Titel. 52. der Prozeßordnung.[14])

§. 4. In so weit nicht vorstehend ein Anderes festgesetzt ist, behält es in Ansehung der freiwilligen Subhastationen bei den bestehenden gesetzlichen Vorschriften sein Bewenden.

§. 5. Unser Justizminister hat die Gerichte mit einer Instruktion über das von ihnen zu beobachtende Verfahren zu versehen.

Urkundlich unter Unserer Höchsteigenhändigen Unterschrift und beigedrucktem Königlichen Insiegel.

Gegeben Berlin, den 6. April 1839.

(L. S.) Friedrich Wilhelm.

v. Müffling. v. Kamptz. Mühler.

Beglaubigt: Düesberg.

c. Instr. v. 20. Mai 1839, wegen des von den Gerichten bei freiwilligen Subhastationen zu beobachtenden Verfahrens.

(J. M. Bl. S. 190.)

Nach §. 5 der Verordnung vom 6. April d. J., betreffend das Verfahren bei freiwilligen Subhastationen (Gesetz-Sammlung von 1839, S. 125), sollen die Gerichte noch mit einer näheren Instruktion von Seiten des Justizministers versehen werden.

---

[11]) Wegen der mehreren Justizminister s. oben S. 8 u. 14.

[12]) s. A. G. O. II 1 § 3. [13]) s. hierzu Instr. §§ 9 ff.

[14]) s. Anm. 9.

Diese wird hierdurch nachstehend ertheilt.

§. 1. Eine freiwillige gerichtliche Subhastation ist nur in Beziehung auf solche Sachen und Rechte zulässig, welche Gegenstände einer nothwendigen Subhastation sein können.

§. 1 der Verordnung vom 4. März 1834 (Gesetz-Sammlung S. 39) und Reskript vom 16. December 1837 (Jahrb. Bd. 50, S. 535).[15])

Der Fall einer freiwilligen gerichtlichen Subhastation aber tritt ein:[16])

a. wenn bei gemeinschaftlichem Eigenthume sämmtliche Miteigenthümer, wozu auch Benefizialerben gehören,[17]) zum Zweck ihrer Auseinandersetzung darauf antragen;

§. 66, Tit. 52 der Prozeß-Ordnung und §. 2 Nr. 3 der Verordnung vom 4. März 1834 (Gesetz-Sammlung S. 39).[18])

b. Behufs der Veräußerung von Gütern der Pflegebefohlenen, so wie derjenigen überhaupt, denen die Rechte der Minderjährigen zustehen, insofern nicht von der Subhastation dispensirt ist.[19])

cfr. §§. 550 ff. Tit. 18 Th. II A. L. R.;
Kabinets-Ordre v. 23. September 1812 (Gesetz-Samml. S. 177);
Deklaration von 7. Februar 1835 (Gesetz-Samml. S. 17);[20])

§. 219 ff. Tit. 11, Th. II;[21]) §. 165, Tit. 8, Th. II A. L. R.;[22])

---

[15]) Jetzt ist die Subhastationsfähigkeit nach § 1 Zw.-G. zu beurtheilen; s. § 211 daselbst.

[16]) Die Fälle des Textes sind nur Beispiele; zum Antrage ist nur der Eigenthümer, dieser aber auch ohne besondere Veranlassung befugt. Verf. d. früheren K. G. v. 4. 12. 1877 (Johow 8 S. 58). Bei gemeinschaftlichem Eigenthum muß der Antrag von allen Miteigenthümern gestellt werden; die Zurückziehung des Antrages seitens eines der Theilhaber hat die Einstellung des Verfahrens zur Folge.

[17]) Die besondere Erwähnung der Benefizialerben beruhte auf der nach älterem Recht für dieselben bestandenen Verfügungsbeschränkung. A. L. R. I 9 §§ 447 ff.; s. jetzt V. v. 28. 3. 1840 (G. S. S. 103).

[18]) Die Verordnungen v. 4. 3. 1834 u. 2. 12. 1837, welche nur die nothwendige Subhastation betrafen, sind bereits durch § 116 der Subh.-O. v. 15. 3. 1869 aufgehoben worden.

[19]) In diesem Absatz sind hauptsächlich solche Fälle zusammengefaßt, in welchen nach früherem Recht die Nothwendigkeit öffentlicher Versteigerung bestand. Die Fälle haben vielfache gesetzliche Abänderungen erlitten (s. Anm. 20 bis 23). Fälle der Erforderlichkeit einer gerichtlichen freiwilligen Subhastation bestehen nicht mehr.

[20]) Betrifft die Veräußerung von Mündelgut; s. jetzt V. O. §§ 44. 47. 102.

[21]) Betrifft die Veräußerung von Kirchengut; s. jetzt Kirchengemeinde- u. Synodalordnung v. 10. 9. 1873 (G. S. 1874 S. 151) § 31 Nr. 1 u. G. v. 3. 6. 1876 Art. 24 Nr. 1, sowie G. v. 20. 6. 1875 § 21 Nr. 1 u. § 50 Nr. 1; vgl. aber auch Anh. § 126 zu A. L. R. II 11 § 222.

[22]) Dieses und die folgenden Allegate betreffen die Veräußerung städtischer

Verordnung vom 19. November 1808, §. 189, nebst Erläuterungen dazu vom 4. Juli 1832 (Ges. Samml. S. 190);

revidirte Städte-Ordnung v. 17. März 1831, § 117 (Ges. Samml. S. 28) und die besondern Bestimmungen über Veräußerung der Staats-Domainen.[23])

§. 2. Zur Einleitung einer freiwilligen gerichtlichen Subhastation ist nur der Richter der Sache kompetent. (§. 56, Tit. 17, Th. II A. L. R.)[24])

§. 3. Derselbe muß, wenn der Antrag auf Subhastation gemacht wird,[25]) zunächst die Dispositionsfähigkeit und Legitimation der Extrahenten, so wie ihrer etwaigen Bevollmächtigten (§. 106 Tit. 13 Th. I A. L. R.) und ihrer Vormünder (§. 74 Tit. 52 Proz.-Ordn.),[26]) genau prüfen, und darf vor Behebung der sich hierbei etwa vorgefundenen Anstände dem Antrage nicht Statt geben.

§. 4. Dabei hat der Richter, da er Namens der Interessenten das Grundstück ausbietet und verkauft, und deshalb über deren Legitimation vollkommene Gewißheit haben muß, auch der Antrag auf Einleitung der freiwilligen Subhastation als eine Verfügung über das Grundstück vor Gericht anzusehen ist, von Amtswegen dafür zu sorgen, daß der im Hypothekenbuch etwa noch nicht eingetragene Besitztitel der Extrahenten bei dem zu subhastirenden Grundstücke berichtigt werde.[27])

Dies wird in der Regel keine Schwierigkeiten haben, da die Berichtigung des Legitimationspunkts Seitens der Interessenten mit dem Nachweise ihres Eigenthums zusammenfällt, und auf Grund der diesfälligen Dokumente, der Erbeslegitimations-Atteste,

---

Grundstücke; s. jetzt Städte-Ordnungen v. 30. 5. 1853 u. 19. 3. 1856 § 51 bez. § 50.

[23]) A. L. R. II 14 §§ 16 ff. und die dazu ergangenen Ergänzungsgesetze; s. Koch A. L. R. Anm. 12 a. a. O.

[24]) Sachlich zuständig sind die Amtsgerichte. A. G. z. G. V. G. § 26 Nr. 2. Wenn ein zu subhastirender Güterkomplex in verschiedenen Gerichtsbezirken liegt, so ist gemäß § 20 Nr. 2 A. G. z. G. V. G. zu verfahren.

[25]) s. Anm. 16. [26]) s. Anm. 10.

[27]) An die Stelle der „Berichtigung des Besitztitels" (s. A. G. O. II 3 Anm. 4) ist jetzt die Eintragung des Eigenthums getreten. (E. E. G. §§ 1. 5. G. B. O. §§ 2. 135 ff.). Die Bewirkung der letzteren ist auch jetzt noch regelmäßig Voraussetzung der freiwilligen Subhastation und zwar auch in den Fällen, in welchen der Eigenthümer ohne Eintragung zur Auflassung legitimirt ist (E. E. G. § 5 Abs. 2). Denn es soll verhindert werden, daß nach stattgehabter Subhastation der Grundbuchrichter in Folge abweichender Auffassung die Legitimation der Interessenten bemängelt und dadurch das voraufgegangene richterliche Verfahren diskreditirt; vgl. aber § 5. Die Betreibung der Eintragung ist jetzt lediglich Sache der Interessenten (G. B. O. § 39).

Erbrezesse, Testamente, Kaufkontrakte ꝛc., — wenn dieselben sonst zu keinem Bedenken Anlaß geben, — der Besitztitel gleich wird berichtigt werden können.

Ueber die erfolgte Berichtigung des Besitztitels muß aus den Grundakten das Erforderliche zu den Subhastationsakten amtlich vermerkt, oder zu diesen eine Ausfertigung des neuesten Hypothekenscheins gebracht werden.

§. 5. Sollten gleichwohl der Berichtigung des Besitztitels nicht sogleich zu beseitigende Hindernisse entgegenstehen,[28]) so sind die Interessenten darauf aufmerksam zu machen, daß sich vor der Berichtigung des Hypothekenfoliums schwerlich ein annehmlicher Käufer finden werde, auch sind dieselben darüber zur bestimmten Erklärung aufzufordern, ob sie dessen ungeachtet die Subhastation verlangen.

Im Bejahungsfalle, und wenn sonst kein Bedenken entgegensteht, muß dieselbe eingeleitet werden (vergl. Reskript vom 20. Februar 1836, Jahrb. Bd. 47, S. 331 flg.).[29])

§. 6. Alsdann muß, falls nicht:

a. die Extrahenten auf eine gerichtliche Taxe des Grundstücks antragen, oder

b. eine gerichtliche Taxe, wie bei Grundstücken der Pflegebefohlenen ꝛc., gesetzlich nothwendig ist,[30])

unter Zuziehung der Extrahenten eine vollständige Beschreibung desselben nach Vorschrift des §. 68, Tit. 52 der Prozeß-Ordnung aufgenommen und dabei insbesondere darauf geachtet werden, ob Veränderungen des Realzustandes vorgefallen sind, welche noch nicht im Hypothekenbuche vermerkt worden, und ob Prozesse über das Grundstück schweben, da es nothwendig ist, daß sowohl der subhastirende Richter als der künftige Ersteher des Grundstücks über den Gegenstand des Kaufs vollständig unterrichtet sind.

§. 7. Vor der Anberaumung des Subhastations-Termins erfolgt die Regulirung der Kaufbedingungen, welche die Extrahenten den Bietern stellen wollen. Die Aufnahme der Taxe oder Beschreibung des Grundstücks nach §. 6 bietet dazu in der Regel die geeignete Veranlassung.

Im Allgemeinen dienen hierbei die Vorschriften bei Aufnahme von Verträgen und Kaufkontrakten, insonderheit §§. 10 und 11 Allg. Ger. Ordn. Th. II, Tit. 3 zur Richtschnur. Insbesondere gehören hierher die Bestimmungen über die Art der Belegung der Kaufgelder, wie sie bezahlt, welche Hypothekenschulden auf Rechnung

---

[28]) Vgl. z. B. G. V. O. § 135. [29]) Vgl. A. G. O. II 3 § 11 Anm. 23.
[30]) Diese Nothwendigkeit besteht nicht mehr. V. O. §§ 44. 102.

des Kaufpreises übernommen oder von den Verkäufern zur Löschung gebracht, ob die Kaufgelder gestundet und eingetragen werden sollen; ferner, ob der Verkauf in Pausch und Bogen (§ 117 u. flg., A. L. R. Th. I Tit. 11) erfolgen, wie es mit der Uebergabe gehalten werden und wer die Kosten tragen soll.

Auch wegen der in der II. Rubrik eingetragenen Beschränkungen des Eigenthums, wegen der darauf ruhenden beständigen öffentlichen Abgaben, gemeinen Lasten und privatrechtlichen Verpflichtungen ist das Erforderliche bei Regulirung der Kaufbedingungen festzusetzen. (Vergl. das für nothwendige Subhastationen in dieser Hinsicht ergangene Reskript vom 24. April d. J. Just. Min. Blatt Stück 20, Nr. 143.)

§. 8. Sind die Kaufbedingungen festgestellt, so können die Subhastationspatente erlassen werden, denen in Ermangelung einer förmlichen Taxe die aufgenommene Beschreibung des Grundstücks und die Kaufbedingungen beizufügen sind. Die Bestimmung der Fristen, so wie die Art der Bekanntmachung der Patente, hängt zunächst von dem Uebereinkommen der Extrahenten ab.

Können sie sich deshalb nicht vereinigen, so ist in dieser Beziehung nach §. 69 Tit. 52 Proz.-Ordn. und eventuell so zu verfahren, wie bei nothwendigen Subhastationen vorgeschrieben ist. (§§. 7 und 8 der Verordnung vom 4. März 1834, Ges. Samml. S. 39 flg. und §§. 1—3 und 5 der Verordnung vom 2. Dezember 1837, Ges. Samml. S. 219.)[31]) Die im §. 9 der Verordnung vom 4. März 1834 vorgeschriebene Benachrichtigung der aus dem Hypothekenbuche ersichtlichen Realinteressenten unterbleibt jedoch, da die Rechte der letztern durch eine freiwillige Subhastation nicht verändert werden; wohl aber ist den etwa vorhandenen Vorkaufs-Berechtigten der Bietungstermin bekannt zu machen. (§§ 608—615 Tit. 20, Th. I A. L. R. cfr. Reskript vom 23. März 1838, Jahrb. Bd. 51, S. 171 flg.)[32])

§. 9. Nach § 2 der Eingangs erwähnten Verordnung vertritt die Licitations-Verhandlung die Stelle des Kaufkontrakts; es sind daher hinsichtlich der Aufnahme und Fassung derselben im Allgemeinen die Vorschriften der Allg. Gerichts-Ordnung über das Verfahren bei Handlungen der freiwilligen Gerichtsbarkeit Th. II Tit. 2 zu beobachten.

Insbesondere muß das Licitations-Protokoll genaue Auskunft geben über die Identität, die Dispositionsfähigkeit und Legitimation der Interessenten, so wie ihrer Vertreter, und neben einer die wesentlichen Merkmale des Grundstücks umfassenden Beschreibung desselben, vollständig die Bedingungen enthalten, unter welchen der Verkauf

---

[31]) Vgl. Anm. 5 u. 18.

[32]) Wegen der Wirkung der freiwilligen Subhastation auf das Vorkaufsrecht vgl. Ob.-Tr. v. 13. 11. 1871 (66 S. 82).

erfolgt ist. Dabei ist zugleich, falls der Kauf nicht ohne Genehmigung der Obervormundschaft oder einer vorgesetzten Behörde abgeschlossen werden darf, dieserhalb das Erforderliche zu bemerken, und eine Frist zu bestimmen,[33]) bis zu deren Ablauf der Meistbietende an sein Gebot gebunden sein soll.

§. 10. Wird der Zuschlag bewilligt, und in den dazu geeigneten Fällen die Genehmigung der vormundschaftlichen, oder der vorgesetzten Behörde beigebracht, so ist die Licitations-Verhandlung nach Vorschrift des §. 49 Tit. 2, Th. II der Allg. Ger. Ordn. sofort auszufertigen.

Zu der für den Käufer bestimmten Hauptausfertigung wird der Kaufwerthstempel verwendet,[34]) und es werden ihr die Urkunden über die erfolgte oder ergänzte Zustimmung der Betheiligten angeheftet. Des Anschlusses der Legitimations-Dokumente der Extrahenten bedarf es nicht. Welche Neben-Ausfertigungen außerdem noch zu ertheilen sind, hängt von den Anträgen der Extrahenten ab.

§. 11. Die Original-Ausfertigungen hat der Subhastationsrichter der Hypothekenbehörde unmittelbar zu übersenden, um den Besitztitel für den Käufer zu berichtigen, sobald die Uebergabe des veräußerten Gegenstandes nachgewiesen sein wird, und die rückständigen Kaufgelder für den Verkäufer einzutragen, wenn die Eintragung derselben verabredet ist; damit von Seiten des subhastirenden Gerichts alles geschieht, was erforderlich ist, um die Rechte der Betheiligten vollständig zu sichern.[35])

§. 12. Dem Hypothekenrichter liegt ob, die Realgläubiger von der erfolgten Veräußerung des Grundstücks in Gemäßheit des §. 4 der Deklaration vom 21. März 1835 (Ges. Samml. S. 43) und der Instruktion vom 12. Juni 1835 (Jahrb. Bd. 45, S. 510) zu benachrichtigen.[36])

Berlin, den 20sten Mai 1839.

Der Justizminister
Mühler.

---

[33]) d. h. von den Antragstellern als Kaufbedingung zu setzen. Der Richter ist zu solcher Fristbestimmung nicht befugt. Ist keine Frist gesetzt, so findet eventuell V. O. § 46 mit G. v. 12. 7. 1875 § 4 Anwendung.

[34]) Eine Verwendung von Naturalstempeln seitens der Gerichte findet nicht mehr Statt; die Stempelbeträge werden als Gerichtskosten eingezogen. Kostengesetz v. 10. 5. 1851 § 16.

[35]) § 11 ist aufgehoben. Der Eigenthumsübergang erfolgt jetzt lediglich durch Auflassung, welche die Interessenten — ebenso wie die etwaige Eintragung rückständiger Kaufgelder — ihrerseits zu betreiben haben (E. E. G. §§ 1 u. 19). Der Subhastationsrichter schließt deshalb seine Thätigkeit mit der Ausfertigung des Kaufvertrages. Auf Antrag der Interessenten kann er indessen die Urkunden zu den Grundakten gelangen lassen.

[36]) § 12 ist aufgehoben. G. B. O. § 143; s. jetzt G. B. O. § 57.

IV. Ergänzungsgesetze.

1. Gesetz wegen Aufhebung der Verlautbarung und Bestätigung der Verträge über unbewegliche Güter. Vom 23sten April 1821.

(G. S. S. 43.)

Wir Friedrich Wilhelm, von Gottes Gnaden, König von Preußen 2c. 2c.

Um die Eintragung ins Hypothekenbuch aus Verträgen über die Veräußerung des Eigenthums, Austhuung in Erbzins oder Erbpacht [1]), und über die Bestellung eines nutzbaren Pfandrechts von Förmlichkeiten zu befreien, welche, ohne daß sie mit der Rechtsbeständigkeit der Verträge, noch mit dem Wesen der Hypotheken-Verfassung im Zusammenhange stehen, den Betheiligten, außer dem Aufwande unnöthiger Kosten, oft auch noch durch den mit ihrer Beobachtung verbundenen Zeitverlust empfindlichen Nachtheil bringen, verordnen Wir für diejenigen Provinzen Unserer Monarchie, wo das Allgemeine Landrecht, die Allgemeine Gerichtsordnung und die Hypothekenordnung Gesetzkraft haben, nach eingeholtem Gutachten Unsers Staatsraths, wie folget:

§. 1. Verträge über die Veräußerung des Eigenthums, und über die Austhuung in Erbzins oder Erbpacht,[1]) wenn sie an sich mit rechtsbeständiger und verbindlicher Wirkung geschlossen worden, sollen fortan, sofern auch nur die Beglaubigung der Unterschriften unter selbigen vor einem inländischen Gerichte oder einem inländischen Notar erfolgt ist, weder einer nochmaligen Vollziehung, noch einer wiederholten Bekennung zu ihrem Inhalte vor dem Richter der Sache[2]) (Verlautbarung) bedürfen, um daraus das Gesuch um Eintragung zu begründen.[3])

---

[1]) Diese Institute sind beseitigt. Ablösungsgesetz v. 2. 3. 1850 § 2 Nr. 2 u. § 91.

[2]) Vgl. A. G. O. II 1 § 3.

[3]) Jetzt erfolgt die Eintragung lediglich auf Grund der Auflassung. E. E. G. § 1. G. B. O. § 48; s. indessen eine Ausnahme in G. B. O. § 49. Die §§ 1 u. 3 des Textes haben praktische Bedeutung nur noch für diesen Ausnahmefall.

§. 2. Nicht minder soll die gerichtliche Bestätigung,[4]) welche, ohne für die Gültigkeit des Vertrags erforderlich zu sein, nach der Verfassung einzelner Provinzen der Eintragung bisher hat vorhergehen müssen, wegfallen.

§. 3. Die Eintragung aus einem solchen Vertrage (§. 1.) kann geschehen, wenn auch nur einer von beiden Theilen darum nachsucht.[5])

§. 4. Die Gültigkeit der Verträge, wodurch ein nutzbares Pfandrecht bestellt wird, ist auch fernerhin von der gerichtlichen Bestätigung abhängig (Allgemeines Landr. Theil I. Tit. 20. §. 227. 233. 234.). Der Verlautbarung derselben, Behufs der Eintragung in die Hypothekenbücher, bedarf es aber nicht mehr.[6])

§. 5. Es werden hiernach die Vorschriften §. 3. Th. II. Titel 1. der Allgemeinen Gerichtsordnung, §. 425. des Anhangs zu derselben und §. 64. Titel 2. der Hypothekenordnung abgeändert.

§. 6. Die Hypothekenbehörde bleibt aber nach wie vor verpflichtet, die ihr zur Eintragung vorgelegten Verträge sowohl nach ihrer Form als Inhalt zu prüfen, und das §§. 11—18. Titel II. der Hypothekenordnung vorgeschriebene Verfahren zu beobachten.[7])

Urkundlich unter Unserer Höchsteigenhändigen Unterschrift und Beidrückung Unsers Königlichen Insiegels.

Gegeben Berlin, den 23sten April 1821.

(L. S.) Friedrich Wilhelm.

C. Fürst v. Hardenberg. v. Altenstein.

Beglaubigt: Friese.

---

2. Allerhöchste Kabinetsorder vom 6ten November 1834., über die Vidimation der Urkunden und die Abzweigung der Schulddokumente.

(G. S. S. 180.)

Auf Ihren gemeinschaftlichen Antrag bestimme Ich, zur Beseitigung der Bedenken über die Anwendung der Vorschriften des §. 28. Tit. 3. Theil II. und des §. 81. Tit. 7. Theil III. der Allgemeinen Gerichtsordnung, daß beglaubte Abschriften gerichtlich aufgenommener oder konfirmirter Instrumente, wenn sie auch nicht von demselben Gericht, von welchem das Original aufgenommen oder bestätigt worden, sondern von einem anderen inländischen Richter oder von einem inländischen Notarius ausgefertigt sind, die Stelle

---

[4]) Vgl. A. G. O. II 3 §§ 21 ff. mit Anm. 68. [5]) s. Anm. 3.

[6]) Vgl. A. G. O. II 1 § 3 Anm. 11 u. II 3 § 14 Anm. 49.

[7]) § 6 ist antiquirt; vgl. G. B. O. §§ 46. 143.

des Originals mit voller Wirkung zu vertreten geeignet seyn sollen.[1]) Bei Abzweigungen von Schulddokumenten haben die Gerichte und die Notarien die Vorschriften der Hypotheken-Ordnung §§. 207. 208. Tit. 2. sorgfältig zu beobachten und bei eigener Vertretung die über die Cessionsverhandlung aufgenommene Registratur auf das in den Händen des Cedenten zurückbleibende Original dergestalt zu setzen, daß sie von demselben nicht getrennt werden könne.[2]) Diesen Befehl haben Sie durch die Gesetz-Sammlung zur öffentlichen Kenntniß zu bringen.

Berlin, den 6ten November 1834.

Friedrich Wilhelm.

An die Staatsminister v. Kamptz und Mühler.

---

3. Gesetz über die Errichtung und Bekanntmachung der Verträge wegen Einführung oder Ausschließung der ehelichen Gütergemeinschaft. Vom 20. März 1837.

(G. S. S. 63.)

Wir Friedrich Wilhelm, von Gottes Gnaden, König von Preußen rc. rc.

verordnen zur Beseitigung der Zweifel, welche über die Auslegung der §§. 412. 422. 354. und 356. Tit. 1. Th. 2., §§. 57. und 59. Tit. 17. Th. 2. des Allg. L. R., §. 76. des Anhangs zum Allg. L. R. §. 6. No. 1. Tit. 1. Th. 2. der Allg. G. O. §. 416. des Anhanges zu derselben, entstanden sind, auf den Antrag Unsers Staatsministeriums und nach erfordertem Gutachten Unsers Staatsraths, wie folgt:

§. 1. Verträge über die Einführung oder Ausschließung der Gemeinschaft der Güter oder des Erwerbs müssen, so weit als sie nach den Gesetzen nur vor der Heirath errichtet werden können,[1*]) zur Gültigkeit der Handlung vor der Schließung der Ehe gerichtlich aufgenommen, oder ihrem Inhalte nach, gerichtlich anerkannt[2*]) werden.[3])

---

[1]) Vgl. A. G. O. II 3 §§ 27. 28 Anm. 84. An den Vorschriften über die Renovation von Urkunden (II 2 § 29) ist durch die K. O. nichts geändert.

[2]) Die citirten Vorschriften der A. Hyp.-O. sind bereits durch die Hypothekennovelle v. 24. 5. 1853 §§ 9. 16 im Sinne einer Vereinfachung des Verfahrens modifizirt worden. Gegenwärtig sind sie beseitigt; für die Fertigung der Zweigurkunden gilt G. B. O. § 83. — Wegen der Abzweigung bei nicht hypothezirten Obligationen s. A. L. R. I 11 § 399 u. V. v. 8. 2. 1811 (G. S. S. 150) Nr. 5.

[1*]) s. A. L. R. II 1 §§ 412 ff.

[2*]) Vgl. A. G. O. I 10 § 125 (oben S. 281.).

[3]) Die Form ist nur für die innerhalb des A. L. R. geltende Gütergemein-

§. 2. Die Aufnahme oder Anerkennung kann vor jedem inländischen Richter erfolgen.[4]) In den Landestheilen, in welchen die Aufnahme der Handlungen der freiwilligen Gerichtsbarkeit nur von Notarien geschieht,[5]) genügt die Aufnahme oder Anerkennung vor diesen.

§. 3. Einer besondern gerichtlichen Verlautbarung bedarf es eben so wenig, als einer gerichtlichen Bestätigung.

§. 4. Jeder Vertrag dieser Art (§. 1.) erlangt für die Eheleute mit der Schließung der Ehe seine volle Wirksamkeit; in Ansehung eines Dritten aber, in so fern es sich von der Ausschließung der Gütergemeinschaft handelt, erst nach erfolgter öffentlicher Bekanntmachung.

Wird jedoch bei dem Richter des Bezirks, innerhalb dessen die Eheleute nach geschlossener Ehe ihren ersten Wohnsitz nehmen, binnen vier Wochen von Schließung der Ehe an gerechnet, auf die öffentliche Bekanntmachung angetragen, und erfolgt dieselbe innerhalb fernerer vier Wochen in der bereits gesetzlich vorgeschriebenen Art; so tritt auch hinsichtlich dritter Personen die Wirkung ein, daß die Gemeinschaft der Güter oder des Erwerbs vom Anfang der Ehe an ausgeschlossen bleibt.[6])

§. 5. Verträge über die Einführung der Gütergemeinschaft bedürfen keiner Bekanntmachung.

Urkundlich unter Unserer Höchsteigenhändigen Unterschrift und beigedrucktem Königlichen Insiegel.

Gegeben Berlin, den 20. März 1837.

(L. S.) Friedrich Wilhelm.

Carl, Herzog zu Mecklenburg.

v. Kamptz. Mühler.

Beglaubigt:

Für den Staatssekretair:

Düesberg.

---

schaft vorgeschrieben; ein Vertrag, durch den über Gütergemeinschaft außerhalb des Landrechtsgebietes etwas verabredet wird, fällt dagegen unter A.G.O. II 1 § 10 Nr. 5 und kann demgemäß auch notariell aufgenommen werden. Ob.-Tr. v. 16. 10. 1866 (Strieth. 66 S. 127).

[4]) Betrifft nur die örtliche Zuständigkeit. Sachlich sind jetzt lediglich die Amtsgerichte zuständig. A. G. z. G. V. G. § 26 Nr. 2. — Wegen Behandlung der im Auslande aufgenommenen Verträge s. J. M. R. v. 29. 11. 1841 (J. M. Bl. S. 374) und dagegen Koch A. L. R. zu § 356 II 2 Anm. 16.

[5]) d. i. im Gebiete des rheinischen Rechts.

[6]) s. hierzu A. G. O. II 3 § 19 mit Anm. 67. — Wegen der Wirkung des Vertrages, wenn die Bekanntmachung unterblieben ist, s. Ob.-Tr. v. 28. 10. 1847 (15 S. 501).

4. Gesetz über die Abschätzung der Grundstücke von geringerem Werthe. Vom 15. Juni 1840.[1])

(G. S. S. 131.)

Wir Friedrich Wilhelm, von Gottes Gnaden, König von Preußen ꝛc. ꝛc.

verordnen zur Vereinfachung des Verfahrens bei gerichtlichen Abschätzungen der Grundstücke von geringerem Werthe für diejenigen Provinzen Unserer Monarchie, in welchen die allgemeine Gerichtsordnung Gesetzeskraft hat, auf den Antrag Unseres Staatsministeriums und nach erfordertem Gutachten Unseres Staatsraths, was folgt:

§. 1. Das im §. 437. des Anhangs zur Allgemeinen Gerichtsordnung zugelassene Abschätzungsverfahren findet, ohne Unterschied, zu welchem Zwecke die Taxe aufgenommen werden soll, auf Grundstücke aller Art[2]) Anwendung, deren Werth nach Inhalt des Hypothekenbuches, der Erwerbsdokumente oder anderer unverdächtiger Angaben[3]) den Betrag von fünfhundert Thalern[4]) nicht übersteigt. Bei städtischen Grundstücken sind zu der Abschätzung sachkundige Einwohner des Orts[5]) zu wählen.

§. 2. Die Abschätzung ist jedoch durch geprüfte und vereidete Taxatoren[6]) zu bewirken, wenn sämmtliche Betheiligte darauf antragen, oder das Gericht keine der in dem angeführten §. 437. und im §. 1. dieses Gesetzes bezeichneten Personen für geeignet hält.

§. 3. Die Sachverständigen (§§. 1 und 2.) werden über die Abschätzung zum Protokolle vernommen; sind dieselben als Taxatoren ein für allemal vereidet,[7]) so steht ihnen frei,[8]) die Taxe

---

[1]) Vgl. hierzu das unter Nr. 5 abgedruckte G. v. 4. 5. 1857.

[2]) ländliche wie städtische.

[3]) Wenn aus keiner dieser Erkenntnißquellen über den Werth etwas erhellt, so kann das vereinfachte Verfahren nicht Anwendung finden; vielmehr muß alsdann unter Mitwirkung des Richters taxirt werden. Ob.-Tr. v. 6. 11. 1863 (Strieth. 52 S. 79).

[4]) jetzt: „5000 Thlr." G. v. 4. 5. 1857 § 1.

[5]) Hier sowie im Falle des § 2 müssen mindestens zwei Taxatoren fungiren, wenn nicht der Ausnahmefall des § 6 a. E. II 6 A. G. O. vorliegt. R. G. U. v. 8. 3. 1886 (15 S. 284).

[6]) s. Anm. 5. Die Taxatoren müssen, ebenso wie die Dorfgerichte, einen gerichtlichen Auftrag zur Taxaufnahme abwarten. Auf Antrag der Interessenten allein können sie nicht in Thätigkeit treten. Thun sie es dennoch, so stellt ihre Schätzung keine gerichtliche Taxe dar. R. G. U. v. 8. 3. 1886 (15 S. 284).

[7]) Als vereidete Taxatoren sind auch die Mitglieder des Dorfgerichts anzusehen; werden sie zu Protokoll vernommen, so kann dies unter Hinweisung auf den Dienstеid geschehen. R. v. 14. 4. 1841 (J. M. Bl. S. 152).

[8]) Jetzt entscheidet darüber das Ermessen des Gerichts. G. v. 4. 5. 1857 § 2.

schriftlich einzureichen, welche mit der Versicherung der Richtigkeit an Eidesstatt versehen sein muß.

§. 4. Die Taxe muß eine genaue Beschreibung des Grundstücks enthalten (Allgemeine Gerichtsordnung im II. Theil, 6. Titel, §. 9. Nr. 3 §. 14—16.), ohne daß es einer ins Einzelne gehenden Veranschlagung bedarf.

§. 5. Eine nach den Vorschriften des gegenwärtigen Gesetzes aufgenommene Taxe ist auch dann gültig, wenn der dadurch ermittelte Werth fünfhundert Thaler[9]) übersteigen sollte.

Urkundlich unter Unserer Höchsteigenhändigen Unterschrift und beigedrucktem Königlichen Insiegel.

Gegeben Berlin, den 15. Juni 1840.

(L. S.) Friedrich Wilhelm.

v. Müffling. v. Kamptz. Mühler. v. Rochow.

Beglaubigt:
Düesberg.

---

5. Gesetz, betreffend die Vereinfachung des Taxverfahrens für Grundstücke von geringerem Werthe in den Landestheilen, in denen die Allgemeine Gerichts-Ordnung Gültigkeit hat. Vom 4. Mai 1857.

(G.-S. S. 445.)

Wir Friedrich Wilhelm, von Gottes Gnaden, König von Preußen ꝛc. ꝛc.

verordnen, mit Zustimmung beider Häuser des Landtages Unserer Monarchie, was folgt:

§. 1. Die Vorschriften des Gesetzes vom 15. Juni 1840. über die Abschätzung der Grundstücke von geringerem Werthe (Gesetz-Sammlung S. 131.) sollen fortan auf alle Grundstücke Anwendung finden, insofern der Werth derselben nach Inhalt des Hypothekenbuchs, der Erwerbsdokumente oder anderer unverdächtiger Angaben[1]) den Betrag von fünftausend Thalern nicht übersteigt.

§. 2. Von dem Ermessen der das Verfahren leitenden Gerichtsbehörde ist es abhängig, ob die Taxe von den als Taxatoren ein- für allemal vereideten Sachverständigen (§. 3. des Gesetzes vom 15. Juni 1840.) schriftlich eingereicht werden, oder deren Aufnahme zum Protokolle und beziehungsweise an Ort und Stelle erfolgen soll.

§. 3. In den Fällen, in denen Provinzial- oder Partikular-Gesetze (z. B. Ostpreußisches Provinzialrecht Zusatz 29. und 30., Verordnung vom 22. März 1844, Gesetz-Sammlung S. 70., Westpreußische Regierungs-Instruktion vom 21. September 1773 §. XIII.

---

[9]) s. Anm. 4.

[1]) Vgl. G. v. 15. 6. 1840 Anm. 3. (oben S. 317).

Nr. VII. b.) bei der Aufnahme von Ertrags-Taxen die Kapitalisirung des ermittelten Reinertrages mit sechs Prozent oder überhaupt mit einem höheren Prozentsatze als demjenigen vorschreiben, der in dem Bereiche dieser Spezialgesetze zu jenem Behufe gewöhnlich zum Grunde gelegt wird, ist der nach §. 1. ermittelte Taxwerth nicht im vollen Betrage maaßgebend. Dieser Betrag wird vielmehr in dem Verhältniß ermäßigt, in welchem die bei der Kapitalisirung des Reinertrages gewöhnlich zum Grunde gelegten Prozentsätze niedriger sind, als die in jenen Spezialgesetzen vorgeschriebenen.[2])

Das gegenwärtige Gesetz findet jedoch auf diejenigen Taxen keine Anwendung, welche in Gemäßheit des Gesetzes vom 4. Juni 1856., die Abschätzung von Landgütern zum Behufe der Pflichttheilsberechnung in der Provinz Westphalen betreffend (Gesetz-Sammlung S. 550.), aufzunehmen sind; vielmehr behält es hinsichtlich solcher Taxen bei den Vorschriften des allegirten Gesetzes sein Bewenden.

§. 4. Die bestehenden Vorschriften darüber: in welchen Fällen die Kredit-Institute Taxen aufzunehmen befugt sind und wie dabei zu verfahren ist, werden durch dieses Gesetz nicht abgeändert.

§. 5. Die Gültigkeit des gegenwärtigen Gesetzes erstreckt sich auf diejenigen Landestheile, in denen die Allgemeine Gerichts-Ordnung Gesetzeskraft hat.

Urkundlich unter Unserer Höchsteigenhändigen Unterschrift und beigedrucktem Königlichen Insiegel.

Gegeben Potsdam, den 4. Mai 1857.

(L. S.) Friedrich Wilhelm.

v. Manteuffel. v. d. Heydt. Simons. v. Raumer.
v. Westphalen. v. Bodelschwingh. v. Massow.
Gr. v. Waldersee. v. Manteuffel II.

---

6. Gesetz über die Form einiger Rechtsgeschäfte. Vom 11. Juli 1845.
(G. S. S. 495.)[1])

Wir Friedrich Wilhelm, von Gottes Gnaden, König von Preußen ꝛc. ꝛc.

haben die bestehenden Vorschriften über die Form der Rechtsgeschäfte

---

[2]) Der § 3 findet auf das Verfahren der Taxatoren keine Anwendung. Letztere taxiren vielmehr lediglich nach ihrer allgemeinen Auffassung über den Werth des Grundstücks; die Reduktion des Taxwerthes gemäß § 3 wird alsdann durch den Richter auf Grund einer kalkulatorischen Operation bewirkt. Die Taxatoren sollen, um Irrthümern vorzubeugen, in diesem Sinne instruirt werden. C. R. v. 29. 6. 1857 (J. M. Bl. S. 246).

[1]) Die Materialien zu diesem Gesetze sind veröffentlicht bei Weißler, S. 366 ff.

einer Revision unterwerfen lassen, und verordnen auf den Antrag Unseres Staatsministeriums und nach vernommenem Gutachten Unseres Staatsraths für diejenigen Theile Unserer Monarchie, in denen das Allgemeine Landrecht und die Allgemeine Gerichtsordnung Gesetzkraft haben, was folgt:

§. 1. Bei folgenden Rechtsgeschäften soll die bisher vorgeschriebene Mitwirkung der Gerichte nicht mehr erforderlich sein, sondern zur Gültigkeit dieser Geschäfte die für Verträge im Allgemeinen vorgeschriebene Form genügen:

a) bei den Altentheils- oder Auszugsverträgen (§§. 603. und 604. Titel 11. Theil I. des Allg. Landr., und §. 6. Nr. 3 Titel 1. Theil II. der Allg. Gerichtsordnung);

b) bei Vergleichen über künftige Verpflegungsgelder (§. 413. Titel 16. Theil I. des Allg. Landr. und §. 6. Nr. 6. Titel 1. Theil II. der Allg. Gerichtsordnung);

c) bei Erbschaftskäufen (§. 473. Titel 11. Theil I. des Allg. Landr. und §. 9. Nr. 2. Titel 1. Theil II. der Allg. Gerichtsordnung);

d) bei Verkäufen künftiger Sachen, wenn der Kaufpreis die Summe von hundert Thalern übersteigt (§. 583. Titel 11. Theil I. des Allg. Landr. und §. 9. Nr. 3. Titel 1. Theil II. der Allg. Gerichtsordnung);

e) bei der Einwilligung zur Versicherung auf das Leben eines Dritten (§. 1973. Titel 8. Theil II. des Allg. Landr.)

§. 2. Folgende Rechtsgeschäfte können fortan auch von einem Notar aufgenommen werden:

a) Wechselproteste bei trockenen Wechseln (§. 1206. Titel 8. Theil II. des Allg. Landr.);[2])

b) Vollmachten zur Erhebung von Sachen und Geldern bei Gericht.[3]) Der §. 116. Titel 13. Theil I. des Allg. Landr. wird aufgehoben, dagegen bleibt der §. 571. Titel 12. Theil I. des Allg. Landr., wonach ein gerichtlich niedergelegtes Testament oder Kodizill nur an

---

[2]) Bei trockenen Wechseln mußten die Proteste nach A. L. R. gerichtlich aufgenommen werden. Gegenwärtig unterliegen diese Proteste keiner besonderen Zuständigkeitsnorm; s. W. O. Art. 87 u. 98 Nr. 10. Ueber die allgemeine Zuständigkeit zur Aufnahme von Wechselprotesten s. o. S. 34 u. 40.

[3]) jetzt auch bei der Hinterlegungsbehörde; s. o. S. 48 Anm. 5.

einen gerichtlich bestellten Bevollmächtigten zurückgegeben werden darf, in Kraft.

Urkundlich unter Unserer Höchsteigenhändigen Unterschrift und beigedrucktem Königlichen Insiegel.

Gegeben Sanssouci, den 11. Juli 1845.

(L. S.) Friedrich Wilhelm.

v. Rochow. v. Savigny. Uhden.

Beglaubigt:
Bode.

---

7. Gesetz, die Kompetenz der Gerichtsbehörden in Familien-Fideikommißsachen betreffend. Vom 5. März 1855.

(G. S. S. 175.)

Wir Friedrich Wilhelm, von Gottes Gnaden König von Preußen 2c. 2c.

verordnen, mit Zustimmung der Kammern, was folgt:

§. 1. Die Appellationsgerichte [1]) bilden fortan die Fideikommißbehörde für sämmtliche Familien-Fideikommisse ihres Bezirks.[2])

Sie treten demnach in Bezug auf die Verlautbarung und Bestätigung zu errichtender Stiftungs-Urkunden an die Stelle des persönlichen Richters, und haben auch bei Beaufsichtigung der Familien-Fideikommißstiftungen, bei Familienschlüssen und sonstigen Dispositionen über die dem Fideikommisse gewidmeten Objekte alle Funktionen wahrzunehmen, welche die bestehenden Gesetze dem Fideikommißrichter zuweisen.[3])

§. 2. Demzufolge geht die Bearbeitung sämmtlicher bisher von den Gerichten erster Instanz bearbeiteter Familien-Fideikommißsachen auf das betreffende Appellationsgericht über.

§. 3. Die Verlautbarung der Familien-Fideikommißstiftungen, denen Grundstücke gewidmet sind, vor dem Richter der Sache findet

---

[1]) jetzt die Oberlandesgerichte und zwar in einem Civilsenat. A. G. z. G. V. G. § 49 Nr. 1 u. § 57.

[2]) d. h. für diejenigen Fideikommisse, für welche eine Zuständigkeit innerhalb des Bezirks besteht. Diese örtliche Zuständigkeit bestimmt sich nach bisherigem Recht, so daß auch ferner das persönliche Oberlandesgericht des Stifters (A. L. R. II 4 § 29; A. G. O. II 1 § 6 Nr. 2), nicht das der belegenen Sache zuständig ist. Dies ist ständige Praxis des Justizministeriums (Verf. v. 24. 7. 1867 und 18. 7. 1889; R. u. K. 33 S. 850) und ist als Absicht des Gesetzes a. a. O. überzeugend dargelegt. Im Uebrigen vgl. A. G. O. II 1 § 6 Anm. 22.

[3]) Wegen der Zuständigkeit der Fideikommißbehörden in Bezug auf die von den Auseinandersetzungsbehörden deponirten Ablösungsgelder s. J. M. R. v. 4. 10. 1860 (Min.-Bl. d. i. V. S. 250) u. v. 20. 5. 1862 (J. M. Bl. S. 190 u. Min.-Bl. d. i. V. S. 225).

ferner nicht statt. Die Fideikommißbehörde (§. 1.) hat jedoch wegen Eintragung des Fideikommisses beim Hypothekenbuche das nach den bestehenden Gesetzen Erforderliche von Amtswegen zu veranlassen.[4])

§. 4. Die Aufsichts- und Beschwerde-Instanz für Familien-Fideikommißsachen bildet der Justizminister.[5])

§. 5. Das gegenwärtige Gesetz findet Anwendung in denjenigen Landestheilen, in denen das Allgemeine Landrecht und die Allgemeine Gerichts-Ordnung Gültigkeit haben.

So weit sie dem gegenwärtigen Gesetze zuwiderlaufen, treten die Vorschriften der bisherigen Gesetze, insbesondere auch der §. 25. Nr. 4. der Verordnung vom 2. Januar 1849., die §§. 62. 63. 29. ff. Titel 4. Theil II. des Allgemeinen Landrechts, der §. 6. Nr. 2. Titel 1. Theil II. der Allgemeinen Gerichts-Ordnung, außer Kraft.

Urkundlich unter Unserer Höchsteigenhändigen Unterschrift und beigedrucktem Königlichen Insiegel.

Gegeben Charlottenburg, den 5. März 1855.

(L. S.) Friedrich Wilhelm.

v. Manteuffel. v. d. Heydt. Simons. v. Raumer.
v. Westphalen. v. Bodelschwingh. Gr. v. Waldersee.

Für den Minister für die landwirthschaftlichen Angelegenheiten:
v. Manteuffel.

---

8. Gesetz, betreffend die Ausstellung gerichtlicher Erbbescheinigungen. Vom 12. März 1869.

(G. S. S. 473.)

Wir Wilhelm, von Gottes Gnaden König von Preußen ꝛc. verordnen, mit Zustimmung beider Häuser des Landtages Unserer Monarchie, für den ganzen Umfang derselben, mit Einschluß des Jadegebietes, was folgt:

§. 1. Jeder gesetzliche Erbe (Intestaterbe)[1]) ist befugt, auf Ausstellung einer Erbbescheinigung bei dem zuständigen Gerichte anzutragen.

---

[4]) s. A. L. R. II 4 § 64. G. B. O. § 74. [5]) Vgl. oben S. 39.

[1]) nicht aber dessen Gläubiger. R. G. v. 19. 6. 1882 u. 20. 9. 1886 (3 S. 33; 6 S. 13); auch nicht die Auseinandersetzungsbehörde Behufs Legitimation von Separationsinteressenten. R. G. v. 23. 2. 1885 (5 S. 41). In den Fällen des § 6 Abs. 4, § 14 Abs. 3 u. § 139 Zw. G. kann der Gläubiger, falls die Unterlagen einer Erbbescheinigung schon vorhanden sind, die Ausstellung der letzteren fordern; außerhalb dieser Fälle steht ihm indessen weder dieses Recht noch auch nur das Recht auf Abschrift von vorhandenen Erbbescheinungen zu; s. R. G. a. a. O.

§. 2. Zuständig ist dasjenige zur Ausübung der freiwilligen Gerichtsbarkeit berufene Gericht, im Bezirk des Appellationsgerichtshofes zu Cöln dasjenige Friedensgericht,[2]) in dessen Bezirk der Erblasser zur Zeit seines Todes seinen ordentlichen Gerichtsstand gehabt hat.[3])

§. 3. Der Antragsteller hat den Tod des Erblassers und das persönliche Verhältniß zu demselben, auf welchem sein Erbrecht beruht, soweit die Thatsachen nicht notorisch sind, durch öffentliche Urkunden oder, wo solche garnicht oder schwer zu beschaffen sind, durch Zeugen,[4]) wohin auch Notorietätszeugen[5]) zu rechnen, überzeugend nachzuweisen.

Der Erbe hat dem Gericht eine eidesstattliche Versicherung,

daß ihm andere gleich nahe oder nähere Erben nicht bekannt seien, er auch nicht wisse,

daß der Erblasser eine letztwillige Verfügung hinterlassen habe,

abzugeben. Diese Erklärung muß zu gerichtlichem oder notariellem Protokoll aufgenommen[6]) sein.

Sind mehrere Erben vorhanden, so bleibt es dem Ermessen des

---

[2]) Sachlich zuständig sind jetzt überall die Amtsgerichte. A. G. z. G. V. G § 26 Nr. 1.

[3]) Darunter ist dasjenige Gericht verstanden, bei welchem Klage gegen den Erblasser im ordentlichen Gerichtsstande zu erheben sein würde und welches demgemäß nach seinem Tode den Gerichtsstand der Erbschaft darstellt (C. P. O § 28). Der ordentliche (allgemeine) Gerichtsstand regelt sich jetzt aber nach §§ 13—18 C. P. O., welche danach auch für die Zuständigkeit zur Ausstellung der Erbbescheinigung maßgebend sind. AM. K. G. v. 29. 12. 1880 (2 S. 30), welches für die Handlungen der nicht streitigen Gerichtsbarkeit den ordentlichen Gerichtsstand nicht nach der C. P. O. sondern nach den §§ 9 ff. I 2 A. G. O. bestimmen will; s. hiergegen Bierhaus S. 10 Anm. 2, und Foerster-Eccius IV § 261 Anm. 7 (S. 490), sowie K. G. v. 12. 4. 1880 (1 S. 25), wo die Nothwendigkeit einheitlicher Feststellung des Gerichtsstandes der Erbschaft dargelegt wird. Ist der Erblasser vor dem 1. Oktober 1879 gestorben (so lag der Fall beim B. v. 12. 4. 1880), so ist allerdings die Zuständigkeit nach der A. G. O. zu beurtheilen.

Ist der Erbe nach dem Erblasser gestorben, so ist das Gericht des letzteren nur zur Legitimirung für den Zwischenerben zuständig; die Legitimation nach letzterem gehört dagegen vor dessen ordentliches Gericht. K. G. v. 25. 6. 1883 (4 S. 48).

Ob der Erblasser preußischer Staatsangehöriger war, ist auf die Zuständigkeit überall ohne Einfluß. — Wegen der Erbbescheinigung nach einem im Ausland verstorbenen Preußen vgl. K. G. v. 5. 5. 1890 (10 S. 47).

[4]) Eine Beeidigung der Zeugen erscheint, in Ermangelung einer besonderen Vorschrift, nicht statthaft; s. o. S. 42.

[5]) Das sind Zeugen, welche ein gewisses Verwandtschaftsverhältniß als ihnen notorisch geworden bekunden.

[6]) Nicht bloß beglaubigt (K. G. v. 8. 11. 1880; 2 S. 32). Auch die Anerkennung einer Urkunde dem Inhalte nach genügt nicht. — Wegen Abgabe der Erklärung durch einen Bevollmächtigten s. K. G. v. 13. 10. 1885 (6 S. 15) und dagegen Koch-Jastrow S. 391 Anm. 1.

Gerichts überlassen, diese Versicherung von allen oder nur von einem oder mehreren Miterben zu verlangen.[7])

In den Landestheilen des Gemeinen Rechts wird hinsichtlich einer bei der Erbschaft in Betracht kommenden Person, welche beim Anfall der Erbschaft das siebenzigste Lebensjahr überschritten haben würde, und von deren Leben oder Tod keine Nachricht zu erhalten ist, angenommen, daß sie den Anfall der Erbschaft nicht erlebt habe.[8])

Zur Ergänzung des Nachweises kann das Gericht, geeigneten Falls, ein öffentliches Aufgebot der unbekannten Erben erlassen.

§. 4. In dem Aufgebot sind alle diejenigen, welche nähere oder gleich nahe Erbansprüche an den Nachlaß zu haben vermeinen, aufzufordern, ihre Ansprüche bis zu einem bestimmten Termine anzumelden, und zwar unter der Verwarnung, daß nach Ablauf des Termins die Ausstellung der Erbbescheinigung erfolgen werde. Der Termin ist mindestens auf drei Monate hinaus zu bestimmen. Die Bekanntmachung erfolgt durch eine oder mehrere Anzeigen in öffentlichen Blättern nach dem Ermessen des Gerichts, sowie durch Anschlag an der Gerichtsstelle. Ein Ausschlußurtheil ergeht nicht.[9])

§. 5. Das Gericht hat, wenn es das Erbrecht für nachgewiesen erachtet,[10]) eine urkundliche Bescheinigung darüber auszustellen.

Liegt eine letztwillige Anordnung vor, welche, ohne Erben einzusetzen,[11]) über den Nachlaß oder einen Theil desselben Verfügung trifft, so hat der Richter die betreffende Urkunde in der Erbbescheinigung deutlich zu bezeichnen.

---

[7]) Die danach erforderlichen Versicherungen muß der Antragsteller beschaffen; das Gericht ist zum Erlaß von Requisitionen dieserhalb nicht verpflichtet. R. G. v. 3. 12. 1883 (4 S. 51.)

[8]) Für das landrechtliche Gebiet s. A. L. R. I 1 §§ 37. 38.

[9]) Auf das Aufgebotsverfahren findet die C. P. O. keine Anwendung. A. G. z. C. P. O. § 27.

[10]) Über die richterliche Kognition und die Beweislast der Betheiligten s. R. G. v. 5. 11. 1883 u. 26. 1. 1885 (4 S. 52; 5 S. 42); über das Verfahren bei Erbschaftsentsagungen R. G. v. 11. 3. 1884 (4 S. 43); über die Kollision zwischen heimischem und fremdem Recht R. G. v. 26. 10. 1885 (6 S. 26); über den Einfluß eines Rechtsirrthums in der Erbeserklärung R. G. v. 26. 2. 1883 (3 S. 36); über die Berichtigung ertheilter Erbbescheinigungen R. G. v. 22. 2. 1886 (6 S. 16).

[11]) Auch wenn eine Erbeseinsetzung vorliegt, ist die Ertheilung einer Erbbescheinigung insoweit nicht ausgeschlossen, als das gesetzliche Erbrecht neben dem Testament anzuerkennen ist, z. B. wenn der eingesetzte Erbe vor dem Erblasser verstorben ist. R. G. v. 22. 4. 1884 (5 S. 45). Noch weiter geht R. G. v. 16. 1. 1888 (7 S 29), welches allgemein auch bei der Erbeseinsetzung dem Intestaterben ein Recht auf Ertheilung der Erbbescheinigung gewähren will, wenn er ein rechtliches Interesse an solcher hat. In derartigen Bescheinigungen muß indessen jedenfalls des vorhandenen Testaments Erwähnung geschehen.

§. 6. Die Rechte des wahren Erben werden durch die Erbbescheinigung nur darin beschränkt, daß er die von dritten Personen redlicher Weise mit dem in der Erbbescheinigung benannten Erben über den Nachlaß vorgenommenen Rechtsgeschäfte, insbesondere auch die demselben von Nachlaßschuldnern geleisteten Zahlungen, gegen sich gelten lassen muß.

Derselbe hat jedoch, wenn eine freigebige Verfügung unter Lebendigen oder von Todes wegen den Gegenstand des Rechtsgeschäftes bildet, insoweit einen Anspruch gegen den Erwerber, als dieser sich noch im Besitze des Erworbenen oder daraus bereichert findet.

Auf Grund einer vorgelegten Erbbescheinigung kann die Ueberschreibung von Rechten des Erblassers auf den Erben in öffentlichen Büchern (Grund-, Hypotheken-, Unterpfands, Währschafts- ꝛc. Büchern, Gewerkenbüchern, Schiffsregistern und dergl.) bewirkt werden.

§. 7. Die in den einzelnen Landestheilen geltenden Vorschriften und Rechtsgrundsätze über die Gültigkeit und Wirksamkeit von Rechtsgeschäften, die ein nicht mit einer Erbbescheinigung versehener vermeintlicher Erbe als solcher in Beziehung auf den Nachlaß vorgenommen hat, werden durch die Bestimmungen des §. 6. nicht berührt.

§. 8. Gehören zu dem Nachlasse einer Person, welche zur Zeit ihres Todes in Preußen keinen ordentlichen Gerichtsstand hatte,[12]) Grundstücke, in öffentlichen Büchern eingetragene Rechte[13]) oder in der Verwahrung einer Preußischen Behörde befindliche Gegenstände,[14]) so ist das Gericht, in dessen Bezirk das betreffende Grundstück belegen ist, das öffentliche Buch geführt oder der Gegenstand verwahrt wird, zur Ausstellung einer Bescheinigung zuständig, welche den Erben zur Verfügung über das Grundstück oder das eingetragene Recht oder zur Empfangnahme des verwahrten Gegenstandes legitimirt.[15])

---

[12]) gleichviel ob sie preußischer Staatsangehöriger war oder nicht. K. G. v. 5. 11. 1883 (4 S. 50). — Wegen der Prüfungspflicht des Richters in Ansehung der im § 8 vorausgesetzten Negativfeststellung s. K. G. v. 29. 3. 1886 (6 S. 18), wegen des Falles einer Veränderung der Landesgrenzen zwischen dem Todesfalle und der Extrahirung der Bescheinigung K. G. v. 25. 6. 1883 (4 S. 48); wegen des Begriffes des ordentlichen Gerichtsstandes s. Anm. 3.

[13]) Wegen der besonderen Verhältnisse des Staatsschuldbuches s. Anm. 18.

[14]) auch wenn die Verwahrung erst nach dem Tode für die Erben erfolgt ist. K. G. v. 29. 3. 1886 (6 S. 18). — Die Reichsbehörden will K. G. v. 5. 5. 1890 (10 S. 47) den preußischen nicht gleichstellen.

[15]) Für den Inhalt der Bescheinigung ist das Recht des ordentlichen Gerichtsstandes maßgebend. K. G. v. 29. 3. 1886 (6 S. 18). Insoweit hiernach fremdes Recht in Frage steht, kann das Gericht vom Antragsteller den Nachweis desselben fordern. K. G. v. 6. 3. 1882 (3 S. 34).

§. 9. Wenn in einer letztwilligen Verfügung die Erben oder sonstige Berechtigte nicht mit derjenigen Bestimmtheit, welche zur Beschaffung der Legitimation erforderlich ist, bezeichnet worden sind,[16]) so können dieselben bei dem zuständigen Gericht (§. 2.) auf Ausstellung einer ergänzenden Bescheinigung antragen.

In derselben ist nur zu bezeugen, daß die Antragsteller ihre Identität mit den in der betreffenden letztwilligen Bestimmung bezeichneten Personen nachgewiesen haben.[17])

Die Bestimmungen des §. 6. finden auch auf ergänzende Bescheinigungen Anwendung soweit es auf die darin bescheinigte Thatsache ankommt.

§. 10. Das Verfahren richtet sich auch in den Fällen der §§. 8. und 9. nach den Vorschriften der §§. 3 und 4.[18])

Urkundlich unter Unserer Höchsteigenhändigen Unterschrift und beigedrucktem Königlichen Insiegel.

Gegeben Berlin, den 12. März 1869.

(L. S.) Wilhelm.

Gr. v. Bismarck-Schönhausen. Frh. v. d. Heydt. v. Roon.
Gr. v. Itzenplitz. v. Mühler. v. Selchow.
Gr. zu Eulenburg. Leonhardt.

---

[16]) Dieser Fall liegt auch dann vor, wenn bei Bezeichnung des eingesetzten Erben im Testament ein Irrthum vorgekommen ist; K. G. v. 12. 5. 1890 (10 S. 52), desgleichen wenn im Testament neben den namentlich eingesetzten Kindern auch noch die etwaige spätere Descendenz zu Erben berufen ist oder wenn ein eingesetztes Kind vor dem Erblasser verstorben ist und gemäß § 443 II 2 A. L. R. dessen Abkömmlinge an seine Stelle treten. Die Letzteren erwerben die großelterliche Erbschaft auch dann, wenn sie nicht Erben ihres parens geworden sind und können deshalb auf die Extrahirung einer Erbbescheinigung nach letzterem nicht verwiesen werden. K. G. v. 9. 10. 1883 (4 S. 56). Eine allgemeine Erbbescheinigung nach dem Großvater können die Enkel in solchem Falle nicht fordern, sondern nur ein Ergänzungsattest nach § 9 dahin, daß das eingesetzte Kind vor dem Testator verstorben ist, sowie daß und welche Kinder desselben zur Zeit des Ablebens des Testators vorhanden waren. K. G. v. 30. 1. 1888 (7 S. 27).

Über die Frage, ob im Falle der Einsetzung späterer Descendenz der Negativnachweis, daß solche nicht zur Existenz gelangt ist, nur auf dem Wege des § 9 oder auch auf andere Art geführt werden kann, vgl. K. G. v. 1. 10. 1883 (4 S. 140) v. 27. 9. 1888 (8 S. 105) u. v. 13. 10. 1890 (10 S. 55).

[17]) Wegen des Umfanges der richterlichen Sachprüfung s. K. G. v. 4. 1. 1886 (6 S. 22).

[18]) Eine besondere gesetzliche Regelung hat das Legitimationsverfahren in Ansehung von Staatsschuldbuchforderungen erhalten durch:

Gesetz betreffend das Staatsschuldbuch. Vom 20. Juli 1883 (G. S. S. 120).

§. 12. Rechtsnachfolger von Todeswegen haben sich, sofern ihre Berechtigung auf der gesetzlichen Erbfolge beruht, durch eine Be-

9. Gesetz, betreffend die Geschäftssprache der Behörden, Beamten und politischen Körperschaften des Staats. Vom 28. August 1876.

(G. S. S. 389.)[1]

Wir Wilhelm, von Gottes Gnaden König von Preußen rc. verordnen, unter Zustimmung der beiden Häuser des Landtages für den ganzen Umfang der Monarchie, was folgt:

§. 1. Die Deutsche Sprache ist die ausschließliche Geschäftssprache aller Behörden, Beamten und politischen Körperschaften des Staats. Der schriftliche Verkehr mit denselben findet in Deutscher Sprache statt.[2])

---

scheinigung als Erben, sofern dieselbe auf letztwilliger Verfügung beruht, durch eine Bescheinigung darüber auszuweisen, dass sie über die eingetragene Forderung zu verfügen befugt sind.

Zur Ausstellung der vorgedachten Bescheinigungen ist dasjenige Gericht, bei welchem der Erblasser zur Zeit seines Todes seinen ordentlichen Gerichtsstand hatte, und sofern derselbe im Deutschen Reich einen solchen nicht hatte, derjenige Konsul des Deutschen Reichs, in dessen Amtsbezirk der Erblasser zur Zeit seines Todes seinen Wohnsitz oder gewöhnlichen Aufenthalt gehabt hat, falls dem Konsul von dem Reichskanzler die Ermächtigung zur Ausstellung solcher Bescheinigungen ertheilt ist, und, in Ermangelung eines hiernach zuständigen Konsuls, sowie im Falle der Ablehnung des zuständigen deutschen ausserpreussischen Gerichts, das Amtsgericht I in Berlin zuständig.

Die vorgedachte Bescheinigung fällt im Falle der gesetzlichen Erbfolge mit der Bescheinigung nach §. 1 des G. v. 12. 3. 1869 zusammen, hat indessen die Besonderheit, daß eine Zuständigkeit der inländischen Behörden auch dann begründet ist, wenn der Erblasser einen ordentlichen Gerichtsstand hier nicht hatte. Doch wird letzteren Falles zu vermerken sein, daß die Bescheinigung nur für die Zwecke des Staatsschuldbuchs erfolgt. Neu ist die Ertheilung der Bescheinigung beim Vorhandensein eines Testaments; dieselbe soll der Staatsschuldenverwaltung die Einsicht des letzteren und die Verantwortung für dessen Auslegung ersparen. Die Bescheinigung erstreckt sich in diesem Falle nicht nur auf Erben, sondern auch auf Legatare. Das Gericht muß sich über die Rechtsstellung des Bedachten nach allen erforderlichen Richtungen hin schlüssig machen (vgl. insbes. A. L. R. I 12 § 311) und das Nöthige hierüber in der Bescheinigung zum Ausdruck bringen.

Wegen Ausdehnung des Staatsschuldbuchs auf die sämmtlichen konsolidirten Staatsanleihen s. G. v. 12. 4. 1886 (G. S. S. 124) u. G. v. 8. 6. 1891 (G. S. S. 105). Wegen der analogen Bestimmung für das Reichsschuldbuch s. G. v. 31. 5. 1891 (R. G. Bl. S. 321) § 11.

[1]) Das Gesetz ist für die ordentliche streitige Gerichtsbarkeit durch die §§ 186—193 G. V. G. ersetzt. Für das Verfahren der nichtstreitigen Gerichtsbarkeit ist es indessen unberührt geblieben.

[2]) Dies bezieht sich auch auf die der Prüfung des Registerrichters unterliegenden Veröffentlichungen von Genossenschaften, R. G. v. 17. 12. 1883 (4 S. 42); nicht aber auf den Inhalt von Firmen R. G. v. 28. 5. 1888 (8 S. 23). — In fremder Sprache ausgestellte Urkunden zur Begründung der Anträge beizubringen, kann den Parteien nicht verwehrt werden. R. G. v. 30. 7. 1881 (2 S. 157).

§. 2. In dringlichen Fällen können schriftliche von Privatpersonen ausgehende Eingaben, welche in einer anderen Sprache abgefaßt sind, berücksichtigt werden. Im Falle der Nichtberücksichtigung sind sie mit dem Anheimstellen zurückzugeben, sie in Deutscher Sprache wieder einzureichen.

§. 3. Für die Dauer von höchstens zwanzig Jahren, von dem Inkrafttreten dieses Gesetzes ab, kann im Wege Königlicher Verordnung für einzelne Kreise oder Kreistheile der Monarchie der Gebrauch einer fremden Sprache neben der Deutschen für die mündlichen Verhandlungen und die protokollarischen Aufzeichnungen der Schulvorstände, sowie der Gemeinde- und Kreisvertretungen, der Gemeindeversammlungen und Vertretungen der sonstigen Kommunalverbände gestattet werden.[3])

Während des gleichen Zeitraums kann durch Verfügung der Bezirksregierung den der Deutschen Sprache nicht mächtigen Beamten ländlicher Gemeinden, durch Verfügung des Appellationsgerichts[4]) den der Deutschen Sprache nicht mächtigen Gerichtsvögten[5]) und Vormündern gestattet werden, ihre amtlichen Berichte und Erklärungen in der ihnen geläufigen Sprache einzureichen.

§. 4. Ist vor Gericht[6]) unter Betheiligung von Personen zu verhandeln, welche der Deutschen Sprache nicht mächtig sind, so muß ein beeidigter Dolmetscher[7]) zugezogen werden.

Personen, welche der Deutschen Sprache nicht mächtig sind, leisten Eide in der ihnen geläufigen Sprache.

Das Protokoll ist in diesen Fällen in Deutscher Sprache aufzunehmen und falls es einer Genehmigung Seitens einer der Deutschen Sprache nicht mächtigen Person bedarf, derselben durch den Dolmetscher in der fremden Sprache vorzutragen.

Die Führung eines Nebenprotokolls in der fremden Sprache findet nicht statt, jedoch können Aussagen und Erklärungen in fremder Sprache, wenn und soweit der Richter dies mit Rücksicht auf die Wichtigkeit der Sache für erforderlich erachtet, auch in der fremden Sprache in das Protokoll oder eine Anlage niedergeschrieben werden. In den dazu geeigneten Fällen kann dem Protokolle eine durch den Dolmetscher zu beglaubigende Uebersetzung beigefügt werden.

---

[3]) Vgl. V. v. 28. 8. 1876 (G. S. S. 393) u. v. 12. 10. 1881 (G. S. S. 329).

[4]) Jetzt ist hierfür nicht der Civilsenat des Oberlandgerichts (A. G. z. G. V. G. §§ 49. 57) zuständig, weil die betreffenden Befugniß den Appellationsgerichten nicht „als Gerichten" sondern als Verwaltungsbehörden (s. o. S. 21) übertragen war. Soweit nicht der Justizminister eine andere Stelle bestimmt (A. G. z. G. V. G. § 77), erscheint der Oberlandesgerichtspräsident als zuständig.

[5]) Die Einrichtung der Gerichtsvögte bestand nur in Hannover.

[6]) s. Anm. 1.

[7]) vgl. A. G. O. II 2 §§ 40. 41. mit Anmerkungen.

§. 5. Die Beeidigung des Dolmetschers erfolgt ein für allemal[8]) oder vor Ausübung seiner Verrichtung im einzelnen Falle dahin:

daß er treu und gewissenhaft übertragen werde.

Wird ein Beamter als Dolmetscher angestellt, so ersetzt der Diensteid den Dolmetschereid.

§. 6. Bei Handlungen der freiwilligen Gerichtsbarkeit können die Betheiligten[9]) dem Dolmetscher die Ableistung des Eides erlassen.

Dieser Verzicht muß in der Sprache der Betheiligten im Protokolle vermerkt werden.

Bei denjenigen Handlungen der freiwilligen Gerichtsbarkeit, bei denen die Zuziehung eines Protokollführers gesetzlich nicht erfordert wird,[10]) bedarf es auch der Zuziehung eines Dolmetschers nicht, wenn der Richter der fremden Sprache mächtig ist.

§. 7. Die Zuziehung eines Dolmetschers kann unterbleiben, wenn die betheiligten Personen sämmtlich der fremden Sprache mächtig sind. In diesem Falle kann das Protokoll, sofern es Handlungen der freiwilligen Gerichtsbarkeit betrifft, in der fremden Sprache aufgenommen, es muß jedoch die Uebersetzung in das Deutsche alsbald bewirkt werden.

Falls das in Deutscher Sprache aufgenommene Protokoll der Genehmigung Seitens einer der Deutschen Sprache nicht mächtigen Person bedarf, ist es derselben durch eine der amtlich mitwirkenden Personen in der fremden Sprache vorzutragen.

§. 8. Der Dienst des Dolmetschers kann von dem Gerichtsschreiber oder Protokollführer wahrgenommen werden, sofern der Gerichtsschreiber oder Protokollführer gleichzeitig als Dolmetscher angestellt ist.

§. 9. Die in den §§. 4. bis 8. für die Verhandlungen vor den Gerichten gegebenen Vorschriften finden auf die Verhandlungen vor den Verwaltungsbehörden in denjenigen Angelegenheiten, für welche ein kontradiktorisches Verfahren vorgeschrieben ist, sowie auf die Verhandlungen vor den Auseinandersetzungsbehörden und den Kommissarien derselben[11]) und auf die mündlichen Verhandlungen vor den Standesbeamten entsprechende Anwendung.

---

[8]) Ist dies geschehen, so bedarf es (abweichend von G. V. G. § 191) einer Berufung auf den geleisteten Eid im einzelnen Falle nicht.

[9]) Dazu gehören bei mehrseitigen Akten auch die Gegenkontrahenten, selbst wenn sie der fremden Sprache nicht mächtig sein sollten.

[10]) Vgl. Anh. § 421 zu A. G. O. II 2 § 17.

[11]) Für die Auseinandersetzungsbehörden s. jetzt G. v. 18. 2. 1880 (G. S. S. 59) § 102.

§ 10. Alle diesem Gesetze entgegenstehenden Vorschriften treten außer Kraft, insbesondere auch:

1) die Vorschriften der Allgemeinen Gerichtsordnung Theil I. Titel 10. §§. 213—215., Theil II. Titel 2. §§. 37—39., die §§. 75. 87. und 422. des Anhangs zu derselben, sowie das Gesetz vom 26. Januar 1857. (Gesetz-Samml. S. 64.);

2) die §§. 58—64. und 329. der Kriminalordnung vom 11. Dezember 1805., der zweite Absatz des Artikels 27. des Gesetzes vom 3. Mai 1852. (Gesetz-Samml. S. 209.), der §. 24. der Strafprozeßordnung vom 25. Juni 1867. (Gesetz-Samml. S. 933.), soweit er sich auf die Fähigkeit des Dolmetschers bezieht, als Gerichtsschreiber mitzuwirken, sowie der zweite Absatz des §. 144. und der §. 148. derselben Strafprozeßordnung;

3) alle Vorschriften über den Gebrauch der Polnischen Sprache in der Provinz Posen, einschließlich des Erlasses wegen Uebersetzung der Gesetze in die Polnische Sprache vom 20. Juli 1816. (Gesetz-Samml. S. 204.);

4) die Verordnung über die bei gerichtlichen Verhandlungen mit Wenden zu beobachtenden Formen vom 11. Mai 1843. (Gesetz-Samml. S. 183.);

5) alle Vorschriften über den Gebrauch der Dänischen Geschäfts- und Gerichtssprache in der Provinz Schleswig-Holstein, einschließlich des Allerhöchsten Erlasses, betreffend das Erscheinen einer Dänischen Uebersetzung der Gesetz-Sammlung, vom 13. April 1867. (Gesetz-Samml. für 1868. S. 267.).

Die Vorschriften dieses Gesetzes treten an die Stelle der im Allgemeinen Landrecht Theil I. Titel 5. §§. 180—183. und Titel 12. §§. 125—130. und 132., sowie in den §§. 31. und 32. des Anhangs zu demselben enthaltenen Bestimmungen.

Die Beobachtung der Vorschriften in dem ersten und dritten Absatze des §. 4. dieses Gesetzes ist, sofern die Ausnahmefälle der §§. 6. 7. und 8. nicht vorliegen, als nothwendig im Sinne des §. 139. des angezogenen Titels 12. Theil I. des Allgemeinen Landrechts anzusehen.

Ingleichen treten die genannten Vorschriften des §. 4. an die Stelle der im ersten Absatze des Artikels 332. der Rheinischen Strafprozeßordnung unter Nichtigkeitsstrafe gestellten Anordnung.

§. 11. Unberührt von diesem Gesetze bleiben:

1) die Vorschriften, nach welchen den der Deutschen Sprache

nicht kundigen Soldaten die Kriegsartikel in ihrer Muttersprache vorzulesen sind; [12])

2) die Vorschriften über die Anstellung der Dolmetscher, [13]) über ihre Ablehnung und ihre Fähigkeit zur Mitwirkung in einer bestimmten Sache, [14]) vorbehaltlich der Bestimmung des §. 8.;

3) die Vorschriften über das Verfahren bei Uebersetzung von Urkunden; [15])

4) die Vorschriften über das Verfahren der Notare. [16]) — Jedoch tritt der §. 34. des Gesetzes über das Verfahren bei Aufnahme von Notariatsinstrumenten vom 11. Juli 1845. (Gesetz-Samml. S. 487.) außer Kraft;

5) die Vorschriften über das Verfahren vor den Schiedsmännern. [17])

Soweit die zu Nr. 3. und 4. erwähnten Vorschriften die Beeidigung der Dolmetscher erfordern, erfolgt diese nach §. 5. dieses Gesetzes.

§. 12. Einer nochmaligen Beeidigung der nach den bisherigen Vorschriften ein für allemal beeidigten Dolmetscher bedarf es nicht.

Urkundlich unter Unserer Höchsteigenhändigen Unterschrift und beigedrucktem Königlichen Insiegel.

Gegeben Berlin, den 28. August 1876.

(L. S.) Wilhelm.

Fürst v. Bismarck. Leonhardt. Falk. v. Kameke. Achenbach. v. Bülow.

---

[12]) Vgl. V. v. 31. 10. 1872 (Armee-Verordnungsblatt S. 323).

[13]) s. Anm. 7.

[14]) Für das gerichtliche Verfahren im Gebiete der A. G. O. fehlt es an solchen Vorschriften. Betreffs der Notare vgl. Not.-G. § 29.

[15]) An besonderen Vorschriften fehlt es im Gebiete der A. G. O. auch hier mit Ausnahme der Bestimmungen der Staatsverträge über die Befugnisse der Konsuln zur Herstellung von Uebersetzungen; vgl. hierüber Koch-Jastrow S. 188.

[16]) Not.-G. §§ 24 ff.

[17]) Vgl. jetzt Schiedsmannsordnung v. 29. 3. 1879 (G. S. S. 321) § 16 Nr. 1 u. § 25 Abs. 2.

10. Die Sonderstellung der ehemals Reichsunmittelbaren in der nicht streitigen Gerichtsbarkeit.[1])

a. Gesetz, betreffend die Deklaration der Verfassungs-Urkunde vom 31. Januar 1850, in Bezug auf die Rechte der mittelbar gewordenen Deutschen Reichsfürsten und Grafen. Vom 10. Juni 1854.

(G. S. S. 363.)

Wir Friedrich Wilhelm, von Gottes Gnaden, König von Preußen ꝛc. ꝛc.

verordnen, unter Zustimmung der Kammern, was folgt:

Die Bestimmungen der Verfassungs-Urkunde vom 31. Januar 1850[2]) stehen einer Wiederherstellung derjenigen durch die Gesetzgebung seit dem 1. Januar 1848. verletzten Rechte und Vorzüge nicht entgegen, welche den mittelbar gewordenen Deutschen Reichsfürsten und Grafen, deren Besitzungen in den Jahren 1815. und 1850.[3]) der Preußischen Monarchie einverleibt oder wieder einverleibt worden, auf Grund ihrer früheren staatsrechtlichen Stellung im Reiche und der von ihnen besessenen Landeshoheit zustehen, und namentlich durch den Artikel XIV. der Deutschen Bundesakte vom 8. Juni 1815. und durch die Artikel 23. und 43. der Wiener Kongreßakte vom 9. Juni 1815., sowie durch die spätere Bundesgesetzgebung zugesichert worden sind, sofern die Betheiligten sie nicht ausdrücklich durch rechtsbeständige Verträge aufgegeben haben. Diese Wiederherstellung erfolgt durch Königliche Verordnung.[4])

Urkundlich unter Unserer Höchsteigenhändigen Unterschrift und beigedrucktem Königlichen Insiegel.

Gegeben Berlin, den 10. Juni 1854.

(L. S.) Friedrich Wilhelm.

v. Manteuffel. v. d. Heydt. Simons. v. Raumer. v. Westphalen. v. Bodelschwingh. Gr. v. Waldersee.

---

[1]) Vgl. oben S. 11 u. 23. [2]) Vgl. insbesondere Verf.-Urk. Art. 4.

[3]) Im Jahre 1850 sind nur die Fürstlichen Häuser von Hohenzollern mediatisirt worden. G. v. 12. 3. 1850. Auf die Rechtsstellung dieser Häuser, von denen übrigens nur noch das Haus Hohenzollern-Sigmaringen vorhanden ist), finden indessen die nachstehend abgedruckten Vorschriften keine Anwendung, da dieselbe abweichend geregelt ist; s. o. S. 42.

[4]) Durch G. v. 15. 3. 1869 ist für die Zukunft die Wiederherstellung im Wege des Gesetzes angeordnet.

b. Verordnung, die Wiederherstellung des privilegirten Gerichtsstandes für die mittelbar gewordenen Deutschen Reichsfürsten und Grafen betreffend. Vom 12. November 1855.

(G. S. S. 686.)[5]

Wir Friedrich Wilhelm, von Gottes Gnaden, König von Preußen ꝛc. ꝛc.

verordnen, auf Grund des Gesetzes vom 10. Juni 1854, die Deklaration der Verfassungs-Urkunde in Bezug auf die Rechte der mittelbar gewordenen Deutschen Reichsfürsten und Grafen betreffend (Gesetz-Sammlung S. 363.), und vorbehaltlich der zur Ausführung desselben erforderlichen weiteren Anordnungen, was folgt:

§. 1. Der den mittelbar gewordenen Deutschen Reichsfürsten und Grafen, deren Besitzungen in den Jahren 1815 und 1850 der Preußischen Monarchie einverleibt oder wiedereinverleibt worden sind, und den Mitgliedern ihrer Familien durch den Art. XIV. der Deutschen Bundesakte vom 8. Juni 1815 zugesicherte, durch die Gesetzgebung seit dem 1. Januar 1848. aufgehobene priveligirte Gerichtsstand wird hierdurch unter nachstehenden näheren Bestimmungen wiederhergestellt.

§. 2. In Betreff des Gerichtsstandes für Civilstreitigkeiten bewendet es bei den Vorschriften der §§. 14—16. einschließlich der Instruktion vom 30. Mai 1820. (Gesetz-Sammlung S. 81 ff.)[6]

§. 3. In Betreff des Gerichtsstandes der Häupter und der Mitglieder der gedachten vormals reichsständischen Familien in peinlichen Sachen kommen hinsichtlich der Ersteren zunächst die Bestimmungen des §. 17. der Instruktion vom 30. Mai 1820 zur Anwendung.[7])

Wählt der Angeschuldigte diesen Bestimmungen zufolge, statt des Austrägalgerichts den Gerichtsstand vor dem Obergerichte, oder handelt es sich um ein im Königlichen Dienste begangenes Vergehen oder Verbrechen, oder gehört der Angeschuldigte nicht zu den Häuptern, sondern zu den Mitgliedern einer vormals reichsständischen Familie, so ist der Gerichtsstand in peinlichen Sachen — Militairverbrechen ausgenommen — vor demjenigen Obergerichte begründet,

---

[5]) Außer dieser Verordnung ist noch eine Verordnung von demselben Tage (G. S. S. 688) ergangen, welche sich mit der Wiederherstellung der übrigen Rechte der ehemaligen Reichsunmittelbaren beschäftigt. Lediglich diese, nicht die im Text abgedruckte Verordnung ist es, welche in dem in Anm. 4 citirten Gesetze theilweise aufgehoben ist.

[6]) Der privilegirte Gerichtsstand für Civilstreitigkeiten ist jetzt völlig beseitigt. G. V. G. § 16.

[7]) Daselbst ist den Familienhäuptern (nicht aber den übrigen Mitgliedern) für Strafsachen regelmäßig nach ihrer Wahl ein Austrägalgericht von Standesgenossen zugestanden. Dieses besteht fort. E. G. z. G. V. G. § 7. Dagegen ist der sonstige privilegirte Gerichtsstand auch in Strafsachen beseitigt (s. Anm. 6).

zu dessen Bezirke das Gericht gehört, welches zur Führung der Untersuchung, abgesehen von den Bestimmungen dieser Verordnung, nach den allgemeinen gesetzlichen Vorschriften kompetent sein würde.

Das Verfahren beim Obergerichte erfolgt nach den Bestimmungen der Verordnung vom 3. Januar 1849 (Gesetz-Sammlung S. 14.) und den diese Verordnung ergänzenden Vorschriften, jedoch mit der Maaßgabe, daß für das der Hauptverhandlung vorausgehende Verfahren und diese Hauptverhandlung selbst die, für das Verfahren wegen Vergehen bestehenden Vorschriften zur Anwendung kommen, ohne Unterschied, ob es sich um ein Vergehen oder ein Verbrechen handelt.

Die Entscheidung erster Instanz erfolgt von einer aus fünf, die der zweiten Instanz von einer aus sieben Mitgliedern bestehenden Abtheilung des Obergerichts.

Die im §. 17. litt. b. und c. der Instruktion vom 30. Mai 1820 hinsichtlich der Häupter der vormals reichsständischen Häuser getroffenen Anordnungen kommen auch in peinlichen Sachen der Mitglieder dieser Familien zur Anwendung.

§. 4. Hinsichtlich des Gerichtsstandes in nicht streitigen Rechtsangelegenheiten sind die Vorschriften des §. 19. litt. a.—c. einschließlich der Instruktion vom 30. Mai 1820 maaßgebend.

Die Aufsichts- und Beschwerde-Instanz bildet der Justizminister.

§. 5. Die Vorschriften der §§. 14—19. der Instruktion vom 30. Mai 1820 werden, soweit sie nicht in dem Vorstehenden ausdrücklich aufrecht erhalten worden sind, hierdurch aufgehoben.

Ebenso treten alle bisherigen seit dem 1. Januar 1848 erlassenen Gesetze und Verordnungen, soweit sie den Bestimmungen dieser Verordnung zuwiderlaufen, mit Ausführung derselben außer Kraft.

§. 6. Unser Justizminister wird mit der Ausführung dieser Verordnung hierdurch beauftragt.

Derselbe hat in Folge dessen insbesondere auch die zur Herstellung des Instanzenzuges bei den Obergerichten etwa erforderlichen Anordnungen zu treffen.[8])

Urkundlich unter Unserer Höchsteigenhändigen Unterschrift und beigedrucktem Königlichen Insiegel.

Gegeben Sanssouci, den 12. November 1855.

(L. S.) Friedrich Wilhelm.

v. Manteuffel. v. d. Heydt. Simons. v. Raumer. v. Westphalen.
v. Bodelschwingh. Gr. v. Waldersee.

Für den Minister für die landwirthschaftlichen Angelegenheiten:
v. Manteuffel.

---

[8]) Die hierzu ergangene Allg. Verf. v. 17. 12. 1855 (J. M. Bl. S. 414) hat keine praktische Bedeutung mehr. Auf die nicht streitige Gerichtsbarkeit bezog sich nur Nr. I zu 4), welche die Senatsbildung für diese Angelegenheiten regelte; s. jetzt Anm. 12.

c. Auszug aus der Instruktion wegen Ausführung des Edikts vom 21sten Juni 1815, die Verhältnisse der vormals unmittelbaren deutschen Reichsstände in der Preußischen Monarchie betreffend. Vom 30sten Mai 1820.

(G. S. S. 81.)

Wir Friedrich Wilhelm, von Gottes Gnaden, König von Preußen 2c. 2c.

haben durch Unsere Verordnung vom 21sten Juni 1815. die Verhältnisse der, Unserer Monarchie einverleibten, vormals unmittelbaren deutschen Reichsstände[9]) im Allgemeinen bestimmt.

Da jedoch die darin enthaltenen Grundsätze bei der Anwendung mancherlei Schwierigkeiten gefunden, so wollen Wir, zur näheren Entwickelung derselben und zur vollständigen Ausführung des, durch sie und durch den in Unsere Verordnung aufgenommenen 14ten Artikel der deutschen Bundesakte begründeten, Rechtszustandes jener vormals unmittelbaren deutschen Reichsstände, nachdem Wir auch zuvor deren Wünsche und Anträge in einer mit ihnen gepflogenen Verhandlung näher vernommen, Nachstehendes hierdurch festsetzen.

— — — — — — — — — — — — — —

Gerichtsbarkeit in nicht streitigen Sachen der Standesherren und der Mitglieder ihrer Familien.[10])

§. 19. Anlangend die Gerichtsbarkeit in nicht streitigen Sachen der Standesherren und der Mitglieder ihrer Familien, so ist

a) die obervormundschaftliche Behörde[11]) für einen Standesherrn und die ebenbürtigen Mitglieder seiner Familie dasjenige Oberlandesgericht,[12]) in dessen Bezirke die Standesherrschaft gelegen ist und wenn ein Standesherr mehrere einländische Standesherrschaften besitzt, dasjenige, in dessen

---

[9]) Über die hierunter fallenden Familien vgl. § 1 der Instruktion, sowie ferner: wegen der inzwischen fortgefallenen Familien v. Rönne Staatsrecht II § 152 S. 286 Anm. 6; wegen der in der Instr. nicht erwähnten Gräflich Stolberg'schen Häuser Publikandum v. 18. 5. 1823 (v. Kamptz Annal. 7 S. 512) und die Königl. Bestätigung v. 25. 8. 1862 (Magdeburger Amtsblatt 1862 Nr. 46) sowie K. O. v. 21. 2. 1832 (G. S. S. 129). — Wegen der Fürstlichen Häuser Sayn-Wittgenstein-Berleburg und Bentheim-Tecklenburg vgl. übrigens noch die beiden Gesetze v. 25. 10. 1878 § 9 bez. § 10.

[10]) Aufrecht erhalten durch A. G. z. G. V. G. § 26.

[11]) Das besondere Vormundschaftsrecht der standesherrlichen Familien ist aufrecht erhalten durch V. O. § 101.

[12]) Die V. v. 12. 11. 1855 (§ 6) hat die „Obergerichte" dafür eingesetzt. Darunter waren nach der damaligen Gerichtsverfassung (s. o. S. 20) die Appellationsgerichte verstanden. Demgemäß treten jetzt die Oberlandesgerichte ein und zwar werden die Angelegenheiten in einem Civilsenat erledigt. A. G. z. G. V. G. § 49 Nr. 1, § 57.

Bezirke der verstorbene Vater des zu Bevormundenden zugleich seinen Wohnsitz gewählt hatte (§. 15),[13]) ohne Rücksicht auf ausländischen Güterbesitz und etwanige Bevormundung.

Das vormundschaftliche Patent wird von dem Justizministerium ausgefertigt und von Uns vollzogen. Die Grundsätze der Bevormundung, der vormundschaftlichen Verwaltung und der Aufsicht über diese, sind zuvörderst aus den noch bestehenden oder künftig unter Unserer Genehmigung zu errichtenden Familienverträgen, auch aus dem nachzuweisenden Familienherkommen, in deren Ermangelung aber, aus den Landesgesetzen zu schöpfen.

Wo von Obrigkeitswegen die Ernennung eines Vormunds geschehen muß, erfolgt dieselbe von Uns unmittelbar auf den Antrag des Justizministers.

b) In Fällen einer Erbvertheilung unter Mitgliedern der standesherrlichen Familie, bleibt die Auseinandersetzung, so lange deshalb kein Rechtsstreit entsteht, dem Haupt der Familie vorbehalten. Die Versiegelung, wo solche nöthig ist, geschieht in der Standesherrschaft von ihrer nächsten Gerichtsbehörde,[14]) außerhalb derselben von derjenigen des Orts, welche nach den Gesetzen dazu befugt ist. Die Entsiegelung und Inventur gehört überall vor diejenige Gerichtsbehörde, welche das Familienhaupt dazu erwählt.[15])

---

[13]) Der citirte § 15 bestimmt:

„§. 15. Standesherren sind niemals aus dem Grunde allein, weil sie in Unserer Monarchie eine Standesherrschaft besitzen, vor den hiesigen Gerichten in blos persönlichen Angelegenheiten Recht zu nehmen verbunden. Dagegen sind sie, im Falle sie in mehreren Bundesstaaten standesherrliche Besitzungen oder einen auf andere Art gesetzmäßig begründeten, mehrfachen Personal-Gerichtsstand haben, nach erlangter Volljährigkeit verpflichtet, vor dem Oberlandesgerichte, in dessen Bezirke die Standesherrschaft gelegen ist, zu erklären, welchen in- oder ausländischen Ort sie als ihren Wohnsitz betrachtet haben wollen."

Für streitige Angelegenheiten hat die Vorschrift ihre Bedeutung verloren, für die nicht streitigen besteht sie dagegen fort.

[14]) „von ihrer nächsten Gerichtsbehörde". Der Ausdruck ist unklar. Es scheint, daß damit das nächste standesherrliche Gericht gemeint ist. Da gegenwärtig die standesherrlichen Gerichte beseitigt sind (s. o. S. 16 u. 29), so erscheint nunmehr überall lediglich das Amtsgericht des Ortes als zur Siegelung zuständig.

[15]) Dies ist nicht so zu verstehen, daß jedes beliebige, im Staate vorhandene Gericht (also nach früherer Gerichtsverfassung etwa auch das Obertribunal) ausgewählt werden konnte. Vielmehr beruht die Vorschrift auf der Existenz verschiedener Gerichtsgewalten über denselben Ort, insbesondere der Untergerichte und der Landesjustizkollegien (s. o. S. 1 ff.). Zwischen den hiernach mit Entsiegelungen und Inventuren befaßten Gerichten konnte das Familienhaupt wählen. Da aber gegenwärtig andere zuständige Gerichte als die Amtsgerichte nicht existiren, so erscheint das Wahlrecht jetzt als beseitigt und lediglich das allgemeine zuständige Amtsgericht als berufen.

c) In allen Gegenständen der freiwilligen Gerichtsbarkeit,[16]) in welchen die Landesgesetze die Wahl der gerichtlichen Behörde den Interessenten nicht überlassen,[17]) ist in Beziehung auf die Standesherren und deren Familien[18]) dasjenige Oberlandesgericht kompetent, vor welches die Sache nach den Landesgesetzen[19]) gehört.

d) die standesherrlichen Besitzungen werden in das Hypothekenbuch des Oberlandesgerichts eingetragen, unter welchem sie gelegen sind.[20])[21])

— — — — — — — — — — — — —

Wir tragen Unserm Staatsministerium hierdurch auf, nach dem Inhalt der vorstehenden Instruktion die vormals unmittelbaren deutschen Reichsstände in die vollständige Ausübung und in den Genuß aller ihnen zustehenden Gerechtsame einzuführen, zu dem Ende das Weitere mit einem jeden derselben einzuleiten, auch die betreffenden Provinzialbehörden zur genauen Beachtung der festgestellten Rechtsverhältnisse anzuweisen.

Gegeben Berlin, den 30sten Mai 1820.

(L. S.) Friedrich Wilhelm.

C. Fürst v. Hardenberg. v. Altenstein. v. Kircheisen.
v. Bülow. v. Schuckmann. v. Lottum. v. Klewitz.
v. Schöler.

---

[16]) „der freiwilligen Gerichtsbarkeit": dies ist nicht identisch mit nicht streitiger Gerichtsbarkeit, sondern umfaßt lediglich das sogen. gerichtliche Notariat; s. o. S. 27 f.

[17]) Vgl. A. G. O. II 1 §§ 2 ff.

[18]) „in Beziehung auf die Standesherren und deren Familien", d. h. wenn die Zuständigkeit im gegebenen Falle aus der Person eines Standesherrn oder des Mitgliedes einer standesherrlichen Familie zu beurtheilen ist; dagegen gehören die Fälle, in denen die Zuständigkeit sich aus anderen Momenten, z. B. dem Gericht der belegenen Sache herschreibt, nicht hierher. Den Besitzungen der Standesherren ist ein privilegirter Gerichtsstand nicht mehr beigelegt; s. Anm. 20.

[19]) „nach den Landesgesetzen", nämlich nach den Gesetzen über die örtliche Zuständigkeit, d. h. also: statt des örtlich zuständigen Amtsgerichts tritt das diesem vorgesetzte Oberlandesgericht ein.

[20]) Diese Bestimmung ist beseitigt. §§ 4. 5 der V. v. 12. 11. 1855. Die standesherrlichen Besitzungen werden lediglich in das Grundbuch des Amtsgerichts eingetragen.

[21]) Der Umfang der Sondergerichtsbarkeit über die standesherrliche Familie beschränkt sich nach Vorstehendem auf das Vormundschaftswesen und auf die vor dem ordentlichen persönlichen Richter zu vollziehenden Akte der freiwilligen Gerichtsbarkeit; vgl. A. G. O. II 1 § 6 mit Anm. 23.

Wegen der den standesherrlichen Familien gegenüber anzuwendenden Kurialien vgl. K. O. v. 21. 2. 1832 mit Bek. v. 28. 4. 1832 (G. S. S. 129) und K. O. v. 3. 3. 1833 (G. S. S. 29); wegen des Fürsten zu Wied auch noch Staatsministerial-Beschl. v. 21. 7. 1828 (Jahrb. 32 S. 86).

Anhang.

I. Die Behandlung von Nachlässen der Ausländer.

Zu A. G. O. II 5 §. 14.

Mit einer Reihe von Staaten sind diesseits Verträge geschlossen, durch welche den Konsuln derselben ein Recht der Siegelung oder sonstiger Maßregeln gegenüber dem Nachlaß der Angehörigen ihres Staates eingeräumt ist.[1])

Die in Betracht kommenden Staaten sind:

1. Argentinien. Vertrag v. 19. September 1857 (G. S. 1859 S. 405) Art. 9.

2. Chile. Vertr. v. 1. Februar 1862 (G. S. 1863 S. 761) Art. 11.

3. Siam. Vertr. v. 7. Februar 1862 (G. S. 1864 S. 717) Art. 15.

4. Italien. Vertr. v. 21. Dezember 1868 (B. G. Bl. 1869 S. 113) Art. 11—13. Vertr. v. 7. Februar 1872 (R. G. Bl. S. 134) Art. 1.

5. Spanien. Vertr. v. 22. Februar 1870 (B. G. Bl. S. 99) Art. 11—13. Vertr. v. 12. Januar 1872 (R. G. Bl. S. 211) Art. 1.

6. Salvador. Vertr. v. 13. Juni 1870 (R. G. Bl. 1872 S. 377) Art. XXVII.

7. Vereinigte Staaten von Amerika. Vertr. v. 11. Dezember 1871 (R. G. Bl. 1872 S. 95) Art. 10 u. 11.

8. Persien. Vertr. v. 11. Juni 1873 (R. G. Bl. S. 351) Art. 15.

9. Rußland. Konvention über die Regulirung von Hinterlassenschaften v. 12. November 1874 (R. G. Bl. 1875 S. 136) Art. 1 ff.

10. Costa Rica. Vertr. v. 18. Mai 1875 (R. G. Bl. 1877 S. 13) Art. XXX.

11. Hawaii. Vertr. v. $\frac{\text{25. März}}{\text{19. September}}$ 1879 (R. G. Bl. 1880 S. 121) Art. XIX u. XX.

12. Griechenland. Vertr. v. 26. November 1881 (R. G. Bl. 1882 S. 101) Art. XV—XXVI.

13. Brasilien. Vertr. v. 10. Januar 1882 (R. G. Bl. S. 69) Art. 17—39.

---

[1]) Diese Verträge beruhen auf dem Prinzip der Reziprozität; außerdem giebt es noch Verträge mit einzelnen Staaten, durch welche den deutschen Konsuln entsprechende Rechte eingeräumt sind, ohne daß den fremden Konsuln ein gleiches Recht zustände; so namentlich mit Ländern, in welchen die deutschen Konsuln eine Gerichtsbarkeit ausüben.

14. Serbien. Vertr. v. 6. Januar 1883 (R. G. Bl. S. 62) Art. XI—XXIII.

15. Südafrikanische Republik. Vertr. v. 22. Januar 1885 (R. G. Bl. 1886 S. 209) Art. 17—29.

16. Domingo. Vertr. v. 30. Januar 1885 (R. G. Bl. 1886 S. 3) Art. XXIV.

17. Guatemala. Vertr. v. 20. September 1887 (R. G. Bl. 1888 S. 238) Art. 25.

18. Honduras. Vertr. v. 12. Dezember 1887 (R. G. Bl. 1888 S. 262) Art. 25.

Vielfach ist in diesen Verträgen bei Todesfällen der Ausländer den Landesbehörden d. i. in Altpreußen den Gerichten eine Pflicht zur Benachrichtigung der betreffenden Konsuln auferlegt. In dieser Beziehung sind die Verträge in fünf Gruppen zu theilen:

I. Italien, Spanien und Brasilien: Hier ist von jedem Todesfalle eines der betreffenden Staatsangehörigen dem zuständigen Konsularbeamten Anzeige zu machen.

II. Amerika und Hawaii: Hier existirt die Benachrichtigungspflicht nur, wenn der Verstorbene „in dem Lande seines Ablebens bekannte Erben oder von ihm ernannte Testamentsvollstrecker" nicht hinterlassen hat.

III. Salvador, Costa Rica, Domingo, Guatemala und Honduras: Hier tritt die Benachrichtigungspflicht nur dann ein, wenn an dem Wohnort des Verstorbenen kein zuständiger Konsul vorhanden ist; in diesem Falle sind alsdann die diesseitigen Gerichte zugleich zum provisorischen Einschreiten berufen.

IV. Rußland, Griechenland, Serbien und Südafrika: Hier ist im Gegentheil bestimmt, daß die Benachrichtigung gerade dann zu ergehen hat, wenn der Todesfall sich an einem Orte, wo ein Konsularbeamter von der Nation des Verstorbenen residirt oder in der Nähe eines solchen Ortes ereignet hat. Im anderen Falle schreiten die diesseitigen Gerichte znr Siegelung und Inventarisirung und senden erst, nachdem dies geschehen, in bestimmten Formen weitere Mittheilungen an die auswärtigen Vertreter. Vgl. Rußland Art. 2 u. 11. Griechenland Art. XV u. XXIV, Serbien Art. XI u. XX, Südafrika Art. 17 u. 26.

V. Argentinien, Chile, Siam und Persien: Mit diesen Staaten ist eine Benachrichtigungspflicht nicht vereinbart.

Im Uebrigen muß Betreffs der einzelnen Befugnisse der fremden Konsuln und der zum Theil eintretenden Mitwirkung der hiesigen Gerichte auf die Bestimmungen in den einzelnen Staatsverträgen verwiesen werden.[2])

---

[2]) Dabei kommt auch die in dem betreffenden Vertrage etwa bedungene Meistbegünstigungsklausel in Betracht. Auf Grund solcher Klausel würden übrigens auch noch andere als die im Text genannten Staaten gleiche Rechte für ihre Konsuln beanspruchen dürfen. Indessen dürften die diesseitigen Gerichte nicht verpflichtet sein, auf die Meistbegünstigungsklausel früher Rücksicht zu nehmen, als bis sie erfahren, daß der betreffende Staat von der Meistbegünstigung Gebrauch machen will.

Ueber die Benachrichtigungspflicht der Gerichte ist noch ergangen die Allgemeine Verfügung, betreffend die beim Ableben von Ausländern den fremden Regierungen zu machenden Mittheilungen vom 14. Juni 1876 (J. M. Bl. S. 123).

In den mit dem Königreich Italien . . . ., mit Spanien . . . ., mit den Vereinigten Staaten Amerikas . . . . und mit dem Kaiserthum Russland . . . . abgeschlossenen Verträgen ist, im Wesentlichen übereinstimmend[3]) für Fälle, in denen es sich um Sicherstellung des Nachlasses eines im Auslande Verstorbenen handelt, bestimmt worden, dass die Landesbehörden von dem Sterbefall dem zuständigen ausländischen Konsul sofort Nachricht zu geben haben.

Unter Bezugnahme auf die diesseitigen Erlasse v. 12. u. 19. Dezember 1836, 17. Januar 1838[4]) u. 30. April 1847[5]) werden die Behörden darauf hingewiesen, dass sie die an sie gelangenden Sterbeurkunden eines Ausländers unter Beifügung eines mit dem Amtssiegel zu versehenden Legalisationsattestes dem Auswärtigen Amte nach Massgabe der allgemeinen Verfügung v. 30. April 1847 schleunigst einzureichen haben.

Es wird dadurch nicht ausgeschlossen, dass die Behörden im einzelnen Falle, soweit zufolge jener Verträge eine Mitwirkung des zuständigen Konsuls eintritt, mit demselben der leichteren Verständigung und Beschleunigung halber sich direkt in Verbindung setzen.[6])

— — —

An
sämmtliche Gerichtsbehörden mit Ausnahme der Rheinischen, und an die Beamten der Staatsanwaltschaft im Bezirke des Appelationsgerichtshofes zu Cöln.

Der Justiz - Minister
Leonhardt.

---

[3]) Die Annahme von der wesentlichen Uebereinstimmung ist nach der Darlegung im Texte unrichtig. Die Gerichte müssen sich selbstverständlich nach den Bestimmungen in den betreffenden Staatsverträgen richten.

[4]) Diese Erlasse (Jahrb. Bd. 48 S. 487 u. 551; Bd. 51 S. 156) ordneten allgemein bei Todesfällen von Ausländern, die hier keine Verwandte und Bekannte haben, die Einsendung des Todtenscheins an das Auswärtige Ministerium an. Es ist unklar, ob eine solche Einsendung auch jetzt noch allgemein oder nur Betreffs der Angehörigen der erwähnten Staaten verlangt wird.

[5]) Dieser (an sich nur für dänische Staatsangehörige bestimmte) Erlaß (J. M. Bl. S. 147) ordnet an, daß die Gerichte die „an sie gelangenden Todtenscheine unter Beifügung eines mit dem Amtssiegel zu versehenden Legalisations-Attestes dem Königlichen Ministerium der auswärtigen Angelegenheiten einzureichen und soweit der Todtenschein außer dem Namen, Alter, Stand, Geburts- oder Heimathsorte des Verstorbenen über dessen sonstige Verhältnisse keine Auskunft enthält, dasjenige, was der Gerichtsbehörde des Sterbeortes in dieser Hinsicht und namentlich über das von dem Verstorbenen in den hiesigen Staaten etwa hinterlassene Vermögen und über die muthmaßlichen Erben desselben bekannt geworden ist, im Einsendungsbericht mit aufzunehmen" haben.

[6]) Ob in diesen Fällen noch außerdem ein Bericht an das auswärtige Amt ergehen soll oder nicht, ist unklar, es scheint indessen das letztere gemeint zu sein.

Die vorstehende Verfügung ist unter Bezug auf die später abgeschlossenen Verträge auf die Angehörigen von Salvador, Costa Rica, Hawaii, Griechenland, Brasilien, Serbien und Domingo ausgedehnt worden. Allg. Verf. v. 11. Juli 1885 (J. M. Bl. S. 259) u. v. 8. August 1888 (J. M. Bl. S. 194). Betreffs der übrigen Staaten sind gleiche Verfügungen nicht ergangen, was indessen die Gerichte von der Beobachtung der in den Staatsverträgen geschehenen Abmachungen nicht befreit.

Einen Auszug aus dem Verzeichniß der fremden Konsuln siehe J. M. Bl. 1888 S. 195.

II. Die Taxationsprinzipien der landschaftlichen Kreditsysteme.

Zu A. G. O. II. 6 § 13.

Nach A. G. O. II 6 §§ 12 u. 14 sollen die Taxen der Landgüter „nach dem wahren und wirklichen Ertrage" aufgenommen werden. Wegen des Näheren verweist § 13 auf die Beobachtung der Grundsätze des landschaftlichen Kreditsystems der betreffenden Provinz. Dabei ist als selbstverständlich vorausgesetzt, daß diese Grundsätze dem Hauptprinzip der A. G. O., nämlich der Taxation nach dem wahren und wirklichen Ertrage entsprechen (Ertragstaxe). Nur wenn dieses der Fall ist, sind deshalb die landschaftlichen Taxationsprinzipien zur Befolgung bei gerichtlichen Taxen geeignet. Die meisten Kreditsysteme sind indessen in neuerer Zeit zum Prinzip der Grundtaxen übergegangen, nach welchem für die verschiedenen Kulturarten und Bonitätsklassen ein Kapitalssatz pro Hektar durch Schätzung gefunden wird. In denjenigen Provinzen, wo dieses geschehen ist, dürfen sich die Gerichte bei Taxaufnahmen nicht nach den landschaftlichen Grundsätzen richten, weil die letzteren im Widerspruch mit § 12 II 6 A. G. O. stehen. Für die Gerichte kommt hier vielmehr in erster Reihe eine etwa zu ermittelnde Provinzialobservanz über die Aufnahme von Ertragstaxen in Betracht (§ 13 a. E.); sofern eine solche nicht vorhanden ist, muß das verständige Ermessen der Taxatoren die vorhandene Lücke ergänzen.

Das Prinzip der Ertragstaxen wird zur Zeit nur noch von folgenden Landschaften beobachtet:

1. Brandenburg. Kur- und Neumärkische ritterschaftliches Kreditinstitut. Zusammenstellung der General- und Spezial-Tax-Prinzipien zur ritterschaftlichen Abschätzung der Güter in der Kur- und Neumark v. 31. Dezember 1877 mit Nachtrag v. $\frac{\text{21. November 1888}}{\text{7. Februar 1889}}$. Ausgefertigt von der Kur- und Neumärkischen Hauptritterschafts-Direktion zu Berlin. Neue Ausgabe 1889. (Nur für den landschaftlichen Handgebrauch gedruckt.)

2. Schlesien. Revidirte Abschätzungsgrundsätze der Schlesischen Landschaft und das bei Anwendung derselben zu beobachtende Ver-

fahren v. 2. Juli 1883 (Amtsblatt der Regierung zu Breslau Nr. 31 außerordentliche Beilage, zu Oppeln Nr. 33 Extra-Beilage, zu Liegnitz Nr. 31, zu Frankfurt a. O. Nr. 32 pro 1883). Auch im Buchhandel erschienen. Breslau, 1883, Groß, Barth u. Comp. (W. Friedrich).

Dagegen beruhen folgende Systeme auf dem Prinzip der Grundtaxen:

3. Ostpreußen. Abschätzungsgrundsätze der Ostpreußischen Landschaft v. 23. Juli 1877 (Amtsblatt der Regierung zu Königsberg Nr. 39, zu Gumbinnen Nr. 39, zu Marienwerder Nr. 40 pro 1877), A. E. v. 23. Februar 1887 (a. a. O. Nr. 17 pro 1887), Min. R. v. 31. Juli 1889 (a. a. O. Nr. 41 pro 1889). Auch im Buchhandel erschienen, Königsberg (M. Liedtke).[1])

4. Westpreußen.

a) Abschätzungsgrundsätze der Westpreußischen Landschaft v. 15. April 1868. Abgedruckt im Reglement der Westpreußischen Landschaft von 1787, mit Zusätzen und Anmerkungen. Marienwerder 1883. (R. Kanter).

b) Abschätzungsgrundsätze der Neuen Westpreußischen Landschaft v. 10. November 1874. Abgedruckt im Statut der Neuen Westpreußischen Landschaft. Mit Nachträgen. Marienwerder 1890 (R. Kanter).

5. Pommern. Neu revidirtes Reglement der Pommerschen Landschaft v. 20. November 1889 (Amtsblatt der Regierung zu Stettin Nr. 3, zu Stralsund Nr. 2, zu Köslin Nr. 1 pro 1890) §§. 143 bis 158. Auch im Buchhandel erschienen. Stettin 1890 (A. Bornemann).

6. Posen. Revidirte Taxordnung des neuen landschaftlichen Kreditvereins für die Provinz Posen[2]) v. 15. Mai 1871 (G. S. S. 201. 204) mit Nachtrag v. 27. August 1884 zu III. (Amtsblatt der Regierung zu Posen Nr. 38, zu Bromberg Nr. 39 pro 1884.) Auch abgedruckt im Statut der Posener Landschaft nebst Abänderungen und Ergänzungen. Posen 1889. W. Decker & Co. (A. Röstel).

7. Sachsen. Grundsätze für die Werthsermittelung von Grundstücken, welche bei der Landschaft der Provinz Sachsen zur Beleihung angemeldet worden sind, vom Jahre 1887. (Nur für den landschaftlichen Handgebrauch gedruckt.)

8. Westfalen. Landschaft der Provinz Westfalen. Tax-Reglement v. $\frac{\text{20. Oktober}}{\text{8. Dezember}}$ 1885 (Nur für den landschaftlichen Handgebrauch gedruckt.)

Einer Werthsermittelung endlich, die lediglich durch ein multiplum des Grundsteuerreinertrages gefunden wird, schreibt vor

9. Das Kreditinstitut für die Königlich Preußische Ober- und Niederlausitz: Statut v. 30. Oktober 1865 (G. S. S. 1056) §. 10 mit Nachtrag v. 14. Dezember 1870 (G. S. S. 669).

[1]) Der außerordentliche General-Landtag der Ostpreußischen Landschaft pro 1891 hat den Entwurf einer neuen Landschaftsordnung (welche übrigens in Bezug auf das Taxverfahren wesentliche Abänderungen nicht enthält), genehmigt. Derselbe bedarf indessen noch der Königlichen Bestätigung.

[2]) Derselbe führt jetzt den Namen „Posener Landschaft“.

Sachregister.

(Die größeren Zahlen verweisen auf die Seiten, die kleineren auf die Anmerkungen.)

A.

E.

F.

O.

P.

Q.

R.

S.

T.

Die größeren Zahlen verweisen auf die Seiten, die kleineren auf die Anmerkungen.

U.

Druck von Leonhard Simion, Berlin SW.

Kolibri 360 GmbH
Ferdinand-Jühlke-Straße 7
99095 Erfurt, Deutschland
produktsicherheit@kolibri360.de